Bayer/Ortner/Thunemeyer (H

Bedarfsorientierte Entwicklun

in der Weiterbildung

Bedarfsorientierte Entwicklungsplanung in der Weiterbildung

Herausgegeben von
Manfred Bayer
Gerhard E. Ortner
Bernd Thunemeyer

Leske

Bedarfsorientierte Entwicklungsplanung in der Weiterbildung

Herausgegeben von
Manfred Bayer
Gerhard E. Ortner
Bernd Thunemeyer

mit Beiträgen von
Manfred Bayer, Joachim Braun,
Anselm Dworak, Peter Ehrhardt,
Henrik Kreutz, Wolfgang Krüger,
Katrin Lederer, Gerhard E. Ortner,
Franz A. Pesendorfer, Ferdinand Schmidt,
Christoph Seidel, Hans Tietgens,
Heinrich Tillmann, Bernd Thunemeyer,
Emil Vesper

Springer Fachmedien Wiesbaden GmbH 1981

Die Erarbeitung des vorliegenden Bandes erfolgte im Rahmen des Projektes „ERBE/ WEP: Organisation der Erwachsenenbildung unter Berücksichtigung bestehender Bildungseinrichtungen/Entwicklung und Validierung von Planungshilfen für die Weiterbildungsentwicklungsplanung (Bedarfsfeststellung)", das aus Mitteln des Bundesministeriums für Bildung und Wissenschaft und des FEoLL finanziert und im Institut für Bildungs-Betriebslehre durchgeführt wurde.

CIP-Kurztitelaufnahme der Deutschen Bibliothek

Bedarfsorientierte Entwicklungsplanung in der Weiterbildung/hrsg. von Manfred Bayer . . . Mit Beitr. von Manfred Bayer . . . – Opladen: Leske und Budrich, 1981.

ISBN 978-3-322-89607-0   ISBN 978-3-322-89606-3 (eBook)
DOI 10.1007/978-3-322-89606-3

© 1981 by Springer Fachmedien Wiesbaden

Ursprünglich erschienen bei Leske Verlag + Budrich GmbH, Opladen 1981.

Inhalt

Vorwort

Vor etwa zehn Jahren wurde in der Bundesrepublik Deutschland damit begonnen, den Bereich der Weiterbildung zu einem eigenständigen Teilsektor des öffentlich-institutionalisierten Bildungswesens umzubauen. Die Bildungskommission des Deutschen Bildungsrates hatte 1970 in ihrem Strukturplan für das Bildungswesen erstmals gefordert, „die institutionalisierte Weiterbildung als einen ergänzenden nachschulischen, umfassenden Bildungsbereich einzurichten". Dementsprechend wurde im Bildungsgesamtplan der Bund-Länderkommission für Bildungsplanung der „Auf- und Ausbau eines Weiterbildungssystems zu einem Hauptbereich des Bildungswesens als öffentliche Aufgabe" als eines der Ziele langfristiger bildungspolitischer Entwicklung festgeschrieben.

Konsequenterweise sind in den siebziger Jahren in der gesamten Bundesrepublik Deutschland Ländergesetze zur Strukturierung, Dimensionierung und Finanzierung öffentlich und privat veranstalteter Weiterbildung erlassen worden. Das erklärte Ziel all dieser Weiterbildungsgesetze der Länder war und ist die Sicherung eines gleichermaßen breitgefächerten wie flächendeckenden und bedarfsgerechten Bildungsangebotes, das zum einen den manifesten Bedarf der Bevölkerung an Weiterbildung abdeckt, zum anderen aber auch Bevölkerungsgruppen, die bislang der Weiterbildung ferngeblieben sind, für diese erschließt.

Ähnlich wie in anderen Bundesländern hat das nordrhein-westfälische Weiterbildungsgesetz von 1974, mehr noch die Verordnung über die Rahmenrichtlinien für die Aufstellung kommunaler Weiterbildungsentwicklungspläne Planungs- und Organisationsvoraussetzungen des „Vierten Bildungsbereiches" entscheidend verändert. Nunmehr ist auch Weiterbildung strukturell und finanziell in den Rahmen den öffentlichen, institutionalisierten Bildungswesens eingebunden; Weiterbildung ist, zumindest was die planerische und organisatorische Vorsorge für spezielle Bildungsangebote betrifft, öffentliche Verpflichtung geworden. Dabei unterscheidet sich der vierte Teilbereich des Bildungssystems deutlich von den drei anderen Stufen.

Zum einen durch die *Programmplanung*: im Gegensatz zum öffentlichen Schul- und Hochschulsystem verzichtet der Gesetzgeber in der Weiterbildung auf enge curriculare Detailvorgaben, ja er verweist die „Lehrplangestaltung" in seinem „Ordnungs- und Förderungs-Rahmengesetz" ausdrücklich in die Kompetenz der einzelnen Weiterbildungseinrichtung. Dies hat weitreichende Konsequenzen für die Gestaltung und Steuerung des Weiterbildungsbetriebs nach Inhalt und Umfang; es bedeutet einen erheblich erweiterten Funktionsvorrat für die Leitungsinstanzen bzw. Leitungsgremien von Weiterbildungseinrichtungen im Vergleich zu anderen Institutionen im Bildungswesen. Die Leitungsfunktionsträger in Weiterbildungsinstitutionen sind nicht wie ihre Funktionskollegen in Schulen bloß mit der Durchführung und Überwachung von Lehrangeboten nach exakt geregelten inhaltlichen und mindestens rahmengeregelten methodischen Vorgaben beauftragt, sie haben weit darüber hinausreichende curriculare bzw. didaktische Aufgaben erhalten und sind mit entsprechenden Kompetenzen ausgestattet.

Zum anderen durch *Zielvorgabe:* gemeint ist hier die Verpflichtung zur Bereit- und Sicherstellung eines *bedarfsdeckenden Angebotes* an Weiterbildung durch Institutionen in öffentlicher und privater Trägerschaft. Das Unterscheidungsmerkmal ist dabei nicht die „Versorgungsverpflichtung", die ja mutatis mutandis auch in den anderen Bildungsstufen gilt, sondern das *„Prinzip der Orientierung der Weiterbildungsangebote am Bedarf an Weiter- bzw. Erwachsenenbildung".* Dieser Weiterbildungsbedarf ist zusammen mit einer Reihe von kapazitätsmäßig wichtigen Angaben bei der Erstellung der Weiterbildungsentwicklungspläne „vor Ort" in Verantwortung der Planungsträger durch die und mit den Planungsbeteiligten zu erheben. Der Gesetzgeber hat damit, in offenkundigem Gegensatz zur curricularen Entwicklungsarbeit in anderen Bildungsstufen, die didaktische Kompetenz vollständig an die Basis des Teilsystems, das Bildung bietet bzw. Ausbildung anbietet, verlagert. Dies bedeutet gleichermaßen Chance wie Verpflichtung für die solchermaßen funktionsangereicherten „Schulen" des Quartären Bereiches. Dies bedeutet allerdings auch zusätzliche Belastungen und erfordert zusätzliche Qualifikationen der Funktionsträger. Der Gesetzgeber hat durch die gesetzliche Regelung des Quartären Bildungsbereiches diesen in den Rahmen des öffentlichen geregelten, wenn auch nicht ausschließlich öffentlich getragenen Bildungssystems hineingestellt. Auch wenn er sich selbst auf die Angabe einer nicht exakt bestimmten Zielperspektive, nämlich „das Angebot am Bedarf zu orientieren", einschränkt, hat er sich durch die weiterbildungsrechtlichen Regelungen selbst in öffentliche Pflicht genommen. Dies hat konkrete Konsequenzen für Planung und Organisation, Zustand und Entwicklung des Weiterbildungsbereiches.

Aus der vom Gesetzgeber übernommenen Gesamtverantwortung für den Auf- und Ausbau eines bedarfsgerechten und flächendeckenden Weiterbildungsangebotes leitet sich die Aufgabe einer konkreten, mittelfristigen Entwicklungsplanung für den Gesamtbereich der Weiterbildung ab. Da die Bedarfsorientierung von Weiterbildung jedoch sinnvollerweise nur vor Ort erfolgen kann, wurde die Weiterbildungsentwicklungsplanung den kommunalen Selbstverwaltungsaufgaben zugeschlagen. Weiterbildungsentwicklungsplanung wird vom Gesetzgeber als permanente Entwicklungsaufgabe gesehen. Insofern ist das Instrument der Weiterbildungsentwicklungsplanung mit der langfristigen Raumordnungspolitik des Bundes, der Landes- und Regionalplanung sowie der kommunalen Entwicklungsplanung, die in ihrer wechselseitigen Ergänzung wichtige Instrumente gesamtstaatlicher Entwicklungspolitik darstellen, vergleichbar.

Für die Durchführung der ersten Runde der Weiterbildungsentwicklungsplanung wurden durch den zuständigen Kultusminister inhaltliche und verfahrensmäßige Vorgaben festgelegt und eine Reihe von Planungshilfen entwickelt. Diese sollten zum einen Hinweise auf die erwartete Planungsarbeit geben, zum anderen einen Vergleich der einzelnen Weiterbildungsentwicklungspläne sowie eine überregionale Konsolidierung der Einzelpläne ermöglichen. Den Trägern bzw. Durchführenden der Weiterbildungsplanung mangelte es in den meisten Fällen noch an entsprechender Planungserfahrung, zudem mußte die Planungsarbeit unter erheblichem Zeitdruck erfolgen. Erschwerend kam hinzu, daß sich die Weiterbildungseinrichtungen einer nicht unbeträchtlichen Anzahl von Planungsträgern in einer Phase struktureller und personeller Veränderung befanden. Angesichts dieser schwierigen Planungsbedingungen muß das nunmehr vorliegende Ergebnis der ersten Planungsrunde durchaus positiv bewertet werden, auch wenn in einzelnen Fällen der Lerneffekt bei den Planungsträgern möglicherweise höher einzuschätzen ist als der prognostische Wert der vorgelegten Plandaten.

Die Abteilung Weiterbildung des Landesinstitutes für Curriculumentwicklung, Lehrerfortbildung und Weiterbildung hat nach Abschluß der ersten Planungsrunde der staatlich geregelten Weiterbildungsentwicklungsplanung in Nordrhein-Westfalen die 63 vorgelegten Pläne ausgewertet. Dabei ging es darum, den Entwicklungsstand an der Basis des nunmehr öffentlich verfaßten Weiterbildungssystems festzustellen. Bei der Produktion dieser „*Bestandsbilanzen*" sollten außerdem methodische Erfahrungen für die folgenden Planungsrunden gewonnen werden. Ziel der Weiterbildungsentwicklungsplanung der *zweiten* Generation soll nach dem Willen der Gestzgeber jedoch tatsächlich die *prospektive Planung* sein. Für ein solches, politisch gewünschtes Vorhaben stellen die Ergebnisse der ersten Planungsrunde mit Sicherheit ein brauchbares Fundament dar. Es ist in der Tat gelungen, eine Übersicht über den Angebotsstand an Weiterbildung, soweit sie im nordrhein-westfälischen Weiterbildungsgesetz erfaßt ist, zu gewinnen. Es wurden zudem – und das scheint für das Folgevorhaben noch wichtiger – zahlreiche Erfahrungen gewonnen, die zeigen, was in den folgenden Planungsrunden möglich, was machbar und was mit hoher Wahrscheinlichkeit nicht leistbar sind wird.

In Anbetracht der unterschiedlichen Qualität, der mangelnden formalen Vergleichbarkeit und fehlenden Einheitlichkeit der Auswertungsgrundlagen stellt der nunmehr vorliegende Auswertungsbericht des Landesinstituts eine unter der gegebenen Datenlage optimale Ausschöpfung der Einzelpläne dar.

Parallel zur ersten Runde der Weiterbildungsentwicklungsplanung in Nordrhein-Westfalen lief am Institut für Bildungs-Betriebslehre im Forschungs- und Entwicklungszentrum FEoLL, Paderborn, ein Forschungs- und Entwicklungsprojekt, das sich die Entwicklung und Überprüfung von Möglichkeiten zur Bedarfsfeststellung in der Weiterbildung zum Ziel setzte. Dabei handelt es sich um ein Projekt, das einerseits grundlegenden Fragen nach der Konstituierung des Weiterbildungsbedarfs nachging, sich andererseits mit den Möglichkeiten der Entwicklung praktikabler Instrumente, die sich für den Einsatz im Ablauf einer bedarfsorientierten Planungsrunde eignen, befassen mußte. Zudem erwarteten die Auftraggeber die Konstruktion und Überprüfung eines standardisierten Erhebungsinstrumentes. Aus den gewonnenen Erfahrungen mit diesem Instrument resultieren Überlegungen zu alternativen Abstimmungsprozeduren zwischen Weiterbildungsbedarf in seinen vielfältigen Ausprägungen und dem Angebot der Weiterbildungseinrichtungen. Nach allen bisherigen Erfahrungen wird diesen alternativen Abstimmverfahren besondere Bedeutung zukommen.

Bei der Projektbearbeitung standen die Mitarbeiter des Institutes für Bildungs-Betriebslehre im Forschungs- und Entwicklungszentrum FEoLL also vor einer komplexen Aufgabe mit zwei divergierenden Schwerpunkten: Zum einen mußten grundlegende und weiterführende Aufschlüsse über Inhalt und Zustandekommen von Weiterbildungsbedarf gewonnen werden, zum anderen sollte ein Erhebungsinstrument entwickelt, während der aktuellen Planungsrunde eingesetzt und auf seine Eignung zum praktischen Einsatz durch Weiterbildungsanbieter überprüft werden. Es war also ein Erhebungsinstrument zu schaffen, dessen theoretische Grundlagen zum Zeitpunkt seiner Entwicklung nicht schon vorlagen, sondern erst projektbegleitend erarbeitet bzw. „bearbeitet" werden mußten.

Im Grundlagenbereich standen die Projektbearbeiter vor einer Reihe ungelöster

Probleme und noch nicht vollständig beantworteter Fragen; dazu gehörten u. a.: Was ist eigentlich Bedarf an Weiterbildung? Wie ist ihm auf die Spur zu kommen, wie ist er „zu erheben", exakt zu „messen"? Welche Daten beschreiben den tatsächlichen und den möglichen Weiterbildungsadressaten und seinen Bedarf an Weiterbildung? Mit welchen Instrumenten ist vorzugehen, was können die in anderen Bildungsbereichen eingesetzten Verfahren in der Weiterbildung leisten? Welche Daten sind erforderlich, wo können sie gefunden, wie können sie zielentsprechend verarbeitet und auf welche Weise aktuell gehalten werden? Schließlich: Wer ist denn an einer solchen Erhebung, die der „Bedarfsorientierung" von Programmen und Institutionen vorauszugehen hat, zu beteiligen, und wie hat man dabei vorzugehen? Das Institut für Bildungs-Betriebslehre, das sich seit mehreren Jahren mit Planungs- und Organisationshilfen für den Bildungsbereich befaßt, hatte sich vorgenommen, eine Reihe dieser und ähnlicher Fragen im Laufe der Projektarbeit zu bearbeiten und nach Möglichkeit zu beantworten.

Die Fragestellungen, die schließlich angegangen wurden, erwiesen sich so komplex, daß eine umfassende Bearbeitung durch die Mitarbeiter des Instituts für Bildungs-Betriebslehre allein nicht möglich und auch nicht sinnvoll schien. Aus diesen Gründen wurde im Rahmen dieses Vorhabens von der Möglichkeit Gebrauch gemacht, Experten, die nicht der institutsinternen Projektgruppe angehörten, einzelne Problembereiche zur Bearbeitung zu übertragen. Eine Auswahl der im Rahmen des Projekts erarbeiteten Beiträge interner und externer Projektmitarbeiter wird in vorliegenden Band zur Diskussion gestellt. Bei den hier vorgestellten Beiträgen handelt es sich daher nicht um fachliterarische bzw. wissenschaftliche Fundstücke zum gewählten Thema. Es lag ja nicht in der Absicht der Herausgeber, einen Reader zum Problemkomplex „Weiterbildungsentwicklungsplanung" für Weiterbildungstheoretiker, Andragogikstudenten oder Pädagogische Mitarbeiter in Weiterbildungseinrichtungen mit wissenschaftlichen Ambitionen zu schaffen. Es handelt sich vielmehr um Beiträge ausgewiesener Theoretiker und Praktiker der Weiterbildung bzw. aus solchen Disziplinen und Tätigkeitsfeldern, aus denen sich die Projektbearbeiter fundierte und konkrete Hilfen für Weiterbildungsentwicklungsplanung erhofften, die eigens und ausschließlich für das Projekt erarbeitet wurden. In den meisten Fällen wurde nicht nur Thematik und Problematik der Einzelthemen zwischen internen und externen Projektbearbeitern vorab im Detail durchgesprochen, sondern die Berichte auch während ihres Entstehungsprozesses diskutiert. Solchermaßen sollte sichergestellt werden, daß die Beiträge projektexterner Wissenschaftler und Weiterbildungspraktiker als originäre Projektbausteine in den Gesamtrahmen des Vorhabens paßten.

Die externen Beiträge wurden in ihrer Mehrzahl nach Bearbeitung durch interne Projektmitarbeiter als Projektberichte in kleiner Auflagenzahl im Forschungs- und Entwicklungszentrum FEoLL produziert und Sachkennern in Weiterbildungstheorie und Weiterbildungspraxis zur Stellungnahme vorgelegt. Wegen der Komplexität der Fragestellung und der Divergenz der möglichen wissenschaftlichen, politischen und pädagogischen Zugänge zu den angesprochenen Problemen überlappten sich die zu bearbeitenden Themenstellungen der externen Mitarbeiter und Sachverständigen an mehreren Stellen. Bei der Schlußredaktion durch die Projektleitung wurden diese kritisch untersucht und mit dem Ziele, Redundanz zu beschneiden, aber keineswegs alternative Meinungen zu amputieren, bearbeitet. Dadurch war es schließlich möglich, die weit mehr als tausend Seiten umfassenden Projektmaterialien auf ein leseökonomisch vertretbares Maß zu reduzieren. Die redaktionelle Bearbeitung, insbesondere die Kürzung der Originalbeiträge der externen Mitarbeiter und Sachverständigen liegt ausschließlich in der Verantwortung des Projektleiters, der die Schlußredaktion des vorliegenden Bandes vorgenommen hat.

Konzeption und Durchführung des Vorhabens wurden durch Experten aus den Gebieten „Programmplanung in der Weiterbildung", „Weiterbildungsadministration", „Weiterbildungspolitik" und „Entwicklungsplanung für die Weiterbildung" in mehreren Sitzungen ausführlich diskutiert. Dabei wurde eine Reihe von divergierenden Ansichten zu Fragen der politischen Legitimierung der Weiterbildungszielbestimmung, der Planungsmethodik und der strukturellen Voraussetzungen von Weiterbildungsentwicklungsplanung deutlich. Auch hinsichtlich der Beurteilung von methodischen Hilfsmitteln zur Ermittlung von Weiterbildungsbedarf bestanden erhebliche Differenzen: Während Vertreter der Weiterbildungspraxis, die sich in besonderem Maße mit der Programmplanung für bildungsdefizitäre Zielgruppen befaßten, standardisierten Erhebungsmethoden keinen oder nur sehr bescheidenen Wert beimaßen, schien dieses Verfahren Vertretern der Weiterbildungsadministration auf höherer Ebene als durchaus probate Methode.

In der Diskussion wurde schließlich die politisch-normative Komponente der „Bestimmung" — in der Doppelbedeutung des Wortes — von Weiterbildungsbedarf deutlich; diese beeinflußt Programmplanung wie Entwicklungsplanung letztlich entscheidend, ohne daß sie durch die Verfahren administrativer „Ressourcenplanung" erfaßt werden könnte. So stellte sich die Frage nach dem Zielwert „Weiterbildungsbedarf" schließlich weniger als wissenschaftlich-methodisches, denn als politisch-prinzipielles Problem. Als eines der wichtigsten Ergebnisse des Projektes muß festgehalten werden, daß es beim derzeitigen Stand der empirischen Sozialforschung noch keine zuverlässigen, wissenschaftlich vertretbaren Aussagen über einen „objektiven", angebotsunabhängigen Weiterbildungsbedarf gibt, aus denen prognostische Daten über Umfang und Inhalt eines „bedarfsgerechten Grundangebotes" abzuleiten wären.

Daher wird für die nächsten Runden der Weiterbildungsentwicklungsplanung vorgeschlagen, auf weitere aufwendige Versuche zur Bedarfsermittlung und Bedarfsprognose zu verzichten; es scheint vielmehr wichtig, in der Bundesrepublik Deutschland bereits erprobte Verfahren und Organisationsformen von Bedarfssteuerung bzw. Bedarfsbeeinflussung institutionell zu verankern.

Obwohl, wie auch die folgende Dokumentation der Projektergebnisse zeigen soll, zahlreiche weiterführende Erkenntnisse gewonnen wurden, sind sich die Projektbearbeiter bzw. die Herausgeber dessen bewußt, daß im derzeitigen Stadium der Diskussion um den Bedarfsbegriff in der Weiterbildung noch immer viele Fragen unbeantwortet, ja manchen noch gar nicht gestellt sind, so daß eine Vielzahl von weiterbildungspraktischen Problemen auch aus der Sicht der Weiterbildungsforschung nach wie vor offen ist und der weiteren Klärung bedarf. Eine Reihe von solchen Forschungsdesideraten wird direkt angesprochen; die einzelnen Beiträge, insbesondere im zweiten Abschnitt des Bandes, enthalten eine Fülle von Anregungen. Der Leser ist eingeladen, sich mit den einzelnen, gelegentlich unkonventionellen Ansätzen auseinanderzusetzen und — wo ihm dies sinnvoll und geboten scheint — sie selbst weiterzuentwickeln.

Das Weiterbildungsprojekt des Instituts für Bildungs-Betriebslehre im Forschungs- und Entwicklungszentrum FEoLL in Paderborn, wurde nach insgesamt dreijähriger Laufzeit im zweiten Quartal 1981 abgeschlossen. Die Finanzierung erfolgte aus Haushaltsmitteln des Landes Nordrhein-Westfalen und aus Mitteln, mit denen der Bundesminister für Bildung und Wissenschaft Modellprojekte der Bildungsforschung fördert.

Projekt- und Institutsleitung möchten sich an dieser Stelle bei allen externen und internen Mitarbeitern für die sachkundigen Beiträge und das kooperative Engagement bedanken. Die externen Autoren wurden ausnahmslos als persönliche Sachkenner und nicht als Vertreter der Institution, der sie beruflich zugeordnet sind, zur Mitarbeit eingeladen; es handelt sich bei ihren Beiträgen also ausnahmslos um persönliche Stellungnahmen. In den pauschalen Dank möchte ich auch die Mitarbeiterinnen des Institutes für Bildungs-Betriebslehre einschließen, die sich mit Einfühlungsvermögen und Geduld der Verarbeitung des in der Regel komplizierten Text- und Bildmaterials angenommen haben. Der Dank gilt auch den Mitgliedern der begleitenden Diskussionsrunde, die durch viele Anregungen und manchen Zwischenruf die Projektlinie mitbestimmten.

Paderborn, im Mai 1981
Gerhard E. Ortner

Teil 1:
Entwicklungsplanung in der Weiterbildung: Politische Vorgaben und institutionelle Bedingungen

Anmerkungen zu Teil 1: Zu den Voraussetzungen bedarfs-/bedürfnisorientierter Weiterbildungsentwicklungsplanung

Manfred Bayer und Gerhard E. Ortner

Weiterbildungsentwicklungsplanung zwischen politischem Anspruch und institutionellen Grenzen

Nach Ansicht von Weiterbildungsfachleuten in Theorie und Praxis, in Politik und Verwaltung, in Forschungseinrichtungen und Anbieterorganisationen sollte die 1978 in Nordrhein-Westfalen erstmals unternommene Aufstellung und Fortschreibung von Weiterbildungsentwicklungsplänen einen wesentlichen Schritt zur Sicherung eines breitgefächerten, flächen- und bedarfsdeckenden Weiterbildungsangebots in öffentlicher Verantwortung darstellen. Dieser Schritt ist getan. Er hat zahlreiche Ergebnisse und, teils vermutete und befürchtete, teils unerwartete und weiterführende, Erkenntnisse gebracht. Die erste Runde der nordrhein-westfälischen Weiterbildungsentwicklungsplanung war, auch wenn man dies nicht allzu deutlich artikulierte, als Pilotvorhaben, als Lernprojekt für alle Beteiligten konzipiert. Die damit angestrebten Ziele konnten zum Großteil erreicht werden; die erfolgte detaillierte und durch die Auswerter kumulierte Bestandsaufnahme bietet manch tieferen Einblick in die Weiterbildungssituation und weiterreichenden Ausblick auf deren Entwicklungsmöglichkeiten. Dennoch ist auch nach Abschluß der ersten Runde Weiterbildungsentwicklungsplanung noch Neuland. Die gesammelten Planungserfahrungen weisen in Richtungen, an die man zunächst noch nicht gedacht hatte; zahlreiche äußere Bedingungen, zuallererst die finanzielle Situation öffentlicher Weiterbildung bzw. Weiterbildungsförderung, haben sich geändert.

Freilich, man hat das in der ersten Planungsrunde Gelernte dringend nötig: Weiterbildungsplanung kann nur als langfristiger Entwicklungs- und Lernprozeß gesehen werden. Entwicklungs- und Lernprozesse zielen stets auf situationsabhängige Veränderungen ab, sie berücksichtigen die sich ändernden Zielvorgaben und Restriktionen und bestimmen diese ihrerseits wiederum mit. So wird Weiterbildungsentwicklungsplanung selbst wiederum zu einem innovativen und – dies hat die analytische Aufarbeitung der gesammelten Planungserfahrungen der ersten Runde ergeben – politischen Vorhaben. Kennzeichnend für die innovativen Auswirkungen der Verpflichtung zur Weiterbildungsentwicklungsplanung ist neben ihrer Langfristigkeit der Versuch, für die Weiterbildung demokratisch legitimierbare und administrativ umsetzbare. Planungskriterien festzulegen. Die Festlegung von Planungsablauf und Planungskriterien als Instrument zur Erreichung weiterbildungspolitischen Zielsetzungen sind aus mehreren Gründen, ja notwendigerweise *formaler* Natur. Wird Weiterbildungsentwicklungsplanung als Prozeß verstanden, der Kontinuität wie dynamische Entwicklung gleichermaßen ermöglichen soll, müssen die Förderungskriterien, um Vergleichbarkeit und Kontrolle der Planung zu gewährleisten, einerseits diesem Verbindlichkeitsanspruch entsprechen, andererseits für eine differenziertere und aufgabengerechte Interpretation offen sein. Verbindlichkeit und Offenheit markieren den Handlungsspielraum, in dem Selbstverwaltungsgremien in Kreisen bzw. Kommunen mit den kommunalen und sonstigen Trägern von Weiterbildungseinrichtungen zusammenwirken. Die Versorgung der Bevölkerung mit Weiterbildung wird dem Bereich der öffentlich gewährleisteten Daseinsvorsorge zugerechnet. Das verfassungsmäßig garantierte Recht jedes Bürgers auf (Weiter-)Bildung findet seine weiterbildungspolitische Entsprechung in den materiellen Planungskriterien einer sowohl flächendeckenden als auch bedarfsgerechten Versorgung der Bevölkerung mit öffentlich verantworteten Weiterbildungsangeboten.

Diese aufeinanderbezogenen Planungsprinzipien tragen den regionalen Gegebenheiten und Besonderheiten Rechnung, indem sie in einem politischen Aushandlungsprozeß allen an Weiterbildungsentwicklungsplanung einer Planungsregion Beteiligten die Bestimmung dessen ermöglichen, was man als „administrativen" (weil administrativ-bürokratisch ermittelten) Weiterbildungsbedarf bezeichnen könnte, der sich in Form des Weiterbildungsangebotes einer Region konkretisiert. Bei dieser Abstimmungsaufgabe gehen die Planungsprinzipien von Weiterbildungsentwicklungsplanung und Weiterbildungsprogrammplanung ineinander über, treffen die Sozialisationsabsichten der Weiterbildungseinrichtungen und die antizipativen Vermutungen der Veranstalter über die Weiterbildungsbedürfnisse, Weiterbildungsnotwendigkeiten, Interessenlagen und Motivstrukturen aufeinander. Dieser Vorgang, in der Terminologie der nordrhein-westfälischen Weiterbildungsgesetzgebung etwas unglücklich und sicherlich mit zu hohem Anspruch als *„Bedarfsprognose"* bezeichnet, ist gleichzeitig der Brennpunkt der politischen und wissenschaftlichen Auseinandersetzung mit dem noch ungelösten Fragekomplex, was als Weiterbildungsbedarf zu bezeichnen sei, wie der Bedarf nach Weiterbildung zustandekommt und sich artikuliert, wie Weiterbildungsbedarf erforscht, erkundet, ermittelt und prognostiziert werden kann.

Weiterbildungsbedarf als begriffliches Konstrukt und bildungspolitisch-pädagogische Kategorie

Die erste Planungsrunde hat deutlich gemacht, daß man noch keineswegs sicher weiß, wie und mit welchen Instrumenten und Verfahren die Entwicklung des regionalen Weiterbildungsangebotes „bedarfsgerecht" geplant werden kann. Dies hat konsequenterweise das Problembewußtsein der Weiterbildungsforschung für die Komplexität und Vielschichtigkeit des Bedarfsproblems geschärft.

Dem Begriff des „Weiterbildungsbedarfes" ist auch der einleitende Beitrag gewidmet. Darin untersucht Gerhard E. *Ortner* den Begriffsinhalt als Zielgröße für Ressourcen- und Inhaltsplanung im Hinblick auf Einwirkungsmöglichkeiten durch Planer und Anbieter und in Abhängigkeit vom Zustandekommen im einzelnen Adressaten bzw. in einzelnen Adressatengruppen. Dabei zeigt er, daß man Weiterbildungsbedarf nicht bloß inhaltlich (z. B. nach den Angebotskategorien des Weiterbildungsgesetzes) oder nach dem Grade der Artikulation (z. B. als manifester vs. latenter) Bedarf differenzieren kann. Geht man nach den einzelnen Positionen, an denen sich Weiterbildungsbedarf ausmachen läßt, vor, so gelangt man zu einer Differenzierung in „individuellen" Bedarf, der sich im bzw. durch das Individuum zeigt, in „institutionellen" Bedarf, der sich durch Qualifikationsanforderung in den sozioökonomischen und soziostrukturellen Einrichtungen ergibt, und schließlich in „politischen" Bedarf, der durch Willensbildungsprozesse gesamtgesellschaftlich normiert wird.

Ortner unterstreicht die politische Komponente, die allen Versuchen, den „latenten" Bedarf in Individuen und Gruppen festzustellen, innewohnt. Er weist auf den manipulativen Charakter aller standardisierten und teilstandardisierten Erhebungsverfahren hin. Weiterbildungsforschung kann letztlich nur das Zustandekommen bestimmter Bedarfsdispositionen in Abhängigkeit von sozialen und ökonomischen Bedingungen beschreiben, möglicherweise Bedarfspotentiale bestimmen; die Eingrenzung „latenten" Bedarfs bedarf der normativen, also der politischen Festlegung. Die derzeit in der Regel angewandten einfachen Verfahren (Hörerstatistiken, standardisierte Erhebungen) können höchstens Orientierungshilfen bieten; sie sind durch teilstandardisierte oder „offene" Methoden zu ergänzen. Wichtiger als die Versuche, durch Individualerhebungen zu Bedarfshinweisen zu kommen, scheint es, die politischen Träger von Weiterbildungseinrichtungen zur ausreichend operationalen Festlegung der eigenen weiterbildungspolitischen Position zu veranlassen. Die „bedarfsorientierung" der Programmplaner wird sich in Zukunft eher in einer Weiterbildungsstimulierung durch Angebote, von denen man aufgrund von interlokalen und interregionalen Vergleich annehmen kann, daß sie Bedürfnissituationen bestimmter Adressatengruppen entsprechen, konkretisieren.

Daß Entwicklungsplanung in der Weiterbildung struktureller Bezugspunkte bedarf, die Abgrenzungen und Zuordnungen ermöglichen, galt im Bereich der Erwachsenenbildung lange Zeit nicht als selbstverständlich. Bildungsökonomische Effizienzkriterien begannen sich verstärkt auch in der Weiterbildung durchzusetzen: Die Orientierung am „Bedarf" hat gleichzeitig einen Bedarf an Gliederungs- und Ordnungskategorien nach sich gezogen, einen zusätzlichen Bedarf an strukturellen Kriterien, in deren Rahmen Entwicklungsplanung vollzogen, Transparenz sichergestellt, finanzielle Förderung begründet und Prioritäten gesetzt werden können. Gliederungs- und Ordnungskriterien dieser Art sind jedoch nicht neutral, ihre Aussagefähigkeit und ihre Konsequenzen sind unter adressatenspezifischen Gesichtspunkten ebenso von Belang, wie unter inhaltlichen und institutionellen Aspekten. Hans *Tietgens* geht in seinem Beitrag auch auf die im Konnex mit der Weiterbildungsentwicklungsplanung aufgeworfenen Gliederungs- und Ordnungsprobleme systematisch ein, stellt sie in einem umfassenden Zusammenhang und entwickelt eine strategische Perspektive, an der künftige Ordnungs- und Systematisierungsbemühungen sich orientieren können.

Im Rahmen einer weiterführenden theoretischen Reflexion diskutiert *Tietgens* die kategorialen Systeme innerhalb der wissenschaftlich-theoretischen Auseinandersetzungen im Verlaufe der letzten drei Jahrzehnte auf der Suche nach einer Meta-Ordnung. Er verfolgt dabei das Ziel, das Symptomatische der Diskussionsschwerpunkte herauszuarbeiten; nur so könne man die komplexe Gliederungsproblematik in den Griff bekommen. Vom Standpunkt des potentiellen Teilnehmers her gesehen hält *Tietgens* Kriterien, die aus den Angebotsstrukturen heraus erwachsen, für die aufgabenangemessene Gliederungsweise. Er verweist damit auf Veranstaltungsformen, aus deren unterschiedlichen Funktionen auch das jeweilig erwartete Teilnehmerverhalten erschlossen werden kann. Dabei geht er der Frage nach, inwieweit sich eine Verknüpfung einer Typologie von Veranstaltungsformen mit einer Typologie von Lernzielen auf der Ebene von Verhaltensdispositionen anbietet und zeigt die Grenzen der Möglichkeiten auf, die Angebotsstruktur auch vom Teilnehmer her typologisch zu bestimmen. Insgesamt stellt der Beitrag heraus, daß die diskutierten Gliederungsansätze angesichts der Vielschichtigkeit dieses Bildungsbereiches nur Hilfskonstruktionen sein können, die darauf hin befragt werden müssen, inwieweit sie der Realität und ihrer Funktion gerecht werden.

Als Maßstab für ihre Bewertung hält *Tietgens* Transparenz und Überschaubarkeit für vorrangig; er fordert eine Verbreitung des terminologischen Konsens, innerhalb dessen die jeweilige Aufeinanderbezogenheit der verwendeten Begriffe erkennbar wird. Doppeldeutigkeiten und damit die Möglichkeit zu Manipulationszwecken sind aus dem Weg zu räumen. *Tietgens* ist der Ansicht, daß die Terminologie der Erwachsenenbildung für eine begrifflich-inhaltliche Differenzierung noch nicht weit genug entwickelt ist. Noch fehlen die weiterführenden Kategorien, die über die eindimensionalen Begriffsschemata hinausweisen und eine Verknüpfung der Perspektiven ermöglichen, die *Tietgens*, ausgehend von den Konstitutionsbedingungen von Erwachsenenbildung in Form einer mehrdimensionalen Kategorientafel vorlegt.

Der Prozeß zur Erstellung eines Weiterbildungsentwicklungsplanes sowie die Handhabung dieses Planungsinstrumentariums in einer Planungsregion vollzieht sich auf mehreren unterschiedlichen Ebenen und muß von Institutionen mit divergierenden weiterbildungspolitischen Zielsetzungen getragen werden. Trotz der daraus resultierenden Schwierigkeiten bei der Abstimmung muß Weiterbildungsentwicklungsplanung auch künftig als *integrierte* Planung betrieben werden.

Entscheidungsgrundlagen und Entscheidungskriterien der Weiterbildungsentwicklungsplanung

Die zunehmende Erfahrung mit Weiterbildungsentwicklungsplanung wird deutlich machen, daß die Grundsätze traditionellen Verwaltungshandelns zur Planung und Organisation von Weiterbildung nicht ausreichen. Es kommt darauf an, experimentell neue Formen öffentlicher Planung und Organisation zu erproben. Erst dann kann sich zeigen, ob die im Weiterbildungsgesetz vorgesehenen Gestaltungselemente zur Erfüllung dieser besonderen Pflichtaufgabe von Kommunen bzw. Gebietskörperschaften voll genutzt werden. So richtig die administrative Perfektionierung der für die Weiterbildungsentwicklungsplanung erforderlichen Instrumente zunächst auch immer scheinen mag, für die Bewältigung ist zunächst wichtig, wie sie auf der Basis weiterbildungspolitischer Zielvorstellungen *bewertet* wird. Mit der gesetzlich postulierten Forderung, *die Ziele der Weiterbildungsentwicklungsplanung am Bedarf zu orientieren,* stellt sich gleichzeitig die Frage nach den Prioritäten weiterbildungspolitischer Entscheidungsbildung: Der schon angesprochene „administrative" Bedarf ist nur anhand einer Prioritätenskala angemessen zu beurteilen, die über die herkömmlichen bildungsökonomischen Kriterien hinaus im wesentlichen *gesellschaftspolitische* Bedarfselemente beinhalten muß.

Wie Entscheidungskriterien dieser Art entwickelt und in den Prozeß der Weiterbildungsentwicklungsplanung eingebracht werden können, versucht der Beitrag von Heinrich *Tillmann* herauszuarbeiten. Ausgangspunkt seiner Überlegungen ist ein struktur-funktionaler Ansatz: die Funktionsfähigkeit und das Entwicklungspotential der Gesellschaft hängt wesentlich davon ab, inwieweit Individuen in ihrer sozialen Existenz Fähigkeiten entwickeln können, um die an sie von den unterschiedlichen gesellschaftlichen Teilsystemen herangetragenen Funktionserfordernisse zu erfüllen. Demnach wäre die Leistungsfähigkeit eines Weiterbildungssystems danach zu beurteilen, inwieweit es ihm gelingt, über die Entwicklung der Fähigkeit zu kompetenter Berufsarbeit, zur Teilhabe am politischen Leben und zur Erhaltung der persönlichen Identität hinaus auch die übrigen, für die individuelle Entfaltung und die Funktionserhaltung der Gesellschaft gleichermaßen bedeutsamen Sozialisationsleistungen zu erbringen. *Tillmann* stellt soziostrukturell geprägten Lebensaufgaben idealtypisch als „Entwicklungsaufgaben" dar und stellt unterschiedlichen Lebenssituationen und Rollenbezügen wiederum idealtypische „Funktionsbilder" gegenüber. Er gelangt solchermaßen zu einem Katalog von Qualifikationsanforderungen, die sich innerhalb eines Zielrahmens zur Bestimmung von Bedarfsschwerpunkten ordnen lassen, der an die Entwicklungsbedingungen und Entwicklungsvoraussetzungen Erwachsener anknüpft.

Angesichts eines gesetzlich verankerten Rechtes auf Weiterbildung mit der Zielperspektive der Förderung der freien Entfaltung der Persönlichkeit wäre aus dem entwickelten Zielrahmen eine konsensfähige Entscheidungsbasis für die Erfüllung von Mindestanforderungen an das zu planende und entwickelnde Weiterbildungssystems herzuleiten. Aufbauend auf seinem ausführlich begründeten Zielrahmen geht *Tillmann* im Detail auf die Realisierungsvoraussetzungen zielorientierter Bedarfsentscheidungen ein, stellt organisationssoziologische Überlegungen an und gelangt schließlich zu einer kritischen Auseinandersetzung mit den Klassifikationskriterien des nordrhein-westfälischen Weiterbildungsgesetzes.

Die Schwerpunkte dieser kritischen Einwendungen gegenüber den gesetzlich vorgegebenen Strukturbestimmungen liegen in der Gefahr einseitiger Überbewertung quantitativer Planungsgrößen, die zu einer Kopflastigkeit von Sachbereichen mit vorwiegend formalisierten und standardisierten Angeboten führen kann. Die Vermengung von Erfahrungsbereichen und Sachbereichen innerhalb der Klassifikationskriterien läßt ein gemeinsames Orientierungs- bzw. Differenzierungsprinzip vermissen und ist insbesondere dort problematisch, wo die Bezeichnung „Sachbereich" den Anschein von enzyklopädisch-kognitivem Wissen erweckt, darunter jedoch Angebote subsumiert werden, die weniger die Vermittlung von Fachwissen, sondern primär Aktivierung zum Ziel haben. Auf der anderen Seite suggeriert die Etablierung eines eigenen Sachbereiches mit der Bezeichnung „personenbezogene Bildung" den Eindruck, als ob die übrigen Sachbereiche nicht an der Person orientiert wären.

Die herangezogenen Beispiele reichen aus, um aufzuzeigen, daß Weiterbildungsentwicklungsplanung durchaus nicht nur quantitative oder im weitesten Sinne materielle Konsequenzen nach sich zieht; so wichtig dieser Aspekt auch sein man, die inhaltlich-qualitativen Dimensionen dürfen darüber nicht vernachlässigt werden. Der Beitrag von *Tillmann* will den Blick dafür schärfen. Er mündet in den Vorschlag, den Kategorienrahmen des Weiterbildungsgesetzes, der, wie er ausführt, erst eine „erste Operationalisierung" des Rechts auf Weiterbildung darstellt, gerade im Hinblick auf die Notwendigkeit einer zielorientierten Bedarfsbestimmung zu überdenken. Neben erweiterten organisatorischen bzw. prozeduralen Verfahrensregelungen für die Weiterbildungsentwicklungsplanung sind *inhaltliche* Rahmenrichtlinien für die Erstellung von Weiterbildungsentwicklungsplänen bereitzustellen. Als Orientierungsmodell dafür könnte der von ihm vorgelegte Zielrahmen dienen.

Weiterbildungsentwicklungsplanung als neuartige kommunale Planungsaufgabe bedarf nicht nur der sorgfältigen legistischen Vorbereitung der gesetzlichen Grundlagen und der Feststellung des Ausführungsrahmens seitens des Landes bzw. des zuständigen Kultusministers; die Übertragung der politischen Verantwortung für die geplante Entwicklung des Weiterbildungsbereiches auf die Selbstverwaltungsgremien der regionalen Gebietskörperschaften erfordert kommunalpolitisch nicht nur Zielfestlegungen, sondern auch Strukturentscheidungen. Diese setzt die Identifikation und Mitwirkungsbereitschaft der Träger und ihrer Vertretungsgremien voraus.

Emil *Vesper*, Referent und Kommunalverwaltungsexperte des Deutschen Städtetages, war von Anfang an an der Diskussion um die rechtliche Ausgestaltung der gesetzlichen Regelungen der Weiterbildungsentwicklungsplanung wie auch deren erstmaliger praktischen Umsetzung beteiligt. Der vorliegende Beitrag enthält eine ausführliche Analyse und Interpretation des „Geistes" der der Weiterbildungsentwicklungsplanung zugrunde liegenden gesetzlichen Materie. Ausgehend von einer Darstellung der Ziele und der Funktionsweise der Weiterbildungsentwicklungsplanung setzt sich der Autor mit den zentralen Fragen der Bedarfsanalyse und Bedarfsprognose im Bereich der administrierten Allokation im Rahmen regional- und kommunalpolitischer Förderungsaufgaben und dem dahinterstehenden Bedarfsbegriff auseinander.

Angesichts der Tatsache, daß der Weiterbildungsentwicklungsplanung ein eher „technisches" Planungsmodell zugrunde liegt, kommt der Autor bei der Diskussion der in den Sozial-, Wirtschafts- und Verwaltungswissenschaften gebräuchlichen Bedarfsdefinitionen konsequenterweise zu dem Ergebnis, daß der Begriff des „Administrativen Bedarfs" der Aufgabenerfüllung der Weiterbildungsentwicklungsplanung am nächsten kommt. Im Anschluß daran geht der Autor ausführlich auf die komplexe Problematik der Bedarfsermittlungsverfahren ein und verweist gleichzeitig auf den notwendigerweise politischen Charakter der Planungskriterien und der Zielformulierung für die Entwicklung des Weiterbildungsbereiches. In einem weiteren Abschnitt werden die beiden bereits im Bildungsgesamtplan vorgeschlagenen Wege der Organisation und Institutionalisierung von Entwicklungsprozessen im Weiterbildungsbereich, nämlich die Kooperationsgremien auf lokalregionaler Ebene sowie auf Landesebene einerseits und die kommunale Entwicklungsplanung für die Weiterbildung andererseits dargestellt, gegeneinander abgegrenzt und die Vorzüge der Weiterbildungsentwicklungsplanung nach dem nordrhein-westfälischen Modell gegenüber den lokalregionalen Kooperationsgremien in anderen Bundesländern hervorgehoben.

Die Evidenz dieser Vorzüge wird sich allerdings erst anhand der Praxiserfahrungen erweisen müssen, denn gerade die vage und unverbindliche Regelung der lokalregionalen Abstimmung, Kooperation und Koordination scheint eine der Schwachstellen der bisherigen Weiterbildungsentwicklungsplanungspraxis zu sein. Im letzten Abschnitt skizziert der Autor ein Orientierungsmuster für einen Planungsrahmen zur Entwicklung und zum Ausbau eines bedarfsdeckenden öffentlichen Weiterbildungsangebotes auf kommunaler Ebene, wobei er den Volkshochschulen den Stellenwert von öffentlichen, kommunalen Weiterbildungszentren zuweist.

Planungsvoraussetzungen und Planungsbedingungen der praktischen Entwicklungsarbeit in der Weiterbildung

Ferdinand *Schmidt* identifiziert in seinem Projektbeitrag „Verbesserung der Versorgungslage eines Planungsbereiches", „Ermitteln von Angebotsdefiziten", „gezielte Maßnahmen zur flächen- und bedarfsdeckenden Entwicklung der Angebotesstruktur im Sinne einer gestuften Dezentralisierung" als Aufgaben, die regelmäßige Konsultationen zwischen Planungsträgern und den anbietenden Einrichtungen voraussetzen. Je nach den unterschiedlichen weiterbildungspolitischen Zielsetzungen, welche die kommunalen Träger und ihre Einrichtungen sowie die Einrichtungen in anderer Trägerschaft im Rahmen des Weiterbildungsgesetzes verfolgen, stellen die Weiterbildungsentwicklungspläne unterschiedliche *strategische Orientierungsrahmen* dar, an denen sich die Planungsdispositionen der Einrichtungen anlehnen können. Da die Angebots- und Versorgungsstruktur durch die geplanten und durchgeführten Maßnahmen der Einrichtungen eine stetige Veränderung erfahren, bedürfen auch die Sollsetzungen und deren Begründungen in den Weiterbildungsentwicklungsplänen einer *regelmäßigen Evaluation. Schmidt* entwickelte einen Ansatz, wie dieser von der Zielsetzung der Weiterbildungsentwicklungsplanung her angestrebte kontinuierliche, multilineare Feedback-Prozeß institutionalisiert und in die Praxis umgesetzt werden .kann. Neben Hinweisen zur differenzierten Nutzung der Planungsdaten auf der Ebene der einzelnen Einrichtungen und seitens der Planungsträger auf regionaler Ebene wird ein konzeptioneller Rahmen für Analyse und Auswertung aller Weiterbildungsentwicklungspläne auf Landesebene durch das Landesinstitut zur Diskussion gestellt. Ziel dieser überregionalen Auswertungstätigkeit ist zunächst ein Überblick über den Entwicklungsstand des Weiterbildungsbereiches als Grundlage für die Berichterstattung der Landesregierung an den Landtag. Darüber hinaus sollen Schwachstellen des Instrumentes korrigiert und durch Serviceleistungen des Landesinstituts die Voraussetzungen der Weiterbildungsentwicklungsplanung verbessert werden. Erst diese zentrale Auswertung der aggregierten Planungsdaten ermöglicht die Einschätzung von Trends in einzelnen Entwicklungsbereichen, so auch über das Ausmaß der Beteiligung der Hochschulen an der Versorgung mit Weiterbildung.

Da das bisher vorliegende Schrifttum zur Weiterbildungsentwicklungsplanung sich weitgehend auf Programmatisches beschränkt und sich die Argumentation dementsprechend auf hohem Abstraktionsniveau bewegt, wird durch den Projektbeitrag von *Schmidt* erstmals praktische Hilfe bei der Bewältigung einer Vielzahl auf den unterschiedlichen institutionellen Ebenen jeweils anfallenden Planungsproblemen geboten. In der Zuständigkeit der kommunalen Planungsträger für die Sicherstellung der Grundversorgung begründet Schmidt deren besondere Rolle bei der Institutionalisierung regelmäßiger Beratungsgespräche zwischen den Einrichtungen. Er führt weiter aus, daß sich die kommunalen Träger nicht auf die relativ weit auseinanderliegenden Phasen der jeweiligen Planerstellung beschränken dürfen. Beratung und Information sind zu den kontinuierlich wahrzunehmenden Aufgaben zu zählen.

Vordringliche Aufgabe ist es nunmehr, das normierte „Recht auf Weiterbildung" dermaßen zu operationalisieren, daß es an der Basis der Weiterbildungsanbieter zu adressatengerechten Angeboten führt; auch das weitgehend abstrakte Postulat einer „bedarfsgerechten Weiterbildungsentwicklungsplanung" ist erst zu konkretisieren, ja zu „instrumentalisieren", bevor man es in der Weiterbildungspraxis verwirklichen kann. Zu den Möglichkeiten, die die Weiterbildungsadministration in Nordrhein-Westfalen ausdrücklich benannt hat, sind „wissenschaftliche Bedarfsanalysen" zu zählen. Man ging dabei davon aus, daß es wenigstens grundsätzlich möglich sei, durch Einsatz wissenschaftlicher Verfahren Hinweise auf die Plangröße „Weiterbildungsbedarf" zu gewinnen. Man vergab kurz nach Beginn der ersten Planungsrunde an das Institut für Bildungs-Betriebslehre im Forschungs- und Entwicklungszentrum FEoLL den Auftrag, sozialwissenschaftliche Erhebungsinstrumente im Laufe des Planungsprozesses in Nordrhein-Westfalen einzusetzen und solchermaßen praktisch zu erproben. Der Einsatz erfolgte in drei sozial und ökonomisch deutlich zu unterscheidenden Regionen. Für die Untersuchung aller Regionen galt dabei dieselbe Vorgabe, nämlich unter Einsatz zunächst nur *eines* Instrumentes und im Rahmen *einer* Erhebungsphase, mehreren Zielstellungen gerecht zu werden.

Zur Beantwortung der angesprochenen Fragenkomplexe mußte die soziale, ökonomische, bildungs- und arbeitssituative Struktur der rückgeflossenen Fragebogen im Detail analysiert und, wo dies aufgrund der gegebenen Datenlage möglich war, in bezug zu strukturellen Angaben der Bevölkerung der Region bzw. Nordrhein-Westfalen und der Bundesrepublik Deutschland gesetzt werden.

Bei dieser Gegenüberstellung gewann *Bayer* direkte Aufschlüsse über bestehende Defizite.

Der Verwendbarkeit von Datenmaterial offizieller Statistiken zur Beschreibung der Sozial- und Wirtschaftsstruktur der Planungsregionen als Grundlage bedarfsprognostischer Aussagen für die Weiterbildungsentwicklungsplanung sind erhebliche Grenzen gesetzt. Die auf die jeweiligen politischen Einheiten bezogenen Daten sind in der Regel zu großräumig aggregiert, um daraus noch sinnvoll interpretierbare, planungsrelevante, Aussagen ableiten zu können.

Geeignete „kleinräumige" Daten, die sich auf die jeweiligen Einzugsbereiche der Planungsträger beziehen, sind vor allem in den Kreisen nicht verfügbar. Als pragmatischen Ausweg schlägt *Bayer* vor, die vorhandenen Kategorien der Landesentwicklungsplanung mit normativen Standards der Weiterbildungsversorgung zu füllen. Die Kurzfassung eines von *Bayer* an anderer Stelle publizierten interregionalen Vergleichs zeigt, daß in der Versorgung mit Weiterbildungsangeboten noch erhebliche regionale Disparitäten bestehen und daß der Anteil des Weiterbildungsangebotes in öffentlicher Trägerschaft in den drei Planungsregionen erheblich differiert. Dies gilt insbesondere für die Beteiligung der Hochschulen am regionalen Weiterbildungsangebot, den Ausbaustand öffentlicher Informations- und Beratungsangebote sowie die Möglichkeiten systematischen Lernens sowohl auf allen Stufen des zweiten Bildungsweges wie auch in den Bereichen der berufsbezogenen Weiterbildung und der Angebote zum Nachholen von Schulabschlüssen bis hin zur Hochschulreife.

Wie sich aus der inzwischen abgeschlossenen Auswertung der insgesamt erstellten Weiterbildungentwicklungspläne ergibt, entspricht diese spezielle Erfahrung durchaus dem Gesamtergebnis in Nordrhein-Westfalen. Immerhin hat die erste Planungsrunde eine Basis für alle folgenden geschaffen; ein quantitatives Planungsfundament ist gefunden und qualitative Planungserfahrung gewonnen worden. Die Fülle der Detailprobleme, die sichtbar geworden sind, lassen es geboten erscheinen, nicht bloß nach Lösungsmöglichkeiten für Einzelsituationen zu suchen, sondern auch prinzipiell über Struktur und Prozesse der Weiterbildungsentwicklungsplanung und deren unterschiedliche Spielarten nachzudenken. Dabei braucht man sich nicht länger in Spekulationen flüchten; die Erfahrungen bei den Planern und den Auswertern, bei den Verwaltern und Forschern bieten eine solide Plattform für die Diskussion konkreter Vorschläge.

Planung in Volkshochschulen ist nach den Erfahrungen von *Thunemeyer* nicht eine neuen Qualität der Volkshochschularbeit im Zusammenhang mit den Anforderungen aus der Weiterbildungsentwicklungsplanung in Nordrhein-Westfalen; Planung ist vom Anspruch her immer schon integraler Bestandteil der Volkshochschularbeit gewesen. In dem Erfahrungsbericht von *Thunemeyer* wird versucht, die Schwierigkeiten und Anforderungen planenden Handelns im komplexen Gefüge einer konkreten Volkshochschule aufzuzeigen.

Dabei lassen sich als zentrale Punkte festhalten: in der Regel fehlt es an eindeutigen bildungspolitischen Absichtserklärungen der Träger von kommunalen Volkshochschulen, die als Orientierungspunkte im Planungsprozeß Relevanz erhalten; es fehlt in der Regel an einem artikulierten, operationalisierbaren und einheitlichen Selbstverständnis der Mitarbeiter darüber, was die Aufgaben einer Volkshochschule sind, um daraus Planungsziele ableiten zu können; die pädagogische Arbeit in der einzelnen Volkshochschule wird determiniert durch administrative Anforderungen und Vorgaben, die sich aus der Einbindung in den kommunalen Verwaltungsbereich ergeben; Planungen in der Volkshochschule sind weitgehend erfahrungsgeleitet und angebotsorientiert, da experimentelle Angebote, die die Möglichkeiten von Mißerfolgen und/oder Konflikten implizieren können, aufgrund mangelnder Freiräume nicht realisierbar sind oder aus Angst vor Konflikten vermieden werden.

Am praktischen Fall der didaktischen Planungsarbeit in den Weiterbildungseinrichtungen wird deutlich, daß für die Verwirklichung des Bedarfs- bzw. Bedürfnisorientierungspostulates der Weiterbildung nicht nur immer noch operationale politische Vorgaben fehlen, sondern auch relativ enge institutionelle Grenzen gesetzt sind.

Bedarf und Planung in der Weiterbildung: zur Differenzierung des Bedarfsbegriffes für die Weiterbildung

Gerhard E. Ortner

Vorbemerkungen: Weiterbildungsbedarf als Planungsrichtwert

„Was ist Bedarf? Was können wir über Bedarf wissen? Auf wieviel können wir hoffen?" oder für finanzwirtschaftlich Ängstliche „Auf wie wenig können wir hoffen?". Solchermaßen könnte man die Kantschen Grundfragen für den Bereich des Bildungsbedarfes und auch des Weiterbildungsbedarfes variieren. Damit begibt man sich auch verbal und formal auf die Ebene, auf der regelmäßig die Diskussionen über Qualität und Quantität des Weiterbildungsbedarfes laufen oder zu enden pflegen: auf die philosophische, präziser: philosophisch-pädagogische und philosophisch-politische.[1] Wie aber die Schere zwischen allgemeiner philosophisch-anthropologischer Grundsatzerörterung und den technisch-administrativen Anforderungen staatlicher Weiterbildungsentwicklungsplanung schließen?[2] Zumal auch die im Zwischenfeld angesiedelten Sozial- und Individualwissenschaften dem Planungspraktiker keine rechte Hilfe anbieten können, zumindest keine ausreichend verbindliche, die sich zur Legitimation an der bürokratischen Basis eignete. Weder in der bildungssoziologischen „noch in der lernpsychologischen Literatur und Forschung besteht eine festumrissene und allgemeingültige Definition und Auslegung dessen, was als Bildungsbedarf bezeichnet wird".[3]

Dabei besteht das Dilemma nicht in einem Mangel, sondern im Überfluß an Definitionen und Interpretationen, so daß der pointierte Ausspruch, daß Weiterbildungsbedarf eben das sei, was man in einer bestimmten Situation feststellen *will*, weder der logischen noch der praktischen Begründung entbehrt. Im Gegenteil: In diesem aphoristischen Satz liegt der normativ-politische Lösungskern des Problems. Weiterbildungsbedarf, seine Bestimmung und die daran anschließende Planung und Organisation von Weiterbildungsangeboten erweist sich bei genauerer Analyse als politische, als bewußt „setzende" Aufgabe. Dies soll im folgenden einleitenden Beitrag gezeigt werden, und dies ist auch das kondensierte theoretische Ergebnis des praktischen Projektes zur Erprobung von Instrumenten zur Bestimmung des Weiterbildungsbedarfes als Richtgröße für die staatlich geordnete und verordnete Weiterbildungsentwicklungsplanung.[4]

Es scheint so, als ob sich im Weiterbildungssystem die bildungstheoretische und bildungspolitische Diskussion wiederholt. Dies ist auch verständlich, denn Weiterbildung begreift sich ja ausdrücklich als gleichberechtigter Teilbereich des Gesamtbildungssystems und hat seine Anerkennung ja zumindest de iure in vielen Fällen bereits durchsetzen können.[5] Dennoch bestehen gravierende Unterschiede. Der bedeutendste darunter ist der Umstand, daß man, wohl aus politischer und pädagogischer Tradition, auf die Festlegung von mehr oder weniger ridigen und engen Curricula, wie sie in den anderen Bildungsstufen (tendenziell *auch* im Tertiären Bereich) üblich ist, verzichtet. Dennoch will man die staatlich zu finanzierenden Weiterbildungseinrichtungen nicht außer bildungspolitischer Kontrolle geraten lassen.[6] Als Reglementierungsgröße wurde die „Bedarfsorientierung" gewählt. Es war im Verlauf des Begleitprojektes des Instituts für Bildungs-Betriebslehre zur ersten Runde der Weiterbildungsentwicklungsplanung in Nordrhein-Westfalen zu untersuchen, inwieweit sich der Begriff des „Weiterbildungsbedarfes" als Planungs- und (daher stets auch als) Kontrollgröße gebrauchen läßt. Dabei ist zu berücksichtigen, daß Bedarfsorientierung vornehmlich eine programmatische Verpflichtung der Anbieter und nicht aber eine einklagbare staatliche Pflicht zur ständigen und vollen Abdeckung des festgestellten Bedarfes bedeutet.

Zur Herstellung der weiterbildungspolitisch gewünschten Annäherung der Weiterbildungsangebote an die Erwartungssituation der Adressaten — und nichts anderes kann „Bedarfsorientierung" sein — stehen prinzipiell unterschiedliche Strategien zur Verfügung. Bislang mußte man sich aus verschiedenen Gründen, die hier nicht ausführlich diskutiert werden können, weitgehend auf eine Kontrolle ex-post beschränken. Aus Gründen der relativen Flexibilität der Weiterbildungsanbietereinrichtungen hat dieses Verfahren durchaus Wirkung gezeigt; es kam zur Herausbildung eines zentralen Kernes von Weiterbildungsangeboten, die ständig nachgefragt werden, die offensichtlich einem wie auch immer zu qualifizierenden Bedarf entsprechen.[7] Den Initiatoren der Weiterbildungsentwicklungsplanung schwebte, das kann insbesondere der Verordnung zur Planungspraxis entnommen werden, ein System von *Planung ex ante* vor.[8]

Ein solches System bedarf freilich der Bedarfsfeststellung schon in der Planungsphase. Diesem Vorhaben stellt sich neben einer Reihe von methodischen Schwierigkeiten auch das Problem des Zeitverzuges zwischen Planungsphase und Angebotsrealisierung in den Weg; es kann nicht mit ausreichender Sicherheit ausgesagt werden, ob ein, wie auch immer festgestellter Bedarf sich zu dem Zeitpunkt, für den geplant wird,[9] einstellen wird. Es ist daher nach Planungsverfahren Ausschau zu halten, die es erlauben, in ständiger Meldung und Rückmeldung relativ schnell auf unvorhergesehene Veränderungen bei den Adressaten zu reagieren und die zudem in der Lage sind, Bedarfssituationen zu beeinflussen, also auch bedarfsstimulierend zu wirken. Ein solches „begleitendes" bzw. „rekurrentes" Planungssystem ist freilich nicht ohne Schwierigkeiten zu konzipieren, zu etablieren und zu betreiben.

Vor solchem Hintergrund wird auch der immer wieder vorgetragene Wunsch nach einem möglichst „einfachen", d. h. einsichtigen, problemlos und billig zu handhabenden Bedarfsfeststellungsverfahren, dessen Gebrauch gleichermaßen die Legitimation für das Ergebnis sichert, verständlich. Es kann an dieser Stelle, ohne befürchten zu müssen, daß dadurch das Interesse an den folgenden Ausführungen erlischt, vorausgeschickt werden, daß es ein solches Instrument, einen „weiterbildungspolitischen Stein der Weisen", nicht gibt.[10] Die folgenden knappen Darlegungen — und das umfangreiche dahinter liegende Material — sollen erklären, warum es ein solches handliches und praktisches Instrument auch gar nicht geben kann.

Es scheint in diesem Zusammenhang interessant, daß der theoretischen Ergründung der Entstehung von Weiterbildungsbedarf, obwohl in diesem Bereich gravierende Defizite festgestellt wurden, noch Mitte der siebziger Jahre keine hohe Priorität eingeräumt wurde. *Sauer* zählt zu den vordringlichen Arbeitsschwerpunkten theoretischer und praktischer Befassung mit Weiterbildung: Systematisierung der Erwachsenenbildung (Stichwort: Baukastensystem), Wissenschaftliche Weiterbildung (Weiterbildung der Hochschulabsolventen), Lehr- und Lernprozesse Erwachsener (Erwachsenenmethodik) und Qualifizierung der in der Erwachsenenbildung Tätigen.[11] Die pragmatischen Fragen, die vor einer vollen Etablierung des Quartären Bereiches im staatlich-institutionalisierten Bildungssystem gelöst werden, stehen für die Proponenten der Weiterbildung im Vordergrund. Zur Beantwortung der grundsätzlichen Frage nach der curricularen Dimension von Weiterbildung, und nichts anderes ist die Frage nach dem „Bedarf an Weiterbildung", können sie nur wenig beitragen.

Die Differenzierung des Bedarfsbegriffes als Operationalitätsvoraussetzung

Differenzierung nach Inhalten und Entstehungszusammenhängen

In der Weiterbildungstheorie existieren mehrere einander teilweise ergänzende, teilweise widersprechende Kategoriensysteme, die sich auf den Komplex „Bedürfnis-Bedarf-Nachfrage" beziehen. Logische Konsistenz und terminologische Klarheit dieser Strukturierungsansätze können und sollen hier nicht im einzelnen diskutiert werden; in einer Reihe von Differenzierungsansätzen werden freilich die Schwierigkeiten, die sich auch bei der Festsetzung der Weiterbildungskategorien gezeigt haben,[12] wiederum deutlich: die Unmöglichkeit eindeutiger Zuordnung aufgrund zahlreicher Überlappungen und Überschneidungen. Hier gibt es noch ausreichend Arbeit für systematische Grundlagenarbeit.

An dieser Stelle soll und kann lediglich der Teil aus der Gesamtproblematik herausgeschnitten werden, der sich für eine Auswertung zur Weiterbildungsentwicklungsplanung nutzen läßt. Wir folgen der Empfehlung *Sieberts*, zwischen Bedarf und Bedürfnis zu unterscheiden,[13] sehen jedoch im Bedarf nicht eine ausschließlich ökonomische Kategorie. Bedarf steht zum Bedürfnis in einem, hier nicht näher aufzuhellenden Ziel-Mittel-Verhältnis. Für die praktische Weiterbildungsentwicklungsplanung scheint die weiterbildungstheoretisch und bildungspolitisch äußerst wichtige Frage der weiterbildungsrelevanten Bedürfniskonstellationen freilich nicht unmittelbar relevant.

Beim Versuch der Differenzierung des planungsrelevanten Bedarfsbegriffs müssen zahlreiche Klippen umschifft werden; da ist zunächst darauf zu achten, daß nicht mehrere Kategorierichtungen in eine gemeinsame Kategorieliste eingetragen werden. Tauchen beispielsweise in einer Kategorie*liste* (und nicht in einer Matrix!) Differenzierung inhaltlicher Art und gleichzeitig Unterscheidung nach dem Grad der Manifestation auf, so sind Überschneidungen bereits unvermeidlich geworden.

Die Diskussion um den Bedarfsbegriff wird durch eine weit gespreizte Begriffsdeutung zusätzlich erschwert. Ein Beispiel unter vielen: Unter „Objektivem Bedarf" versteht beispielsweise W. *Krüger* den „Bedarf an sich",[14] also losgelöst vom bewertenden Subjekt, J. R. *Müller* jedoch den „Bedarf an etwas",[15] also den individuellen Wunsch „nach Objekten".

Die Formaldefinition im nordrhein-westfälischen Weiterbildungsgesetz weist wiederum in eine andere Richtung. Die Einrichtungen der Weiterbildung im Sinne des WBG 1974 „decken einen Bedarf an Bildung neben Schule oder Hochschule sowie der Berufsausbildung und der außerschulischen Jugendbildung. Als Bedarf im Sinne dieses Gesetzes gelten sowohl die Vertiefung und Ergänzung vorhandener Qualifikationen als auch der Erwerb von neuen Kenntnissen, Fertigkeiten und Verhaltensweisen".[16] In dieser weitgreifenden Aufgabenstellung kommt die Funktionszuteilung, die der Deutsche Bildungsrat schon 1970 in seinen Strukturempfehlungen für das Bildungswesen vorgenommen hat, zum Ausdruck; der Quartärbereich habe „das Bildungssystem von dem sozialen Druck zu entlasten, der sich aus unbefriedigten Bildungsbedürfnissen und -forderungen ergibt".[17]

26

Die im nordrhein-westfälischen Weiterbildungsgesetz angesprochenen Definitions-elemente können mit den geläufigen Ausdrücken „Lernen, „Ausbilden", „Bilden", „Qualifizieren" tendenziell gleichgesetzt werden; es handelt sich um pädagogische Aktivitäten, die kognitive und affektive Zustände, individuelle und soziale Positio-nen in Individuen und Gruppen verändern. Die Definition des Weiterbildungsgesetzes reichert die Palette möglicher Definitionen von (Weiter-)Bildungsbedarf überraschend an: Bedarf *besteht* nicht mehr *an* Bildungsangeboten und Bildungsaktivitäten, Bedarf im Sinne des Gesetzes *sind* Bildungsangebote und Bildungsaktivitäten. Dies ist min-destens sprachlich nicht korrekt. Die Eingrenzung des Weiterbildungsgesetzes – und darum handelt es sich ja wohl, wie auch aus dem anschließenden Absatz des Gesetzes-textes hervorgeht – wählt aus der Gesamtmenge des denkbaren Bildungsbedarfes von Individuen und Gruppen eine (große) Teilmenge aus. Den verbleibenden Rest verweist sie in den Raum außerhalb der staatlich erfaßten Weiterbildung.[18]

Der Nationalökonom *Gründger* differenziert Bedarf (generell) nach relativ engen methodischen Kriterien seiner Konstituierung.[19] Vesper hat diese dreifache Gliede-rung zur Beurteilung der Weiterbildungsbedarfssituation übernommen.[20] *Gründger* und *Vesper* unterscheiden:

– den „*erfundenen Bedarf*": Diese nicht näher bestimmte bzw. bestimmbare Größe wird „gesetzt"; dabei versucht man, einen augenscheinlich plausiblen „Bedarf" zu beschreiben und ihn argumentierend durchzusetzen. Ein solcher Vorgang ist als politischer Ansatz zu bezeichnen: Es wird Plausibles postuliert, man versucht hierüber Konsens zu erreichen. Dies ist – die polemische Bezeichnung könnte mög-licherweise in die Irre führen – ein in der Bildungsplanung durchaus zulässiges Ver-fahren; es führt zur Bestimmung des „*politischen Bedarfs an Weiterbildung*".
– den „*gefundenen Bedarf*": Dies ist der den objektiven, individuellen Bedürfnis-sen bzw. den Instituionszwecken entsprechende Bedarf an Weiterbildungsinhal-ten bzw. Weiterbildungsaktivitäten; er ist eine (möglicherweise nur tendenziell) exakt bestimmbare Größe, sofern es gelingt, den objektiven, individuellen Be-dürfnissen auf die Spur zu kommen und eine direkte Zuordnung Bedürfnis – Weiterbildungsbedarf zu ermitteln. Dies ist bislang weder in der soziologischen, noch der pädagogischen noch gar der nationalökonomischen Theorie gelungen.
– den „*entwickelten Bedarf*": Hier handelt es sich um eine dynamische, also sich im Zeitablauf verändernde Planungsgröße, die zeitraumbezogen relativ bestimmt werden kann und die unter Anwendung „wissenschaftlicher Methoden" und un-ter Zugrundelegung von „Annahmen" und „Indikatoren" für bestimmte Planungs-perioden entwickelt werden kann.[21] Der „entwickelte Bedarf" stellt sich als ein komplexer Wert, der aus individuellen, institutionellen und politischen Planungs-vorgaben („Annahmen") zusammengesetzt wird, dar.

Differenzierung nach Finanzierungsgesichtspunkten und Eingriffsmöglichkeiten

Der Begriff des Bedarfs taucht in der ökonomischen, d. h. auch der bildungsöko-nomischen, aber auch in der bildungspolitischen bzw. bildungspolitiktheoretischen Literatur mit unterschiedlichster inhaltlicher und legitimatorischer Prägung auf. Hier gilt es freilich zu differenzieren; delikate Analyse ist auch bei Durcharbeitung der unterschiedlichsten Differenzierungsansätze und Klassifizierungsbemühungen von Bedarf mit Direktbezug zu Bildungsplanung angebracht. Die theoretische wie politische Bedarfsdiskussion ist freilich keineswegs auf den Bildungsbereich be-schränkt, sie zieht sich durch das Gesamtgebiet öffentlicher Versorgung, öffentlicher Maßnahmen in bezug zur Infrastruktur, in der sich Marktmechanismen zur (quantitativen) Beurteilung der Übereinstimmung von Angebot und Bedarf (hier wird bewußt auf den Begriff der Nachfrage verzichtet) nicht oder nur partiell anwenden lassen. Die Frage nach dem Bedarf, an dem sich die Allokation stets knapper öffentlicher Mittel zu orientieren habe, stellt sich also auch im Bereich der Gesundheitsvorsorge, der Bereitstellung von Freizeiteinrichtungen, der Sicherung von Verkehrsrelationen etc. und nicht nur im Bildungsbereich.

Für die Auswertung der entsprechenden Literatur scheint vor allem der Hinweis wichtig, daß in nationalökonomischen und daher auch bildungsmakroökonomischen Texten in fast aller Regel der „Bedarf an Investitionen aus dem Gesamtvorrat öffentlicher Mittel" diskutiert wird,[22] während bildungspolitische und pädagogische Autoren jeweils die „Menge und Art von Bildungsaktivitäten" meinen, derer ein Individuum, eine Gruppe oder die Gesellschaft insgesamt „bedarf", wenn sie von Bedarf im Bildungssystem reden.[23] Diese beiden Begriffe sind qualitativ völlig getrennte Kategorien, wenngleich sie in einem engen Kausalzusammenhang stehen. Sie unterscheiden sich so wie die beiden Seiten einer Bilanz: Mittelverwendung (für Bildungsbedarf) auf der einen, Mittelaufbringung (durch Bildungsinvestitionen) auf der anderen Seite.

Nun ist zu fragen, ob die Bestimmung von Bildungsinvestitionsbedarf – und danach fragen ja die Finanzträger der Weiterbildung in erster Linie – ohne die Bestimmung von Bildungsbedarf möglich ist. Wie u. a. *Vesper* ausführt und die überwiegende Praxis zeigt, erfolgt praktische (Weiter-)Bildungsplanung durch die Anwendung von „einfachen Planungs- und Prognoseverfahren" tatsächlich so. Es werden Kennzahlen für Vergleichsregionen gebildet und daraus Planungsdaten für die eigene Planungsregion abgeleitet, ohne sich der Mühe einer „analytischen" Bedarfsermittlung zu unterziehen.[24] Dies hat gute, darunter auch gute theoretische Gründe, von denen einige in diesem Beitrag angesprochen werden.

Trotz der Unterschiedlichkeit des Begriffsinhaltes von „Bildungsbedarf" (Bedarf an Inhalten, Bedarf an öffentlichen Investitionsmitteln) in Bildungsökonomie und Weiterbildungstheorie laufen die jeweiligen Begründungsstränge wiederum zusammen. Dieses Zusammenlaufen wird freilich infolge je fachspezifisch verwischter Terminologien nicht ohne tiefergehende Analyse sichtbar. Die bildungsökonomische Arbeit von *Gründger* baut auf dem ökonomischen Bedarfs-Begriff auf und sucht nach Begründungszusammenhängen für den Bedarf an Bildungsinvestitionen. Die prinzipiell zu unterscheidenden möglichen Sichtweisen (aus „individueller Position" und „sozialer bzw. politischer Position") führen nach *Gründger,* seiner Disziplin und gesellschaftspolitischen Grundposition entsprechend, zum „marktwirtschaftlichen Bedarfsbegriff" (besser: „marktwirtschaftlich begründeter Bedarf") und „verteilungstheoretischen Bedarfsbegriff" (besser: „verteilungstheoretisch begründeten Bedarf").[25] *Vesper* hat das Gedanken- und Begriffsgebäude von *Gründger* in seinem Projektbeitrag weitestgehend übernommen, fügt aber zusätzliche Begriffe ein, auf die noch einzugehen sein wird.

Gründger definiert „Administrativen Bedarf" als denjenigen Bedarf an Bildungsangeboten bzw. Bildungsaktivitäten/Bildungsmöglichkeiten, der nicht aufgrund individueller Bedarfsartikulation entsteht,[26] sondern, wie dies *Vesper* abschwächend formuliert, „der Ausdruck der von öffentlichen Entscheidungsträgern artikulierten kollektiven Zielen und somit als Funktion einer bildungspolitischen Zielvariablen zu betrachten" ist.[27] Hier wird, und zwar mit gutem Recht, auf die politische Dimension der „Entstehung" bzw. der Definition von Bildungsbedarf hingewiesen.

28

Was bedeutet dies für die Weiterbildungsentwicklungsplanung? Offensichtlich ist es so, daß Bildungsbedarf nicht nur durch das Individuum für sich selbst (individuell), sondern auch durch Organe der Gesellschaft für die Individuen (sozial) konstituiert werden kann. Aus der Sicht des Ökonomen *Gründger* führt die marktwirtschaftliche Variante bzw. Begründung von Bildungsbedarf zur „Selbstbestimmung", während die „administrative Begründung" „Fremdbestimmung" infolge der „der durch politische Entscheidungen dekretierte(n) Allokation" von Bildungsangeboten bzw. Investitionen in bestimmte Bildungsbereiche zur Folge hat.[28] Diese Sichtweise ignoriert freilich das Zustandekommen von politischen Entscheidungen in demokratischen Systemen, die ihre Legitimation gerade aus der Beteiligung der Individuen und Gruppen am gemeinsamen Entscheidungsprozeß beziehen – wie gut oder wie schlecht diese auch immer funktioniert. Sie war und ist jedoch geeignet, die staatliche Position in bezug zur Weiterbildungsentwicklungsplanung zu klären. Im Gegensatz zu allen anderen Bereichen des Bildungswesens, in denen der Staat die volle curriculare und damit auch die Finanzhoheit für sich in Anspruch nimmt, begnügt er sich im Bereich der Weiterbildung mit der Rolle der Finanzmittel-Verteilungsagentur und enthält sich weitgehend z. B. politisch legitimierter Eingriffe d. h. einer „durch politische Entscheidungen dekretierte(n) Allokation".

Aus der Begriffs-Definition des administrativen Bedarfs ergibt sich wiederum eindeutig dessen politischer Gehalt. Die Bezeichnung „administrativer Bedarf" führt in die Irre: Der Bedarf wird nicht administriert oder administrativ bestimmt, sondern durch politische Entscheidung und zumindest tendenziell „normativ" festgelegt.[29] D. h. keineswegs, daß damit in jedem Fall „Fremdbestimmung" des Individuums bzw. der Institutuion, dem bzw. der entsprechende Bildungsaktivitäten angeboten werden, vorliegt; es heißt aber auch keineswegs, daß solche Angebote nicht der offengelegten Begründung bedürfen. Um den zentralen Einflußfaktor auch begrifflich zurechtzurücken, wurde für die hier angesprochenen Bedarfskomponenten die Bezeichnung „politischer Bedarf" gewählt.

Differenzierung nach Bedarfsträgern und Erhebungsmöglichkeiten

Es muß an dieser Stelle darauf hingewiesen werden, daß Differenzierungen des Bedarfsbegriffes und seiner Generierung stets instrumental, d. h. stets zweckabhängig erfolgen. Daher kann man auch in der Literatur eine Reihe von solchen Differenzierungen vorfinden, die nicht ohne weiteres gegeneinandergestellt werden dürfen. Dies kann am Beispiel der dreifachen Differenzierung der Bedarfskategorien nach *Siebert* gezeigt werden. *Siebert* unterscheidet nach dem Grad des Bewußtwerdens zwischen „manifesten und latenten Bedürfnissen"; nach der gesellschaftlichen Verflechtung zwischen „ökonomischen Zielen und gesellschaftlichen Zielen" und schließlich nach der Zweckbindung im Beschäftigungssystem" zwischen institutionsspezifischen und humanitären Zielen" (*Siebert* 1980, S. 51). Die Reihe der Differenzierungen kann beliebig fortgesetzt werden, die Anzahl der Ausprägungsformen hängt von den gewählten Differenzierungskriterien ab.

Für die Wahl der Begriffsdifferenzierung im Rahmen des Projekts waren Praktikabilitätsüberlegungen maßgebend. Es wurde eine mäßig tiefe Differenzierung vorgeschlagen. Sie orientiert sich an den „Bedarfsträgern": dem Individuum, den Institutionen der Gesellschaft (deren Institutionen im Bildungs- und Beschäftigungssystem) und der Gesellschaft insgesamt, repräsentiert durch den, auf welchen Wegen auch immer zustandegekommenen, politischen Willen. Es entsteht, u. a. auf der

Basis individuell-objektiver Bedürfnisse, *„Individueller Bedarf"*; es entsteht, u. a. entlang der Zwecke von sozialen und ökonomischen Institutionen, *„Institutioneller Bedarf"*, und es „entsteht", u. a. durch politische Willensbildung in den staatlichen Organen der Gesellschaft *„Politischer Bedarf"*.

Der in der Literatur definierte *„Latente Bedarf"* erweist sich, darauf wird noch einzugehen sein, als pädagogisch-normatives Konstrukt. In der hier vorgeschlagenen Dreiteilung wird der (jeweils vermutete) latente Bedarf in der Kategorie „Politischer Bedarf", d. h. konsensual gefundener, normativer, nicht notwendigerweise empirisch-analytisch nachgewiesener Bedarf, erfaßt. Die Dreiteilung findet ihre Entsprechung in einem dreigeteilten Ansatz zur Findung von Bedarfsindikatoren, bzw. beim Versuch, den „Gleichgewichtszustand" der Bedarfsdeckung herbeizuführen.

- *In den Bereich „Politischer Bedarf" gehören:*
  Festlegung von Zielen politischer Bildung
  Schwerpunktbildung bei defizitären Adressatengruppen
  Vorgabe sozialer und humanitärer Bildungsangebote
  Politische Festlegung von inhaltlichen Angeboten mit dem Ziel des Abbaus von Formalbildungsdefiziten etc.
- *In den Bereich „Institutioneller Bedarf" gehören:*
  Qualifikationsbedarf von Institutionen in Verwaltung und Wirtschaft bzw. Bildungs- und Beschäftigungssystem, unabhängig ob es sich um soziales, institutionelles („Organizational Developpment") oder fachliches Lernen handelt.
- *In den Bereich „Individueller Bedarf" gehören:*
  alle Bildungsaktivitäten, die das Individuum artikuliert und/oder nachfragt.

Formal definiert ist in bezug zur Weiterbildung

- individueller Bedarf: diejenige Menge und Qualität an Bildung, die ein Individuum oder eine Gruppe für sich beansprucht (notwendig und/oder wünschbar hält);
- institutioneller Bedarf: diejenige Menge und Qualität an Bildung (bzw. Qualifikation), die für die Aufrechterhaltung des Betriebs einer bestimmten Institution z. B. in Verwaltung, Wirtschaft, im Bildungswesen etc. erforderlich ist;
- politischer (bzw. sozialer) Bedarf: diejenige Menge und Qualität an Bildung, die aufgrund politischer Zielvorstellungen einer Gesellschaft für notwendig und/oder wünschbar gehalten werden.[30]

Diesen Differenzierungen entsprechen unterschiedliche Erhebungsansätze. Diese haben freilich nicht zum Ziel, den Bildungsgesamtbedarf objektiv und vollständig zu erheben; sie dienen vielmehr dazu, sich ihm im Zeitablauf dynamisch und unter tendenzieller Verringerung der Fehlergrößen anzunähern.

Unter dem gesellschaftlichen oder „volkswirtschaftlichen" Bedarf ist nicht etwa der Bedarf, der dem „Gesamtbedürfnis" der „Gesellschaft als Meganthropos"[31] entspricht, zu verstehen, er muß vielmehr als Agglomeration, als Akkumulierung von einzelnen, differenziert entstandenen und begründeten Bedarfsbeständen, die ihrerseits wiederum konkreten Bedürfnisstrukturen entsprechen,[32] begriffen werden. Dies hat unter anderem zur Folge, daß Weiterbildungsbedarf als nach außen projizierte Menge von Bedürfnissen stets räumlich und zeitlich bezogen und ständigen Veränderungen unterworfen ist. Da er also nicht ein für allemal feststellbar ist, erhebt sich die Frage, ob man den grundsätzlich möglichen, aber schwierigen und aufwendigen Weg der, auf die Entwicklungsplanung bezogenen „Ex-ante-Erhebung" des Weiterbildungsbedarfs überhaupt gehen soll oder ob man nicht nach alternativen Verfahren zur „Bedarfs- bzw. Bedürfnisorientierung" in der Weiterbildungsentwicklungsplanung suchen sollte.

Weiterbildungsbedarf als Planungsrichtwert oder als Zielperspektive

Weiterbildungsentwicklungsplanung als politische Aufgabe

Die hier eingeführte Differenzierung in politischen, institutionellen und individuellen Bedarf bzw. in entsprechende Bedarfskomponenten scheint u. a. deshalb sinnvoll, weil sie einer konstruierbaren Hierarchie der „Erhebbarkeit" entspricht. Dabei ist die politische Komponente für den Bedarfsermittler relativ leicht erhebbar, mag sie für die politisch Verantwortlichen auch noch so schwer und unsicher definierbar sein.[33] Hier zeigt sich das aus der Lernzieltheorie her bekannte Problem der Operationalisierung von weitreichenden Makrozielen in extremer Deutlichkeit. Bei der Erhebung der institutionellen Komponente, die den Weiterbildungsbedarf in bezug zu Qualifikationsanforderungen von bzw. in „Institutionen" im Beschäftigungssystem (Wirtschaft, Verwaltung i. w. S.) bestimmen will, trifft man auf unterschiedliche Schwierigkeiten. In Berufspositionen, in denen die Qualifiaktionsprofile relativ exakt ermittelt werden können, stellen sich dem Versuch der Bedarfsermittlung kaum ungelöste Probleme in den Weg.[34] Jedenfalls scheint ein wesentlicher Anteil der institutionellen Weiterbildungsanforderungen so ausreichend exakt bestimmbar, daß ihm entsprechende Weiterbildungsangebote gegenübergestellt werden können. Die Einrichtungen betrieblicher Weiterbildung („arbeitsplatzbezogener Fortbildung") weisen tendenziell abnehmende Planfehlerquoten aus.

Die Situation der Erhebung bzw. Erhebbarkeit von „individuellem" Bedarf ist gespalten: Aktueller, also bewußt gewordener Bedarf manifestiert sich in zunehmendem Maße, entsprechend der Informationsarbeit der Weiterbildungseinrichtungen, in feststellbarer Nachfrage. Dort, wo dies (noch) nicht der Fall ist, kann mit Hilfe von einfachen Erhebungstechniken nachgefragt werden.[35] Die zweite Komponente, der „latente" Bedarf entzieht sich freilich völlig der unbeeinflußten Erhebung. Selbst subtilen und aufwendigen Interviewtechniken haftet ein stimulierendes Moment an. Jede Erhebung von „latentem" Bedarf wird somit praeter propter zur „Stimulierung", zur „Weckung" von individuellem Bedarf. Das Verfahren zur Bestimmung pädagogischer Desiderate ist somit kein sozialwissenschaftlich neutrales, sondern ein zielgerichtet pädagogisches. Für ein solches Vorgehen gibt es zahlreiche bildungspolitische und positive Argumente; die Versuche zur Bestimmung latenten, individuellen Weiterbildungsbedarfs sind aber praktischer, weiterbildungsdidaktischer Arbeit zuzuordnen[36] und können füglich nicht unter den im Weiterbildungsgesetz ausgewiesenen „Wissenschaftlichen Bedarfsanalysen" rubrizieren. Es scheint daher zielführend, an die Stelle von aufwendigen Experimenten, dem „objektiven" latenten Bedarf von Individuen durch Erhebungen auf die Spur zu kommen, die weiterbildungspolitischen und weiterbildungsdidaktischen Postulate offenzulegen, so weit wie möglich exakt und umsetzbar zu definieren und anschließend durch gezielte weiterbildungspädagogische Maßnahmen Adressaten zur Annahme entsprechender Angebote zu stimulieren. Für die methodische Konzeption von Weiterbildungsangeboten, die sich an der sozialen und ökonomischen Situation orientieren und damit die Akzeptanz-Chancen erhöhen, gibt es bereits theoretische Konzepte („Betroffenheitskonzept") und zahlreiche praktische Erfahrungen (insbesondere in der Zielgruppenarbeit").

Versteht man unter Planung den geistigen Vorgang der Antizipation des Erreichens von Zielen, erkennt man wiederum die letztlich normativ-politische Dimension. Solchermaßen wird auch die „Bedarfserhebung" zur Zielfrage, was am Beispiel der „Zielgruppenarbeit" deutlich gemacht werden kann, bei der die „Übergänge zwischen Motivierung, Bedarfsermittlung, Bedarfsweckung und Programmplanung und dem eigentlichen Lernprozeß" zerfließen.[37] Weiterbildungsentwicklungsplanung erweist sich daher weniger als ein kompliziertes wissenschaftlich-philosophisches Problem, als ein Problem klarer politischer Willensbildung.

Nicht nur die Bildungsökonomie, auch die Weiterbildungstheorie verfolgt eine Zweiteilung der Bedarfskonstitution in der Weiterbildung. Der individuellen Bedarfsgenerierung, der in der Regel Praktikabilität beigemessen wird,[38] stellt man die „gesellschaftsbezogenen Begründungsansätze" gegenüber, von denen man jedoch annimmt, daß sie „trotz mannigfaltiger Versuche bislang nicht in der Lage (sind), logisch widerspruchsfreie und verifizier-falsifizierbare Aussagen über den objektiven Bedarf an Weiterbildung zu machen".[39] Zweierlei ist hier kritisch anzumerken: Zum ersten ist es keineswegs Aufgabe von Politik, wissenschaftliche „Aussagen über Weiterbildungsbedarf" zu machen, es sind vielmehr politische Vorgaben zu *definieren*, die freilich so operational sein müssen, daß man ihre Erfüllung oder Nichterfüllung überprüfen kann. Eine solche „operationale weiterbildungspolitische Vorgabe" kann beispielsweise lauten: Die Kommune X als Träger kommunaler Weiterbildung möchte in der nächsten Planungsperiode einen Schwerpunkt der Arbeit im Stadtteil Y bilden, d. h., daß etwa NN % der Gesamtaktivitäten in diesem Bereich angeboten werden sollen

Aussagen eines solchen Typs bedürfen prinzipiell keiner ,wissenschaftlichen', sie bedürfen politischer Begründung. Liegen sie jedoch fest, so können und müssen sie in der „Bedarfssituation" eines Anbieters, eben als „Politischer Bedarf", berücksichtigt werden.

Die politische Dimension der Generierung von Weiterbildungsbedarf ist in der Literatur durchaus anerkannt. Auch *Vesper* macht in seiner ausführlichen Diskussion von Bedarfsindikatoren und der möglichen Techniken zu deren Erhebung die politischen Aspekte der Bedarfsfrage deutlich; er gelangt schließlich mit Verweis auf *Weinberger* und *Elsner* zum Schluß, „daß alle Studien zum Weiterbildungsbedarf es letztlich mit einer politischen Fragestellung zu tun haben".[40]

Auch *Tillmann* fordert in engem Zusammenhang mit personenorientiertem" Bedarf eine „Zielorientierung".[41] Er vermengt dabei zwar individuelle und politische Komponenten, aber er spricht letztere, wenn auch unter anderem Rubrum, ausdrücklich an. Nichts anderes aber ist letztlich auch der von ihm so benannte „gesellschaftspolitisch verursachte Weiterbildungsbedarf". Liegt diese Verursachung vielleicht in der politischen (Fremd-)Artikulation von „latentem Bedarf"? Ist die Ermittlung von latentem Bedarf nicht letztlich ein (ausschließlich) politischer Vorgang? Vor dieser Konsequenz, so einleuchtend sie bei vorurteilsloser Analyse auch sein mag, schrecken die Autoren zurück. Lieber weicht man ins vermutet Wissenschaftlich-exakte aus und fordert die bedrängten Planungsträger auf, „sich den besonders diffizilen Problemen der Ermittlung ... des latenten Bedarfs" mit besonderer Aufmerksamkeit und besonderen Methoden zu widmen, solchermaßen diese weit überfordernd.[42]

Die Operationalisierung des politischen Bedarfs als Zielperspektive der Weiterbildungsentwicklungsplanung

Theoretisch ist das Problem der Operationalisierung des „politischen Bedarfs an Weiterbildung" lösbar; es geschieht nach *Krüger* „durch hermeneutische Sinnauslegung gegenwärtig gültiger gesellschaftlicher Werte und Normen".[43] Wäre dies auch in der Weiterbildungspraxis so leicht lösbar, so könnte man mit *Thunemeyer* annehmen, daß im Verlaufe der Einrichtung und des Betriebes kommunaler Weiterbildungseinrichtungen, vor allem aber während der ersten Runde der staatlichen Weiterbildungsentwicklungsplanung „in den Zielperspektiven der kommunalen Weiterbildungsentwicklungen, die durch die entsprechenden Kommunalparlamente vorgenommen werden, eine bildungspolitische Präzisierung bzw. Operationalisierung der Entwicklungsziele der Weiterbildung vorgenommen" worden wären.[44] *Thunemeyer* untersuchte im Rahmen des Projekts die Situation in der Planungsregion Wuppertal, förderte eine beachtliche Zahl von bildungspolitischen Absichtserklärungen zu Tage, mußte aber feststellen, „daß eine eindeutige Festlegung durch das Kommunalparlament nicht erfolgt ist".[45]

Liegt hier ein Versagen seitens des politischen Trägers einer (nach Inhalt und Umfang weit ausgebauten) Weiterbildungseinrichtung vor, oder konnte diese möglicherweise gar nicht in der Lage sein, den Anspruch auf politische Vorgaben einzulösen? Alle bisherigen Erfahrungen deuten darauf hin, daß sich bislang die politischen Träger ihres Auftrages zur Definition politischer Vorgaben nicht (voll) bewußt sind. Dies hängt u. a. auch mit einem wenig differenzierten Wissen vom „Weiterbildungsbedarf" als Zielgröße der Weiterbildungsentwicklungsplanung zusammen. Man geht aus von der Fiktion eines individuellen Bedarfes, den es abzudecken gelte, und dessen Erhebbarkeit, wenn schon nicht einfacher und ausgabengünstiger, dann durch „wissenschaftliche Bedarfsanalysen".[46] Die Projektarbeiten haben ergeben, daß ein solches Vorgehen zwar eine Menge brauchbarer Ergebnisse erbringt, daß die Reduktion auf den Bedarf, den Individuen zu artikulieren imstande und bereit sind, die *politische Bedarfskomponete* amputiert. Dem kann nur durch Aufklärung über Reichweite und Richtung des Bedarfes, den Weiterbildungsinstitutionen aufgrund politischer Willensbildung abzudecken haben, entgegengewirkt werden.

Eine operationale Definition des politischen Bedarfs an Weiterbildung, hier als „latenter Bedarf" apostrophiert, findet man u. a. in den zwölf weiterbildungspolitischen Thesen des SPD-Landesverbandes NW, wo von den Volkshochschulen antizyklische Angebotsplanung gefordert wird. Eine „Gegensteuerung gegen diese (bildungsbürgerlich bestimmte) Marktläufigkeit (sollte) zu einem der Prinzipien der Volkshochschularbeit gemacht werden, um auf diese Weise dem latenten Bedarf zu entsprechen".[47] Die formale Operationalisierung (latenter Bedarf ist alles, was sich nicht als Nachfrage zeigt) hilft dem Programmplaner an der Basis aber auch noch nicht weiter, weil z. B. die Aufforderung, den Sprachbereich, der bekanntermaßen stark nachgefragt wird, nicht noch weiter auszubauen, noch keinen Hinweis darauf gibt, was denn nun konkret angeboten werden soll. Was hier fehlt, sind die klaren und umsetzbaren Hinweise auf den „Politischen Bedarf", der sich gelegentlich und ansatzweise in der Forderung nach „Angeboten für Teilnehmergruppen mit Bildungsdefiziten"[48] oder im curricularen Hinweis, daß sich Weiterbildung „auf jeweils konkrete Lebenssituationen und die damit zusammenhängenden Probleme beziehen" soll,[49] zeigt.

Begnügt man sich nicht mit dem relativ einfachen aber eingeschränkten Marktsteuerungsverfahren, so muß man sich in der Tat der „Bedürfnisdiskussion" stellen. Diese ist nach Ansicht des Verfassers, mindestens zum gegenwärtigen Zeitpunkt, keine im engeren methodischen Sinne „wissenschaftliche", sondern eine dominiert politisch-pädagogische. Die jeweiligen Bedürfnisse von Individuen und Gruppen sind diskursiv zu ermitteln, wobei in den Diskurs natürlich auch die Position des „Erhebenden" eingeht. Auch die Bedürfnisse, die solchermaßen nach außen gewendet werden, sind freilich bloß intersubjektiv, situativ, zeitraumbezogen und können für andere Erhebungssituationen bestenfalls als Diskussions- und Erhebungshinweise dienen. Das grundsätzliche Problem besteht in der Festlegung der Diskussionsrichtung, wenn versucht wird, die bislang noch nicht als individueller Bedarf bewußt gewordenen Weiterbildungsnotwendigkeiten bzw. Weiterbildungswünsche zu erkunden. Wenn ein Weiterbildungsangebot gefordert wird, „das durch geeignete Inhalte und methodische Gestaltung, aber auch durch Werbung (sic!) und Beratung, Lernmotivation zu fördern sucht und auf die Bedürfnisse und Interessen der Teilnehmer eingeht",[50] die Teilnehmer aber ihre Bedürfnisse nicht als Nachfrage artikulieren, weil sie keinen individuellen Bedarf erkannt haben, dann stellt sich die letztlich politisch-pädagogische Frage, welche latent gebliebenen Bedürfnisse aus einer denk- und postulierbaren Gesamtmenge denn nun bewußtgemacht bzw. „erkundet" werden sollen.[51]

Hier zeigt sich ganz deutlich, daß Bedarfsermittlung in der Weiterbildung keine weiterbildungsökonomische oder weiterbildungsbetriebliche Planungs- und Organisationsfrage ist; sie ist die zentrale curriculare Frage der Weiterbildung. Dies erklärt auch, warum die Frage der Bedarfsorientierung in den anderen staatlichen Bereichen des Bildungssystems nicht oder, wie im Falle der berufsbildenden Schul- und Hochschulgänge als „Praxisorientierung" verbrämt, gestellt wird. Sie stellt sich im Weiterbildungsbereich deshalb, weil der Staat, der die Ressourcenverantwortung nunmehr auch für diesen Bereich übernommen hat, bewußt auf die zentrale Curriculumhoheit verzichtet.[52]

Strukturelle und methodische Voraussetzungen von Bedarfserhebung und Bedarfsorientierung

Man ist sich in Theorie und Praxis heute einig, daß „einfache", d. h. monistische Bedarfsermittlungsverfahren, auch wenn sie geeignet sind, auf bestimmte Entwicklungstrends hinzuweisen, nicht ausreichen, um politisch wie methodisch vertretbare Planwerte zu ermitteln. Gleichwohl wird immer wieder versucht, solch einfachen Prognose- und Planungsverfahren auf die Spur zu kommen, vor allem aus Gründen der methodischen Operationalität bzw. der administrativen Handhabbarkeit. Einfache Verfahren, die in der Regel mit Vergleichskennzahlen über Versorgungs- und Inanspruchnahmegrade arbeiten, können freilich, wie schon ausgeführt wurde, die politische Komponente nicht ausreichend berücksichtigen. Auf der anderen Seite beinhalten aber die Angebote, die in die Ermittlung von Vergleichszahlen eingehen, bereits politische bzw. „finanzielle" Bedarfskomponenten, die nun über eine Planung, die auf interregionalen Vergleichen bzw. auf Zeitvergleichen aufbaut, in die Neuplanung eingehen. Man kann also den einfachen Planungsverfahren, die nicht anstreben, den (inhaltlichen) Weiterbildungsbedarf im Angebotsraum „analytisch", unter Beachtung aller wirksamen Beeinflussungsfaktoren, zu ermitteln, nicht ohne weiteres jede politische Dimension absprechen.[53] Richtig ist freilich, daß bei ihrer Anwendung politische Implikationen nicht deutlich gemacht werden bzw. gewollt oder ungewollt verdeckt bleiben.

An möglicherweise „latente" Bedarfselemente, die objektiven, individuellen Bedürfnissen entsprechen, die aber nicht artikuliert werden, kommt man mit hoher Wahrscheinlichkeit nur durch *Bedarfsstimulierung* („Weiterbildungswerbung") in einem Trial-and-Error-Verfahren heran. Das gegenwärtig praktizierte System der Weiterbildungsentwicklungsplanung entspricht weitgehend diesem Steuerungskonzept, das Angebots-Nachfrage-Mechanismen in den Bildungsbereich hineinträgt. Dies ist, darauf wurde schon mehrfach hingewiesen, für den weitaus größeren Rest des Bildungsbereiches in der Bundesrepublik durchaus untypisch.

Die Ermittlung des Weiterbildungsbedarfs im Rahmen einer strategischen Adressatenorientierung erfordert die Erfüllung bestimmter Mindestvoraussetzungen; hierzu gehören (vgl. auch Abb. 1):
- Den unterschiedlichen Entstehungsvoraussetzungen und Bedingungenkomponenten müssen unterschiedliche Erhebungsinstrumente und Erhebungsverfahren entsprechen („Verfahren- und Instrumentenverbund");
- die Erhebung darf nicht bloß punktuell-statisch, sondern muß seriell-dynamisch, tendenziell permanent erfolgen;
- dies bedeutet erheblichen zusätzlichen Personal- und Sachmittelaufwand und gleichzeitig
- zusätzliche Qualifikation aller am Erhebungsprozeß Beteiligten, vor allem aber in den Weiterbildungseinrichtungen an der Basis.[54]

So stellt sich die Frage nach den Alternativen eines diskreten und zentral zu steuernden und überwachenden Bedürfnis-/Bedarfsanpassungsprozesses. Er können cum granu salis im Gegensatz zum diskreten Anpassungsprozeß als „stetige Bedürfnis-Bedarfsorientierung" bezeichnet werden. Für ihn gilt eine Reihe von prinzipiellen Voraussetzungen. Bedarfsorientierung kann nicht in weiten direkten Schritten erfolgen, in der auf „wissenschaftliche" Bedarfsermittlung „pädagogische" Angebotsplanung erfolgt; sie hat vielmehr „iterativ", also in einem Annäherungsprozeß zwischen Lehrangebot und Inanspruchnahme, zwischen Lernenden und Lehrenden (mit Inversionseffekten), und zwar in kleinen Schritten zu erfolgen.

Eine in diesem Sinn *„rekursive" Weiterbildungsentwicklungsplanung* wird sich dann an die (letztlich nicht entdeckbaren individuellen) Bedürfnisse annähern,
- wenn sich die Distanz zwischen „Planenden" und „Beplanten" verringert, ja tendenziell aufhebt: *Prinzip der Dezentralisierung;*[55]
- wenn die Bedürfnisinformation der Anbieter und das Bedürfnisbewußtsein der Inanspruchnehmer zunimmt, sich tendenziell angleicht: *Prinzip der Bedürfniserfahrung;*[56]
- wenn die Kenntnisse über Ziele, Inhalte und Strukturen von unterschiedlichen Weiterbildungseinrichtungen in unterschiedlichen Weiterbildungssystemen (wechselweise) zunehmen: *Prinzip der Ergebnisvergleiche;*[57]
- wenn es gelingt, die „Beplanten" in die die Arbeit des Planens aktiv einzubeziehen: *Prinzip der Planungsbeteiligung.*[58]

Alle diese Prinzipien gehorchen einem gemeinsamen Grundsatz. Sie gehen davon aus, daß sich die Bedürfnis- bzw. die Bedarfsorientierung dann einstellt, wenn sich die Adressaten möglichst direkt und unmittelbar in den Planungsprozeß einschalten. Dies ist zunächst kein Unterschied zum markttheoretischen Konzept, das den Vorstellungen staatlicher Weiterbildungsplanung zugrundeliegt. Die politische Komponente wird durch die Funktion der institutionellen „Planer" in den Weiterbildungseinrichtungen gesichert, die nunmehr die pädagogisch-politische Funktion der „Beratung" wahrnehmen.[59]

Abb. 1: Bezugssysteme und Verfahren der Bedarfsorientierung in der Weiterbildungs-entwicklungsplanung

Bezugssystem	Individuum	Einzelinstitution (Politik, Verwaltung, Wirtschaft, Bildungs-system)	Gesamtsystem (Staat, Volks-wirtschaft)
Ebenen (nach *Krüger*) *Krüger* 1980, S. 10	Individuelle Ebene	Empirisch erfaß-bare Verwendungs-ebene	Gesellschaftli-che normative Ebene
Bedarfskompo-nente	Individueller Bedarf	Institutioneller Bedarf	Politischer Bedarf
Bezeichnung und Ziel (nach *Krüger*) S. 9.10	Individueller Bedarf: Erhaltung u. Erweiterung der sozialen u. per-sonellen Identi-tät	Qualifikations-nachfrage: Erbringen von Qua-lifikationen aus dem/ für das Beschäftigung-system	Sozialer Bedarf: Stabilisierung ses sozialen Systems
Bestimmungs-kriterien (nach *Siebert*) *Siebert* S. 51	manifeste u. latente Bedürf-nisse	institutionsspezifi-sche und humanitäre Ziele	gesellschaftlicher und ökonomischer Bedarf
Verfahren zur Bedarfsorien-tierung	Bedarfserkundung u. -artikulierung (Angebote, Infor-mation, Akzep-tanzkontrolle) Planungsbeteili-gung	Personalentwicklungs-planung innerhalb der Einzelinstitutionen im Bildungs- u. Beschäf-tigungssystem	Politische Willens-bildung (Artikula-tion u. Vorgabe priorisierter Ziele bzw. Zielsetzungen
Wirkungsebene des Verfahrens	lokal	regional	überregional
Träger des Verfahrens	Weiterbildungs-anbieter	Einzelinstitutionen im Bildungs- und Be-schäftigungssystem	Politische Institu-tionen aller Ebenen

Rekursive Weiterbildungsentwicklungsplanung muß mindestens zwei, grundsätz-lich unterschiedliche Komponenten umfasssen: Sie beginnt bei der Festlegung der politischen Rahmenbedingungen, die wie ausgeführt ausreichend umsetzbare Opera-tionalisierungshinweise enthalten müssen. Der Grad der Umsetzbarkeit und Über-prüfbarkeit muß mit der Nähe zur anbietenden Basis zunehmen. Innerhalb dieses politischen Zielrahmens erfolgt die Ressourcen-„Planung", exakter die Ressourcen-„Verwaltung". Eine solche umfaßt sowohl die Zuteilung knapper Personal- und Sachmittel als auch die formale Kontrolle. Diese Komponente staatlicher Weiter-bildungsentwicklungsplanung kann sich nur „mittelbar" oder „indirekt" am Be-darf orientieren.

Innerhalb der geschaffenen Rahmenbedingungen tasten sich die öffentlichen und privaten Weiterbildungseinrichtungen durch ihre Angebotsplanung, durch Be-darfsnachfragen, aber auch durch Bedarfsstimulierung an die Bedarfs- bzw. Bedürf-nisstruktur in ihrem Versorgungsbereich heran. Der Grad der Bedarfs-/Bedürfnis-orientierung entzieht sich weitgehend der Meßbarkeit, nicht aber der Vergleichbarkeit zwischen unterschiedlichen Versorgungsregionen. Die übergeordnete Kontrolle kann sich daher auch nur auf vergleichende Beurteilung und nicht auf „exakte" Messung beziehen. Durchaus konsequent verzichten die Instanzen der Weiterbildungsentwicklungsplanung in Nordrhein-Westfalen auf höherer Planungsebene auf inhaltliche Kontrollen.

Von der punktuellen Erhebung zur stetigen Orientierung am Weiterbildungsbedarf: Das Konzept einer „Rekursiven Entwicklungsplanung"

Ansätze zu einer differenzierten Erhebung des Weiterbildungsbedarfes

Die Programmplaner an der anbietenden Basis stehen vor erheblichen politischen und, wie dargestellt wurde, auch grundsätzlichen Problemen. Sie haben das gesetzliche Recht „auf selbständige Lehrplangestaltung" zugebilligt bekommen; zudem steht ihnen auch ausdrücklich die Gewährleistung der „Freiheit der Lehre" zu.[60] Was soll, was kann angeboten werden, um das geforderte „bedarfsdeckende Angebot" zu sichern, wobei als finanzierungsrelevanter Erfolgsmaßstab im Gesetz lediglich das Zustandekommen einer „Unterrichtsstunde" gilt.[61] Das denkmögliche Gesamtprogramm wird in den „gleichwertigen, aufeinanderbezogenen Sachbereichen"[62] umrissen, die jedoch keinen detaillierten Aufschluß über konkrete Programmplanung geben. Die Kategorien, weiterbildungshistorisch gewachsen und eben nicht „aufeinander bezogen", sondern sich in vielen Ebenen und Richtungen überlappend, enthalten sowohl inhaltliche Komponenten (z. B. Politische Bildung), als auch Adressatenhinweise (z. B. Elternbildung), dazu Bezüge zum sonstigen Bildungs- und Beschäftigungssystem einschließlich des Verwertungszusammenhanges von Weiterbildung (z. B. berufliche Bildung), schließlich nicht näher konkretisierte Verweise (z. B. wissenschaftliche Bildung).

Der komplizierten Situation war sich wohl auch der Gesetzgeber bewußt, so daß er als generelle Salvierungsklausel für Programmplaner die (bloß anscheinende) Forderung einbaute, wonach die „Sachbereiche nach dem Grundsatz der Einheit der Bildung zu planen und zu organisieren" sind.[63] „Zulässige" Weiterbildungsangebote sind also alle Bildungsangebote, die nicht ausdrücklich einem anderen Bereich vorbehalten bleiben. Da rechtliche Vorsorge aber auch dort nur für die Abschlüsse, nicht aber die angebotenen Inhalte getroffen werden kann, schließt auch diese formale Bestimmung letztlich kein Angebot aus der Weiterbildung aus. Bleibt als einzige „Begrenzungsgröße" der „Weiterbildungsbedarf", den die Angebote abdecken sollen. Dies erklärt die Wichtigkeit, die der Bedarfsdiskussion der Weiterbildung beigemessen wird.

Die Bestimmung des in einer Versorgungsregion möglicherweise vorhandenen Bildungsbedarfes ist, das wird hier deutlich, vor allem für die Anbieterinstitution und deren Träger von Interesse. Für sie ist es (relativ) wichtig, schon in der Phase der Programmplanung, schon vor der Bereitstellung personaler und materialer Mittel (einschließlich von Räumen und Einrichtungen), über die zu erwartende Inanspruchnahme Bescheid zu wissen. Dabei ist das finanzielle Risiko bei Fehlplanungen aufgrund der weitgehend mobilen Personal- und Raumstruktur von Weiterbildungseinrichtungen nicht sonderlich groß. Die Leerkosten von Bildungsangeboten, die nicht ausreichend nachgefragt werden, halten sich, da die Gemeinkosten auf die überwiegende Mehrzahl tatsächlich stattfindender Veranstaltungen verteilt werden können, in Grenzen.

Die politisch Verantwortlichen in Nordrhein-Westfalen haben sich im Bereich der Weiterbildung für das System einer dezentralen Marktsteuerung entschlossen. Sie sind damit vom Regelungssystem in den anderen Stufen des Bildungssystems (Primarbereich, Sekundarbereich, Tertiärer Bereich), die eine zentrale Steuerung aufweisen, abgewichen. Politische Willenserklärungen *("Bedarfsorientierung")* und faktische Programmplanung *("Curriculare Hoheit der Weiterbildungsanbieter")* so-wie nachfrageabhängige Subventionierung *("pretiale Ressourcenlenkung")* kenn-zeichnen das Weiterbildungssystem, in dem sich die Weiterbildungsanbieter, unab-hängig von der politisch-ideologischen Grundposition ihrer privaten und öffent-lichen Träger, in Konkurrenz zueinander mit ihren Angeboten an potentielle Adres-saten wenden und, entsprechend ihrem Erfolg bei diesen, über personale und mate-riale Ressourcen verfügen können.

Ein solches Steuerungssystem bedarf nach aller bisherige Erfahrung prinzipiell der Kenntnis des „objektiven Gesamtbedarfes an Weiterbildung" nicht. Die Weiterbil-dungsinstitutionen, die ja schon allein aus Legitimations- und Überlebensgründen bestrebt sind, solche Angebote bereitzustellen, die auch nachgefragt werden, wer-den vor Ort versuchen, sich den jeweiligen Veränderungen in der Bedarfslage der Adressaten im Angebotsbereich anzupassen. Ob sie dabei eher innovativ oder be-standssichernd vorgehen, liegt, wie die allgemeine Theorie von Entscheidungen in Politik und Wirtschaft lehrt, eher in den Attitüden der Entscheidungsträger als in methodischen Möglichkeiten (z. B. der Weiterbildungs-Bedarfsprognose) begrün-det. Da ja zudem bekanntermaßen die Nachfrage nicht bloß eine Funktion des An-gebotes, sondern auch der werblichen Information ist, kommt der Bedarfserhebung ex ante an der Weiterbildungsbasis im gegenwärtigen, weitgehend flexiblen System keine überragende Bedeutung zu.[64]

Will man den Bedarf dennoch erheben, so stehen zwei grundsätzlich verschiedene Ansätze zur Auswahl: der *„analytisch-synthetische Ansatz"*,[65] der an der Ermitt-lung von Bedürfnissen von Individuen bzw. Zwecken von Institutionen festmacht und der *„markttheoretische Ansatz"*, der davon ausgeht, daß sich der „objektive" Bedarf in der Nachfrage von Weiterbildungsangeboten zeigt. Der erste Weg ist an-spruchs- und mühevoll, er bedarf noch ausstehender grundlegender Forschungsar-beiten mit politischen, sozialen, psychischen und pädagogischen Schwerpunkten; er ist beim gegenwärtigen Stand der Erkenntnis über individuelle Bedürfnisse und den Zusammenhang mit konkreter Weiterbildung noch nicht gangbar. Freilich kön-nen Teilerkenntnisse wie z. B. zum Zusammenhang von bisheriger Lernerfahrung und der Neigung, sich Weiterbildungsangeboten zu unterziehen, bereits heute in der Pro-grammplanung berücksichtigt werden. Der zweite Ansatz ist relativ einfach handhab-bar, entspricht weitgehend der Programmplanung in der Praxis, kann aber zu bildungs-politisch unerwünschten Schwerpunktbildungen führen;[66] daher will beispielsweise die Landeskonferenz Weiterbildung der SPD Volkshochschulen ausdrücklich beauftra-gen, „bei ihrem Angebot nicht lediglich dem Markttrend zu folgen, der von denje-nigen Bevölkerungsgruppen bestimmt wird, die ihre Bedürfnisse (sic!) gut artikulie-ren können".[67] Dies bedeutet eine wesentliche Einschränkung der Marktsteuerung, die ja prinzipiell von der Artikulation von Bedarf als Nachfrage abhängt, wobei frei-lich der Artikulationsvorgang durch werbliche Information stimuliert bzw. unter-stützt werden kann.

Daß es möglicherweise, wie der Verfasser behauptet, im gegenwärtigen Steuerungssystem von Weiterbildung gar nicht erforderlich ist, den objektiven Gesamtweiterbildungsbedarf exakt zu kennen, kann als durchaus tröstlich beurteilt werden; denn bereits Anfang der siebziger Jahre hielt *Siebert* „Skepsis gegenüber den angeblich objektiven Bildungsbedürfnissen (für) erforderlich".[68] Dieser Skepsis kann man sich auch heute noch, unabhängig von der leicht abweichenden Terminologie, voll anschließen.

Die Ökonomik hat ihre wissenschaftlichen Grundlagen bekanntlich im Bereich von Ethik und Moral: Zu den Grundfragen gehörte nicht bloß die Frage nach der Herkunft von Wohlstand und Armut, sondern auch das Problem einer ethisch bzw. moralisch (politisch?!) zu legitimierenden Verteilung vorhandener Güter. Dabei gelangte man ständig und selbstverständlich rasch an die Grenzen nicht-normativer Aussagen. In dieser Situation befinden sich Pädagogik und Bildungsökonomie auch heute noch: Es ist bislang nicht mit letzter Sicherheit und vor allem nicht ohne normative, politisch-pädagogische „Vorspannung" möglich, zu sagen, das Individuum X, die Gruppe Y braucht diese und jene Menge bestimmter Bildungsangebote dieser und jener Intensität. Man bleibt, bis auf wenige, meist triviale Teilgebiete, letztlich im Vagen, im nur qualitativ Beschreibbaren, im nicht exakt Meßbaren hängen. Hier zeichnet sich auch in der Diskussion um den Weiterbildungsbedarf keine Änderung der Gesamtsituation ab.

Vertreter extrem marktwirtschaftlicher Steuerungs- und Planungsinstrumente, die an die selbstbestimmte Generierung von Bildungsbedarf im Individuum bzw. in Institutionen glauben, halten nun die Steuerung über einen pretialen Marktmechanismus für das letztlich am besten geeignete Instrument.[69] Sie bedienen sich der begrifflichen Kette: *Individuelles Bedürfnis* (als anthropologisch-individualpsychische Kategorie) – *Individueller Bedarf* (erkannte Menge von Gütern und Dienstleistungen z. B. Bildungsangeboten, die zur Stillung des „objektiven" Bedürfnisses individuell ausreichen) – *Nachfrage* (Menge von Gütern und Dienstleistungen z. B. Weiterbildungsangeboten, für die man bereit ist, einen Anteil des individuellen Einkommens abzutreten). Bildungsbedarf ist für sie eng mit artikulierter Nachfrage verbunden. An Bildungsangeboten, die nicht nachgefragt werden, besteht für sie kein Bedarf.

Innerhalb des „marktwirtschaftlichen Konzeptes" bildet der bereits eingangs zitierte Nationalökonom *Gründger* zwei Untergruppen: Da er mit *Scherhorn* die für ihn künstliche Rückführung des Bedarfs von Institutionen (für ihn als Ökonomen Unternehmen oder Volkswirtschaften als „Bedarfsträger") auf akkumulierte Bedürfnisse als „akademische Spielerei" ablehnt,[70] definiert er den Begriff des „Zwecks", der in Institutionen (dazu gehören nach Definition der Bildungs-Betriebslehre jedoch alle Einzelsysteme im Bildungs- und Beschäftigungssystem)[71] die Kategorie der Bedürfnisse der Individuen ersetzt. Es muß sich also damit um eine institutionell-„objektive" Kategorie handeln, d. h., wenn man wie *Vesper* das *Gründger*sche Konzept auch für den Weiterbildungsbereich übernimmt, dann muß man von bedarfskonstituierenden „Zwecken" in den Institutionen von Bildungs- und Beschäftigungssystem ausgehen, gleichgültig ob diese einen je konkreten Weiterbildungsbedarf für ihre Mitarbeiter bzw. für ihre Institutionen insgesamt erkennen und dementsprechend anmelden. Für diese bedarfskonstituierende Komponente wurde durch den Verfasser der Begriff des „Institutionellen Bedarfs" formuliert und definiert. *Vesper* spricht die institutionelle Komponente der Bestimmung von Weiterbildungsbedarf an, wenn er darauf hinweist, daß politische Bedarfsfestlegungen (der *„gefundene Bedarf"* nach *Gründger;* siehe weiter oben) nicht im realitätsfernen Raum erfolgen können, sondern, daß die je konkrete Ausprägung von Weiterbildungsbedarf „durch objektive Daten in Weiterbildungssystem (sic!) und Gesellschaft bestimmt ist".[72] Eines wird deutlich: Der „marktwirtschaftliche" Steuerungsansatz der Weiterbildungsentwicklungsplanung blendet eine direkte Berücksichtigung von politisch-pädagogischen Zielvorgaben bewußt aus.

Man kann sich dennoch bei Bestimmung des Weiterbildungsbedarfes zunächst dem Nachfrageentstehungskonzept der ökonomischen Theorie anschließen. Weiterbildungsangebote sind ja durchaus „Güter" bzw. Dienstleistungen, die in der Regel ohne formalen Zwangscharakter durch private und öffentliche Träger den potentiellen Adressaten angeboten werden. In der Gesamtmenge von individuellen und im Individuum objektiv vorhandenen Bedürfnissen, die das Individuum motivieren, durch konkrete Handlung eine spezielle Mangelsituation abzubauen, gibt es mit Sicherheit auch solche, die durch Weiterbildungsaktivitäten befriedigt werden. Da die Gesamtmenge individueller Bedürfnisse, sofern sie überhaupt endlich ist, bislang nicht bekannt ist (die elementaren „Grundbedürfnisse" sollen hier außer Ansatz bleiben), ist auch nicht anzunehmen, daß das einzelne Individuum in der Lage ist, seinen individuellen Gesamtbedarf an Weiterbildung zu finden; es ist eher anzunehmen, daß in aller Regel ein „latenter Rest" verbleibt. Diesen aufzudecken bleibt dem Erfolg anthropologischer Forschung über die menschlichen Gesamtbedürfnisse bzw. der sozio-pädagogischen Forschung über den diesem entsprechenden Gesamtbildungsbedarf vorbehalten. Ein individuell erkannter Bedarf muß freilich noch nicht manifestiert werden. Dies kann durch Bekanntgabe z. B. in einer Weiterbildungsplanungserhebung geschehen; es kann aber auch durch schlüssige Handlung z. B. durch aktives Bemühen um die Inanspruchnahme eines Weiterbildungsangebotes erfolgen. Eine solche Manifestation mündet in die konkrete Nachfrage nach Weiterbildungsangeboten.

Da die Preise für Weiterbildungsveranstaltungen durch die Gewährung öffentlicher Zuschüsse weitgehend bloß Symbolcharakter haben, ist im Bereich der Weiterbildung nicht wie in der Wirtschaft die Kaufkraft die entscheidende Ergänzung, die Bedarf zu Nachfrage werden läßt; hier ist es das aktive Engagement, die Überwindung emotionaler, zeitlicher, räumlicher Barrieren, das Aufsichnehmen von Lernanstrengung, die Verkürzung von Freizeit, die zum individuellen Bedarf hinzukommen muß, bis Nachfrage an Weiterbildungsaktivitäten konkret wird.

Der pretialen Steuerung auf dem „allgemeinen" Markt, die auf das individuelle Finanzbudget der Konsumenten abzielt, entspricht im gegenwärtigen Weiterbildungssystem eine bloß „quasi-pretiale" Steuerung, die vor allem auf das Zeitbudget der Adressaten abzielt. Man sieht Ähnlichkeiten, wird aber bereits deutlich auf Unterschiede hingewiesen. Es ist gleichermaßen trivial wie nachweisbar, daß mit zunehmender individueller Attraktivität eines Weiterbildungsangebotes die Bereitschaft, das individuelle Zeitbudget in Anspruch zu nehmen, steigt. Hier sei vor allem auf Beispiele in freizeitorientierter bzw. kreativitätsorientierter Weiterbildung verwiesen.

Bedarfsorientierung durch strukturelle und methodische Vorgaben

Die synthetisch-analytische Erhebung von Weiterbildungsbedarf, die auf die individuell-objektiven Kategorien der Bedürfnisse der Adressaten abhebt, kann nicht den Planungsverantwortlichen aufgebürdet werden. Aus prinzipiellen, erkenntnismethodischen, aber auch aus kapazitätsmäßig ökonomischen Gründen halten theoretisch fundierte Sachkenner wie *Bathelt* die Einrichtungen der „Erwachsenenbildung in Fragen systematischer Erhebung von Bildungsbedarf und Bildungsbedürfnis ̇in der Regel für völlig überfordert".[73] *Bathelt* wendet sich daher kategorisch gegen staatliche Bedarfserhebungsauflagen; staatliche Institutionen, die solche verlangen, setzen „sich dabei dem Verdacht aus: selbst nicht hinreichend um die Probleme der Angelegenheit zu wissen".[75]

Auf der anderen Seite wird aber auch die reine Marktsteuerung als problematisch beurteilt. Was passieren würde, wenn man den Weiterbildungsbereich völlig einem Marktsteuerungsmechanismus unterwürfe, skizzierte *Hansen* in seinem Projektantrag zum Problemkreis „Angebot und Nachfrage in der Kommunalen Weiterbildung": Es würde zwar zu einer Deckung zwischen Nachfrage und Angebot kommen, dies entspräche aber nicht dem begründeten „politischen Bedarf". *Hansen* erklärt dies aus dem gegenwärtigen Zustand der Nichtanpassung von Angebot und Nachfrage in bestimmten Fällen, denn „erwachsenenpädagogisch und bildungspolitisch als unverzichbar zu begründende Kurse fallen mangels Teilnehmer ... aus, zahlreiche Interessenten müssen wegen Überbelegung des gewünschten Kurses bzw. Themas abgewiesen werden".[75]

Aus diesen Gründen haben die politischen Entscheidungsträger zwar einerseits die inhaltliche Planung und damit die Basis aller Entwicklungsplanung einer Quasimarktsteuerung an der Basis der Anbieter übertragen, aber vertrauen diesem System doch nicht blindlings. So war und ist die Weiterbildungsentwicklungsplanung, wie es *Vesper* pointiert formuliert, durchaus darauf angelegt, die „Entwicklung der Weiterbildung aus der bisherigen Unverbindlichkeit" herauszunehmen und ihr „längerfristige Dynamik" zu verleihen.[76] Angesichts der explosionsartigen Entwicklung der Weiterbildungsangebote, die zwar durchaus als weiterbildungspolitisch und weiterbildungsdidaktisch positive Entwicklung begrüßt wurde und wird, die aber auch erheblich zusätzliche, in diesem Ausmaß nicht vorhergesehene finanzielle Belastungen mit sich brachte, versuchte man die generelle Legitimationsklausel, die „Bedarfsorientierung", enger zu fassen.

Da die gesamte Programmausweitung nicht mehr finanziert werden kann, darf nicht mehr alles das Bedarf im Sinne der weiterbildungsrechtlichen Vorschriften sein, was durch die Adressaten auch tatsächlich „nachgefragt", d. h. in Anspruch genommen wird. Hinter der Suche nach „Indikatoren des Weiterbildungsbedarfes"[77] stehen auch, und das soll keineswegs als Vorwurf mißverstanden werden, finanzwirtschaftliche Überlegungen. Da auch die Weiterbildungsentwicklungsplanung dem Prinzip der allgemeinen Knappheit unterliegt, was regelmäßig einen Konflikt zwischen politisch-pädagogischen Zielen und vorhandenen personellen und materiellen Ressourcen nach sich zieht, sind die politischen Entscheidungsträger permanent auf der Suche nach, möglichst „wissenschaftlich abgesicherten" Entscheidungshilfen. Diese sind auch deshalb notwendig, weil ja mangels kostendeckender Teilnehmerbeiträge — solche erwiesen sich mit hoher Wahrscheinlichkeit als absolute Teilnahmebarrieren — das Weiterbildungssystem natürlich keinen „Markt im klassischen Sinne" darstellt. Steigende Inanspruchnahme entlastet nicht die staatliche Unterstützung, sondern beansprucht sie stets proportional steigend. Aus diesem Grund ist auch die Forderung nach „wissenschaftlichen Bedarfsanalysen" verständlich, auch wenn solche, nach dem Verständnis traditioneller Bildungsbedarfserhebungen, möglicherweise im Gegensatz zur politischen Gestaltungsaufgabe stehen könnten.

Es ist also festzuhalten, daß trotz vorhandener Marktsteuerungselemente in der

Weiterbildungsentwicklungsplanung sich das Weiterbildungssystem, mit Ausnahme der verschwindend kleinen Zahl von „kommerziellen" Weiterbildungsanbietern, nicht als „marktwirtschaftliches System" darstellt. Das bedeutet aber nicht, daß beispielsweise die ökonomische Maxime der Herstellung eines Ausgleiches zwischen Lehr- und Betriebsausgaben einerseits und den Einnahmen andererseits bei den Weiterbildungsanbietern nicht gilt. Nur setzen sich die Einnahmen eben aus (relativ geringen) Teilnehmergebühren und den (letztlich entscheidenden) Zuschüssen aus öffentlichen bzw. quasiöffentlichen Finanzquellen zusammen. Über diese ist nun die direkte weiterbildungspolitische bzw. weiterbildungspädagogische Steuerung möglich, gleichgültig, ob man sie an die tatsächliche Inanspruchnahme bindet oder nicht. Dies ist der entscheidende Grund, warum letztlich nach *Vesper* „Bedarfsfragen weitestgehend außerhalb des Markt- und Preismechanismus" beantwortet werden müssen. Es scheint so, als ob die ständige und offizielle Verwendung des letztlich als „ökonomisch" empfundenen Begriffes des „Bedarfes" hier den Blick auf die letztlich pädagogisch-politische Dimension verstellt.[79]

Rekursive Weiterbildungsentwicklungsplanung als strukturelle und methodische Voraussetzung langfristiger Bedarfsorientierung

Bedarf, der über den individuell oder institutionell erkannten bzw. politisch postulierten hinausgeht, ist kurzfristig oder gar punktuell nicht mit dem Anspruch wissenschaftlicher Fundierung zu erheben. Zur Bestimmung weiterreichender „Reste", die sich auf latente Bedürfnis-Bestandteile beziehen, bedarf es langfristiger und grundsätzlicher Forschungsarbeiten, die, allein schon aus Gründen des Versorgungsanspruches von Weiterbildungsadressaten, von der konkreten Weiterbildungsentwicklung abzukoppeln sind. Der für die Bildungsforschung insgesamt erforderliche und auch immer wieder monierte „lange Atem" gilt auch als Voraussetzung für fundierte Bedürfnisforschung bzw. Bedarfsableitung in der Weiterbildung. Aus der Sicht des konkret Planenden zeigt sich der „latente Bedarf" als ein „normatives Konstrukt". Solange ein „objektives Gesamtbedürfnis" nicht restlos geklärt ist, und an einer solchen Endsituation bestehen erkenntnistheoretische Zweifel, bleibt die Bestimmung des jeweils noch fehlenden Bedürfnisrestes letztlich spekulatives Vorgehen. Dies bedeutet keineswegs, daß der so postulierte, weil noch nicht erkannte Bedarf nicht legitimiert oder wenigstens legitierbar wäre; es bedeutet allerdings, daß zu seiner „Bestimmung" philosophisch-anthropologisch bzw. pädagogisch politische Setzungen erforderlich sind.

Für den Planer ist der Umweg über eine prinzipielle Bedürfnis-Begründung jedoch nicht erforderlich; er könnte ihn in seiner täglichen Planungssituation zudem überfordern. Für ihn ist es einfacher, wenn die politischen Vorgaben direkt auf ihn — in Form von politischen Entscheidungen auf lokaler, regionaler und überregionaler Ebene — überkommen. Die politischen Vorgaben, die sich auf Weiterbildungsbedarf auswirken, werden in den politischen Gremien bestimmt, entschieden, festgelegt und durch politische Gewalt legitimiert. Mit Ausnahme der politischen Legitimation unterscheidet sich dieser Bestimmungsvorgang ohnedies erkenntnistheoretisch, jedoch nicht prinzipiell von dem der Theoretiker, die sich bemühen, den latenten Bedürfnisrest zu bestimmten. Es ist nach einem Konzept der Bedarfs-/Bedürfnisorientierung zu suchen, daß die Ebene der politischen bzw. weiterbildungspolitischen Zielbestimmung in die Bedarfsermittlung einbezieht, ohne durch diese Integration die Grenze zwischen den einzelnen bedarfskonstituierenden Komponenten zu verwischen. Dazu ist es erforderlich, sich über die wesentlichen Stränge, die zum Planungsdatum „Weiterbildungsbedarf" führen bzw. führen können, Klarheit zu verschaffen. Aus diesem Grunde schien es nicht bloß von akademischen Interesse, sich über die hier angesprochenen Grundbegriffe und Grundtatbestände wenigstens kursorisch Klarheit zu verschaffen. Es ging freilich nicht darum, die philosophischen, pädagogischen, politischen Fragen restlos auszudiskutieren; wichtig war vielmehr, den je instrumentalen Charakter der verwendeten Begriffselemente aufzuhellen und für die folgende Auseinandersetzung terminologisch Klarheit zu schaffen. Aus diesem Grund wurde auch auf den Ausweis eines umfassenden Literaturapparates, der im Rahmen des Vorhabens erarbeitet wurde, verzichtet.

Aufgabe der Weiterbildungsforschung wird es sein, sich intensiv mit der Fundierung von Bedarfsgenerierung im Bereich der objektiv-individuellen Bedürfnisse von Individuen und Gruppen zu befassen. Die weiterbildungspädagogische Forschung muß daran arbeiten, die Verknüpfung zwischen den Bedürfnissen in Individuen und Bedarf einerseits, die Verbindung zwischen Qualifikationsanforderung von Institutionen in Verwaltung und Wirtschaft und Weiterbildungsbedarf andererseits aufzuhellen.

Gemessen an der heute gegebenen Finanzdecke ist der Bedarf an Weiterbildung, der auf Bedürfnislagen trifft und daher von den Adressaten auch angenommen wird, unerschöpflich. Dies läßt sich allein schon aus quantitativen Phänomenen wie der demoskopischen Veränderung der Weiterbildungsadressaten-Potentiale oder auch der Veränderungen im individuellen Zeitbudget zukünftiger Weiterbildungsteilnehmer erklären. Aus diesem Grund entfällt auch die Notwendigkeit, für die konkreten Planungsaufgaben den speziellen Weiterbildungsbedarf zu bestimmen: Er wäre in jedem Falle größer, als durch vorhandene und finanzierbare Weiterbildungsinstitutionen Angebote bereitgestellt werden können. Die angesichts der Knappheitssituation zu setzenden Schwerpunkte sind jedoch nicht quasi- oder gar pseudowissenschaftlich zu „errechnen", sondern im politischen Diskurs vor Ort auszuhandeln. Dies bedarf einer ständigen Rückkopplung zwischen politischer Trägerinstitution, Weiterbildungsanbietern und aktuellen und potentiellen Weiterbildungsteilnehmern. Diese ist das zentrale Kennzeichen einer „Rekursiven Weiterbildungsentwicklungsplanung", wie sie in diesem Beitrag skizzenhaft entworfen wurde.

Eine rekursive Weiterbildungsentwicklungsplanung wird freilich wissenschaftliche Erkenntnisse über den Zusammenhang zwischen individuellen Bedürfnissen, institutionellen Zwecken und politischen Zielen einerseits und dem Bedarf an Weiterbildungsangeboten andererseits, sofern sie ausreichend operational ausfallen, in ihre Überlegungen einbeziehen. Sie wird sich aber vor allem auf die politischen Vorgaben (überregionale, regionale und lokale Ebene) und die Interessenlagen der Betroffenen im Angebotsbereich abstützen. Sie kann sich jedoch nicht und schon gar nicht ausschließlich auf ex-ante-Analysen von Bedarfslagen im Angebotsbereich, selbst dort, wo diese punktuell machbar d. h. auch finanzierbar sind, berufen; rekursive Weiterbildungsentwicklungsplanung wird sich an die objektive Bedarfssituation auf mehreren methodischen Bahnen, darunter auch durch stimulierende Prüfangebote, nähern müssen.

Anmerkungen und Literaturhinweise

1 Moser, S.: Bedürfnis und Verhalten. Philosophische Vorbemerkungen, in: Moser, S./Ropohl, G./ Zimmerli, W. Ch. (Hrsg.): Die „wahren" Bedürfnisse oder: wissen wir, was wir brauchen? Basel 1978

2 Hamacher, P.: Entwicklungsplanung für die Weiterbildung, Braunschweig 1976

3 Krüger, W.: Weiterbildungsberatung und -information im Kontext der Aufgaben von Erwachsenenpädagogen, Paderborn (FEoLL; Typoskript) 1980, S. 9

4 Graessner, G./Kaddatz, B.: Entwicklungsplanung (Stichwort), in: Dahm, G./Gerhard, R./Graessner, G./Kommer, A./Preuss, V.: Wörterbuch der Weiterbildung, München 1980, S. 111 ff.

5 Dikau, J.: Die Erwachsenenbildung und ihre Theorie im Zusammenhang der deutschen Nachkriegsentwicklung, in: Beinke, L./Arabin, L./Weinberg, J. (Hrsg.): Zukunftsaufgabe Weiterbildung, Weil der Stadt 1980, S. 25 ff.

6 Der Kultusminister Nordrhein-Westfalen (Hrsg.): Zur Entwicklung der Weiterbildung (2. Bericht der Planungskommission), Köln 1975; ders.: Weiterbildungsentwicklungsplanung in Nordrhein-Westfalen, Köln 1978

7 Weinberg, J.: Inhaltliche Überlegungen zur Entwicklung des Weiterbildungsangebotes, in: Böhle, P./Schmidt, F. (Zusammenstellung): Bedarfsdeckung im Weiterbildungsbereich, Neuss 1981, S. 40

8 Verordnung der Landesregierung Nordrhein-Westfalen über die Rahmenrichtlinien für die Aufstellung kommunaler Weiterbildungsentwicklungspläne vom 6. Dezember 1976

9 Otto, V. (Hrsg.): Geplante Weiterbildung? Möglichkeiten und Grenzen der Entwicklungsplanung öffentlicher Erwachsenenbildung, Frankfurt/Main 1981

10 Ortner, G. E.: Entwicklungsziele der Weiterbildung: Ein bedarfsdeckendes Angebot, in: Landesinstitut für Curriculumentwicklung, Lehrerfortbildung und Weiterbildung (Hrsg.): Entwicklungsziele der Weiterbildung, Neuss 1979, S. 86 ff.

11 Sauer, J. M.: Erwachsenenbildung: Stand und Trend der Forschung in der Bundesrepublik Deutschland, Hannover – Göttingen 1976, S. 92 f.

12 Beispielhaft für die unterschiedlichsten u. a. von Tietgens in einem Projektbeitrag diskutierten Ordnungsversuch sei auf den § 3 „Aufgaben der Weiterbildung" im Ersten Gesetz zur Ordnung und Förderung der Weiterbildung im Lande Nordrhein-Westfalen (Weiterbildungsgesetz – 1. WbG) vom 31. Juli 1974 verwiesen.

13 Siebert, H.: Grundangebot Weiterbildung, Diskussionsstand und Entwicklungsmöglichkeiten, herausgegeben vom Bundesminister für Bildung und Wissenschaft (Gutachten zur Bildungsplanung 34), Bonn 1981, S. 43

14 Herrmann, Th.: Psychologie und die „wahren Bedürfnisse", in: Moser, S. u. a. (Hrsg.): a.a.O., S. 51 ff.

15 Vgl. das dreidimensionale Kriteriensystem zur „Bestimmung des WB-Bedarfs" bei Siebert, H., a.a.O., S. 45

16 Krüger, W.: a.a.O., S. 11

17 Müller, J. B.: Bedürfnis – begriffsgeschichtlich, in: Moser, S. u. a. (Hrsg.): a.a.O., S. 146

18 1. WbG Nordrhein-Westfalen, § 2 (2)

19 Deutscher Bildungsrat: Empfehlungen der Bildungskommission: Strukturplan für das Bildungswesen, Stuttgart 1970, S. 51

20 1. WbG NW, § 2 (3)

21 Gründger, F.: Zum Problem der Bedarfsermittlung bei Investitionen im Bildungs- und Gesundheitswesen – Eine vergleichende Untersuchung unter besonderer Berücksichtigung des Schul- und Krankenhaussektors, Berlin 1977, S. 55

22 Vesper, E.: Instrumente zur Ermittlung von Indikatoren für ein kommunales Weiterbildungsangebot, Paderborn (FEoLL; als Typoskript vervielfältigt) 1979, S. 8 f.

23 Schulenberg, W.: Entwicklungsziele der Weiterbildung: eine höhere Weiterbildungsdichte, in: Landesinstitut für Curriculumentwicklung, Lehrerfortbildung und Weiterbildung (Hrsg.): a.a.O., S. 31 ff.

24 Clement, W./Sauerschnigg, R.: Empirische Grundlagen und Konzepte einer Bildungsfinanzpolitik in Österreich, Wien 1978, S. 279 ff.

25 Wack, O. G.: Pädagogische Aspekte von Weiterbildungsentwicklungsplanung, in: Böhle, P./ Schmidt, F. (Zusammenstellung): a.a.O., S. 19 f.

26 Vesper, E.: a.a.O., S. 13

27 Gründger, F.: a.a.O., S. 59 und 60

28 Gründger, F.: a.a.O., S. 74

29 Vesper, E.: a.a.O., S. 16

30 Gründger, F.: a.a.O., S. 74

31 Siebert, H.: a.a.O., S. 44 f.

32 Ortner, G. E.: Weiterbildungsentwicklungsplanung: Curriculare und strukturelle Gestaltung an der Basis des Quartären Bereiches, in: Bayer, M./Müllar, R./Ortner, G. E./Seidel, Ch.: Bedarfsanalyse in der Weiterbildungsentwicklungsplanung, Zielvorgaben und Methodendiskussion, Paderborn (FEoLL; als Typoskript vervielfältigt) 1978, S. 13

33 Gründger, F.: a.a.O., S. 64

34 Schwefel, D.: Grundbedürfnisse und Entwicklungspolitik, herausgegeben von der Bremer Gesellschaft für Wirtschaftsforschung, Baden-Baden 1978, S. 136 ff.

35 Ortner, G. E.: Bildungsplanung in Niederösterreich, Band 18 der Planungs- und Entscheidungsgrundlagen der niederösterreichischen Landesregierung, Wien 1978, S. 81 ff.

36 Weber, W.: Personalplanung, Stuttgart 1975, S. 103 ff.; Ortner, G. E.: Arbeitsorientierte Personalvermögensrechnung, Paderborn (FEoLL; als Typoskript vervielfältigt) 1974; Sadowski, D.: Der Stand der betriebswirtschaftlichen Theorie der Personalplanung, in: Zeitschrift für Betriebswirtschaft, Nr. 1/Januar, 51. Jhg. 1981

37 Faber, W./Ortner, G. E.: Erwachsenenbildung im Adressatenurteil, Hannover – Paderborn 1978

38 Knoll, J. H.: Von der Bildungsidylle zum Bildungs-Management, in: Sarges, W./Haeberlin, F. (Hrsg.): Marketing für die Erwachsenenbildung, Hannover 1980, S. 9 ff.

39 Krüger, W.: a.a.O., S. 17

40 Pöggeler, F.: Entwicklungsziele der Weiterbildung: die Förderung des Einzelnen, in: Landesinstitut für Curriculumentwicklung, Lehrerfortbildung und Weiterbildung, a.a.O., S. 47

41 Sauer, J. M.: a.a.O., S. 42

42 Vesper, E.: a.a.O., S. 12; Weinberger, B./Elsner, H.: Investitionsbedarf der Gemeinden 1966-1975, Neue Schriften des Deutschen Städtetages, Heft 20, Stuttgart und Köln 1967

43 Tillmann, H.: Aufgabendifferenzierung in der Weiterbildung, Strukturpolitische Aspekte der Klassifikationskriterien im nordrhein-westfälischen Weiterbildungsgesetz, Paderborn (FEoLL; als Typoskript vervielfältigt)

44 Bathelt, H. J.: Grundlagenprobleme der politischen Erwachsenenbildung. Zur Situation an den Volkshochschulen in Baden-Württemberg, Frankfurt 1979, S. 58

45 Krüger, W.: a.a.O., S. 10

46 Thunemeyer, B.: Pädagogische Arbeit als Planungsarbeit. Erfahrungen in einer Volkshochschule, Paderborn (FEoLL; als Typoskript vervielfältigt) 1980, S. 3

47 ebenda

48 Verordnung der Landesregierung Nordrhein-Westfalen über die Rahmenrichtlinien für die Aufstellung kommunaler Weiterbildungsentwicklungspläne vom 6. Dezember 1976, § 7 (3)

49 SPD-Landesverband Nordrhein-Westfalen: Zwölf Thesen zur kommunalen Weiterbildungspolitik („Stendener Thesen"), Beschluß der Landeskonferenz „Weiterbildung", 9.-11.9.1977, in: Sozialdemokratische Gemeinschaft für Kommunalpolitik in Nordrhein-Westfalen e. V. (Hrsg.): Weiterbildungsentwicklungsplanung, Referate und Arbeitsergebnisse der SGK-Fachtagung, Dortmund 1978, S. 17, Punkt 7

50 ebenda

51 F.D.P.-Bundeshauptausschuß: Beschluß der Stuttgarter Leitlinien einer liberalen Bildungspolitik, Stuttgart 1972

52 Kommission für Bildungspolitik beim SPD-Parteivorstand: Sozialdemokratische Grundsätze zur Weiterbildung, o. O. 1978, S. 7, Punkt II/3

53 Bergmann-Krauss, B.: Legitimation und Funktion in der Weiterbildung, In: Dahm, G. u. a.: a.a.O., S. 201 f.

54 Girgensohn, J.: Zielrichtung und politische Inhalte der Weiterbildungsentwicklungsplanung, in: Sozialdemokratische Gemeinschaft für Kommunalpolitik in Nordrhein-Westfalen e. V. (Hrsg.): a.a.O., S. 7 ff.

55 Vesper, E.: a.a.O., S. 13

56 Lederer, K.: Entwicklungsplanung für die Weiterbildung – Anregungen aus der Indikatoren- und Bedürfnisforschung, Paderborn (FEoLL; als Typoskript vervielfältigt) 1980

57 Dworak, A.: Bedürfnisorientierung durch Dezentralisierung: Weiterbildungsbüros in Bremen, Paderborn (FEoLL; Typoskript) 1980

58 Böhle, P./Panzlaff, G./Schmidt, F.: Entwicklungsplanung für die Weiterbildung in Nordrhein-Westfalen – Ergebnisse der ersten Planungsrunde, Neuss 1981

59 Lederer, K.: a.a.O., S. 50

60 Diess.: a.a.O., S. 2

61 Bayer, M.: Beratungskontake in der Weiterbildung, in: Böhle, P./Schmidt, F. (Zusammenstellung): a.a.O., S. 81 ff.
62 1. WbG NW, § 4 (3)
63 1. WbG NW, §§ 20 und 24
64 1. WbG NW, § 3
65 1. WbG NW, § 3, (2)
66 Buresch, H. R./Wermker, K.: Alternative Methoden zur Bedarfsfeststellung im Rahmen der Weiterbildungsentwicklungsplanung, in: Böhle, P./Schmidt, F. (Zusammenstellung): a. a. O., S. 58
67 Vesper, E.: a.a.O., S. 13 ff.
68 Mader, W.: Weiterbildungsbedürfnisse und Zielgruppentwicklung, in: Dahm, G. u. a. (Hrsg.): a.a.O., S. 348
69 SPD-Landesverband Nordrhein-Westfalen: a.a.O., S. 17, Punkt 7
70 Siebert, H.: Erwachsenenbildung – Aspekte einer Theorie. Düsseldorf 1972, S. 71
71 Edding, F.: Zur Entwicklung des Wettbewerbes zwischen alten und neuen Trägern der Weiterbildung, in: Hessische Blätter für Volksbildung, 2/81, Frankfurt/Main, April-Mai-Juni, S. 123
72 Scherhorn, G.: Bedürfnisse und Bedarf (Beiträge zur Verhaltensforschung, Heft 1), Berlin 1959
73 Ortner, G. E.: Bildungs-Betriebslehre: Konturen einer praxisorientierten Theorie der Bildungsinstitutionen, in: Forschung für die Bildungspraxis – Zehn Jahre FEoLL, Opladen 1980, S. 27
74 Vesper, E.: a.a.O., S. 12
75 Bathelt, H. J.: a.a.O., S. 58
76 ebenda
77 Hansen, G.: Angebot und Nachfrage in der kommunalen Weiterbildung, Münster (als Typoskript vervielfältigt) 1980
78 Vesper, E.: a.a.O., S. 1
79 Vesper, E.: a.a.O., S. 3
80 Vesper, E.: a.a.O., S. 12
81 Siebert, H.: Grundangebot Weiterbildung – Diskussionsstand und Entwicklungsmöglichkeiten, herausgegeben vom Bundesminister für Bildung und Wissenschaft, Bonn 1981, S. 45
82 Krüger, W.: a.a.O., S. 10
83 Siebert, H.: a.a.O., S. 45

Weiterbildungspolitische und didaktisch-methodische Vorgaben in den Ordnungs- und Gliederungskriterien für die Weiterbildungsentwicklungsplanung[1]

Hans Tietgens

Vorbemerkungen: Begriffsunsicherheit und Systematisierungsbedarf

Im März 1971 hatte der Kultusminister des Landes Nordrhein-Westfalen eine Planungskommission „Erwachsenenbildung und Weiterbildung" berufen. Heute sind des öfteren Äußerungen zu lesen, in denen das „und" durch einen Schrägstrich ersetzt wird. Diese Gepflogenheiten machen auf terminologische Schwierigkeiten aufmerksam. Unsicherheit und Wechsel in den Begriffen verweisen zudem auf ein tiefergreifendes Dilemma. Indem die Begriffe zum Teil eng, zum Teil weit ausgelegt werden, ohne daß dies in seinen Konsequenzen offen diskutiert würde, spricht man über Verschiedenes, wenn man die gleichen Worte gebraucht. Es entsteht so zum einen politischer Zündstoff, zum anderen führt es zur Zurückhaltung der Wissenschaft, sich mit etwas zu befassen, worüber nicht einmal ein grober Konsens besteht, was dazu gehört. In der Politik kommt es dann zu weit auslegbaren Formelkompromissen, in der Wissenschaft entweder zur Beschränkung auf empirische Detailuntersuchungen oder zu übergreifenden aber realitätsfernen Theoremen. Auf jeden Fall bleiben Divergenzen ungeklärt, die auftreten, wenn Abgrenzungen oder Zuordnungen versucht werden, gleichgültig, ob dies unter mehr inhaltlichem, institutionellem oder prozessualem Aspekt geschieht.

Schon bei der generellen Bezeichnung also kündigen sich Probleme an, die insbesondere dann beschäftigen müssen, wenn zur Aufgabe steht, „Gliederungs- und Ordnungskategorien der Erwachsenenbildung für die Weiterbildungsentwicklungsplanung" zusammenzustellen und kritisch zu diskutieren. Zugleich macht diese Vorbemerkung deutlich, daß die Reflexion auf Gliederungs- und Ordnungskategorien alles andere als definitorischer Selbstzweck ist. Sie kann vielmehr zur Klärung dessen, worüber man spricht, ebenso beitragen wie sie Motive, Kriterien und Implikationen aufdecken kann, die die Beschreibung, Akzentuierung und Ordnung des Bereichs bestimmen, der grob und formal als der quartäre Bereich des Bildungswesens anzusehen ist.

Mit der Einführung der Bezeichnung Weiterbildung sind mancherlei Probleme aufgeworfen. Von besonderer Plausibilität ist sie nicht. Immerhin hat selbst ein maßgeblicher Repräsentant aus dem Bereich der beruflichen Fort- und Weiterbildung, von dem man annehmen sollte, daß er für den neuen Begriff plädieren würde, der zuständige Abteilungsleiter aus dem Bundesinstitut für Berufsbildung, Bedenken angemeldet. Was allein — außer seiner gesetzlichen Verwendung — für „Weiterbildung" spricht, ist, daß diese Wortwahl eine flexiblere syntaktische und grammatische Anwendung ermöglicht[2]. Zumindest empfiehlt sich ein differenzierter Wortgebrauch. Erwachsenenbildung nämlich steht für eine Bereichsbezeichnung, wenn man so will auch für eine Gegenstandsbezeichnung, Weiterbildung für eine Funktionsbezeichnung, die auf einen spezifischen Zweck bezogen ist. Sieht man von dieser Unterscheidung ab, ist bei den gegenwärtigen Gepflogenheiten nur eine synonyme Verwendung möglich. Denn alle gegenwärtig im Umlauf befindlichen Untergliederungen sind keineswegs eindeutig. Wäre dem nicht so, brauchte der folgende Text kaum geschrieben werden.

Er soll versuchen, eine Übersicht über die Gliederungs- und Ordnungskategorien herzustellen. Dafür erscheint es notwendig zu untersuchen, wie in der Praxis der Diskussion und der Entscheidungsfindung unter verschiedenen Aspekten vorgegangen wird. Ebenso muß interessieren, welche Einteilungen bei statistischen Erhebungen und Bestandsaufnahmen vorgenommen werden und welche durch die gesetzlichen Regelungen. Insofern diese die Förderungsbestimmungen beeinflussen, bleibt auch die Angebotsstruktur davon nicht unberührt. Sie hat aber ihre eigenen adressatenspezifischen und inhaltsspezifischen Kategorien, die zu skizzieren sind und mit denen pädagogische Aspekte zur Geltung kommen.

Ein zweiter zu untersuchender Fragekomplex wird sein, wie aussagekräftig die Kategorien sind und was sie bewirken. Als Maßstab für eine solche Beurteilung kann der Grad der Transparenz gelten, den die Kategorien vermitteln. Denn an dieser Transparenz sind sowohl die interessiert, die weiterlernen wollen oder sollen als auch die, die dieses Weiterlernen durch Planung und Verwaltung und letztlich durch ihre Regelung und gesetzliche Ordnung steuern können, auch wenn diesen Steuerungsmöglichkeiten gerade in der Erwachsenenbildung vergleichsweise frühe Grenzen gesetzt sind[3]. Dabei spielen neben intentionellen strukturellen Faktoren auch Definitionsschwierigkeiten eine Rolle, die darzulegen sein werden. Sie sind nicht nur das Produkt vergangener laxer Gewohnheiten, sondern auch Zeichen für Spannungen zwischen dem, was in Sachen Erwachsenenbildung gewollt wird und dem, was geschieht.

In einem letzten Teil sollen dann die bildungs- und gesellschaftspolitischen Konsequenzen erörtert werden, die sich aus den unterschiedlichen kategorialen Zuordnungen ergeben. Dies kann allerdings nur exemplarisch geschehen, insbesondere insoweit dabei auf Erfahrungen Bezug zu nehmen ist. Immerhin werden Grundprobleme der gesetzlichen Ordnungsbestimmungen ebenso angesprochen werden können wie solche, die sich aus dem Prinzip der Sparsamkeit und der Verwendung öffentlicher Mittel ergeben. An dieser Stelle wird auch noch einmal auf die Nebenwirkungen zurückzukommen sein. Und schließlich wird die Frage aufgeworfen werden, was aus theoretischer und was aus praktischer Perspektive dafür spricht, auf eine Vereinheitlichung der Terminologie hinzuwirken. Denn letztlich dürfte hinter allen Überlegungen die Anforderung stehen, zu einem Dokumentations- und Informationssystem der Erwachsenenbildung zu kommen, damit optimale Weiterbildungsmöglichkeiten für den einzelnen erkennbar werden.

Zur Inhaltsstruktur: Raster für Erhebungen und Bestandsaufnahmen

Es liegt die These nahe, Texte, die auf Probleme der Organisation abzielen — und das ist bei einer Synopse von Ordnungskategorien zumindest indirekt der Fall — mit der Sichtung unmittelbar politisch relevanter Aussagen zu beginnen. Desgleichen scheint es wichtig zu eruieren, wie im Bereich der wissenschaftlich-theoretischen Diskussion über Erwachsenenbildung gedacht wird, welche Gliederungsversuche und -systeme auf dieser Ebene im Gespräch sind. Ein solches Vorgehen kann sich darauf stützen, daß es um einen gesellschaftlichen Tätigkeitsbereich geht, der vor allen staatlichen Ordnungsbemühungen schon existent war.

48

Eine solche Auseinandersetzung, eine weiterreichende kritisch-theoretische Reflexion des Hintergrundes von Organsation und Ordnung von Weiterbildung hat der Verfasser in seinem unfangreichen Beitrag zum Projekt angestellt.[4] Auf diese Darlegung, die aus Platzgründen hier nicht aufgenommen werden kann, sei an dieser Stelle ausdrücklich verwiesen (Anm. d. Hrsg.).

Zur Begründung von statistischen Erhebungen

Theoretische Reflexion im Bildungsbereich neigt dazu, über das hinauszugehen, was Bildungswirklichkeit ist. Diese empirisch zu erfassen, stellt vor Schwierigkeiten eigener Art. Sie verweisen auf das Inkommensurable von Erhebungskategorien gegenüber Lernprozessen und die für sie ausschlaggebenden Faktoren. Die damit verbundenen Probleme könnten hier nur im Hinblick auf die Frage nach Gliederung und Ordnung angesprochen werden, und das heißt im Hinblick auf das Erfassungsinstrument der Statistiken. Seit dem Erscheinen des Strukturplans des Bildungsrates ist von der Notwendigkeit und dem Wert der Weiterbildungsstatistik die Rede.[5] Damals wurde darauf hingewiesen, daß allein die Volkshochschulen der Öffentlichkeit statistisches Material zur Verfügung stellen, das es ermöglicht, ein Gesamtbild zu bekommen und gegebenenfalls auch Entwicklungstendenzen abzulesen. Aber auch bei diesem Material handelt es sich fast ausschließlich um eine stofforientierte Veranstaltungsstatistik, bei der zudem die Probleme der inhaltlichen Zuordnung deutlich werden. Seit dem Erscheinen des Strukturplans haben unter dem Druck der gesetzlichen Aufforderungen auch andere anerkannte Einrichtungen der Erwachsenenbildung Zahlen vorgelegt. Diese sind aber selten miteinander kompatibel, und sie sind auch meist nicht sehr detailliert. Das Fehlen ausreichender Statistiken wird zum Teil mit dem grundsätzlich Unangemessenen des Quantitativen im Bildungsbereich begründet, zum Teil mit der Personallage, die es nicht erlaubt, den Zeitaufwand für eine gegliederte Statistik aufzubringen. Es sind indessen Anzeichen dafür vorhanden, daß es sich dabei um Schutzbehauptungen handelt. Insgesamt hat sich die Einstellung zu Statistiken auch etwas gebessert. Wenn beispielsweise von den Kulturverwaltungen Initiativen ergriffen werden, so stoßen sie, wie die letzte Anhörung der Verbände durch die Bund-Länder-Kommission gezeigt hat, nicht mehr durchgängig auf Ablehnung. Ungeklärt geblieben ist aber, wie statistische Erhebungen angelegt sein müssen und können, um möglichst aussagekräftig zu sein. Daran haben auch von BMBW geförderte Projekte bisher nichts zu ändern vermocht.

Intention dieser Projekte in Verbindung mit dem Statistischen Landesamt in Baden-Württemberg, mit der Arbeitsgruppe für empirische Bildungsforschung in Heidelberg und mit dem Institut für regionale Bildungsforschung in Hannover ist es, durch einmalige umfassende, tiefgestaffelte Bestandsaufnahmen eine Informationsbasis zu schaffen, aufgrund deren dann geprüft werden kann, wie eine regelmäßig zu erstellende Statistik aussehen sollte. Dabei interessiert nicht nur, was durch die öffentliche Hand gefördert wird, zahlenmäßig abzusichern. Darüber hinaus geht es darum aufzuzeigen, wie das erfaßt werden kann, was sonst geschieht. Dieser zweite Aspekt ist im Zusammenhang mit dem Wunsch nach Transparenz des Angebots zu sehen, der zweifellos im Interesse der Adressaten von Erwachsenenbildung und zudem eine Voraussetzung für die Kooperation ist.

Bei entsprechenden Vorhaben mußte das Interesse an einer Teilnehmerstatistik, sieht man einmal von Gesamtzahlen ab, zurückgestellt werden. Der Charakter der Freiwilligkeit von Erwachsenenbildung gestattet es nicht, regelmäßig biographische

Daten zu erfassen. Diese These bedürfte der weiteren Diskussion, betrifft aber nicht unmittelbar den zentralen Aspekt, der hier zur Diskussion stehenden Frage nach Gliederung und Ordnung. Diese ist vielmehr darauf gerichtet, inwieweit statistisches Material eine Typologie des Angebots erlaubt. Das rechtfertigt eine Beschränkung auf vorhandene Veranstaltungsstatistiken.

Aber auch bei diesen zeigt sich ein Dilemma, weil die Daten über eine Mittlerinstanz erhoben werden müssen und weil die Veranstaltungen nicht nach einem vorgegebenen Gliederungsschema angeboten werden. Dementsprechend finden sich in der Literatur verstreut Träger- und Verbändestatistiken. Sie sind aber in ihren Zuordnungsmustern nicht aufeinander abgestimmt. Wollte man dies im Interesse einer Vergleichbarkeit erreichen, müßte vorher über etwas Übereinkunft erzielt werden, was doch immer bis zu einem gewissen Grade auslegbar bleibt. Es müßte nämlich geklärt werden

— welches sind die Erhebungskriterien
— welche Erhebungsmuster werden verwendet
— wie ist eine gleichmäßige Zuordnung zu sichern.

Erhebungsraster im Vergleich

Vergleicht man die verschiedenen Teilerhebungen, so ist offensichtlich, daß die Inhalte, Lerngegenstände, Themen als wichtigstes Erhebungskriterium angesehen werden. Sie scheinen auch insofern das Brauchbarste zu sein, als es das Griffigste ist, was noch am ehesten intersubjektiv gleichartig nachvollziehbare Zuordnung erlaubt. Daß aber auch dabei Differenzen auftreten können, zeigt sich schon daran, daß es Schwierigkeiten bereitet, sich auf ein einheitliches Einteilungsmuster der Stoffgebiete zu einigen. Träger und Verbände haben ein unterschiedliches Interesse an der Ausdifferenzierung einzelner Inhaltsbereiche. Ebenso bestehen unterschiedliche Gliederungsinteressen, je nach dem, ob eine Statistik als Planungshilfe oder als Repräsentation gedacht ist. Es dürfte auch ein unterschiedlicher Differenzierungsgrad angebracht sein, je nach dem, ob es sich um eine regelmäßige Datenerfassung oder um eine gelegentlich stattfindende Untersuchung handelt. Für den ersten Fall — um den es hier in erster Linie geht — liegen die meisten Erfahrungen mit dem *Erhebungsbogen des Deutschen Volkshochschulverbandes* vor.

Dieser hat folgende Grobgliederungen:

1. Gesellschaft und Politik
2. Erziehung, Philosophie, Psychologie
3. Kunst
4. Länder- und Heimatkunde
5. Mathematik – Naturwissenschaften – Technik
6. Verwaltung und kaufmännische Praxis
7. Sprachen
8. Manuelles und musisches Arbeiten
9. Haushaltsführung
10. Gesundheitspflege
11. Vorbereitung auf schulische Abschlüsse.

Wie umfassend diese Gliederung ist, wird deutlich, wenn man die seit kurzem eingeführte Untergliederung hinzunimmt:

1.1 Geschichte/Zeitgeschichte
1.2 Zeitgeschehen
1.3 Soziologie

Soweit dabei Unstimmigkeiten und Ungleichgewichtigkeiten erkennbar sind, haben sie meist historisch bedingte Gründe. Die Einteilung eines ersten Erhebungsbogens aus den fünfziger Jahren sollte nämlich möglichst nur insoweit geändert und neuen Verhältnissen angepaßt werden, wie eine Vergleichbarkeit erhalten bleibt, die es ermöglicht, Entwicklungstrends festzustellen. So ist beispielsweise das Stoffgebiet 4 als selbständiges immer noch erhalten geblieben. Gegen eine allgemeine Übernahme dieses Einteilungsmusters kann zweierlei eingewendet werden: die Untergliederung ist für die einzelnen Stoffgebiete unterschiedlich brauchbar differenziert. Und: das Schema suggeriert eine fachliche Aufteilbarkeit, die zum Teil gar nicht möglich ist, in vielen Fällen auch nicht angezielt wird. Auch die Kategorien des Fächerübergreifenden innerhalb eines jeden Stoffgebietes überbrücken dieses Problem nicht, denn angestrebt wird gerade auch die Integration mehrerer Stoffgebiete. Es kann nicht übersehen werden, daß heute viele Initiativen für neue Formen der Erwachsenenbildung ergriffen werden — zu denken wäre etwa an Projektmethoden, Stadtteilarbeit etc. — die aber nicht in das vorgegebene Muster aufgehen, das zu einer konventionellen Betrachtungsweise verführt. Indessen zeichnen sich keine Alternativen ab, die für die Mehrheit des Angebots vergleichbare Übersichtlichkeit und Aussagekraft vorzuweisen hätten. Daher erscheint der andere Einwand ernstzunehmender, nämlich der der unzureichenden Feingliederung. Dieser wird vor allem von Einrichtungen und Trägern erhoben, die sich stärker als die Volkshochschulen spezialisiert haben. So ist z. B. die schulorientierte Untergliederung im Stoffgebiet Mathematik — Naturwissenschaften — Technik auffällig. Ebenso könnte man das Stoffgebiet 6 detaillierter vorstellen. Es ist also vor allem der berufsbezogene Bereich, der unbefriedigt läßt. Es erscheint jedoch eine Ergänzung möglich, ohne die Systematik insgesamt aufzuheben. Ebenso ist es mit dem ähnlich lautenden Einwand gegenüber dem Stoffgebiet Erziehung/Philosophie/Psychologie, wo für Einrichtungen in kirchlicher Trägerschaft eine andere Untergliederung naheliegt.

Die jüngste z. Zt. noch laufende *Erhebung,* die sich in Niedersachsen an alle Träger und Einrichtungen wendet, hat diese Bedenken allerdings nicht berücksichtigt. Sie hat eher eine Vereinfachung vorgenommen, wenn sie unterscheidet in:

- Sozialwissenschaft
- Erziehungs- und Geisteswissenschaften
- Sprachen
- Wirtschaft
- Mathematik — Naturwissenschaften — Technik
- Kreatives Gestalten
- Gesundheit

Die Resonanz bleibt abzuwarten. Kritik wird sich mit Sicherheit gegenüber der Verwendung der Bezeichnung „Wissenschaft" erheben. Indessen sollte man bedenken, daß die sachliche Klarheit hier wichtiger ist als die Bezeichnung, die in jedem Falle eine Behelfskonstruktion darstellt. Welchen Einfluß die Betrachtungsperspektive auf die Aufgliederung der Inhalte hat, wird an der *Erhebung in Baden-Württemberg* besonders deutlich. Sie hat folgende *„Themenbereiche"* aufgelistet:

- Philosophie
- Theologie
- Soziologie
- Politikwissenschaft
- Pädagogik
- Psychologie
- Volkswirtschaft, Rechtswissenschaft, Statistik
- Mathematik

- Naturwissenschaften
- Geschichte, Literatur
- Sprachwissenschaften, Philosophie, Sprachen
- Kunst
- Gesundheitswesen, Medizin
- Schutzmaßnahmen, Umwelt, Verkehrssicherheit
- Betriebswirtschaft, -führung, -lehre
- Arbeitsvorbereitung und Fertigung
- Elektronische Datenverarbeitung
- Rechnungswesen, Buchhaltung
- Einkauf, Verkehr, Absatz, Werbung
- Bürowesen, -technik, -arbeiten
- Konstruktion, Konstruktionselemente
- Werkstoffe, Waren (-kunde und -prüfung)
- Metallbe- und -verarbeitung
- Kunststoffbe- und -verarbeitung/Anwendung
- Besondere Techniken
- Fertigungstechniken, -methoden
- Land- und Fortwirtschaft, Tierzucht
- Dienstleistungen
- Vorbereitung auf Prüfungen, Ausbildung zur Fach- und Hochschulreife, zum Betriebswirt, Wirtschaftsingenieur usw.
- Förderkurse allgemein
- öffentliche Verwaltung, Steuer- und Finanzwesen
- Landes-, Regional-, Städteplanung
- Hauswirtschaft (Kochen, Nähen, Garten)
- Hobby
- Unterhaltung, Spiele
- Sport, Gymnastik, Wandern
- Ohne Angabe

Hier ist der Bereich der beruflichen Fortbildung wohl über ein Maß hinaus aufgegliedert, das noch spezifischen Erkenntniswert verspricht.

Anforderungen an Fristigkeit und Vergleichbarkeit

Bevor weitere ähnliche Versuche wie in Baden-Württemberg unternommen werden und bevor man sich einmal auf Bundes- und Verbandesebene für eine, dann vermutlich sehr durchlässige Form der Aufteilung einigt, sollte ein Desiderat sehr deutlich herausgestellt werden. Wenn statistische Erhebungen für Gesetzesprobleme aufschlußreich sein sollen, wenn sie außerdem zur Lösung von Ordnungsproblemen dienen sollen, das heißt, wenn sie als Steuerungsinstrument gedacht sind, dann bedarf es zweier kategorial verschiedenen aufgebauter Erhebungsformen: eine relativ einfache statistische Erhebung, die jährlich fällig ist und die eine grobe Übersicht über Gewichtungen und Trends bietet, und eine im zeitlichen Abstand von etwa 4-6 Jahren stattfindende detaillierte Untersuchung mit eingehender Auswertung einschließlich von Korrelationsmöglichkeiten, um jeweils neu entstandene Probleme zu erkennen und nicht zuletzt auch, um die jährlich erhobenen Daten abzusichern.

Für beide Fälle aber bleibt das Problem, die Grenzen der intersubjektiven Zuverlässigkeit der Erhebungskategorien. Lassen wir die Neigung zur statistischen Kosmetik beiseite, bleibt doch die Tendenz, Zuordnungen im Kontext der Intentionalität vorzunehmen, die derjenige hat, der die Zuordnung vornimmt. Hat er eine solche nicht, fragt es sich, ob der Sachverstand für eine Zuordnung in nicht ganz offensichtlichen Fällen zureicht. Das heißt, bei Zuordnungen ist immer mit dem Dilemma zu rechnen, daß sie zwischen Voreingenommenheit und Blindheit vorgenommen werden. Ähnlich ist es mit dem Problem nicht vorhandener Trennschärfe. Lassen wir die Besonderheiten im Falle fächerübergreifender, interdisziplinärer Angebote beiseite, dann bleibt doch das Dilemma, daß eine detaillierte Gliederungsvorgabe zu Doppelzuordnungen herausfordert, eine zu grobe Gliederung aber wiederum wenig aussagekräftig ist. Der neue DVV Berichtsbogen bietet insofern einen Mittelweg an, als Grob- und Feingliederung gleichsam ineinandergeschoben sind und es dem Ausfüllenden überlassen bleibt, wie weit er die spezifische Untergliederung mitvollzieht. Bei allzu großzügiger Nutzung dieser Möglichkeit kann allerdings die Vergleichbarkeit verlorengehen. Nicht gelöst sind damit auch Schwierigkeiten, die durch Zweifel entstehen, zu welchem Stoffgebiet eine Veranstaltung zu zählen ist. Man muß dann damit rechnen, daß Zuordnungen unter Motivations- und Intentionsaspekt erfolgen. Diese sind im Volkshochschulbereich nicht einheitlich. Daher kann angenommen werden, daß sich keine systematischen Verzerrungen ergeben. Problematischer wird es, wenn alle Einrichtungen den gleichen Erhebungsbogen ausfüllen sollen. Selbst Erläuterungen zu den vorgegebenen Kategorien und Gebrauchsanweisungen für das Ausfüllen und Zuordnen gewährleisten keine einheitliche Handhabung. Jedoch, gerade wenn man alle diese Grenzen der Aussagefähigkeit der Erwachsenenbildungsstatistiken kennt, sollte man auch ihren Nutzen und ihren Wert sehen. Ihr Beitrag zu der wünschenswerten Transparenz mag unter pädagogischen Gesichtspunkten gering sein. Bedenkt man aber, wie leichthin Ordnungsmaßnahmen von Annahmen und Postulaten abgeleitet werden, muß selbst schon eine Statistik mit einigermaßen realitätsnaher Gliederung, die intentional bestimmte Interpretationen zurückzudrängen versucht, als hilfreich erscheinen, weil sie zumindest grobe Trends dieser Realität sichtbar macht.

Zur Aufgabenstruktur: Vorgaben in den Weiterbildungsgesetzen

Die seit 1970 verabschiedeten Erwachsenenbildungs-/Weiterbildungsgesetze dienen in erster Linie dem Zweck, die Förderung aus öffentlichen Mitteln zu regeln. Insofern haben sie nur indirekt eine ordnende Funktion und nur eine indirekt steuernde Wirkung. Diese ist obendrein sehr begrenzt. Das zeigt sich beispielsweise an dem ältesten der Ländergesetze, an dem niedersächsischen. Es benachteiligt nach seinem Förderungsverfahren die Volkshochschulen. Dennoch hat es nichts daran geändert, daß der Anteil der Volkshochschulen am Gesamtangebot der vom Land durch das Gesetz zu fördernden Erwachsenenbildung zugenommen hat, nämlich von 67 % auf 74 %. An dieser Stelle können nicht die Gesetze im einzelnen interpretiert und miteinander verglichen werden. Es ist eine Konzentration auf das notwendig, was für die Frage einer Gliederung und Ordnung relevant sein kann. Das beinhaltet, den Blick darauf zu richten, was die Gesetze über die Aufgabenbestimmung und über die Organisationsformen sagen.[6]

Aufgabenzuweisung und inhaltliche Festlegungen

Diese Gesetzestexte gehen in ihrer Mehrheit ausdrücklich von der Teilnehmerbezogenheit des Erwachsenenbildungsangebotes aus. Sie heben den Dienstleistungscharakter gegenüber der Bevölkerung hervor. Die Aufgabenbestimmungen sind indes relativ vage gehalten. Immerhin wird durchgehend erkennbar, daß der Erwachsenenbildung verschiedene Funktionen zugeschrieben werden, und zwar sowohl im Hinblick auf die jeweils geforderte Lernleistung als auch bezogen auf die Zwecksetzung. Dem entsprechen zum einen Attribute wie Kenntnisse, Fähigkeiten, Fertigkeiten, geistige Auseinandersetzung, Problembewältigungen, Urteilsfähigkeit, Verständnis, sowie erweitern, erneuern, vertiefen, und zum anderen Zuschreibungen wie persönlich, beruflich, gesellschaftlich, öffentlich. Es handelt sich damit meist um sprachliche Varianten der im Zusammenhang mit dem Bildungsgesamtplan schon zitierten Dreiteilung von allgemeiner, beruflicher und politischer Bildung. Weitere Differenzierungen werden im nordrhein-westfälischen Gesetz in Form einer Punktation und in Rheinland-Pfalz durch eine Benennung von „Lernfeldern" vorgenommen.

Für Nordrhein-Westfalen heißt es in § 3 des Gesetzes: „Die von den Einrichtungen der Weiterbildung zu erstellenden Angebote an Lehrveranstaltungen können folgende gleichwertige, aufeinander bezogene Sachbereiche umfassen:

1. Bereich der nichtberuflichen abschlußbezogenen Bildung
2. Bereich der beruflichen Bildung
3. Bereich der wissenschaftlichen Bildung
4. Bereich der politischen Bildung
5. Bereich der freizeitorientierten und die Kreativität fördernden Bildung
6. Bereich der Eltern- und Familienbildung
7. Bereich der personenbezogenen Bildung

(2) Die in Absatz (1) genannten Sachbereiche sind nach dem Grundsatz der Einheit der Bildung zu planen und zu organisieren."

Dem entspricht in etwa der Absatz 4 des § 1 des rheinland-pfälzischen Gesetzes, in dem gesagt wird: „Die Inhalte der Weiterbildung werden durch die Lernfelder allgemeiner, insbesondere der personenbezogenen, der familienbezogenen und der freizeitbezogenen Weiterbildung, der politischen und der berufsbezogenen Weiterbildung bestimmt."

Was ergibt sich aus diesen Gliederungsversuchen über die konventionelle Dreiteilung hinaus für die Gliederungsproblematik? Im nordrhein-westfälischen Gesetz wird im Zusammenhang mit den Förderungsbedingungen im § 18 für die Einrichtungen in kommunaler Trägerschaft, sprich Volkshochschulen, folgende Erläuterung gegeben: „Einrichtungen der Weiterbildung sind nach Fachbereichen zu gliedern".

Für eine solche Gliederung nach Fachbereichen ist im Gutachten der Kommunalen Gemeinschaftsstelle für Verwaltungsvereinfachung, die in diesem Fall als „Sprachrohr" der Trägervertretung gelten kann, eine Empfehlung ausgesprochen worden:[7]

Fachbereich 1: Sozialwissenschaften
Dazu gehören: Gesellschaft, Politik, Recht, Geschichte
Fachbereich 2: Erziehungs- und Geistenwissenschaften
Dazu gehören: Pädagogik, Psychologie, Religion, Philosophie, Literatur, Kunstgeschichte, Heimat- und Völkerkunde
Fachbereich 3: Sprachen
Dazu gehören: Deutsch als Grundsprache, Deutsch als Fremdsprache, Fremdsprachen
Fachbereich 4: Wirtschaft – Kaufmännische Praxis
Dazu gehören: Volkswirtschaftslehre, Betriebswirtschaftslehre, Buchführung, Stenografie, Schreibmaschine, Bürokunde
Fachbereich 5: Mathematik – Naturwissenschaften – Technik
Dazu gehören: Mathematik, Physik, Chemie, Botanik, Zoologie, Elektronik, Elektrotechnik
Fachbereich 6: Kreatives Gestalten – Freizeitaktivitäten
Dazu gehören: Spielen und Gestalten, Malen, Singen, Musizieren, Werken, Sprachen und Laienspiel

Fachbereich 7: Gesundheit – Gymnastik – Körperpflege – Haushaltführung
Dazu gehören: Gesundheitspflege, Erste Hilfe, Krankenpflege, Gymnastik, Sport, Kosmetik, Haushaltsökonomie, Küche und Garten.

Diese Gliederung deckt sich offensichtlich nicht mit der Einteilung des § 3 des Gesetzes. Sie entspricht aber mehr dem seit langem eingeführten Berichtsbogen des Deutschen Volkshochschul-Verbandes und den Gepflogenheiten der Volkshochschulen, mit denen sie sich der Öffentlichkeit gegenüber darstellen. Der Unterschied besteht darin, daß KGSt- und DVV-Gliederung eine möglichst enge Deckung mit den Lerngegenständen anstreben. Wenn dieses naheliegende und am wenigsten verwirrende Prinzip sich nicht allenthalben durchgesetzt hat, so dürfte dies u. a. in dem in der Diskussion vorherrschenden Aufgabenverständnis der Erwachsenenbildung begründet sein, nach dem die Aktivitäten primär von ihrer Funktion her gesehen und bestimmt werden. Eine solche Sichtweite wird nicht zuletzt dadurch angeregt, daß die Realisierung von Erwachsenenbildung motivationsabhängig ist.

Versucht man diesen Motivationsfaktor auch bei der Gliederung des Angebots zu berücksichtigen, bietet sich die Einteilung nach Lernfeldern an, wie sie im rheinland-pfälzischen Gesetz einen Niederschlag gefunden hat. Sie für die Statistik und die Dokumentation zu verwenden, führt aber auf beträchtliche Schwierigkeiten. Nicht zufällig war man in Rheinland-Pfalz genötigt, eine sehr ausführliche Erläuterungs- und Zuordnungsliste herauszubringen, die allen schon wegen ihres Umfangs unübersichtlich ist und dennoch nicht alle Interpretationsdivergenzen ausräumen kann. Es würde zu weit führen, hier den Versuch, Inhalte und Themen mit Lernfeldern zu koppeln, im einzelnen zu rekapitulieren. Es kommt hier vielmehr darauf an, die Gründe für die Schwierigkeiten eines solchen Ansatzes und eines solchen Verfahrens herauszustellen. Es fällt dann leichter, über die Anwendbarkeit zu entscheiden.

Eine Zuordnung von Motivation und Inhalten mag zwar in vielen Fällen naheliegen, bleibt aber im Prinzip hypothetisch und letztlich fallweise offen. Es ist gerade ein Spezifikum der Erwachsenenbildung, daß bestimmte Veranstaltungen aus den verschiedensten Gründen besucht werden, oder daß die gleichen Motive zur Teilnahme an sehr verschiedenen Veranstaltungen führen.[8] Ein Kurs, der vom Inhalt her als berufsbildend gilt, kann aus persönlich-privaten Freizeitinteressen besucht werden und etwas, was für die Mehrheit der Teilnehmer eines Kurses vom Thema her allgemeinbildend, personenbezogen oder gar familienbezogen ist, findet von anderen ein Interesse aus beruflichen Gründen. Diese gemischt motivierte Teilnehmerzusammensetzung von Erwachsenenbildungskursen wird vielfach am Maßstab der Effektivität beruflicher Qualifizierung oder am Emanzipationsmaßstab handlungsorientierter politischer Bildung kritisiert. Indessen ist sie angesichts der konstituierenden Bedingungen der Erwachsenenbildung nie ganz zu vermeiden. Außerdem kann man ihr am Maßstab der Orientierungs- und Kommunikationsfunktion der Erwachsenenbildung durchaus positive Seiten abgewinnen.

Nicht ganz zufällig ist es allerdings, wenn die Volkshochschulen sich vornehmlich an den Fachbereichen orientieren und dem auch ein zusätzlicher Abschnitt im nordrhein-westfälischen Gesetz entspricht, während die Lernfeldergliederung als ein Entgegenkommen gegenüber anderen Trägern und Einrichtungen in die Überlegungen eingebracht worden ist. Insofern die Volkshochschulen den Gesamtbereich der Erwachsenenbildung abzudecken bemüht sind, liegt es für sie nahe, eine Gliederung des Angebots zu wählen, das auf ein Kriterium bezogen ist, das jeder potentielle Teilnehmer unmittelbar verstehen kann, und das auch einigermaßen abgrenzbar ist. Diesen Anforderungen entsprechen am ehesten die Inhalte. Andere Träger hingegen, die primär von eigenen Intentionen ausgehen, werden mehr dazu neigen, ihr Angebot von der beabsichtigten Zwecksetzung her zu gliedern. Meist haben sie auch ein deutliches Angebotsprofil, das sie als eine Einrichtung der berufsbezogenen oder familienorientierten oder der wissenschaftlichen Weiterbildung ausweist. Das heißt nicht, daß sie sich auf einen dieser Bereiche beschränken, sondern nur, daß ihre Arbeit von einem dieser Bereichsaspekte her geplant wird.

Unabhängig davon, welche Funktionsbündel herausgestellt, welche Einteilungen vorgenommen werden, betonen die Gesetze zugleich das Verbindende, die Einheit der Angebote. Woran sich dies konkret zeigen soll, wird allerdings nicht gesagt. Eine Ausnahme stellt hier das bremische Gesetz dar, das als Gesetz für einen Stadtstaat hier aber nicht in die Synopse einbezogen ist. So ist der Hinweis auf das Verbindende kaum anders als ein moralischer Apell zu verstehen. Er hat allerdings in doppelter Weise einen Rückhalt in der Realität. Zum einen gibt es immer wieder Themen, die mehrfach zurechenbar sind. So kann man Veranstaltungen, bei denen es um Bildungspolitik geht, sowohl der politischen Bildung als auch der Elternbildung zuordnen. Zum anderen gibt es Veranstaltungen, die von ihrer didaktischen Anlage her fächerübergreifend konzipiert sind. Und es gibt zahlreichen Gründe, eine solche Anlage für besonders erwachsenengerecht zu halten. Auf diesem Hintergrund muß jeder Gliederungsvorschlag für das Gesamtangebot als eine Hilfskonstruktion erscheinen, die je nach den Zwecken beliebig vorgenommen werden kann.

Diese Beliebigkeit wird allerdings dann in spezifischer Weise kanalisiert, wenn mit Gliederungen Steuerungsversuche verbunden werden. Das auffälligste Beispiel ist dafür die bevorzugte Förderung der politischen Bildung im niedersächsischen Gesetz. Zeitweilig war auch für andere Gesetze eine ähnliche Regelung vorgesehen. Man hat dann aber nach reiflicher Überlegung davon abgesehen. Wird die Gliederung nämlich mit Finanzierungsbedingungen gekoppelt, stellt sich die Frage ihrer Trennschärfe besonders nachhaltig. Es zeigt sich dann, daß die Definition einen Auslegungsspielraum offen lassen müssen, der zu einer Verfälschung der Realität in der Dokumentation und der Berichterstattung führt. Denn was am Ende alles zur politischen Bildung gezählt wird, um als Zuwendungsempfänger günstig abzuschneiden, läßt sich kaum kontrollieren. Umgekehrt kann man aber auch sagen, daß eine weite Auslegung des Begriffs Politische Bildung insofern gerechtfertigt ist, als es in der Erwachsenenbildung nicht nur darum gehen kann, Politik als fest umrissenen Lerngegenstand zu behandeln, sondern das gesellschaftlich-politische Moment in den verschiedensten Gegenstandsbereichen bewußtwerden zu lassen.

Zur politisch-organisatorischen Dimension der Vorgaben

In den Gesetzestexten ist neben der inhaltlichen die politisch-organisatorische Dimension für die Gliederungsproblematik relevant. Dies gilt vor allem im Zusammenhang mit den Förderungsbedingungen und bei der Zuteilung von Beratungskompetenz. Damit kommen die Rechts- und Unterhaltungsträger – in den Gesetzen verblüffend selbstverständlich Träger genannt – ins Spiel, denn Gesetze brauchen Adressaten, die rechtsverbindlich reagieren können. Außerdem brauchen sie Ansprechpartner, die diese Adressaten repräsentieren und diese nicht in der Vereinzelung gegenüber denen belassen, die die Ausführung der Gesetze verwalten. Dementsprechend ist in den Gesetzen neben Trägern und Einrichtungen von Landesorganisationen die Rede. Dabei erfolgt der Gebrauch der Begriffe erstaunlich lässig. Manche Zuständigkeits- und Abgrenzungsfragen bleiben damit zumindest vom Gesetzeswortlaut her im unklaren. Man mag darin die Absicht vermuten, einen möglichst großen Auslegungsspielraum für Politik und Verwaltung zu erhalten. Hinzu kommt aber, daß die Organisationsstruktur der Erwachsenenbildung selbst so kompliziert ist, daß sie Anlaß zu unklaren Regelungen bietet. Das Verhältnis von Träger und Einrichtung läßt sich nämlich nicht ohne weiteres auf einen gemeinsamen Nenner bringen.

Erschwerend kommt hinzu, daß vor der Gesetzgebungsdiskussion der Status und die Rolle der Träger kaum reflektiert worden ist. Man argumentierte von den Bildungsprozessen her, sprach von den Zielen, wohl auch von den Schwierigkeiten mit den Teilnehmern, nicht jedoch vom Organisationsgefüge. Dieses aber ist im Bereich der Erwachsenenbildung außerordentlich kompliziert, und zwar nicht nur aufgrund der allenthalben zitierten Vielzahl der Träger, sondern wegen der undurchsichtigen Organisationsstruktur. Versucht man diese unter dem Gliederungsaspekt so einfach wie möglich darzustellen, dann kann man sagen: *der Bereich der Erwachsenenbildung ist gekennzeichnet durch eine institutionelle Staffelung.* Aus der Sicht der Adressaten besteht Erwachsenenbildung aus den Veranstaltungen. Diese können sie interessieren und diese können sie kennenlernen. Damit diese Veranstaltungen aber stattfinden, bedarf es der Einrichtungen, die sie planen und vorbereiten und die für eine geordnete Durchführung sorgen. Diese Einrichtungen werden den Teilnehmern als Veranstalter bemerkbar, als dem, der das Programm bekanntgibt, das man im einzelnen Falle nutzt. Damit aber dieser Veranstalter, diese Einrichtungen, finanziell und rechtlich abgesichert ist, bedarf es eines Trägers. Dieser wird den Teilnehmern kaum noch erkennbar. Er ist aber das Glied in der Kette der institutionellen Staffelung und der damit verbundenen Funktionsgliederung, auf das die Gesetzgebung primär bezogen ist.

Wenn den potentiellen oder tatsächlichen Teilnehmern die letzte Entscheidungsinstanz des organisatorischen Gefüges, der Träger, häufig unklar bleibt, so hängt dies allerdings damit zusammen, daß die beschriebene institutionelle Staffelung noch dadurch kompliziert wird, daß es verschiedenen Typen von Trägern gibt. Diese Verschiedenheit dokumentiert sich äußerlich im Rechtsstatus der Träger. Dieser ist mit den üblichen Bezeichnungen öffentlich, privat, frei, kommunal keineswegs immer erschöpfend charakterisiert. Abgesehen von den unterschiedlichen Auslegungen, die man den genannten Bezeichnungen beilegen kann, ist damit auch noch nichts darüber gesagt, welche Funktion er im Rahmen der institutionellen Staffelung übernimmt. Selbst bei formalrechtlicher Gleichstellung, wie sie etwa Kommunen gegenüber von ihnen getragenen Volkshochschulen haben, kann doch die Rolle, die sie spielen, sehr unterschiedlich sein. Noch komplizierter ist die Situation bei Trägern des privaten Rechts. Trotz oder gerade wegen ihrer gesetzesrelevanten Bedeutung können sie Deckadressen für das sein, was man heute als gesellschaftlich relevante Gruppen bezeichnet. Sie können als gesellschaftliche Verbände für jeden erkennbar sein. Sie können auch sich aus informellen Zusammenschlüssen allmählich entwickeln und eine rechtlich anerkannte Form gefunden haben. Es ist einleuchtend, daß die verschiedenen Entstehungsgeschichten und Strukturen von Trägern auch zu unterschiedlichen Verhältnissen zwischen Trägern und Einrichtungen führen. Nicht so einfach einsehbar ist hingegen, wie die Verhältnisse tatsächlich fallweise sind. Die Skala der Möglichkeiten kann von einem sich Beschränken des Trägers auf formale Absicherung und Eingreifen im Notfall reichen bis zu einer fast vollen Übernahme der Aufgaben, die die Einrichtung hat. Diese unterschiedlichen Beziehungen und Strukturen sind ein Grund neben anderen dafür, warum die allenthalben geforderte Kooperation vergleichsweise selten wirksam wird. Zugleich entstehen damit aber Probleme für den Gesetzgeber, und zwar sowohl in einer mehr grundsätzlichen Hinsicht als auch in einer sehr konkreten Weise. Zum einen steht er nämlich vor der Frage, wie der Grundsatz, daß Gleiches gleich und Ungleiches auch ungleich behandelt werden soll, anzuwenden ist, und zum anderen hat er Schwierigkeiten, Adressaten und Partner für die Ausführung des Gesetzes zu finden, die vergleichbar und mit ihrer Sachkompetenz wirklich hilfreich sind.

Im ersten Falle hat der Gesetzgeber die Auslegungsmöglichkeiten auch unterschiedlich genutzt. Unter der hier entstehenden Gliederungsproblematik bedeutet dies, daß es prinzipiell möglich ist, die verschiedenen Träger in einem Nebeneinander zu sehen, obwohl ihre Andersartigkeit damit ignoriert werden muß, und daß es ebenso möglich ist, mit der Zweiteilung von öffentlich-kommunal und „anderen" Trägern zu operieren, obwohl auch diese Aufgliederung der differenzierten Wirklichkeit auf der Seite der „anderen" nicht gerecht wird. Im zweiten Fall hilft sich die Weiterbildungsverwaltung damit, daß sie auf „Trägergruppen" bezug nimmt, daß die in den Gesetzen zum Teil verankerten Landesorganisationen als Verbände wirksam sind, und daß unter normalrechtlichem Aspekt die Installierung „unselbständiger Anstalten" zur Förderungsbedingung gemacht wird.

Ein solches Vorgehen ist nur möglich, weil bei den laufenden Geschäften Vertreter der Einrichtungen in vielen Fällen die Träger substituieren, sei es, daß sie als dessen Exekutive fungieren, sei es, daß sie weitgehende sachliche Vollmachten haben. Man „kommt so über die Runden", obwohl die Verantwortlichkeiten undurchsichtig bleiben. In den Fällen aber, wo sie eindeutig geregelt sind, beispielsweise bei den in einzelnen Gesetzen vorgesehenen Landesbeiräten, besteht die Gefahr, daß Trägervertreter zumindest auf dem Papier Funktionen zu übernehmen haben, für deren inhaltliche Ausfüllung sie auf die Vertreter der Einrichtungen angewiesen sind. Damit ist das Problem verbunden, daß in die sachliche Arbeit der Erwachsenenbildung von Instanzen hineinbestimmt werden kann, die diese Arbeit in ihren Vollzügen kaum kennen und deren demokratische Legitimation nur indirekt gegeben ist.

Ein weiteres Problem ergibt sich daraus, daß die Zugehörigkeit von Einrichtungen und Trägern zu Verbänden unterschiedlich motiviert sein kann. Das bayerische Gesetz nimmt ausdrücklich auf diesen Sachverhalt bezug, wenn es regelt, wie bei der Förderung durch das Land im Falle von Doppelmitgliedschaften zu verfahren ist. Damit ist auf ein Strukturproblem verwiesen, das ebenfalls zugleich ein Gliederungsproblem ist und das deshalb besonders bedacht sein will, weil die Mehrheit der Verbände, die zum Teil eine Zwischenstellung zwischen Trägern und Einrichtungen einnehmen, von den Formalitäten der Gesetze weitgehend ignoriert wird. Nehmen wir als Beispiel eine katholische Heimvolkshochschule. Für sie liegt eine doppelte Mitgliedschaft nahe, zum einen der Verband, der sie als Institutionalform, als Internatseinrichtung vertritt und zum anderen der Zusammenschluß, der sie in ihrer Gesinnung vertritt. Jeder Gliederungsversuch muß mit derartigen Überlagerungen von Zuordnungsmöglichkeiten rechnen.

Für eine differenzierte Tiefengliederung der Verbandsstrukturen kann es durchaus in den Aufgaben liegende Gründe geben, z. B. wenn sie unter dem Aspekt der Zielgruppenarbeit erfolgt und die Katholische Arbeiterbildung, Familienbildung usw. ihre eigenen Organisationsformen haben. Fragwürdiger ist es schon, wenn aus einer Bildungsorganisation Teile ausgegliedert werden, um gesetzlichen Anforderungen gerecht zu werden, obwohl die Unterschiede der Angebotsformen im Formalen bleiben. Das generelle Problem besteht darin, daß die unmittelbar aufgabenorientierten Entscheidungen und Gliederungen unter dem Aspekt gesetzlich verankerter

Förderungsmöglichkeiten unter die Frage geraten, ob in der Erwachsenenbildung der Grundsatz gilt „Getrennt marschieren und mehr gewinnen" oder „Einheitlichkeit macht stark". Die Beobachtung der Förderungsgepflogenheiten erweckt den Eindruck, daß eine Mischung beider Maximen am einträglichsten, nicht aber ohne weiteres am sachdienlichsten ist. Die Frage, die ansteht, ist, ob und wie man dieser Problematik mit aufgabenadäquaten Gliederungsmustern beikommen kann. Faktisch ist es so: Die Rechts- und Unterhaltsträger sind die Adressaten der Förderung. Die Einrichtungen haben die Aufgabe, die Förderung aufgabengerecht zu nutzen. Verbände fungieren dabei in unterschiedlichem Ausmaß als Vermittlungsinstanzen. Die Träger werden darüber hinaus häufig als Kriterium für die Dokumentation gewählt, wenn eine inhaltliche nicht mehr als praktikabel gilt. Und dies tritt aufgrund des traditionellen motivationsorientierten Aufgabenverständnisses im allgemeinen früher ein als der Außenstehende es für nötig hält. Damit aber wird unübersichtlich, was an Erwachsenenbildung tatsächlich geschieht. Dokumentationen erscheinen nur über Verbandskanäle gesteuert. Was dabei nicht zum Vorschein kommt und was dabei unberechtigt als Erwachsenenbildungsrealität ausgegeben wird, bleibt ungewiß. Die wichtigste Realität sind die Dokumentationskanäle. So bedenklich dies erscheinen mag, so wenig ist doch ein demokratischer Weg auszumachen, der daran vorbeiführt.

Abgrenzungsnotwendigkeit und Ausschlußkriterien

Selbstverständlich müßte sich der Gesetzgeber bemühen, Argumentationshilfen und Entscheidungskriterien zu schaffen, was denn unter dem Titel Erwachsenenbildung/Weiterbildung zu fördern ist. Er müßte in seinem eigenen Interesse Ausschließungskriterien schaffen. Einige von ihnen sind dann auch fast durchgehend zu finden. Der Grundforderung nach kontinuierlicher Planung und Offenlegung stehen Eigenschaften gegenüber, mit denen die Ausgrenzung begründet werden soll. Am häufigsten werden „Gewinnerzielung" und „Sonderinteressen" und — etwas weiter gefaßt — Anlehnung an gewerbliche Unternehmen genannt. Nordrhein-Westfalen hebt darüber hinaus auf die Mitgliederschulung ab. Für Außenstehende mag dies eindeutig sein. Unter Kennern weiß man aber, wie leicht man dieser Zuordnung entgehen kann. Am detailliertesten sind die Angaben im bayerischen Gesetz, weil mit diesen den Trägern bzw. den Landesorganisationen die Verteilung der öffentlichen Mittel in stärkerem Maße überlassen wird als nach anderen Gesetzen, in denen festgelegt ist, wie die Zuwendungen für Personalkosten, Sachkosten usw. erfolgen sollen. Auf jeden Fall gilt: geförderte Einrichtungen sollen nicht nur Spezielles und nicht Geschlossenes anbieten. In einigen Gesetzen ist insofern ein Auslegungsspielraum enthalten, als Formulierungen wie „überwiegend" und „unmittelbar" verwendet werden. Meist geht es dabei um die Frage, ob und unter welchen Bedingungen die berufliche Weiterbildung Bestandteil der gesetzlichen Förderung sein kann und soll. Daran wird bemerkbar, daß eine theoretische Diskussion auf halbem Wege stehengeblieben ist, weil sie die politischen Implikationen nicht zu verarbeiten vermochte. Nicht alle Länder geben sich mit der eleganten Formulierung zufrieden, mit denen das rheinland-pfälzische Gesetz den Schwierigkeiten zu entgehen versucht, indem es in § 12 heißt: „Maßnahmen der berufsbezogenen Weiterbildung, die nach bundesrechtlichen Regelungen mittelbar oder unmittelbar gefördert werden können, werden dabei nicht berücksichtigt." Da dies sich eigentlich von selbst versteht, ziehen sich andere Gesetze in der Weise aus der Affäre, daß sie die

Anmerkung oder die Nichtanerkennung von Einrichtungen zum Maßstab dafür machen, ob etwas als berufliche Weiterbildung gilt bzw. gefördert wird oder nicht. Das nordrhein-westfälische Gesetz geht auf die Problematik in der Weise ein, daß die berufliche Fortbildung aus dem Katalog der Pflichtaufgaben, die den kommunalen Trägern auferlegt sind, herausgenommen ist.

Mit den so oder anders praktizierten Modalitäten ist nicht geklärt, was der beruflichen Fortbildung zuzuordnen ist. Denn die Gleitformen des Überwiegenden, des Unmittelbaren und Mittelbaren, läßt sich nicht nur auf die Einrichtungen anwenden, die Anerkennungsanträge stellen, sondern auch auf die einzelne Veranstaltung. Dies zu beachten, ist aber für eine gesetzliche Handhabung zu diffizil. Unterscheidungskriterien, die mit Verordnungen und Erlassen eingeführt werden, sind oft der Differenziertheit des Angebots nicht angemessen. Deshalb läuft die Frage der Einzelförderung meist doch wieder auf die Anerkennung der Träger und der Einrichtung hinaus. Dieser Maßstab hat auch die Ausführung der Bildungsurlaubsgesetze — soweit in den Ländern vorhanden — erleichtert. Nur bei einem materiell haftbar zu machenden Lernangebot hat sich nicht die institutionelle, sondern die fallweise Anerkennung eingespielt — beim Fernunterricht, wo bezeichnenderweise aber zuerst eine vereinbarte Erprobung stattgefunden hat und dann die gesetzliche Regelung erfolgte.[9] Selbst das Arbeitsförderungsgesetz, das einerseits auf eine individuelle Förderung abzielt, bindet diese doch an anerkannte Maßnahmen, wobei eine anerkannte Einrichtung begreiflicherweise die Anerkennung einer Veranstaltung leichter erreichen kann.

Zur Angebotsstruktur: Programmgestaltung und Angebotsformen

Die bisher berücksichtigten Untersuchungsaspekte haben Träger, Funktionen und Inhalte in den Vordergrund gerückt. Wenn nunmehr die Dimension der Angebotesstruktur, der Programmgestaltung als ein weiterer Betrachtungsaspekt angeführt wird, so liegt es nahe, auch hier von den Inhalten auszugehen. Zweifellos ist die Aufmerksamkeit potentieller Teilnehmer spontan auf die Inhalte gerichtet. Jedoch bestimmt nicht allein das Was die Entscheidung. Auch über das Wie möchte man vorher Bescheid wissen. Und für dieses Wie hat die Erwachsenenbildung ein breites Spektrum der Möglichkeiten anzubieten. Bei ihrer disponiblen Organisationsform vermag sie auf diese Wie-Frage relativ deutlich nach außen zu antworten. Ein entscheidend differenzierendes Kriterium sind nämlich für sie die Veranstaltungsformen. Sie sind ein Spezifikum der Erwachsenenbildung. Da sie nicht wie die Schule durchgehend durch das Organisationsprinzip der Jahrgangsklassen und der Stundentafeln gegliedert ist, muß sie fallweise ihren Adressaten nicht nur verdeutlichen, was angeboten wird, sondern auch, welche Art der Mitarbeit von den Teilnehmern erwartet wird. Denn wenn auch der Freiwilligkeitscharakter der Erwachsenenbildung in mancherlei Hinsicht eingeschränkt ist, so beläßt sie den potentiellen Teilnehmern doch die Wahl bei der Art ihrer Mitarbeit. Durch Nennung und Beschreibung der Veranstaltungsformen können die Erwartungen potentieller Teilnehmer konkretisiert werden. Dies ist von zentraler Bedeutung, weil Befriedigung und Lernerfolg immer in Relation zu den vorher gehegten Erwartungen stehen und zu sehen sind.

Erwachsenenspezifische Veranstaltungsformen

Im Hinblick auf die Funktion des Unterscheidenden bei den Veranstaltungsformen erscheint es angebracht, sie nicht abstrakt zu definieren, sondern zu erläutern, welches Teilnehmerverhalten sie jeweils implizieren. Im Handbuch für Volkshochschulleiter und -mitarbeiter finden sich daher folgende Erläuterungen:

„Vortrag
Sie hören einen Redner, der sich zu dem angegebenen Thema in einer einmaligen Veranstaltung zusammenhängend äußert; Fragen können in der anschließenden Diskussion geklärt werden.

Vortragsreihe
Sie hören eine Reihe in sich abgeschlossener Vorträge von mehreren Referenten zu einem Rahmenthema. Der Besuch aller Veranstaltungen ist erwünscht.

Vortragskurs
Sie hören einen Vortragenden, der sein Thema in systematischer Abfolge an mehreren Abenden behandelt und bereit ist, auf Fragen einzugehen. Ihre regelmäßige Teilnahme wird voraussetzt.

Unterrichtskurs
Sie werden im Verlauf des Kurses auf ein bestimmtes Unterrichtsziel vorbereitet. Dabei werden Ihre regelmäßige Teilnahme, Ihre regelmäßige Mitarbeit und, je nach Thema, auch Ihre Bereitschaft zur häuflichen Vorbereitung vorausgesetzt.

Studienkreis
Sie arbeiten sich unter Anleitung eines Fachmannes in den angegebenen Fragenkomplex ein. Hierbei werden von Ihnen Beiträge aus Ihrem eigenen Erfahrungsbereich, kleinere Vorbereitungsarbeiten oder Materialhilfen sowie kritische Äußerungen erwartet. Regelmäßige Teilnahme ist Voraussetzung für gute Zusammenarbeit.

Gesprächskreis oder Aussprachekreis
Sie haben nach einer Einführung des Leiters Gelegenheit, sich selbst Gedanken zu machen, diese auszusprechen und Ihre eigenen Erfahrungen und Auffassungen gegenüber denen der übrigen Teilnehmer abzuwägen. Der Leiter übernimmt die Aufgabe, die Meinungen der Teilnehmer zu sammeln, zu ordnen und zu einem abschließenden Ergebnis zu führen.

Arbeitskreis zur Eigentätigkeit
Sie erlernen unter Anleitung eines Fachmannes die Techniken zur werk- und sachgerechten Ausübung einer Ihren individuellen Neigungen entsprechenden Freizeittätigkeit".[10]

Diese Auflistung ist an der Praxis von Einrichtungen orientiert, deren Haupttätigkeit Abendveranstaltungen sind. Die Folge möglicher Veranstaltungsformen muß daher unter dem Aspekt der Zeitorganisation erweitert werden. Es sind dann zu nennen:

— Tageskurse
— Wochenentseminare
— Ausstellungsbesuche
— Exkursionen und Studienreisen
— Wochenendseminare
— Längerfristige Vollzeitlehrgänge

Je länger der Zeitblock einer Veranstaltung ist, desto beweglicher können die Veranstaltungsformen gewählt und gewechselt werden. In diesen Wechselmöglichkeiten vor allem liegt der Vorzug von Internatsveranstaltungen. Alle genannten Möglichkeiten beziehen sich auf Formen organisierten Lernens. In Zukunft dürfen zeitunabhängige individuelle Lernmöglichkeiten und Lerngruppeninitiativen an Bedeutung gewinnen. Für ein Gliederungssystem bereitet dies keine Probleme. Für ein Ordnungssystem der Anerkennung und Förderung allerdings wird ein Mindestmaß an Formalkriterien unumgänglich sein.

Veranstaltungsformen sind ein organisatorisches Bindeglied zwischen Veranstaltern und Adressaten. Sie beinhalten auf beiden Seiten Vorentscheidungen darüber, welche Art von Bildungsprozessen in Gang kommen. Die Veranstaltungsformen schränken durch die Vorentscheidung die Möglichkeiten des methodischen Vorgehens ein, legen sie aber nicht zwingend fest. Das Verhältnis von Veranstaltungsformen und veranstaltungsinternen Arbeitsweisen bedürfte einer eigenen Untersuchung, ist aber für die hier anstehenden Fragen der Gliederung nicht relevant. Wichtig ist hier nur, festzuhalten, daß es sich um verschiedene Ebenen handelt, auf denen sich auch pädagogische Probleme in verschiedener Weise präsentieren. Auf Affinitäten von Veranstaltungsformen und Inhalten braucht daher hier nicht näher eingegangen zu werden.

Auf einige Einwände hinsichtlich der Praktikabilität der Kategorie Veranstaltungsformen muß allerdings hingewiesen werden. Sie richten sich zum einen auf die Schwierigkeit, einen terminologischen Konsens zu finden. Häufig entsprechen Einstellungen traditionellen Mustern, hält man an liebgewordenen Begriffen fest, möchte man das Trägerspezifische herausstellen. Zum zweiten ist nicht zu übersehen, daß häufig eine Diskrepanz zwischen dem entsteht, was als Veranstaltungsform angekündigt ist und dem, was tatsächlich im Laufe der Veranstaltung geschieht. Dies kann in den Verhaltensmöglichkeiten der Betroffenen oder im Prozeßsog begründet sein. Und zum dritten wird immer die Neigung bestehen, mit der Unterscheidung von Veranstaltungsformen auch Wertungen zu verbinden. Dies widerspricht aber ihrer konstituierenden Bedeutung, die darin besteht, daß Erwachsenenbildung nur existent wird, wo eine unausgesprochene Vereinbarung zwischen Veranstaltern und Teilnehmern hinsichtlich der Form des Miteinander-in-Beziehung-tretens hergestellt ist. Bedenkt man diese Funktion, wird man dafür eintreten müssen, der Profilierung der Angebotsstruktur durch die Veranstaltungsformen eine zentrale Bedeutung beizumessen. Ohne sie zu berücksichtigen, entsteht kein Bild von der Wirklichkeit der Erwachsenenbildung.

Die Bestandsaufnahmen, von denen in einem voraufgegangenen Abschnitt berichtet wurde, leiden alle darunter, daß sie zu der Kategorie Veranstaltungsformen kaum Aussagen treffen.[11] Damit bleiben sie im Quantitativen und Stofflichen und können die pädagogische Dimension gar nicht erst ins Blickfeld rücken. Förderungspolitisch geht dies zu Lasten kontinuierlicher Arbeit, obwohl auf diese programmatisch insistiert wird. Unmittelbar zum Streitpunkt ist dieses Problem geworden, als für die gesetzlichen Förderungsregeln nach einem Meßwert gesucht werden mußte. Die Belegungsdoppelstunde, die letztlich unkontrollierbar ist, und die Unterrichtseinheit standen zur Wahl. Mit Ausnahme von Bayern hat man sich inzwischen für das zweite Kriterium entschieden und sich damit nicht allzu sehr in Widerspruch zu den eigenen Ansprüchen, die mit den Gesetzen erhoben werden, gebracht.

Lernzielklassifizierung und Teilnehmerdifferenzierung

Wenn von Angebotsstruktur gehandelt werden soll, so denkt man wohl zuerst an das Verhältnis von Zielen, Inhalten und Adressaten. Angesichts der Bedeutung, die die Lernzieldiskussion in den letzten Jahren gewonnen hat, mag es naheliegen, von ihnen her ein Gliederungsmodell zu entwickeln. Indessen erweist sich dies als kaum realisierbar. Eine intersubjektive Verständigung über Lernziele setzt ihre Operationalisierung voraus. Unabhängig davon, ob sie jeweils angesichts der Veranstaltungsintentionen sinnvoll ist, würde sie eine Detaillierung erfordern, die sie für ein umfassendes Gliederungssystem unbrauchbar macht. Sinnvoll könnte es nur sein, eine Lernzieltypologie auf der Ebene der Verhaltensdisposition zu entwickeln, mit der versucht wird, Merkmale herauszustellen, die mit Merkmalen anderer Dimensionen korrespondieren, daß auf diese Weise eine gegliederte Angebotsprofilierung möglich wird. Versucht man dabei auch die gesetzlichen Vorgaben zu berücksichtigen, bietet sich folgende Gliederung an:

— Erwerben von überprüfbaren Kenntnissen, Fähigkeiten und Fertigkeiten
— Gewinnen von Überblicken zum Zwecke der Orientierung
— Austauschen von Beobachtungen und Meinungen
— Entwickeln von Phantasie und spielerischen Gestaltungsmöglichkeiten
— Erfahren und Erproben des eigenen Selbst
— Suchen nach Anregungen für soziales Handeln

Ein solcher Katalog bewegt sich auf den Grenzlinien von Absichtserklärungen und Leistungsbestimmungen und erscheint so im Vergleich zu den heute zahlreich im Umlauf befindlichen Lernzielkatalogen der Situation der Erwachsenenbildung, dem Grad, mit dem sie erfaßbar ist, und den Zweck einer Grobgliederung von Angebotsprofilen am ehesten zu entsprechen. Eine lockere Korrespondenz zu den Veranstaltungsformen ist gegeben, eine solche zu den Inhalten nicht ausgeschlossen.

Von diesen Inhalten war im Zusammenhang mit der Bestandsaufnahme gesagt worden, daß sie für statistische Zwecke die aussagekräftigste Kategorie darstellen. Geht es aber nicht nur um numerische, zuordnungsfähige Detailerhebung, sondern um Identifizierung von Angebotsstrukturen, wird man zugeben müssen, daß auch den Inhalten die Randschärfe fehlt. Unabhängig von ihrer Placierung in übergeordneten Schemata stellt sich bei genauerem Hinsehen heraus, daß sie eine Tiefengliederung haben, die sie vielfältig teilzuortbar macht. Außerdem will bedacht sein, daß die Art des Umgangs mit den Inhalten diese entscheidend verändert. Die Abgrenzungsmöglichkeiten von Inhalten entgleiten schließlich auch deshalb, weil der Stoff kaum je um seiner selbst willen gelernt wird. Angekündigte Inhalte sind eine geplante hypothetische Setzung, die erst in der Interaktion des Lehrens und Lernens Realität gewinnt. Angesicht dieser Konstituierungsbedingungen empfiehlt es sich, nicht allzu viele Anstrengungen auf neue inhaltsbezogene Gliederungsvorschläge zu verwenden, sondern sich an die konventionellen Muster zu halten, die eingeführt sind und von daher historische Vergleiche wenigstens grober Art ermöglichen. Davon sollte auch das Wissen nicht abhalten, daß die gebräuchlichen Inhaltskategorien teilweise zu unterschiedlichen Zuordnungen herausfordern. Für Bestandsaufnahmen sind die Fehlerquellen aber vergleichsweise gering. Besteht allerdings ein spezifisches Forschungs- und Erhebungsinteresse, wird man fallweise prüfen müssen, welche inhaltlich diskriminierenden Kategorien darüber hinaus hilfreich sein können.

Sieht man einmal von der Zielgruppendiskussion sowie von den Versuchen ab, Teilnehmerorientierung in der Erwachsenenbildung an gesellschaftliche Organisationsschnitte zu binden, was die Fähigkeit des Zusammenlebens erheblich beeinträchtigt, erscheint eine Gliederung aus dem Teilnehmeraspekt nur in sehr abstrakter Weise möglich. Man kann nur sagen: es gibt Angebote, die für alle offen sind, und zwar nicht nur formal, sondern auch durch die Art und Weise, wie dieses Angebot realisiert wird, es gibt Angebote, bei denen die Nutzungsmöglichkeiten an Lernerfahrungen gebunden sind, die sich aus dem Inhalt und dem Anspruch des Angebots ergeben, und es gibt Angebote für geschlossene Gruppen, wobei diese Geschlossenheit sich aus der gemeinsamen formalen Mitgliedschaft ergibt oder situativ in Verbindung mit dem Lernanlaß entstehen kann. Sowohl die theoretische Aufmerksamkeit als auch das bildungspolitische Interesse haben sich erst in jüngerer Zeit dieser dritten Möglichkeit zugewandt.

Die Trägerspezifität, die mit der Teilnehmerspezifität nur lose korrespondiert, macht sich auch bei einer weiteren Komponente der Angebotsstruktur bemerkbar, bei der Tatsache, daß das Lernen über Medien erfolgt, wobei diese personaler und/ oder technischer Art sein können. Eine Typologie der Lehrkräfte gibt keine übergreifenden Gliederungsmöglichkeiten her.

Wenn neben den personalen Medien das gedruckte Medium steht, so fällt auch der Fernunterricht in den Ordnungszusammenhang der Erwachsenenbildung. Seine weitgehend kommerzielle Trägernatur hat dazu geführt, diesen Tatbestand bis vor kurzem weitgehend zu ignorieren. Die Einbindung des Fernunterrichts in eine pluriforme Angebotsstruktur ist aber gesetzlich motiviert und im Gang. Wenn ein Gleiches bei den AV-Medien, bei den Äther-Medien, noch Schwierigkeiten bereitet, so sind die institutionellen Gründe anderer Art. Bildung ist für die Rundfunkanstalten eine Teilaufgaben, die sie nur in begrenztem Rahmen übernehmen können. Damit ist zwar das Bildungsfernsehen gelegentlich behindert, kann aber doch Programme anbieten, die den Vorstellungshorizont von Adressaten mit Bildungsassoziationen besetzen, unabhängig davon, was im einzelnen durch Rundfunk und Fernsehen gelernt wird.[12] Die zur Zeit kontroverse Wirkungsanalyse braucht hier nicht zu interessieren. Entscheidend ist, daß das Bildungsfernsehen in den Kontext der Angebotsstruktur gehört und in den letzten Jahren einen eigenen Angebotstypus entwickelt hat, der in einem Gliederungssystem einen Platz finden muß, nämlich das, was wir als Medienverbund bezeichnen.[13] Versuche eines solchen Verbundes mit gedrucktem Material hat es — meist aufgrund ausländischer Vorbilder — schon immer einmal gegeben. Eine Breitenwirkung hat der Medienverbund aber erst mit der Einbeziehung von Rundfunk und Fernsehen erhalten. Heute ist die Einschätzung teilweise so, daß die Fähigkeit einer Erwachsenenbildungsinstitutuion, den Medienverbund in das eigene Angebot zu integrieren, als ein Bewährungsausweis gilt. Erwachsenenbildung versteht sich nicht mehr als „Gegenkino". Ein Gliederungskonzept muß Medienangebote und Medienverbund verorten, und ein Ordnungsrahmen für die Erwachsenenbildung bleibt unvollkommen, wenn er sich nicht zu den rechtlichen Implikationen des Zusammenwirkens von Erwachsenenbildungseinrichtungen und Medienproduzenten äußert.

Zur Aussagefähigkeit der Gliederungskriterien

Das Aufzeigen der für eine Synopse zu beachtenden Aspekte, der Versuch darzustellen, wie von den einzelnen Dimensionen der Erwachsenenbildung her versucht worden ist, die Mannigfaltigkeit dessen, was geschieht, zu gliedern, hat gezeigt, wie vorläufig und sporadisch diese Ansätze sind, wie wenig Eindeutigkeit erreicht werden kann. Angesichts der Vielschichtigkeit dessen, was Erwachsenenbildung ausmacht, kann es nicht ausbleiben, daß manche Systematisierungsversuche sich überschneiden, manche Leerstellen hinterlassen. Wenn diese Situation als unbefriedigend empfunden wird, so ist zu fragen, worin dies begründet ist. Man stößt dann darauf, daß rationalen Zuordnungsversuchen Traditionen entgegenstehen, die nicht einfach beiseitegeschoben werden können. Zum Teil gehen die Widerstände aber auch auf aktuelle Machtinteressen zurück. Vor allem aber ist es die Realität der Erwachsenenbildung selbst, die sich in ihrer Disparatheit Systematisierungsversuchen gegenüber sperrig erweist.

Beurteilungskriterien: Überschaubarkeit und Kontrollierbarkeit

Man sollte auch nicht vergessen, daß das Naturwüchsige der Existenz von Erwachsenenbildung ihre positiven Seiten hat. Auch für die Zukunft ist es wichtig, daß etwas von ihrer Spontanität und Flexibilität erhalten bleibt. Zu achten ist allerdings darauf, daß sie der Bevölkerung selbst zugute kommen und nicht als Alibi benutzt werden, um Bildungsbereiche mit Gruppeninteressen zu besetzen. Dies darf auch als Kriterium für den Sinn von Erwachsenenbildungsgesetzen gelten, die ja als Gesetze den Öffentlichkeitscharakter signalisieren und auch gewährleisten sollten.

Mit diesen Gesetzen ist aber auch unvermeidlich eine Tendenz eingeleitet bzw. verstärkt, die auf Regelungen abzielt und die nicht mehr rückgängig gemacht werden kann. Angestrebt werden sollte allerdings, daß diese Regelungen in einem beweglichen Zusammenhang stehen und nicht vorhandene Widersprüchlichkeiten verstärken. Der Ordnungsrahmen sollte so angelegt sein, daß er nicht zu Verfestigungen führt. Unter solchen Vorzeichen ist zu fragen, inwieweit die bisher verwendenten Gliederungskriterien realitätsgerecht bzw. aufgabengerecht sind und wie sie am besten weiterentwickelt werden können. Es geht nunmehr also auch um Beurteilungen. Sie konnten schon bei der voraufgegangenen Darstellung, so sehr sie im Deskriptiven zu bleiben versuchte, nicht ganz vermieden werden. Um dezidierte Aussagen machen zu können, steht die Entwicklung aber noch zu sehr am Anfang. Der Professionalisierungsprozeß zum Beispiel hat noch kaum begonnen. Wir beschränken uns deshalb hier darauf, die generellen Schwierigkeiten, die Systematisierungsansätzen entgegenstehen, zu erörtern und diese an einigen Schlüsselproblemen exemplarisch zu belegen.

Für eine Einschätzung der bisherigen Gliederungsversuche ist es wichtig zu sagen, mit welchem Maßstab dies geschieht. Als der passendste und ergiebigste erscheint der der Transparenz. Sie ist sowohl im Interesse derer, die weiterlernen sollen, als auch im Interesse der Instanzen, die Erwachsenenbildung fördern wollen. Die einen können ein Anrecht auf Überschaubarkeit, die anderen ein Anrecht auf Kontrollierbarkeit geltend machen.

Schon am Anfang dieses Jahrzehnts hat der Bildungsrat im Sinne dieser Transparenz für die Publikation von Weiterbildungsverzeichnissen plädiert. In einigen Städten und Regionen ist diese Anregung auch aufgegriffen worden. Eine solche Zusammenstellung muß sich indes meist auf das Nennen von Veranstaltungstiteln und -zeiten beschränken. Daher ist ihr Informationsgehalt gering. Solche Verzeichnisse können dem Anspruch der Transparenz nicht gerecht werden. Mit ihnen kann man nur registrieren, „was es nicht alles gibt", aber nicht, was möglicherweise für den einzelnen geeignet ist. Darauf aber zielt die Forderung nach Transparenz ab. Sie als ein Entscheidungskriterium herauszustellen, geht auf die Einsicht zurück, daß die Weiterbildungsbereitschaft in starkem Maße davon abhängt, welche Erfahrungen mit dem Weiterlernen gemacht werden. Diese Erfahrungen sind dann am ehesten produktiv und weiterführend, wenn Entsprechungen zwischen den Erwartungen und dem Erlebten zustande gekommen sind. Das aber wird um so eher geschehen, je überschaubarer vorher gewesen ist, welche Wahlmöglichkeiten bestanden haben und was man mit dieser oder jener Entscheidung auf sich nimmt. Deshalb wurde im voraufgegangenen Abschnitt ein so großer Wert darauf gelegt, die Veranstaltungsformen als ein Spezifikum der Erwachsenenbildung und als eine Entscheidungshilfe für potentielle Teilnehmer herauszustellen. Wo immer bei Bestandsaufnahmen, Tabellen, Programmen und Ankündigungen das Kriterium der Veranstaltungsform nicht angelegt bzw. nicht anlegbar ist, fehlt ein wesentliches Stück der Information. Man mag einwenden, daß eine solche Aussage die Willkür bei der Erläuterung und Zuordnnung von Veranstaltungen unter- und die Rationalität eines Teilnehmerentschlusses überschätzt. Das sollte aber im Sinne einer recht verstandenen Teilnehmerorientierung nicht hindern, eine solche Rationalität zumindest zu ermöglichen.

Wenn außerdem gesagt wurde, daß Transparenz im Interesse der Förderungsinstanzen ist, so wird dabei als selbstverständlich unterstellt, daß sie die Wirkungen der Förderung erkennen möchten und daß überprüfbar sein sollte, ob die Förderungsbedingungen eingehalten wurden. Diese sind allerdings zu einem großen Teil formaler Art. Pädagogisch bestimmte Maßstäbe werden kaum angelegt, weil dies als ein Einfluß in die Freiheit der Bildungsträger ausgelegt wird. Pädagogisch orientierte Förderungskriterien müssen aber nicht an inhaltliche Vorgaben gebunden sein, wie unbesehen unterstellt wird. Der Streit um mögliche gesonderte Förderung von politischer und beruflicher Bildung mag dazu angeregt haben. Auch hier könnte das Kriterium der Vermittlungsformen differenzierend wirken. Für Planung und Förderung werden jedenfalls Bestandsaufnahmen und Statistiken zu Farcen, wenn sie nichts anderen ausweisen als die Zahl der Veranstaltungen an diesem oder jenem Ort, von diesem oder jenem Träger, ohne etwas über Art und Dauer der Veranstaltung zu sagen, höchstens noch etwas über den inhaltlichen Schwerpunkt. Wenn es diese Art der Materialien nicht gegeben hätte und wenn damit nicht auch bildungspolitisch operiert worden wäre, würde man kaum wagen, davon zu sprechen, so unwahrscheinlich muß es dem unbefangenen Beobachter erscheinen, daß mit Veranstaltungsstatistiken bar jeder Aussagekraft argumentiert wird.

Pluralistische Trägerstruktur und terminologischer Konsens

Allerdings — das Operieren mit so dürftigen Instrumenten ist auch in dem, was registriert und präsentiert werden soll, selbst begründet. Sowohl aufgrund ihrer Entwicklungsgeschichte als auch bedingt durch ihre vielfältigen Funktionen ist die Angebotsstruktur der Erwachsenenbildung recht undurchsichtig. Das erschwert einen terminologischen Konsens ebenso wie die pluriforme Trägerstruktur. Wenn ein solcher Konsens derzeit noch weiterhin fehlt, so ist dies nicht allein mit der Eigenbrötelei zu erklären, die für die Erwachsenenbildung in der Vergangenheit geradezu notorisch war. Die mangelnde terminologische Abstimmung ist vielmehr auch real in der Mannigfaltigkeit der Erscheinungsformen begründet, die auch innerhalb der einzelnen Trägerbereiche zu beobachten ist. Hinzu kommt schließlich noch, daß das meiste, was im Bereich der Erwachsenenbildung begrifflich gefaßt werden soll, Prozeßcharakter hat. Und wenn sich eine gewisse Scheu bemerkbar macht, Prozesse begrifflich zu fixieren, so ist dies nicht unbegründet, weil eine Kommunikation, ein Erfahrungsaustausch auf dem Wege über eine Verdinglichung eher Mißverständnisse als Erkenntnisse hervorbringt. Verfehlt ist jedoch die Annahme, deshalb seien Vereinbarungen über die Begriffsverwendung nutzlos.

Solche Vereinbarungen wären in zweifacher Hinsicht zu wünschen. Zum einen ist die Begegnung der meisten potentiellen Teilnehmer mit der Erwachsenenbildung noch keineswegs etwas Selbstverständliches. Viele, die weiterlernen wollen, begeben sich auf ein für sie neues fremdes Feld, das sie für sich noch nicht haben strukturieren können. Dafür Anhaltspunkte zu bekommen, wäre für sie hilfreich. Statt dessen werden sie aber durch die verbale Präsentationsform des Angebots eher verwirrt. Die Annahme, daß dies mit der pluriformen Trägerstruktur zusammenhängt, findet zwar gelegentlich Bestätigung, hält aber einer durchgehenden Prüfung nicht stand. Auch innerhalb eines Trägers ist die begriffliche Disziplinierung nicht so weit fortgeschritten, daß Neulinge Vergleiche anstellen und Schlüsse ziehen können, bevor sie sich zur Teilnahme an dieser oder jener Veranstaltung entschließen.

Unter dem Aspekt der Förderung sind die begrifflichen Vereinbarungen noch aus einem anderen Grunde gravierend. Jeder Förderungsbereich steht in einer gewissen Konkurrenz zu mehreren. Dabei hängt viel — ob man es nun für gut hält oder nicht — von der eindrucksvollen Repräsentation ab. Erwachsenenbildung macht in solchen Situationen selten eine gute Figur. Daß sie sich organisatorisch nicht so geschlossen wie andere Bildungs- und Kulturbereich darstellen kann, wird in Rücksicht auf ihre unterschiedlichen Funktionen und mit dem Blick auf die gewährten Freiheiten noch anerkannt. Wenn dazu aber ein Begriffswirrwarr kommt, ist dies wenig überzeugend und verleitet dazu, doch wieder neue Institutionalformen der Erwachsenenbildung zu initiieren. Das mag sie für einen Augenblick in dem Wettlauf um die Förderung stärken, auf die Dauer aber macht es für den Außenstehenden die Verwirrung noch größer und das Förderungsinteresse des Politikers geringer, weil er zuviel Anlaß erhält, die Seriosität des gesamten Bereichs anzuzweifeln.

Terminologische Vereinbarungen und begriffliche Disziplin können zu einer Gewöhnung an den Wortgebrauch führen. Soll dies zur Transparenz beitragen, müssen allerdings auch die Attributionen plausibel und konstant sein. Kommunikation findet nur statt, und von einem Voneinanderlernen kann man erst sprechen, wenn mit dem Wortgebrauch nicht verschiedene Assoziationen verknüpft werden Man muß im Gesagten das Gemeinte entdecken können. Soll dies erreicht werden, genügen Vereinbarungen allerdings nicht. Sie bleiben ohne Wirkung, wenn die Bereitschaft und Fähigkeit fehlt, „die Dinge beim Namen zu nennen", und das heißt hier, Geschehenes und Berichtetes soweit wie möglich zur Deckung zu bringen. Dies in einem Arbeitsbereich zu tun, der ständig Verunsicherungen unterliegt, wird oft als riskant empfunden. So bewegen wir uns in einem Zirkel. Unklare Selbstdarstellung und Verunsicherung bestärken sich gegenseitig. Das Aneinandervorbeireden wird zum Üblichen. Begrifflicher Konsens besteht zum Schein. Er wird gerade noch in der Mitarbeiterfortbildung aufrechterhalten. Wenn sich die Teilnehmer an entsprechenden Veranstaltungen durchweg eine Ausweitung des Erfahrungsaustausches wünschen, so offentsichtlich in der Hoffnung, dann nicht mehr von diesem Schein reden zu müssen. Es zeigt sich dann aber oft, daß auf dieser Realitätsebene der Konsens über die Begrifflichkeit fehlt, der Erfahrungsaustausch wirksam machen könnte.

Ein anderes Erschwernis entsteht daraus, daß Kommunikation über Probleme, über Vorhaben oder Beobachtungen in der Erwachsenenbildung, die Bereitschaft und die Fähigkeit vorausgesetzt, Wechselwirkungen als solche zu erkennen. Nur dann ist Verständigung über Beobachtungen und Geschehenes möglich. Andernfalls kommt es zu verkürzten Interpretationen dessen, was man zu hören bekommt. Wird es nicht im Kontext des Mitgemeinten aufgenommen, erscheint es verkürzt. Man mag einwenden, daß es sich dabei um allgemeine festzustellende Probleme der Kommunikation handelt. Sie erhalten aber für die Erwachsenenbildung und für die hier zur Diskussion stehende Fragestellung ein besonderes Gewicht, weil die Vermittlung von Erfahrung, das Gelingen von Lernprozessen und die Selbstdarstellung der Erwachsenenbildung nach außen diese Problematik selbst untergründig zum Gegenstand haben, diese aber zugleich eher tabuieren.

Es sind noch zwei weitere Gründe zu nennen, die veranlassen sollten, die skizzierte Kommunikationsproblematik in ihrer Relevanz für die Gliederungs- und Ordnungsprobleme besonders ins Auge zu fassen. Es ist zum einen die Neigung, Begriffswirrwarr auf organisatorische Faktoren zurückzuführen und zum anderen, daß alle Gliederungs- und Ordnungsbemühungen Zuordnungsprobleme mit sich bringen, die es erforderlich machen, die Versprachlichung von Sachverhalten kritisch zu reflektieren. Zweifellos ist der terminologische Konsens dadurch erschwert, daß der Grad der Organisationsentwicklung in einzelnen Bereichen der Erwachsenenbildung außerordentlich unterschiedlich ist. Dies wäre aber nicht so gravierend, wenn man die Unterschiede nicht ausdrücklich betonten, sondern das Gemeinsame hervorkehren würde. Ähnlich ist es bei verschiedenen Sichtweisen, die von Trägern repräsentiert werden. Wer in der Arbeit der Einrichtung selbst steht, empfindet sie meist nicht mehr als durchschlagend. Bedenkenswerter ist demgegenüber, daß einzelne Funktionsbereiche der Erwachsenenbildung mit der Bevorzugung bestimmter Organisationsformen und Methoden verknüpft sind, die sich dann auch in einer real gerechtfertigten unterschiedlichen Terminologie niederschlagen. Eine Fixierung der Begriffe fördert deshalb nicht immer die Transparenz, weil Erwachsenenbildung je nach dem, unter welchen Aspekten man sie betrachtet, unterschiedliche Gestalt annimmt und dementsprechend auch unterschiedlich dargestellt wird.

Begriffsbestimmung und intentionale Begriffsverwendung

Es ist unverkennbar, daß bei der Begriffsverwendung förderungspolitische Erwägungen ebenso eine Rolle spielen wie werbepsychologische, trägerspezifische ebenso wie traditionsbestimmte. Oft ist es aber auch Lässigkeit, was Begriffsverwirrung stiftet. Selten sitzt die Bezeichnung dem Gemeinten nah auf. Oft wird auch wohl mit Absicht ein weiter Bedeutungshof offengelassen. Die großen Definitionsspielräume erschweren aber die Verständigung. Nachteilig wirkt sich vor allem auch aus, daß die Attribution ohne Beziehung zueinander erfolgt. Man mag darin den Preis der Freiheit sehen. Unter dem Aspekt der Ordnungsbedürftigkeit des Gesamtbereiches Weiterbildung wird man sich allerdings zu fragen haben, ob nicht ein Mehr an Abklärung im Verbalen ein Mehr an Freiheit im Realen ermöglicht. Auch der vielberufenen und selten praktizierten Kooperation käme es zugute.

Anzustreben wäre also – auch wenn die Abneigung gegen Terminologie in der Erwachsenenbildung einleuchtend ist – die verwendeten Begriffe erkennbar aufeinander zu beziehen. Faßt man einen solchen Vorsatz, fällt eine Mißhelligkeit auf, die einzudämmen keine Interessen direkt berührt, für Klärungen der Erscheinungen und Vorgänge, der Planungen und Wirkungen im Bildungsprozeß aber entscheidend ist. Mißverständnisse entstehen nämlich oft dann, wenn die gleichen Bezeichnungen innerhalb verschiedener Dimensionen dieser Prozesse verwendet werden. Selbst der klassische Leitbegriff der Erwachsenenbildung der 20er Jahre, die Arbeitsgemeinschaft, war schon mit einer solchen Doppeldeutigkeit belastet.[14] Auf der Ebene des Intentionalen war damit die Idee der „Notgemeinschaft", der „kulturellen Einheit", der „Gemeinsamkeit der Kontrahenten" beschworen. Auf der Ebene des methodischen Vorgehens war das auf erarbeitete Erkenntnisziele hin angeleitete Rundgespräch gemeint. Da beides einander stützen sollte, verwendete man die gleiche

Bezeichnung. So wurde sie schillernd und geriet schließlich in Mißkredit. Im Falle des schon erwähnten „offenen Weiterlernens" liegt eine ähnliche Auffaserung des Begriffes vor. Hier wie in anderen Fällen würde es hilfreich sein, die makrodidaktische und die mikrodidaktische Ebene begrifflich zu unterscheiden. Wenn man beispielsweise vom Medienverbund spricht und von didaktischer Montage, ließe sich eine identifizierbare Unterscheidung durchhalten.[15] Faktisch geschieht dies aber nicht konsequent. Es ist dann nicht sicher, worüber gesprochen wird.

Was im engeren pädagogischen Bereich noch als Abneigung gegenüber der Präzision von Begriffen im Interesse des ungefilterten Einfühlungsvermögens in konkrete Situationen erklärt, wenn auch nicht gerechtfertigt werden mag, kann bei Kriterien und Kategorien mit bildungspolitischer Relevanz sehr leicht zum Manipulationsinstrument werden. So wird, um ein Beispiel zu nennen, spätestens seit einer Erklärung der Kultusminister-Konferenz von 1964 die allgemeine „Zugänglichkeit" als Anerkennungsmerkmal für Erwachsenenbildungsinstitution genannt. Von einer Definition dieses Merkmals hat man aber abgesehen. Indessen wird der Auslegungsspielraum nur noch bei sehr unbefangener Betrachtung erkannt. Denn von Anfang an hat es sich durchgesetzt, diese Zugänglichkeit in einem sehr formalen Sinne zu verstehen. Damit war zugleich die Alternative der Mitgliederschulung sehr eng gefaßt. Diese Interpretationsgepflogenheit ist weder bildungstheoretisch überzeugend noch förderungspraktisch günstig. Sie ist aber in den gesellschaftlichen Strukturbedingungen verankert, die eine andere Auslegung nicht zulassen.

Dieses Beispiel wurde angeführt, um zu verdeutlichen, daß zwischen Begriffsschwierigkeiten zu unterscheiden ist, bei denen sich ein gesellschaftlich wirksamer Wille geltend macht und demgegenüber nur politisch gehandelt werden kann und solchen, die sich im Interesse der pädagogischen Kommunikation bereinigen lassen. Es würde der Transparenz dienen und Gliederungsversuche erleichtern. An dieser Transparenz fehlt es gegenwärtig.

Zusammenfassung: Entwurf eines mehrdimensionalen Kategoriennetzes

Die hier gemachten Ausführungen sollten im Sinne des Auftrags die Aussagefähigkeit der im Umlauf befindlichen Gliederungs- und Ordnungskategorien untersuchen. Das Ergebnis ist insofern negativ, als sie weitgehend kasuistisch geblieben sind. Diese Feststellung darf allerdings angesichts des Entwicklungsstandes der Erwachsenenbildung nicht verwundern. Die Sondierung war dennoch keineswegs nutzlos. Zwar muß gesagt werden, daß Gliederungs- und Ordnungskategorien der Erwachsenenbildung

— situationsbedingt eingeführt worden sind und sehr pragmatisch gehandhabt werden
— sehr offen formuliert sind und unterschiedlich ausgelegt werden können
— meist Anleihen aus anderen Tätigkeitsfeldern sind und nicht systematisch aufeinander bezogen werden.

Aber zugleich ist auch deutlich geworden

— welche Voraussetzungen geschaffen werden müssen, um aussagekräftige Kategorien zu erhalten
— welches die besonderen Schwierigkeiten, welches die neuralgischen Punkte sind, die an der Aussagekraft hindern.

Es bedürfte der Kategorien, an denen sich Planung orientieren kann und die verhindern, daß sich Planung auf das Berechenbare konzentriert. Bedarfsprognosen und Planungsziffern aufgrund von Hochrechnungen bringen im Falle der Erwachsenenbildung wenig Erkenntnisgewinn. Sozialisations- und Qualifikationsforschung können hier am ehesten weiterhelfen. Man sollte aber auch nicht daran vorbeisehen, daß die Expansion der Erwachsenenbildung eine Funktion der politischen Entscheidung ist, z. B. im Falle des Bildungsurlaubs oder der Personalstruktur, und daß Spontanität einen Lerneffekt hat, auf den zu verzichten man keinen Anlaß hat.

Für die Frage der Abgrenzung ist die Erwachsenenbildung intern noch nicht gewappnet. So wichtig ein solches Rahmengesetz im Hinblick auf Überschneidungen und Leerräume erscheint, so wenig das derzeit übliche Nebeneinander zu befriedigen vermag, ein Rahmengesetz erscheint im Augenblick nicht opportun, denn da es an geeigneten konzeptuellen weiterführenden Kategorien fehlt, würde der status quo kaum überstiegen werden. Die Tendenz zu möglichst fixierten Regelungen und die Tendenzen zur Ausweitung dessen, was als Erwachsenenbildung verstanden wird, müßte in eine Balance gebracht werden. Dafür aber sind geeignete Kategorien noch nicht zur Hand. Auf dem Hintergrund der öffentlichen Haushalte erscheint eine Konzentration durchaus diskutabel. Dafür müßte jedoch beschrieben und begründet werden, was am Erwachsenenbildungsangebot essentiell und was akzentiell ist. Bei einem solchen Versuch sind aber Kontroversen zu erwarten, die zum Teil bildungstheoretisch verankert sind, zum Teil allenthalben geltend gemachten Gruppeninteressen entspringen.

Welches Problem auch angesprochen wird, welche Aufgabe man sich vornehmen mag, es führt darauf, wie wenig Ordnungskraft bisher auf Erwachsenenbildung verwendet worden ist. Das hat ihre Freiheiten und ihre Grenzen zugleich bestimmt. Bevor man an bildungspolitische Weiterungen denkt, erscheint damit die mehr methodische Frage vorrangig, wie die Komplexität des Erwachsenenbildungsalltags mit einem Kategoriennetz erfaßt werden kann, damit Ordnungs- und Veränderungsversuche nicht über die Erwachsenenbildungsrealität hinweggehen und damit sie zugleich als systematisch begründet ausgewiesen werden können.

Eine solche Problemtransparenz zu schaffen, erscheint vor allem deshalb erforderlich, weil der ordnende Umgang mit den Spezifika der Erwachsenenbildung zu lernen ist. Dies sei am Beispiel der unentwegt ausgesprochenen Forderung nach Kooperation erläutert, für die daher auch in dem zu erarbeitenden Kategoriennetz ein Platz gefunden werden muß. Zur Begründung der Kooperationsforderung wird häufig angeführt, daß durch sie „Doppelangebote" vermieden werden sollen. Mit der Warnung vor Doppelangeboten läßt sich gegenüber politischen Entscheidungen, die nicht über Branchenkenntnisse verfügen müssen, wirksam rethorisch agieren. Ignoriert wird dabei, daß Doppelangebote in der Erwachsenenbildung nicht schon dann vorliegen, wenn zwei Einrichtungen das gleiche Thema ankündigen. Sie können je nach dem, wie es behandelt wird, sehr verschiedene Adressatengruppen erreichen. Da Erwachsene auf jeweils sehr verschiedene Weise bereit und in der Lage sein können, weiterzulernen, sollten ihnen dafür auch unterschiedliche Möglichkeiten angeboten werden. Was also ein Doppelangebot ist, läßt sich so einfach nicht feststellen.

Ein anderes Problem der gängigen Kooperationsforderung ergibt sich aus der Unklarheit, wer kooperieren soll. Auf der Ebene der gesetzlichen Regelungen sind die Träger angesprochen, organisiert werden muß sie aber von den Einrichtungen, und an der Durchführung sind dann meist noch Personen beteiligt, die bei ihrer nebenberuflichen Mitarbeit von Einrichtungen und Trägern nicht voll belangt werden können. Angesichts solcher institutionellen Strukturen verwundert es nicht, wenn die Kooperationsforderung und die mit ihr auf politischer Ebene verbundenen Hoffnungen vergleichsweise wenig Resonanz in der Wirklichkeit finden. Ebensowenig erscheint es aber zufällig, daß die Kooperation praktisch am ehesten dann erfolgreich ist, wenn sie sich auf eine konkrete begrenzte Aufgabe bezieht.[16]

Wenn es also darum geht, ein Kategoriennetz zu entwickeln, mit dem die vielschichtigen Wirkungszusammenhänge des gesellschaftlichen Tätigkeitsfeldes Erwachsenenbildung transparent gemacht werden können, dann ist dies nicht mit einem eindimensionalen Begriffsschema möglich. Je nach dem, von welcher Perspektive ausgegangen wird, erscheinen die Strukturen in einem anderen Licht, können andere Zusammenhänge sichtbar werden. Unter dem Aspekt der Berufswahl zum Beispiel stellt sich das Arbeitsfeld anders dar als wenn es darum geht, die Rolle der Träger zu bestimmen, Angebotsprofile zu analysieren oder die Reichweite von Methoden auszuloten. Wenn der Leitgesichtspunkt die Varianten der Vermittlungs- und Lehrstrategie sind, entsteht ein anderes Bild, als wenn der Erwartungshorizont potentieller Teilnehmer mit realitätsnahen Vorstellungen darüber bewußt werden soll, was mit der Teilnahme an einem Kurs erreicht werden kann, oder wenn zur Diskussion steht, welche Arten von Angeboten eine Förderung aus öffentlichen Mitteln rechtfertigen. Für Forschungs-, Planungs- und Gesetzgebungszwecke ist es allerdings am angemessensten, eine Verknüpfung solcher Perspektiven vorzunehmen. Damit ist dazu herausgefordert, was auch hier schon mehrfach angesprochen wurde, eine *mehrdimensionale Kategorientafel* vorzulegen. (Abb. 1)

Dies stellt ein Resümee der Ausführungen dar. Sie geht von den Konstitutionsbedingungen der Erwachsenenbildung aus. Sie findet nur statt, wenn ein Organisationsgefüge vorhanden ist, das auf Teilnehmerinteressen trifft, die in konkreten Situationen bemerkbar und die zu Lernsituationen entwickelt werden. Dabei muß auf Lebensbezüge reagiert und ein Bedürfnis erkennbar erfüllt werden, das sich in Funktionsinteressen artikuliert. Darauf ist auf verschiedenen Planungsebenen Rücksicht zu nehmen. Bei dieser Planung kann man sich für verschiedene Veranstaltungsformen entscheiden, die den ermittelten Funktionsbedürfnissen angemessen sind, wobei diese Bedürfnisse aus mehr oder weniger deutlichen Motiven erwachsen und in inhaltlichen Interessen einen Niederschlag finden. Unter diesem Bedingungshorizont versteht sich Planung als ein didaktisches Handeln, das die Intentionen auf verschiedenen Zielebenen zu konkretisieren unternimmt. Dabei kann die Konkretisierung verschiedene Präzisionsgrade erhalten, je nach dem, welche Funktionen erfüllt werden sollen. In Relation zu diesen steht auch die Wahl der Arbeitsweisen und der Medien bzw. ihr Wechsel und ihre Kombination.

Planungs- und Realisierungsprozesse der Erwachsenenbildung sind damit formal umrissen. Jeder der genannten Faktoren des Zusammenspiels bedarf für den konkreten Fall der Identifizierung, um Relationen zu erkennen, der Realität der Wechselwirkung gerecht zu werden. Inwieweit für die Kennzeichnung der Faktoren und Relationen durchgehende Tendenzen und Typisierungen möglich sind, wurde für einzelne Fälle im Text erläutert, bedürfte aber der genaueren Untersuchung. Sie kann aber nicht mehr im Rahmen einer synoptischen Darstellung vollzogen werden, die Gliederungskategorien und Ordnungskategorien in Zusammenhang bringen soll. Denn was hier beschrieben wird, ist der Freiheitsraum der Erwachsenenbildung, den es zu erhalten gilt. Gebunden ist es normativ an das Grundgesetz, faktisch an institutionellen Bedingungen. Nur auf diese können sich Ordnungsbemühungen beziehen. Sie sind bisher denn auch meist formaler Natur geblieben. Damit war der Vorteil eines weiten Freiheitsspielraums gegeben, aber auch der Nachteil, daß das institutionelle Gefüge zum Teil unter Verwendung bildungsfremder Kriterien zu steuern versucht

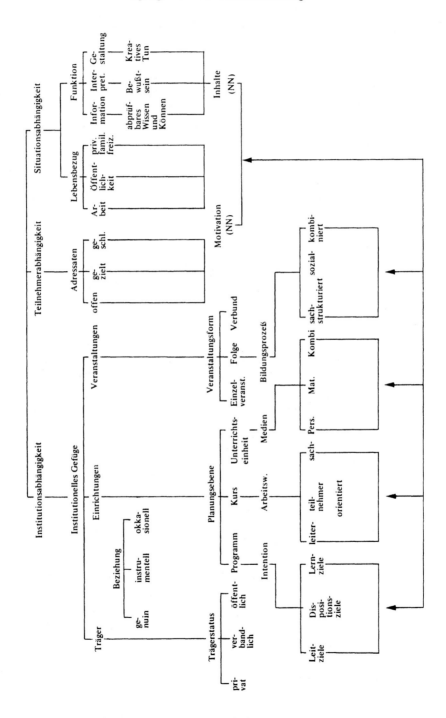

wurde. Es wäre im Interesse der Bürger, wenn eine solche Tendenz nicht verstärkt würde. Allerdings sind Alternativen nicht parat, weil das Repertoire der überlieferten Bildungskriterien abgenutzt ist und ordnungspolitisch nicht zu greifen vermag. Ihre Regeneration ist indessen, wie die Geschichte beweist, nicht ausgeschlossen. Deshalb erscheint es ratsam, einige Zeit zu warten und zu beobachten, wie die neuen Gesetze wirken, wo sie behindernd sind und was zu einer Teilrevision veranlassen sollte. Dabei würde es die Stellung der Erwachsenenbildung im Gesamtbildungssystem stärken, wenn derartige Teilrevisionen auch einen stärkeren Bezug verschiedener Gesetze aufeinander erkennen lassen würden.

Anmerkungen und Literaturhinweise

1 In den hier vorgelegten kondensierten Bericht über die Ergebnisse des Projektes ERBE/WEP konnte der umfangreiche Beitrag von H. Tietgens nicht vollständig aufgenommen werden. Die Auswahl fällt in die ausschließliche Verantwortung von Projektleitung und Herausgeber. Der vollständige Projektbeitrag von Tietgens ist unter dem Titel: „Gliederungs- und Ordnungskategorien der Weiterbildung: Aussagefähigkeit und Konsequenzen" als Nr. 3 der Reihe der Projektbericht ERBE/WEP des Institutes für Bildungs-Betriebslehre im Forschungszentrum FEoLL erschienen. Restexemplare können dort kostenlos bezogen werden.
2 Kemp, Th.: Was ist Weiterbildung? In: Berufsbildung in Wissenschaft und Praxis, 1/1976
3 Deutscher Bildungsrat (Hrsg.): Umrisse und Perspektiven der Weiterbildung. Stuttgart 1975
4 Tietgens, H.: Gliederungs- und Ordnungskategorien der Weiterbildung — Aussagefähigkeit und Konsequenzen, Paderborn (FEoLL) 1979
5 Dieckmann, B.: Modellentwurf eines Weiterbildungsinformationssystems (WIS). Stuttgart 1974
6 Marten-Köhler: Synopse. Gesetze und Gesetzesentwürfe zur Erwachsenenbildung/Weiterbildung. Berlin 1974
7 BMBW (Hrsg.): Volkshochschule. Gutachten der KGSt, Bonn 1973
8 Schulenberg, W.: Was heißt in der Erwachsenenbildung berufsbezogen oder berufsbildend? In: Berichte und Informationen der Erwachsenenbildung in Niedersachsen, H. 1/69
9 Haagmann, H. G.: Bildungschance Fernunterricht. Reinbek 1977
10 Pädagogische Arbeitsstelle des DVV: Handbuch für Leiter und Mitarbeiter der VHS. Nr. 52.000
11 Meister, J.-J.: Erwachsenenbildung in Bayern. Empirisch-statistische Analyse einer kritischen Bestandsaufnahme der Erwachsenenbildung in Bayern, Stuttgart 1971, dazu Schmidt-Urban, P./ Schossig, B.: Zur Kritik des Gutachtens der Staatsinstitute für Bildungsforschung und -planung über den Stand der Erwachsenenbildung in Bayern. In: das forum 4/1971
12 Ruprecht, H.: Bildungsfernsehen und Erwachsenenbildung. Braunschweig 1977
13 Dohmen, G., Kadelbach, J.: Fernstudium Medienverbund Erwachsenenbildung. Braunschweig 1970
14 Jung, U.: Zur Ideologie der Arbeitsgemeinschaft in der deutschen Erwachsenenbildung. In: Hessische Blätter 4/1970
15 Dohmen, G./Kadelbach, J. a.a.O.
16 Jüchter, T. Th.: Kooperation der Träger der Weiterbildung auf lokalregionaler Ebene. In: Deutscher Bildungsrat (Hrsg.): Umrisse ... a.a.O.; Helmer, E.: Kooperation in der Erwachsenenbildung der interorganisatorischer Erziehung. In: Soziale Welt 1/1978.

Zielvorgaben bedarfsorientierter Entwicklungsplanung durch Klassifikation der Weiterbildungsangebote[1]

Heinrich Tillmann

Vorbemerkung: Weiterbildung im Zielrahmen staatlicher Planung

Mit dem 1974 erlassenen Weiterbildungsgesetz von Nordrhein-Westfalen[2] ist für dieses Bundesland ein Recht auf Weiterbildung als unmittelbar vollziehbares Leistungsrecht deklariert; entsprechend sind Vorschriften dafür erlassen worden, wie dieses Recht interpretiert und mit Hilfe eines aufzubauenden Weiterbildungssystems realisiert werden soll.

Das Gesetz beschreibt die Aufgaben der Weiterbildung nach Richtzielen und Sachbereichen. Als Richtziele werden die Qualifizierung zur freien Entfaltung der Persönlichkeit und zur freien Berufswahl vorgegeben. Als Sachbereiche sind gesetzlich festgelegt: nichtberufliche abschlußbezogene Weiterbildung, berufliche, wissenschaftliche, politische, freizeitorientierte und die Kreativität fördernde, auf den Bereich der Eltern- und Familienbildung bezogene und personenbezogene Weiterbildung.

Die vorliegende Arbeit hat die Aufgabe, die „Sinnhaftigkeit"[3] und die „ordnungspolitische Relevanz" dieser gesetzlichen Festlegung der Sachbereiche zu erörtern. Die damit verbundenen Grundfragestellungen sollen im folgenden erläutert werden. Wenn die Forderung erhoben wird — in verstärktem Maße angeregt durch die Arbeiten des *Deutschen Bildungsrates* — den Weiterbildungsbereich unter öffentliche bzw. staatliche Verantwortung zu stellen, so mit der Begründung, daß dies zur Erfüllung bestimmter grundsetzlicher Normen — Menschenwürde und freie Entfaltung der Personen, freie Berufswahl, Sozialstaatsprinzip u. a. — notwendig sei. Konkretisiert wird diese Begründung in Zielvorstellungen für eine angemessenere Verteilung von Entwicklungs- und Sozialchancen, die ohne eine entsprechende Qualifizierung durch Weiterbildung nicht wahrgenommen werden können.[4] Mit der Einbeziehung von Weiterbildungszielen in den Zielrahmen staatlicher Planung, wie sie mit dem Aufbau von Weiterbildungssystemen, z. B. in Nordrhein-Westfalen durch das Weiterbildungsgesetz von 1974 geschieht, müssen diese Zielvorstellungen weiter konkretisiert und überprüfbar gemacht werden. Sie erhalten einen näheren Verbindlichkeitsgrad durch die Verpflichtung des Staates zur Gewährleistung von Weiterbildungsleistungen.

Zugespitzt wird die Frage der Konkretisierung dadurch, daß auf Grund begrenzter Leistungsfähigkeit der öffentlichen Hand innerhalb dieser Weiterbildungssysteme eine Prioritätensetzung erfolgen muß.

Diese Entwicklung rückt also die Frage, welche konkreten Zielvorstellungen die an der Weiterbildung interessierten gesellschaftlichen Gruppen und der Weiterbildungsleistungen gewährleistende Staat beim Ausbau des Weiterbildungsangebots für besonders wesentlich und dringlich ansehen, und welche Kriterien der Schwerpunktsetzung bei dessen Strukturierung gelten sollen, in den Mittelpunkt künftiger Entwicklungsprobleme der Weiterbildung. Grad und Art dieses Zielbewußtseins werden meines Erachtens wesentlich die weiteren Entwicklungschancen dieses Bereiches bestimmen.

Es ist damit zu rechnen, daß Zielfragen der Weiterbildung mit steigendem Konkretisierungsgrad in steigendem Maße kontrovers und aushandlungsbedürftig werden; die Konkretisierung dieser Auseinandersetzung erfordert unter den gegebenen Bedingungen auch eine Konkretisierung des vom Staat gesetzten Zielrahmens, innerhalb dessen sich die Auseinandersetzung künftig abspielen soll; dieser Zielrahmen bedarf einer gesetzlichen Festlegung.[5] Dafür muß zunächst die Forderung gestellt werden, daß die Entwicklungsbedingungen der Person in den gesellschaftlichen Strukturzusammenhängen nach gegenwärtigen wissenschaftlichem Kenntnisstand hinsichtlich der grundsetzlichen Forderungen angemessen erfaßt werden.[6] Für eine realistische Formulierung des Zielrahmens sind gleichermaßen auch seine Realisierungsbedingungen zu berücksichtigen, insbesondere die pluralistische Verfaßtheit der Weiterbildung und die Freiwilligkeit der Weiterbildungsteilnahme. Beide Prinzipien verweisen auf die Frage nach den Artikulationsbedingungen für Weiterbildungsziele. Es ist für die angemessene Formulierung des Zielrahmens notwendig, auch diese Artikulationsbedingungen miteinzubeziehen.

In der Klassifikation von Weiterbildungsaufgaben nach Sachbereichen im Weiterbildungsgesetz von Nordrhein-Westfalen liegt ein Zielrahmen in diesem Sinne vor. Wenn im folgenden also von „Sinnhaftigkeit" der Klassifikationskriterien nach § 3 des Weiterbildungsgesetzes gesprochen wird, so bedeutet dies die Frage danach, wieweit der durch sie aufgespannte Rahmen für Zielrichtungen von Weiterbildungsangeboten dem gegenwärtigen wissenschaftlichen Erkenntnisstand über die Realisierungsbedingungen und -möglichkeiten der Richtziele des Gesetzes und damit der ihnen zugrunde liegenden Grundgesetznormen entspricht oder sie gegebenenfalls einschränkt beziehungsweise mit bestimmten Akzenten versieht.

Mit „ordnungspolitischer Relevanz" soll in diesem Zusammenhang der Fragenkomplex bezeichnet werden, der sich mit den ordnungspolitischen Folgen, steuerungstechnischen Wirkungen, Durchsezungsmöglichkeiten und damit gegebenenfalls auch ungewollten Nebenfolgen beschäftigt, die die vorliegende gesetzliche Fixierung der Klassifikationskriterien nach sich ziehen kann. Beide Problemkomplexe können natürlich nicht unabhängig voneinander behandelt werden. Eine besonders wichtige Teilfragestellung der Arbeit wird sich darauf richten müssen, wieweit die durch das Gesetz geschaffenen Bedingungen eine Artikulation individueller und gesellschaftlicher Weiterbildungsziele erleichtern, fördern oder behindern und wie dieser Umstand im Hinblick auf die Zielsetzungen des Gesetzes zu bewerten ist.

Die Wahrnehmung staatlicher Verantwortung im dargestellten Sinn führt zu einer besonderen Akzentuierung des Bedarfsbegriffs, die für unsere weitere Argumentation eine Schlüsselfunktion hat. Der Begriff Bedarf wird in der Literatur nicht einheitlich gebraucht. Für unsere Fragestellung soll Weiterbildungsbedarf folgendermaßen typisiert werden:

— Nachfrageorientierter Bedarf: Mit dem Ziel, durch Weiterbildung verbesserte Beschäftigungschancen zu erwerben, fragen Personen ein vorgegebenes, von ihnen in der Regel unbeeinflußbares, Weiterbildungsangebot nach. Diese Nachfrage richtet sich nach der Einschätzung der erreichbaren Chancen und der Einschätzung der dafür erforderlichen Weiterbildung durch die Nachfragenden.
— Systemorientierter Bedarf: Das Beschäftigungssystem benötigt für die Wahrnehmung seiner Funktionen Personal, das gegebenenfalls durch Weiterbildung dazu qualifiziert werden muß. Hier spielen die verschiedensten Erfordernisse des vorgegebenen Systems die entscheidende Rolle.
— Zielorientierter Bedarf: In Abhebung zu den beiden erstgenannten Fällen sollen

mit diesem Begriff Bedarfsvorstellungen bezeichnet werden, die primär weder nachfrage- noch systemorientiert sind, sondern auf Zielvorstellungen hinsichtlich durch Weiterbildung zu vermittelnder Entwicklungschancen beruhen.

Es sei an dieser Stelle darauf hingewiesen, daß die vorliegende Arbeit funktional argumentiert; es ist nicht beabsichtigt, juristische Fragen zu behandeln, juristische Implikationen der vorgelegten Handlungsaufgaben werden ausdrücklich nicht thematisiert. Im Text wird daran hin und wieder erinnert.[7]

Aufgaben und Grundsätze für eine staatliche Weiterbildungsentwicklungsplanung

Das Weiterbildungsgesetz (WbG) von Nordrhein-Westfalen richtet sich auf die gesamte Weiterbildung; berufliche Weiterbildung wird als einer von sieben „gleichwertigen" integrierten Sachbereichen behandelt.

Zahlreiche Aufgaben in der beruflichen Weiterbildung auf Bundesebene sind mit dem Hauptgegenstand dieser Arbeit, der Weiterbildungsentwicklungsplanung in Nordrhein-Westfalen, eng verwandt. Sie sind auch aus anderen Gründen für die hier zu behandelnde Themenstellung von Bedeutung:

— Die Berufs- und Arbeitswelt nimmt hinsichtlich der Verteilung von Entwicklungs- und Sozialchancen eine zentrale Funktion wahr. Die auf diesen Bereich gerichtete Weiterbildung und die dort stattfindenden Entwicklungen besitzen entsprechend besonderes Gewicht.

— Die hier dominierenden Gesetze, insbesondere das Berufsbildungsgesetz (BBiG), 1976 teilweise abgelöst und ergänzt durch das Ausbildungsplatzförderungsgesetz (APLFG), und das Arbeitsförderungsgesetz (AFG) von 1969, haben bereits Entwicklungen eingeleitet, die für die Realisierung des Weiterbildungsgesetzes von Nordrhein-Westfalen gewisse Randbedingungen setzen.[8]

Das Verhältnis zwischen den beiden Regelungsbereichen staatlicher Bildungsplanung stellt sich folgendermaßen dar:

— Die Richtziele des BBiG liegen — wenn man sie im Bild vertikal übereinanderliegender Ebenen der Zielkonkretisierung betrachtet — eine Ebene „unterhalb" der Richtziele des WbG, da sie sich nur auf einen Sachbereich beziehen. Unsere im vorangegangenen Abschnitt vorgetragenen Überlegungen zu potentiellen Bedarfsschwerpunkten in der beruflichen Weiterbildung liegen also auf einer Differenzierungsebene unterhalb der Klassifikation nach Sachbereichen im WbG, also des durch das WbG formulierten Zielrahmens. Wir erhalten damit die Möglichkeit, die Sinnhaftigkeit und ordnungspolitische Relevanz der Klassifikationskriterien aus der Sicht der darunter liegenden Planungsebene zu betrachten: Diese kann nämlich aufgefaßt werden als Ebene des zweiten Konkretisierungs- bzw. Operationalisierungsschritts bei der Überführung der Richtziele in konkrete Planungsaufgaben; bezüglich ihrer Funktion in diesem Konkretisierungsprozeß und der dabei geforderten Zweckmäßigkeit hinsichtlich der Durchführung des WbG ist dieser Zielrahmen zu beurteilen.

— Besonders wichtige Beurteilungsmaßstäbe bezüglich der Realisierbarkeit des WbG sind in unserer Arbeit Struktur und Umfang der dafür notwendigen Planungsaufgaben. Hier fällt zunächst ins Auge, daß bereits der Planungsumfang und die Planungsprobleme des bisher beschriebenen Ausschnitts erheblich sind und bisher nicht ausreichend bewältigt wurden. Entsprechende Schwierigkeiten dürften bei

einer angemessenen Realisierung des WbG auftreten und erhebliche Planungsanstrengungen erfordern.

– Diese Aussage wird unterstrichen durch den qualitativ höheren Anspruch, den das
WbG mit der Gewährleistung eines uneingeschränkten Rechts auf Weiterbildung
zur Entfaltung der Person erhebt. Es stellt sich die Frage, wie dieser Anspruch
unter den gegebenen Umständen und bei den Erfahrungen im Bereich der beruflichen Weiterbildung eingelöst werden soll.

– WbG und BBiG beziehen sich beide in einem Überschneidungsbereich auf die berufliche Weiterbildung von Nordrhein-Westfalen; hier entsteht die schwierige Aufgabe, die genannten qualitativ verschiedenen Ansprüche der beiden Gesetze in
Einklang zu bringen. Besondere Probleme dürfte in diesem Zusammenhang die
Realisierung der Forderung des WbG bereiten, daß alle im WbG genannten Sachbereiche aufeinander bezogen und nach dem Prinzip der Einheit der Bildung zu
planen und zu organisieren sind.[9]

Das WbG schuf für die nichtberufliche Weiterbildung gegenüber ihrer Tradition
eine neue Situation insofern, als an sie nun neue Anforderungen bezüglich Zielbildung, Bedarfsermittlung und Bedarfsdeckung gestellt werden, wie sie für die berufliche Weiterbildung in der obigen Skizze formuliert worden sind. Die damit verbundene zielorientierte Denkweise dürfte dem Bereich weitgehend fremd sein, so daß
hier die entstehenden Entwicklungsaufgaben auf besondere Realisierungsschwierig-
keiten treffen werden. Insofern ist es vom Gesetzgeber realistisch gesehen, daß er das
WbG als Entwicklungsgesetz angelegt hat. Denn es wird notwendig sein, die formulierten Aufgaben schrittweise anzugehen und zu erfüllen.

Notwendigkeit und Struktur der Planungsaufgabe

Die weiteren Überlegungen zur Weiterbildungsentwicklungsplanung gehen von der
Vorstellung aus, daß das Recht auf Weiterbildung nur dann Substanz erhält und sich
folglich nur dann faktisch realisieren läßt, wenn es formulierbar und wenn Übereinstimmung darüber herstellbar ist, welche Qualifikationen für die Entfaltung der Person
und ihre freie Berufswahl im Sinne von Mindestbedingungen unabdingbar sind. Es ist
zur Zeit nicht erkennbar, daß die öffentliche Reflexion im Bereich der Weiterbildung
bereits zu dieser Frage vorgedrungen ist. Der Verwertungsbezug von nichtberuf-
licher Weiterbildung ist hier bisher kaum thematisiert. Anders ausgedrückt: für die
Realisierung des WbG ist ein zielorientierter Bedarfsbegriff in dem eingeführten Sinne
zu erarbeiten. Dies erfordert nach unseren bisherigen Betrachtungen die Identifizierung derjenigen Aufgaben für jede Person, die für sie und die Gesellschaft von zentraler Bedeutung sind, so daß die entsprechenden Qualifikationsanforderungen in einer
staatlichen, am Recht der Person auf Qualifizierung zur freien Persönlichkeitsentfaltung orientierten Bedarfsplanung jedenfalls Vorrang erhalten müssen. Dies ist eine
vordringliche Aufgabe von Weiterbildungsforschung. Natürlich ist es angesichts des
allgemeinen Theoriedefizits in der Weiterbildung sowie deren „gestörtem Verhältnis"
zu wichtigen für unsere Themenstellung relevanten Bezugswissenschaften und angesichts der schon in der beruflichen Weiterbildung nicht gelösten Grundsatzfragen
in dieser Arbeit nicht möglich, mehr als erste Ansätze zur Begründung notwendiger
Qualifikationsanforderungen anzugeben. Diese werden aber plausibel machen, daß
sich eine zusammenhängende theoretische Begründung für qualifikatorische Mindestbedingungen finden läßt, die für ein Recht auf Weiterbildung konstituierend sind und
die entsprechende Aufgaben für Weiterbildungsforschung ergeben.

Die Formulierung dieser Mindestbedingungen muß von einer für berufliche und nichtberufliche Weiterbildung gemeinsamen Grundposition aus erfolgen und ihren Ausgangspunkt bei dem unteilbaren Recht der Person auf Weiterbildung nehmen, das hier in Form von Qualifikationszielen formuliert und präzisiert werden soll.

Zur Zeit muß von einem Wertsystem der Gesellschaft ausgegangen werden, das sich an einer Überbetonung der beruflichen Lebensaufgaben des frühen Erwachsenenalters und dort wieder der der Mittelschicht angehörenden männlichen Erwerbsbevölkerung orientiert („Männergesellschaft", „Mittelschichtmoral", „Leistungsgesellschaft"). Vorwiegend deren Weiterbildung gilt als notwendig, wodurch ein großer Teil der erwachsenen Bevölkerung zu Randgruppen erklärt wird. Fast überflüssig zu erwähnen, daß dieser Zustand nicht durch das Grundgesetz gedeckt wird. Das Weiterbildungsgesetz deklariert die eingangs aufgeführten Aufgaben (Sachbereiche) der Weiterbildung als gleichwertig, die, aufeinander bezogen, in ausgewogener Form berücksichtigt werden sollen. Dies erfordert das Bewußtsein, daß es neben den der beruflichen Sphäre zugerechneten Leistungsanforderungen eine Fülle weiterer Leistungsanforderungen an die Mitglieder der Gesellschaft gibt, denen sie ebensowenig ausweichen können und für die sie entsprechende Qualifikationen mit gleicher Notwendigkeit benötigen, wie dies für ihre beruflichen Leistungen als selbstverständlich anerkannt wird. Dieses Bewußtsein ist aber weitgehend weder bei den Adressaten von Weiterbildungsangeboten noch bei den Trägern und Einrichtungen der Weiterbildung, ja nicht einmal ohne weiteres bei den Verwertungssystemen von Qualifikationen vorhanden. Es ist deshalb Aufgabe des Staates, hier einen Bewußtseinswandel herbeizuführen bzw. einzuleiten. Für die Ermittlung des Bedarfs kann nicht die Nachfrage primäre Orientierungsmarke sein mit der Nebenaufgabe, „auch" den latenten Bedarf zu ermitteln; statt dessen muß die Unterscheidung von latentem und manifestem Bedarf zunächst zurückgestellt und ein Prioritätskonzept zur Ermittlung von an Förderungszielen orientierten Bedarfsschwerpunkten erarbeitet werden. Erst für diese Schwerpunkte stellt sich dann die Frage nach manifester und latenter Nachfrage.

Den beschriebenen Mindestqualifikationen ist in einem öffentlichen Weiterbildungssystem, das zur Entfaltung der Persönlichkeit qualifizieren soll, solange der Vorrang zu geben, wie hier Defizite vorhanden sind. Dabei erhält der Beruf und das damit verbundene oben beschriebene Problem der Chancenverteilung eine Umwertung: Berufsverläufe werden zu Teilen von Lebensläufen und müssen in diese integriert betrachtet werden. Entwicklungschancen beziehen sich auf Lebensläufe; berufliche Entwicklungschancen werden sich damit ggf. an anderen bzw. modifizierten Maßstäben messen lassen müssen.

Bei den vorangegangenen Überlegungen ist auch der Umstand von zentraler Bedeutung, daß die Kehrseite des so verstandenen Rechts des Einzelnen Funktionserfordernisse der Gesellschaft sind. Diese sind bisher offenbar für die nichtberufliche Weiterbildung nicht hinreichend beachtet bzw. nicht hinreichend zur Geltung gebracht worden, werden aber für die Zukunft der Gesellschaft von erheblicher Bedeutung sein. Nicht nur das Beschäftigungssystem ist ein Aspekt aller gesellschaftlichen Bereiche; gleiches gilt für Familie, Nachbarschaft etc. Ein entsprechendes Selbstverständnis des Weiterbildungssystems könnte tatsächlich zu einer Schrittmacher- oder look-out-Funktion des Weiterbildungssystems für die Gesellschaft führen.[10] In dieser Beziehung ist also die Stellung der Person gegeüber der Gesellschaft zu reflektieren und das Verhältnis von personenbezogenen und gesellschaftspolitischen Weiterbildungszielen (neben denen der gesellschaftlichen Gruppen!) bei der Ermittlung und Feststellung von Weiterbildungsbedarf darzustellen.

Die Forderung einer staatlichen Zielbildung für ein Bedarfsfeststellungsverfahren kann in keinem Fall Zielmonopol oder Zielwillkür des Staates bedeuten. Dies wurde bereits in der Einleitung betont und im letzten Abschnitt begründet. Es wird eine wesentliche Aufgabe dieser Arbeit sein, dieses für Weiterbildungssysteme allgemein zu begründen: Es ist zwingend erforderlich, alle gesellschaftlichen Kräfte an den Bedarfsfeststellungsverfahren zu beteiligen. Dies aber erfordert geradezu eine intensive eigene Planungsleistung des Staates, die ihm die Grundlage bietet für eine effektive Organisation und Lenkung von Zielbildungsprozessen, an denen die verschiedenen Interessengruppen beteiligt werden müssen. Eine wesentliche Vorleistung von Legislative und Exekutive ist in dieser Hinsicht die bereits mehrfach erwähnte Erarbeitung und Festlegung eines Zielrahmens für diese Prozesse.

Weiterbildungsbegriff und Weiterbildungsplanung

Die Bedarfsfeststellung steht hinsichtlich der nichtberuflichen Weiterbildung vor der Situation, daß es kaum ähnlich erkennbar abgegrenzte institutionalisierte Verwertungssysteme für die entsprechenden Qualifikationen wie das Beschäftigungssystem für die berufliche Weiterbildung gibt, die gleichzeitig ähnlich starken Einfluß auf Weiterbildungsplanungsentscheidungen hätten. Vielmehr ist charakteristisch, daß man gegenüber der beruflichen Bildung leicht versucht ist, die nichtberufliche Bildung als Hobby, Luxus, Zeitvertreib u. ä. anzusehen. Diese Akzentsetzung des Freiwilligkeitsprinzips als Rechtfertigung für eine gewisse Beliebigkeit in der staatlich geförderten Weiterbildung scheint zur Zeit noch im Vordergrund zu stehen; das Angebot wird weitgehend an der manifesten Weiterbildungsnachfrage der Vergangenheit orientiert, ohne deren Ursachen, insbesondere auch deren Ungleichgewichtigkeiten genügend zu berücksichtigen. Familie, Nachbarschaft und Gemeinde etc. haben häufig als Verwertungssysteme von Qualifikationen keine Ansprüche anmeldenden Vertretungen in der Öffentlichkeit, die ähnliches politisches Gewicht besitzen wie die Interessengruppen des Beschäftigungssystems. Infolgedessen entsteht hier für ein nach dem Modell des beruflichen Weiterbildungssektors konstruiertes Bedarfsfeststellungsverfahren das Problem, die entsprechenden Interessenvertretungen für den Aushandlungsprozeß zu finden. In diesem Zusammenhang wird nach der Positionsbestimmung der in der Weiterbildung tätigen Verbände und Trägerorganisationen im Hinblick auf die vorgetragene Fragestellung zu fragen sein.

Die unter den vorstehenden Punkten dargestellten Tatbestände (in erster Linie: Mangel an Theoriebewußtsein und Mangel an öffentlichem Bewußtsein für wichtige menschliche Existenz- und gesellschaftspolitische Funktionserfordernisse) können und sollten bis zu einem gewissen Grade weniger als Mängel, sondern als Wesensmerkmale jedes Weiterbildungssystems erkannt und anerkannt werden: nämlich als eines prinzipiell offenen, unfertigen Systems, das nur in einer abstrakten theoretischen Betrachtungsweise als geschlossene Vorstellung bestehen kann. (Dennoch erfordert die Systemkonstruktion eine idealtypische Modellvorstellung.) Die von uns zu formulierenden Mindestbedingungen für die Realisierung des Rechts auf Weiterbildung werden sich als Beschreibungen von Aufgabenstellungen für ein Weiterbildungssystem erweisen, die laufend erfüllt werden müssen: nämlich als Handlungs- und Abstimmungsaufgaben sowie als Aufgaben der Forschung und der empirischen Analyse für die Mitglieder des Weiterbildungssystems. Dabei wird sich unserer Betonung des instrumentellen Charakters von Weiterbildung entsprechend das Weiterbildungssystem nicht als ein System eigener, sondern als ein System abgeleiteter Existenzberechtigung darstellen, als ein Aspekt der Gesellschaft, in dem auch alle gesellschaftlichen Kräfte vertreten sein müssen. Dies wird bedeuten, daß der Weiterbildungsbegriff selbst überprüft und die Organisation des Weiterbildungssystems darauf eingestellt werden muß.

Maßstäbe und Probleme der Bedarfsermittlung

Begründung für Schwerpunkte der Bedarfsfeststellung und der Anforderungen an einen Zielrahmen

Ein Zielrahmen soll diejenigen Dimensionen von Weiterbildungsbedarf enthalten, die vorrangig zu prüfen sind (Schwerpunkte der Bedarfsermittlung und -feststellung), bevor anderweitig bestehender Bedarf, insbesondere manifeste Nachfrage berücksichtigt wird. In diesem Sinne erfordert das Recht auf Weiterbildung für eine freie Entfaltung der Persönlichkeit die Berücksichtigung der Entwicklungsbedingungen der Person, wobei ein personenbestimmtes Leistungsprinzip (gekennzeichnet durch die Stichworte: Entwicklungsaufgabe, Reife) zugrunde gelegt wird. Dies ist auch im wohlverstandenen Interesse sowohl der Gesellschaft wie der Person. Priorität sollte also dem elementaren Leistungsträger und dem Adressaten des Rechts auf Weiterbildung, der Person, zukommen. Die qualifikatorischen Mindestvoraussetzungen, die sie zur Bewältigung ihrer Entwicklungsaufgaben benötigt, müssen bei der Schwerpunktsetzung der Bedarfsstellung mit Vorrang behandelt werden. Daneben sollten Maßnahmen der Chancenverbesserung in den Mittelpunkt der Bedarfsüberlegungen gerückt werden. Von diesen zwei Gesichtspunkten her sollten sich alle Weiterbildungsangebote, die unter staatlicher Gewährleistungspflicht stehen, legitimieren. Erst wenn die hier ermittelten Bedarfslagen abgedeckt sind – dies dürfte noch lange nicht der Fall sein –sollte der individuellen Nachfrage außerhalb solcher Prioritätsüberlegungen im staatlich gewährleisteten Weiterbildungsangebot nachgegeben werden.

Besondere Gefährdung der Entwicklungsfähigkeit muß mit besonderer Priorität bei der Bedarfsfeststellung versehen werden: solche Gefährdung könnte durch spezifische gesellschaftliche Problemlagen entstehen: Arbeitslosigkeit, Ausländerintegration etc. Solche Gefährdungen liegen auch immer dann vor, wenn die für die Persönlichkeitsentwicklung notwendigen Grundkompetenzen nicht ausreichend vorhanden sind: die soziale Kompetenz und die psychische Kompetenz („psychische Gesundheit") und die physische Kompetenz (hier nicht behandelt). Hierauf basiert ein zweites Legitimationserfordernis aller Weiterbildungsangebote unter staatlicher Verantwortung: Angebote zur Beseitigung von Defiziten in dieser Hinsicht müssen Priorität erhalten. Jedes Weiterbildungsangebot muß daraufhin geprüft werden, ob es an solchen Defiziten vorbeigeht; z. B. sollten auch Fachveranstaltungen danach beurteilt werden, wieweit bei den Adressaten die Fähigkeit für eine Umsetzung dieser Sachkompetenz in soziale Handlungssituationen bereits vorhanden ist. Erst wenn dies der Fall ist, wird mit den Sachkompetenzen echtes Handlungswissen vermittelt. Nach diesen Überlegungen muß beispielsweise Verhaltenstraining einen ungleich höheren Stellenwert als bisher erhalten. Da bei der Vermittlung von Verhaltensweisen i. d. R. an der konkreten sozialen Situation des Weiterzubildenden angeknüpft werden muß, sind geschlossene schulische Weiterbildungsangebote nach unseren Überlegungen häufig gerade nicht zu priorisieren.

Bisher wurde noch nicht auf die grundlegenden Ungleichheiten Bezug genommen, die durch die Zuteilung kultureller Rollen entstehen. Die dadurch entstehenden sozialen Ungleichheiten in der Chancenverteilung zumindest teilweise abzubauen, muß neben den beschriebenen Prioritäten einen eigenen Platz erhalten. Dabei ist aber zu berücksichtigen, daß daneben eine weitere Aufgabe in dieser Hinsicht steht: nämlich durch Weiterbildung dazu beizutragen, daß eine bessere soziale Integration Benachteiligter trotz ungleicher Chancen stattfinden kann. In diesem Zusammenhang sei daran erinnert, daß sich die Entwicklungsmöglichkeiten der Person nicht nur auf die Chancen in den gesellschaftlichen Großsystemen, insbesondere dem Beschäftigungssystem, beziehen.

Es können folgende Dimensionen eines Zielrahmens genannt werden, in denen auch Bedarfsermittlung und -feststellung erfolgen sollen:

— die *Dimension der Mindestvoraussetzungen* für den „Regelfall" menschlicher Entwicklung, gegliedert nach Entwicklungsaufgaben und Lebensabschnitten (Regelzielgruppen); Grundfähigkeiten/Qualifikationen zur Bewältigung dieser Entwicklungsaufgaben als die zentrale Dimension dieses Zielrahmens; d. h. insbesondere: Qualifikationen zum Rollenhandeln;

— die *Dimension der grundlegenden Ungleichheiten* im Zugang zu Entwicklungschancen, insbesondere Weiterbildungschancen: Schichtenunterschiede und Unterschiede in den kulturellen Rollen; andere Abweichungen vom Regelfall normaler Entwicklungsmöglichkeiten, spezifische, gegebenenfalls gesellschaftliche Problemlagen;

— die *Dimension der Phasen besonderer Gefährdung* im Regelfall menschlicher Entwicklung: Krisen in der menschlichen Entwicklung;

— die *Dimension der sozialen Bezugssysteme,* die für die Entwicklungsaufgaben relevant sind, mit Priorität in folgenden Bereichen: berufliche Rollen, sozialintegrative Rollen, gesellschaftspolitisch wichtige Rollen (im Sinne aktueller gesellschaftspolitischer Zielsetzungen).

Bedarfsentscheidungen in diesem Zielrahmen haben grundsätzlich immer alle Dimensionen zu berücksichtigen, sind vom Zentrum der Person her zu beurteilen und die eben angestellten Prioritätsüberlegungen einzubeziehen. In diesem Fall kann von einem ausgewogenen und bedarfsgerechten Angebot im Sinne eines ausgeschöpften Rechts auf Weiterbildung zur Entfaltung der Persönlichkeit gesprochen werden.

Zweifellos handelt es sich hier um Maßstäbe, die unmöglich kurzfristig in allen Weiterbildungsteilbereichen erreicht werden können. Allerdings sind sie m. E. dringend notwendig, um künftige Entwicklungsschritte der Weiterbildungsentwicklungsplanung rechtzeitig und richtig anzusetzen. Es scheint ausgeschlossen, daß angesichts der dargestellten Notwendigkeiten auch in Zukunft in der Weiterbildung ein überwiegend nachfrageorientiertes oder systemorientiertes Angebot aufrechterhalten wird. Vielmehr muß ein aktiveres Weiterbildungssystem aufgebaut werden, das die bereits vorhandenen Möglichkeiten i. S. des Zielrahmens besser nutzt. In dieser Hinsicht ist darauf hinzuweisen, daß das gegenwärtige Weiterbildungsangebot Ansätze in allen hier vorgestellten Richtungen bereits enthält. Eine sinnvolle Entwicklungstrategie für ein zielorientiertes Weiterbildungssystem wäre unter diesen Umständen: eine Istaufnahme dieser vorhandenen Ansätze vorzunehmen und sie den Partizipanten des Systems zur Verfügung zu stellen bzw. geeignete Ansätze systematisch zu fördern. Dazu kann der Zielrahmen Entwicklungsziele bieten.

Die Frage der Praktikabilität und Komplexität des skizzierten Zielrahmens wird in den folgenden Abschnitten zu erörtern sein. Mit Bezug zu einem System individuellen Entwicklungsphasen seien in der folgenden Tabelle noch einige Beispiele für relevante, mit Priorität zu behandelnde Themen von Weiterbildung zur Illustration des Gesagten genannt:

Phase	Beispiele
frühes Er-wachsenen-alter	Berufswahl/Berufsberatung berufliche Weiterbildung nach Systemerfordernissen Umschulung/Hilfen bei Arbeitsplatzwechsel Rollenlernen im politischen Bereich als Grundlage künftigen Engagements Lebensplanungs-, Sinngebungshilfen
mittleres Erwachse-nenalter	Geburtenplanung Elternführerschein Alternativrollen zur Selbstorganisation von Freizeit und Öffentlichkeitsräumen Aufstiegsfortbildung für Familienväter (Rollenkonflikt) Wiedereingliederung von Frauen Anleitung bzw. Durchführung von Bürgerinitiativen Hilfen zu einer neuen Rollenverteilung der Ehepartner Hilfen zur Rollenübernahme in Elternbeiräten Entspannungshilfen Umweltpflege als ideale Aufgabe
Reife	Hilfen zur Überwindung der Lebenswende in nicht menschenbezogenen Berufen Neuorientierung und Sinngebung Anleitung für Hausfrauen zum Engagement in sozialen Bezugssystemen (Altenhilfe, politische Rollen) Kommunikationstraining für Ehepaare Probleme des Generationswechsels im Betrieb
frühes Alter	Sinngebung des Lebens; Kontemplation mögliche Rollen im Alter Fitness-Traning Lebensplanung für das Rentenalter
Alter	Lebensgestaltung in Altengruppen Vertretung von Problemen der Alten in der Öffentlichkeit (z. B. in Altenräten) Organisationsfragen von Altersheimen Sinngebung von Leben und Tod

Ausgehend von dem vorgelegten Entwurf eines Zielrahmens für die Entwicklung eines zielorientierten Weiterbildungsangebotes sind nun einige wesentliche Bedarfsermittlungs- und Feststellungsprobleme zu diskutieren; dabei wird auf die Unterscheidung zwischen personenorientiertem, systemorientiertem Weiterbildungsbedarf zurückgegriffen. Die inhaltlichen Aufgaben und Probleme der Weiterbildungsbedarfsermittlung können anhand des Zielrahmens behandelt werden. Für die organisatorischen bzw. verfahrensmäßigen Fragen u. a. auf die Erfahrungen und Verfahrensweisen in der beruflichen Weiterbildung zurückgegriffen werden.

Artikulation von personenorientiertem Weiterbildungsbedarf

Zur Einschätzung der Möglichkeiten, die ein potentieller Weiterbildungsteilnehmer besitzt, seinen Weiterbildungsbedarf zu erkennen und zu artikulieren, muß man sich vor Augen halten, daß die Artikulation von Weiterbildungsbedarf in Abhängigkeit von unterschiedlichen Lebenssituationen erfolgt und damit den entsprechenden Einflußfaktoren unterliegt. Es können fünf komplexe Einflußgrößen unterschieden werden: das gegenwärtige Entwicklungsstadium (persönliche und sozialen Identität, Qualifikation) des über seine Weiterbildungsteilnahme Entscheidenden (als Ergebnis der vorgängigen Lebensentwicklungsphasen), seine z. Z. wirksame soziale Umgebung, seine aktuelle Entwicklungsaufgabe, das die Weiterbildungsangebote tragende System und das System, in dem die Weiterbildungserfolge ihre Anwendung bzw. Verwertung finden sollen.

Die vorgängigen Lebensphasen haben über die Mutter-Kind-Beziehung, die Primärgruppen Familie und Verwandtschaft und schließlich über die organisierten Formen der Sozialisation in Schule und Beruf die kulturelle Rolle, die sozialen Rollen des Weiterzubildenden, insbesondere seine Rolle und Erfahrungen als Lernender und Berufstätiger geprägt. Auf dieser Grundlage hat ein spezifischer Lebenslauf mit spezifischen Entwicklungsaufgaben und spezifischen Abweichungen vom „Regelfall" stattgefunden. Diese Vergangenheit wirkt in allen genannten Einflußbereichen nach: In der Primärumgebung der individuellen Entscheidungssituation, nämlich in der eigenen Familie, im Freundeskreis, im Beruf, in Nachbarschaft und Gemeinde und weiteren sozialen Rollen prägt die Vergangenheit die Normen, Deutungsmuster und Verhaltensweisen, in denen die Gegenwart von der Person aufgenommen und erfahren wird. Entsprechendes gilt für ihr Verhältnis zu dem Weiterbildungssystems, das ihr das zu beurteilende Weiterbildungsangebot zur Verfügung stellt. Schließlich werden Weiterbildungsentscheidungen, wie empirisch vielfach nachgewiesen worden ist, durch die vorgestellten bzw. bekannten Verwertungsbereiche bestimmt, in denen der Weiterbildungserfolg sich auswirken soll.[12]

Verwertungsmöglichkeiten können in der vorhandenen Primärumgebung oder in der angestrebten Mitgliedschaft anderer sozialer Systeme liegen, die über Rollenwechsel und -brüche zu erreichen gesucht werden, oder auch in der Person selbst. Einige wichtige Gesichtspunkte für die Entscheidung zur Weiterbildungsteilnahme seien herausgegriffen:

Die Entscheidung wird davon abhängen (hinreichende Informationen vorausgesetzt),

— als wie bekannt bzw. fremd die angebotene Weiterbildungssituation gesehen wird und welche Erfolgsaussichten sie bei Einschätzung der eigenen Leistungsfähigkeit anhand der vorhandenen Lernerfahrungen zu bieten scheint;
— wie die Primärumgebung die Weiterbildungssituation und die potentielle Verwertung einschätzt und
— wie der potentielle Weiterbildungsteilnehmer die Verwertungsmöglichkeiten erkennen und als erreichbar einschätzen kann.

Dies gilt auch dann, wenn die „Verwertung" der Weiterbildung scheinbar allein dem Weiterbildungsteilnehmer selbst dient, wenn er Weiterbildung als Selbstentfaltungs- und Ausdrucksmöglichkeit von Kreativität, als Möglichkeit zur Beantwortung individueller Sinnfragen etc. erfährt, wie unsere Überlegungen zur personalen Entwicklung gezeigt haben.

Es ist naheliegend anzunehmen, daß das Entscheidungsverhalten der durch ein Weiterbildungsangebot angesprochenen Adressaten je nach Konstellation der Einflußfaktoren unterschiedlich ausfallen wird. Es gibt also nicht *den* Weiterbildungsbedarf, der sich in einer Nachfrage nach vorhandenen oder gar bisher noch nicht vorhanenen Weiterbildungsangeboten manifestiert. Vielmehr kumulieren die Benachteiligungen im Weiterbildungssystem bereits bei der Artikulation von Weiterbildungsbedarf nach kulturellen Rollen und der darauf aufbauenden Ungleichheit sozialer Rollen: Potentielle Interessenten aus den unteren sozialen Schichten werden häufig aufgrund ihrer bisherigen negativen Lernerfahrung Weiterbildungsangebote als schwer erfüllbare Leistungsanforderungen ansehen und einen Nutzen der entsprechenden Anstrengungen entweder nicht erkennen, weil ihnen die dafür notwendigen Erfahrungen fehlen, bzw. häufig sogar mit Recht nicht erwarten, wie z. B. hinsichtlich einer Änderung der Arbeitssituation, hinsichtlich eines Aufstiegs o. ä.

Hier ist also eine nicht erfolgte Artikulation des Weiterbildungsbedarfs ein Zeichen der Benachteiligung. Oder anders betrachtet: Ein Weiterbildungssystem, das als Indikator von Weiterbildungsbedarf die „freiwillige Annahme" von Weiterbildungsangeboten (manifeste Nachfrage) benutzt, *kann* gar nicht das Recht jedes Einzelnen auf Weiterbildung (zur freien Entfaltung der Persönlichkeit) realisieren, sondern wird diejenigen (bürgerliche Mittelschicht) zwangsläufig bevorzugen, für die die Konstellation der Einflußfaktoren „maßgeschneidert" ist; die nämlich Lernen mit Erfolgserlebnissen verbinden, die Lernen als Eigenwert erleben und denen es damit bereits als solches erkennbare Entfaltungsmöglichkeiten bietet; denen für Weiterbildungserfolge auch offensichtlich erreichbare Verwertungschancen etwa durch beruflichen Aufstieg, Verbesserung des Status etc. geboten werden, bzw. die auch nicht direkt verwertbare Angebote in ihrem Nutzen erkennen und durch Eigenleistungen in verwertbare umsetzen können.[13]

Sinngemäß gelten diese Überlegungen auch auch hinsichtlich typischer Qualifikationsdefizite der ansonsten bevorzugten Bildungsschichten, wo Leistungsnormen und Tabus beispielsweise eine Unterbewertung psychischer Entwicklungserfordernisse und sozialer Kompetenz herbeiführen können.

Bei erzwungener Weiterbildungsentscheidung wie z. B. in vielen Fällen der Umschulung, Rehabilitation, Wiedereingliederung in das Beschäftigungssystem aufgrund wirtschaftlicher Notwendigkeit, also aufgrund wirtschaftlich erzwungenen Rollenwechsels, können sich die verschiedenen Bedingungskonstellationen wiederum schichtspezifisch in Graden der Lernmotivation (Gleichgültigkeit) ausdrücken.[14] Ob diese Überlegungen allerdings in gleicher Weise für die Verwertung von Weiterbildung in nicht nur berufsbezogenen Entwicklungsaufgaben gelten, soll hier zumindest in Frage gestellt werden. In jedem Fall ist es also notwendig, „Zugänglichkeit" von Weiterbildungsangeboten nicht nur regional zu verstehen, sondern als auf individuelle Situationen bezogene Möglichkeit zur Artikulation von Weiterbildungsbedarf. Dies ist für ein staatlich gewährleistetes Recht auf Weiterbildung eine entscheidende Tatsache.

Trägerorganisationen und systemorientierter Weiterbildungsbedarf

Die in der Weiterbildung tätigen Träger und Institutionen sind als soziale Systeme in verschiedener Weise in den gesellschaftlichen Kontext einbezogen und in verschiedener Weise in dem für Weiterbildungsentscheidungen und Sozialisationsvorgänge der Adressatengruppen gültigen Bedingungsrahmen positioniert. Entsprechend ergeben sich typische Leistungsstrukturen und -schwächen. Dies ist im folgenden grob zu charakterisieren. Ein wesentlicher Teil der Träger/Einrichtungen der Weiterbildung hat traditionellerweise einen relativ spezifischen Zugang zu den nach kulturellen und sozialen Rollen gegliederten Adressatengruppen. Dies ergibt sich aus den bisher dazu vorgelegten Analysen der Teilnehmerstrukturen von Weiterbildung. Die verschiedenen Trägerorganisationen erheben auch den Anspruch, bestimmte Teilnehmerinteressen bzw. Adressatengruppen in der Weiterbildung zu vertreten. Nun stimmen Anspruch und Wirklichkeit nicht immer überein.[15]

Entsprechende Leistungsschwächen müßten allerdings nach dem oben Gesagten eher dazu führen, die Träger zu einer Entwicklung ihrer Leistungsfähigkeit zu motivieren, als sie faktisch aus dem Weiterbildungssystem auszuschließen. Wegen der oben hervorgehobenen grundlegenden Bedeutung der kulturellen Rolle ist für ein ausgewogenes Weiterbildungssystem die Beziehung seiner Träger/Einrichtungen zu den in dieser Hinsicht differenzierten Adressatengruppen von vorrangiger Bedeutung. Auch die sozialen Rollen sind bezüglich ihrer Autonomie und ihrer Chancen zur Wahrung bzw. Entwicklung der personalen Identität, sei es innerhalb der Rolle oder durch Erweiterung der Chancen zu geeignetem Rollenwechsel, auf die sozialen Schichten in charakteristischer Weise ungleich verteilt. Insofern sind die in diesem Zusammenhang für die Teilnehmerstruktur der Weiterbildung wesentlichen Populationsmerkmale: soziale Herkunft, Schulabschluß, Berufsgruppen. In diesen Dimensionen unterscheidet sich die Leistungsfähigkeit der Trägerbereiche teilweise gravierend. Dies ist schon deshalb sehr naheliegend, weil die wesentlichen Charakteristika zur Untersuchung kultureller Rollen: Sprache, Denkweisen, Einstellungen und Wert- und Verhaltensmuster die Kommunikationsmöglichkeiten des Weiterbildungssystems mit diesen Gruppen und damit den Zugang zu ihnen entscheidend einschränken. Z. B. spricht eine „Mittelschichtinstitution" nicht die Sprache der „Arbeiter".[16] Für die Weiterbildung der unteren Schichten ist m. E. eine besonders enge Beziehung der Weiterbildungsträger zum Sozialisationsbereich der Teilnehmer notwendig. So werden z. B. Intimkenntnisse der relevanten sozialen Rollen und der Sprache des Sozialisationsbereichs seitens des Lehrpersonals erforderlich sein.

Oben wurde auf Lern- und Motivationsbarrieren hingewiesen, die bereits die Weiterbildungsentscheidungen selbst verhindern. Weiterbildungssysteme, die einen engen Bezug zur gegenwärtigen Primärumgebung der Teilnehmer (Beruf, Familie, Nachbarschaft/Gemeinde) besitzen, z. B. durch Tätigkeit, Anerkennung, Bekanntheitsgrad in diesen Bereichen, werden hier i. a. einen besseren Zugang finden: stadtteilnahe Volkshochschularbeit, Weiterbildung in Kirchengemeinden, ländliche Erwachsenenbildung, betriebliche bzw. verbandsnahe Weiterbildung etc.[17] Hier stellt sich generell die Frage, ob nicht Mitgliedschaft in Organisationen, sofern sie als sozialer Bezug faktisch wirksam ist, gezielter für Weiterbildung genutzt werden sollte, indem sich diese in Zukunft als Träger von Weiterbildung engagieren. In diesem Zusammenhang sei noch einmal die Problematisierung des Begriffs der „organisierten Weiterbildung" aufgenommen. In ihrer Haltung zu diesem Begriff unterscheiden sich die Trägerorganisationen erheblich.[18] Dies ist nach unseren Überlegungen geradezu selbstverständlich, da die Art der Organisierbarkeit von Weiterbildung und die Rolle des Organisierenden sich nach Weiterbildungszielen und Adressatengruppen richten müssen. Extrembeispiele sind der programmierte Fachkurs zur beruflichen Spezialisierung, Formen der politischen Weiterbildung, wo die Grenzen zwischen Handlung und Weiterbildung verschwimmen, Formen der Benachteiligtenhilfe, wo Weiterbildung von Beratung häufig nur noch analytisch zu unterscheiden ist u. ä. Im Sinn der vorgetragenen Überlegungen ist diese Spannbreite zur Realisierung des Rechts auf Weiterbildung notwendig und darf durch den Begriff des „organisierten Lernens" nicht eingeschränkt werden. Auch hier ist die spezifische Leistungsfähigkeit einzelner Trägerorganisationen unersetzbar.

Schließlich sei auf den Bezug von Trägerorganisationen von Weiterbildung zu den Verwertungssystemen von Weiterbildung hingewiesen. In dem Maße, wie Verwertung der Weiterbildung die Entscheidung zur Weiterbildungsteilnahme beeinflußt — und dies ist nach allen vorliegenden Untersuchungen vorrangig der Fall werden Träger von Weiterbildung, die die Verwertbarkeit der von ihnen vermittelten Weiterbildung glaubhaft machen können, bevorzugt werden. Ein Beispiel für einen besonders engen Verwertungsbezug ist die betriebliche bzw. berufsbezogene Weiterbildung im privatwirtschaftlichen wie im öffentlichen Bereich.

Auf die damit verbundenen Problematik der Zertifikate, des Berechtigungswesens, insbesondere nichtqualifikatorischer Funktionen beruflicher Weiterbildung wie z. B. Statusdifferenzierung, Loyalitätssicherung, sei hier nur hingewiesen.[19]

Es muß nun die Frage behandelt werden, wieweit im dargestellten Sinn für Bedarfsermittlung geeignete soziale Bezugssysteme zur Verfügung stehen, um das mit dem Zielrahmen aufgespannte Bedarfsspektrum abzudecken. Dies beträfe vor allem folgende Dimensionen: Zielgruppen (gekennzeichnet nach Entwicklungsaufgaben und Lebensabschnitten); Abweichungen vom Regelfall der Lebenslaufstruktur; Weiterbildungsfähigkeit hinsichtlich der sozialen, personalen und sachbezogenen Qualifikationskomponenten; Beziehung zum Spektrum der sozialen Bezugssysteme der Gesellschaft. Dies kann jedoch in dieser Arbeit nicht differenziert ausgeführt werden. Im Grunde ist angesichts dieser Komplexität der Bedarfsfrage von vornherein klar, daß sie nur unter Beteiligung aller gesellschaftlichen Bereiche angemessen beantwortet bzw. entschieden werden kann. Ein abgeschlossenes Weiterbildungssystem kann diese Vielfalt der Bedarfssituationen und die Echtheit des Bedarfsbezuges in keinem Falle erfassen. Es ist dann allerdings hier die Frage zu stellen, wie die verschiedenen Organisationen bei der Bedarfsermittlung beteiligt werden können.

In politischen und kirchlichen bzw. weltanschaulichen Organisationen, in Interessenverbänden und Gewerkschaften, findet eine Verwertung von Weiterbildung für das jeweilige Organisationsziel statt. Anders dagegen bei Vereinen, die häufig keine direkten weiterbildungsrelevanten Ziele verfolgen. Es wurde bereits hervorgehoben, daß diese Vereine eine wesentliche Rolle bei der sozialen Integration der Bevölkerung spielen und in gewissem Sinne als Rückzugsbereich aus der Öffentlichkeit gelten können. Die Mitglieder der Vereine benutzen diese häufig gezielt als Bereiche für die Herstellung sozialer Beziehungen, die auch in viele andere Bereiche des Lebens hineinragen (Kirche, Kunst, Weiterbildung etc.). Die Vereine übernehmen damit für die persönliche Entwicklung ihrer Mitglieder wesentliche Funktionen zur Sicherung von deren Identität und für die Lösung der ihnen gestellten Entwicklungsaufgaben. Insofern ist die Kopplung der Vereine an ein Weiterbildungssystem eine wichtige Frage.

Diese Überlegung wirft noch ein generelles Problem auf: nämlich die Frage, welche Systeme als „Verwertungssysteme" von Weiterbildung angesehen werden sollen, wieweit deren Spektrum reicht und wie eine Beteiligung an einem Weiterbildungssystem erreicht werden kann. Dies gilt insbesondere für die wichtigen sozialen Bezungssysteme Familie, Nachbarschaft, sowie für die intermediären Gruppen zur Vermittlung der Distanz zwischen dem Bürger in seinen verschiedenen Rollenbezügen und gesellschaftlichen Großsystemen wie z. B. die Verbraucherorganisationen, die eine Interessenvertretung des Verbrauchers am Markt wahrnehmen sollen. Diese „Verwertungssysteme" für Weiterbildung sind noch in dem Maße nicht entwickelt, wie der öffentliche Bereich zur Zeit noch weitgehend ohne Bürgerbeteiligung arbeitet. Zu fragen ist hier nach dem Spektrum der verschiedenen Interessenverbände (der Bürger!) und ihrer potentiellen Rolle für die Artikulation von Weiterbildungsbedarf.

In diesem Bereich sind auch eine große Zahl von spontanen organisierten Kleingruppen und Organisationen zur Selbsthilfe tätig: Selbsthilfegruppen zur Berufswahl, zur Steuerberatung, zum Schutz gegen Behördenwillkür, von Arbeitslosen etc. Im Bereich der Nachbarschaft sind bereits eine Fülle von Bürgerinitiativen entstanden. Diese Organisationsformen könnten sich gegebenenfalls auch zur Arikulation von Weiterbildungsbedarf eignen, wobei, wie bereits oben angesprochen, die Frage der Abgrenzung des Weiterbildungsbereichs gegenüber anderen sozialen Systemen aufgeworfen wird. M. E. haben unter den Gesichtspunkten der Entwicklung von Persönlichkeit diese Gruppen wesentliche Funktionen, insbesondere bei der Bildung von sozialer, personaler und wesentlich sogar auch sachbezogener Kompetenz durch gezieltes soziales Handeln. Ob hier eine Lernortabgrenzung zugunsten eines streng gefaßten Weiterbildungsbegriffs sinnvoll ist, zumindest fraglich erscheinen. Die Frage der Ermittlung von systemorientiertem und personenorientiertem Weiterbildungsbedarf durch ein Weiterbildungssystem wird also auf Dauer nicht die Frage nach der Beteiligung all dieser genannten sozialen Bezugssysteme umgehen können.

Ermittlung des zielorientierten Weiterbildungsbedarfs

Nach dem Vorhergehenden ist klar, daß die bisher diskutierten Möglichkeiten der Artikulation von Weiterbildungsbedarf systematisch genutzt werden müssen, um zielorientierten Weiterbildungsbedarf erheben zu können. Bei der Entwicklung eines Bedarfsermittlungsverfahren wären nach den bisherigen Darlegungen mehrere Problemkomplexe einzubeziehen.

Zunächst geht es um die Frage der Beteiligung aller gesellschaftlichen Bereiche an den Aufgaben der Bedarfsermittlung und -feststellung. Dabei sollte sichergestellt werden, daß die verschiedenen gesellschaftlichen Bereiche und damit die verschiedenen sozialen Bezugssysteme der Person und die bisher benachteiligten Adressatengruppen angemessen vertreten sind. Dies dürfte auch dazu führen, daß die jeweiligen gesellschaftspolitischen Zielsetzungen in diesem Spektrum vertreten sind. Informationsaustausch und ständige Auseinandersetzung über Weiterbildungsziele sollten gewährleistet und eine Gleichgewichtigkeit der Zielgruppen durch ein ausgewogenes Beteiligungs- und Abstimmungsverfahren sichergestellt sein.

Es sollten deshalb analog den Kriterien für Fortbildungsordnungen des *Bundesausschusses für Berufsbildung* Verfahrensregeln für diese Abstimmungsverfahren und die Erstellung der dafür notwendigen Bedarfsermittlungsarbeiten festgelegt werden, so daß eine Entlastung der Entscheidungsverfahren und eine Orientierung der die Entscheidungen vorbereitenden Bedarfsermittlungsinstanzen gesichert ist. Die Bedarfsermittlung sollte soweit wie möglich den bedarfsdeckenden Bereichen zugeordnet werden. Ähnlich wie im Fall der Fortbildungsordnungen sollten auf überregionaler Ebene nur Grobentscheidungen getroffen werden, die in den dezentralen basisnahen Organisationsbereichen in konkrete Weiterbildungsentwicklungsplanung umzusetzen sind.[20]

Es erscheint unumgänglich, daß eine gezielte (interessenneutrale) Weiterbildungsforschung stattfindet, die folgendes leistet:

— Entwicklung von Vorschlägen für die genannten Verfahrensregeln unter Beachtung der oben vorgetragenen Prioritätsüberlegungen; ständige Beobachtung der Verfahren auf Effektivität und systematische Erfahrungssammlung zu ihrer Verbesserung;

— Beratung der Weiterbildungsentwicklungsplanung auf allen Ebenen in grundsätzlichen Fragen und in methodischen Problemen der Bedarfsermittlung. Hier sind Experteneinsatz auf lokaler und überregionaler Ebene sowie eine Schulung des

Weiterbildungspersonals in Bedarfsermittlungsfragen vorzusehen. Dies bedeutet Vertrautmachen mit den dargestellten Grundproblemen der Bedarfsermittlung und Bedarfsfeststellung sowie mit pragmatischen Methoden zur Behandlung der methodischen Probleme;[21]
— gezielte Erforschung von besonders komplexen Bedarfsfragen entsprechend den angeschnittenen zentralen Problemen in exemplarischen Bereichen, insbesondere auch hinsichtlich der bisher „verdrängten" Entwicklungsaufgaben der Person in allen Lebensabschnitten.[22]

Zur Sinnhaftigkeit und ordnungspolitischen Relevanz der Klassifikationskriterien

Im folgenden sind nun die gesetzlichen Regelungen und die zur Durchführung des WbG erlassenen Rahmenrichtlinien[23] und Verwaltungsvorschriften anhand der in den letzten Abschnitten entwickelten Maßstäbe zu prüfen. Wie bereits erwähnt, beschreibt das WbG das Recht auf Weiterbildung durch einige allgemeine Richtziele, eine grobe Operationalisierung nach Sachgebieten und den Rahmen, in dem nach einem festgelegten Verfahren mit festgelegten Partnern der Weiterbildungsbedarf nach Sachgebieten festgestellt und unter Berücksichtigung der Bedarfsdeckungsmöglichkeiten in ein Angebot umgesetzt werden soll. Träger der Weiterbildungsentwicklungsplanung sind die Kreise und die kreisfreien Städte. Sie sind verpflichtet, den für ihren Bereich vorgesehenen Weiterbildungsentwicklungsplan im Einvernehmen mit den kreisangehörigen Gemeinden, die Weiterbildungseinrichtungen unterhalten, und im Benehmen mit den anderen Weiterbildungsträgern aufzustellen. Grundsätzlich kann sich jeder Träger von Weiterbildungseinrichtungen an der Weiterbildungsplanung beteiligen, sofern er dies formell zum Ausdruck bringt und die Bedingungen eines dafür vorgesehenen Anerkennungsverfahrens erfüllt. Der Planungsträger berät die anderen Planungsbeteiligten im Sinne einer ausgewogenen, bedarfsgerechten Gesamtplanung für den Planungsbereich. Für kommunale wie andere Träger sind bestimmte Mindestangebote verschiedenen Umfangs vorgeschrieben.[24] Damit ist erkennbar, daß der Bedarf als Ergebnis eines Aushandlungsprozessses angesehen wird. Für die Durchführung bzw. Ausfüllung des Rechts des Einzelnen auf Weiterbildung ist nun entscheidend, wie in dem vorgesehenen Verfahren die Weiterbildungsinteressen des Teilnehmers direkt oder indirekt durch die am Planungsprozeß beteiligten Partner bei Bedarfsfeststellung und -deckung Berücksichtigung finden.

Zur gesetzlichen Festlegung der Klassifikationskriterien

Die Tatsache, daß die Klassifikationskriterien gesetzlich festgelegt sind, führt zunächst dazu, daß sie Gegenstand des Verwaltungsrechts werden. Sie müssen also in allen Funktionen, die ihnen das WbG zuweist, im gesamten Raum von Nordrhein-Westfalen einheitlich, eindeutig und konstant verwendet werden. Das Land hat entsprechende Verwaltungsvorschriften erlassen, die eine Fülle von Verflechtungen mit anderen Bereichen der Verwaltung schaffen. Darüber hinaus entstehen durch die gesetzliche Festlegung spezielle Verflechtungen mit anderen Bildungs- und Gesellschaftsbereichen, die ihrerseits speziellen rechtlichen Bindungen unterliegen. Schließlich werden den Klassifikationskriterien durch die Funktionen, die ihnen nach dem WbG zukommen, sehr wirkungsvolle nichtrechtliche Wirkungsmechanismen zugeordnet, die darüber hinaus ihrerseits über die bereits erwähnten Bindungen rechtliche Folgewirkungen haben. Es muß deshalb gefolgert werden, daß der Art und Weise, in der die Klassifikationskriterien in das WbG aufgenommen wurden, hohe ordnungspolitische Relevanz für den Weiterbildungsbereich zukommt bzw. im Laufe der Zeit zukommen wird. Dies wird zusätzlich deutlich durch die im Gesetz ausdrücklich erwähnten Befugnisse für den Erlaß von Rechtsverordnungen, Empfehlungen etc. Es ist hier darauf hinzuweisen, daß die Flexibilität der erwähnten Regelungen je nach Erlaßverfahren verschieden ist; so können z. B. Rechtsverordnungen einfacher geändert werden als die Gesetze, aufgrund derer sie erlassen werden. In diesem Zusammenhang wäre zu prüfen, wie die Spielräume des Gesetzes gegebenenfalls durch geeignetere Ausführungsvorschriften günstiger genutzt werden könnten.

Folgende wesentliche Funktionen kommen den Klassifikationskriterien nach dem WbG zu:

Sie sind zunächst die zentralen Kategorien, in denen der Planungsträger die Planung des ausgewogenen, bedarfsdeckenden, jedermann zugänglichen Angebots für einen Planungszeitraum von fünf Jahren auszuweisen und dem Regierungspräsidenten zur formalen Prüfung vorzulegen hat. Dies macht erforderlich, daß auch das Verfahren zur Aufstellung der Weiterentwicklungspläne, nämlich das Einholen des Einvernehmens der im Planungsbereich tätigen kommunalen Träger wie des Benehmens der anderen anerkannten Träger sowie die dazu vorbereitende Beratung derselben in diesen Kategorien erfolgen muß. Der Planungsträger wird also die Interpretation der Kategorien im Rahmen der Vorgaben vornehmen müssen. Die Klassifikationskriterien sind auch die Sprache, in der die Einzelpläne überregional miteinander verglichen und zusammengeführt werden sollen.

Da die Weiterbildungspläne auch die Grundlage für die Erstattung der Kosten der Träger sind, spielen die Klassifikationskriterien gleichzeitig eine Rolle im Förderungsverfahren. Allerdings sind das für die Träger vorgeschriebene Mindestangebot und die Richtwerte für die Erstattung von Personalkosten nach dem Weiterbildungsgesetz rein quantitative Größen und nehmen keinen expliziten Bezug auf die Klassifikationskriterien. Ausgenommen hiervon ist die Bestimmung, daß für kommunale Träger alle Lehrveranstaltungen, die direkt oder indirekt nach bundesrechtlichen Regelungen gefördert werden sowie berufliche Lehrveranstaltungen nicht auf das förderungswirksame Angebot angerechnet werden können.

Die im WbG geforderte Abstimmung der Weiterbildungsentwicklungsplanung mit anderen Planungen, insbesondere der Schulentwicklungsplanung, dem Ausbau der kommunalen Kultureinrichtungen, der Hochschuleinrichtungen und der kommunalen Förderungsplanung der Jugendhilfe bezieht sich ebenfalls auf einzelne Klassifikationsbereiche.

Die Klassifikationskriterien sind ferner von Bedeutung für die Anerkennung anderer Träger insofern, als sich deren Angebot den Kriterien zuordnen lassen muß und sich die Sachbereiche teilweise hinsichtlich des für die Anerkennung zuständigen Fachministers unterscheiden.

Schließlich unterscheiden sich die Sachbereiche teilweise durch ihre speziellen Rechtsverhältnisse voneinander. Ein wichtiger Sachverhalt in dieser Hinsicht ist die Fachaufsicht des zuständigen Fachministers in den Bereichen abschlußbezogener Lehrveranstaltungen.

Welche ordnungspolitischen Folgen sind nach der gesetzlichen Festlegung der Klassifikationskriterien unter diesen Umständen zu erwarten? Dies ist im Detail ein komplexes empirisches Problem, dem im Rahmen der Weiterbildungsentwicklungsplanung in Nordrhein-Westfalen auch seitens des Gesetzgebers eine laufende Beobachtung zugewendet werden sollte.

Zunächst einige Vorbemerkungen, bevor versucht wird, voraussichtliche Folgeprobleme und Aufgaben zu ihrer Bewältigung zu beschreiben: Vermutlich werden die Folgeprobleme dieser gesetzlichen Festlegung erst dann größeres Interesse finden, wenn die genannten Funktionen der Klassifikationskriterien einschränkende Wirkungen auf die Planungstätigkeit der Träger zeigen. So werden insbesondere zur Zeit die rechtlichen Folgen im Bereich der Abschlüsse weitgehend noch nicht erkannt und eingeklagt worden sein, da relevante Abschlüsse in vielen Teilbereichen der Weiterbildung noch nicht existieren. Entsprechendes dürfte für die Förderungspraxis gelten, solange das Förderungsvolumen im Verhältnis zu den Anforderungen der Träger keinen so gravierenden Haushaltsbeschränkungen unterliegt, daß Prioritätsentscheidungen notwendig werden. Schließlich könnte es sein, daß aufgrund der Förderung gegebenenfalls entstehende Verschiebung in der Bedeutung der Trägerbereiche relativ zueinander zur Zeit noch nicht so deutlich geworden sind, daß daraus Konflikte im Abstimmungs- bzw. Planungsverfahren entstehen.

Dies alles kann aber nur für eine Übergangszeit gelten. Zum Ende der ersten Aufbauphase wird es kaum ausbleiben können, daß eine Reihe gravierender Probleme auftritt. Diese sollten rechtzeitig ins Auge gefaßt werden, da in Expansionsphasen eingeleitete Entwicklungen später nur schwer, wenn überhaupt, rückgängig gemacht werden können, wie Erfahrungen in anderen Bildungsbereichen sehr deutlich zeigen.

Sobald wegen Überschreitung des vorhandenen Haushaltsvolumens Versagungen der Anerkennung von Trägern oder von geplanten Angeboten notwendig werden, entsteht das Problem der Gleichbehandlung. Hier werden die Entscheider und Gerichte Maßstäbe für Konfliktfälle benötigen. Es ist nicht von der Hand zu weisen, daß sich zur Zeit gegebenenfalls unbeabsichtigt oder unkontrolliert entstandene Verfahrensweisen dann als Präzedenzfälle erweisen werden. Insbesondere könnte sich unter Umständen ein verwaltungsmäßig genau festgelegtes Verfahren als hinderlich erweisen, sofern es der Weiterbildungsentwicklungsplanung nicht die' notwendigen Spielräume gelassen hat.

Abgesehen davon, daß die Interpretation der Klassifikationskriterien zur Zeit durch die Rahmenrichtlinien weitgehend festgelegt ist, kommt der Praxis der Planungsträger beim Gebrauch der Klassifikationskriterien im Planungsverfahren Gewicht zu. Auf die damit verbundenen inhaltlichen Probleme (Begriff von Weiterbildung, Einordnung von Angeboten unter die Kategorien, Berücksichtigung der nichtsachbereichsbezogenen Dimensionen von Bedarf, Förderung von Defizitgruppen, Berücksichtigung latenten Bedarfs, Ausgewogenheit des Angebots etc.) wird einzugehen sein.

Konfliktfälle bei Prioritätsentscheidungen könnten die Träger dazu führen, ihre Angebote „arbeitsteilig" voneinander abzugrenzen und Domänen aufzubauen bzw. zu sichern. In den Anträgen würde dann die Tendenz zu möglichst zweifelsfrei formulierten klassifizierbaren Angeboten entstehen, um den Verwaltungen keine Ablehnungsmöglichkeiten zu bieten. Auf diese Weise werden möglicherweise „anerkannte" Veranstaltungsarten und Themenstellungen bevorzugt und alle Unklarheiten in der Zuordnung vermieden, so daß die Klassifikationsbereich/Sachgebiete sich scharf gegeneinander abgrenzen und im jeweiligen Sachbereich traditionelle Angebote dominieren. Eine solche Entwicklung könnte auch eine Nivellierung von Trägerangeboten infolge Anpassung an das System zur Folge haben, die vermutlich nicht intendiert ist.[25]

Die Bindung der Personalkostenerstattung an quantitative Maßstäbe (marktläufige Angebote, Steigerungsquoten für durchführbare Angebote) und die durch das Weiterbildungsgesetz nahegelegte Interpretation von Bedarf bergen die Gefahr in sich, daß sich die Träger gegebenenfalls in Konkurrenz zueinander vorwiegend an Marktläufern oder an ihren sicheren Domänen orientieren, um ihre Personalausstattung zu sichern, statt sich den besonders diffizilen Problemen der Ermittlung und Berücksichtigung latenten Bedarfs zu widmen. Ähnliches gilt für Abschlüsse und Zertifikate. Quantitative Maßstäbe könnten hier zu einer Überbewertung von Abschlüssen und zur Vernachlässigung inhaltlicher Probleme führen. Wenn dies aber so wäre, würden die dabei entstehenden Beurteilungsmaßstäbe sicher künftige Arbeiten behindern.

Soweit für die einzelnen Sachbereiche bereits gewichtige Trägersysteme bestehen, die eine traditionell festgelegte Weiterbildungspraxis besitzen oder sogar als staatliche Einrichtungen rechtlich in vielfältiger Hinsicht gebunden sind, wird die Weiterbildungspraxis dieser Bereiche sicher wesentlich von diesen Systemen bestimmt werden. Diese dominanten Systeme werden darüber hinaus nicht alle das gleiche Weiterbildungsverständnis haben, so daß sich diesbezüglich eine Ungleichgewichtigkeit der verschiedenen Sachbereiche entwickeln kann.

Eine ungleichgewichtige Behandlung der verschiedenen Klassifikationsbereiche kann auch hinsichtlich der Abschlußbezogenheit von Lehrveranstaltungen entstehen, da nach den Verwaltungsvorschriften abschlußbezogene Lehrgänge und Prüfungen der Fachaufsicht des Kultusministers unterliegen, während dies für nichtabschlußbezogene Erwachsenenbildung nicht gilt.

Zusammenfassend läßt sich feststellen, daß die Klassifikationskriterien durch ihre gesetzliche Festlegung in Systemzusammenhänge gestellt werden, die gegebenenfalls das ordnungspolitisch erstrebte Ziel in Frage stellen können. Die Folgerung daraus muß sein, daß geeignete ordnungspolitische Steuerungsmechanismen gesucht bzw. eingesetzt werden müssen, um unzweckmäßige Entwicklungen zu vermeiden. Die dabei vorhandenen gegebenen Spielräume sind zu prüfen und zu nutzen.

Beurteilung der Klassifikationskriterien als Zielrahmen des Weiterbildungsgesetzes

Die Klassifikationskriterien stellen eine erste inhaltliche Konkretisierung (Operationalisierung) des Rechts auf Weiterbildung dar, die dem Planungsträger, also der obersten Handlungsebene im Weiterbildungs(planungs)system als Handlungsbedingung vorgegeben ist. Einschränkungen auf dieser Ebene schränken gleichzeitig die Handlungs- und Entwicklungsmöglichkeiten des gesamten Systems ein. Insofern ist zunächst zu prüfen, wie weit dieser inhaltliche Rahmen gespannt ist und welche wesentlichen Dimensionen von Weiterbildungsbedarf er enthält. Dabei ist zu berücksichtigen, daß der Rahmen für Bedarfserfassung und -festlegung nach dem Gesetz formal durch das Planungsverfahren festgelegt ist, in dem die Klassifikationskriterien nur ein, wenn auch zentrales Element bzw. Ordnungsinstrument darstellen. Durch sie wird die „Sprache des Planungsverfahrens" strukturiert und damit der Inhalt des Planungsverfahrens thematisiert. Was in diesem „Wortschatz" an Dimensionen nicht explizit enthalten ist, läuft Gefahr, im Planungsverfahren unterbewertet zu werden.[26] Folgende Aussagen lassen sich thesenartig zu den Eigenschaften des WbG, den die Klassifikationskriterien darstellen, treffen:

— Der Zielrahmen des WbG bezieht wesentliche Dimensionen des Rechts auf Weiterbildung nicht ein und wirkt dadurch einschränkend gegenüber dem Anspruch des

WbG in § 1, sich am Ziel der freien Entfaltung der Persönlichkeit zu orientieren.

— Der Zielrahmen des WbG setzt Prioritäten durch die von ihm formulierten Dimensionen. Da er aber wesentliche Mängel aufweist, wird dieser Ansatz unbeabsichtigt wieder in Frage gestellt. Diese These schneidet auch ordnungspolitische Fragen an, auf die noch im einzelnen einzugehen sein wird.

— Der Zielrahmen des WbG erfaßt nicht alle derzeitigen Weiterbildungsangebote in angemessener Weise; dies betrifft die für die Entwicklung der Persönlichkeit besonders wichtige, allerdings bisher noch nicht in ausreichendem Maße zur Verfügung stehenden Weiterbildungsangebote ganz besonders.

Ein Vergleich der Klassifikationskriterien mit oben vorgestellten Zielrahmen zeigt in beiden Fällen als Ausgangspunkt die Person, deren Weiterbildung einheitlich und in aufeinander bezogenen Bereichen stattfinden soll. Allerdings ist die Sicht, unter der diese Forderung erhoben wird, sehr verschieden. In den Klassifikationskriterien wie auch im Zielrahmen werden Rollenbereiche thematisiert (die das Gesetz vorbereitende *Planungskommission Erwachsenenbildung und Weiterbildung* von Nordrhein-Westfalen nannte sie „Erfahrungsbereiche"); im WbG werden sie mißverständlich als „Sachbereiche" bezeichnet, was die Vermutung nahelegt, es handele sich um kognitive Wissensbereiche. Ein solches Mißverständnis würde zentrale Dimensionen des Zielrahmens, z. B. die soziale Kompetenz, unterbewerten. In Übereinstimmung mit dem Zielrahmen werden in den Klassifikationskriterien Beruf und Familie als wesentliche soziale Bezugsbereiche hervorgehoben.

Mit den Bereichen Freizeit/Kreativität und Öffentlichkeit werden soziale Bezugsbereiche genannt, die als für die soziale Integration und für die politische Aktivierung der Bürger wesentlich, aber zur Zeit noch weitgehend unstrukturiert, dargestellt wurden. Hier wäre ein Verständnis als „Sachbereich" allerdings nach unseren Erörterungen fatal; Aktivierung, nicht Fachwissen ist hier primär verlangt.

Nach unseren Überlegungen ist die Aufführung eines personenbezogenen Bereichs in den Klassifikationskriterien neben den anderen Bereichen schwer verständlich, da die Person das Zentrum aller Bedarfsüberlegungen und damit auch der Bezug jeden Bedarfsbereichs sein müßte. Die explizite Nennung der abschlußbezogenen nichtberuflichen Weiterbildung entspricht in der Zielrichtung einem von uns auch als wesentlich hervorgehobenen Anliegen, die Chancenungleichheiten aufgrund verschiedener kultureller Rollen schrittweise abzubauen, allerdings unter Beschränkung auf einen, wenn auch besonders wichtigen Teil dieser Problematik.

Unverständlich erscheint dagegen die Nennung der wissenschaftsbezogenen Weiterbildung als gleichberechtigter Sachbereich; soll wissenschaftliche Bildung in gleichem Umfang wie nichtwissenschaftliche Bildung vermittelt werden? Besteht nicht bereits jetzt Ungleichheit zwischen dem Wissenschaftssystem und den übrigen Bildungsbereichen? Sollte nicht jede Weiterbildung wissenschaftlich fundiert sein, wie die *Planungskommission* dies ursprünglich gefordert hatte?[27]

Es muß also hinsichtlich der Reihe genannter Sachbereiche festgestellt werden, daß ein gemeinsames Orientierungsprinzip nicht erkennbar ist. Dies deutet auf das zentrale Problem des Zielrahmens des WbG, den die Klassifikationskriterien bilden, hin. Der Maßstab für Ausgewogenheit und Gleichberechtigung der einzelnen Bereiche gegeneinander sowie ihrer Bezogenheit aufeinander, wie sie das Weiterbildungsgesetz für das zu gewährleistende Angebot fordert, ist nach dem Gesetz selbst die Person in ihren Entwicklungsmöglichkeiten. Zur Realisierung dieser Forderung müßte der Zielrahmen für die Weiterbildungsangebote die entsprechenden personenbezogenen Kategorien enthalten. Bei der Diskussion der Maßstäbe für die Entwicklung eines Zielrahmens zur Weiterbildungsentwicklungsplanung wurden deshalb alle Dimensionen des Zielrahmens personenbezogen formuliert. Die Entwicklungsaufgabe und die ihr zugeordneten Kategorien des Zugangs, der Mindestvoraussetzung, der sozialen Rollen, der Abweichungen und der Lebensabschnitte.

Gleichzeitig entsteht dadurch, daß die personenbezogenen Dimensionen gänzlich fehlen, trotz der Anweisung im Gesetz, die Weiterbildungsangebote im Sinne einer Einheit der Bildung zu planen, die Gefahr des Auseinanderfallens der Weiterbildungsangebote, da sie sich nur auf die einzelnen Sachbereiche beziehen können und damit bestenfalls fachliche Überschneidungen auftreten.

Es kann festgestellt werden, daß der Ansatz der *Planungskommission,* Erfahrungsbereiche der Person der Weiterbildungsentwicklung zugrunde zulegen – die Gliederung nach den Klassifikationskriterien enthält in diesem Sinne eine gegenüber den bis dahin bekannten Weiterbildungsgesetzen neue Zielrichtung und damit eine neue Prioritätensetzung für Weiterentwicklungsplanung – zunächst vom Gesetzgeber aufgenommen, dann aber nicht durchgehalten worden ist: Die offenen Felder, die die Klassifikationskriterien lassen, bringen den Ansatz in der Realisierung wieder in Gefahr. Das schwerwiegendste Problem dieses Mangels besteht nach unseren Überlegungen darin, daß durch das Fehlen der personenbezogenen Dimensionen insbesondere auch solche Dimensionen fehlen (bis auf den Bereich der nichtberuflichen abschlußbezogenen Weiterbildung), die die Zielrichtung der Bedarfsfeststellung, nämlich Mindestbedingungen und Möglichkeiten der Persönlichkeitsentfaltung, genauer bestimmen.

Auf diese Weise wird „freie Entfaltung" zur alleinigen Sache des potentiellen Weiterbildungsteilnehmers ungeachtet der Tatsache, daß bereits wesentliche Benachteiligungen großer Bevölkerungskreise in der mangelnden Fähigkeit liegen, ihren Weiterbildungsbedarf zu erkennen und daß die Angebotsmechanismen im Weiterbildungsbereich auch kaum Orientierung darüber geben, welche Angebote von besonderer Bedeutung sind. Dies ist ja gerade der Grund, die Forderung nach einer zielorientierten Bedarfsfeststellung zu erheben. Es ist also nicht erkennbar, welche Weiterbildungsangebote für notwendig gehalten werden; dies wäre allerdings erforderlich, um die gesetzliche Gewährleistung des Rechts auf Weiterbildung in die Tat umsetzen zu können. Für die Beurteilung der Sinnhaftigkeit der Klassifikationskriterien und ihrer ordnungspolitischen Relevanz ist dies ein gravierender Umstand.[28]

In diesem Zusammenhang ist der Hinweis interessant, daß auch auf Bundesebene bereits der Versuch unternommen worden ist, einen Zielrahmen für Weiterbildungsentwicklungsplanung zu entwerfen: Wie bereits erwähnt, hat die *Bund-Länder-Kommission für Bildungsplanung und Forschungsförderung* in ihren Bemühungen um die Fortschreibung des Bildungsgesamtplans versucht ein „Grundangebot" für eine flächendeckende Weiterbildungsplanung auf Bundesebene zu definieren. Diese Absicht entspricht voll den von uns in dieser Arbeit hervorgehobenen Zielvorstellungen. Allerdings ist es dort bisher nicht gelungen, einen praktikablen, d. h. Prioritäten setzenden Zielrahmen zu erarbeiten. Dies ist in einer Stellungnahme des BIBB im Rahmen eines Anhörungsverfahrens zu diesem Versuch zum Ausdruck gebracht worden.[29]

Wir hatten weiter oben darauf aufmerksam gemacht, daß für alle Dimensionen des dargestellten Zielrahmens nachweislich zur Zeit bereits Weiterbildungsangebote vorhanden sind. Der Zielrahmen des WbG in seiner gesetzlich festgelegten Form benachteiligt dagegen diejenigen teilweise besonders wichtigen Weiterbildungsangebote, die für ihre Eigenart keine Dimension in den Klassifikationskriterien vorfinden, wie z. B. alle zielgruppenorientierten Angebote. *Hamacher* hat diesen Umstand wohl bemerkt, indem er nach Abschluß der Arbeiten der *Planungskommission* weitere Überlegungen zum Weiterbildungsbedarf vorgelegt hat. Bei der Erörterung der Anforderungen an einen Zielrahmen für die Bedarfsfeststellung hatten wir bereits darauf aufmerksam gemacht. Er ergänzte die von der Planungskommission vorgelegte Aufzählung von Erfahrungsbereichen als Orientierung für Weiterbildungsangebote durch weitere Dimensionen, nämlich die Zielgruppe, die Abschlußbezogenheit und die Überregionalität. Ferner weist er darauf hin, daß eine Reihe von Weiterbildungsangeboten wie Selbsthilfegruppen, Exkursionen etc. in diesem Kategoriensystem nicht enthalten sind. Um für die Weiterbildungsentwicklungsplanung ein handhabbares Kategoriensystem zu erhalten (ein vierdimensionales System scheint ihm zu kompliziert für den Alltag der Planung), schlägt *Hamacher* schließlich ein Mischkategoriensystem vor, bestehend aus: den oben genannten Erfahrungsbereichen (auch Funktionsbereiche, Motivationsfelder, Weiterbildungsfelder genannt), den Stoffgebieten: Sprachen, Mathematik und Naturwissenschaften, und daneben: Zielgruppenangebote, abschlußbezogene Angebote und überregionale Angebote.[30]

Abstimmungsprobleme der Weiterbildungsentwicklungsplanung

Sinnhaftigkeit und ordnungspolitische Relevanz der Klassifikationskriterien müssen auch im Kontext der Entwicklungsplanung auf Bundesebene gesehen werden. Ein Abstimmungsproblem hinsichtlich der Klassifikationskriterien könnte sich hier zunächst aus der zitierten Arbeit der *Bund-Länder-Kommission für Bildungsplanung und Forschungsförderung* entwickeln („Grundangebot"). Ein weiterer Problemkomplex wurde in diesem Zusammenhang bereits angeschnitten. BBiG und WbG beziehen sich u. a. beide auf den Bereich der beruflichen Weiterbildung in Nordrhein-Westfalen, wobei sich die Kompetenzen des Landes auf den schulischen Bereich des Beschäftigungssystems erstrecken. Zunächst entsteht die Frage, ob beide Partner das gleiche Verständnis von beruflicher Weiterbildung haben: wird das eingangs geschilderte und in der Praxis wirksame Verständnis von beruflicher Weiterbildung zugrundegelegt, so werden die Systemgrenzen zwischen Bildungs- und Beschäftigungssystem, hier aber auch die Abgrenzung zwischen dem Sachbereich berufliche Weiterbildung und den anderen Sachbereichen verstärkt. Eine Abgrenzung resultiert allerdings auch bereits daraus, daß Nordrhein-Westfalen die berufliche Weiterbildung aus der Finanzierungsregelung des Gesetzes herausgenommen hat.

Der *Bundesminister für Bildung und Wissenschaft* hat in seinem Diskussionsbeitrag „Weiterbildungschance für Arbeitnehmer" nachdrücklich die Integration von allgemeiner, politischer und beruflicher Weiterbildung gefordert und darüber hinaus in einzelnen Initiativen entsprechende Entwicklungen einzuleiten versucht. Es wird von ihm darauf hingewiesen, daß Weiterbildung für die Arbeitswelt über die enge fachliche Bildung hinausgehen und neue Anforderungen erfüllen müsse: die Anforderungen an Mobilität, Anforderungen aus einer organisatorisch neu gestalteten Arbeitswelt, Humanisierung der Arbeit, Verhütung von Arbeitslosigkeit etc. Deshalb sei eine Verknüpfung der beruflichen, allgemeinen und politischen Bildung notwendig.[31]

Grundsätzliche Überlegungen dieser Art verweisen auf die Notwendigkeit einer inhaltlichen Abstimmung zwischen Bund und Land. Allerdings fehlt, wie oben ausgeführt, im WbG jede Angabe darüber, worauf sich eine Integration der Sachbereiche stützen soll. Nach dem hier entwickelten Zielverständnis wurde der Entwicklungsaufgabe diese integrierende Funktion zugewiesen. Daraus können sehr konkrete Fragestellungen zur Integration abgeleitet werden: z. B. die Rolle des Berufs in den verschiedenen Entwicklungsaufgaben, die Bewertung von Entwicklungschancen im Beschäftigungssystem in ihrer Relation zu den Entwicklungsbedingungen der Person, die verschiedene Wertigkeit von Beruf in den verschiedenen Lebensphasen etc. relevante Probleme der Abgrenzung zwischen den Sachbereichen des WbG können auch durch Maßnahmen des Bundes entstehen, wie z. B. Gesetze mit Folgen für die berufliche Weiterbildung und Förderungsmaßnahmen der Bundesressorts für gesellschaftliche Teilbereiche (Wirtschaft, Gesundheit, Soziales etc.).

Daneben sind von Gewicht die Weiterbildungsangebote des Bundes selbst, insbesondere von Bundeswehr, Bundespost, Bundesbahn, Bundesbehörden u. ä. Diese Maßnahmen werden bei der Weiterbildungsplanung in Nordrhein-Westfalen teilweise zu berücksichtigen sein.

Im Bereich der Regelung von Weiterbildung entsteht schließlich ein weiteres Abstimmungserfordernis: Fortbildungsordnungen des Bundes und Regelungen des Landes für berufliche Fortbildung in seinen Fachschulen müssen insofern abgestimmt werden, als der Bürger ein einheitliches Bildungssystem mit Durchlässigkeiten und angemessener Chancenverteilung beim Zugang vorfinden muß. Hier wird die Frage des Zusammenhangs der Sachbereiche als Problem der allgemeinbildenden Fächer und der weniger funktionsbezogenen Orientierung von schulischen Abschlüssen (z. B. staatlich geprüfter Betriebswirt) gegenüber Kammerregelungen (z. B. Fachwirt) relevant. Ähnliche Probleme dürften sich bei der AFG-Förderung stellen, die überwiegend Bildungsgänge mit starker Orientierung am Beschäftigungssystem (arbeitsmarktpolitische Zweckmäßigkeit) betrifft.

Abgrenzende Wirkungen der Klassifikationskriterien im Kontext des Weiterbildungsgesetzes

Die bisherige Beurteilung der Klassifikationskriterien erfolgte nur in ihrem Verhältnis zu den explizit formulierten Richtzielen des WbG. Im folgenden sind nun ordnungspolitische Wirkungen der Klassifikationskriterien zu erörtern, die sich aus den im vorhergehenden Abschnitt beschriebenen Mängeln der Klassifikationskriterien als Zielrahmen im Kontext ihrer gesetzlichen Festlegung ergeben. Im WbG wird folgender Weiterbildungsbegriff benutzt: „(...) Lehrveranstaltungen zur Fortsetzung und Wiederaufnahme organisierten Lernens unabhängig vom Wechsel pädagogischen Personals und der Teilnehmer (...). (...) Erwerb von Kenntnissen, Fertigkeiten und Verhaltensweisen" (§ 2, (2) WbG). Dies ist nach den Überlegungen tendenziell eine erste Einschränkung der Formulierung des Rechts auf Weiterbildung in § 1, (1) WbG (freie Entfaltung der Persönlichkeit). Die Einschränkung liegt in dem Wort „organisiert" und führt in der dazu gegebenen Erläuterung „unabhängig ..." zu dem Eindruck, daß die sozialen Bezüge von Weiterbildung unterbewertet werden. Dieser Eindruck wird durch den häufigen Gebrauch der Begriffe „Lehrveranstaltungen" und „Unterrichtsstunden" im WbG sowie durch die Forderung verstärkt, daß hauptamtlich oder hauptberuflich tätige pädagogische Mitarbeiter ausschließlich für die Einrichtung der Weiterbildung eingesetzt werden sollen (§ 20, (3) WbG; ähnlich auch § 23, (2), 3. WbG), was m. E. die Gefahren einer hinderlichen Systemgrenze zwischen den „Lernorten" für Erwachsenensozialisation und Unterrichtslernen sowie der Einschränkung von Weiterbildung auf Kenntnisvermittlung („Sachbereich") herbeiführt.[32] Dem gesetzlichen Anspruch nach sind die Klassifikationskriterien als Bereiche inhaltlicher Schwerpunktsetzung für ein integriertes Weiterbildungsangebot eingeführt (aufeinander bezogen, Grundsatz der Einheit der Bildung). In einem konkreten Planungsverfahren zur Bedarfsfeststellung bei begrenzten Ressourcen, in dem Prioritäten gesetzt werden müssen, wird aber stattdessen aufgrund der oben beschriebenen Mängel der Klassifikationskriterien im Gegenteil eine abgrenzende Funktion der Klassifikationskriterien wirksam werden, die ein integriertes Weiterbildungsangebot gefährdet.

Es sind eine Reihe von Gesichtspunkten, die der gliedernden, differenzierenden, d. h. abgrenzenden Funktion der Klassifikationskriterien ein Übergewicht und unzweckmäßige Folgen verschaffen, zu sehen. Dazu ist der Umstand zu zählen, daß das Raster der Klassifikationskriterien zunächst eindimensional wirkt und die Zusammenhänge zwischen den Sachbereichen sind nicht thematisiert. Die Eindimensionalität entsteht, obwohl die Klassifikationskriterien ein formales Mischkategoriensystem im Sinne von *Hamacher* darstellen, das aus Kategorien verschiedener Dimensionen zusammengesetzt ist, denn die Kategorien stehen unterschiedslos und gleichberechtigt nebeneinander. Im ersten Augenblick mag dies als Vorteil der Praktikabilität erscheinen. Sobald aber eine Konkurrenz der Sachgebiete auftritt, werden z. B. abschlußbezogene Weiterbildung gegen offene politische Weiterbildungsarbeit, Familienbildung gegen wissenschaftliche Weiterbildung etc. ohne erkennbare Kriterien ausgespielt, obwohl sie sämtlich verschiedenen Dimensionen angehörten.

Zwar wird im WbG von aufeinander bezogenen Sachbereichen gesprochen. Doch findet diese Forderung im System der Klassifikationskriterien keinen Ausdruck. Die Kenntlichmachung der Zusammenhänge von Angeboten mit mehreren Klassifikationsbereichen würde zumindest ein zweidimensionales Klassifikationskriterienraster erfordern. Zwar wäre auf den ersten Blick eine flexible Verwendung der Klassifikationskriterien möglich. Zur Verwendung in der Förderungspraxis jedoch ist Eindeutigkeit der Verwendung erforderlich. Diese Eindeutigkeit wird zur Zeit durch die vom Land erlassenen Verwaltungsvorschriften herbeigeführt, in denen Regeln für die Zuordnung von Weiterbildungsangeboten zu Klassifikationskriterien festgelegt sind. Ein Ausweis von Sachbereichszusammenhängen ist danach nicht vorgesehen.

Schließlich sei darauf hingewiesen, daß den meisten Klassifikationskriterien fest institutionalisierte Trägersysteme zugeordnet sind, die eigenen rechtlichen, finanziellen etc. Regeln unterliegen und damit sich und auch die Sachbereiche gegeneinander abgrenzen.[33]

Die Notwendigkeit eines komplexen Zielrahmens und Anforderungen an Planungsverfahren

Praktikabilität eines komplexen Zielrahmens

Die Analyse der Klassifikationskriterien und ihres ordnungspolitischen Kontextes hat gezeigt, daß der vermeintlich einfache Zielrahmen des WbG — auch *Hamacher* betonte die Notwendigkeit einer guten Handhabbarkeit der Klassifikationskriterien — in Wirklichkeit, gemessen an den Zielen des WbG und den Zuordnungsproblemen, nicht als einfach handhabbar angesehen werden kann. Stattdessen regeln die vom Land erlassenen Verwaltungsvorschriften die Zuordnung von Weiterbildungsangeboten zu den Klassifikationskriterien. Durch diese „Vereinfachung" der Handhabung geraten wesentliche Elemente der gesetzlichen Richtziele wie beschrieben in Gefahr, verloren zu gehen. Im Gegensatz dazu ist der Zielrahmen, der hier entwickelt wurde, trotz der größeren Komplexität, die er einfängt, keineswegs unpraktikabel oder schwer handhabbar. Seine Kategorien erfassen, wie ausführlich dargelegt wurde, die Komplexität der Richtziele Qualifizierung zur freien Entfaltung der Persönlichkeit und freien Berufswahl. Jede Entwicklungsaufgabe enthält bereits durch ihre Definition den Bezug zur Gesamtsituation der Person in dem betreffenden Lebensabschnitt sowie auch ihre Stellung im Gesamtrahmen des Lebenslaufs. Die Differenzierung nach Entwicklungsaufgaben verkürzt also nicht den Sinn des Rechts auf Weiterbildung. Alle übrigen Dimensionen des Zielrahmens, die sozialen Rollenfelder, die für (soziales) Rollenhandeln erforderlichen Grundqualifikationen, die Abweichungen und besonderen Gefährdungen der einzelnen Lebensabschnitte sind eindeutig auf die Entwicklungsaufgaben bezogen. Gleichzeitig sind alle vorgeschlagenen Kategorien für ein Planungsverfahren auf pragmatische Weise konkret genug faßbar.

Auch die oben zitierten Operationalisierung von *Hamacher* dient diesem Versuch. Aber die Kategorien Zielgruppe und Sachgebiet stehen auch dort unverbunden nebeneinander. Dies führt ebenfalls zu dem Problem, daß ihre notwendige Berücksichtigung nicht aus einem gemeinsamen Sinnzusammenhang begründet werden kann; dennoch wäre dieser Vorschlag gegenüber den Klassifikationskriterien eine wesentliche Verbesserung. Damit erhebt sich schließlich die Frage, ob nicht der Gesetzgeber die Sinnhaftigkeit und ordnungspolitische Relevanz der Klassifikationskriterien überprüfen und gegebenenfalls die Klassifikationskriterien durch ein angemessenes inhaltlich strukturiertes Planungsverfahren ersetzen sollte.

In den vorangegangenen Abschnitten sind eine Reihe von Anforderungen an ein System zur Ermittlung von zielorientiertem Bedarf entwickelt worden, die im folgenden der Übersicht wegen zusammengestellt werden. Diesen Anforderungen sollten die durch das WbG geschaffenen Rahmenbedingungen und die Leistungsfähigkeit des Weiterbildungssystems genügen. Sinnhaftigkeit kann den Klassifikationskriterien nur dann zugesprochen werden, wenn nicht nur die Frage der Zieloperationalisierung, sondern auch die Frage der Realisierungsbedingungen und der ordnungspolitischen Steuerwirkung auf die Realisierung in dem durch das WbG geschaffenen Rahmen positiv beantwortet werden kann.

Sie wird allerdings in diesem Beitrag nicht direkt beantwortet. Stattdessen wird die Leistungsfähigkeit des Systems als offene Frage formuliert, nämlich als ein Aufgabenkatalog für das Weiterbildungssystem und speziell für die Träger der Weiterbildungsentwicklungsplanung, der erfüllt werden müßte, um den Leistungsanforderungen und damit den im WbG formulierten Zielen, operationalisiert durch den oben formulierten Zielrahmen, der m. E. in den Klassifikationskriterien nur unzureichend erfaßt ist, entsprechend zu können.

Anforderungen an ein Bedarfsermittlungssystem

Ein Bedarfsermittlungssystem muß alle Möglichkeiten nutzen, die für die Person wirksamen sozialen Bezugssysteme und die Verwertungssysteme von Weiterbildung an der Bedarfsermittlung zu beteiligen. Dabei entstehen die folgenden Fragen: Wie kann ein enger Bezug des Bedarfsermittlungssystems zu den sozialen Bezugssystemen der Bevölkerung hergestellt werden? Es handelt sich dabei vor allem um die familiären und beruflichen Bezugssysteme, die Nachbarschaft, Bekanntschaft, die Vereine und Organisationen, deren Mitglied die potentiellen Weiterbildungsteilnehmer sind. Insbesondere muß nach der politisch wirksamen Interessenvertretung dieser Bereiche gefragt werden und der spezifischen Rolle solcher Organisationen und Institutionen, die traditionsgemäß einen besonderen Zugang zu bestimmten, durch besondere Schichtmerkmale gekennzeichneten Bevölkerungsgruppen haben. Diese Organisationen sind in das Weiterbildungsbedarfsermittlungssystem in zweckmäßiger Weise einzubinden.[34]

Organisationen verfolgen Weiterbildungsinteressen, die sich aus ihren speziellen Organisationszielen ergeben: Funktionärsschulung, Schulung von Führungskräften und Aufstiegs- und Anpassungsfortbildung, Mitgliederschulung etc. Es ist hier also die Frage aufgeworfen: Welche sozialen Bezugssysteme und welche Verwertungssysteme von Weiterbildung sollten unter dem Gesichtspunkt der Bedarfsermittlung auf welchen Ebenen in das Weiterbildungssystem eingebunden werden und wieweit decken sie das im Zielrahmen formulierte Spektrum von Bedarfsbereichen ab?

Gleichzeitig ist bekannt, daß die Funktionsfähigkeit von Großorganisationen hinsichtlich ihres Zugangs zu ihren Mitgliedern von ihren sozialen Binnenstrukturen abhängt. Wie kann diese Funktionsfähigkeit eingeschätzt und gegebenenfalls gefördert werden?

Hinsichtlich des gesellschaftspolitisch verursachten Weiterbildungsbedarfs entsteht das Problem, daß die Realisierung der gesellschaftspolitischen Ziele in steigendem Maße auf die Mitwirkung der Bürger angewiesen ist. Wie können also gesellschaftspolitische Ziele, z. B. der Landesentwicklungsplanung, in Weiterbildungsziele wirksam umgesetzt werden?

Werden die Bedarfsermittlungsfunktionen, wie dies weitgehend sinnvoll und im WbG vorgeschrieben ist, dem Weiterbildungssystem selbst übertragen, so muß das Weiterbildungspersonal die zur Lösung dieser Probleme notwendigen Kompetenzen besitzen. Bei direkter Interessenartikulation in Bürgerinitiativen, Selbsthilfegruppen etc. fallen Bedarfsartikulation und Deckung des Bedarfs teilweise zusammen. Das Weiterbildungssystem sollte eine entsprechende Offenheit besitzen, um diesen Zustand zu nutzen.

Die bisher genannten Fragen sind Fragen nach der geeigneten Auswahl der zuzuziehenden Teilsysteme und der Funktionsdifferenzierung des Systems, um den genannten Anforderungen zu genügen. Darüber hinaus muß aber von dem System gefordert werden, daß die Teilsysteme integriert und zu einer sinnvollen Kooperation gebracht werden. Die Eindimensionalität der gesetzlich festgelegten Kriterien birgt die Gefahr, sich gegenseitig abgrenzende Teilsysteme zu schaffen, die sehr verschiedene rechtliche, inhaltliche etc. Merkmale besitzen. Dadurch wird die Einheit des Weiterbildungssystems und damit auch die vom Gesetz geforderte Einheit der Weiterbildung gefährdet.

Hier lautet die Frage: Kann das System so organisiert werden, daß diese Teilsystemgrenzen durch geeignete Verfahren ausgeschaltet oder doch gemindert werden? Daraus ergeben sich Aufgaben der Kooperation, der Beratung und der Forschung, die gleichzeitig die Flexibilität und Entwicklungsfähigkeit des Systems sichern müssen.

Bedingungen und Träger der Bedarfsermittlung nach dem Weiterbildungsgesetz

Im Gesetz sind die Rollen und Kompetenzen für die Bedarfsermittlung und Bedarfsfeststellung auf der Ebene der Planungsträger sowie auf den Handlungsebenen darunter (allerdings nicht vollständig) festgelegt. Danach lassen sich zwei weitgehend voneinander „unabhängige" Teilbereiche unterscheiden: Das kommunale Teilsystem, in dem Einvernehmen über den Weiterbildungsentwicklungsplan hergestellt werden muß, und eine Vielzahl von unabhängigen Trägersystemen bzw. einzelnen Trägern, die ihre Pläne unter Einhaltung gewisser Mindestbedingungen souverän erstellen und in die Gesamtplanung einbringen können. Das erstgenannte Teilsystem hat mit diesen unabhängigen Teilsystemen Benehmen herzustellen.

Damit zerfällt von der gesetzlichen Konstruktion her das Problem der Leistungsfähigkeit des Weiterbildungssystems in drei Teilkomplexe:

— die Leistungsfähigkeit der *unabhängigen Teilsysteme* der anderen Träger für ihre eigenen *Weiterbildungsteilbereiche;*
— die Leistungsfähigkeit des *kommunalen Teilsystems* für den *regionalen Zuständigkeitsbereich* (Verantwortlichkeit für eine flächendeckende Weiterbildungsentwicklungsplanung) und
— die Leistungsfähigkeit des *Planungsträgers* hinsichtlich der *Integration der Teilsysteme.*

Einige Probleme der Leistungsfähigkeit einzelner Trägersysteme sind bereits diskutiert worden. Im folgenden soll unter dem Gesichtspunkt, daß die Vielfalt der Träger bereits Leistungen in das Weiterbildungssystem einbringt, ausschließlich vom Problem ihrer Integration die Rede sein. Von der Fähigkeit des Planungsträgers zur Integration hängt die Qualität der gesamten Weiterbildungsentwicklungsplanung ab: denn er hat in Kenntnis der Weiterbildungsangebote der anderen Planungsbeteiligten ein Weiterbildungsangebot sicherzustellen, das „ausgewogen", „bedarfsgerecht" und allgemein „zugänglich" ist; damit wird die Planungskapazität des Planungsträgers zu einem wesentlichen Engpaß des Planungsverfahrens. Diese Planungskapazität erstreckt sich zunächst auf die Erfassung, Aufnahme und Verarbeitung der dazu notwendigen Informationen; Aufgaben, die bereits erheblichen organisatorischen Aufwand erfordern. Inhaltlich bedeutet Planungskapazität zunächst mindestens folgendes:

— Fähigkeit zur Beurteilung des gesamten Bedarfsproblems, also der individuellen sowie der systemorientierten Bedarfserfassung wie der Ermittlung des gesellschaftlichen Weiterbildungsbedarfs und seiner Umsetzung auf die Bedarfskategorien des Weiterbildungsgesetzes;
— Fähigkeit zur Beurteilung und Nutzung der Leistungsfähigkeit der Trägerbereiche hinsichtlich der Erfassung dieses Bedarfs und hinsichtlich der Einstellung darauf bezogener Angebote;
— Fähigkeit zur Ermittlung von Prioritäten und
— Fähigkeit, das Einvernehmungsverfahren hinsichtlich der Bedarfsfeststellung im „eigenen" kommunalen Teilsystem zu einem sinnvollen Abschluß zu bringen. An dieser Stelle fällt eine Lücke im WbG auf, da offensichtlich keine Entscheidungsinstanz für dieses Einvernehmungsverfahren explizit festgelegt worden ist.

Darüber hinaus wird nach dem WbG von den Planungsträgern erwartet, daß sie im Sinne ihrer Urteilsbildung die anderen Träger bei ihrer Planung beraten. Diese Zuständigkeit und die Zuständigkeit für die Vorlage der Weiterbildungsentwicklungsplanung unter Verwendung der vorgeschriebenen Interpretation der Klassifikationskriterien sowie amtlicher Planungsvordrucke stehen dem Planungsträger bei seiner Integrationsaufgabe zur Verfügung. Der Planungsträger ist verpflichtet, Mängel des Angebotes, das insgesamt von den anderen Trägern bereitgestellt wird, durch einen gezielten Einsatz seiner eigenen Angebotskapazität auszugleichen.

Nach den bisherigen Analysen über die Leistungsfähigkeit der Volkshochschulen hinsichtlich ihres eigenen Angebots wird deutlich, daß die beschriebenen Leistungsmaßstäbe für die neue Funktion, die ihnen das WbG zuweist, von ihnen erheblich erhöhte Anstrengung fordern. Hier dürfte ein Ausbau der hauptamtlichen Personalkapazität ohne intensive, auf die beschriebenen Aufgaben gezielte Schulung nicht ausreichen. In Fällen, wo dem Planungsträger keine Einrichtung direkt zugeordnet ist, fehlt übrigens diese Personalkapazität nach dem WbG ganz.[35]

Grundsätzlich stellt sich aber hier die Frage, ob einer zentralen Institution, wie hier dem Planungsträger, bei einem derartigen komplexen Problem, wie es die Weiterbildungsentwicklungsplanung darstellt, sinnvollerweise die alleinige Verantwortung aufgelastet werden kann. Soziologische und systemanalytische Untersuchungen komplexer Problemlösungssysteme sprechen dagegen.[36] Man muß dabei auch bedenken, daß die durch das WbG geschaffene formale Legitimation zur Wahrnehmung dieser Rolle durch entsprechende Sachkompetenz und Interessenvertretung unterstützt werden muß, um auf Dauer aufrechterhalten werden zu können; denn ohne Anerkennung des Zuständigen durch seine Partner können Probleme höchstens formal, nämlich bürokratisch, nicht aber faktisch gelöst werden.

Dies wird noch deutlicher, wenn im folgenden die Integrationsaufgabe inhaltlich näher bestimmt wird.

Integration der Trägersysteme als Planungsaufgabe

Die Integrationsaufgabe muß von der Prämisse aus angegangen werden, daß ein effektives Weiterbildungssystem denselben Bedingungen der Leistungsfähigkeit unterliegt wie jedes andere soziale Steuerungssystem und daß die Weiterbildungssituation bzw. die Situation der sich für Weiterbildung Entscheidenden Basiselement seiner Organisation sein muß.

Dies ist die Situation des Einzelnen gegenüber seiner aktuellen Entwicklungsaufgabe innerhalb seiner sozialen Bezüge. Diese Situation muß „geachtet" werden; d. h. insbesondere, daß seine Identifikationsmöglichkeiten erhalten bleiben müssen. M. E. folgt hieraus zwingend, daß die Vielfalt der verschiedenen Wert- und Interessensysteme der Gesellschaft im Weiterbildungssystem repräsentiert sein muß.

Die Leistungsfähigkeit des Systems, insbesondere auch bezüglich der Bedarfsermittlung, entscheidet sich hinsichtlich des überwiegenden Teils der Aufgaben auf lokaler Ebene. Hier ist auch i. d. R. der „Ort der Entwicklungsaufgaben"; entsprechende integrierte und situationsbezogene Angebote müssen hier gesichert sein. Dies bedeutet auch, daß hier i. d. R. in den Planungen Spielräume für Spontaneität vorhanden sein müssen. Auf lokaler Ebene muß also eine intensive Kooperation der sozialen Bezugssysteme zur Erstellung eines Weiterbildungsangebots herbeigeführt werden. Aus dieser Aufgabe sind wohl die Rekrutierungs- wie die Qualifikationsprinzipien für das Weiterbildungspersonal abzuleiten. Besonders wichtig scheinen Qualifikationen zur Bedarfsermittlung, d. h. zur Ermittlung von Entwicklungsaufgaben und deren sozialen Bezügen. Ebenso wichtig sind Organisations- und Moderationsfunktionen bzw. -qualifikationen des Weiterbildungspersonals.[37]

Ferner ist für die Integration und Steigerung der Leistungsfähigkeit des Systems m. E. ein gegenseitiger Informationsaustausch und eine laufende Auseinandersetzung über Weiterbildungsziele auf regionaler und überregionaler Ebene notwendig; dies unter anderem deswegen, weil die verschiedenen Weiterbildungsteilbereiche ein unterschiedliches Profil und einen unterschiedlichen Entwicklungsstand besitzen und zur Kooperation angeregt werden müssen. Kooperation nutzt insbesondere die spezifischen Leistungen einzelner Trägerbereiche als Impuls für die Entwicklung der anderen und gibt die Möglichkeit einer stärkeren Verflechtung der Bereiche, was die Abhängigkeit des Einzelnen von Teilsystemen mindern kann. Der Planungsträger könnte sich insbesondere durch Beratungsausschüsse unterstützen lassen, in denen auch die Verwertungssysteme und Interessenvertretungen zu Weiterbildungsfragen gehört werden können. Auf dieser Ebene sind allerdings keine Detailentscheidungen zu diskutieren. Es fällt auf, daß im Weiterbildungsgesetz *kein Kooperationsgremium auf Landesebene* eingesetzt worden ist. Hier stellt sich die Frage, ob dadurch nicht eine Ebene der Konsensbildung fehlt, die für eine effektive Weiterbildungsentwicklungsplanung erforderlich ist.

Die Intentionen des *Bundesministers für Bildung und Wissenschaft* hinsichtlich der Organisation von Weiterbildungssystemen sind in dem oben genannten Diskussionsbeitrag dargestellt. Sie orientieren sich daran, daß das Weiterbildungssystem nur dann das Recht eines jeden auf Weiterbildung sinnvoll anstreben kann, wenn möglichst flexibel, offen, unkonventionell und adressatennahe gearbeitet wird. Dabei wird insbesondere versucht, die Massenmedien zur Erreichung der Adressaten in Kooperation mit lokalen Bildungseinrichtungen einzusetzen. Auch für solche Intentionen sollte das Weiterbildungssystem in Nordrhein-Westfalen offen sein. Ferner laufen Modellversuche des BMBW darauf hinaus, die Kooperation als das Instrument zur angemessenen Entwicklung des Weiterbildungssystems zu verbessern und entsprechende Erfahrungen zu sammeln; der Schwerpunkt liegt bei diesen Versuchen auf der lokalen Kooperation.

Daß in den Verbandsstrukturen häufig eine schwer überbrückbare Distanz zwischen Basis und Organisationsspitze besteht, kann nur als eine soziologisch seit langem bekannte Tatsache gewertet werden, die alle Bereiche der Gesellschaft kennzeichnet, nicht dagegen als Argument, diese Verbände nicht angemessen zu beteiligen.

Abstimmungserfordernisse der Weiterbildungsentwicklungsplanung in NRW und auf Bundesebene sind in erster Linie im Bereich der beruflichen Weiterbildung zu erwarten; die wesentlichen Problemstellungen sind hier die Regelung von beruflicher Fortbildung und Umschulung. Fortbildungsordnungen des Bundes und die schulischen Regelungen des Landes sind im Sinne eines einheitlichen Bildungssystems aufeinander abzustimmen. Ein geeignetes Forum der Abstimmung sind hier die Organe des BIBB. Von Relevanz ist ferner die finanzielle Förderung nach dem AFG und, zur Berücksichtigung bei überregionaler Planung, die Weiterbildungstätigkeit des Bundes für seine eigene Verwaltung.

Das Bedarfsfeststellungsverfahren bedarf m. E. einer inhaltlichen Rahmenempfehlung. Im WbG ist nicht angegeben, wie das Einvernehmen bei der Bedarfsfeststellung herbeigeführt werden soll. Diese Frage hat mehrere Aspekte: Zunächst kann die Festlegung inhaltlicher Verfahrensstrukturen eine Entlastung des Entscheidungsverfahrens wie eine Ermöglichung gezielter Entscheidungsvorbereitung erbringen. Gleichzeitig könnten sie dazu dienen, Planungs- und Verwaltungsverfahren strikt voneinander zu trennen. Es wurde bereits vorausgestellt, daß inhaltliche Konkretisierungen des Zielrahmens durch Verwaltungsrichtlinien zu Lasten des Rechts auf Weiterbildung in dem von uns entwickelten Sinn gehen können. Als Richtlinien dienende Kriterien zur Bedarfsfeststellung könnten hier stattdessen diese Funktionen besser übernehmen. Über Zuordnungsfragen sowie über die Beurteilung von Bedarfsgerechtigkeit und Ausgewogenheit kann nur von sachkompetenten Planungsleuten entschieden werden. Sowohl bei der Regelung des Bedarfsfeststellungsverfahren mittels Kriterien wie auch zu Einzelfragen der Zielbildung könnten Beratungsausschüsse der oben angeführten Art fungieren. Eine wichtige Funktion dieser Ebene wäre auch die Berücksichtigung von gesellschaftspolitischen bzw. überregionalen Zielvorstellungen. Hierzu gehört insbesondere die Einbeziehung der Landesentwicklungsplanung in diesem Zusammenhang ist noch einmal die Frage nach der Einbeziehung von Verbünden und Organisationen aufzunehmen: In der bereits erwähnten Anhörung der *Bund-Länder-Kommission für Bildungsplanung und Forschungsförderung* zum Zwischenbericht für einen „Stufenplan Weiterbildung" waren die Partner der BLK die in der Weiterbildung tätigen Spitzenverbände, die zu Fragen des Grundangebots wie der Informationserhebung Stellung nahmen. Es zeigte sich auch hier wieder, daß Großverbände ein Bindeglied der verschiedenen Weiterbildungsentwicklungsplanungsebenen sein können. Bereits frühere Erhebungen zur Struktur der Weiterbildung haben die überregionale Integrationsfunktion der Verbände bestätigt. Es fragt sich in diesem Zusammenhang, wo sie ein geeignetes Forum für ihre Vorstellungen zur Weiterbildungsentwicklungsplanung vorfinden.[38] Die verschiedenen Planungsebenen haben dabei einen verschieden differenzierten Bedarf an Daten. Zu einer Diskussion der vielschichtigen Datenerhebungsproblematik sei auf die entsprechenden Gutachten zur Entwicklung eines Weiterbildungsinformationssystems für den *Deutschen Bildungsrat* verwiesen.

Die dargestellten Überlegungen waren funktional orientiert und widersprechen in ihren Ergebnissen einer Reihe von Vorschriften zur Durchführung des WbG, im Falle der Kooperationsgremien sogar dem WbG selbst. Der Leser sollte diese Diskrepanzen als Fragen an die Leistungsfähigkeit des Weiterbildungssystems in Nordrhein-Westfalen verstehen und die vorhandenen konkreten Spielräume und Überarbeitungsmöglichkeiten daran überprüfen; denn nach den Ausführungen dieser Arbeit hängen Sinnhaftigkeit und ordnungspolitische Relevanz der Klassifikationskriterien hinsichtlich des Rechts auf Weiterbildung auch wesentlich von der Lösung dieser Probleme ab.[39]

Abschließende Bemerkungen und thesenartige Zusammenfassung

Die faktische Realisierung, die „Wirklichkeit" des Rechts auf Weiterbildung wird wesentlich dadurch bestimmt, wieweit und in welcher Form die Zielvorstellungen des WbG konkret formuliert sowie durch das Gesetz die Durchführungsverfahren angemessen festgelegt und die Durchführungsträger mit der erforderlichen Sachkompetenz und den notwendigen Ressourcen ausgestattet wurden. Politisch auszuhandelnde und gesetzlich festzulegende Richtziele können nur relativ allgemein formuliert werden und bedürfen daher immer einer „Operationalisierung" in „Durchführungsziele" seitens der Durchführungsträger, hier der Planungsträger und der Verwaltung. Da die Summe der dabei entstehenden und realisierten Teilziele letzten Endes die faktische Realisierung des Rechts auf Weiterbildung darstellt, sind die o. g. Einflußfaktoren, die die Teilzielbildung bestimmen, in dieser Arbeit Gegenstand kritischer Betrachtung unter folgenden zwei Gesichtspunkten: Wieweit sind die wesentlichen Erkenntnisse über Funktionserfordernisse und Wirkungsbedingungen von Weiterbildung in die Gesetzesformulierungen eingeflossen und wieweit gefährden die politisch begründeten Kompromisse die Substanz des Rechts auf Weiterbildung zur Entfaltung der Person im eigentlichen Sinn? Die Klassifikationskriterien des Weiterbildungsgesetzes sind in diesem Zusammenhang zu sehen als eine gesetzlich vorgegebene Operationalisierung bzw. Interpretation der Richtziele des Gesetzes: Als Gliederung der Weiterbildungsplanungsaufgabe bilden sie nämlich einen „Zielrahmen" für die Planungsträger, in dem diese ihre Zielsetzungen, konkretisiert in Weiterbildungsangeboten, einbringen und miteinander aushandeln.

Die Sinnhaftigkeit der Kriterien zu beurteilen heißt demnach zu fragen, ob durch die Kriterien bereits (trotz ihrer auf den ersten Blick weitgehenden Allgemeinheit) wesentliche Schwerpunkte bzw. Einseitigkeiten bei der Konkretisierung der Richtziele des Gesetzes gesetzt sind. Ihre ordnungspolitische Relevanz (Wirksamkeit, auch: Handhabbarkeit) ist im Kontext des gesetzlich vorgeschriebenen Planungsverfahrens zu beurteilen, insbesondere hinsichtlich der Gefahr einseitiger Folgen der (unausgewogenen) gesetzlichen Formulierung der Weiterbildungsplanungsaufgabe. Die Frage nach der Sinnhaftigkeit der Klassifikationskriterien bedarf zu ihrer Beantwortung eines inhaltlichen Maßstabes. Die dazu durchzuführende Interpretation des Rechts auf Weiterbildung hatte von dem gegenwärtigen Kenntnisstand hinsichtlich der menschlichen Existenz- und Entfaltungsbedingungen bzw. -möglichkeiten in der Gesellschaft auszugehen.

Diese Erkenntnisse werden zur Zeit nicht gleichgewichtig im politischen Wertsystem, im gesellschaftlichen Alltag, in der Wissenschaft und entsprechend auch in der Planungswirklichkeit zur Geltung gebracht. Dies hat natürlich seinen Einfluß auf die hier zu betrachtenden gesetzlichen Formulierungen gehabt. Eine kritische Beurteilung des Gesetzes muß die Möglichkeiten des dadurch geschaffenen Weiterbildungssystems einzuschätzen suchen. Dabei wird hier von der Prämisse ausgegangen, daß das Weiterbildungssystem gegenüber dem politischen System, das es geschaffen hat, einen gewissen Handlungsspielraum besitzt. Dieser sollte gezielt zur Wahrnehmung der Weiterbildungsaufgaben von öffentlichem Interesse genutzt werden, die im „freien Spiel der Kräfte" des Weiterbildungsmarkts zu kurz kommen. Andernfalls erfolgt durch (unnötige) staatliche Förderung von Angeboten, die ohnehin vorhanden sein würden, bei beschränkten Haushaltsmitteln eine weitere Verstärkung von Weiterbildungsbenachteiligungen. Deshalb wurde in diesem Beitrag von der Notwendigkeit gesprochen, die Bedarfsartikulation im Weiterbildungsbereich nicht nur der personalen Nachfrage und den Anforderungen von Systemen zu überlassen, sondern auch staatlicherseits intensive Vorarbeiten zu einer eigenen Zielbildung zu leisten, wofür hier der Begriff der zielorientierten Bedarfsermittlung und -festlegung gebraucht wird. Diese Sichtweise führt auch dazu, daß die Begriffe „bedarfsgerecht", „ausgewogen" und „zugänglich" eine neue Bedeutung erhalten müssen.

Die wichtigsten bei dieser Argumentation zu berücksichtigenden Grundtatsachen liegen darin, daß der Mensch als soziales Wesen eine soziale Existenz, als individuelles Wesen eine psycho-physische Existenz, insbesondere eine persönliche Identität besitzt. Diese Komponenten seiner Existenz führen zu Abhängigkeiten von Anforderungen der individuellen psycho-physischen Existenz der Person (physische und psychische Gesundheit), sowie von „Kulturellen Aufträgen" an die Person (Lebens- und Entwicklungsaufgaben); von Funktionserfordernissen gesellschaftlicher Großsysteme (z. B. Beschäftigungssystem) sowie zentraler sozialer Bezugssysteme der Person (Familie etc.) und von gesellschaftspolitischen Anforderungen; von dort her werden Entwicklungs- und Entfaltungsmöglichkeiten eröffnet und eingeschränkt. Diese Leistungsanforderungen können sinnvollerweise nur an Personen gestellt werden, die auch die entsprechende Leistungsfähigkeit besitzen. Die Leistungsfähigkeit der Gesellschaft selbst hängt letzten Endes davon ab.

Häufig treten auf der Anforderungsseite nur die Forderungen bestimmter dominanter Teil- bzw. Großsysteme hervor: So besitzen z. B. die Aufgaben des Beschäftigungssystems und damit die für die Erledigung erforderlichen Qualifikationen sowie die diesen dienliche Weiterbildung im gesellschaftlichen Bewußtsein besondere Priorität. Demgegenüber muß geltend gemacht werden, daß für die Person faktisch eine

Fülle weiterer Aufgaben von ebenso großer Bedeutung sind, wie z. B. in Familie, Nachbarschaft etc., die die Funktionsfähigkeit der Gesellschaft erhalten. In der gegenwärtigen Situation sind also nicht einmal von der Anforderungsseite her alle notwendigen Aufgaben hinreichend bewußt, geschweige denn der entsprechende Qualifikations- und Weiterbildungsbedarf.

Die Leistungsbedingungen einer Person in einer bestimmten Lebenssituation müssen notwendigerweise als Einheit gesehen werden, da sie insgesamt die aktuelle Leistungsfähigkeit der Person beeinflussen. Aufgaben können deshalb nur mit Einschränkungen nach Teilsystemen „sortiert" behandelt und zum Orientierungspunkt von Weiterbildung gemacht werden. Vielmehr muß bewußt gemacht werden, daß die Leistungsanforderungen an die Person in Form von Aufgabentypen herantreten, die diesen Zusammenhang in den Mittelpunkt rücken: In der vorliegenden Arbeit wurden sie als „Entwicklungsaufgaben" bezeichnet und als Ausdruck einer Vielzahl gleichzeitiger Leistungsanforderungen für jeweils einzelne Lebensphasen in für unsere Gesellschaft typischer Art formuliert. Jeder Person werden faktisch solche Entwicklungsaufgaben zugewiesen und ihr Glück bzw. Unglück sowie ihre Stellung in der Gesellschaft, ihre Leistungsfähigkeit hängen davon ab, ob und wie sie diese bewältigt. Diese Aufgaben stellen Qualifikationsanforderungen und ziehen einen entsprechenden Weiterbildungsbedarf nach sich.

Der Begriff der Entwicklungsaufgabe enthält schließlich den Aspekt, der in besonderer Weise ein (nichtsdestoweniger häufig vernachlässigtes) Charakteristikum menschlicher Existenz und Existenzbedingungen ist: Entwicklungsaufgaben sind Teilaufgaben im Rahmen eines in Phasen ablaufenden, gestalteten bzw. zu gestaltenden Lebenslaufs; sie sind Teil eines Gesamtprogramms „Leben", dessen einzelne Phasen bzw. Entwicklungsaufgaben ihren Sinn nur aus dem Ganzen erhalten, und wo der Erfolg des Ganzen nur möglich ist, wenn im wesentlichen alle Aufgaben bewältigt werden. Mißerfolge in der Bewältigung einer Aufgabe ziehen negative Folgen für die Erledigung anderer nach sich und beeinträchtigen die Leistungsfähigkeit in folgenden Phasen.

Eine genauere bzw. angemessenere Sicht der Aufgaben, die die Person zu bewältigen hat, würde auch deutlicher als bisher die Art der erforderlichen Qualifikationen hervorheben: hier ist z. Zt. insbesondere eine starke Unterschätzung der sozialen Qualifikationen, der Qualifikationen für das Rollenhandeln, zu konstatieren, über die erst alle spezifischen fachlichen Qualifikationen insbesondere im sozialen Bereich zur Geltung gebracht werden können und ohne die diese weitgehend wirkungslos bleiben.

Bisher war nur von Existenz- und Leistungsanforderung die Rede. Gegenüber einem Recht auf Qualifizierung zur „freien Entfaltung" der Person sind hier also Mindestanforderungen formuliert worden. Dennoch kann kein Zweifel bestehen, daß diesen Mindestanforderungen an ein Weiterbildungssystem zur Gewährleistung des Rechts auf Weiterbildung im Bezug auf die jeweils spezifischen Defizite der meisten Adressatengruppen z. Zt. weitgehend nicht entsprochen wird. Gleichzeitig wird eine Fülle von Angeboten gemacht, die angesichts der formulierten Anforderungen von fraglichem Wert sind. Es scheint also dringend erforderlich, daß die angesprochenen Dimensionen von Weiterbildungsbedarf im Zielrahmen eines staatlich verantworteten Weiterbildungssystem enthalten sind.

Es ist nicht sehr wahrscheinlich, daß eine Weiterbildungsentwicklungsplanung ihre schwere Aufgabe angemessen angehen kann, wenn diese im Zielrahmen nicht angemessen formuliert ist. Entsprechend dieser Argumentation müssen folgende zentralen Einwände gegen die Klassifikationskriterien vorgebracht werden:

hinsichtlich der Sinnhaftigkeit der Klassifikationskriterien:
- Die Klassifikationskriterien formulieren eine verfahrensmäßig eindimensional wirkende Skala von Sachbereichen (trotz inhaltlich sehr verschiedener Dimensionen, die mit den einzelnen Sachbereichen angesprochen werden); der Personenbezug und der Bezug zur „Entfaltung der Person" bleiben unklar;
- damit entsteht eine Tendenz zur Unterschätzung der Entwicklungsbedingungen von Persönlichkeit, der Bedeutung der sozialen Bezugssysteme der Person und ihrer Bedeutung für die Artikulation von Weiterbildungsbedarf, der vielfältigen Benachteiligung im Weiterbildungssystem (nur schwach in den Rahmenrichtlinien angesprochen), sowie einer Unterschätzung der Bedeutung der Beteiligung aller gesellschaftlichen Kräfte am Weiterbildungssystem und einer offenen Organisation der Weiterbildungsprozesse;
- damit fehlen auch weitgehend Anhaltspunkte für eine Prioritätensetzung bei der Bedarfsfeststellung, die bei der im Gesetz vorgesehenen „Arbeitsteilung" zwischen kommunalem und anderem Weiterbildungssystem und der staatlichen Gewährleistungspflicht unabdingbar scheint;

hinsichtlich der ordnungspolitischen Relevanz der Klassifikationskriterien:
Hier führen die beschriebenen Mängel und die weiteren gesetzlichen Bestimmungen m. E. zu einer Unterschätzung:
- der Bedeutung des Operationalisierungsprozesses der Ziele im Weiterbildungssystem, vor allem hinsichtlich der dafür notwendig erscheinenden inhaltlichen Strukturierung der Bedarfsfeststellungsprozesse und der notwendigen Planungs- und Durchführungsressourcen (Planungs-, Forschungs- und Beratungsressourcen);
- der Integrationsaufgaben hinsichtlich des gegenseitigen Bezugs der Sachbereiche und der entsprechenden Trägersysteme;
- der Notwendigkeit einer klaren Kompetenzabgrenzung zwischen Planungs- und Verwaltungsfunktionen.

Dem Verfasser sind die Schwierigkeiten einer praktischen Weiterbildungsentwicklungsplanung bekannt. Für umso notwendiger hält er Zielüberlegungen der vorgetragenen Art. Die konkrete Beurteilung der Leistungen und der Leistungsfähigkeit des Weiterbildungssystems in Nordrhein-Westfalen ist eine empirische und laufend wahrzunehmende Aufgabe. Hier waren einige für diese Aufgabe wesentlich scheinende Problemstellungen aufzubereiten. Die Entwicklung eines effektiven Weiterbildungssystems kann nur als eine langfristig und schrittweise zu bewältigende Aufgabe angesehen werden.

Anmerkungen und Literaturhinweise

1 In den hier vorgelegten kondensierten Berichten über die Ergebnisse des Projektes ERBE/WEP konnte der umfangreiche Beitrag von H. Tillmann nicht vollständig aufgenommen werden. Die Auswahl fällt in die ausschließliche Verantwortung von Projektleitung und Herausgeber. Der vollständige Projektbeitrag von Tillmann ist unter dem Titel: „Aufgabendifferenzierung in der Weiterbildung. Strukturpolitische Aspekte der Klassifikationskriterien im nordrhein-westfälischen Weiterbildungsgesetz" als Nr. 4 der Reihe der Projektberichte ERBE/WEP des Institutes für Bildungs-Betriebslehre im Forschungszentrum FEoLL erschienen. Restexemplare können dort kostenlos bezogen werden.
2 Erstes Gesetz zur Ordnung und Förderung der Weiterbildung im Land Nordrhein-Westfalen vom 31.7.1974. In: GV.NW. S. 769
3 Vgl. Hesse, H. A./Manz, W.: Einführung in die Curriculumforschung. Stuttgart 1972, S. 109 ff.

4 Vgl. Groothoff, H.-H./Wirth, I.: Erwachsenenbildung in der Industriegesellschaft. Paderborn 1976. S. 109 ff. und S. 248 ff.; Gernert, W.: Das Recht der Erwachsenenbildung als Weiterbildung. München 1975

5 Vgl. Groothoff, H.-H./Wirth, I.: a.a.O., S. 254

6 Vgl. Hesse, H. A./Manz, W.: Einführung in die Curriculumforschung. Stuttgart 1972, S. 110

7 Zur Einführung in die komplexe Problematik vgl. Brinkmann, H./Grimmer, K.: Rechtsfragen der Weiterbildung, der Information und der Bildungsstatistik. In: Deutscher Bildungsrat (Hrsg.): Weiterbildungsinformationssystem — Modellentwurf und Rechtsfragen. Stuttgart 1974

8 Jeweilige Ersterlaßdaten: BBiG: 14.8.1969, Bundesgesetzbl. I, S. 1112: APLFG: 7.9.1976, Bundesgesetzbl. I. S. 582

9 Allerdings wird in dieser Arbeit aufgezeigt, daß diese Forderung des Weiterbildungsgesetzes wegen anderer gesetzlicher Festlegungen in der Praxis wohl kaum voll zur Geltung kommen kann.

10 Vgl. Groothoff, H.-H./Wirth, I.: a.a.O., S. 130 ff.

11 Vgl. u. a. Andriessen, H.: Psychologie des Erwachsenenalters — Ein Beitrag zur Lebenslaufpsychologie. Köln 1972; Brocher, T.: Stufen des Lebens. Stuttgart 1977; Sheehy, G.: In der Mitte des Lebens — Die Bewältigung vorhersehbarer Krisen. Frankfurt 1978[2] (dt. Ausg.); Levinson, D. J. u. a.: Das Leben des Mannes. Werdenskrisen, Wendepunkte, Entwicklungschancen. Köln 1979; zu beachten sind allerdings die kritischen Anmerkungen von Mader, W./Weymann, A.: Erwachsenenbildung. Bad Heilbrunn 1975, zu Müller, H.-J.: Phasengerechte Erwachsenenbildung — altersspezifisches Lernen, die allerdings den hier verwendeten Ansatz nicht betreffen: vgl. Mader, W./Weymann, A.: a.a.O., S. 70

12 Zu Modellen der Weiterbildungssituation bzw. Weiterbildungsentscheidungssituation vgl. Pintar, R.: Die Entscheidung zur Umschulung. Bedingungen, Befürchtungen, Erwartungen. Frankfurt 1978; Forschungszentrum für Rehabilitation und Prävention der Stiftung Rehabilitation Heidelberg: Erfassung von Lernproblemen Erwachsener, unveröffentlichter Zwischenbericht und Abschlußbericht, Manuskripte. Heidelberg 1977, jeweils S. 1 ff.; vgl. auch Gottwald, K./Brinkmann, Ch.: Determinanten der Weiterbildungsmotivation. In: Deutscher Bildungsrat (Hrsg.): Bildungsurlaub als Teil der Weiterbildung. Stuttgart 1973, S. 43 ff.; Schulenberg, W. u. a.: Soziale Faktoren der Bildungsbereitschaft Erwachsener. Stuttgart 1978

13 Zur schichtenspezifischen Verteilung von Bildungschancen vgl. Strzelewicz, W./Raapke, H.-D./ Schulenberg, W.: Bildung und gesellschaftliches Bewußtsein. Stuttgart 1972[2], S. 208 ff.; Schulenberg, W. u. a.: a.a.O.

14 Vgl. z. B. Pintar, R.: a.a.O., S. 110 ff.

15 Zum Bild der Weiterbildungsinstitutionen in der Bevölkerung vgl. Strzelewicz, W./Raapke, H.-D./Schulenberg, W.: a.a.O., S. 207; einen Überblick über Träger und Einrichtungen in ihrem Verhältnis zu den Adressatengruppen gibt z. B. Pöggeler, F.: a.a.O., S. 218; eine kritische Analyse der Erwachsenenbildungsinstitutionen gibt Güntheroth, G., (Hrsg.): Probleme der Erwachsenenbildung. Hannover/Frankfurt/Paderborn 1973; zum Selbstverständnis der Trägerorganisationen vgl. Keim, H./Olbrich, J./Siebert, H.: Strukturprobleme der Weiterbildung. Kooperation, Koordination und Integration. Düsseldorf 1973, S. 283 ff.; sie werfen die Frage auf, wieweit die Bildungsinteressen der Bevölkerung im institutionalisierten Pluralismus repräsentiert sind; vgl. dazu ferner: Bund-Länder-Kommission für Bildungs-Planung und Forschungsförderung (BLK): Zwischenbericht zum Stufenplan Weiterbildung. Stellungnahmen der Trägerorganisationen Institutionen im Bereich Weiterbildung, die anläßlich der Anhörung zu dem Zwischenbericht zum Stufenplan Weiterbildung am 16. Februar 1977 abgegeben worden sind. Manuskript. Bonn 1977; aus systemtheoretischer Sicht analysiert die Verbandsfrage Senzky, K.: Systemorientierung der Erwachsenenbildung. Stuttgart 1977, S. 65

16 Vgl. z. B. Tietgens, H.: Warum kommen wenig Industriearbeiter in die Volkshochschule? und Picht, W.: Die Universitätsausdehnungsbewegung. In: Schulenberg, W. (Hrsg.): Erwachsenenbildung. Darmstadt 1978, S. 98 ff. bzw. 13 ff.; Negt, O.: Soziologische Phantasie und exemplarisches Lernen — Zur Theorie und Praxis der Arbeiterbewegung. Frankfurt/Köln 1975[6]

17 Zur Frage des Trägerbezugs zur Primärumgebung vgl. z. B. Kultusministerium Baden-Württemberg: Bestandsaufnahme zur Erwachsenenbildung. Villingen 1970, S. 17 ff. (regionale standortorientierte Organisation versus funktionale großorganisierte Strukturen); Meister, J.-J.: Erwachsenenbildung in Bayern. Stuttgart 1971, S. 17 ff.; zur Bedeutung des Pluralismus für die Weiterbildugn vgl. Bocklet, R.: Öffentliche Verantwortung und Kooperation — Kriterien zur Organisation der Weiterbildung. In: Deutscher Bildungsrat (Hrsg.): Umrisse und Perspektiven der Weiterbildung. Stuttgart 1975

18 Vgl. z. B. Bund-Länder-Kommisssion für Bildungs-Planung und Forschungsförderung (BLK): a.a.O.

19 Siehe z. B. Tillmann, H., (Red.): a.a.O., S. 52 ff.: Themenbereich III: Ziele und Funktionen der beruflichen Weiterbildung, und S. 75 ff.: Themenbereich IV: Ansätze und Probleme bei der Strukturierung und Regelung der beruflichen Weiterbildung auf Bundesebene.

20 Den Erfahrungen und Verfahrensweisen in der beruflichen Weiterbildung entsprechen auch weitgehend die Vorschläge, die Bocklet für die Organisation eines öffentlichen Weiterbildungssystems unterbreitet, vgl. Bocklet, R.: a.a.O., insbesondere S. 112 ff. und 134 ff.

21 Solche pragmatischen Methoden zur Zuziehung von Experten, von Checklisten zur Einschätzung der Sozialstruktur einer Gemeinde etc. sind teilweise in der Sozialarbeit/Gemeinwesenarbeit vorhanden, auf der lokalen Ebene handelt es sich dabei häufig um Fragen der geeigneten Organisation bzw. Moderation von Gruppenprozessen; vgl. z. B. Höbel, B./Siebert, H.: Bürgerinitiativen und Gemeinwesenarbeit. München 1973 und Boer, J./Utermann, K. (Übers.): Gemeinwesenarbeit. Einführung in Theorie und Praxis. Stuttgart 1970

22 So z. B. hinsichtlich Forschungslücken bezüglich Zielgruppen, vgl. Groothoff, H.-H./Wirth, I.: a.a.O., S. 210 ff.; eine Analyse des Schnittbereichs Familie/Freizeit in Mader, W./Weymann, A.: a.a.O.; vgl. auch Bundesminister für Bildung und Wissenschaft (BMBW): Weiterbildungschance für Arbeitnehmer. Ein Beitrag zur Diskussion. Bonn 1975, S. 37 ff.

23 Dabei ist zu beachten, daß die Rahmenrichtlinien nur mit Zustimmung des Kulturausschusses 'des Landtags erlassen werden können, also noch zum engeren gesetzlichen Rahmen gerechnet werden müssen.

24 Eine ausführliche und mit Beispielen erläuterte Darstellung des Planungsverfahrens in: Kultusminister Nordrhein-Westfalen: Weiterbildungsentwicklungsplanung in NW. Köln 1978; eine allgemeine Erörterung der damit verbundenen Problemstellung in Hamacher, P.: Entwicklungsplanung für Weiterbildung. Braunschweig 1976

25 Vgl. Senzky, K.: a.a.O., S. 20 ff.

26 Mit anderen Worten: die Komponenten des Zielrahmens müssen alle Dimensionen der Richtziele explizit und in gleichem Konkretisierungsgrad enthalten.

27 Zur Bewertung der Klassifikationskriterien vgl. auch Beckel, A./Senzky, K.: Management und Recht der Weiterbildung. Stuttgart 1974, S. 193

28 Auch in den Rahmenrichtlinien, die der Zustimmung des Kulturausschusses bedürfen, ist dieser Mangel nicht behoben. Allerdings müßte hier wohl unterschieden werden zwischen dem Mindestangebot, das der Planungsträger zu gewährleisten hat und dem Angebot der anderen Träger; sowohl im Gesetz wie auch in den Rahmenrichtlinien hat und werden keine inhaltlichen Angaben zum Mindestangebot gemacht.

29 Vgl. Bund-Länder-Kommission für Bildungs-Planung und Forschungsförderung (BLK): a.a.O.

30 Vgl. Hamacher, P.: a.a.O., S. 105 ff.

31 Vgl. Bundesminister für Bildung und Wissenschaft: a.a.O., S. 47 ff.

32 Ähnliche Überlegungen vgl. Bundesminister für Bildung und Wissenschaft: a.a.O., S. 8 ff. und Groothoff, H.-H./Wirth, I.: a.a.O., S. 200 ff.

33 Vgl. Senzky, K.: a.a.O., S. 17 ff.

34 Vgl. auch die Bemerkungen von Groothoff zum „primären Interesse" der potentiellen Weiterbildungsteilnehmer, Groothoff, H.-H./Wirth, I.: a.a.O., S. 98

35 Vgl. Wirth, I.: Gefahren und Probleme der Institutionalisierung der Erwachsenenbildung. In: Blass, J. L. u. a. (Hrsg.): Bildungstradition und moderne Gesellschaft. Hannover 1975, insbesondere S. 48; Bergmann, K./Frank, G., (Hrsg.): Bildungsarbeit mit Erwachsenen. Handbuch für selbstbestimmtes Lernen. Reinbek 1977

36 Vgl. Senzky, K.: a.a.O., S. 72 ff.; Beckel, A./Senzky, K.: a.a.O., S. 11 ff.; zum. Vergleich: Staehle, W. H.: Organisation und Führung soziotechnischer Systeme. Grundlagen einer Organisationstheorie. Stuttgart 1973

37 Es entstehen also zunächst Managementaufgaben auf lokaler Ebene, auf die die Qualifikationen des Weiterbildungspersonals eingestellt werden müssen; als Beispiel für typische Aufgaben: Geil, R./Sprengard, K.-A.: Lernfeld: Ländliche Gemeinde (Hochschule auf dem Lande), Modellprojekt am VBW Sprendlingen. Ergebnisbericht (Manuskript). Mainz 1977 (gefördert mit Mitteln des Bundesminister für Bildung und Wissenschaft (BMBW)); Dienel, P. C.: Bildungsurlaub als Planungsurlaub und Jüchter, H. Th.: Kooperation der Träger der Weiterbildung auf lokalregionaler Ebene. In: Deutscher Bildungsrat (Hrsg.): Bildungsurlaub als Teil der Weiterbildung. Stuttgart 1973; zur Diskussion über eine angemessene Professionalisierung des Weiterbildungspersonals vgl. Groothoff, H.-H./Wirth, I.: a.a.O., S. 315 ff.; zu Problemen der konkreten Arbeit und der Rezeption seiner Ansätze durch die Erwachsenenbildung vgl. auch Bergmann, K./Frank, G.: a.a.O. und Bundesminister für Bildung und Wissenschaft (BMBW), (Hrsg.): Animation in der Weiterbildung. Bonn 1979; zum Vergleich siehe Siebert, H. (Hrsg.):

Taschenbuch der Weiterbildungsforschung. Baltmannsweiler 1979, S. 37
Zur Notwendigkeit und Funktion solcher Gremien vgl. Bocklet, R.: a.a.O. und Keim, H./
Olbrich, J./Siebert, H.: a.a.O., S. 133 ff.; Nordrhein-Westfalen ist als einziges Bundesland
nicht der Vorstellung des Bildungsgesamtplans von einem Kooperationsgremium auf Landesebene gefolgt, vgl. Beckel, A./Senzky, K.: a.a.O., S. 194
38 Zur Frage einer sinnvollen Zusammenarbeit zwischen kommunalem/staatlichem und nicht-
staatlichem Teil des Weiterbildungssystems vgl. Bocklet, R.: a.a.O., S. 134 ff. („Kooperation
als diplomatisches System"); zur Frage des Verhältnisses von System-, Zweck- und Wertratio-
nalität siehe Senzky, K.: a.a.O., S. 101 ff. (Rationalität gemessen an Zielen des Zielrahmens
gegenüber Rationalität der Verwaltung, Rationalität der Entscheidungsverfahren)
39 In der oben zitierten Darstellung der Weiterentwicklungsplanung in Nordrhein-Westfalen,
die auch als Empfehlung an die Planungsträger verstanden werden könnte, werden Planungs-
vorschläge gegeben, wie sie auch hier intendiert sind; das Abstimmungs- bzw. Integrationspro-
blem und die Frage der zielorientierten Bedarfsermittlung werden in den angegebenen Beispielen nicht behandelt.

Indikatoren und Strukturen kommunaler Weiterbildungsangebote

Emil Vesper

Vorbemerkungen: Zum Stellenwert der Diskussion um die Instrumente der Weiterbildungsentwicklungsplanung

Zum Ende des Jahres 1978 mußten in dem in der Weiterbildung führenden Bundesland Nordrhein-Westfalen die Kreise und kreisfreien Städte als Planungsträger, in Zusammenarbeit mit den zahlreichen kommunalen und anderen Planungsbeteiligten, ihre Weiterbildungsentwicklungspläne beraten und verabschieden. Die Pläne sind für überschaubare mittelfristige 5-Jahreszeiträume angelegt. Obwohl diese nicht zwingend einzuhalten sind, nehmen sie gerade für den Bereich der öffentlichen, kommunalen Weiterbildung die Entwicklung der Weiterbildung aus der bisherigen Unverbindlichkeit und verleihen ihr eine längerfristige Dynamik. Da die Pläne kooperativ und informell auch die Teilplanungen der anderen Träger und Einrichtungen der Weiterbildung einbeziehen, kann mit ihnen das Ziel des nordrhein-westfälischen Weiterbildungsgesetzes (1. WbG), ein bedarfsdeckendes Weiterbildungsangebot in Nordrhein-Westfalen zu erreichen, auch bildungspolitisch verfolgt werden.[1] Die Pläne zielen also letztlich immer auf ein „bedarfsdeckendes" Gesamtangebot in der Erwachsenen- und Weiterbildung. Sie sollen hierzu die Angebote der einzelnen Vermittler von Weiterbildung aufeinander beziehen.

Damit dieses Planungsziel „bedarfsdeckendes Gesamtangebot" einmal erreicht werden kann, mußte nach den zum Jahresende 1976 vom Kultusminister vorordneten Rahmenrichtlinien[2] zunächst auf der Grundlage einer Bestandsaufnahme 1976 die Entwicklung der Weiterbildungsangebote (und der notwendigen Ausstattung mit Räumen, Personal und Finanzen) von 1977 bis 1981 beschrieben werden. Die Träger aller anerkannten Einrichtungen der Weiterbildung müssen Kapazitätspläne beisteuern. Nicht anerkannte Einrichtungen können sich ebenfalls mit Einzelplänen oder wenigstens wichtigen Angaben zum Weiterbildungsangebot und seiner Entwicklung beteiligen. Der Planungsträger (als kreisfreie Stadt bzw. Kreis) hat anschließend verschiedene Formen der Abstimmung durchzuführen: Zusammenstellung vergleichbarer Daten und Entwicklungsmaßnahmen, Beratung der „zumutbaren Entfernung" zu ausgewogenen und bedarfsgerechten Weiterbildungsangeboten und von „Bildungsdefiziten" (Verknüpfung mit der Stadtentwicklungsplanung und den verschiedenen sektoralen Planungen, z. B. Schulentwicklungsplanung, Hochschule, Kultur, Jugendhilfe).[3]

In dieser entscheidenden Phase der Grundlegung für die weitere Entwicklung der Weiterbildung gewinnen die Indikatoren und damit zugleich die verbindliche Ermittlung und Auswahl dieser Beobachtungspunkte für ein kommunales Weiterbildungsangebot eine hervorragende Bedeutung. Da man über die „Deckung des Weiterbildungsbedarfs" leider nur sehr wenig weiß und für die ersten Pläne mit Sicherheit keine ausreichenden Bedarfsuntersuchungen vorliegen, an denen man sich orientieren könnte,[4] verdienen die vielfältigen möglichen Indikatoren für Weiterbildungsbedarf eine derartige Beachtung, daß man sich zugleich schon über die strumente zur verbindlichen Auswahl solcher Beobachtungspunkte zur regional-, sozial- und geschlechtsspezifischen Beteiligung bzw. Bedürfnismeldung der Bevölkerung am Weiterbildungssystem Gedanken machen muß.

Die Fortschreibung des Bildungsgesamtplans[5] bringt hierfür im Teil Weiterbildung als grundsätzlich alternative und zueinader in Wettbewerb stehende Instrumente einmal die bereits aus dem Bildungsgesamtplan I bekannten „regional-lokalen Kooperationsgremien" und zum anderen die „Kommunale Entwicklungsplanung für die Weiterbildung" in Vorschlag. Beide müssen als prinzipielle Möglichkeiten zur verbindlichen Ermittlung der maßgeblichen Indikatoren für Weiterbildungsbedarf gesehen werden, einmal in bezug auf die besonderen Charakteristika der Bedarfsermittlung in diesem Bildungsbereich, aber auch in bezug zu den möglichen Sozial- und Regionalindikatoren für die gesellschaftspolitische und soziale Dimension der Weiterbildungspolitik und -planung. Dabei ist die für sich genommen begrenzte isolierte Aussagefähigkeit durch Beobachtungen aus defizitären Problembereichen des Weiterbildungsssystems zu berücksichtigen.[6]

Bei der Weiterbildungsentwicklungsplanung anhand von Indikatoren für Weiterbildungsbedarf, gerade auch im Sinne der kommunalen Aufgabe Weiterbildung, geht es bekanntlich nicht nur um eine möglichst umfassende Planungsstatistik. Ihre Anliegen sind vielmehr[7]

— eine aktive (möglichst sogar offensive) Beschreibung der öffentlichen Aufgaben der kommunalen Weiterbildungseinrichtung Volkshochschule (ausdrücklich wird nach inhaltlichen Vorstellungen, nach Zielvorstellungen und Bedarfsprognosen gefragt);
— die „Versorgung" aller Regionen (auch innerhalb einer Stadt) und aller Bevölkerungsgruppen (auch der bisher benachteiligten) mit einem gleichwertigen öffentlichen Weiterbildungsangebots;
— eine umfassende Darstellung des Bestandes an Weiterbildung (auch außerhalb der kommunalen Weiterbildungseinrichtung Volkshochschule), durch sehr unterschiedliche Einrichtungen angeboten;
— die Erläuterung von geplanten Entwicklungen auf dem kommunalen „Weiterbildungsmarkt", die Anpassung an erkannte Bildungsnachfrage, aber auch die notwendige Gegensteuerung;
— die Verknüpfung der Weiterbildungsplanung mit der (räumlich-funktionalen) Entwicklungsplanung einer Stadt und der Planung in Teilbereichen wie Schule, Kultur, Freizeit, Soziales;
— die Mitnutzung vorhandener Räume und die Planung eigener Häuser für die Weiterbildung;
— die Beschäftigung von nebenberuflichem und hauptberuflichem Weiterbildungspersonal.

Insgesamt soll der erste Weiterbildungsentwicklungsplan für jeden kommunalen Planungsbereich zusammenfassend darstellen, wie in den Jahren 1977 bis 1981 das Weiterbildungsangebot quantitativ, aber auch qualitativ ausgebaut werden soll. Daß dieses gewiß nicht nur eine Frage wissenschaftlicher Bedarfsuntersuchungen, sondern auch eine besondere weiterbildungspolitische Gestaltungsaufgabe ist und daß die Kommunalpolitiker in besonderer Weise aufgerufen sind, damit zugleich bildungspolitische Zeichen zu setzen, steht außer Frage. Es ist mit Sicherheit besonders wichtig, welche Rolle im kommunalen Weiterbildungssystem weiterhin die kommunale Weiterbildungseinrichtung (Volkshochschule), d. h. „die kommunale Aufgabe Weiterbildung", spielen wird. Sie ist schließlich der eigenständige Beitrag der Kommune zur Gestaltung dieses Bereiches.[8]

Es gilt in diesem Zusammenhang zu fragen, ob und in welcher Weise für die Planungsaufgaben und die verbindliche Ermittlung von Planungsindikatoren in besonderer Weise das Instrument „kommunale Entwicklungsplanung für die Weiterbildung" gerade spezifische Vorteile liefert, welche aus der ureigenen Funktion und Rolle kommunaler Selbstverwaltung herrühren und die von den wissenschaftlichen Bemühungen um mehr Rationalität und Plausibilität der Bedarfsermittlungen positiv genutzt werden könnten.

Die Abhandlung folgt deshalb nachstehendem Gedankengang:

— zum Bedarfsbegriff
— zu möglichen Indikatoren
— zur verbindlichen Ermittlung von Indikatoren
— zu möglichen Strukturen eines kommunalen Weiterbildungsangebotes.

Insgesamt soll es auch darum gehen, einerseits einer Fehleinschätzung, d. h. Überschätzung des Instrumentariums Weiterbildungsentwicklungsplanung überhaupt, im Sinne eines gesellschaftspolitisch bedenklichen Lenkungs- und Ordnungsmodells, entgegenzuwirken,[9] wie andererseits ihrer Unterschätzung als angebliche „bloße" quantitative Planung sowie der Desavouierung ihrer positiven und perspektivischen Möglichkeiten etwa durch übermäßig theoretische Relativierungen der Begrifflichkeiten und Kategorien im Weiterbildungsbereich.[10]

Zum Bedarfsbegriff

Ohne Zweifel steckt sowohl die wissenschaftliche als auch die statistisch-analytische Auffassung der komplexen Wechselbeziehungen zwischen Weiterbildung und Gesellschaft bzw. Einzelindividuen im jeweiligen Planungsraum, wie diejenigen zwischen Bildung und Gesamtgesellschaft überhaupt, noch in den Anfängen. Es ist deshalb nur zu begrüßen, daß in Verbindung mit der neuen Weiterbildungsentwicklungsplanung Ansätze zur Erfassung und Beobachtung vielfältiger sozialer, regionaler und sonstiger Dimensionen des Bildungssystems in Form von Indikatoren entwickelt werden müssen.

Bevor auf solche möglichen Bedarfsindikatoren einzugehen ist, müssen jedoch einige begriffliche Abhängigkeiten und Prämissen des Bedarfsbegriffes selbst und der Bedarfsermittlung herausgestellt werden.[11]

Die Berufung auf einen bestehenden oder zu deckenden „Bedarf" an Gütern oder Leistungen — hier an Weiterbildungsangeboten — ist die für den Bereich der öffentlichen Ausgabenwirtschaft und der makroökonomischen Versorgungsplanung der öffentlichen Hand typische Legitimationsbasis. Insbesondere für die Anforderung von Ressourcen zum Ausbau der ökonomischen und sozialen Infrastruktur hat das Bedarfsargument zunehmend an Gewicht gewonnen.[12] Auch für den Bereich des Bildungswesens ist die Fragestellung nach dem makroökonomischen Investitionsbedarf von Politikern aufgeworfen und Wissenschaftlern zur Beantwortung vorgelegt worden. Diese fungieren dann als „Entscheidungshelfer" im Sinne von Experten, die für die politischen Akteure („Entscheidungsträger") tätig werden.[13]

Politikberatung dieser Art liegt die Vorstellung zugrunde, „(1) daß es sich bei der Ermittlung von Investitionsbedarf um eine Aufgabe handelt, zu deren Erfüllung ein bestimmtes Maß an Sachverstand erforderlich ist und, (2) daß es sich bei dem zu ermittelndem Investitionsbedarf nicht um eine willkürlich, sondern um eine eindeutig bestimm- und objektivierbare Größe handelt."[14] Je nach der mehr quantitativen oder auch qualitativen Fragestellung wird die Wahl der Ermittlungsmethode für die Bedarfsfeststellung als entscheidend angesehen.

Augenscheinlich bezieht die Bedarfsermittlung als Instrument zur Vorbereitung und Überprüfung politischer Entscheidungen oder auch als sogenannter Bezugsrahmen, welcher einem rationalen Modell politischer Entscheidungen dient, diesen ihren „methodenbegründenden Ansatz ... aus der Definition des jeweils zugrunde gelegten Bedarfsbegriffs."[15] Es kann angenommen werden, „daß unterschiedliche Auffassungen des Bedarfsbegriffs auch zu unterschiedlichen Ansätzen der Bedarfsermittlung führen."[16] Insoweit wird man prinzipiell drei Möglichkeiten der Interpretation des Bedarfsbegriffs[17] unterscheiden müssen:

— „Der Bedarf ist zu erfinden. Bedarfsmittlung wäre demnach die Suche nach einer zwar nicht willkürlichen, sondern plausiblen aber imaginären Größe, die bestimmten politischen oder ökonomischen Gruppen-Interessen entgegenkommt. Intuition, sozialpsychologisches Fingerspitzengefühl und persönliche Überzeugungskraft wären demnach die adäquaten Voraussetzungen, um einen bestimmten „Bedarf" ... zu postulieren und ihm durch allgemeine Anerkennung Durchsetzung zu verhelfen."[18]

Der Einsatz wissenschaftlicher Methoden und Techniken würde sich in diesem Fall erübrigen. „Gemessen an dem Anspruch auf Wissenschaftlichkeit bei Bedarfsuntersuchungen im Bereich der Infrastruktur-Investitionen, an der akribischen Argumentation und dem Aufwand an ökonometrisch-prognostischen Verfahren muß es sich aber in der Tat doch wohl weniger um eine „kreative" als um eine eher „dedektivische" Aufgabe handeln. Die von scheinwissenschaftlichem Instrumentengerassel begleitete Erfindung des Bedarfs kann daher ernsthaft wohl nicht gemeint sein, wenn unter Ökonomen und Planungswissenschaftlern von Bedarfsermittlung die Rede ist."[19] Sinngemäß gilt dies auch für die Bedarfsermittlung im Bereich der Weiterbildungsentwicklungsplanung.

— „Der Bedarf ist zu finden. Zugrunde liegt hier die Annahme, daß der Bedarf in seiner voll ausgeprägten Gestalt „an sich", d. h. als real vorgegebene, originäre Größe zumindest soweit latent vorhanden ist, daß er auch dann, wenn er hinter einem Vorhang anderer Phänomene verborgen ist, doch durch besondere Techniken „entdeckt" oder „aufgedeckt" werden kann. Die Vorstellung von einem derart absoluten, unbedingten oder kategorischen Bedarfsbegriff steht offensichtlich hinter Formulierungen, die von einem „objektiven", „natürlichen" oder „echten Bedarf" sprechen."[20]

— Der Bedarf ist deduzierbar. Dabei ist der Bedarf „eine relative, von bestimmten Bedingungen abhängige, aus Annahmen und Daten abgeleitete Größe, die man mit Hilfe wissenschaftlicher Methodik entwickeln kann."[21]

Selbst in der wissenschaftlichen Fachsprache wird der Bedarfsbegriff häufig ohne solche Klarstellung, im Vertrauen auf ein einvernehmliches Vorverständnis des Lesers, zumeist nicht näher definiert und dadurch einfach als Leerformel gebraucht. Allenfalls wird noch zwischen den beiden Schlüsselworten Bedürfnis als Kategorie der Individualpsychologie und dem Bedarf als einem ökonomischen Begriff unterschieden. Für das gegenseitige Verhältnis ist die Auffassung vorhanden, daß „Bedürfnis" lediglich als einen Bedarf erzeugend oder bestimmend angesehen wird. Mit dieser „bedürfnisbedingten" Seite des Bedarfsbegriffes ist noch nicht gesagt, daß die zur Bedürfnisbefriedigung für erforderlich gehaltene und womöglich sehr exakt vorgestellte Angebotsmenge überhaupt verfügbar ist oder sein wird. Von einem Bedarf ist also auch dann zu sprechen, wenn an dessen völlige oder auch nur teilweise

Deckung überhaupt nicht zu denken ist. Gleiches gilt für den in der Bedarfstheorie daneben noch gebrauchten „zweckbedingten" Bedarfsbegriff, welcher jenseits der von den Bedarfsträgern (Adressaten von Weiterbildungsangeboten) selbst bestimmten subjektiven, individuellen Bedürfnisse gesehen wird.[22]

Korrespondierend mit dieser teils bedürfnisbedingten, teils zweckbedingten Bedarfsdefinition unterscheidet man die marktwirtschaftliche Bedarfskonzeption von der verteilungsethischen Version. Die eine im Weiterbildungssystem nicht unbekannte Konzeption läßt den Bedarf als mit Kaufkraft ausgestattetes Bedürfnis, das „am Markt als Nachfrage auftritt"[23] (auch effektive, manifeste Nachfrage genannt), erscheinen.[24] Für den Marktforscher ist allerdings dieser Bedarf, diese tatäschlich wirksame Nachfrage am Markt, „kein subjektives, sondern ein objektives Phänomen."[25] Es ist „zwar wandelbar, weil einer Vielzahl von Einflüssen (Bedarfsfaktoren) ausgesetzt, aber doch ‚an sich' vorgegeben und manifestiert sich auch deutlich in Form von bestimmten Bedarfsäußerungen."[26] Nur dieses ist hiernach ein Bedarf, den es zu finden, zu entdecken oder, sofern er als latenter Bedarf erkannt wird, zu erschließen, zu „wecken" gilt.

Die Beschränktheit dieses marktwirtschaftlichen Bedarfsbegriffes liegt gerade für die Weiterbildungsentwicklungsplanung zum einen darin, daß er die Existenz eines Marktes voraussetzt. Im Weiterbildungssystem wie im Bildungswesen und im Bereich der öffentlichen Wirtschaft und des Infrastruktursektors überhaupt müssen jedoch Bedarfsfragen „weitestgehend außerhalb des Markt- und Preismechanismus, d. h. durch administrative Zuweisung gelöst werden."[27] Zur Bestimmung eines Bedarfs im administrativen Raum, d. h. ohne daß oder bevor er auf einem Markt als mit Kaufkraft ausgestattete Nachfrage geltend gemacht wird, führt ein marktwirtschaftlicher Bedarfsbegriff nicht weiter. Er kann nicht Kriterium für einen tatsächlich bestehenden Bedarf sein, weil er nur zuvor fixierte Bedarfsgrößen ex post registriert, wenn und soweit sie als Nachfrage in Erscheinung treten."[28]

Die verteilungsethische Version[29] des Bedarfsbegriffs, die seinem „zweckbedingten" Teil entspricht, sieht keine Verteilung nach dem Leistungsprinzip vor, demzufolge jeder das erhalten soll, was er verdient (aufgrund eigenen Einsatzes bzw. Beitrages). Sie gesteht nach einem Bedarfsstandard „jedem das zu, was er braucht."[30] Bei diesem Teil des Bedarfsbegriffs kann nicht — oder jedenfalls nicht ausschließlich — „auf die von dem Individuum empfundenen Bedürfnisse zurückgegangen werden."[31] Diese begründen ja gerade die subjektive Teilvariante des Bedarfs, die bezüglich des jeweiligen Angebotsadressaten nur anzeigen kann, was dieser begehrt. Das Kriterium dafür, was einer ohne Rücksicht auf seine Fähigkeit zur Selbstbeschaffung und Artikulation „braucht", „kann daher nicht von dem jeweiligen Individuum selbst, sondern muß von Dritten geliefert werden."[32] In der Weiterbildung ist dieses insbesondere eine Frage der Fähigkeit zur Artikulation seiner Weiterbildungsbedürfnisse. Ein solcher „fremdbestimmter Bedarf" richtet sich nach Merkmalen der „Bedürftigkeit" in der Person und den Lebensumständen des präsumtiven Empfängers.[33]

Häufig scheint gegenüber dem äußerst schwierigen Versuch, aus individuellen Bedürfnissen quantitative Bedarfsgrößen ableiten zu wollen, die einer wissenschaftlichen Überprüfung standhalten können, der Rekurs auf Zwecke (in Form politisch vorgegebener Ziele) aussichtsreicher. In ihnen spiegeln sich die Bedürfnisse der Individuen, allerdings vermittelt und durch den Mechanismus des politischen Systems gefiltert, wider.

Ausschlaggebend für die Entwicklung von Instrumenten zur verbindlichen Auswahl von Indikatoren für ein kommunales Weiterbildungsangebot ist die Erkenntnis, daß alle Studien zum Weiterbildungsbedarf es letztlich mit einer politischen Fragestellung zu tun haben.[34] Der Begriff des Bedarfs ist eindeutig und im Grund eine politische Frage, deren Ausprägung allerdings durch objektive Daten in weiterbildungssystem und Gesellschaft bestimmt ist. Der Bedarf einer Gemeinde an kommunalen Investitionen bestimmt sich als „diejenige Menge an Gütern und Leistungen und derjenige Geldbetrag für Transferzahlungen ʹ..., die sie ... benötigt, um einen von ihr ... übernommenen Aufgabenbereich den Ziel- und Normvorstellungen entsprechend zu erfüllen, die von den ... zuständigen willensbildenden Organen formuliert bzw. akzeptiert wurden."[35]

Hiermit wird entschieden dem Anschein entgegengetreten, daß es sich insbesondere bei dem Weiterbildungsbedarf für den Gesamtbereich der Weiterbildung um „eine nach Quantität und Qualität exogen und von politischen Entscheidungen unabhängige, vorgegebene Größe"[36] handeln könnte. Ziel sämtlicher Bedarfsuntersuchungen muß es sein, jene politischen Entscheidungen zu erklären, „die letzten Endes den Bedarf determinieren."[37] Erst durch eine solche Bindung an Ziele, „durch eine Interpretation also, die man ‚teleologisch‘, ‚final‘ oder zielorientiert nennen kann, erhält der Bedarfsbegriff operationale Konturen."[38] Diese Bedarfskonzeption verbindet richtigerweise erstens Mengenbegriffe bzw. quantifizierbare Größen (Angebote, Unterrichtsstunden, Teilnehmertage, Räume, Personal) mit zweitens einem Ziel- oder Zweckbegriff, der drittens mit einem erläuternden Hinweis auf das zwecksetzende Subjekt (kommunale Willensbildungsorgane) verbunden ist.

Entscheidend ist darüber hinaus, daß die „objektiven Daten", die Indikatoren für die in Gesellschaft und Bildungssystem bestimmenden finalen und kausalen Faktoren, welche die Ausprägung der im Grund politischen Frage „Bedarf" ausmachen, auch analytisch und nicht nur nach dem Prinzip sogenannter einfacher Bedarfsermittlung gewonnen werden.[39]

Mit *Gründger* kann von einer „analytischen Bedarfsermittlung oder Bedarfsanalyse gesprochen werden, wenn der Bedarfsermittlung eine Methode zugrunde liegt, die nicht Versorgungskennziffern vergangener Zeiträume oder anderer Regionen übernimmt, sondern sich auf alle bedarfsbestimmenden Faktoren in ihrer für den jeweiligen räumlichen Bereich typischen Ausprägung zurückleitet."[40]

Das Ergebnis der Bedarfsanalyse ist „folglich das Produkt von finalen und kausalen Faktoren",[41] welche den Bedarf entweder mehr von einer zwecksetzenden oder einer objektiven Seite her verursachen.

Der sogenannten einfachen Bedarfsermittlung wird von den Verfechtern analytischer Bedarfsanalyse der Vorwurf gemacht, sie ignoriere gegenüber der analytischen Bedarfsermittlung durchweg die finalen Bedarfsfaktoren. Die einfache Bedarfsermittlung arbeitet mit Kennziffern, die allerdings durchaus unterschiedlich reflektierter Herkunft sein können. Typischerweise wird eine bestimmte Güterversorgung, eine Angebotsversorgung pro Kopf der Bevölkerung (vgl. die Weiterbildungsdichte) als Bedarfsnorm angesehen. Solche Standardwerte brauchen zwar nicht aus politischen Zielen abgeleitet werden, sie können es aber durchaus. Kennzeichnend ist, daß man empirische Daten, die sich entweder bereits in der Vergangenheit oder in einer als vorbildlich angesehenen Region bewährt haben, auf den eigenen Bereich überträgt.

Hierauf richten sich bei den Bedarfsanalytikern vor allem Einwände „gegen ihre quasi-mechanistische Anwendung unter Vernachlässigung aller nicht-demographischen Bestimmungsgründe der Bedarfsentstehung".[42] Allerdings hat der Gebrauch von Bedarfsziffern als Richtwerte für grobe Überschlagsrechnungen den unschätzbaren Vorzug der leichten Handhabung solcher demographischen Bedarfsformeln. Insoweit hat der Gebrauch von Bedarfsziffern selbst für analytische Bedarfsermittlungen mindestens eine wichtige ergänzende Funktion.[43]

Die vielfach allerdings ausschließlich beschworene analytische Bedarfsermittlung steht noch eigentlich vor der Aufgabe der Entwicklung eines ebenso präzisier- und konkretisierbaren wie gedanklich flüssigen Konzepts der analytischen Bedarfsermittlung; sie muß weiter die wohl teleologisch begründete Bedarfsanalyse zu einem auch unmittelbar anwendbaren und damit auch empirisch überprüfbaren Hilfsmittel für politische Entscheidungen ausarbeiten.[44] Solange dieses nicht befriedigend geschehen ist, sollten die Rationalität- und Plausibilitätsgewinne durch die einfache Bedarfsermittlung nicht herabgewürdigt werden.

Festzuhalten bleibt, daß der Bedarf begrifflich eine unterschiedlich von objektiven Daten und Indikatoren der Gesellschaft und des Bildungssystems bestimmte politische Fragestellung ist, ferner daß sich die in der wissenschaftlichen Diskussion verwendeten Bedarfsbegriffe nicht primär individuellen Bedürfnissen, sondern in erster Linie einer an Zwecken oder Zielsetzungen orientierten Bedarfskonzeption subsumieren lassen. Es existiert ein eher marktwirtschaftlicher Bedarfsbegriff. „Er bezieht sich auf die durch den Preismechanismus gesteuerte, sich auf den Märkten realisierende, daher marktwirtschaftliche Güterallokation und ist durch die Selbstbestimmung des Bedarfs durch die individuellen oder kollektiven Bedarfsträger gekennzeichnet."[45]

Davon ist der administrative Bedarfsbegriff zu unterscheiden. „Er umfaßt alle übrigen nicht-marktwirtschaftlichen Formen des Bedarfskonzeptes, einschließlich der verteilungsethischen Variante. Er stellt das Zuteilungsargument für die nicht durch den Preismechanismus gelenkte, sondern durch politische Entscheidungen dekretierte Allokation dar. Sein Merkmal ist die Fremdbestimmtheit des Bedarfs."[46] Der administrative Bedarfsbegriff, der für die Weiterbildungsentwicklungsplanung vorherrschend sein wird, ist der Ausdruck der von öffentlichen Entscheidungsträgern artikulierten kollektiven Ziele und somit als Funktion einer bildungspolitischen Zielvariablen zu betrachten.[47]

Obwohl in der Weiterbildungsterminologie Begriffe wie „Markttrend" oder „Marktläufigkeit" häufig benutzt werden,[48] sollte jedenfalls die marktwirtschaftliche Bedarfsfassung nicht verwendet werden. Der marktwirtschaftliche Bedarfsbegriff kann nur dort Geltung beanspruchen, wo zum Erwerb von Sachgütern und -diensten (Weiterbildungsangeboten) Kaufkraft an einem Markt tatsächlich eingesetzt wird. In der Weiterbildung ist aber der am „Markt" geäußerte effektive oder manifeste Bedarf keinesfalls eine Funktion des Marktpreises. Der Preismechanismus vielmehr ist nahezu ausgeschaltet. Die zur Schließung von Subventionierungslücken bislang nicht vermeidbaren Teilnehmergebühren stellen im Vergleich zu den übrigen Bildungsbereichen einen bildungspolitischen Anachronismus[49] dar. In der Weiterbildungsentwicklungsplanung ist also nahezu durchgängig Bedarf derjenige in seiner hier beschriebenen administrativen Version.

Zu möglichen Indikatoren

Ausgehend von einem solchen teleologischen oder finalen Bedarfsbegriff bieten sich grundsätzlich vielgestaltige Indikatoren für die anzuwendenden bzw. noch zu entwickelnden einfachen bzw. analytischen Bedarfsermittlungen an. Sie gelten gleichermaßen für die anschließenden prognostischen Fragen der Bedarfsvorausschätzung.

Bei dieser Bedarfsprognose handelt es sich um die Ermittlung des Bedarfs für einen zukünftigen Zeitpunkt oder Zeitraum, bei der Weiterbildungsentwicklungsplanung zunächst für den Zeitraum bis zum Zieljahr 1981.[50] Auch hier sollten, ausgehend von dem jeweils prognostischen Charakter der finalen und kausalen Bedarfsfaktoren, grundsätzlich alle prognostischen Ansätze der Bedarfsermittlung in Betracht gezogen werden. Sie reichen von der Trendanalyse und Querschnittsanalyse als einfache Verfahren der Bedarfsprognose, die beide impliziert bereits von faktischen Ist-Situationen ausgehen, die bis zum manifesten Nachweis des Gegenteils als bedarfsgerecht angesehen werden, bis hin zu Bedarfsprognosen mit Hilfe der Korrelationsanalyse und Systemanalyse.[51]

Nur das prinzipielle Einbeziehen all dieser Verfahren führt jedenfalls von der wissenschaftlichen Grundlegung im Sinne einer Lieferung rationaler Bezugsrahmen für politische Entscheidungen über die traditionelle bloß reaktive Bedarfsdeckungspolitik mit ihrem eigentlichen Verzicht auf Bedarfsvorsorge hinaus und eröffnet die notwendige, in eine planvolle Handlungsvorbereitung integrierte Sichtweise.[52]

Das Spektrum der grundsätzlich in Betracht kommenden Informationslieferanten und damit auch Beobachtungspunkte zum Bedarf kann hier nur stichpunktartig skizziert werden: Bedarfsindikatoren ergeben sich etwa aus der Auswertung von Teilnehmerstatistiken, aus dem Erfahrungsurteil der Erwachsenenbildner, aus Meinungsbekundungen der Teilnehmer, aus der Auswertung der Erfahrungen von Beratungsstellen, der Anregungen von Trägern politischer und sonstiger öffentlicher Verantwortung, der Beurteilung der Bedarfslage durch Fachleute aus verschiedenen Erfahrungsbereichen, der vorhandenen Bedarfsthesen von Wissenschaftlern, empirischen Bedarfsanalysen für bestimmte Regionen oder Teilplanungsräume etc. Beobachtungen zum Weiterbildungsbedarf ermöglichen daneben vor allem auch Wirtschafts- und Sozialstruktur des Ortes oder der Region, Informationen über Sozialschichten und ihre Siedlungsgewohnheiten, ihre Bildungsabschlüsse und ihre Bildungsdefizite, über Randgruppen, berufliche Mobilität, Struktur des Arbeitsplatzes, Freizeitgewohnheiten, regionale Infrastruktur etc.[53] Der ungeheure Zeit- und Personalaufwand für solche Untersuchungen könnte abschrecken. Sicherlich ist eine Auswahl und eine jeweils angemessene Reduktion allein von daher, abgesehen von den damit verbundenen politischen Implikationen, unumgänglich.

Allerdings ist der Kreis der Beobachtungsstationen für den Weiterbildungsbedarf keineswegs beliebig, wie solche theoretische Betrachtungsweise nahelegen könnte. Das Weiterbildungsgesetz selbst zeichnet eine Auswahl der Indikatoren vor, indem es für das postulierte Recht auf Weiterbildung die Berücksichtigung folgender Kriterien für das Angebot nahelegt. Diese Vorgaben sind auch für die Indikatoren eines kommunalen Weiterbildungsangebotes zu beachten:

- Das Angebot muß „den Bedarf differenziert, ausgewogen und angemessen" decken.
- Es muß für die Teilnehmer in bezug auf die Erreichbarkeit zumutbar sein (regionale Versorgung, Dezentralisation).
- Es müssen ausreichende Möglichkeiten für das Nachholen von Schulabschlüssen vorhanden sein.
- Es müssen Angebote für Bevölkerungsgruppen mit Bildungsdefiziten geplant werden (soziale Versorgung).

Daneben wird in der Praxis der ersten Weiterbildungsentwicklungsplanungen mit Sicherheit und mit Recht im Sinne der sogenannten „einfachen" Bedarfsermittlung die Relationskennziffer der Angebotsdichte zu einem Hauptindikator erhoben werden. In Verfolgung analytischer Bedarfsermittlungen sollte gerade dieser Indikator nicht gering geschätzt werden. Der Vergleich der Angebotsdichte etwa mit der Angebotsstruktur und den Daten des bisher Geleisteten der kommunalen Weiterbildungseinrichtung (Volkshochschule) zeichnet ab, welche Entwicklungschancen bei entsprechender Investition bestehen. Auch wird vielfach verkannt, daß dieser Maßstab keineswegs nur quantitative Meßzahlen indiziert. Er hinterfragt gleichzeitig essentielle inhaltliche Zielkriterien, indem er vom Aufgabenbezug und damit von den Interessen der Bevölkerung und nicht vom Institutionenbezug (den Interessen der Träger und Einrichtungen) ausgeht.

Es ist bereits anerkannt, daß den Aufgaben Bedürfnisse und Bedarf zugrunde liegen. Es ist ferner erkannt, daß das Weiterbildungsverhalten und nicht etwa die Meinung über Weiterbildung die Bevölkerung chancenungleich differenziert. Entwicklungen und Maßnahmen müssen also über institutionelle Vorhaltungen Verhaltensänderung ansteuern. Während in der Einschätzung der Bedeutung höherer Bildung und Weiterbildung ein gleichmäßig hoher Konsens in der Bevölkerung besteht, wird das tatsächliche Weiterbildungsverhalten um so schlechter, je ungünstiger die soziale Stellung einschließlich all ihrer wesentlichen Merkmale (Schulbildung, Abschlüsse, Status etc.) wird. Nur mit Weiterbildungsappellen, nur mit noch so qualifizierter begleitender Bildungsberatung und Information sowie Bildungswerbung ist also kein Fortschritt zu erzielen. Weiterbildungsverhalten kann im wesentlichen geändert werden durch das Vorhalten realer Angebote.[54] Insofern kommt dem Indikator Weiterbildungsdichte also durchaus eine beachtliche qualitative Dimension zu.

Im „Strukturplan Weiterbildung"[55] hat die Wissenschaft bereits 1974 solche Zukunftsperspektiven entwickelt, die sich an der Zahl der Einwohner und dem danach zu erwartenden Weiterbildungsbedarf orientieren. Nach dieser Einschätzung wird ein Bedarf in folgenden Ausbaustufen beschrieben:

Nachholstufe a):
100 Unterrichtseinheiten auf 1.000 Einwohner. Ziel: Jedem Erwachsenen wird durchschnittlich alle 12 Jahre ein Platz in einem öffentlichen Weiterbildungskurs gewährleistet.

Nachholstufe b):
200 Unterrichtseinheiten auf 1.000 Einwohner. Ziel: Jedem Erwachsenen wird durchschnittlich alle 8 Jahre ein Platz in einem öffentlichen Weiterbildungskurs gewährleistet.

Mittelfristige Zielstufe c):
300 Unterrichtseinheiten auf 1.000 Einwohner. Ziel: Jedem Erwachsenen wird durchschnittlich alle 5 Jahre ein Platz in einem öffentlichen Weiterbildungskurs gewährleistet.

Langfristige Zielstufe d):
500 Unterrichtseinheiten auf 1.000 Einwohner. Ziel: Jedem Erwachsenen wird durchschnittlich alle 3 Jahre ein Platz in einem öffentlichen Weiterbildungskurs gewährleistet.

Gerade dieser Indikator belegt, daß er nicht eo ipso „Fahrplan" sein kann und das bedingen allein die notwendigen politischen Prämissen und Auswirkungen auf die notwendigen Ressourcen: Personalausstattung, Raumausstattung und Finanzen. Alle solche Indikatoren versperren die Flucht oder die Rückkehr in die Idylle der Subjektivität der Beliebigkeit der Weiterbildungsangebote. Sie führen auch weg von der bloßen Marktgängigkeit oder Marktläufigkeit des Weiterbildungsangebotes durch

kontrollierte Planung, die ein gezieltes und investives Angehen der Weiterbildungsdefizite erlaubt.

Bei der sicherlich bestehenden Vielfalt von Systematisierungsmöglichkeiten der
verschiedenen Indikatoren unterfallen die Beobachtungspunkte doch einer groben
Zweiteilung: Einmal die Entwicklung des Weiterbildungsangebotes nach dem Prinzip
der Marktläufigkeit (manifester Bedarf), zum anderen die mindestens teilweise Entwicklung des Weiterbildungsangebotes nach dem Prinzip der Gegensteuerung, d. h.
der Flächen- und Sozialdeckung und des Abbaues von regionalen und sozialen Defiziten (im wesentlichen: latenter Bedarf).[56]

Als Zwischenergebnis muß ohne weiteres gefolgert werden, daß eine rationale
Bedarfsermittlung solcher Beobachtungsinstrumentarien bedarf. Hierzu muß zugleich
und unabweisbar in Verbindung mit der Planungskompetenz auch eine Institutionalisierung eines Instruments erfolgen, damit für die kontinuierliche und thematisierte
Erforschung der Weiterbildungsbedarfe eine Motorik und Initiatorenwirkung sichergestellt wird. Damit sind die Instrumente zur Auswahl und Auswertung der Indikatoren angesprochen.

Zur verbindlichen Ermittlung von Indikatoren

Die vorstehenden Überlegungen sowohl zum Bedarfsbegriff als auch zu den möglichen Indikatoren haben offenbart, daß die Ermittlung des Weiterbildungsbedarfs
mit einer Fülle wertender Quantifizierungen, mit Gewichtungen und politischen Akzenten und Prioritätensetzungen verbunden ist. Schon die Entscheidung für bestimmte Indikatoren, die Auswahl von Beobachtungspunkten und von bestimmten Beobachtungsinstrumentarien ist zum Teil planerische Entscheidung wegen der Abhängigkeit der Ergebnisse von eben diesem Instrumentarium. Durch die indizierten Daten und Maßstäbe entstehen Auslegungsräume und Legitimationslücken.

Es steht außer Frage, daß die Auswahl der im gesamtgesellschaftlichen Kontext
wichtigen Beobachtungspunkte innerhalb des Weiterbildungssystems nicht ohne
Bezug zu den bildungspolitischen Zielsetzungen und dem allgemeinen Problembewußtsein erfolgen kann und darf.[57] Wenn aber schon solche Zielkriterien für den
Planungsrahmen am Maßstab der Gewichtungsabsicht formuliert sind, muß andererseits darauf geachtet werden, daß man nicht der Gefahr einer einseitigen Ausrichtung eines Indikatorensystems und damit einem überzogenen Anspruch auf systematische Geschlossenheit der Defizitberichterstattung in der Weiterbildung erliegt.
Solcher verengten Auffassung stünde allein schon die Tatsache entgegen, daß das
Weiterbildungssystem wie das Bildungswesen überhaupt nur ein einzelnes Element
der gesamtstaatlichen und gesamtgesellschaftlichen Wirklichkeit darstellt und somit
jede isolierte Bewertung bestimmter Indikatoren, allein aus der Sicht des Weiterbildungssystems, bedenklich wäre. Alles dieses muß das richtige Instrument zur Ermittlung der Indikatoren für ein kommunales Weiterbildungsangebot ebenso berücksichtigen wie die notwendige Interpretationsbedürftigkeit der Ergebnisse von beobach-
teten, „gefundenen" oder „entwickelten" (zu entwickelnden) Bedarfen. Besondere
örtliche bzw. bürgernahe Strukturen müssen gesehen werden. So können Arbeitslosigkeit oder besondere Ausländeranteile zusätzliche Verpflichtungen auslösen. Die
Mittel-Zweck-Relation muß kompetent gewürdigt werden. Über den möglichen oder
gewollten Einsatz von zusätzlichen Investitionen, über die Korrekturmarge und das
Ausmaß der Gegensteuerung ist tragfähiger demokratischer Konsens herbeizuführen.

Die Aufgabenstellung ist gewaltig, wenn man sich daran erinnert, daß ein Legitimitätsvakuum jeweils zu füllen ist bei dem Sprung von den subjektiven individuellen Bedürfnissen zu dem „administrativen Bedarf", welcher Ausdruck der öffentlich artikulierten kollektiven Ziele ist, bei der politischen Zwecksetzung und Zielorientierung für den teleologischen Bedarfsbegriff.

Erforderlich scheint dabei noch folgender Hinweis: Weder die Indikatoren noch die indizierten Bedarfe sind Maßgaben für sich genommen. Sie bedürfen beide vielfacher Wertungen.[58] Sind dann beispielsweise die zur Deckung des quantitativen Bedarfs erforderlichen Mittel nicht verfügbar, so sieht sich der politische Entscheidungsträger veranlaßt, entweder seine ursprüngliche Zielsetzung zu korrigieren oder sie mit anderen Mittel-Qualitäten zu verfolgen. In dem Nachweis der quantitativen Konsequenzen politischer Entscheidungen liegt die spezifische Funktion der Bedarfsanalyse und ihr Wert für den Politiker oder die Öffentlichkeit. Die Diskrepanz zwischen den politischen Zielvorstellungen und den zu ihrer Realisierung benötigten Ressourcen aufzuzeigen, ist also gerade eine Aufgabe des Bedarfsanalytikers. Der Vorwurf des über die Ergebnisse der Bedarfsermittlung überraschten Politikers, die Bedarfszahlen seien „utopisch", trifft also im Grunde denjenigen, welcher sie ermittelt hat, weniger als denjenigen, der als nicht realisierbar erkannte Ziele aufgestellt hat. Gegen den Vorwurf „unrealistischer" Bedarfsschätzungen kann der Entscheidungshelfer deshalb nur dadurch geschützt werden, daß möglichst präzise politische Zielformulierungen geschehen.[59]

Als Instrumente für diese eigentlichen Wertungsaufgaben werden prinzipiell zwei Lösungsmöglichkeiten angeboten. Der Bildungsgesamtplan II nennt sie im Abschnitt „Formen der Organisation und der Zusammenarbeit"[60] wie folgt:

— Kooperationsgremien im örtlichen oder regionalen Bereich sowie auf Landesebene, oder
— kommunale Entwicklungsplanung für die Weiterbildung.

Hierzu heißt es wörtlich: „Die Gewährleistung bedarfsgerechter Weiterbildung erfordert Zusammenarbeit der einzelnen Träger und Einrichtungen, insbesondere im Sinne von Information und Erfahrungsaustausch bei der Bedarfsfeststellung...." „Da die Institutionen der Weiterbildung sich in erheblichem Umfang auf öffentliche Finanzierung stützen, werden sie häufig — über die freiwilligen Formen der Zusammenarbeit hinaus — auf dem Gesetzgebungswege zur Kooperation verpflichtet. Dazu sind besondere Verfahren der Planung und Abstimmung entwickelt worden."

Von den beiden Formen Kooperationsgremien und kommunale Entwicklungsplanung für die Weiterbildung wird anschließend mit aller Klarheit gesagt, daß sie beide die Planungen öffentlicher und nicht-öffentlicher (freier) Träger gleichberechtigt einbeziehen.

Wie allerdings die erwähnten Kooperationsgremien angesichts der oben beschriebenen Aufgabenstellung etwas Brauchbares, Positives zur Bedarfsermittlung beitragen sollen, ist kaum vorstellbar. Sie vermögen auch als örtliche Kooperationsgremien mit Sicherheit keine verbindliche Auswahl von Beobachtungspunkten für ein kommunales Weiterbildungsangebot, d. h. für die kommunale Aufgabe Weiterbildung, zu treffen.

Die im Bildungsgesamtplan I schon sogenannten lokal-regionalen Kooperationsgremien üben sich allenthalben eher in wechselseitiger Blockade als in institutionalisierter Zusammenarbeit.[61] So wird in der Antwort der baden-württembergischen Landesregierung auf die Große Anfrage der Fraktion der SPD zum Zustand und zu den Entwicklungsmöglichkeiten der Erwachsenenbildung in Baden-Württemberg ausdrücklich beschworen, daß die Kooperationsgremien endlich „greifbare Ergebnisse zeigen" müßten und „nicht zum wirkungslosen Ritual erstarren" dürften.[62] In Hessen wird der Bewährung des Landeskuratoriums, mit seiner Hauptaufgabe Beratung der Landesregierung, eine desolate Praxis der Kooperation auf kommunaler Ebene in den sogenannten Kreiskuratorien gegenübergestellt. Die bislang nach dem Erwachsenenbildungsgesetz vorgesehenen Aufgaben wurden gar nicht oder allenfalls unzureichend erfüllt. Eine Abstimmung der Bildungsangebote zwischen Trägern kam nicht zustande. Eine Fülle von praktischen und ideologisch-politischen Schwierigkeiten ist dafür ursächlich. Sie alle rühren letztlich daher, daß keine vorgeschriebene Beteiligung an einem einheitlichen Planungsverfahren installiert ist. Nichts paßt zusammen; weder Organisationsbereich noch Angebotsgebiete der Erwachsenenbildung. Es besteht Unsicherheit über die Zurechenbarkeit der Bildungsangebote zu ihren Landesorganisationen. Die Planungszeiträume bei den Trägern laufen nebeneinander her. Es gibt Informationsdefizite zwischen den Landesorganisationen einerseits und deren Vertretern im regionalen oder lokalen Bereich andererseits. Koordinierung von Bildungsangeboten findet einfach deshalb nicht statt, weil bisher allein die Vertreter der kommunalen Weiterbildungseinrichtungen (Volkshochschulen) ihre Planungen und Bildungsprogramme überhaupt vorlegen konnten. Ebenso sind die vom hessischen Erwachsenenbildungsgesetz vorgeschriebenen Anhörungen der Kreiskuratorien zu den für ihren Bereich geplanten Bildungsveranstaltungen der sonstigen Träger der Erwachsenenbildung meist unterblieben.[63]

Die Erfahrung belegt eindeutig, daß die Leistungsfähigkeit der Kooperationsgremien, jedenfalls auf lokaler und regionaler Ebene, von Bildungsplanung und Bildungspolitik erheblich überschätzt worden ist. Es ist daher mehr als fraglich, ob die wiederum in der Fortschreibung des Bildungsgesamtplans an erster Stelle erwähnten Kooperationsgremien jemals die ihnen zugedachten Aufgaben erfüllen können. In Hessen haben jedenfalls gerade erst alle nicht-öffentlichen (freien) Träger der Erwachsenenbildung gemeinsam — und nicht etwa die Volkshochschulen — beantragt, die Aufgaben der Kreiskuratorien durch eine Novellierung des Erwachsenenbildungsgesetzes erheblich zu reduzieren. Dies ist inzwischen durch eine Neufassung des Gesetzes zur Förderung der Einrichtung von Erwachsenenbildung vom 9. August 1978 geschehen.[64] Hiernach sind die bisherigen Verpflichtungen der Kreiskuratorien, die Koordinierung des Bildungsangebotes der im regionalen Bereich tätigen Bildungseinrichtungen zu fördern, ebenso gestrichen worden wie die Pflicht, darauf hinzuwirken, daß sachlich nicht gerechtfertigte Doppelangebote vermieden werden. Was blieb, ist eine wechselseitige Unterrichtung über „Arbeitsschwerpunkte".

Eine solche Reduktion der Anforderungen an Kooperationsgremien dürfte realistisch sein. Auch für Rheinland-Pfalz werden ähnlich wie für Baden-Württemberg eher „Glaubensbekenntnisse" für solche Kooperationschancen abgegeben sowie die Verurteilung zu Erfolg beschworen. Bei näherem Hinsehen ist der Selbstanspruch an dieses Instrumentarium allerdings höchst bescheiden: Es soll sicherstellen, daß „ein angemessenes Weiterbildungsangebot nicht dem Zufall überlassen bleibt".[65]

Im Sinne kontinuierlicher verläßlicher Bedarfsermittlung, -prognose und -fortschreibung ist von solchen Gremien jedenfalls keine Motorik, keine initiale Wirkung für die Entwicklung der Weiterbildung zu erwarten. Ihre durchaus gegebenen Wirkungschancen liegen anderswo: bei der günstigen Wirkung als Forum für den Erfahrungsaustausch und für eine Kooperation auf freiweilliger Basis, zum Beispiel für die Besprechung von Honoraren und Gebühren. Sie können die Arbeit der Weiterbildungsinstitutionen, die im Hinblick auf Inhalte, Methoden und Adressaten gravierendere Unterschiede aufweist als man gemeinhin annimmt, durch behutsame und verständnisvolle freiwillige Zusammenarbeit fördern. Kooperative Bemühungen (wie etwa die Weiterbildungsbüros in den Arbeiterwohnregionen Bremen-West und Bremen-Ost) klappen auch dann, wenn es um ganz konkrete Projektarbeit oder um die Versorgung spezifischer Zielgruppen geht. Dieses alles bedingt jedoch jeweils problemadäquate Lösungen, die von verantwortlicher öffentlicher Seite initiiert werden sollten, nicht dagegen eine künstliche und überdies zwangsweise Institutionalisierung von zusätzlichen Gremien.[66]

Ganz anders verhält es sich mit der kommunalen Entwicklungsplanung für die Weiterbildung. Das gleiche Anforderungsprofil an dieses Instrument angelegt, muß schon strukturell zu unterschiedlichen — nämlich positiven — Aussagen führen. Hier ist der kommunale öffentliche Planungsträger kraft gesetzlich geregelter Rechte und Pflichten zum Tätigwerden verantwortlicher Organisator, Initiator und Motor eines sich wiederholenden Planungsbeteiligungsprozesses. Er stellt im Verhältnis zu den Trägern sternförmige Abstimmungskontakte und eine Fülle weiterer möglicher Kooperationsbeziehungen untereinander her, immer bezogen auf die Erstellung des Weiterbildungsentwicklungsplanes. Die Planungsträger, die zugleich Aufgabenträger, sprich Träger einer kommunalen Weiterbildungseinrichtung,[67] ferner die kreisangehörigen Städte und Gemeinden, die als Einvernehmensbeteiligte besonderen Einfluß auf den Planungsprozeß nehmen können, sind überdies aus eigenem Interesse an der Bedarfsermittlung und -analyse interessiert. Sie gehen mit ihrer eigenen Beobachtung der Bedarfslage beispielhaft auch für die anderen Träger voran.

Für jene besteht bei der Wahrnehmung der Aufgabe Weiterbildung kein öffentlicher Begründungszwang, wie er sonst nur noch seitens des Landes für seine Förderungsaufgabe Weiterbildung besteht. Die kommunale Weiterbildungseinrichtung (Volkshochschule) als das öffentliche Zentrum der Weiterbildung unterscheidet sich von den anderen Einrichtungen dieses Bildungsbereichs eben insbesondere

- durch ihre gewünschte Offenheit,
- durch ihre möglichst gesetzlich abzusichernde Aufgabe, für jeden Bürger die erreichbare Weiterbildungseinrichtung zu sein und
- durch ihren unverzichtbaren Auftrag, als Kerninstitution im Gesamtbereich Weiterbildung, inhaltliche und organisatorische Maßstäbe für die Entwicklung dieses künftigen vierten Hauptbereiches des Bildungssystems zu setzen.[68]

Aus spezifisch kommunaler Sicht hat die öffentliche Volkshochschule nicht nur im Weiterbildungssystem selbst eine unverzichbare Funktion wahrzunehmen. Sie hat auch eine nach außen gerichtete Aufgabe, als wirksamstes kommunales Instrument Bildung und Kultur als unverzichtbares Element der „Stadtentwicklung" zu fördern.[69] Solche Betrauung der kommunalen Selbstverwaltung mit der Weiterbildungsentwicklungsplanung und den permanenten Bemühungen um Indikatoren für ein kommunales Weiterbildungsangebot ist nun keineswegs willkürlich. Sie hat nicht nur etwas mit den unvergleichlichen Vorleistungen der Kommunen, insbesondere der Städte, auf dem Gebiete der Weiterbildung zu tun. Sie hängt unmittelbar und systemkonform mit den Funktionen kommunaler Selbstverwaltung und den Bedingungen planungstypischer Rechtsetzung zusammen.[70]

Weiterbildungsentwicklungsplanung ist wie die Aufgabe Weiterbildung selbst ganz natürlich und auch ohne die gesetzliche Verpflichtung eine Aufgabe der kommunalen Selbstverwaltung. Die kommunalen Gebietskörperschaften haben die verfassungskräftig verbürgte Pflicht, alle Angelegenheiten der örtlichen Gemeinschaft eigenverantwortlich zu regeln. Auch vor Inkrafttreten des Weiterbildungsgesetzes habe Städte im Rahmen ihrer Stadtentwicklungsplanung längst ausgewählte Strukturdaten auch für den Bereich Weiterbildung erhoben. So gab es Untersuchungen über die Rekrutierung der Hörerschaft unter Berücksichtigung gruppenspezifischer und regionaler Kriterien. Hierdurch wurden z. T. längst regionale und soziale Defizite aufgespürt und entsprechende Programme der Gegensteuerung und Dezentralisierung initiiert.[71]

Die gesetzliche Normierung dieser eigenen Aufgabe zur pflichtigen Selbstverwaltungsangelegenheit ist folglich nichts anderes als eine Konkretisierung der verfassungsrechtlichen Garantie, wonach die Gemeinden alle ihre örtlichen Angelegenheiten eigenverantwortlich im Rahmen der Gesetze regeln. Staats- und kommunalverfassungsrechtlich geht es um eine Folge der eigenen „kommunalen Planungshoheit" für den örtlichen Bereich. Hier sollten und können die Selbstverwaltungträger in eigner Zuständigkeit aufgrund selbständiger Willenbildung durch ihre verfassungsmäßigen Organe ihre kommunale Gesamtordnung raumbezogenen Verhaltens unter Einschluß finanzieller Festlegungen aktiv – gestalterisch – entwickeln.[72]

Selbstverständlich ist diese Planungshoheit formell- und materiell-rechtlich nicht unbeschränkt. Die gesetzliche Ausformulierung der kommunalen Planungskompetenzen im Weiterbildungsbereich entspricht aber im wesentlichen und systemkonform dem funktionalen Verfassungsverständnis kommunaler Selbstverwaltung.[73] Gemeint sind die „Legitimationsfunkton" kommunaler Selbstverwaltung hinsichtlich örtlicher Planungsentscheidungen und die kommunale „Innovationsfunktion". Diese liefern auch in der Weiterbildungsentwicklungsplanungs-Politik mit ihrer Vielzahl notwendiger Wertungsentscheidungen für die Bedarfsermittlung Begründungen dafür, daß die kommunale Stufe der öffentlichen Verwaltungsorganisation mit einem eigenen „politischen" System ausgestattet und mit ihm institutionell verflochten ist.[74]

Das Weiterbildungsplanungsrecht enthält – wie Planungsrecht generell – typischerweise keine Konditionalprogramme, d. h. der Gesetzgeber bestimmt nicht selbst durch eine ursächliche Wenn-dann-Beziehung, welche Rechtsfolgen an das Eintreten eines bestimmten Tatbestandes geknüpft sind. Planung als in die Zukunft gerichtetes aktives Gestalten läßt sich nicht nach Ursachen, sondern nur nach Wirkungen zweckhaft programmieren. Das Planungsrecht kennt deshalb Zweckprogramme oder sogenannte Finalprogramme. Diese Finalprogramme favorisieren bestimmte Zwecke und lassen offen, durch welche konkreten Mittel oder Handlungen diese im einzelnen erreicht werden. Der Entscheidungsspielraum öffentlicher Verwaltung ist damit zwar prinzipiell begrenzt, er eröffnet aber innerhalb dieser Grenzen verschiedene Entscheidungsmöglichkeiten, die alle durch das Programm gedeckt sind.[75]

In dieser Weise ist also auch der „Vollzug" der zentralen Planungsvorgaben, die das Weiterbildungsgesetz selbst und die Rahmenrichtlinien für die Aufstellung kommunaler Weiterbildungsentwicklungspläne geben, niemals bloßer bürokratischer oder technokratischer Gesetzesvollzug. Da die Logik eindeutige Schlüsse vom Zweck auf die Mittel nicht zuläßt, ist das Planungsermessen ein Essential dieses Weiterbildungsentwicklungsplanungsvorganges überhaupt.

Das planungstypische Finalprogramm der Weiterbildung: „Flächen- und sozialdeckende Versorgung eines Planungsraumes mit bedarfsgerechten Weiterbildungsangeboten" stellt damit aber sämtliche am Planungsvorgang Beteiligte vor einschneidende Probleme, nämlich vor Lücken der Legitimitätsbeschaffung. Indem die zentralen Planungsvorgaben, die Planungszwecke des Landes für das mittel- und langfristige Gestalten keineswegs nur „eine" richtige Lösung zulassen (die Problematik der Indikatoren für Weiterbildungsbedarfe stellt hierfür ein Beispiel par excellence dar), wird ein Legitimitätsvakuum spürbar. Es kann aufgaben-, bedarfs-, bürger- und ortsnah nur auf der kommunalen Ebene und durch die Organe der kommunalen Selbstverwaltung aufgefüllt werden.[76]

Die Kommunalverwaltung ist eben keine reine administrative, bürokratische Organisation. Dann würde in der Tat aus dem Umstand, daß die planungstypische Zweckprogrammierung die Möglichkeit von Wertentscheidungen auf mehrere Entscheidungsträger verteilt und nicht beim Gesetzgeber konzentriert, ein Defizit an demokratischer Legitimation von Weiterbildungsentwicklungsplanung folgen. So aber liegt durch das gleichzeitige Mitbefaßtsein des mit Kommunalverwaltung institutionell verflochtenen eigenen politischen Systems in der Legitimationsbeschaffung für die kommunalen Planungsentscheidungen der Weiterbildungsentwicklungsplanung die Bestätigung dieser zentralen Funktion kommunaler Selbstverwaltung.

Der verteilte Wertungsspielraum der Finalprogramme des Weiterbildungsplanungsrechtes erfordert eine enge Kommunikation zwischen Politik und Verwaltung auf der kommunalen Verwaltungsstufe. Darin liegt die enge Verknüpfung von politischem und administrativem System im gemeindlichen Bereich begründet.

Die Interessen der Bürgerschaft, der Teilnehmer und Mitarbeiter der Weiterbildungseinrichtungen müssen artikuliert und generalisiert werden, es muß Konsens über bestimmte mittelfristige Programme und Personen, über Bedarfe beschafft werden. Handlungsgrundlagen müssen zusammengestellt und Planungsrahmen, die Planungsmaßstäbe müssen gesetzt werden. Ferner müssen Bezugspersonen für öffentliche Verantwortlichkeit und öffentliche Rechenschaft zur Verfügung stehen, Prozesse, die allein das politische System übernehmen kann.

Der Übergang zur pflichtigen aktiven Entwicklungsplanung im Bereich der Weiterbildungspolitik verlangt also gerade den kommunalen Planungsträgern längerfristig starke, politisch interessierte Entwicklungsleitlinien ab und stärkt insgesamt die politische Substanz der Gemeinden. Positiv muß also in der Legitimations- und in der Innovationsfunktion kommunaler Selbstverwaltung ihre Bedeutung und ihre Aufgabengeeignetheit in der Weiterbildungsentwicklungsplanung gesehen werden: nämlich örtliche und ortsteilbezogene Besonderheiten zur Geltung kommen zu lassen, den Staat durch frühzeitige Konfliktverarbeitung zu entlasten, Zielkonflikte durch die Betroffenen selbstverantwortlich lösen zu lassen und damit die Basis für ein politisches Engagement zu verbreitern, kurz: ausreichend fundierte Legitimationsbasis für gemeindliche Planungsentscheidungen herzustellen sowie Fehlerquellen in der Entscheidungsprogrammierung aufzuspüren und für die Dynamisierung einer naturgemäß beharrenden Verwaltung zu sorgen.

Es versteht sich angesichts der Autonomie der Träger und der Freiheit der Einrichtungen zu selbständiger Lehrplangestaltung von selbst, daß die kommunalen, demokratisch legitimierten Vertretungen eine Entscheidungsbefugnis nur über ihre eigenen Angebote, namentlich also die Volkshochschulen, besitzen. Die Teilplanungen der anderen Weiterbildungsinstitutionen kann der kommunale Planungsträger nur mittelbar beeinflussen.[77] Einen unmittelbaren Einfluß hat er auf die eigene Pflichtinstitution: die Volkshochschule. Die Volkshochschulen „müssen" ein bestimmtes Angebot gewährleisten, die anderen Einrichtungen „können" anbieten und können sich ihrem Angebot auch wieder entziehen. Vom Planungsträger wie von den kommunalen Trägern der Weiterbildungseinrichtungen wird jedoch die Beispielswirkung beachtet werden müssen, die nicht nur von ihren eigenen Einrichtungen ausgeht, sondern auch von ihren eigenen Anstrengungen zu rationaler Bedarfsermittlung.[78]

In der Fortschreibung des Bildungsgesamtplanes, die man auch an dieser Stelle in ihrer unverhohlenen kommunalfeindlichen Zurückhaltung eher als kurzsichtig bezeichnen muß, heißt es dazu immerhin verschämt: „Im Rahmen der Zusammenarbeit kann es nützlich sein, wenn Kommunen den Weiterbildungseinrichtungen Beiträge zur Bedarfsermittlung und zur Weiterbildungsberatung zur Verfügung stellen und organisatorische Hilfe leisten."[79] Natürlich werden und müssen die Kommunen ihrerseits berücksichtigen, wieviele andere Einrichtungen es in ihrer Stadt gibt und was diese tun und planen. Die Kommune kann sich aus ihrer öffentlichen Verantwortung heraus nicht über die Bestandsaufnahme dieses Angebotes im kommunalen Planungsraum hinwegsetzen, wenn sie ihren öffentlichen Beitrag zur Entwicklung des Gesamtbereichs der Weiterbildung plant. Der kommunale Planungsträger hat das „allgemeine" Interesse an einer optimalen Versorgung des Planungsgebietes mit Weiterbildungsangeboten zu verfolgen. Er hat die Bestandsaufnahme zu bewerten und in Verbindung mit der Bedarfsermittlung zum Ausgangspunkt weiterer Überlegungen zu machen. Er kann und wird anregen, neue Schwerpunkte und Akzente zu setzen, verpflichten kann er nur die kommunalen Weiterbildungseinrichtungen (Volkshochschulen).[80] Das Gesetz sichert die Unabhängigkeit sowohl der öffentlichen als auch der anderen Träger bei der Gestaltung und Planung ihrer Angebote. Ihr gegenseitiges Verhältnis läßt daher weder Subsidiaritätsvorstellungen zu noch werden Dominanzansprüche irgendeiner Seite begründet. Nur dieses entspricht sowohl der politischen Grundidee des Weiterbildungsgesetzes als auch der Entwicklung dieses Bildungsbereiches: die Vielfalt des Weiterbildungsangebotes zu erhalten, aber für ein verpflichtendes verläßliches Standardangebot zu sorgen, das die Bevölkerung flächen- und bedarfsdeckend mit Weiterbildung „versorgt".[81]

Ungeachtet der noch auf absehbare Zeit bestehenden Unsicherheiten bei der Bedarfsermittlung wird eine Vielzahl von Indikatoren aufzeigen, daß gerade angesichts des latenten Bedarfs wirkliche Konkurrenzsituationen, sogenannte „vermeidbare Doppelangebote" zwischen den Beiträgen anderer Träger und dem öffentlichen kommunalen Angebot nur in Randzonen entstehen. Abgesehen davon, daß wirkliche Doppelangebote nur bei Identität von Inhalten und Methoden als gegeben unterstellt werden könnten, müssen in Anbetracht des Planungszieles, zu einem „bedarfsgerechten, differenzierten und ausgewogenen Weiterbildungsangebot im Planungsbereich" zu kommen, gerade konkurrierende Aktivitäten zum Teil besonders erwünscht sein.

Solche schon an konkreten Maßnahmen orientierten Konsequenzen belegen die nicht zu bezweifelnde Schlußfolgerung, daß das Instrument kommunaler Entwicklungsplanung für die Weiterbildung in unvergleichlicher Art und Weise prädestiniert ist für die Aufgabenstellungen der Bedarfsermittlung und damit insbesondere auch für verbindliche Ermittlung von Indikatoren für ein kommunales Weiterbildungsangebot, genutzt und ausgebaut zu werden. Es löst, verantwortlich und öffentlich kontrolliert, die Probleme der Legitimitätslücken, der Auslegungs- und Ermessensräume

— bei der politischen Frage der Ausprägung des Bedarfsbegriffes,
— bei der Umsetzung von Bedürfnissen im administrativen Bedarf,
— bei der Definition des subjektiv bedürfnisbedingten Bedarfs wie des zweckbedingten Bedarfs,
— bei der Formulierung der Indikatoren für den Planungsrahmen am Maßstab der Gewichtungsabsicht,
— bei der Auswahl und Bündelung der Indikatoren und Beobachtungspunkte für die Problemstellen, die Defizitbereiche des Weiterbildungssystems,

- bei der Interpretation der Ergebnisse von gefundenen oder entwickelten (zu entwickelnden) Bedarfe,
- bei der Inbeziehungssetzung solcher Ergebnisse mit den bildungs-, kultur- oder kommunalpolitischen Zielsetzungen,
- bei der Abstimmung und Verknüpfung mit anderen kommunalen Teilentwicklungsplanungen,
- bei der Rückmeldung und innovatorischen Anzeige spezifischer örtlicher Defizite auf die Arbeitslosigkeit oder besondere Ausländeranteile,
- bei der Wertung der Zweck-Mittel-Relation, bei der Festlegung des Einsatzes und der Gegensteuerungsraten,
- bei der Schaffung von Verbindlichkeitsgraden mit den planerischen Festlegungen wenigstens für die öffentliche Säule des Gesamtbereichs Weiterbildung.

Dieser Beispielkatalog könnte, jeweils bezogen auf eine noch präzisere Beschreibung der Problemstellungen und Aufgaben aus der Bedarfsermittlung und Prognose für die Weiterbildungsplanung, noch verfeinert werden. Bei verständiger Würdigung ist die kommunale Entwicklungsplanung für Weiterbildung hierfür nicht nur in beispielhafter Weise geeignet, sondern auch für den Gesamtbereich der Weiterbildung, einschließlich der anderen Träger und Einrichtungen der Weiterbildung, vorteilhaft. Es wäre zu wünschen, daß die dauernde Praxis der Weiterbildungsentwicklungsplanung dazu führte, daß dieses bei allen Beteiligten erkannt würde und vielfältige irrationale Vorurteile sowie vorgeschobene Ängste ausräumte.

Zu möglichen Strukturen eines kommunalen Weiterbildungsangebots

In einem kurzen Annex zur Themenstellung scheint es angebracht, einige Strukturen des kommunalen Weiterbildungsangebotes zu skizzieren, welche vermittels des Instruments kommunale Entwicklungsplanung für Weiterbildung bedarfsgerecht indiziert zu ermitteln sind. Bezogen auf solche konkreten Inhalte der kommunalen Aufgabe Weiterbildung bedarf es dann eines Orientierungsmusters für den Planungsrahmen. Die indizierten Bedarfe müßten also mit Hilfe von Gliederungskategorien in Inhalte umgesetzt werden. Faktisch wird man dazu am einfachsten auf inhaltliche Gliederungen zurückgreifen, die schon in Gebrauch sind. Überregional dokumentiert sind diese einmal im Statistischen Erhebungsbogen des Deutschen Volkshochschulverbandes[82] sowie im Gutachten „Volkshochschule" der Kommunalen Gemeinschaftsstelle für Verwaltungsvereinfachung,[83] welches dem kommunalen Träger die intendierte Struktur der Volkshochschule von den vom Personal zu leistenden Arbeitsaufgaben her umschreibt. Diese Fach- und Arbeitsbereiche sind in den Empfehlungen verschiedener Gremien und Arbeitskreise immer nur verbunden oder insbesonderer Weise gemischt worden, ohne daß es für die Planung handhabbare überzeugende Alternativen gäbe. Da die Frage nach dem kommunalen Weiterbildungsangebot allein sinnvoll durch Hinweise auf die Angebotsstruktur zu beantworten ist, empfiehlt es sich, für die Transparenz der Planung vorweg eine detaillierte inhaltliche Auflistung von Stoffgebieten bzw. Fachbereichen zu fertigen. Ein derartiges auf Vollständigkeit zielendes Grundmuster muß dann der Überschaubarkeit willen gebündelt werden. Diese Darstellung liefert nicht nur Hinweise für das Erreichen einer leistungsfähigen vollausgebauten kommunalen Weiterbildungseinrichtung, die grundsätzlich alle Stoffgebiete in nennenswerter Weise im Angebot vertreten sollte, sondern auch zur Frage der Relation der Fachgebiete und Arbeitsschwerpunkte zueinander. Das kommunale Weiterbildungsangebot sollte so eine Kennzeichnung in einer mehrdimensionalen Matrix von Kriterien erhalten, da die Inhalte für das kommunale Weiterbildungsangebot allein nicht genug aussagen. Transparenz ist nicht nur erforderlich im Hinblick auf das, was vermittelt wird, sondern auch wie, an wen, in welcher Form, mit welchen Medien, mit welchem Verbindlichkeitsgrad und auf welchem Anspruchsniveau. Entsprechend zeichnen sich Veranstaltungen der Volkshochschule durch einen bestimmten Aufforderungscharakter zur Beteiligung und ein bestimmtes Maß der Zuwendung zu Teilnehmergruppen aus. Solche Kriterien zur transparenten Beschreibung von Kursen ermöglichen einen Vergleich von Programmstrukturen, die Dokumentation der Vielseitigkeit und Offenheit des Angebotes, einer Ausgewogenheit und Ansiedlung zwischen den Polen Marktnähe und Gegensteuerung zum Abbau regionaler und sozialer Weiterbildungsdefizite.

Hauptmaßstab für die kommunale Aufgabe Weiterbildung ist immer, daß keine unbegründeten Lücken gegenüber der Bedarfsstruktur hinterlassen werden sollten. Dieses macht den öffentlichen Auftrag des kommunalen Angebotes aus, der zur Ausgewogenheit und Breite verpflichtet.[84] Die Volkshochschule als das pädagogische Zentrum des Weiterbildungssystems, als der verläßlich institutionell gesicherte Standort, an dem und in dem sich der einzelne orientieren kann, damit Weiterbildung nicht im Unverbindlichen verbleibt,[85] kann nur entstehen, wenn sich die Kommunen als Träger mit den Mitarbeitern der Volkshochschule über den öffentlichen Auftrag ihrer Arbeit und die Grundsätze der Weiterbildungsprogramme verständigen. Diese beinhalten insbesondere die Verpflichtung der Volkshochschule, für die Bevölkerung ein umfassendes, d. h. bedarfsgerechtes, bedürfnisweckendes und flächendeckendes Weiterbildungsangebot bereitzustellen. Die kommunale Weiterbildungsentwicklungsplanung und die Diskussion über das kommunale Weiterbildungsangebot liefern Zeitpunkt und Plattform für eine solche Verständigung. Die demokratischen Willensbildungsprozesse nach den Gemeindeordnungen lassen hierzu weitere auch partizipatorische Grundmuster zur Einbeziehung der Bürgerschaft sowie der Teilnehmer und Mitarbeiter der Volkshochschulen zu.[86]

Ausgehend von den sieben Pflichtsachbereichen des Weiterbildungsgesetzes bzw. von der überkommenen Fachbereichsstruktur der Volkshochschulen gehen die bisherigen Planungen zur Entwicklung der Weiterbildung im wesentlichen von nachstehend beispielhaft skizzierten Inhalten des „kommunalen Weiterbildungsangebotes" aus:

— Es beginnt mit dem „Lernen des Lernens" dem Training der Weiterbildung und der Weiterbildungsberatung;
— sehr nachdrücklich muß erneut versucht werden, die politische Information der Bürger zu verbessern und politisches und soziales Verhalten anzuregen und zu bekräftigen;
— kulturelle Information und Kommunikation, aber auch aktive Kulturarbeit stehen im Mittelpunkt der bisher noch auf ausgewählte Gruppen beschränkten kulturellen Weiterbildung;
— der Förderung der Kreativität und der Selbständigkeit im Umgang mit unterschiedlichen Medien und Materialien dient eine wohl vollends neu zu gestaltende kreative Weiterbildung;
— wissenschaftliche Weiterbildung nimmt (auch in Kooperationen mit Hochschulen) sich zur Aufgabe, Erkenntnisse und Methoden der Wissenschaft zu vermitteln. Das gilt vor allem auch für die sich besonders rasch wandelnden Natur- und technischen Wissenschaften;

- sprachliche Weiterbildung vervollständigt abgebrochene fremdsprachliche Bildung in der Schule und bietet weitere Fremdsprachen an. Die Notwendigkeit der Weiterbildung ergibt sich aber auch für den Gebrauch der deutschen Sprache;
- berufliche Weiterbildung wird in den Volkshochschulen auf die Verbesserung von Grundqualifikationen und Schlüsselqualifikation konzentriert, damit eher auf Berufsbezogenheit als auf spezielle berufliche Fortbildung;
- einen besonderen „Beruf" und wichtige gesellschaftliche Rollen nimmt eine intensive Eltern- und Familienbildung auf, die im Weiterbildungsgesetz als besonderer Fachbereich der Weiterbildung ausgewiesen wird;
- auch Formen körperlicher und sportlicher, gesundheitlicher oder medizinischer Weiterbildung gehören zum kommunalen Pflichtangebot;
- schließlich muß es in den kommunalen Weiterbildungseinrichtungen möglich bleiben, Schulabschlüsse nachzuholen.[87]

Solcher, von inhaltlichen Zielsetzungen abgeleiteter Bedarf für ein kommunales Weiterbildungsangebot soll jedem Bürger mindestens die Möglichkeit erhalten, in alle wichtigen Weiterbildungsbereiche einzusteigen, pädagogisch qualifiziert und regelmäßig wiederholend die Ziele der ersten Bildungsphase aufgreifend und vertiefend, ergänzend oder korrigierend weiterzulernen. Die Volkshochschulen selbst haben sich zur Zeit etwa im Rahmen ihres nordrhein-westfälischen Landesverbandes zur Aufgabe gestellt, diesen Pflichtkatalog der kommunalen Weiterbildung zu konkretisieren, aufzulisten und zu qualifizieren.[88] Der Bürger hat mindestens als Ausfluß seines Rechts auf Weiterbildung auch ein „Recht" zu wissen, auf welche regelmäßige Weiterbildung er sich verlassen kann — damit er zu jeder Zeit frei wählen kann. Die entsprechenden weiterbildungspolitischen Entscheidungen werden bei der kommunalen Weiterbildungsentwicklungsplanung getroffen.

Ebenso wie das kommunale Weiterbildungsangebot immer nur strukturell skizziert werden kann, können obige Beschreibungen der einzelnen Sachbereiche niemals eine Festschreibung im Sinne eines fixen Kanons bedeuten. Alle Konkretisierungen und Bündelungen bedürfen der Erprobung und Veränderung als Anpassung oder Korrektur künftiger Entwicklungen. Das kommunale Weiterbildungsangebot ist nicht nur durch Verläßlichkeit, Vergleichbarkeit und einen bestimmten Standard gekennzeichnet, es ist gleichermaßen bestimmt durch Situationsbezogenheit, Flexibilität und Aktualität des Angebotes. Auch durch diese bedarfsgerechte Typik des kommunalen Weiterbildungsangebotes wird eines deutlich, was im Eifer der Planungsanstrengungen häufig übersehen wird: Alle Planungen für ein kommunales Weiterbildungsangebot müssen berücksichtigen, was vorgegeben und was vorhanden ist.[89] Insoweit erweist sich faktisch der Zwang der Kontinuität in der Entwicklung als nicht zu unterschätzendes Element der Bedarfsgerechtigkeit.

Anmerkungen und Literaturhinweise

1 Girgensohn, J.: Zielrichtung und politische Inhalte der Weiterbildungsentwicklungsplanung; Vesper, E.: Rechts- und Verfahrensgrundlagen der Weiterbildungsentwicklungsplanung. Beide in: Weiterbildungsentwicklungsplanung, Referate und Arbeitsergebnisse, Fachtagung am 1.4.1978 in Dortmund. (Hrsg.): Sozialdemokratische Gemeinschaft für Kommunalpolitik in Nordrhein-Westfalen e. V., Düsseldorf 1978; Städtetag Nordrhein-Westfalen: Kommunale Entwicklungsplanung für Weiterbildung. Sammlung Bd. 5, Köln 1977; Der Kultusminister des Landes Nordrhein-Westfalen: Weiterbildungsentwicklungsplanung in

Nordrhein-Westfalen. Strukturförderung im Bildungswesen des Landes Nordrhein-Westfalen, Schriftenreihe des Kultusministers, Heft 33, Köln 1978;
Hamacher, P.: Entwicklungsplanung für die Weiterbildung. Braunschweig 1976.

2 Verordnung über die Rahmenrichtlinien für die Aufstellung kommunaler Weiterbildungsentwicklungspläne vom 6.12.1976 (GV NW 1976, S. 408), (VO WEP), hier: §§ 5 ff.

3 Ausführlicher Vesper, E.: Rechts- und Verfahrensgrundlagen der Weiterbildungsentwicklungsplanung, a.a.O., S. 20 ff.;
Städtetag Nordrhein-Westfalen: Kommunale Entwicklungsplanung für Weiterbildung, a.a.O., S. 7 ff.

4 Vgl. alle bisher vorgelegten Pläne; auch die in dieser Hinsicht mit vorbildlichem Bemühen um Grundlagen erstellten Pläne der Städte Essen, Gelsenkirchen, Duisburg, Lüdenscheid, Herne, gesammelt in: Städtetag Nordrhein-Westfalen.

5 Bund-Länder-Kommission für Bildungsplanung und Forschungsförderung (BLK): Fortschreibung des Bildungsgesamtplans (Bildungsgesamtplan II), Entwurf Stand November 1978, Drucksache K 70/78, Teil II A 8 „Weiterbildung"

6 Vgl. hierzu auch: Bundesminister für Bildung und Wissenschaft (BMBW): Bericht über die Untersuchung des Instituts für angewandte Sozialwissenschaft (Infas): Sozialindikatoren im Bildungswesen. In: Information Bildung Wissenschaft 1978, S. 87 ff.

7 Im einzelnen, Girgensohn, J.: Zielrichtung und politische Inhalte . . . a.a.O., S. 7 ff.;
Vesper, E.: Rechts- und Verfahrensgrundlagen . . . a.a.O., S. 18 ff.;
Jüchter, H.-Th.: Die kommunale Weiterbildung. Demokratische Gemeinde 1978, S. 210 ff., S. 293 ff.

8 Deutscher Städtetag: Aufgabenbereich der Volkshochschule. Entschließung des Präsidiums des Deutschen Städtetags vom 29.4.1976. Zit. in: Sauberzweig, D.: Bildungsreform und Stadtkultur. Braunschweig 1978, S. 206 ff.;
Grätz, R.: Die Volkshochschule als öffentliches Weiterbildungszentrum. In: Volkshochschule im Westen 1978, S. 148 ff.

9 So offenbar Bockemühl, Ch.: Ordnungsmodelle der Erwachsenenbildung. In: Aus Politik und Zeitgeschichte, Beilage zur Wochenzeitung Das Parlament 19/78 vom 13.5.1978, S. 34 ff. (43 f.).

10 Tendenziell bei Tietgens, H.: Gliederungs- und Ordnungskategorien der Weiterbildung, Aussagefähigkeit und Konsequenzen. WEP-Projektbericht 3. Paderborn 1978, insbes. S. 51 ff.

11 Vgl. hierzu Gründer, F.: Zum Problem der Bedarfsermittlung bei Investitionen im Bildungs- und Gesundheitswesen, Berlin 1977;
Hamacher, P.: a.a.O., S. 43 ff.;
Otto, V.: Der Ausbau der Volkshochschulen als Beitrag zur kommunalen Entwicklungsplanung. In: Hessische Blätter für Volksbildung 1977, S. 310 ff.;
Götze, G.: Volkshochschulen und Schulen. Raumbedarfsdeckung durch Mehrfachnutzung. (Hrsg.): Landesverband der Volkshochschulen Niedersachsen e. V. Hannover 1977;
Hanusch, H.: Bayerische Volkshochschulen – kulturökonomisch betrachtet. In: das forum, (Hrsg.): Bayerischer Landesverband der Volkshochschulen, 1/1979, S. 42 ff.;
Schroeder, H.: Teilnahme und Teilnehmerschwund als Problem der Erwachsenenbildung, Diss. oec. Hannover 1975;
Weinberger, B./Elsner, H.: Investitionsbedarf der Gemeinden 1966-1975. Neue Schriften des Deutschen Städtetags Heft 20. Stuttgart und Köln 1967;
Krummsiek, R./Lenz, D./Wimmer, S.: Kommunaler Investitionsbedarf 1971-1980. Neue Schriften des Deutschen Städtetags Heft 27. Köln 1971; jeweils mit eingehenden weiteren Nachweisen.

12 Statt vieler Weinberger, B./Elsner, H.: Investitionsbedarf . . . a.a.O.

13 Böhret, C.: Entscheidungshilfen für die Regierung – Modelle, Instrumente, Probleme. Opladen 1970, S. 18 ff.;
Scharpf, F. W.: Koordinationsplanung und Zielplanung. In: Planungsorganisation, hrsg. von: Scharpf, F./Mayntz, R. München 1973, S. 107 ff.;
ders.: Fallstudien zu Entscheidungsprozessen in der Bundesregierung, ebd., S. 68 ff.

14 Vgl. Gründer, F.: a.a.O., S. 54

15 Ebd.

16 Ebd.

17 Vgl. auch Schäfer, E.: Grundlagen der Marktforschung, 4. Aufl. Köln und Opladen 1966, S. 69 ff.;
Scherhorn, G.: Bedürfnis und Bedarf. Beiträge zur Verhaltensforschung, Heft 1, Berlin 1979, S. 84 ff.;

Arndt, H.: Mikroökonomische Theorie. l. Bd.: Marktgleichgewicht. Tübingen 1966, S. 6 ff.

18 Vgl. Gründger, F.: a.a.O.: S. 55
19 Ebd.
20 Ebd.
21 Ebd.
22 Vgl. insbes. Schäfer, E.: a.a.O., S. 69;
   Scherhorn, G.: a.a.O., S. 85;
   Arndt, H.: a.a.O., S. 6
23 Gründger, F.: a.a.O., S. 59
24 Vgl. Hamacher, P.: a.a.O., S. 43 ff.
   Tietgens, H.: Adressatenorientierung der Erwachsenenbildung. In: Hessische Blätter für Volksbildung 1977, S. 283 ff.
25 Gründger, F.: a.a.O., S. 59
26 Ebd.
27 Ebd.
28 Ebd. S. 60
29 Ebd.
30 Ebd.
31 Ebd.
32 Ebd. S. 60 f.
33 Ebd. S. 61
34 Weinberger, B./Elsner, H.: a.a.O.: S. 10, S. 23, S. 27 ff.
35 Ewringmann, D.: Zur Voraussage kommunaler Investitionsbedarfe (Forschungsberichte des
   Landes Nordrhein-Westfalen Nr. 2171). Opladen 1971, S. 13
36 Ebd. S. 11
37 Ebd. S. 10
38 Gründger, F.: a.a.O., S. 69
39 Ebd. S. 78
40 Ebd. S. 77
41 Ebd. S. 78
42 Ebd. S. 79
43 Ebd., vgl. auch Hamacher, P.: a.a.O., S. 42 ff.
44 Gründger, F.: a.a.O., S. 261 f.
45 Ders.: a.a.O., S. 74
46 Ebd.
47 Ebd. S. 76
48 Statt vieler, Tietgens, H.: Adressatenorientierung der Erwachsenenbildung . . . a.a.O., S. 284 ff.;
   Ders.: Gutachtliche Stellungnahme zur Frage der Zielgruppenarbeit in der Erwachsenebildung.
   Hekt. Manuskript. Frankfurt/M. 1977.
49 Vgl. Zur Diskussion um die Prüfungsgebühren für die zentralen Zertifikatsprüfungen, Teichmann, H.: Ein Dienstleistungsbetrieb für die Weiterbildung. In: Das Rathaus, 1979, S. 14 f.
50 Statt vieler, Städtetag Nordrhein-Westfalen: Kommunale Entwicklungsplanung für Weiterbildung, a.a.O.; Vesper, E.: Rechts- und Verfahrensgrundlagen . . . a.a.O., S. 41 ff.
51 Vgl. Gründger, F.: a.a.O., S. 85 ff.
52 Hamacher, P.: a.a.O., S. 43 ff.;
   Jüchter, H. Th.: a.a.O., S. 293
53 Hamacher, P.: a.a.O., S. 43 ff.;
   Jüchter, H. Th.: a.a.O., S. 293
54 Deshalb die strategisch unverzichtbare Forderung nach investiv gefördertem Ausbau der Weiterbildung: Arbeitskreis Strukturplan Weiterbildung: Strukturplan für den Aufbau des öffentlichen Weiterbildungssystems in der Bundesrepublik Deutschland. Köln 1975, S. 19 ff.
55 Ebd.: S. 21 ff.
56 Städtetag Nordrhein-Westfalen: Kommunale Entwicklungsplanung für Weiterbildung, a.a.O.;
   Vesper, E.: Rechts- und Verfahrensgrundlagen . . . a.a.O.;
   Hamacher, P.: a.a.O.;
   Jüchter, H. Th.: a.a.O.
57 Bundesminster für Bildung und Wissenschaft (BMBW): a.a.O., S. 87 f.
   Girgensohn, J.: a.a.O., S. 1 ff. und Vesper, E.: Rechts- und Verfahrensgrundlagen . . . a.a.O.,
   S. 18 ff.
58 Weinberger, B./Elsner, H.: a.a.O., S. 10, 27 f.

59 Scharpf, F.: a.a.O.. S. 68 ff.

60 Bund-Länder-Kommission für Bildungsplanung und Forschungsförderung (BLK): a.a.O., S. IIA 8/11 f.

61 Rohlmann, R.: Institutionalisierte Kooperation statt wechselseitiger Blockade. In: Volkshochschule im Westen 1978, S. 110 ff.; dagegen – kaum überzeugend – Geil, R.: Zum Standort der Volkshochschule in Rheinland-Pfalz, ebd., S. 156 f.

62 Landtag Baden-Württemberg: Drucksache 7/3936 vom 15.8.1978, S. 10

63 Hierzu Rohlmann, R.: a.a.O., S. 112

64 Hess. GVBL., Teil I, S. 501 ff.; insbes. Novellierung des § 13 EBG.

65 Vgl. Geil, R.: a.a.O., S. 157

66 Vgl. Der Senator für Wissenschaft und Kunst der Freien Hansestadt Bremen: Modellprojekt: Kooperation in der Weiterbildung, etwa Vorlage 47/77 für die Sitzung des Landesbeirates für Weiterbildung am 6. Dezember 1977, unveröffentliches Manuskript v. 22.II.77

67 Das sind die kreisfreien Städte und wenige Kreise, welche selbst Träger eines VHS sind.

68 Deutscher Städtetag: Aufgabenbereich der Volkshochschule, . . . a.a.O.
Vesper, E.: Rechts- und Verfahrensgrundlagen . . . a.a.O., S. 33 ff.;
Grätz, R.: a.a.O., S. 148 f.

69 Deutscher Städtetag: Bildung und Kultur als Element der Stadtentwicklung. In: Bildungs- und Kulturpolitik in der Stadt, Reihe C – DST-Beiträge zur Bildungspolitik, Heft z, Köln 1975, S. 1 ff.

70 Eingehend Vesper, R.: Rechts- und Verfahrensgrundlagen . . . a.a.O., S. 22 ff.

71 Vgl. etwa Stadt Bochum: Stadtentwicklungsplanung, Heft 14. Die Volkshochschule Bochum, Untersuchung über die Rekrutierung der Hörerschaft, unter Berücksichtigung gruppenspezifischer und regionaler Kriterien. Bochum 1974; Bildungsentwicklungsplan der Stadt Mülheim a. d. Ruhr. Beiträge zur Stadtentwicklung Nr. 1, hersg. im Auftrag des Oberstadtdirektors, Mülheim/Ruhr 1974;
Stadt Nürnberg: Bestandsaufnahme und Weiterentwicklung des Bildungszentrums der Stadt Nürnberg, Vorlage für Sitzung des Kulturausschusses am 1. Juli 1977, hekt. Manuskirpt, Nürnberg 1977;
Entwicklungsplan der Volkshochschule der Stadt Darmstadt, Darmstadt 1975.

72 Vgl. Roters, W.: in Grundgesetz-Kommentar, hrsg. von Münch, I. von, AD. 2, Art. 28. Randnr. '37 ff., München 1976.

73 Ebd.: Art. 28, Randnr. 49 ff.;
ders.: Kommunale Mitwirkung an höherstufigen Entscheidungsprozessen. Köln 1975, S. 44 ff.

74 Vesper, E.: Rechts- und Verfahrensgrundlagen . . . a.a.O., S. 22 ff.

75 Mayntz, R.: Probleme der inneren Kontrolle in der planenden Verwaltung. In: Scharpf, F./ Mayntz, R.: a.a.O., S. 99 f.;
grundlegend Luhmann, N.: Zweckbegriff und Systemrationalität. Frankfurt 1973.

76 Hierzu und zum Folgenden, Vesper, E.: Rechts- und Verfahrensgrundlagen . . . a.a.O., S. 23 ff.;
ders. in: Borchmann, M./Vesper, E.: Reformprobleme im Kommunalverfassungsrecht. Schriften des Deutschen Instituts für Urbanistik, Bd. 58, Stuttgart u. a. 1976, S. 117 ff., S. 149 ff., S. 170 ff.

77 Vesper, E.: Weiterbildung vor dem Zugriff der Jugendhilfe. In: Volkshochschule im Westen, 1978, S. 19 ff.;
Städtetag Nordrhein-Westfalen: Kommunale Entwicklungsplanung für Weiterbildung, a.a.O.

78 Jüchter H. Th.: a.a.O., S. 211 f.

79 Bund-Länder-Kommission für Bildungsplanung und Forschungsförderung (BLK): a.a.O., S. II 8/11 f.

80 Müller-Blattau, M.: Kulturelle Kooperation in der Stadt. In: Das Rathaus 1979, S. 11 f.;
Vesper, E.: Rechts- und Verfahrensgrundlagen . . . a.a.O., S. 28 f.

81 Statt vieler, Tietgens, H.: Zum Problem bedarfsgerechter Angebote der Volkshochschule. Hrsg. vom Deutschen Volkshochschulverband, Pädagogische Arbeitsstelle. Frankfurt 1978, S. 7 ff., S. 16 ff.

82 Hierzu insbes. Tietgens, H.: Zum Problem bedarfsgerchter Angebote der Volkshochschule . . . a.a.O., S. 16 ff., S. 25 ff.;
Jüchter, H. Th.: a.a.O., S. 293 ff.;
Vesper, E.: Rechts- und Verfahrensgrundlagen . . . a.a.O., S. 44 ff.;
Landesverband der Volkshochschulen Nordrhein-Westfalen: Empfehlungen zur Grundversorgung, Vorlage Nr. 55/78 für die Mitgliederversammlung „Kommunales Weiterbildungsangebot", vgl. Hauptthesen in: Volkshochschule im Westen 1978, S. 67 f.

83 Vgl. in Tietgens, H.: Zum Problem bedarfsgerechter Angebote der Volkshochschule . . . a.a.O., Anhang
84 Der Bundesminister für Bildung und Wissenschaft, (Hrsg.): Volkshochschule. Gutachten der Kommunalen Gemeinschaftsstelle für Verwaltungsvereinfachung (KGSt). Bonn 1973, S. 67 f.
85 Vgl. Tietgens, H.: Zum Problem bedarfsgerechter Angebote der Volkshochschule . . . a.a.O., S. 25 ff.
86 Deutscher Städtetag: Aufgabenbereich der Volkshochschule, a.a.O.
87 Jüchter, H. Th.: a.a.O., S. 295;
Vesper, R.: Rechts- und Verfahrensgrundlagen . . . a.a.O., S. 294
88 Vgl. insgesamt Jüchter, H. Th.: a.a.O., S. 294
89 Landesverband der Volkshochschulen NRW: a.a.O.
90 Hierzu mit Recht Tietgens, H.: Zum Problem bedarfsgerechter Angebote der Volkshochschule . . . a.a.O., S. 16

Kontinuität der Entwicklungsplanung als Voraussetzung der Bedarfsorientierung

Ferdinand Schmidt

Vorbemerkungen: Auswertung der Pläne und Nutzung der Planungserfahrung

Weiterbildungsentwicklungsplanung in Nordrhein-Westfalen ist eine kommunale Aufgabe, sie untersteht der Planungshoheit der Kommunen. Aus diesem Grunde regeln die gemäß § 9 des Weiterbildungsgesetzes (WbG) 1974 erlassenen „Rahmenrichtlinien für die Aufstellung kommunaler Weiterbildungsentwicklungspläne" nur die grundsätzlichen Dinge, die einheitlich festgelegt werden müssen, um eine einheitliche und vergleichbare Planung zu gewährleisten.

Die Pläne, die in einem Fünfjahresrhythmus aufgestellt werden müssen, wurden erstmals zum 31.12.1978 den Regierungspräsidenten vorgelegt. Sie umfassen die Einzelplanungen für die Volkshochschulen und die anderen Einrichtungen der Weiterbildung im Planungsbereich. Der zentrale Teil eines jeden Einzelplans ist der Datenkern, vier Formulare, in denen für ein Jahr der Bestandsaufnahme (erstmals 1976) und für ein Zieljahr (erstmals 1981) Zahlenangaben zum Angebot, zum Personal, zu den Räumen und zu den Kosten gemacht werden. Im ersten Plan werden sich so die Istzahlen für 1976 und die Sollzahlen für 1981 gegenüberstehen.

Diese Einzelpläne sind der wesentliche Bestandteil des Weiterbildungsentwicklungsplans, der insgesamt gemäß § 6 der Rahmenrichtlinien folgende Teile enthalten muß:

— alle Angaben für die kommunalen Weiterbildungseinrichtungen;
— die von anderen Planungsbeteiligten nach § 8 aufgestellten Kapazitätspläne;
— die Zusammenfassung der hierbei vergleichbaren Daten;
— eine zusammenfassende Darstellung der Entwicklungen und der in Aussicht genommenen Maßnahmen im Weiterbildungsbereich und ihren Zusammenhang mit den jeweiligen Gebietsstrukturen;
— eine Darstellung der Verknüpfung der Weiterbildungsentwicklungsplanung mit vorhandenen kommunalen Entwicklungsplanungen sowie mit den für die Weiterbildung relevanten sektoralen Planungen;
— eine Darstellung der vorhandenen kommunalen Schulen, Schulzentren und anderen Kultureinrichtungen sowie sonstiger kommunaler Raumkapazitäten und deren Benutzbarkeit für Zwecke der Weiterbildung;
— eine kartographische Darstellung der vorhandenen und geplanten räumlichen Verteilung im Planungsbereich.

In diesen Plänen wird eine sehr große Zahl von Daten zusammengefaßt. Man kann in etwa damit rechnen, daß in den 54 Weiterbildungsentwicklungsplänen ca. 1.000 Einzelpläne enthalten sind, in denen je mindestens 144 Kerndaten enthalten sind. Es wäre angesichts des großen Aufwandes der Planung nicht zu vertreten, wenn die Pläne jeweils nach ihrer Verabschiedung durch die parlamentarischen Gremien in den Kommunen und nach der Vorlage beim Regierungspräsidenten in den Archiven der kommunalen Planungsämter verschwänden und so den Datenfriedhof um eine weitere üppige Grabstätte bereicherten. Dies wäre unbefriedigend trotz des Nutzens, den die Durchführung der Planung selbst bringt. Überlegt werden sollte eine Auswertung der Weiterbildungsentwicklungspläne vor allem im Hinblick auf folgende Punkte:

- Verbesserung der folgenden Planungen im Hinblick auf die Angebotssetzungen;
- Verbesserung der folgenden Planungen im Hinblick auf die Ressourcensetzungen;
- Schaffung eines landesweiten Überblicks;
- Nutzbarmachung der Weiterbildungsentwicklungspläne für die Planungen im Rahmen der fortlaufenden Arbeitsprogrammerstellung.

Für diese Auswertungen sollen im folgenden Vorschläge gemacht werden, die Ansätze eines Auswertungsinstrumentariums darstellen.

Dabei soll auch die Rolle bedacht werden, die ein zentrales Dienstleistungsinstitut übernehmen könnte. Es handelt sich um erste Überlegungen, die noch im einzelnen genau erörtert werden müssen. Der Text ist als ein Diskussionsvorschlag gedacht, der nicht mehr tun will, als einige Vorschläge zur Nutzbarmachung der Daten der Weiterbildungsentwicklungspläne im Rahmen des FEoLL-Projektes zur Diskussion zu stellen.

Die Ziele der Auswertung

Die Verbesserung der folgenden Planungen im Hinblick auf die Angebotssetzungen

Als eines der wichtigsten Ziele der Auswertungstätigkeiten ist die Verbesserung der Basis für die Angebotssollsetzungen anzusehen, und zwar quantitativ wie auch qualitativ/inhaltlich. Es ist nicht auszuschließen, daß die Angebotssetzungen für 1981 in einigen Fällen einfache Fortschreibungen sind oder ausschließlich politische Setzungen darstellen, d. h. nicht von fundierten Bedarfsüberlegungen im Zusammenhang mit der Gesamtversorgung einer Region entstanden sind. Das hängt zum Teil mit Anfangsschwierigkeiten zusammen, zum Teil aber auch mit dem Fehlen von Instrumentarien, mit deren Hilfe Bedarf festgestellt werden kann. Die Weiterbildungsentwicklungspläne müssen daraufhin untersucht werden, wieweit sie Bedarfslagen erkennbar machen. Die Bestandsaufnahme muß sorgfältig daraufhin abgeklopft werden, ob sie innerhalb der gegebenen Gebietsstrukturen Unterversorgungen erkennen läßt und ob die Sollsetzungen auf diese Defizite reagieren. Dies gilt für Unter-, aber auch Überversorgungen in regionaler, curricularer und sozialer Hinsicht, d. h. die Pläne sollen als Instrument zur Feststellung genutzt werden, ob am richtigen Ort die richtigen Angebote für die richtigen Leute vorhanden bzw. geplant werden. Es sollte versucht werden, die oft subjektiven Entscheidungen über Bedarf durch die Analyse der Pläne auf rationalere Grundlagen zu stellen, sofern dies dem jeweiligen Träger- und Einrichtungswillen entspricht.

Formale Leitpunkte, vor allem für die Volkshochschule, die die Grundversorgung sichern muß, können die Punkte sein, die der Planungsträger bei seiner Beratungstätigkeit besonders beachten muß:

- Ausgewogenheit des Angebots;
- Differenziertheit des Angebots;
- Zumutbarkeit der Wegezeiten;
- Kongruenz von Landesplanung und Weiterbildungsentwicklungsplanung;
- Nachholmöglichkeiten von Schulabschlüssen;
- Zielgruppenangebote.

Eine weitere wichtige Quelle zur Validierung der Sollsetzungen ist die Beobachtung der Angebotsentwicklung in ihrer Relation zu den Sollsetzungen für 1981. Die Gründe für ein Abweichen von der geplanten Entwicklungslinie können höchst aufschlußreich sein für die Bewertung der Sollzahlen und somit dazu beitragen, Planungsfehler bei der zweiten Runde zu vermeiden. Neben dem kritischen Nachdenken über die Situation im Versorgungsgebiet und über die Sollerreichungsgrade können als dritte Quelle für die Validierung der Planungen Vergleiche dienen: Vergleiche von Planungsbereichen, Einrichtungen, Angebotsstrukturen, Entwicklungen usw.

Die Verbesserung der folgenden Planungen im Hinblick auf die Ressourcensetzungen

Die Auswertung der Weiterbildungsentwicklungspläne im Hinblick auf die verbesserte Ressourcenplanungen hängt eng mit dem Ziel zusammen, die Angebotsplanungen zu verbessern. Die richtige Planung der Ressourcen ist für alle Einrichtungen wichtig, sofern sie erst die qualifizierte Realisierung des geplanten Angebots ermöglicht. Dies gilt für die kommunalen Einrichtungen, bei denen aufgrund der Verpflichtung zur Grundversorgung die Angebots- und damit Ressourcenplanungen weniger 1945
vom Trägerwillen abhängig sein sollten als vom festgestellten Bedarf, aber auch für andere Einrichtungen, bei denen die Entscheidungen über die Angebotsplanungen sehr stark von der Bereitschaft des Trägers abhängig sind, Ressourcen in einem bestimmten Umfang zur Verfügung zu stellen.

Dementsprechend sollte versucht werden, durch die Auswertung der Pläne Kriterien für ein optimales Verhältnis von Angebots- und Ressourcenstruktur herauszufinden sowie die Argumentationsbasis für die Notwendigkeit bestimmter Ressourcen wie z. B. Häuser oder eigene Räume zu verbessern. Gerade weil es nicht selbstverständlich ist, daß die aufgrund der für notwendig erachteten Angebotsplanungen erforderlichen Ressourcen zur Verfügung gestellt werden, sollte der Ressourcenaspekt bei der Validierung der Pläne bewußt herausgehoben werden, obwohl er im Begriff des bedarfsdeckenden Angebots implizit enthalten ist. Das heißt, die oben gestellte Frage müßte erweitert werden: Die Auswertung sollte Hinweise darauf geben, ob am richtigen Ort die richtigen Angebote für die richtigen Leute mit den richtigen Mitteln angeboten bzw. geplant werden.

Vor allem mit Hilfe folgender Auswertungstätigkeiten könnte versucht werden, die Ressourcenplanungen für die Aufstellung der zweiten Serie der Weiterbildungsentwicklungspläne zu verbessern:

— Vergleiche der Ressourcenentwicklungen und der geplanten Investitionen;
— Vergleiche der Relationen von Ressourcen und Angebot in Planungsbereichen, Trägergruppen und einzelnen Einrichtungen;
— Sammlung und Analyse der Begründungen für die Ressourcensetzungen.

Durch diese Aufstellungen und Analysen können Grundlagen geschaffen werden, die es ermöglichen, die Ressourcenplanungen bei der zweiten Planungsrunde rationaler zu gestalten und — dieser Aspekt sollte auf keinen Fall übersehen werden — sie realistischer zu machen, d. h. auch überzogene Sollsetzungen zu vermeiden.

Die Schaffung eines landesweiten Überblicks

Aufgrund der Bestandsaufnahme im Rahmen der Weiterbildungsentwicklungsplanung (erstmalig für 1976) besteht zum ersten Mal die Möglichkeit, einen Überblick über die Weiterbildungslandschaft im Lande Nordrhein-Westfalen zu erhalten. Es ist anzunehmen, daß dieser Überblick die Struktur der Versorgung mit Weiterbildungsangeboten im Lande in ihren Grundzügen erkennen läßt, da ja gemäß Rahmenrichtlinien auch die Angebote von Einrichtungen, die nicht nach dem Weiterbildungsgesetz gefördert werden, in die Planungen einbezogen werden sollen. Diese Bestandsaufnahme sollte vorrangig unter der Zielsetzung der Weiterbildungsentwicklungsplanung insgesamt gesehen werden: Verbesserung der Versorgung in den Planungsbereichen. Durch die Bestandsaufnahme kann die Weiterbildungsentwicklungsplanung als Instrument zur Gewährleistung eines flächen- und bedarfsdeckenden Angebots verbessert werden, indem durch die landesweiten Vergleichsmöglichkeiten die Weiterbildungssituation im eigenen Planungsbereich deutlicher wird.

Darüber hinaus aber hat die Bestandsaufnahme auch einen wichtigen bildungspolitischen Aspekt. Die Integration des Weiterbildungsbereichs als gleichwertigen Teil in das Gesamtbildungssystem erfordert ein Durchsichtigmachen der Strukturen und ein Planen der Entwicklungen. Das zufällige Wachsen des Bereiches muß von einer geplanten Entwicklung abgelöst werden, ohne allerdings die traditionelle Freiheit der Erwachsenenbildung zu gefährden. Die Installation der Weiterbildungsentwicklungsplanung als kommunaler Planung nach Rahmenrichtlinien des Landes versucht dies zu erreichen. Ein Ziel der Auswertung sollte es dementsprechend sein, die regionalen Versorgungsstrukturen im ganzen Lande durchsichtig zu machen, um Benachteiligung ausgleichen zu können. Folgende Aspekte sollten bei der Auswertung der einzelnen kommunalen Bestandsaufnahmen im Hinblick auf einen landesweiten Überblick beachtet werden:

— Versorgungsstruktur nach Einrichtungstypen;
— Versorgungsstruktur nach regionalen und überregionalen Anteilen;
— Angebotsstrukturen und Investitionsplanungen;
— Trends und Entwicklungstendenzen;
— Validierung der Versorgung mit Planungsmeßziffern.

Die Nutzbarmachung der Weiterbildungsentwicklungspläne für die fortlaufende Programmerstellung

Es ist anzunehmen, daß die Überlegungen im Rahmen der Weiterbildungsentwicklungsplanung zu einem intensiveren Nachdenken über die eigenen Aktivitäten im Weiterbildungsbereich führen und so das Alltagsgeschäft der Planung und Durchführung von Weiterbildungsangeboten verbessern. Über diese indirekte Verbesserung hinaus sollte versucht werden, die Weiterbildungsentwicklungspläne als Handlungsgrundlage für die Verbesserung und Erleichterung der fortlaufenden kurzfristigen Planungen im Rahmen der Programmplanungen nutzbar zu machen. Handlungsgrundlage nicht in dem Sinne, daß die Sollsetzungen für das Angebot unreflektiert als Richtschnur für die Programmplanungen zugrundegelegt werden, wohl aber in dem Sinne, daß die Gründe, die zu den Sollsetzungen geführt haben, durch die Programmplanungen ständig auf ihre Richtigkeit hin befragt werden. Hierbei können Vergleichsmöglichkeiten und exemplarische Analysen von Versorgungsstrukturen wichtige Hilfsdienste leisten.

Schon jetzt zeigt sich, daß sich aufgrund der von den Planungsträgern initiierten Abstimmungsverfahren als außerordentlich nützlich angesehene Dauerkontakte institutionalisiert haben. Die Pläne — einzeln und insgesamt — müßten daraufhin untersucht werden, ob sie nicht Hilfen für diese Beratungen und für die fortlaufenden Planungstätigkeiten der Einrichtungen und ihrer Träger liefern können. Dies gilt auch für den Planungsträger. Weiterbildungsentwicklungsplanung sollte seine kommunalen Planungen insoweit beeinflussen, daß die Belange der Weiterbildung gebührend berücksichtigt werden. Die Weiterbildungsentwicklungsplanung erfüllt hier die Funktion, die Realisierung der Forderung, den Weiterbildungsbereich als gleichberechtigten Teil des Bildungswesens in die Bildungsinfrastruktur eines Planungsbereiches einzubauen, nach den für den Weiterbildungsbereich erforderlichen Maßstäben zu ermöglichen.

Der Weiterbildungsentwicklungsplan sollte nicht nach Fertigstellung ad acta gelegt werden, und die Abstimmungsverfahren sollten nicht nur alle fünf Jahre stattfinden. Weiterbildungsentwicklungsplanung sollte als dynamischer Prozeß aufgefaßt werden, in den auch die Dienstleistungen eines zentralen Weiterbildungsinstituts einfließen können. Die Auswertungsaktivitäten auf den drei Ebenen

— Einrichtungen (Individualauswertung),
— Planungsträger (Regionalauswertung),
— Landesinstitut (zentrale Auswertung)

erfolgen unter verschiedenen Aspekten, verknüpfen sich aber in einem Regelkreis zur Verbesserung des realen Angebots im Planungsbereich.

Abb. 1: Stufenablauf der Auswertung der Weiterbildungsentwicklungspläne

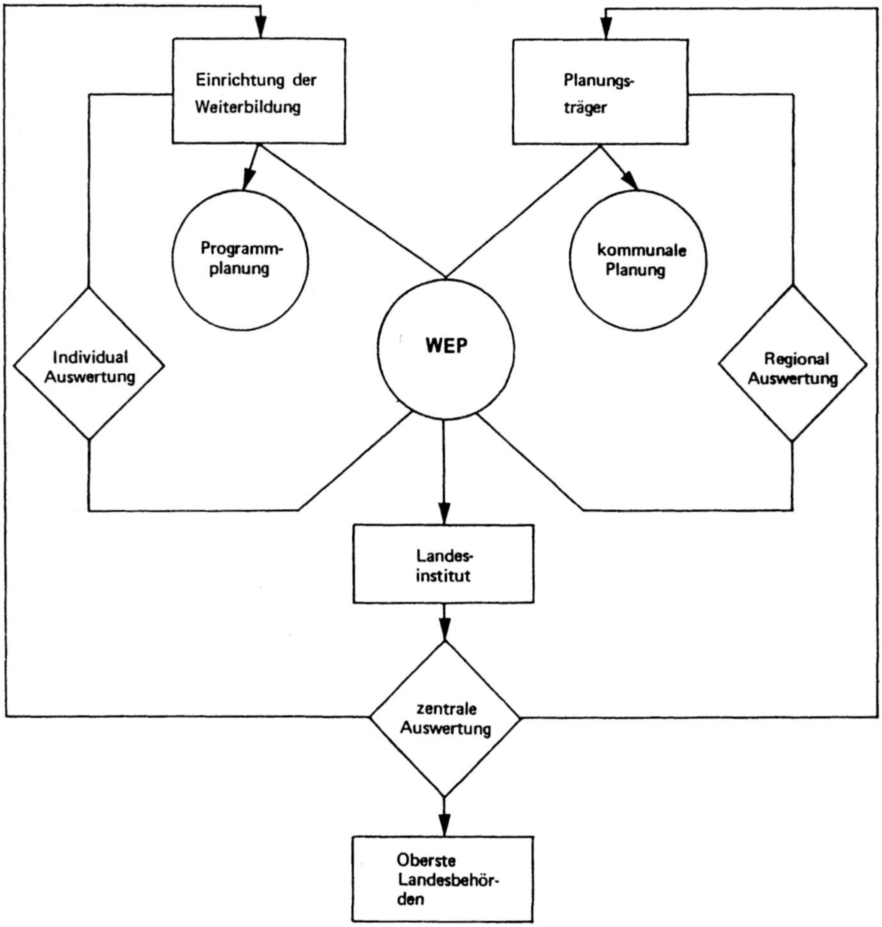

Die Ebenen der Auswertung

Die Individualauswertung

Alle Auswertungsaktivitäten in bezug auf die Pläne müssen das Ziel haben, die Versorgungslage quantitativ und qualitativ zu verbessern, ganz gleich, ob sie auf der Ebene der Einrichtungen, des Planungsträgers oder des Landes erfolgen. Die Blickrichtungen auf den drei Ebenen sind allerdings unterschiedlich. Während bei der Individualauswertung die Realisierung der eigenen Zielvorstellungen angesichts bestimmter Gegebenheiten im Vordergrund steht, hat der Planungsträger die ausreichende Versorgung seines Verwaltungsbereichs im Blickfeld. Die zentrale Auswertung durch ein Dienstleistungsinstitut muß vorrangig unter dem Aspekt erfolgen, eine möglichst umfassende und genaue Basis für die Individual- und Regionalauswertung zu schaffen.

Die Auswertungstätigkeiten auf der Ebene der einzelnen Einrichtung und ihres Trägers dienen zunächst der Validierung der Sollsetzungen. Hierbei ist allerdings zu beachten, daß die schwergewichtige Strukturierung der Sollzahlen aus dem Charakter der Einrichtung entspringt. Es können aber aufgrund neuer Erkenntnis durchaus Korrekturen und Gegensteuerungen sich als notwendig erweisen. Folgende Globalfragen müssen u. a. an den Plan gestellt werden, die sich ihrerseits in eine Reihe weiterer Fragen aufgliedern:

— Ergibt die Gesamtübersicht über den Planungsbereich Defizite, deren Deckung dem Trägerwillen entspricht?
— Ergeben sich Defizite aufgrund von Vergleichen mit anderen Planungsbereichen und/oder vergleichbaren Einrichtungen?
— Weisen die deskriptiven Teile auf Defizite hin?
— Erfordert die Entwicklung des Angebots Korrekturen der Sollsetzungen (Feststellen oder Sollerreichungsgrade)?
— Sind Neubesinnung auf die Zielvorstellungen erforderlich?

Die Antworten auf diese Fragen und damit die Feststellung von Defiziten bleiben in gewissem Grade immer subjektive Einschätzung, sie können aber aufgrund von Vergleichen und Berechnungen, der Analyse des Zahlen- und Vergleichsmaterials angesichts der Gebietsstrukturen rationaler werden. Neben der Validierung der Sollzahlen sollte es Ziel sein, die Antworten in die Programmgestaltung während des Planungszeitraums einzubringen, so daß über die Auswertung der Pläne eine kontinuierliche Verbesserung der fortlaufenden Angebotsplanungen erfolgt. Bisher spielten sich diese konkreten Überlegungen für die Planung von Veranstaltungen zwischen zwei Polen ab, die sich gegenseitig beeinflussen, aber auch bis gegen Null streben können.

Die Weiterbildungsentwicklungsplanung erweitert diese Beziehung, indem sie die rechte Seite durch zwei Faktoren ersetzt:

Man könnte dieses Dreieck sich gegenseitig beeinflussender Faktoren in Analogie zum in Heft 33 der Schriftenreihe Strukturförderung im Bildungswesen des Landes Nordrhein-Westfalen „Weiterbildungsentwicklungsplanung in NW" entwickelten Planungsdreieck als Realisierungsdreieck bezeichnen. Das Realisierungsdreieck setzt die Angebotsüberlegungen einer Einrichtung in Beziehung zur komplexen Situation im Planungsbereich. Die konkrete Anwendung des Realisierungsdreiecks bedeutet, daß die fortlaufenden Planungsüberlegungen anhand der Pläne die vorliegenden und geplanten Versorgungsstrukturen und die aufgrund der Gebietsstrukturen erkennbaren Erfordernisse einbeziehen. Daß auch hier ein Faktor aufgrund des Einrichtungs- und Trägerwillens teilweise oder ganz unberücksichtigt bleiben kann, versteht sich.

Die Regionalauswertung

Das Auswertungsinteresse des Planungsträgers richtet sich auf die Gesamtversorgung seines Bereiches mit Weiterbildungsangeboten und auf die Frage, in welchem Maße sie der vom Weiterbildungsgesetz intendierten flächen- und bedarfsdeckenden Versorgung entspricht. Hierbei steht er vor der Schwierigkeit, daß — abgesehen vom Mindestangebot als Grundversorgung — keine quantitativen Angaben darüber vorliegen, ab wann eine Versorgung als bedarfsdeckend anzusehen ist. Um hier Anhaltspunkte zu erhalten, sind Analysen von Versorgungs- und Gebietsstruktur seines Bereiches, Vergleiche mit anderen vergleichbaren Planungsbereichen, die Analyse der Versorgungs- und Beteiligungsgrade in den Nachbarbereichen sowie der Pendelbewegungen erforderlich. Sehr nützlich könnte ein institutionalisierter Kontakt mit dem Weiterbildungsbereich sein. Dabei könnte der Planungsträger fortlaufend seine Planungen, soweit sie für die Weiterbildung relevant sind, mitteilen, sowie sich fortlaufend über die Bedarfserwartungen der Einrichtungen informieren. Der ständige Informationsfluß mit dem Ziel einer kontinuierlichen Validierung des Weiterbildungsentwicklungsplans ist für den Planungsträger ein ausgezeichnetes Mittel, seiner Verantwortung für die Versorgung mit Weiterbildungsangeboten nachzukommen. Denkbar ein folgender Ablauf, wie in Abb. 2 skizziert.

Abb. 2:

	Planungsträger	*Planungsbeteiligter*
1978	Vorlage der Pläne	
1979		Informations- und
1980		Validierungskontakt
1981 (Zieljahr)	Vorbereitung der	Bestandsaufnahme
	2. Planungsrunde	Vergleich von Ist
		und Soll
1982		Abwicklung der zwei-
1983		ten Planungsrunde
	Vorlage der Pläne	
1984		Informations- und
1985		Validierungskontakt
1986 (Zieljahr)		usw.

Als eine wichtige Grundlage für diese Beratungs- und Abstimmungsaktivitäten sollte der Weiterbildungsentwicklungsplan sowie die aufgrund der Auswertungen erhaltenen numerischen und deskriptiven Vergleichswerte dienen. Folgende Aspekte können z. B. von Bedeutung sein:

- eine genauere Strukturierung der Angebote und Klärung der Zuordnungsprinzipien bei den Sachbereichen;
- Darstellung der Trends bei den Angebotsplanungen;
- Auflistung der Probleme hinsichtlich des Abstimmungsverfahrens und der Beteiligungen;
- Darstellung der Zielvorstellungen in den Einzelplänen und ihre Konsequenzen für die regionale Versorgung;
- Darstellung der Trägerstrukturen im Hinblick auf Umfang und Inhalt;
- Darstellung des Angebots nach Veranstaltungsarten;
- Darstellung des Angebots nach der Zeitorganisation;
- Darstellung des Problems der regionalen und überregionalen Anteile der Versorgung;
- Versorgungsanteile durch Einrichtungen in Nachbarbereichen (Pendler);
- planungsbereichüberschreitende Einzugsbereiche (z. B. bei Hochschulaktivitäten, Schulen der Weiterbildung);
- Investitionen und ihre zu erwartenden Auswirkungen;
- Angebotsorte, Räume und Auslastungsgrade;
- Bewertungen der Versorgung mit Dichteziffern und Durchschnittszahlen.

Die zentrale Auswertung

Die Auswertung der Weiterbildungsentwicklungspläne im Hinblick auf die Verbesserung der kurzfristigen und mittelfristigen Versorgungslagen würde zu kurz greifen, wenn sie sich lediglich auf die Auswertung des eigenen Plans beschränken würde. Der Vergleich der eigenen Zahlen mit denen anderer, vergleichbarer Einrichtungsgruppen im Lande und der Vergleich der Planungsregionen miteinander ist eine sehr gute Möglichkeit, Hinweise auf Versorgungsdefizite zu erhalten. Die Möglichkeiten für diese Vergleiche können nicht von einzelnen Einrichtungen geschaffen werden. Der Arbeitsaufwand stünde in keiner vertretbaren Relation zum Nutzen.

Eine Auswertung aller Pläne mit dem Ziel, Vergleichsmöglichkeiten im breiten Umfang zu schaffen, könnte durch die Planungsträger erfolgen. Dies hätte den Vorteil, daß die besondere Situation des jeweiligen Planungsbereichs berücksichtigt werden könnte. Sie hätte allerdings einige Nachteile:

- Die ohnedies durch die Weiterbildungsentwicklungsplanung stark belasteten Kommunen wären noch stärker belastet.
- Die gleichen Auswertungsarbeiten würden an 54 Stellen im Lande parallel vorgenommen — wenigstens zu einem erheblichen Teil.
- Die Auswertungen würden u. U. sehr unterschiedlich sein, so daß durchaus verschiedene Entwicklungen initiiert werden könnten.

Aus diesen Gründen ist es sinnvoller, daß von einer zentralen Stelle aus, z. B. dem neugegründeten Landesinstitut, die 54 Pläne ausgewertet und die Ergebnisse dieser Auswertung allgemein für alle Planungsbeteiligten und Planungsträger und alle Interessierten veröffentlicht werden. Voraussetzung dafür ist, daß alle Pläne bei der zentralen Stelle gesammelt werden und die personelle Kapazität vorhanden ist.

140

Die Auswertungsmöglichkeiten und vor allem die Auswertungsbedürfnisse müssen sehr sorgfältig mit den betroffenen Planungsträgern, Einrichtungen und Trägern erkundet und diskutiert werden. Hierzu sind Problemerkundungsseminare und Gespräche erforderlich. Die Orientierung der Auswertungen an den Auswertungsbedürfnissen der Weiterbildungspraxis soll sichern, daß sie als nützliche und relevante Dienstleistungen akzeptiert werden. Es könnte die ganze Weiterbildungsentwicklungsplanung in Mißkredit bringen, wenn das Landesinstitut einen Auswertungsaufwand betriebe, der vielleicht von einigen Mathematikästheten als Ausschöpfen aller statistischen und mathematischen Möglichkeiten bewundert würde, ansonsten aber l'art pour l'art bliebe und die Weiterbildungsplanung im Lande nicht verbessern würde.

Leitabsicht der zentralen Auswertung sollte es sein, die Individual- und Regionalauswertungen durch den Landesrahmen sicherer zu machen.

Abb. 3: Zielsetzung der Auswertung

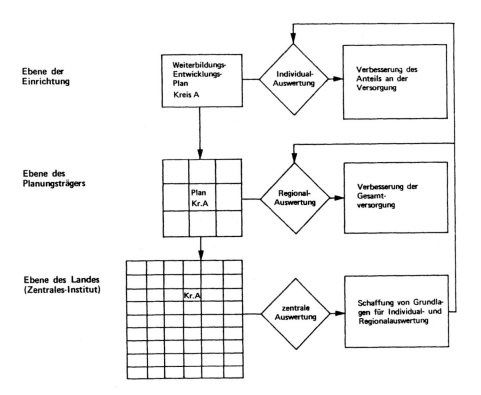

Bei den Auswertungstätigkeiten des Landesinstitutes kann es sich immer nur um Auswertungshilfen in der Form von Zusammenstellungen, Vergleichen, Berechnungen, Analysen usw. handeln. Die Nutzung dieser Hilfen im Hinblick auf Bedarfs- und Defizitfeststellungen kann nur vor dem jeweiligen Hintergrund der betreffenden Planungsbereiche erfolgen. Das heißt allerdings nicht, daß das Landesinstitut im einzelnen einer Einrichtung oder einem Planungsträger behilflich sein kann.

Darüber hinaus hat die zentrale Auswertung einen hohen Informationswert für das Land, der sich vor allem auf folgende Aspekte bezieht:

— Auswirkungen des Gesetzes;
— Verbesserungserfordernisse der Instrumentarien (Rahmenrichtlinien);
— Investitionsabsichten.

Die Grundlagen der Auswertung

Die Auswertung des Datenkerns

Als der Kern der Weiterbildungsentwicklungsplanung sind die vier Formulare anzusehen, in denen die Versorgung des Planungsbereichs mit Weiterbildungsangeboten für Ist (1976) und Soll (1981) erkennbar wird. Der erste Blick auf die Pläne wird sich wahrscheinlich in der Regel den Zahlen zuwenden. Die Zahlen in den Plänen, einzeln und insgesamt, erlauben horizontale und vertikale Vergleiche, die angestellt werden können in bezug auf

— den Einzelplan;
— den einzelnen Gesamtplan;
— mehrere Einzelpläne;
— mehrere Gesamtpläne;
— alle Einzelpläne eines Einrichtungstyps;
— alle Gesamtpläne.

Horizontal verglichen werden können die absoluten und die prozentualen Zahlen für die Angebote und die Ressourcen jeweils untereinander und in Relation zueinander, auch aufgeschlüsselt nach den Kategorien der Formulare, Durchschnittszahlen, Dichteziffern und sonstige Planungsmeßziffern sowie auch die Steigerungsraten.

Vertikal verglichen werden können die Ist- und Sollzahlen, und zwar auch jeweils absolut, prozentual für Angebote und Ressourcen usw. Die Struktur des geplanten Angebots im Verhältnis zur Struktur des durchgeführten Angebots wird durch vertikale Vergleiche deutlich. Hieraus können sich Hinweise auf die Notwendigkeit von Gegensteuerungen und Verstärkungen ergeben.

Durch Vergleiche können die Einrichtungen zu Fragen in bezug auf Ist und Soll angeregt werden:

— Beruhen abweichende Werte auf bewußten Zielsetzungen?
— Liegen für abweichende Werte Fehleinschätzung vor?
— Beruhen die Abweichungen auf nicht ausreichenden Ressourcen?
— Ist das Angebot in einer Region oder einem Teilbereich ausreichend, ausgewogen und differenziert?
— Aus welchen Gründen sind bestimmte Sachbereiche über- oder unterrepräsentiert?
— Sind Sachbereiche im öffentlichen und nicht-öffentlichen Angebot unausgewogen?

Die Auswertung des deskriptiven Teils

Die Vergleiche von Zahlen führen zur Feststellung von Durchschnittswerten, von Trends und von Abweichungen und Schwerpunkten in der Programmstruktur, sie führen aber nicht zur Bewertung dieser Feststellungen. Die Feststellung von Defiziten (Unterversorgungen, Unausgewogenheiten, fehlende Differenzierung usw.) kann

142

aber nicht aus den Zahlenvergleichen allein getroffen werden. Eine wesentliche Hilfe für die Bewertung der Zahlen stellen die deskriptiven Teile der Pläne dar, und zwar sowohl die Erläuterungen zu den Formularen in den Einzelplänen, die die Rahmenrichtlinien als wünschenswert hinstellen, und die deskriptiven Teile der Gesamtpläne, in denen der Planungsträger gemäß den Rahmenrichtlinien die Entwicklungslinien im Weiterbildungsbereich vor dem Hintergrund der Gebietsstrukturen zeichnet und die Verknüpfungen der Weiterbildungsentwicklungsplanung mit seinen anderen kommunalen Entwicklungsplanungen darstellt.

Erläuterungen zu den Formularen lassen Schlüsse zu auf die Absichten und Zielvorstellungen der Einrichtungen, z. B. im Hinblick auf

— Angebotsschwerpunkte,
— inhaltliche Ausgestaltung der Sachbereiche,
— Zeitorganisation der Veranstaltungen,
— Zielgruppengerichtetheit der Angebote,
— Zentralität/Dezentralität,
— Wertorientierung der Arbeit (z. B. religiöser oder politischer Art).

Aufschlußreich für die Einschätzung einer Versorgungsstruktur sind Hinweise auf Pendelbewegungen, auf Aussagen zur Nachfragestruktur, zu Überhängen und Numerus Clausus-Situationen. Die Einzelpläne der Volkshochschulen sollten auf Aussagen zur Grundversorgung sorgfältig geprüft werden.

Die vom Planungsträger verfaßten deskriptiven Teile des Planes erlauben es, die Zahlenwerte in Relation zu den Gebietsstrukturen zu setzen. Darstellungen zur Bevölkerungs- und Wirtschaftsstruktur — vor allem im Hinblick auf die Sozial- und Berufsstruktur — geben wichtige Hinweise auf das erforderliche Angebot. Dies gilt auch in bezug auf die vom Planungsträger dargestellten Entwicklungen im Planungsbereich, die u. U. neue Planungen noch für den Planungszeitraum erfordern.

Die deskriptive Darstellung der Verknüpfung von Weiterbildungsentwicklungsplanung und den anderen sektoralen Fachplanungen sind von großem Gewicht für die optimale Nutzung der kommunalen Infrastruktur. Analyse und Vergleiche führen auch hier zu Fragen:

— Bestehen Möglichkeiten der Angebotsverbesserung durch Kooperationen mit dem kommunalen Kino, dem Theater, der Oper, dem Museum, den Sportvereinen?
— Müssen neue Angebote während des Planungszeitraums aufgrund neuer Wirtschafts- oder Wohnansiedlungen geplant werden?
— Müssen konkrete Angebote aufgrund im Plan angekündigter kommunaler Maßnahmen geplant werden?
— Sind Angebotsveränderungen aufgrund von Hochschulaktivitäten im Weiterbildungsbereich notwendig?
— Ergeben sich Kooperationsmöglichkeiten mit der Hochschule?
  Ergeben sich Möglichkeiten einer besseren Versorgung mit Nachholmöglichkeiten für Schulabschlüsse durch Kooperation mit Schulen?
— Kann die Dezentralisation durch Nutzung von Schulraum verbessert werden?

Die integrative Auswertung

Die Analyse der Zahlenangaben in den Einzelplänen und der Erläuterungen zu den Zahlen und zum Planungsbereich führt zu nützlichen Erkenntnissen im Hinblick auf den eigenen Standort in der Weiterbildungslandschaft; für eine Validierung der

Zahlen in Ist und Soll im Hinblick auf eine Bedarfsgerechtigkeit hin ist jedoch eine integrative Auswertung aller relevanten Aussagen numerischer wie deskriptiver Art erforderlich.

Eine im Vergleich mit vergleichbaren Planungsbereichen niedrigere Weiterbildungsdichte kann ein Defizit bedeuten; ob tatsächlich ein Defizit vorliegt, kann erst durch die Analyse aller verfügbaren Faktoren festgestellt werden. Das detektivische Ausspüren von Erfordernissen kann im Grunde nicht auf eine Zahlen- und Tabellenanalyse verkürzt werden. Tabellen haben eine wichtige Unterstützungsfunktion, indem sie zu Fragen anregen, die ohne sie nicht gestellt werden. Dies wird z. B. aus folgender Tabelle deutlich, die als Grundlage zur Bewertung des Grades der flächendeckenden Versorgung dient.

Abb. 4: Numerische und deskriptive Planungsdaten

Teil-be-reiche	Ein-woh-ner	Größe 2 km	Ange-bots-orte	Sachbereiche (Unterrichtsstunden)						
				1.1		1.2		1.3		
				Ist	Soll	Ist	Soll	Ist	Soll	
I			A							→
II			B							
III			C							

Hier zeigt sich die Komplexität der Bedarfsfeststellung. Ohne in eine integrative Auswertung einbezogen zu sein, sagen die Tabellenwerte nichts aus. Sie geben Hinweise auf mögliche Defizite, die durch Fragen etwa der folgenden Art weiter verfolgt werden müssen:

— Wie ist die Verkehrsanbindung an die Nachbarbereiche? (Straßennetz, öffentliche Verkehrsmittel)
— Wie sind die Entfernungen?
— Welche Hinweise geben die Entwicklungen von Ist und Soll? (Einschätzung der anderen Planungsbeteiligten ist nicht unwichtig)
— Welche Hinweise auf die Art der Angebote sind vorhanden und erlauben Rückschlüsse? (Zielgruppenarbeit, Vormittagsangebote usw.)
— Gibt es Hinweise auf Pendler?
— Gibt es Einrichtungen, die hochspezialisierte Angebote für einen großen Einzugsbereich durchführen?

Folgende Tabelle verlangt sehr detaillierte Angaben in den Plänen. Wo diese Angaben vorliegen, sollte sie erstellt werden; sie könnte im Rahmen einer Analyse innerhalb des gesamten übrigen Gefügegeflechtes Hinweise auf curriculare Defizite geben.

Wo diese Angaben nicht in dieser detaillierten Form vorliegen, sollte versucht werden, die Tabelle mindestens für den Planungsbereich insgesamt aufzustellen. Für die verschiedenen Trägergruppen aufgestellt, gibt sie einen Überblick über die Wertorientierung der Angebote. Es können so durch sie Hinweise auf zahlenmäßig nicht ausgewiesene Defizite sichtbar werden, z. B.: Einwohner fühlen sich von Veranstaltungen ausgeschlossen, weil sie nur in einer bestimmten Wertorientierung angeboten werden.

Abb. 5: Datengerüst zur integrativen Auswertung

Teil-bereiche	Bevölke-rungs-struktur	ab-solut	Sachbereiche (Unterrichtsstunden)						
			1.1		1.2		1.3		⟶
			Ist	Soll	Ist	Soll	Ist	Soll	⟶
I	Alter 15-25 25-35 35-65 65- Beruf Beamter Arbeiter usw. Schulab. ohne Hauptsch. Realsch. usw.								
II	wie oben								

Soziale Defizite sind am schwierigsten zu greifen; sie sind überall da anzunehmen, wo Bevölkerungsgruppen bei den Teilnehmern an Weiterbildungsveranstaltungen unterrepräsentiert sind. Da diese Unterrepräsentation in der Regel mit einer besonderen Notwendigkeit für Weiterbildung einhergeht, ist das Auffinden dieser Defizite von zentraler Bedeutung für die Realisierung eines bedarfsgerechten Angebots. Um soziale Defizite festzustellen, müßten Angaben zur Bevölkerungsstruktur vorliegen. Das ist mit Wahrscheinlichkeit zumindest für Planungsteilbereiche nicht überall anzunehmen. Ebenso dürften in den meisten Fällen keine Teilnehmerstatistiken vorliegen, so daß ein Vergleich von Teilnehmer- und Bevölkerungsstruktur nicht möglich ist. Und selbst, wo derartige Statistiken vorliegen, greifen sie nicht in jedem Fall potentielle Zielgruppen, auf die sich Weiterbildungsbemühungen besonders richten sollten.

Folgende Fragen müssen an jedem Weiterbildungsentwicklungsplan gestellt werden:

— Finden sich in den Erläuterungen zu den Einzelplänen Hinweise auf sozial benachteiligte Gruppen?
— Sind in den Einzelplänen Angebote in Ist und Soll als Angebote für Zielgruppen ausgewiesen?
— Finden sich in den deskriptiven Ausführungen des Planungsträgers zum Planungsbereich Hinweise auf sozial benachteiligte Gruppen?
— Finden sich in den Angaben des Planungsträgers hinsichtlich der zukünftigen Entwicklung des Planungsbereiches Anhaltspunkte für das Entstehen von sozial benachteiligten Gruppen oder Problemgruppen irgendwelcher Art?

Die Antworten auf diese Fragen können im Zusammenhang mit der Angebotsanalyse Erfordernisse für die Programmplanungen zeigen. Dabei muß die Angebotesanalyse sehr sorgfältig erfolgen, da zum Teil große Unsicherheiten bestehen im Hinblick auf

— die inhaltliche Zusammensetzung des Angebots (Sachbereiche sind zu ungenau),

145

– die Vollständigkeit des Angebots (sind alle relevanten Angebote erfaßt, z. B. für die berufliche Weiterbildung?),
– die Regionalität des Angebotes (wieviele Zahlen überregionaler Träger verfälschen das regionale Zahlenmaterial?).

Diese Schwierigkeiten verstärken die Notwendigkeit einer integrativen Auswertung. Die Formulare in den Einzelplänen, weiteres in den Plänen eingefügtes Zahlenmaterial sowie auch die mit den Zahlen und u. U. zusätzlich beschafften Daten vorgenommenen Zusammenstellungen und Berechnungen sind nützliche Hilfsmittel, auf keinen Fall aber sichere Indikatoren für das Erkennen von Defiziten. Die Auswertungsaktivitäten schaffen wichtige Voraussetzungen, die für die Feststellung von Defiziten erforderlich sind. Erst eine zusammenfassende, integrative Betrachtung aller relevanten Aspekte stellt sicher, daß die Voraussetzungen optimal genutzt werden.

Die Auswertungsdienstleistungen durch ein zentrales Institut

Im folgenden werden einige Vorschläge für die Aktivitäten eines zentralen Dienstleistungsinstituts gemacht, durch die die Auswertungsbasis auf kommunaler Ebene zur Verbesserung der kurz-, mittel- und langfristigen Planungen für den Weiterbildungsbereich tragfähiger gemacht werden kann. Bei diesen Vorschlägen handelt es sich um erste Überlegungen, die im einzelnen noch mit den Betroffenen im Weiterbildungsbereich erörtert werden müssen. Aber schon jetzt läßt sich sagen, daß die zentralen Dienstleistungen zur Auswertung der Weiterbildungsentwicklungspläne sachlich um folgende Schwerpunkte kreisen werden:

– Zusammenfassung und Aufarbeitung des Datenmaterials in den Plänen zur Schaffung einer Basis für Vergleichsmöglichkeiten;
– Analyse der Pläne für die Entwicklung wichtiger Problemzonen und Darstellung dieser Bereiche;
– Erkundung und Aufbereitung der bei der 1. Planungsrunde aufgetretenen organisatorischen und inhaltlichen Probleme mit dem Ziel der Verbesserung der 2. Planungsrunde.

Ein Problem bei der Schaffung von numerischen Vergleichsmöglichkeiten für die regionale Auswertung sind die Unsicherheiten in bezug auf die Genauigkeit der Daten. Es wäre der Entwicklung u. U. sehr abträglich, wenn aufgrund von schiefen und unsicheren Zahlen falsche Schlüsse gezogen würden. Dies gilt besonders für die Sollzahlen. Hier ist äußerste Behutsamkeit erforderlich. Unsicherheitsfaktoren und Fehlerquellen müssen erkundet und zur Relativierung der Zahlen dargestellt werden.

Im einzelnen lassen sich die wichtigsten Aktivitäten des Landesinstituts sowie auch ihre Funktion zur Verbesserung der örtlichen Planungen wie folgt schematisch in einem Regelkreis darstellen. (Abb. 6)

Die Schaffung von Vergleichsmöglichkeiten

Zahlenvergleiche

Eine der wichtigsten Möglichkeiten des zentralen Instituts ist es, Auswertungshilfen in der Form von Vergleichen und Zusammenstellungen zu leisten. Hier handelt es sich um eine relativ einfache, aber aufwendige Aufgabe. Die Zahlen, absolut und in Prozentwerten, für das Angebot, das Personal und die Räume sowie auch die Kosten können nebeneinandergestellt werden. Dabei sollten die Zahlen benachbarter Pla-

Abb. 6: Ablauf von Auswertung und Analyse

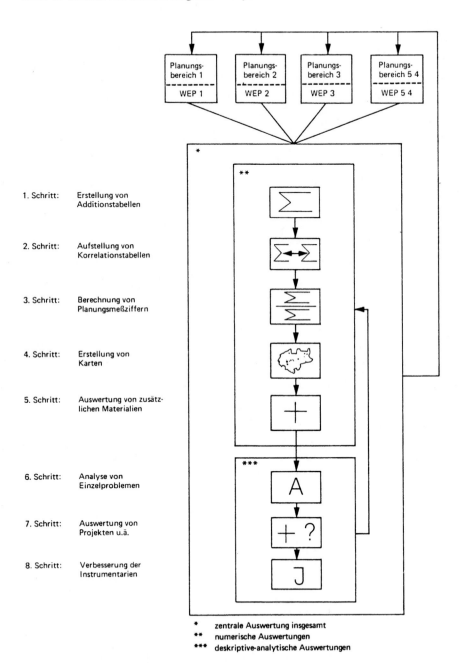

1. Schritt: Erstellung von
              Additionstabellen

2. Schritt: Aufstellung von
              Korrelationstabellen

3. Schritt: Berechnung von
              Planungsmeßziffern

4. Schritt: Erstellung von
              Karten

5. Schritt: Auswertung von zusätz-
              lichen Materialien

6. Schritt: Analyse von
              Einzelproblemen

7. Schritt: Auswertung von
              Projekten u.ä.

8. Schritt: Verbesserung der
              Instrumentarien

*   zentrale Auswertung insgesamt
**   numerische Auswertungen
***   deskriptive-analytische Auswertungen

nungsbereiche nebeneinander stehen, soweit das möglich ist, ohne einen Planungsbereich doppelt aufführen zu müssen. Um die Tabelle drucktechnisch einfach zu gestalten, sollten die Planungsbereiche in der linken Spalte untereinander stehen. Auf diese Weise wird ein zwar grober, aber übersichtlicher Vergleich der Planungsbereiche möglich, vor allem im Hinblick auf die Anteile der einzelnen Sachbereiche am Gesamtangebot. Gegenüberstellungen der Angebote sollten insgesamt und aufgeteilt nach kommunalen und nichtkommunalen Einrichtungen erfolgen. Es könnte einem Wunsch von Trägergruppen entsprechen, auch nach diesen Gruppen getrennt (z. B. kirchliche oder gewerkschaftliche Weiterbildung) aufzulisten, um die Anteile der Gruppen in den einzelnen Planungsbereichen vergleichen zu können. Diese Zusammenstellung im Rahmen der Bestandsaufnahme sollten auch die Anbieterstruktur im Lande anschaubar machen.

Diese Tabellen sollten in jedem Fall für das Ist (1976), beim Angebot für die vier erfaßten Kategorien (Veranstaltungen, Unterrichtsstunden, Teilnehmertage, Teilnehmerbelegungen), und gegebenenfalls auch für die Sachbereiche aufgestellt werden. Ob sie auch für die Sollzahlen sinnvoll sind, kann sich erst zeigen, wenn die Kriterien für die Setzung der Sollzahlen deutlicher geworden sind. Als nützlich könnte es sich erweisen, für die Sachbereiche Steigerungsquoten festzustellen und zwar für das Land, die Planungsbereiche und unter Umständen die Trägergruppen.

Diese Tabellen geben sowohl eine Übersicht über den Bestand und die Planungen in den einzelnen Planungsbereichen und im Land. Hier sollte auch eine Vergleichstabelle über Zielgruppenangebote und über Organisationsformen des Angebotes aufgestellt werden. Wenn das Material dieses nicht erlaubt, müßte zumindest versucht werden, eine Strichliste aufzustellen, aus der hervorgeht, ob derartige Angebote durchgeführt oder/und geplant werden. Im unsicheren Bereich der Defizitfeststellungen und der Bedarfsfeststellungen können auch unvollständige Hinweise durchaus von Nutzen sein.

Korrelationstabellen

Ein zweiter Schritt in der Auswertung der Weiterbildungsentwicklungspläne ist die Aufstellung von Korrelations- und Kreuztabellen für das Land, die Planungsbereiche und Trägergruppen. Die Aussagekraft der reinen Vergleichstabellen steigt stark, wenn z. B. zu den Häusern die Einwohnerzahl, beim Personal die Zahl der durchgeführten Unterrichtsstunden absolut und in Prozent angegeben werden.

Tabellen dieser Art sollten aufgestellt werden z. B. für Unterrichtsstunden/Veranstaltungen, Teilnehmertage/Veranstaltungen; weiterhin sollten folgende Gegenüberstellungen erfolgen:

Unterrichtsstunden	⟷	Einwohner
Veranstaltungen	⟷	Einwohner
Teilnehmertage	⟷	Einwohner
HPM	⟷	Unterrichtsstunden
HPM	⟷	Veranstaltungen
HPM	⟷	Einwohner

Die Prozentzahlen erlauben jeweils den Vergleich der Planungsbereiche. Es kann erwartet werden, daß die Einwohnerzahl für die Planungsbereiche in allen Plänen angegeben ist; wo möglich, sollten auch Tabellen dieser Art zur flächendeckenden Versorgung aufgestellt werden, in denen Bevölkerungsdichte und Weiterbildungsversorgung nebeneinandergestellt werden. Sehr nützlich wäre es hier, die Daten zum Angebot mit Daten zur Bevölkerungsstruktur zu korrelieren. Das dürfte in vielen Fällen möglich sein, da sicherlich eine Reihe von Planungsträgern Angaben zur Bildungs-, Alters-, Geschlechts- und Berufsstruktur der Bevölkerung aufgenommen haben. Derartige Tabellen sind nützlich, weil sie Hinweise auf regionale Versorgungsstrukturen im Hinblick auf soziale und curriculare Defizite geben, unter Umständen auch Aussagen über sich wiederholende Strukturen bei vergleichbaren Bevölkerungsstrukturen ermöglichen. Derartige Tabellen könnten auch zu Trendaussagen führen, indem sie Erkenntnisse darüber zulassen, ob und wie bestimmte Bevölkerungsstrukturen die Sollsetzungen beeinflußt haben.

Planungsmeßziffern

Planungsmeßziffern werden hier nicht zur Erstellung von Ablesskalen von Versorgungsdefiziten vorgeschlagen, sondern als Grundlagenmaterial für Vergleiche, von denen aus der eigene Standort besser reflektiert werden kann. Der Vergleich führt dann unter Umständen zur nützlichen Untersuchung über die Gründe für Abweichungen oder auch Übereinstimmungen. Folgende Planungsmeßziffern sollten nach Möglichkeit für

— das Land insgesamt,
— die Planungsbereiche,
— die Volkshochschulen insgesamt,
— die anderen Träger insgesamt,
— die Volkshochschulen in den Planungsbereichen,
— die anderen Träger in den Planungsbereichen

ausgerechnet werden:

$$\frac{\text{Unterrichtsstunden} \times 1000}{\text{Einwohner}}$$

$$\frac{\text{Veranstaltungen} \times 1000}{\text{Einwohner}}$$
Dichteziffern

$$\frac{\text{Teilnehmer} \times 1000}{\text{Einwohner}}$$

$$\frac{\text{U-Stunden} \times \text{Teilnehmer} \times 1000}{\text{Veranstaltungen} \times \text{Einwohner}}$$
Partizipationsziffern

Bei der letzten Ziffer muß geklärt werden, wieweit die Zahlen der Teilnehmertage mit eingerechnet werden können.

Für die Darstellung der Angebots- und Arbeitsstruktur bieten sich folgende Meßzahlen an:

$$\frac{\text{Unterrichtsstunden}}{\text{Veranstaltungen}}$$

$$\frac{\text{Teilnehmertage}}{\text{Veranstaltungen}}$$
Durchschnittsziffern

$$\frac{\text{Teilnehmer}}{\text{Veranstaltungen}}$$

$$\frac{\text{Veranstaltungen}}{\text{HPM}}$$

$$\frac{\text{Unterrichtsstunden}}{\text{HPM}}$$
Organisationsleistungsziffer

$$\frac{\text{Verwaltungspersonal}}{\text{HPM}} \qquad \text{Verwaltungsausstattungs-index}$$

$$\frac{\text{Unterrichtsstunden}}{\text{Räume}} \qquad \text{Raumnutzungsziffer}$$

$$\frac{\text{Teilnehmer}}{\text{Unterrichtsstunden}} \qquad \text{Angebotsstrukturindex}$$

In den Vergleich einbezogen werden sollten auch die Veränderungen zwischen den Ist- und Sollzahlen. Planungsentscheidungen können so unter Umständen schon aus dem Vergleich der Veränderungsrate validiert und schon während des laufenden Planungszeitraumes in der Arbeitsprogrammplanung korrigiert werden.

Ob sich noch weitere Berechnungen mit Planungsmeßziffern lohnen, muß noch sorgfältig geprüft werden; hier sei u. a. auch auf den Beitrag von *Bayer* in diesem Band verwiesen. Ebenso ist es fraglich, ob Berechnungen für Planungsteilbereiche und Sachbereiche möglich sind und sich lohnen. Insgesamt sollte das Institut vermeiden, Tabellen aufzustellen, deren Aussagewert durch Unübersichtlichkeit und Unsicherheit der zugrundegelegten Zahlen zweifelhaft ist. Nützlich und notwendig jedoch ist es, die 54 Planungsbereiche in ihren wichtigsten Strukturmerkmalen darzustellen, so daß eine kurzgefaßte Übersicht entsteht, die einmal Vergleiche vereinfachen würde, zum anderen falsche Schlüsse aus den Planungszahlen vermeiden hilft.

Kartenmaterial

Innerhalb der Auswertungstätigkeiten des zentralen Instituts sollte die Erstellung von Übersichts- und Vergleichskarten eine besondere Bedeutung haben. Karten können Strukturen sehr viel einprägsamer verdeutlichen als Zahlen es vermögen. Mit Hilfe von Karten könnte die Beratungsbasis für die Beratungstätigkeiten der Planungsträger durchsichtiger und sicherer werden, vor allem bei den zentralen Zonen: Nachholen schulischer Abschlüsse, Ausgewogenheit und Differenzierung der Angebote, Orientierung an der Landesentwicklungsplanung und die Berücksichtigung von benachteiligten Gruppen im Angebot. Folgende Karten sollten erstellt werden, und zwar jeweils für das ganze Land:

- *Karte der Einrichtungstypologie*
  Erfaßt werden sollten die regionalen und überregionalen Einrichtungen, jeweils zusammengefaßt nach den gemeinsamen Organisations- und Trägerstrukturen.
- *Karte der Nachholmöglichkeiten für Schulabschlüsse*
  Erfaßt werden sollten die Angebote in Schulen der Weiterbildung und in Einrichtungen der Weiterbildung. Die Einzugsbereiche sollten jeweils mit erfaßt werden.
- *Karte der Angebotsstrukturen*
  Das Angebot sollte dem Inhalt und dem Umfang nach, gegliedert nach Sachbereichen, dargestellt werden. In dieser oder einer eigenen Karte sollten auch die Veranstaltungsformen und -zeiten erfaßt werden.
- *Karte der Angebotsorte und der zentralörtlichen Gliederung*
  Durch eine derartige Karte würden die Diskrepanzen zwischen Landesplanung und Weiterbildungsentwicklungsplanung deutlich, aber auch die Unterversorgung von Orten ohne zentralörtliche Bedeutung bei fehlender Verkehrs- und Straßeninfrastruktur.
- *Karte der eigenen Häuser und der geplanten Investitionen*
  Diese Karte kann eine wichtige Argumentationsgrundlage für den Bau eines eigenen

Hauses werden, vor allem, wenn die Bevölkerungsdichte hinterlegt wird. Es könnte auf einen Blick deutlich werden, daß der Ausbau des Weiterbildungsbereiches als vierter Hauptbereich des Bildungswesens in bezug auf die Raumressourcen nicht realisiert worden ist. Die Notwendigkeit des eigenen Hauses könnte sich als eine der gewichtigsten Folgen der Weiterbildungsentwicklungsplanung erweisen, obwohl nicht zu erwarten ist, daß das Bewußtsein von dem eigenen Volkshochschulhaus als Teil der Infrastruktur einer Gemeinde sich überall durchsetzen wird.

— *Karte der pro-Kopf-Ausgaben für Weiterbildung*
Anhand dieser Karte können verschiedene Versorgungsgrade gut veranschaulicht werden.

— *Karte der Zielgruppenangebote*
Diese Karte dürfte sehr schwierig zu erstellen sein. Die Korrelation von Weiterbildungsdichte und sehr niedrigen unterdurchschnittlichen Zielgruppenangeboten könnte aber unvermutete Zusammenhänge aufzeigen.

— *Karte von Pendelbewegungen und Einzugsbereichen*
Bei der Interpretation der Weiterbildungsentwicklungspläne besteht die Gefahr, daß die zum Teil sicher starken Fluktuationen zwischen den Planungsbereichen nicht genügend beachtet werden. Dies könnte zu Scheindefiziten und damit zu Fehlplanungen führen.

— *Karte der geplanten Entwicklungen*
Hier sollten die Steigerungsraten der Dichte- und anderer Meßziffern dargestellt werden.

— *Karte der Weiterbildungsaktivitäten der Hochschulen*
Dargestellt werden sollten die Standorte, die Weiterbildungsaktivitäten nach Art und Umfang sowie etwaige Kooperationsbezüge nach Ist und Soll.

Wieweit noch weitere Karten sich als nützlich erweisen, kann erst nach dem ersten Durchgang durch die Pläne gesagt werden.

Hinzuziehung von zusätzlichen Materialien

Das Ziel der Auswertungsarbeiten im Landesinstitut ist es, das in den Plänen angesammelte Material so aufzubereiten, daß es für die Planungsträger und die Planungsbeteiligten für ihre praktische Arbeit nutzbar wird. Diese Hilfe ist umso besser, je stärker und sorgfältiger die Daten der Pläne durch Vergleiche und Bezüge validiert werden. Das Institut sollte in diesem Sinne alle Möglichkeiten aufgreifen, die helfen können, die Vergleichsbasis zu verbessern und zu validieren. Es könnte sich im einzelnen um folgende Aktivitäten und Materialien handeln:

— *Auswertung der Arbeitsprogramme*
Mit Hilfe der Auswertung von Arbeitsprogrammen könnte versucht werden, die Struktur des Angebots, die mit den Sachbereichen nur sehr grob erfaßt wird, genauer zu erkennen. Dies wird allerdings kaum für das ganze Land leistbar sein; es könnte aber exemplarisch an einigen Planungsbereichen vorgenommen werden. Ein Vergleich der Arbeitsprogramme mit der Bestandsaufnahme könnte Hinweise auf den Umfang der geplanten, aber nicht durchgeführten Veranstaltungen geben.

— *Auswertung der jährlichen Abrechnungsformulare*
Das jährlich vorgelegte Zahlenmaterial der Einrichtungen, die nach dem Weiterbildungsgesetz gefördert werden, erlaubt es, die tatsächliche Angebotsentwicklung während des Planungszeitraums zu verfolgen und so die Sollzahlen zu validieren. Da die Daten der Abrechnungsformulare aber — anders als bei den Einzelplänen —

geschützt sind, werden vom Institut nur Gesamtzahlen für Planungsbereiche und Anbietergruppen, die eine Identifikation mit einzelnen Einrichtungen nicht erlauben, herangezogen werden können.

— *Heranziehung von Statistiken auf Länder- und Bundesebene, die von Trägerverbänden und Statistischen Ämtern geführt werden*
Die Heranziehung von zusätzlichem statistischen Material, z. B. der Statistik des Deutschen Volkshochschulverbandes, bietet aufschlußreiche Vergleichsmöglichkeiten mit den Entwicklungen in anderen Bundesländern. Mit Hilfe derartiger Statistiken könnten auch Zeitreihen aufgestellt werden, die die Entwicklung im Angebotsbereich über mehrere Jahre zeigen.

— *Auswertung von für den Weiterbildungsbereich relevanten Statistiken und Aufstellungen aus anderen Bereichen*
Herangezogen werden sollten die Daten aus den Statistischen Jahrbüchern und dem Arbeitsmarktatlas des Ministers für Arbeit, Gesundheit und Soziales, und zwar zur genaueren Darstellung der Wirtschafts- und Sozialstruktur der Planungsbereiche. Mit ihrer Hilfe kann der Hintergrund der tatsächlichen und erforderlichen Entwicklungen im Weiterbildungsbereich etwas genauer ausgeleuchtet und damit die Basis für die regionale Auswertung von Zahlenvergleichen verbessert werden. Hier bestehen jedoch, wie *Bayer* in seinem Beitrag aufzeigt, erhebliche methodische Probleme.

Die Darstellung von Einzelproblemen

Neben der Schaffung einer Vergleichsbasis zur Validierung der Anteile am Weiterbildungsgeschehen sollte es Aufgabe des zentralen Instituts sein, die in den Plänen vertretenen Hinweise auf Einzelprobleme zu sammeln und zusammenzustellen. Hierbei könnten sich überraschende Praktiken, Trends und Sonderentwicklungen zeigen, die für die Bewertung der Planungen sehr aufschlußreich sind und die sich erst aus der Zusammenschau aller Pläne ergeben. *Das zentrale Institut dürfte eine der wenigen Stellen im Lande sein, an der alle Pläne gelesen werden.* Die Ergebnisse sollten systematisiert und tabellarisch zusammengefaßt werden.

Die Verbesserung der Prognosebasis durch Projekte u. ä.

Im Verlaufe der Auswertungstätigkeiten zur Validierung der Weiterbildungsentwicklungspläne ergeben sich mit Sicherheit Problemfelder, die gezielt durch Modellversuche, Teilnehmer- und Bevölkerungsbefragungen sowie umfangreichere Sondererhebungen angegangen werden sollten. Jetzt und auch in Zukunft werden ähnliche Projekte in der Bundesrepublik und auch im Ausland durchgeführt. Das zentrale Institut kann hier die Aufgabe übernehmen, die Ergebnisse, sofern es an den Projekten nicht beteiligt ist, aufzuarbeiten und für die Situation in Nordrhein-Westfalen zu adaptieren. Das zentrale Institut sollte aber auch selbst oder in Kooperation mit Einrichtungen der Weiterbildung oder Forschungsinstituten Projekte und Forschungsaufträge durchführen. Problemfelder, um nur einige zu nennen, könnten sein:

— Teilnehmererwartungen,
— Zielgruppenarbeit,
— Teilnehmerstatistik,
— Einheitliche Anmeldeformulare,
— Teilnehmerschwund,
— Latente Bedürfnisse.

Diese Vorhaben zielen nicht direkt auf eine Verbesserung der Planung; über die Verbesserung der Prognosebasis schlagen sie sich aber doch positiv bei den Planungen nieder.

Darüber hinaus hat das zentrale Institut die Möglichkeit, aufgetretene Probleme, ganz gleich ob durch eigene Auswertungstätigkeiten gefunden oder durch andere mitgeteilt, in Seminaren mit Hilfe von Arbeitsgruppen oder auch durch Gutachten gezielt anzugehen. Die Ergebnisse dieser Bemühungen müßten dann publiziert und allen Betroffenen zur Kenntnis gebracht werden. Wo im einzelnen hier anzusetzen ist, kann jetzt noch nicht gesagt werden, da erst das Studium aller Pläne sowie auch eingehende Gespräche mit den Planern im Lande eine Dringlichkeitsrangliste der gezielten zentralen Hilfen ergeben kann. Zu vermuten ist, daß Hilfen vor allem auf dem schwierigen und recht wenig erforschten Gebiet der Bedarfsprognosen erwartet werden.

Die Verbesserung der Instrumentarien

Eine sehr genaue Erkundung und Analyse sollte das zentrale Institut zur Methode des Produzierens der Weiterbildungsentwicklungspläne vornehmen. Die Planung ist neuartig, sie ist erstmalig durch das Weiterbildungsgesetz in Nordrhein-Westfalen vorgeschrieben und durch die Rahmenrichtlinien in ihren wesentlichen Teilen näher bestimmt worden. Die Schwierigkeit liegt nicht nur am Inhalt der Weiterbildung – der Weiterbildungsbereich hat Planungsfreiheit als Gegensatz zu einer öffentlich verantworteten Entwicklungsplanung immer als Strukturprinzip herausgestellt –, sondern vor allem an der Tatsache, daß hier öffentliche Planung in kommunaler Verantwortung öffentliche und nichtöffentliche Aktivitäten integrieren soll. Daß hier bei der ersten Planungsrunde Schwierigkeiten auftraten und daß die Rahmenrichtlinien Schwachstellen zeigten, war nicht anders zu erwarten. Zur Validierung der Planungen im Hinblick auf eine Verbesserung der nächsten Planungsrunde gehört es, die Erfahrungen und Probleme bei der Planungsabwicklung zu erkunden. Dies kann das zentrale Institut durch Kontaktaufnahme mit Planungsträgern und Planungsbeteiligten, durch Arbeitsgruppen und Seminare tun.

Folgende Problemzonen sollten dabei besonders beachtet werden:

– Vergleichbarkeit der Istzahlen unter besonderer Beachtung der Zuordnungsproblematik,
– Kriterien der Sollsetzungen,
– Vollständigkeit der Erfassung relevanter Angebote und Einrichtungen,
– Durchführung des Abstimmungsverfahrens und Probleme bei der Koordination,
– Praktikabilität und Aussagekraft der Formulare.

Neben dem Aufspüren von Schwachstellen in den Rahmenrichtlinien und bei der Planungsabwicklung kann sich bei der zusammenfassenden Analyse der Planungsabläufe auch sehr viel Positives zeigen, was landesweit zur Nachahmung empfohlen werden sollte. Dies könnte z. B. sehr leicht der Fall sein bei den Verknüpfungen mit sektoralen Fachplanungen im Kulturraum (Bibliotheken, Theater), wo mustergültige Kooperationsformen herausgestellt werden sollten.

Einen wichtigen Beitrag zur Verbesserung der Instrumentarien kann das zentrale Institut durch Fortbildungsmaßnahmen für die Mitarbeiter leisten. Es sollten schnell geeignete Qualifizierungsmaßnahmen entwickelt und erprobt werden für die Mitarbeiter:

153

- bei den Einrichtungen der Weiterbildung, die mit der Aufstellung der jährlichen oder halbjährlichen Programme zu tun haben und die befähigt werden sollen, den Weiterbildungsentwicklungsplan als eine Handlungsgrundlage zur Verbesserung ihrer Prognosen und Planungen zu benutzen,
- bei den Einrichtungen der Weiterbildung und den Trägern, die mit der Aufstellung der Einzelpläne im Rahmen der Weiterbildungsentwicklungsplanung zu tun haben,
- bei den Planungsträgern, die mit der Aufstellung der Gesamtpläne und der Durchführung des Planungsverfahrens beschäftigt sind.

Literaturhinweise

Arbeitskreis Strukturplan Weiterbildung: Strukturplan für den Aufbau des öffentlichen Weiterbildungssystems in der Bundesrepublik. Köln 1975

Bayer, M./Müllar, R./Ortner, G. E./Seidel, Ch.: Bedarfsanalyse in der Weiterbildungsentwicklungsplanung. Institut für Bildungs-Betriebslehre. Paderborn 1978

Evangelische Landesarbeitsgemeinschaft für Erwachsenenbildung NW: Arbeitshilfe: Weiterbildungsentwicklungsplanung in NRW. Düsseldorf o. J.

Dietrich, W. von: Die Weiterbildungsarbeit der Volkshochschulen im Jahre 1976. In: Statistische Rundschau NW. März 1978

Hamacher, P.: Entwicklungsplanung für Weiterbildung. Braunschweig 1976

Hamacher, P.: Umsetzung von Strukturplanung in Entwicklungsplanung. In: Hessische Blätter für Volksbildung, Heft 4/1977

Institut für Regionale Bildungsplanung-Arbeitsgruppe Standortforschung GmbH. Materialien zur Situation der Weiterbildung in der Region Osnabrück – Regionalanalyse Osnabrück. Hannover 1978

Jüchter, H. J.: Ziele einer Weiterbildungsplanung: Bedarfsgerechtigkeit und Gleichheit. In: Hessische Blätter für Volksbildung 27/1977 Nr. 4

Kaiser, A.: Bildungsplanung und Weiterbildung. In: Hessische Blätter für Volksbildung 27/1977 Nr. 4

Kultusminister von Nordrhein-Westfalen: Weiterbildungsentwicklungsplanung in NW. Heft 33 der Schriftenreihe „Strukturförderung im Bildungswesen des Landes Nordrhein-Westfalen. Köln 1978

Schampera, P.: Weiterbildungsplanung des Kreises Unna. Arbeitspapier zum Thema Weiterbildungsentwicklungsplanung im Kreis Unna. Unna o. J.

Städtetag Nordrhein-Westfalen: Kommunale Entwicklungsplanung für Weiterbildung. Sammlung Städtetag NW. Nr. 5. Köln 1977

Tietgens, H.: Zum Problem bedarfsgerechter Angebote der Volkshochschule. Pädagogische Arbeitsstelle des Deutschen Volkshochschulverbandes. Frankfurt o. J.

Weiler, U.: Struktur und Entwicklungslinien der Weiterbildung. Batelle-Institut, Information Nr. 27. Frankfurt 1978

Die prognostische Relevanz sozialstatistischer Daten zur Ermittlung des lokalen und regionalen Weiterbildungsbedarfs

Manfred Bayer

Vorbemerkungen: Datenbestand und Prognosemöglichkeiten

Weiterbildungsentwicklungsplanung ist eine noch relativ junge Aufgabe innerhalb der kommunalen Selbstverwaltung. Durch das Gesetz zur Ordnung und Förderung der Weiterbildung im Lande Nordrhein-Westfalen vom 31. Juli 1974 hat das Land die Kreise und die kreisfreien Städte zur Aufstellung von Weiterbildungsentwicklungsplänen verpflichtet. Die im Weiterbildungsgesetz enthaltenen Rechtsvorschriften wurden durch die am 6. 12. 1976 erlassenen Rahmenrichtlinien für die Aufstellung kommunaler Weiterbildungsentwicklungspläne ergänzt und konkretisiert. Neben der Vorgabe eines formalen Grundrasters für die Planungsaufgaben enthalten die Rahmenrichtlinien auch Festlegungen für die Erarbeitung von „Bedarfsprognosen". Die Prognose des Weiterbildungsbedarfs soll sich danach unter anderem auf die Darstellung und Analyse der Sozial- und Wirtschaftsstruktur der Planungsregion sowie auf wissenschaftliche Bedarfsanalysen stützen.

Ferner wird der Analyse der Sozial- und Wirtschaftsstruktur eine entscheidende Bedeutung bei der Beurteilung einer bedarfsgerechten Entwicklung des Weiterbildungsangebotes sowie bei der Abstimmung der Planungsangaben zwischen Planungsträgern und Planungsbeteiligten beigemessen. Diese Forderungen der Rahmenrichtlinien scheinen auf der Annahme zu beruhen, daß durch einen gezielten Zugriff auf die Bestände der kommunalen Datenbanken planungsrelevante Informationen zur Ermittlung quantitativer Hinweise auf den regionalen Weiterbildungsbedarf gewonnen werden können.

Der folgende Beitrag versucht im ersten Teil aufzuzeigen, daß die als Ergebnisse statistischer Routineverfahren anfallenden Daten keine befriedigende Prognosebasis für die Entwicklung des Weiterbildungsbereiches darstellen. Im Anschluß daran werden Forschungsansätze dargestellt, die zu einem Abbau der aufgezeigten Defizite beitragen könnten.

Da seit Anfang des Jahres 1979 die Weiterbildungsentwicklungspläne aus der ersten Planungsperiode für alle Planungsregionen des Landes Nordrhein-Westfalen vorliegen, können die in den Planungsangaben enthaltenen Daten auf quantitativer Ebene zu einem interregionalen Vergleich der Versorgung mit Weiterbildung und die Feststellung von regionalen Disparitäten herangezogen werden. Die ersten — wegen der unterschiedlichen Datenqualität und Struktur der Weiterbildungsentwicklungspläne mit Vorsicht einzuschätzenden — Ergebnisse eines interregionalen Vergleiches werden im dritten Teil des Beitrages dargestellt.

Daten der amtlichen Statistik als Planungsgrundlagen

Das Projekt ERBE/WEP des Institutes für Bildungs-Betriebslehre hatte sich die Erarbeitung von Planungshilfen für die Weiterbildungsentwicklungsplanung/Bedarfsfeststellung zum Ziel gesetzt. Es enthielt auch einen Baustein, der einen interregionalen Vergleich der Entwicklung der Weiterbildung in drei sozio-ökonomisch unterschiedlich strukturierten Planungsregionen anpeilt. Es wurden dafür die kreisfreie Stadt Wuppertal und die Kreise Paderborn und Höxter ausgewählt. In Anlehnung an die Bestimmungen der Verordnung über die Rahmenrichtlinien für die Aufstellung kommunaler Weiterbildungspläne vom 6.12.1976, denen zufolge die Analyse der Sozial- und Wirtschaftsstruktur der Planungsregionen bei der Bedarfsprognose entsprechend berücksichtigt werden soll, sah der Projektplan die Ermittlung und Analyse von Daten zur Sozial- und Wirtschaftsstruktur der drei genannten Regionen vor, welche Rückschlüsse auf das Zustandekommen einer bestimmten Angebotsstruktur und der Nachfrage nach Weiterbildung gestatten und einen quantitativen interregionalen Vergleich zwischen sozio-ökonomisch unterschiedlich strukturierten Regionen ermöglichen sollen.

Diesem Ansatz lag die Hypothese zugrunde, daß unterschiedliche sozio-ökonomische Strukturen in den jeweiligen Planungsregionen auch divergierende Weiterbildungsangebotsstrukturen zur Folge haben und daß über die Kenntnis der Unterschiedlichkeiten der sozial-räumlichen Strukturen auch eine Indizierung regionaler Disparitäten in der Versorgung mit Weiterbildung möglich sein müßte. Daher wurde ansatzweise versucht, auf der Grundlage des im folgenden dargestellten einheitlichen Datenrasters vergleichbare sozio-ökonomische Strukturdaten aus den verfügbaren Quellen der amtlichen Statistik zu erheben.[1]

Übergeordnete Bezüge und Verwaltungsstruktur
— Nordrhein-Westfalen-Programm 75
— Landesentwicklungspläne I und II
— Gebiets-(Kreis)entwicklungsplanung
— Wirtschaftsförderungsprogramme
Sozialstruktur der Bevölkerung
— Einwohnerzahl (Bestand/Entwicklung)
— Altersstruktur
— Geschlechtsverteilung
— Ausländische Staatsbürger
— Familienstand
— Privathaushalte nach Größe
— Qualifikationsstruktur (Wohnbevölkerung nach dem höchsten Schulabschluß)
— Schüler und Studierende (Bestand und Entwicklung) nach Schulart und Geschlecht
— Zusammenfassung der spezifischen regionalen Faktoren oder demographischen Strukturen
Beschäftigungsstruktur
— Beschäftigungsstruktur nach Wirtschaftszweigen
— Landwirtschaftliche Erwerbstätige
— Industriebeschäftigte
— Beschäftigte im produzierenden Gewerbe
— Dienstleistungsbeschäftigte
— Beschäftigte im Fremdenverkehr
— Erwerbslose

- Entwicklung der Arbeitsmarktstruktur und Maßnahmen zur Arbeitsplatzbeschaffung
- Weiterbildungsrelevante Faktoren der Arbeitsmarktstruktur
  - Zu- und Abwanderungen (Wanderungssaldo)
  - Berufspendler/Berufseinpendler
  - Bildungspendler (Schüler und Studierende)

Wirtschaftsstruktur (Wirtschaftliche Leistungsfähigkeit der Gemeinde)
- landwirtschaftliche Betriebe nach Betriebsgrößen/Nutzungsfläche und Erwerbsart
- Industriebetriebe
- Dienstleistungsbetriebe
- Fremdenverkehrsbetriebe
  - Maßnahmen zur Wirtschaftsförderung
    - Investitionspläne
    - Ansiedlungsprobleme
  - Maßnahmen zur Förderung der Arbeitsplatzstruktur

Steuer- und finanzstatistische Kennzahlen/Entwicklungsstand/Entwicklungspotential
- Bruttoinlandprodukt pro Kopf
- Wachstum des Bruttoinlandprodukts
- Steueraufkommen pro Kopf
- Lohnsteueraufkommen pro Kopf
- Gewerbesteueraufkommen pro Kopf
- Gemeindeetat, bezogen auf die Einwohner
- Einnahmen der Gemeinde aus dem kommunalen Finanzausgleich, bezogen auf die Einwohner
- Lohn- und Gehaltssumme je Beschäftigten

Wohngebiets- und Siedlungsstruktur
- Siedlungs- und Bebauungspläne
- Stadtsanierungsprogramme
- Weiterbildungsrelevante Daten der Gemeindesoziologie
- Siedlungsformen und Kommunikationsstrukturen

Infrastruktur
- Verkehrsstruktur
- Versorgungseinrichtungen
- Vorschulische Einrichtungen
- Schulische Einrichtungen nach Schulentwicklungsplanung
- Außerschulische Bildungseinrichtungen
- Andere kulturelle Einrichtungen und Kommunikationseinrichtungen
- Sporteinrichtungen
- Sonstige kulturelle Infrastruktur
- Maßnahmen zur Erweiterung der Infrastruktur
- Grad der bisherigen Einbindung der WEP in die kommunale Entwicklungsplanung
- Weiterbildungsangebot freier Träger und überregionaler Träger
- Kooperationsbeziehungen
- Einbeziehung von Daten aus folgenden Ressorts:
  - Wirtschaft
  - Verkehr
  - Wohnungswesen
  - Kindergarten
  - Jugendhilfe

- Altenhilfe
- Gesundheit
- Freizeitbereich
- Sport- und Bäderwesen
- Erwachsenenbildung
- Kulturpflege

Indikatoren der Weiterbildung
- Finanzspezifische Indikatoren
  - Ausgaben der in der Region tätigen Träger und Beteiligten für Weiterbildung pro Einwohner/pro Teilnehmer
  - Anteil der Weiterbildungsausgaben am BIP
  - Weiterbildungsausgaben von Gemeinde/Zweckverband/Kreis/Land, in Prozent der jeweiligen Haushalte
  - Art, Ausmaß und Finanzierung von Weiterbildung durch überregionale Träger (Förderungsmaßnahmen der Bundesanstalt für Arbeit)
  - Institutionelle Ausstattung der Weiterbildungseinstitutionen
    - Personal
    - Räume
    - Finanzen (nach den Schemata der Rahmenrichtlinien)
- Bildungsspezifische Indikatoren
  - Angebotsentwicklung der Weiterbildungsinstitutionen
  - Angebotsstrukturindex
  - Dichteziffer
  - Organisationsleistung
  - Partizipationsziffer
    - bezogen auf Altersgruppen
    - nach Geschlecht
    - nach Bildungsstand
    - nach Statusgruppen
    - nach Bereichen
- Ergebnisse der Auswertung der Hörerstatistik
  - Beteiligung an Weiterbildung im Verhältnis zur übrigen kulturellen Infrastuktur (andere Einrichtungen, Bibliotheken, Theater etc.)
  - Durchschnittliche Wegzeiten pro Teilnehmer
  - Durchschnittliches Weiterbildungsbudget (durchschnittlicher Anteil der Weiterbildungsaktivitäten an der disponiblen Zeit nach soziokulturellen Merkmalen)

Auswertemöglichkeiten und Interpretationsgrenzen

Die nach dem hier dargestellten Datenraster erhobenen soziodemographischen und sozio-ökonomischen Strukturdaten sollten sodann in Anknüpfung an einige in den Vereinigten Staaten entwickelte[2] und mittlerweile auch in der Bundesrepublik Deutschland weitergeführte Ansätze[3] mittels faktorenanlytischer Operationen weiterverarbeitet werden, um so zu klassifizierbaren Variablen und Indikatoren zu gelangen. Mit deren Hilfe sollten sodann die charakteristischen Unterschiede zwischen den jeweiligen sozial-ökonomischen Strukturen identifiziert und deren mögliche Beziehungen zu den hypostasierten regionalen Disparitäten in der Versorgung mit Weiterbildungsangeboten und in der Beteiligung an Weiterbildung aufgezeigt werden.

Ein noch anspruchsvollerer Ansatz bestünde darin, die durch die Faktorenanalyse gewonnenen Ergebnisse einer Clusteranalyse zu unterziehen[4], um dadurch zu einer Typisierung der unterschiedlichen regionalen Strukturen zu gelangen. Derartig anspruchsvolle Verfahren erweisen sich jedoch nur dann als durchführbar, wenn eine größere Anzahl von Gebietseinheiten für die Gruppierung und Klassifikation zur Verfügung steht. Bei dem hier gewählten Ansatz sollten bereits die nach dem einheitlichen Strukturraster in den drei Planungsregionen erhobenen Daten ausreichen, um wenigstens grobe Kennziffern für eine indirekte Bestimmung von Weiterbildungsbedarfsschwerpunkten zu erhalten. Auch dieser reduzierte Ansatz erwies sich jedoch aufgrund der zum Teil fehlenden, zum Teil nicht vergleichbaren Daten in der zur Verfügung stehenden Zeit als nicht realisierbar. Selbst wenn die angestrebte Datenerhebung in allen drei Planungsregionen technisch hätte durchgeführt werden können, wäre damit noch keine sozialwissenschaftlich befriedigende Indizierung von regionalen Versorgungsdisparitäten, welche die Mehrdimensionalität der Bedingungen für das Zustandekommen von Weiterbildungsangeboten und der Beteiligung an Weiterbildung in ausreichendem Maße berücksichtigt, möglich. Das Defizit in der Erfassung von regionalen Versorgungsdisparitäten liegt zum einen in der mangelhaften Datenlage, zum anderen im Mangel geeigneter, theoretisch fundierter und anerkannter Bezugsgrößen begründet. Eine der wenigen aussagekräftigen Bezugsgrößen, die sich als Richt- oder Normwerte auf einer breiteren Basis als Versorgungsindikator für die Entwicklung der Weiterbildung durchgesetzt haben, ist die im Strukturplan Weiterbildung[5] vorgeschlagene Meßziffer für die *Angebotsdichte* der öffentlich geförderten Weiterbildung.

Ein weiterer Richtwert ist der bereits 1970 vom Deutschen Städtetag und von der Kultusministerkonferenz vorgeschlagene *Organisationsleistungskoeffizient*, welcher nicht zuletzt wegen des Zusammenhanges mit den Finanzierungsregelungen des NRW Weiterbildungsgesetzes praktische Bedeutung erlangt hat. Diese Relationsformel stellt gleichzeitig die Rechtsgrundlage für einen Anspruch des Trägers auf eine anteilige Beteiligung des Landes an den Kosten des pädagogischen Personals in disponierenden Funktionen dar.

Weitere Meßziffern zur Beschreibung des Angebotes, der Weiterbildungsdichte und der Personalausstattung sind durch die Rahmenrichtlinien zur Aufstellung von Weiterbildungsentwicklungsplänen erstmals in die Planungspraxis eingegangen. All diese Richtwerte jedoch sind nur im Hinblick auf ihren Stellenwert im Rahmen einer formaltechnokratischen Planungsstrategie zu bewerten und nur vor dem Hintergrund übergeordneter gesellschaftspolitischer Zielsetzungen angemessen zu beurteilen. Obwohl diese Richt- und Normwerte und Bezugsgrößen mit gewissen Einschränkungen vor allem qualitativ-inhaltlicher Natur zur Erfassung und Darstellung von regionalen Disparitäten in der Versorgung mit Weiterbildung herangezogen werden können, sind Aussagen über die Bedarfs*gerechtigkeit* des Angebotes, über dessen Vielfalt, Intensität, Reichweite und Angemessenheit nicht möglich, da wissenschaftlich ermittelbare „objektive" Normen und Richtwerte für den Bedarf an Weiterbildung bisher nicht gefunden wurden, wie dies in den Beiträgen über Inhalt und Erhebbarkeit von Weiterbildungsbedarf ausführlich dargestellt wurde.

Dennoch lassen sich anhand der Dichteziffer sowohl regionale Disparitäten in der Versorgung mit Weiterbildung festmachen als auch Relationen für den Grad der Versorgung innerhalb einer geplanten und politisch gewollten Entwicklung aufzeigen. Anhand einer in der Statistischen Rundschau für das Land NRW veröffentlichten Vergleichsstudie[6] über die Entwicklung der *kommunalen Weiterbildung* auf der Ebene von Regierungsbezirken, kreisfreien Städten und Kreisen läßt sich zeigen, daß im Jahre

1976 die Weiterbildungsdichte im östlichen Westfalen mit dem Regierungsbezirk Detmold am geringsten war. Die Weiterbildungsdichte lag nach dieser Studie in der kreisfreien Stadt Wuppertal bei 79 Unterrichtsstunden, im Kreis Höxter bei 69 und im Kreis Paderborn bei nur 26 Unterrichtsstunden. Während Wuppertal im Jahre 1976 10,9 % über dem im Weiterbildungsgesetz festgelegten Mindestangebot lag, blieb der Kreis Höxter 17,4 % und der Kreis Paderborn 65,3 % unterhalb des Mindestangebotes von 7200 Unterrichtsstunden für Kreise, kreisfreie Städte und kreisangehörige Gemeinden ab 40.000 Einwohnern, wobei auch das Mindestangebot nicht mit einer bedarfsgerechten Versorgung mit Weiterbildung gleichzusetzen ist. Somit kann anhand der Dichteziffern für die Kreise Höxter und Paderborn eine erhebliche Unterversorgung mit Weiterbildung abgelesen werden. Durch einen interregionalen Vergleich der in den Weiterbildungsentwicklungsplänen von Wuppertal, Höxter und Paderborn enthaltenen Planungsmeßziffern wird sich feststellen lassen, ob und inwieweit in der ersten Planungsperiode der Weiterbildungsentwicklungsplanung die 1976 konstatierten Disparitäten in der Versorgung mit Weiterbildung zumindest tendenziell abgebaut werden konnten.

Obwohl die kreisfreien Städte und die kreisangehörigen Gemeinden sowie die Kreise ohne Zweifel die geeignetsten Gebietskörperschaften für die Planung und den Ausbau eines flächendeckenden und bedarfsgerechten Weiterbildungsangebotes darstellen, sind diese Einheiten unter weiterbildungsstatistischen Gesichtspunkten zur Indizierung regionaler Disparitäten in der Versorgung mit Weiterbildung nur mit Einschränkungen geeignet. Dies kann anhand der Dichteziffer deutlich gemacht werden. So ist unmittelbar einsichtig, daß eine Dichteziffer von 100 Unterrichtsstunden pro 1000 Einwohner für die zu einem Ballungskern gehörende Großstadt Wuppertal anders zu bewerten sein wird als die für die als solitäres Verdichtungsgebiet ausgewiesene Stadt Paderborn oder für die als Entwicklungsschwerpunkte zweiter oder dritter Ordnung ausgewiesenen Städte des innerhalb ländlicher Zonen gelegenen Kreises Höxter. Die Dichteziffer sagt eben nichts darüber aus, welches Angebot für welchen Adressatenkreis dahinter steht und ob dieses Angebot auch in einer zumutbaren Zeit bzw. Entfernung erreichbar ist.

Selbst wenn man ferner davon absieht, daß die Dichteziffer keinerlei Aussagen in bezug auf die Wertunterschiede der Arbeitsbedingungen oder die qualitative Intensität des Weiterbildungsangebotes zulassen, bleibt die Skepsis auch hinsichtlich der quantitativen Aussagefähigkeit der sozio-demographischen und sozio-ökonomischen Daten von den gemäß Weiterbildungsgesetz für die Versorgung mit Weiterbildungsangeboten verantwortlichen Gebietskörperschaften erhalten. Die zur Analyse der Sozial- und Wirtschaftsstruktur geeigneten und verfügbaren Daten sind nicht weit genug differenziert, um den heterogenen sozialräumlichen Strukturen der einzelnen politisch-administrativen Gebietseinheiten untereinander wie auch den Strukturen innerhalb dieser Einheiten Rechnung zu tragen. *So wie sie sich heute darstellen, ist der Informationsgehalt amtlicher Statistiken als Grundlage für die Bedarfsfeststellung in der Weiterbildungsentwicklungsplanung zu gering; sie sind zuwenig aussagekräftig, von sich aus nicht interpretierfähig und daher auch nicht unmittelbar planungsrelevant.*

Mittelfristige Strategien zum Abbau der Datendefizite

Als pragmatische Lösung in Richtung einer zuverlässigen Vergleichsindizierung mit Hilfe von Versorgungsmeßziffern bietet es sich an, die Planungskategorien der Landesentwicklungsplanung gezielt für die Weiterbildungsentwicklungsplanung nutzbar zu machen.

160

Den Planungskategorien der Landesentwicklungsplanung wäre ein Bündel normativ festzulegender Richtwerte und Meßziffern für die Ausstattung mit Weiterbildungsangeboten zuzuordnen. Damit würde der Tatsache Rechnung getragen, daß Planungsmeßziffern für politisch-administrative Gebietseinheiten je nach ihrer Zugehörigkeit zu Ballungskernen, Ballungsrandzonen, solitären Verdichtungsgebieten oder ländlichen Zonen entsprechend unterschiedlich zu bewerten sind. Für differenziertere, über die Bestimmung von Dichteziffern als Versorgungsmeßzahl hinausgehende Analyse der Versorgung konkreter Regionen oder zur Indizierung von Defiziten in der Versorgung mit Weiterbildung bietet sich gegebenenfalls der Rückgriff auf alternative *regionale Konstrukte*[7] an. In dem Maße, in dem sich das Interesse von Untersuchungen räumlicher Versorgungsdisparitäten von der Gegenüberstellung der traditionellen Stadt-Land-Dichotomien auf die Untersuchung unterschiedlicher Versorgungslagen zwischen verschiedenen Gebieten großräumiger politisch-administrativer Gebietseinheiten verlagert hat, ist eine Reihe von Konzepten und Verfahren für die soziale Abgrenzung von Gebietseinheiten auf der Basis mehrdimensionaler Typologien vorgelegt worden.[8]

Für die Untersuchung von Disparitäten in der Versorgung mit Weiterbildung und die Analyse von kleinräumigen Einheiten, die in der Größenordnung zwischen den unmittelbaren Nachbarschaftszonen und der jeweils übergreifenden Gebietseinheit liegen, scheint sich vor allem das *Konzept der Soziotope* und die Verfahren zu ihrer Indizierung anhand der Daten amtlicher Statistiken anzubieten.[9] Unter Soziotopen werden nach diesem Konzept abgrenzbare sozio-ökologische Einheiten (Kleingemeinden, Wohnviertel etc.) verstanden, „in denen jeweils spezifische Bündel von Faktoren jeweils andersartige Grundmuster sozialer Situationen und Probleme erzeugen. Sie sind damit jeweils besondere Kontexte sozialen Geschehens. Sie haben als hypothetische Modelle zu gelten, die der Typisierung vorfindlicher oder zu bildender Einheiten dienen sollen."[10] So ließe sich nach *Bargel* et al.[11] die Lage der beiden Grundkoordinaten „Chancen zur Weiterbildungsbeteiligung" und „Lebensstil" (Urbanität und Grad der Verstädterung" in einem Koordinatensystem darstellen (Abb. 1).

Gelingt es nun, für die Versorgung mit Weiterbildung relevante Bestimmungsschablonen zur Bildung von Soziotopen zu entwickeln, könnte damit ein Schritt in die Richtung einer *zielgruppengerechten Planung* von Weiterbildungsangeboten getan werden.

Allerdings sind die wissenschaftlichen Informationen darüber, welche Daten und Informationen mit welchen theoretischen Begründungen zur Indizierung von Disparitäten in der Weiterbildungsversorgung bereits für die Praxis der Weiterbildungsentwicklungsplanung herangezogen werden können, noch ziemlich lückenhaft. Neben den Problemen der theoretischen Begründung der Auswahl von geeigneten und auch für die Planung von Weiterbildungsangebotsstrukturen relevanten Merkmalen zur Bildung von Soziotopen stellt sich vor allem das Problem der „Redundanz"[12] verschiedener Merkmale der amtlichen Statistik; dies wird am Beispiel der Berufsklassifikation besonders deutlich. Daher dürfte beim derzeitigen Entwicklungsstand des Konzeptes der Soziotope und deren Bildung durch Merkmale der amtlichen Statistik in absehbarer Zeit noch keine unmittelbare Hilfe für die Weiterbildungsentwicklungsplanung zu erwarten sein. Die in den Rahmenrichtlinien aufgestellte Forderung zur Analyse der Sozial- und Wirtschaftsstruktur als eine der Grundlagen für die Bedarfsprognose bei der Aufstellung und Fortschreibung von Weiterbildungsentwicklungsplänen bleibt daher vorderhand eine nur partiell einlösbare, wenngleich deshalb nicht überflüssige Empfehlung. Eine gezielte Entwicklungsarbeit am Soziotopenkonzept könnte mittelfristig zu nutzbaren Ergebnissen führen.

Abb. 1: Die Soziotope in den Koordinaten „Chancen zur Beteiligung an Weiterbildung"
und „Urbanität" (nach *Bargel* et al.)

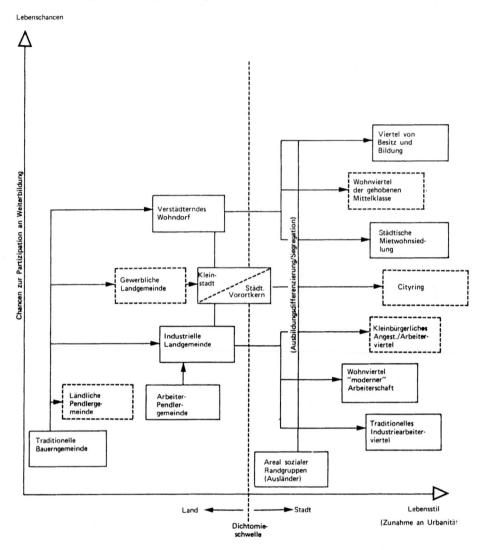

Auswertungsbeispiel: Die Versorgung mit Weiterbildung im interregionalen Vergleich

Bereits oben war anhand einer in der Statistischen Rundschau für das Land Nordrhein-Westfalen veröffentlichten Vergleichsstudie zum Stand der Entwicklung des Kommunalen Weiterbildungsangebotes festgestellt worden, daß die Versorgung mit Weiterbildung im Regierungsbezirk Detmold im Jahre 1976, gemessen in Dichteziffern, erheblich unter dem Landesdurchschnitt lag. Während die Weiterbildungsdichte im Landesdurchschnitt mit 96 Unterrichtsstunden pro 1 000 Einwohner angegeben wurde, lag
die kreisfreie Stadt Wuppertal bei 79, der Kreis Höxter bei 69 und der Kreis Paderborn

bei nur 26 Unterrichtsstunden pro 1 000 Einwohner. Es ist jedoch anzunehmen, daß ese relative Unterversorgung mit öffentlichen Weiterbildungsangeboten im Kreis Höxter und im Kreis Paderborn zumindest teilweise durch Weiterbildungsangebote von Einrichtungen in anderer Trägerschaft ausgeglichen wurde. Anhand der seit Anfang 1976 im Lande Nordrhein-Westfalen vorliegenden Weiterbildungsentwicklungspläne kann nun untersucht werden, wie sich, ausgehend von der Bestandsaufnahme für das Jahr 1976, die quantitative Entwicklung in den drei Planungsregionen Höxter, Paderborn und Wuppertal nach den Soll-Daten für das Zieljahr 1981 der ersten Planungsperiode darstellt. Als Grundlage für die Untersuchung dienten die in den Weiterbildungsentwicklungsplänen der Kreise Höxter und Paderborn sowie der kreisfreien Stadt Wuppertal enthaltenen Planungsangaben. Zur analytischen Aufbereitung des Datenmaterials aus den Weiterbildungsentwicklungsplänen waren umfangreiche Rechenarbeiten erforderlich, die durch die unterschiedliche Datenqualität zusätzlich erschwert wurden. Bei der Berechnung der vergleichbaren Versorgungsmeßziffern für Angebotsdichte, Partizipationsziffern, Organisationsleistungskoeffizient und Verwaltungsausstattungsindex wurden die im Rahmen der Weiterbildungsentwicklungsplanung vorgegebenen Formeln[13] verwendet.

Die *Angebotsdichte* ist eine Meßziffer für den quantitativen Umfang der Versorgung mit Weiterbildungsangeboten der jeweiligen Planungsregion, wobei die Zahl der Unterrichtsstunden pro Jahr auf die Einwohnerzahl, und zwar auf je 1 000 Einwohner, bezogen wird. Bei der *Partizipationsziffer* hingegen wird die Angebotsdichte zur durchschnittlichen Teilnehmerzahl der Veranstaltungen in Beziehung gesetzt und dadurch sichtbar gemacht, in welchem Ausmaß das Weiterbildungsangebot von der Bevölkerung genutzt wird. Der *Organisationsleistungsquotient* soll zum Ausdruck bringen, wieviele Unterrichtsstunden bzw. Teilnehmertage ein hauptberuflicher pädagogischer Mitarbeiter im Jahresdurchschnitt organisiert und pädagogisch betreut. Der *Verwaltungsausstattungsindex* schließlich ist das Verhältnis der Zahl der Verwaltungskräfte zu der Zahl der hauptberuflichen pädagogischen Mitarbeiter und zugleich eine Meßzahl für die Ausstattung von Weiterbildungseinrichtungen mit Verwaltungspersonal und deren erwachsenenpädagogische Leistungsfähigkeit.

Die wichtigsten Ergebnisse des interregionalen Vergleichs des Angebotes an und der Nachfrage von Weiterbildung auf der Grundlage der Planungsdaten der Weiterbildungsentwicklungspläne der drei Planungsregionen sind in den nachfolgenden drei Tabellen zusammengefaßt. Die Tabellen enthalten die für einen interregionalen Vergleich relevanten Versorgungsmeßziffern für das Gesamtangebot aller an der Weiterbildungsentwicklungsplanung beteiligten Träger der Planungsregionen sowie die vergleichbaren Planungsmeßziffern der Weiterbildungseinrichtungen in kommunaler Trägerschaft und schließlich die Planungsmeßziffern für die Weiterbildungseinrichtungen in anderer Trägerschaft. Die Ist-Zahlen wurden aus den Planungsangaben für das Jahr der Bestandsaufnahme entnommen, die Soll-Zahlen entsprechen den Planungsangaben für die in Aussicht genommene Entwicklung bis zum Zieljahr 1981. Die rechnerische Trennung in Meßziffern der Weiterbildungseinrichtungen in kommunaler Trägerschaft einerseits und in Meßziffern der Weiterbildungseinrichtungen in anderer Trägerschaft andererseits erfolgte aus analytischen Gründen und soll darüber Aufschluß geben, wie hoch der Anteil des kommunalen Weiterbildungsangebotes am Weiterbildungsangebot aller Planungsbeteiligten der jeweiligen Planungsregion veranschlagt werden kann. Da dieser Anteil aus den Weiterbildungsentwicklungsplänen nicht unmittelbar ersichtlich war, mußten wiederum umfangreiche Berechnungen durchgeführt werden, deren Ergebnisse insofern problematisch sind, als zuweilen die Datengrundlage in den Weiter-

Tab. 1: Vergleichbare Meßziffern aller Planungsbeteiligten

	Höxter			Paderborn			Wuppertal		
	Ist (76) abs.	Soll (81) abs.	Veränderung %	Ist (76) abs.	Soll (81) abs.	Veränderung %	Ist (76) abs.	Soll (81) abs.	Veränderung %
Angebotsdichte	130	254	+ 95.4	287 / 113[3]	397[1/5] / 220[4]	+ 38.3 / + 94.7	244	338[2]	+ 38.5
Partizipationsziffer	3.390	5.792	+ 70.9	7.705 / 3.057[10]	10.205 / 5.479[11]	+ 32.44 / + 79.2	7.963	9.261	+ 16.3
Organisationsleistung der HPM	6.157.7	3.954.8	- 35.8	3.038.0 / 1.974.2[12]	2.842.4 / 2.229.0[13]	- 6.4 / + 12.9	3.292.3	1.909.4	- 42.0
Verwaltungsausstattungsindex	1.2	0.9	- 25.0	1.0 / 1.3[14]	1.0 / 1.3[15]		2.7	1.5	- 44.4
Unterrichtsstunden	18.473	35.593	+ 92.7	62.280 / 24.677[6]	89.535 / 47.923[7]	+ 43.8 / + 94.2	99.099	131.747	+ 32.9
Einwohnerzahl	143.338	140.130	- 2.2	216.956[8]	225.500[9]	+ 3.9	406.744	389.627	- 4.2

1) Stand 1981 rechnerisch ermittelt durch Umstellen der Formel $\frac{U \cdot 1000}{E} = D$
2) ermittelt durch Heranziehen des Einwohnerstandes von 1981
3) 4) 6) 7) 10) 11) 12) 13) 14) 15) ohne Handwerksbildungszentrum und Berufsfortbildungswerk
5) ermittelt aufgrund der Einwohnerzahl 1981
8) Einwohnerstand 30.06.1977 laut WEP
9) Einwohnerstand laut Hochrechnung der Kreisverwaltung Paderborn für 1981

164

Tab. 2: Vergleichbare Meßziffern über Weiterbildungseinrichtungen in kommunaler Trägerschaft

	Höxter			Paderborn			Wuppertal		
	Ist (76) abs.	Soll (81) abs.	Veränderung %	Ist (76) abs.	Soll (81) abs.	Veränderung %	Ist (76) abs.	Soll (81) abs.	Veränderung %
Angebotsdichte	78	166	+ 107,7	30	70	+ 133,3	112	155	+ 39,6
Partizipationsziffer	1.640	3.047	+ 85,8	864	1.763	+ 104,1	2.140	2.895	+ 35,3
Organisationsleistungsindex der HPM	559,5	3.319	- 40,6	6.549	3.928	- 40,0	3.239	2.626	- 18,6
Verwaltungsausstattungsindex	1,4	0,9	- 35,7	2,5	1,1	- 56	1,6	1,3	- 18,7
Unterrichtsstunden	11.191	23.236	+ 107,6	6.549	15.710	139,9	45.345[1]	60.400	+ 34,2
Einwohnerzahl	143.338	140.130	+ 2,2	216.958	225.500	+ 3,9	406.744	389.627	- 4,2

1) einschließlich städtische Familienbildungsstätte

Tab. 3: Vergleichbare Meßziffern der Weiterbildungseinrichtungen in freier Trägerschaft

	Höxter			Paderborn			Wuppertal		
	Ist (76) abs.	Soll (81) abs.	Veränderung %	Ist (76) abs.	Soll (81) abs.	Veränderung %	Ist (76) abs.	Soll (81) abs.	Veränderung %
Angebotsdichte	51	88	+ 72,5	257	327	+ 27,2	132	183	+ 38,6
Partizipationsziffer	1.462	2.313	+ 58,2	6.798	8.070	+ 18,7	6.055	6.171	+ 1,9
Organisationsleistungsindex der HPM	7.282,0	6.178,5	- 15,2	2.858,0	2.684,5	- 6,1	3.338,8	1.551,0	- 57,2
Verwaltungsausstattungsindex	0,96	0,75	- 21,9	0,92	0,98	+ 6,5	3,63	1,54	- 61,2
Unterrichtsstunden	7.282	12.357	+ 69,7	55.731	73.825	+ 32,5	53.754	71.347	+ 32,7
Einwohnerzahl	143.338	140.130	- 2,2	216.958[1]	225.500[2]	+ 3,9	406.744	389.627	- 4,2

1) Stand 30.06.1977
2) Einwohnerstand laut Hochrechnung der Kreisverwaltung Paderborn für 1981

bildungsentwicklungsplänen entweder nicht vergleichbar ist oder nur unzureichend ausgewiesen war. So wurden etwa die Sollzahlen für das Zieljahr 1981 im Weiterbildungsentwicklungsplan des Kreises Höxter und die sich daraus ergebenden Indices auf der Basis der Einwohnerzahl des Jahres 1976 berechnet; die Soll-Zahlen des Weiterbildungsentwicklungsplanes für den Kreis Paderborn sind zwar auf die für das Jahr 1981 erwartete Einwohnerzahl bezogen, die Zahlenangabe jedoch selbst fehlt, so daß die Planungsmeßziffern nur durch komplizierte Hilfsrechnungen rekonstruiert und nachvollzogen werden konnten. Selbst die der Bestandsaufnahme im Jahre 1976 zugrundegelegten Einwohnerzahlen wiesen jeweils unterschiedliche Erhebungsstichtage auf, deren Streuung sich auf einen Zeitraum von eineinhalb Jahren erstreckt.

Trotz dieser Einschränkungen vermittelt das Zahlenmaterial aus den Planungsangaben der Weiterbildungsentwicklungspläne ein relativ gutes und konkretes Bild über den Grad der quantitativen Versorgung mit Weiterbildungsangeboten sowohl zum Zeitpunkt der Bestandsaufnahme als auch von der geplanten Entwicklung während der ersten Planungsperiode. Voraussetzung ist, daß die geltenden Soll-Setzungen realistisch sind und daß diesen entsprechenden Angeboten auch eine reale Nachfrage durch die Weiterbildungsadressaten folgt. Darüber hinaus kann das Zahlenmaterial nach entsprechender Aufbereitung als Datengrundlage für einen interregionalen Vergleich und zur Ermittlung unterschiedlicher regionaler Versorgungsunterlagen herangezogen werden.

Betrachtet man die vergleichbaren Meßziffern der Weiterbildungseinrichtungen in *kommunaler* Trägerschaft für das Jahr der Bestandsaufnahme, so ergibt sich für den Kreis Paderborn eine Angebotsdichte von 30 Unterrichtsstunden, für den Kreis Höxter von 78 und für die kreisfreie Stadt Wuppertal eine Angebotsdichte von 112 Unterrichtsstunden.[14] Obwohl die kommunalen Weiterbildungseinrichtungen des Kreises Paderborn für das Zieljahr 1981 eine Steigerung der Angebotsdichte um 133,3 % planen und damit die höchste Steigerungsrate im Vergleich mit dem Kreis Höxter (+ 107,7 %) und Wuppertal (+ 39,6 %) aufweisen, erreichen die kommunalen Weiterbildungseinrichtungen nur eine Angebotsdichte von 70 Unterrichtsstunden pro 1000 Einwohner. Da die öffentlichen Weiterbildungseinrichtungen des Kreises Höxter eine Dichteziffer von 166 und Wuppertal von 155 Unterrichtsstunden pro 1000 Einwohner planen, wird erkennbar, daß die *relative* Unterversorgung des Kreises Paderborn mit kommunalen Weiterbildungsangeboten auch während der ersten Planungsperiode der Weiterbildungsentwicklungsplanung bestehen bleibt.

Ein wesentlich anderes Bild ergibt sich, wenn die Meßziffern aus den *Planungsangaben aller Planungsbeteiligten* der drei Planungsregionen miteinander verglichen werden. Da in diese Meßziffern auch die Weiterbildungsangebote von Weiterbildungseinrichtungen in anderer Trägerschaft einbezogen sind, zeigt sich im Falle des Kreises Paderborn zunächst, daß der Anteil der Unterrichtsstunden der Weiterbildungseinrichtungen in anderer Trägerschaft im Vergleich zu den beiden anderen Planungsregionen außerordentlich hoch ist. Rein rechnerisch erreichen die Weiterbildungseinrichtungen des Kreises Paderborn im Jahr der Bestandsaufnahme eine Weiterbildungsdichte von 287. Im Weiterbildungsentwicklungsplan des Kreises Höxter ist eine Dichteziffer von 130 und in Wuppertal von 244 ausgewiesen. Diese relativ hohe Dichteziffer im Kreis Paderborn wird allerdings dadurch relativiert, daß das Berufsbildungswerk des DGB und das Handwerksbildungszentrum sehr viele Stunden für einen sehr kleinen Teilnehmerkreis angeboten haben. Auch die Autoren des Weiterbildungsentwicklungsplanes des Kreises Paderborn halten es für angemessen, die Angebote der beiden genannten Einrichtungen nicht in die Berechnung der Dichteziffer einzubeziehen, um so für den Vergleich mit anderen Planungsregionen ein weniger verzerrtes Bild von der Angebotsdichte und der Partizipation der Einwohner am Weiterbildungsangebot des Kreises zu erhalten.[15] Nach dieser Selbstkorrektur, deren Berechtigung hier nicht überprüft werden soll, ergibt sich für den Kreis Paderborn im Jahr der Bestandsaufnahme eine *Gesamtangebotsdichte* von 113, für den Kreis Höxter von 130 und für die kreisfreie Stadt Wuppertal eine Dichteziffer von 244. Auch bei den aus den Planungsangaben für das Zieljahr 1981 errechneten Versorgungsmeßziffern lassen sich erhebliche regionale Disparitäten in der Versorgung mit Weiterbildung ablesen. Für den Kreis Paderborn wird eine Angebotsdichte von 220 angestrebt, im Weiterbildungsentwicklungsplan des Kreises Höxter ist eine Dichteziffer von 254 und für Wuppertal von 338 Unterrichtsstunden pro 1000 Einwohner ausgewiesen.

Legt man die Angebotsdichte der öffentlichen Weiterbildungseinrichtungen des Kreises Paderborn mit 70 Unterrichtsstunden für das Zieljahr 1981 zugrunde, so liegt das öffentliche Weiterbildungsangebot des Kreises Paderborn noch beträchtlich unterhalb der im Strukturplan Weiterbildung[16] definierten Nachholstufe A mit 100 Unterrichtsstunden auf 1000 Einwohner. Erst unter Einbeziehung des Weiterbildungsangebotes der Einrichtungen in anderer Trägerschaft in die Berechnung der angestrebten Dichteziffer von 220 im Zieljahr 1981 erreicht die Angebotsdichte des Kreises Paderborn die im Strukturplan Weiterbildung definierte Nachholstufe B, wonach jedem Erwachsenen durchschnittlich alle 8 Jahre ein Platz in einer öffentlichen Weiterbildungseinrichtung gewährleistet werden kann. Die kreisfreie Stadt Wuppertal wird mit einer Gesamtangebotsdichte von 338 im Zieljahr 1981 die mittelfristige Zielstufe C nach dem Ausbauplan im Strukturplan Weiterbildung erreichen, während die Angebotsdichte des Kreises Höxter genau zwischen der Nachholstufe B und der mittelfristigen Zielstufe C liegt. Die relativ niedrige Dichteziffer des Kreises Paderborn im Vergleich zum Kreis Höxter ist umso genauer zu untersuchen, als der Kreis Höxter als ländliche Zone ausgewiesen ist, während die Großstadt Paderborn durch die Landesentwicklungsplanung als solitäres Verdichtungsgebiet eingestuft wurde.

Jedoch ist bei der Einschätzung der Versorgung des Kreises Paderborn mit kommunalen Weiterbildungsangeboten, gemessen mit Hilfe der Dichteziffer, insofern eine differenzierte Betrachtungsweise angebracht, als sich ein Großteil des darin erfaßten Weiterbildungsangebotes auf die Aktivitäten und den Einzugsbereich der Volkshochschule Paderborn konzentriert. Die unterschiedliche Verteilung des Unterrichtsvolumens und der Angebotsdichte im Stadtgebiet Paderborn und den zum Einzugsbereich der VHS Paderborn gehörenden und durch Außenstellen versorgten selbständigen Gemeinden zeigt folgende Tabelle.[17]

Das übrige Gebiet des Kreises Paderborn im vorwiegend ländlich strukturierten Gebiet des Altkreises Büren und der Unterzentren Delbrück und Salzkotten mit einer Einwohnerzahl von ca. 64.200 Einwohnern wird mit öffentlichen Weiterbildungsangeboten durch den erst am 16.8.1978 gegründeten Volkshochschulzweckverband Büren, Delbrück, Salzkotten und Wünnenberg versorgt.

Der VHS-Zweckverband setzt die Arbeit der ehemaligen Volksbildungswerke in Büren und Salzkotten fort. In den Städten Wünnenberg und Delbrück bestanden bis zum Zeitpunkt der Gründung des Zweckverbandes keine Weiterbildungseinrichtungen in kommunaler Trägerschaft. In der Bestandsaufnahme für das Jahr 1976 enthalten die Planungsangaben ein Unterrichtsvolumen von 724 Stunden bzw. 131 Teilnehmertagen. Für das Zieljahr ist ein Unterrichtsvolumen von 2850 Unterrichtseinheiten geplant. Dies würde in etwa einer Angebotsdichte von 44 Unterrichtsstunden entsprechen. Darin zeigt sich, daß innerhalb des Kreises Paderborn erhebliche regionale Disparitäten

168

Tab. 4: Unterrichtsvolumen in den Planungsbereichen 1981

	Unterrichtsstunden pro Jahr		Einwohnerzahl		Angebotsdichte $D = \frac{U \times 1000}{E}$
	abs.	in %	abs.	in %	
Paderborn Stadt (ohne Schloß Neuhaus)	7.930	61,7	88.499	62,7	89,6
Schloß Neuhaus	1.950	15,2	17.566	12,5	111,0
Altenbeken	630	4,9	6.364	4,5	99,0
Bad Lippspringe	840	6,5	11.026	7,8	76,2
Borchen	740	5,8	9.253	6,6	80,0
Lichtenau	770	6,0	8.410	6,0	91,6
	12.860	100,1	141.118	0,0	

in der Versorgung mit *öffentlichen Weiterbildungsangeboten* vorliegen und wo die weiterbildungspolitischen Bestrebungen zur Realisierung eines flächendeckenden Angebotes ansetzen müssen. Gleichzeitig werden erhebliche methodische Probleme und die geringe Vergleichbarkeit der heute vorliegenden Weiterbildungsentwicklungspläne deutlich. Für die zweite Runde der Weiterbildungsentwicklungsplanung werden erhebliche Koordinierungs- und Abstimmungsleistungen erbracht werden müssen.

Anmerkungen und Literaturhinweise

1 Vgl. Bayer, M./Müllar, R./Ortner, G. E./Seidel, Chr.: Bedarfsanalyse in der Weiterbildungsentwicklungsplanung, Zielvorgaben und Methodendiskussion. Paderborn 1978 (FEoLL), S. 29 ff.
2 Vgl. u.a. Shevky, E./Bell, W.: Social area analysis. Stanford 1955. Eirmbter, W.: Ökologische und strukturelle Aspekte der Bildungsbeteiligung. Weinheim/Basel 1976
3 Vgl. z.B. Meulemann, H./Weishaupt, H.: Sozialstatistische Profile von Stadtbezirken mit unterschiedlicher Bildungsnachfrage. In: Hoffmann-Novotny, H.-J. (Hrsg.): Politisches Klima und Planung. Frankfurt 1977, S. 155 ff.
4 Vgl. Bargel, T. et.al.: Die Indizierung von Soziotopen als Grundlage der Messung sozialer Disparitäten. In: Hoffmann-Novotny, H.-J. (Hrsg.): Soziale Indikatoren – Konzepte und Forschungsansätze. Frankfurt 1978, S. 43 ff., sowie eingehend: Lederer, K.: Planungsanforderungen: Soziale Indikatoren und individuelle Bedürfnisse im zweiten Teil dieses Bandes, S. 193 ff.
5 Arbeitskreis Strukturplan Weiterbildung: Strukturplan für den Aufbau des öffentlichen Weiterbildungssystems in der Bundesrepublik Deutschland. Köln 1975
6 Dietrich, W. v.: Die Weiterbildungsarbeit der Volkshochschulen im Jahre 1966. In: Statistische Rundschau für das Land Nordrhein-Westfalen. 30. Jahrgang, März 1978, S. 115 ff.
7 Vgl. u.a. Ruge, R./Conrad, Chr.: Indikatoren der Weiterbildung – Ein konzeptueller Rahmen für die Quantifizierung regionaler Versorgungslagen. Gutachten für den Deutschen Bildungsrat. Reprint Nr. 24, April 1976, o.O., S. 14 ff.
8 Vgl. u.a. Meulemann, H./Weishaupt, H.: Regionale Strukturen der Weiterbildung in Großstädten. Aus: Hessische Blätter für Volksbildung 27 (1977) Nr. 4, S. 297-303
9 Bargel, T. et.al.: Die Indizierung von Soziotopen als Grundlage der Messung sozialer Disparitäten, a.a.O.
10 Diess.: a.a.O.
11 Diess.: a.a.O.
12 Diess.: a.a;O.

13 Vgl. Weiterbildungsentwicklungsplanung in NRW, Heft 33 der Schriftenreihe Strukturförderung im Bildungswesen des Landes NRW, herausgegeben vom Kultusministerium. Köln 1978, S. 88 f. Danach errechnen sich:

Angebotsdichte (D) $= \dfrac{U \cdot 1000}{E}$

Partizipationsziffer (P) $= \dfrac{U \cdot T \cdot 1000}{V \cdot E}$

Organisationsleistungsquotient $= \dfrac{U}{HPM}$ bzw. $\dfrac{TT}{HPM}$

Verwaltungsausstattungsindex (VA) $= \dfrac{VK}{HPM}$

14 In der Dichteziffer für Wuppertal ist das Angebot der kommunalen Familienbildungsstätte enthalten, um eine möglichst genaue Vergleichsgrundlage hinsichtlich der Versorgung mit öffentlichen Weiterbildungsangeboten zu gewinnen.
15 Weiterbildungsentwicklungsplan des Kreises Paderborn. Paderborn 1978, S. 130
16 Arbeitskreis Strukturplan Weiterbildung: Strukturplan Weiterbildung. a.a.O.: S. 62
17 Vgl. Weiterbildungsentwicklungsplan des Kreises Paderborn, a.a.O., S. 21

Politische Vorgaben und institutionelle Bedingungen didaktischer Planungsarbeit in der Weiterbildung

Bernd Thunemeyer

Vorbemerkungen: Diskussion praktischer Probleme bedarfs-/bedürfnisorientierter Planung

Im Verlauf des Begleitprojektes zur Weiterbildungsentwicklungsplanung wurde durch Mitarbeiter des Institutes für Bildungsbetriebslehre auch der in den Planungsregionen ablaufende Prozeß der Planerstellung und Plankonsolidierung beobachtet und analysiert. Ziel dieser Begleitaktivität war es, den Einflußfaktoren und Arbeitsbedingungen des Planungsablaufes auf die Spur zu kommen und gleichzeitig den Einfluß der definierten konstitutiven Faktoren von Weiterbildungsbedarf auf den praktischen Planungsprozeß sichtbar zu machen. Bei teilnehmender Beobachtung und in den Gesprächen mit pädagogischen Mitarbeitern, die für die Basis der didaktischen Planung in den Volkshochschulen verantwortlich waren, zeigten sich die strukturellen und prozeduralen Grenzen der Verwirklichung des Bedarfsorientierungs-Gebotes aus dem Weiterbildungsgesetz deutlich: Es fehlt an operationalen politischen Vorgaben, an Flexibilität in der bürokratischen Struktur und letztlich auch an Personalkapazität. Im folgenden knappen Erfahrungsbericht wird versucht, die wesentlichen Probleme der curricularen Arbeit in der Volkshochschule, die als „Didaktische Planung" pädagogische Grundlage aller inhaltlicher Weiterbildungsentwicklungsplanung ist, aufzuzeigen und Lösungsrichtungen anzudeuten.

Die Erfahrungen wurden in einer Volkshochschule, also einer kommunalen Weiterbildungseinrichtung gemacht. Träger, Nutzer und Einzugsbereich ist eine Großstadt im industriellen Ballungsgebiet mit ca. 350.000 Einwohnern, die älter als 15 Jahre sind. Die Volkshochschule verfügt zur Zeit über ein eigenes Gebäude; die inhaltliche Arbeit wird in folgenden Fachbereichen abgewickelt:

0 – Lernen – Denken – Gespräch
1 – Politik – Geschichte – Gesellschaft
2 – Kultur – Kunst – Psychologie
3 – Kreativität – Medien – Musik
4 – Mathematik – Naturwissenschaften – Technik
5 – Sprache – Deutsch – Fremdsprachen
6 – Beruf – Wirtschaft – Recht
7 – Schulabschlüsse – Brückenkurse
8 – Zielgruppenprogramme

Die Abwicklung der Arbeit geschieht durch insgesamt 35 hauptamtliche Mitarbeiter, von denen 13 hauptamtliche pädagogische Mitarbeiter sind und 22 dem administrativen organisatorischen Bereich zugehören. Von diesen wird ein Volumen von ca. 43.000 Unterrichtssunden in 1980 organisiert, was einer Angebotsdichte von 107 Unterrichtsstunden/1 000 Einwohner entspricht.

Allgemeine Vorgaben für die Planungsarbeit an der Volkshochschule

Aus diesen Zahlen wird deutlich, daß die Verwaltung und Fortschreibung bzw. Ausweitung dieses Bereiches nicht quasi naturwüchsig verlaufen kann und sollte, sondern bei den immer zu geringen Ressourcen planerische Eingriffe notwendig sind. Zudem ist die VHS durch das Weiterbildungsgesetz in NRW gezwungen, sich an mittelfristigen Planungsaktivitäten im Rahmen der Weiterbildungsentwicklungsplanung zu beteiligen.

Die Planungsvorgaben im Weiterbildungsgesetz sind relativ abstrakt formuliert und können als konkrete Orientierungsdaten für die VHS-Planung nicht verwandt werden. Dies soll kurz an folgenden Vorgaben aus dem Weiterbildungsgesetz verdeutlicht werden:

§ 1 — Fixierung des Rechtsanspruchs von jedem auf die Beteiligung an Weiterbildungsangeboten.

§ 2 — Orientierung der Weiterbildungsangebote am Bedarf, wobei Bedarf definiert wird:

"als Bedarf im Sinne des Gesetzes gelten sowohl die Vertiefung und Ergänzung vorhandener Qualifikation als auch der Erwerb von neuen Kenntnissen, Fertigkeiten und Verhaltensweisen." (§ 2(2)).

§ 3 — Grundsatz der Einheit der Bildung soll planerisches und organisatorisches Merkmal sein.

§ 9 — Die Weiterbildungsentwicklungsplanung soll integraler Anteil allgemeiner kommunaler Entwicklungsplanung sein.

§ 13 — Numerisch wird der Umfang des Mindestangebotes in Unterrichtsstunden bezogen auf die Einwohnerzahl festgelegt.

Diese Angaben machen deutlich, daß im Weiterbildungsgesetz allgemein Weiterbildung als notwendig und sinnvoll angesehen und implizit die Vorstellung vertreten wird, daß alle Bewohner Nordrhein-Westfalens im gleichen Maße in der Lage sind, ihren Bedarf zu artikulieren bzw. sich an den Weiterbildungsangeboten zu beteiligen. Daß dem nicht so ist kann leicht abgelesen werden an der am Gegenstand „Erziehung" bzw. „Bildung" orientierten sozialwissenschaftlichen Diskussion der letzten 20 Jahre sowie den bildungspolitischen Vorstellungen und Verlautbarungen der im Landtag NRW vertretenen Parteien, die die Existenz von „bildungsbenachteiligten" Bevölkerungsgruppen konstatieren und spezifische Weiterbildungsangebote zum Ausgleich dieser Defizite fordern.

Nun könnte angenommen werden, daß — wenn schon nicht im Weiterbildungsgesetz — in den Zielperspektiven der kommunalen Weiterbildungsentwicklungsplanung, die durch die entsprechenden Kommunalparlamente vorgenommen werden, eine bildungspolitische Präzisierung bzw. Operationalisierung der Entwicklungsziele der Weiterbildung vorgegeben werden. Dies sollte am vorliegenden Weiterbildungsentwicklungsplan der Stadt überprüft werden. Im Weiterbildungsentwicklungsplan finden sich dazu folgende Angaben:

— zunächst werden die allgemeinen Ziele aus dem Weiterbildungsgesetz referiert;
— durch die Weiterbildungsangebotsentwicklung soll sowohl eine höhere Weiterbildungsdichte als auch eine stärkere Dezentralisierung des Angebots — angepaßt an Regionalstrukturen — errreicht werden;
— die Sozialstruktur der Bevölkerung soll bei der Entwicklung des Angebotes berücksichtigt werden, was besondere Bemühungen um Bevölkerungsgruppen mit Bildungsdefiziten einschließt;

172

— es sollen besonders Einstiegs-, Trainings-, Informations- und Beratungsprogramme gefördert werden;
— die Einrichtungen der Weiterbildung sollten kooperieren um eine möglichst umfassende Deckung des Bedarfs zu erreichen.

Auch aus diesen Absichtserklärungen wird deutlich, daß eine eindeutige bildungspolitische Festlegung durch das Kommunalparlament *nicht* erfolgt ist, sondern daß nur relativ vage bestimmte Entwicklungsperspektiven vorliegen, über deren Realisierbarkeit erst im Stadium der konkreten Planungsarbeit Aussagen gemacht werden können; da sich erst hier die konkreten Handlungsmöglichkeiten sowohl im sozialen Gefüge der Volkshochschule als auch im Spannungsfeld zwischen pädagogischen Absichten, administrativen Vorgaben und Zielen und politischem Willen in der Kommune bestimmen lassen.

Gemeint ist damit:

— daß sich selbstverständlich im Rahmen der konkreten Auseinandersetzung und Abstimmung zwischen den Mitarbeitern der Volkshochschule die Umsetzungsmöglichkeiten der intendierten Weiterbildungsangebote ständig verändern;
— daß es ein nicht abschließbarer Prozeß ist, „die pädagogischen bzw. weiterbildungspolitischen" Absichten der Volkshochschule soweit in konkreten Entscheidungssituationen zu operationalisieren, daß sie praktisch umsetzbar sind;
— daß natürlich ein Spannungsverhältnis zwischen dem Selbstverständnis der „pädagogisch" Handelnden und den sogenannten „Bürokraten" besteht, das seinen Ausdruck in einer zunehmenden Verrechtlichung findet, mit der eine Eingrenzung der Handlungsspielräume einhergeht;
— daß letztendlich die jeweiligen Absprachen, Beschlüsse und Willensbekundungen im Kommunalparlament und in den jeweiligen Ausschüssen sowie in den satzungsmäßigen Gremien der Volkshochschule die Handlungsspielräume festlegen und die Toleranzgrenzen für experimentelle bzw. innovative Arbeit definieren.

Planungsarbeit in den Fachbereichen

Aufgrund meiner Beobachtungen und Erfahrungen können jedoch noch nicht alle Facetten der Fachbereichsplanung entwickelt werden. Zum einen war der konkrete Planungsprozeß für das Programmjahr 1980/81 bereits abgeschlossen und es konnte daher eine unmittelbare Einsicht in einen realen Planungsvorgang nicht gewonnen werden, zum anderen reichte die Zeit für die Diskussion aller „Alltagsprobleme" der Planenden nicht aus. Trotzdem können strukturelle Probleme bzw. Unterschiede in der Planung einzelner Fachbereiche sowie die generellen Probleme in der Fachbereichsplanung benannt werden.

Als wesentliches strukturelles Unterscheidungsmerkmal kann zum einen der Grad der Standardisierung des jeweiligen Fachbereichsangebots und zum anderen der Grad der „Marktläufigkeit" der jeweiligen Angebotsinhalte genommen werden.

Aufgrund ausführlicher und detaillierter Diskussionen mit den Fachbereichsverantwortlichen kann davon ausgegangen werden, daß ein wesentliches Element im Planungsprozeß ihre eigenen konkreten Erfahrungen sind und zwar sowohl hinsichtlich inhaltlicher als auch organisatorischer und didaktischer Planung. Das bedeutet, daß ein Großteil der geplanten Angebote aus dem gesicherten Stand von Erfahrungswissen der hauptamtlichen pädagogischen Mitarbeiter bezüglich der Realisierungschancen resultiert. Daraus ergibt sich auch der Grad der Standardisierung der Angebote in den einzelnen Fachbereichen, der zum Teil fast 100% erreicht, wie z.B. im Fachbereich Sprachen. Dabei ist zu berücksichtigen, daß die „Marktläufigkeit" einzelner Angebote nicht zufällig ist, sondern daß diese Tendenz durch mehrere Faktoren, von denen nur die zwei, die mir am wichtigsten erscheinen, hier genannt werden sollen, beeinflußt wird.

Zum einen gibt es einen „festen Angebotsbestand" in der Volkshochschule, der sich im Laufe der Entwicklung derselben verfestigt hat, indem er auf „bildungsbürgerliche" Interessen und auch auf die Instrumentalisierung der Volkshochschule durch Bürger zielt. „Man" kann, auch ohne wissenschaftliche Untersuchungen bemühen zu müssen, für bestimmte Kurse die potentiellen Teilnehmerzahlen aufgrund langjähriger Erfahrungen bestimmen; z.B. aus „Mittelschichten", die im Rahmen des VHS-Besuchs zum einen ihre Gegenstandsinteressen befriedigen wollen und zum anderen einen Teil ihrer sozialen bzw. kommunikativen Bedürfnisse realisieren; z.B. Menschen, die ihre Interessen nach „Bildungsgütern" bzw. „Bildungstraditionen" einlösen wollen.

Andererseits kann davon ausgegangen werden, daß die Veränderung gesellschaftlicher und ökonomischer Verhältnisse in der Form Auswirkungen auf die Volkshochschulen hat, daß eine Ausweitung der Angebote stattfindet, die mit einem formalisierten Abschluß enden sollen. Die zunehmende Tendenz der qualitativen Veränderung von Arbeitsanforderungen führt dazu, daß Individuen versuchen, durch Anhäufung formaler Qualifikationsnachweise ihre Ausgangsposition in der durch Konkurrenz strukturierten Arbeitssituation zu verbessern. Außerdem ist festzustellen, daß durch alle Ausbildungs- bzw. Bildungsbereiche in den letzten Jahrzehnten sich die Tendenz zieht, das System formalisierter Abschlüsse zu differenzieren und zu strukturieren. Zunehmend gewinnen die „Diplome", „Zertifikate", „Qualifikationsnachweise" eine zentrale Bedeutung im Prozeß der Gewinnung bzw. Stabilisierung „sozialer Identität", indem sie zum einen die Unterschiede zu anderen Menschen markieren und zum anderen mit „staatlichem Siegel" die eigene Leistungsfähigkeit öffentlich bescheinigen.

Deutlich erkennbar wird diese Tendenz in der ständigen Ausweitung der Nachfrage nach und damit auch des Volumens von Zertifikatskursen im Sprachbereich, im Bereich Schulabschlüsse, im Bereich Naturwissenschaften.

Schwieriger wird es in den Fachbereichen, deren Inhalt nicht in dem Maße „marktläufig" ist. Im folgenden soll versucht werden, die fachbereichspezifischen Probleme aus meiner Sicht zu skizzieren. Wenn im Zusammenhang mit der Beschreibung der fachbereichspezifischen Planungsarbeiten auf ein relativ hohes Maß an Standardisierung hingewiesen wurde, so soll damit zum Ausdruck gebracht werden, daß die „alltägliche Routine" der pädagogischen Mitarbeiter zum überwiegenden Teil in der Abwicklung organisatorischer und verwaltungstechnischer Anforderungen besteht. Standardisierung bedeutet eben nicht Freisetzung von Arbeitskapazitäten sondern Belastung und zum Teil Überlastung pädagogischer Mitarbeiter mit als sachfremd empfundenen Aufgaben, die auch den individuellen Freiraum für pädagogisch notwendige Planungen einschränkt.

Fachbereich O: Lernen – Denken – Gespräch

Vom Anspruch her soll durch die Angebote des Fachbereichs einzelnen Personen geholfen werden, Lernschwierigkeiten bzw. Kommunikationsschwierigkeiten zu überwinden. Von der Konzeption her zielen die Fachbereichsangebote auf Serviceleistungen für erwachsenengerechte Lernprozesse bzw. Lernerfahrungen. Nach den bisherigen Erfahrungen werden die gemachten Angebote von der Bevölkerung akzeptiert und ein

174

geringer Teil der Personen, die sich im Fachbereich weiterbilden, melden von sich aus Interessen nach spezifischen Angeboten an. Für die Planung bedeutet dies, daß die vorhandene Angebotsstruktur zunächst linear fortgeschrieben werden kann.

Ein zentrales Planungsproblem ergibt sich aus der Funktion und der organisatorischen Struktur des Fachbereichs. Vom Anspruch des Angebots von Serviceleistungen her ist es notwendig, daß fachbereichsübergreifende Arbeit geleistet wird; d.h., daß die Lehrenden bzw. Beratenden der anderen Fachbereiche Personen, die Lernschwierigkeiten haben, auf die Möglichkeiten des Fachbereichs O hinweisen und wenn nötig Vermittlungsfunktionen übernehmen sollten. Nach den bisherigen Erfahrungen scheint dies nicht reibungslos zu funktionieren, so daß es notwendig wäre, im Rahmen einer allgemeinen Zieldiskussion der VHS-Arbeit die Funktion und den Stellenwert des Fachbereichs möglichst handlungsrelevant zu bestimmen. Im Rahmen einer integrierten Planung könnten dann auch zu einzelnen Fachbereichsangeboten begleitende Maßnahmen im Hinblick auf z.B. spezifische Zielgruppen entwickelt werden.

Daneben besteht das Problem, daß die verschiedenen Elemente des Fachbereichs in unterschiedlicher administrativer Kompetenz liegen; die hier angesiedelte Mediothek gehört in den Verwaltungsbereich der Stadtbibliothek. Dies kann dazu führen, daß die Abstimmung über inhaltliche Ausbauplanungen bzw. Einkäufe von Medien und auch Informationen über artikulierten Beratungsbedarf, der einen Verweis auf die anderen Bereiche der Volkshochschule notwendig macht, nur auf der informellen interpersonalen Ebene realisiert wird und von daher sehr störanfällig ist, was zur Konsequenz haben kann, daß wertvolle Informationen über Weiterbildungswünsche nicht adäquat aufgenommen werden können, bzw. integrierte Planungen nicht realisierbar sind.

Fachbereich 1 – Politik – Geschichte – Gesellschaft

Die Angebote des Fachbereichs entsprechen zum Teil der allgemeinen Vorstellung von politischer Bildung – Angebote, die auf kritische Wissensaneignung zielen – und sind zum andern Teil stadtteil- bzw. zielgruppenorientiert. Sieht man von dem Bereich ab, der aufgrund der Erfahrungen als planungssicherer Bestandteil bestimmt werden kann, dann besteht das Problem darin, Ansatzpunkte für einen politischen Lernprozeß zu finden, der subjektive Betroffenheit zum Bezug nimmt und Selbstorganisation zum Ziel hat. Die Probleme werden dadurch verschärft, daß gerade in diesem Fachbereich der Versuch gemacht wird, die Zielvorstellung von der Integration bisher benachteiligter Bevölkerungsgruppen zu realisieren. Dieses Vorhaben – wenn es konsequent verfolgt wird – erfordert nach den Projekterfahrungen der siebziger Jahre in diesem Bereich völlig neue organisatorische, methodische und inhaltliche Angebotsformen, die einem mehr organisch zu entwickelnden Lernprozeß entsprechen denn einem langfristig geplanten. Dies ist begründet darin, daß die jeweils konkreten Anknüpfungspunkte für den Lernprozeß – Betroffenheit im Alltag – sich verändern und nicht langfristig vorausgeplant werden können. Darüber hinaus lassen sich solche Prozesse nicht organisatorisch verplanen, da jeder Ort dann, wenn sie zustande kommen, Lernort sein kann – die Kneipe ebenso wie die Kirche, eine Wohnung ebenso wie eine Turnhalle.

Das Verfolgen solcher Ziele bedeutet aber, daß die Planungen im Fachbereich, weitgehend reaktiv auf konkrete soziale Prozesse in Stadtteilen, Wohnquartieren erfolgen müssen. Eine verbindliche Vorausplanung kann nicht erfolgen. Damit ist ein Strukturproblem dieses Fachbereichs gekennzeichnet. Auf der einen Seite erzwingen die geltenden administrativen Vorgaben langfristige Planungen des Einsatzes von Mitteln, die jedoch pädagogischen bzw. bildungspolitisch begründeten Erfordernissen widersprechen. Für die Arbeit im Fachbereich wäre es sinnvoller, über einen finanziellen Freibetrag verfügen zu können, der als Dispositionsmasse in aktuellen Situationen eingesetzt werden kann, und über den jeweils zum Ende eines zu bestimmenden Zeitraums Rechnung abgelegt wird. Um es quantitativ zu bestimmen, könnte man z.B. festlegen, daß 70% der Fachbereichsmittel fest verplant werden, und 30% frei zur Verfügung gestellt werden. Inwieweit solch ein Modell unter den gegebenen haushaltsrechtlichen und sonstigen administrativen Vorgaben zu realisieren ist, muß geprüft werden.

Das Verfolgen eines politischen Bildungskonzepts, daß sich an dem Prinzip der „Betroffenheit" bzw. „Alltagssituationen" orientiert setzt neben der Abklärung administrativer Möglichkeiten auch klare bildungspolitische Positionen sowohl in der Institution Volkshochschule als auch beim Träger voraus. Von daher wäre es auch notwendig, daß für die Arbeit der Volkshochschule bildungspolitische Leitsätze formuliert und kommunalpolitisch abgestimmt und abgeschlossen werden.

Fachbereich 2 – Kultur – Kunst – Psychologie

Die Arbeit im Fachbereich besteht im wesentlichen aus der verwaltungstechnischen/ organisatorischen Abwicklung eines quasi standardisierten Programms. Die Anteile des Fachbereichs am Gesamtangebot sind rückläufig. Nach dem Willen der hauptamtlichen pädagogischen Mitarbeiter soll die Standardisierung jedoch keine Routinisierung bedeuten, sondern die konkrete inhaltliche Festlegung im vorgegebenen Rahmen in der Absprache zwischen den Kursteilnehmern und dem Kursleiter erfolgen. Als Gesamtziel, dem der Fachbereich verpflichtet ist, soll verfolgt werden: durch die Verarbeitung eigener Erfahrungen und die Reflexion der eigenen kulturellen und sozialen Lebensbedingungen auch in ihrer historischen Gewordenheit in einen Prozeß von zunehmender Selbstverwirklichung zu gelangen. Das zentrale Planungsproblem besteht darin, geeignete Kursleiter zu finden, die gemäß diesen Vorstellungen arbeiten wollen und können. Von daher ergibt sich, daß im „freien Planungsbereich" des Fachbereichs die Konkretisierung von Angeboten mehr oder weniger zufällig wird. Auch in diesem Fachbereich wird eine „freie finanzielle Planungsmasse" für sinnvoll gehalten, weil sie die Möglichkeit böte auf aktuelle Kulturaktivitäten in Stadtteilen oder anderen abgegrenzten Bereichen zu reagieren.

Fachbereich 3 – Kreativität – Medien – Musik

Die Fachbereichsplanung besteht zum überwiegenden Teil aus Angeboten, die, wenn auch nicht standardisiert, wiederholt werden. Ebenso wie in den Fachbereichen 1 und 2 ist die inhaltliche Bestimmung wenig operational und abhängig von den Intentionen des hauptamtlich pädagogischen Mitarbeiters sowie den zur Verfügung stehenden Kursleitern und den verfügbaren finanziellen Mitteln. Eine Planung kann nur in der Antizipation möglicher Bedürfnisse erfolgen, die erfahrungsgeleitet sind. Da auch in diesem Fachbereich „freie Planungsmasse" fehlt, mit der auf sich entwickelnde Bürgeraktivitäten reagiert werden kann, sind die Möglichkeiten des Fachbereichs begrenzt. Der überwiegende Anteil der Arbeit in diesem Fachbereich ist die verwaltungstechnische und organisatorische Abwicklung abgesicherter Programmpakete.

Fachbereich 4 – Mathematik – Naturwissenschaften – Technik

Das Angebot im Fachbereich 4 ist nahezu vollständig standardisiert. Planungsarbeit beschränkt sich weitgehend auf organisatorische, verwaltungstechnische Vorarbeiten zur Realisierung des Angebotes.

Fachbereich 5 – Sprache – Deutsch – Fremdsprachen

Die Angebote im Fachbereich sind zu nahezu 100% standardisiert. Vom Organisationsvolumen her stellt dieser Fachbereich einen der größten in der Volkshochschule dar. Das Fremdsprachenangebot orientiert sich im Bereich Englisch und Französisch an zentral vorgegebenen Zertifikatsanforderungen und ist in den übrigen Sprachbereichen nach einem Kurssystem aufgebaut. Eine freie Planungsarbeit ist in der inhaltlichen Verantwortung dieses Fachbereichs kaum notwendig, wenn man von den Angeboten absieht, die kulturelle Konversation in einer Fremdsprache organisatorisch ermöglichen sollen. Aufgrund der „Verschulung" dieses Bereichs besteht das Hauptproblem in der organisatorischen bzw. administrativen Abwicklung des standardisierten Angebots, d.h. in der Verwaltung des Fachbereichs und der Durchführung der Prüfung sowie der Rekrutierung von Kursleitern.

Da sich in diesem Fachbereich die eingangs erörterte gesellschaftliche Entwicklung in besonderem Maße niederschlägt bzw. umsetzt, besteht ein Problem allenfalls darin, den Mangel an organisatorischen und finanziellen Möglichkeiten um die Gesamtnachfrage befriedigen zu können, zu verwalten. Bei der notwendigen Diskussion um die Leitsätze für die Arbeit der Volkshochschule sollte versucht werden, in der Volkshochschule als auch beim Träger Einverständnis darüber herzustellen, bis zu welchem Anteil am Gesamtfinanzvolumen der Volkshochschule dieser Bereich ausgebaut werden soll, um zu verhindern, daß u.a. der Sprachenbereich mit seiner offenkundigen „Verschulungstendenz" das Gesamtbild dominiert und das Selbstverständnis der Volkshochschule prägt.

Fachbereich 6 – Beruf – Wirtschaft – Recht

Aufgrund des engen Finanzrahmens kann in diesem Fachbereich nur noch ein Standardprogramm angeboten werden. Die Planungsarbeit besteht darin, das Angebot nicht nur so zu gestalten, daß aus der Arbeitswelt unmittelbar vorgegebene Qualifikationsanforderungen erfüllt werden, sondern nach Möglichkeiten zu suchen, um einerseits bildungsbenachteiligten Personen berufliche Perspektiven zu eröffnen und andererseits Informationen über berufliche Felder zur Verfügung zu stellen, um berufliche Entscheidungen besser vorbereiten zu können. Um dieses realisieren zu können, bedarf es aus der Entwicklungsperspektive des Fachbereichs folgender Voraussetzungen:

— Operationalisierung von Schlüsselqualifikationen im Bereich beruflich/technischer Grundbildung;
— Entwicklung von Ansätzen zur Informationsarbeit mit Jugendlichen, speziell mit Schulabgängern;
— Entwicklung von praktikablen Modellen betriebsnaher bzw. stadtteilorientierter Bildungsarbeit;
— Überwindung der traditionellen Fachbereichstrennung zugunsten integrierter Angebote mit der Konsequenz der Überprüfung und eventuelle Neuformulierung des

Arbeitsansatzes der Volkshochschule (organisatorische Entwicklung der Stadtteilarbeit).

Diese Entwicklungsperspektiven lassen sich nur schrittweise realisieren, da zum Teil die Voraussetzungen erst noch geschaffen werden müssen. Zwei Probleme könnten jedoch schon jetzt angegangen werden; die Entlastung des hauptamtlichen pädagogischen Mitarbeiters von verwaltungstechnischen Aufgaben und die Diskussion um die Entwicklung integrierter Angebote im Rahmen einer Zieldiskussion der Volkshochschularbeit insgesamt. Darüber hinaus müßten konkrete Abstimmungen mit anderen staatlichen Institutionen, wie z.B. dem Arbeitsamt erfolgen, damit die Planungen in diesem Bereich nicht als Konkurrenz bzw. Anmaßung von Kompetenzen wahrgenommen werden, sondern daß „Interesse der Bürger" an optimaler Information bzw. Ausbildung zum Maßstab wird. Auch in diesem Bereich wäre die Verfügung über Planungskapazitäten wünschenswert, um flexibel auf Entwicklungen z.B. in Betrieben reagieren zu können.

Fachbereich 7 – Schulabschlüsse – Brückenkurse

Bei diesem Fachbereich handelt es sich vom Organisationsvolumen her um den größten der Volkshochschule. Eine inhaltliche Planung des Angebots ist nicht notwendig, da die Rahmenbedingungen für das Nachholen der Schulabschlüsse durch externe Vorgaben in Form von Richtlinien durch das Kultusministerium gegeben sind.

Die zentralen Probleme in diesem Fachbereich bestehen darin, die organisatorische Abwicklung der Kurse und Prüfungen zu leisten und im weitesten Sinne sozialpädagogisch zu arbeiten, um wenigstens im Ansatz die Probleme, die aufgrund der Veränderungen der Lebenssituation der Teilnehmer entstehen, auffangen zu können. Daneben wird noch versucht, durch Absprache mit den Kursleitern ein integriertes Angebot, das auf den jeweiligen Kurs bezogen ist, zu entwickeln. Aus der Sicht des Fachbereichs wäre es notwendig, über die Diskussion der Probleme dieser speziellen Teilnehmer, die ausnahmslos unter der Kategorie der „bildungsbenachteiligten Bürger" zu fassen wären, in eine Diskussion über die praktische Neubestimmung des Verhältnisses von Sozialarbeit und Bildungsarbeit und damit auch in eine Diskussion um Perspektivbestimmungen bezüglich der Entwicklung und Konsolidierung von Zielgruppenarbeit, Stadtteilorientierung und integrierten Fachbereichsangeboten zu gelangen. Mit eingehen müßte in diese Diskussion eine Bestimmung und Absicherung des Fachbereichs im Gesamtgefüge, da aufgrund der finanziellen und personellen Beanspruchung von Mitteln insgesamt Ressentiments gegenüber dem Fachbereich bestehen. Festmachen läßt sich dies an der Fragestellung: „Repräsentiert dieser Fachbereich mit der Tendenz zur zunehmenden Verschulung noch das, was mehrheitlich unter einer Volkshochschule verstanden wird?"

Die kurzfristig zu lösenden Probleme bestehen in der Lösung der organisatorischen Schwierigkeiten, die sich aus einer schlechten Raumsituation ergeben, d.h. es wäre zu überlegen, ob die Stadt ein gesondertes Raumkontingent, das erwachsenengerecht ist, zur Verfügung stellen kann. Darüber hinaus stellt sich das Problem der personellen Verstärkung, da ein Großteil der anfallenden administrativen Arbeiten im Fachbereich geleistet wird, die von der zentralen Volkshochschulverwaltung nicht mehr übernommen werden können. Die zur Zeit mitarbeitenden Kollegen sind materiell über eine Arbeitsbeschaffungsmaßnahme von Seiten des Arbeitsamtes abgesichert, die jedoch ausläuft. Ob eine Weiterbeschäftigung dennoch möglich ist, ist zur Zeit noch ungewiß.

Langfristige Planungen über den Ausbau des Angebots sind schwierig. Die Arbeit im Fachbereich, die schwerpunktmäßig bildungsbenachteiligte Gruppen zu erreichen versucht, wird durch die administrativen Planungsvorgaben besonders stark behindert. Auf- und Ausbau von Zielgruppenarbeit setzt differenzierte Erkundungsphasen und Arbeiten zur Bedarfsermittlung voraus, um die Bedürfnisse der angezielten Gruppen aufnehmen zu können, da nur so pädagogische Prozesse stabilisiert werden können. Damit ist das Problem der „freien Planungsmasse" angesprochen, denn auch in diesem Bereich muß ein Großteil der Arbeit reaktiv erfolgen, d. h. die Volkshochschule als Anbieter von Lernmöglichkeiten müßte sich an verschiedenen Lernorten an entstehende bzw. an entstandene Bedarfslagen anpassen können.

Um Zielgruppenarbeit adäquat realisieren zu können, wäre es notwendig, pro definierter Zielgruppe mindestens einen Mitarbeiter zu haben, der im Rahmen stadtteilorientierter Bildungsarbeit langfristig und tendenziell bedarfsorientiert arbeiten könnte. Man sollte allerdings nicht verkennen, daß die gemachten Erfahrungen des sicherlich mühsamen Prozesses, Zielgruppenarbeit zu beginnen und auch administrativ durchzusetzen, wesentliche Markierungspunkte in der notwendigen Diskussion um die Formulierung bildungspolitischer Leitsätze sind.

Planung und Verwaltung

Die pädagogische Planung in der Volkshochschule muß nicht nur die fachbereichspezifischen Erfordernisse berücksichtigen, sondern wird in doppelter Weise durch Verwaltungen beeinflußt. Zum einen durch den Verwaltungsbereich in der Volkshochschule selbst und zum anderen durch die Stadtverwaltung, deren Teil die Volkhochschule ist.

Bezüglich der Verwaltung in der Volkshochschule lassen sich mehrere Problemfelder benennen. Aufgrund des Personalstandes kann zur Zeit in der Volkshochschule keine eindeutige Zuordnung von einer Verwaltungskraft zu einem Fachbereich vorgenommen werden. Daraus ergibt sich, daß die hauptamtlichen pädagogischen Mitarbeiter einen Großteil ihrer Arbeitskapazität für administrative Aufgaben aufwenden müssen.

Von den inhaltlichen Arbeitsanforderungen her sind die Bereiche pädagogische Planung und Verwaltung zum Teil völlig unterschiedlich strukturiert, was zu erheblichen wechselseitigen Behinderungen führen kann. Während in einigen Fachbereichen, wie gezeigt wurde, die Möglichkeit flexiblen, reaktiven Einsatzes von Mitteln wünschenswert wäre, besteht ein wesentliches Moment administrativer Tätigkeit in der Überwachung der Einhaltung von Planvorgaben (vgl. Gemeindekassenverordnung bzw. Gemeindehaushaltsverwaltung). Da die Geschäfte der Volkshochschule auf der Basis des gültigen Kommunalrechts abgewickelt werden müssen, kann es aufgrund der unterschiedlichen Arbeitsanforderungen zu erheblichen Störungen der Interaktionen zwischen den „Pädagogen" und den „Verwaltern" kommen, zumal oft die einen nicht die inhaltlichen Probleme der anderen kennen oder umgekehrt. Wünschenswert wäre ein Dialog zwischen den einzelnen Strukturbereichen der Volkshochschule mit dem Ziel einer gemeinsamen Position, von der aus „gemeinsam die VHS-Arbeit gemacht wird".

Aus der Sicht der Verwaltung wäre es zur Abwicklung der administrativen Arbeiten wünschenswert, wenn zum einen die Datenlage im Weiterbildungsbereich unter Zurhilfenahme der Datenverarbeitungsanlage der Stadt verbessert werden könnte und wenn im Stellenplan für die Volkshochschule sowohl ein eigener Datenverarbeitungsfachmann als auch eine Stelle für einen Planer für die Weiterbildungsentwicklungsplanung vorgesehen bzw. verankert werden könnte. Aus der inneren Logik der Verwaltung sind diese Wünsche verständlich. Trotzdem ist auch hier zu fordern, daß solche Erweiterungen der Personalkapazität bzw. Veränderungen der materiellen Arbeitsgrundlagen sich dem pädagogischen Auftrag der Volkshochschule und den konkreten pädagogischen Anforderungen in der alltäglichen Arbeit anzupassen haben. Das bedeutet, daß im Rahmen des geforderten Dialogs vor dem Hintergrund gültiger bildungspolitischer Leitsätze ein Konsens darüber hergestellt werden muß, welche Daten überhaupt sinnvoll in Bezug auf den pädagogischen Bereich und die Planungsarbeit erhoben werden sollten bzw. welche Qualifikationsprofile sich aus dem pädagogischen Bereich sowohl für einen Datenfachmann als auch für einen Planungsfachmann ableiten lassen. Bei der Formulierung solcher Bestandsveränderungen muß Priorität der Auftrag der Volkshochschule vor den administrativen Erfordernissen, die in diesem Zusammenhang als unverzichtbare Serviceleistungen verstanden werden, haben.

Bezüglich der Einbindung der Volkshochschule in die Stadtverwaltung sollen hier nur zwei Bereiche angesprochen werden. Zum einen: aufgrund der hierarchischen Struktur kommunaler Verwaltung ist die Volkshochschule oft von einer unmittelbaren Beteiligung an für sie wesentlichen Entscheidungen abgeschnitten. Die formallegitime Vertretung der Volkshochschule gegenüber den politischen Entscheidungsgremien bzw. anderen Amtsbereichen in der Stadtverwaltung übt der Kulturdezernent der Stadt aus. Von daher ist es möglich, daß aus der Zentralverwaltung Sachvorgaben in die VHS-Diskussion eingebracht werden, auf die die Volkshochschule nur noch reagieren kann, deren inhaltliche Dimension aber nicht mehr zur Disposition gestellt ist. Diese Sachvorgaben sind z. B. Zuweisungen bzw. Kürzungen von Sachmitteln oder das Problem der Zurverfügungstellung von Räumen.

Ein zweites zentrales Problem ist in der Integration der verschiedenen Planungen im Bereich der Stadt zu sehen. Vom Anspruch her sollen die verschiedenen Planungen, wie Weiterbildungsentwicklungsplanung, Kulturplanung, Jugendhilfeplanung etc. inhaltlich integriert und vom Amt für Stadtentwicklung koordiniert werden. Das bedeutet jedoch zum einen, daß die Datenbasis, auf der die Planungen erfolgen sollen, vereinheitlicht werden — von diesem Zustand ist die Organisation der verschiedenen Daten noch weit entfernt —; zum anderen, daß die Integration der Planungen auf der Basis einer inhaltlich fixierten politischen Position erfolgt und nicht der allgemeinen Faszination von Planungen unterliegt. Diese inhaltliche Position bedeutet letztendlich eine Operationalisierung der politischen Vorstellungen in den verschiedenen Sachbereichen — wie Bildungsarbeit, Kulturarbeit, Jugendhilfearbeit etc —. Dies ist nach meinen Kenntnissen bisher nicht der Fall. Es dürfte jedoch auch ein langfristiger Prozeß sein, der unter anderem auch eine Umorientierung im Selbstverständnis bürokratischer Einrichtungen und eine politisch eindeutige Stellungnahme der Entscheidungsträger erfordert.

Konsequenzen: Freiräume und flexible Planungsverfahren

Als Konsequenzen lassen sich formulieren: für die Planungsarbeit in der Volkshochschule sind verbindliche politische Leitsätze zu formulieren, die die gewollte Entwicklungsrichtung der Volkshochschule festlegen und als Handlungsleitfaden für die konkreten Arbeiten in der Volkshochschule dienen. An der Entwicklung solcher Leitvorstellungen sollen in einem diskusiven Verfahren alle Betroffenen beteiligt werden.

Administrativ sind Veränderungen dahingehend anzustreben, daß die pädagogisch notwendigen Entscheidungsfreiräume nicht durch verwaltungsrechtliche Vorgaben unterlaufen werden. Dies bedeutet z. B. nicht unbedingt eine Aufstockung des finanziellen Rahmens, sondern eine Budgetierung der Finanzen, die dann zum Teil zur freien Disposition stehen.

In der Volkshochschule müßten Freiräume geschaffen werden, die es ermöglichen, in einem offenen Dialog ein gemeinsames Selbstverständnis zu entwickeln.

An die Forschung wäre der Anspruch zu stellen, die Volkshochschule darin zu unterstützen, Problemlösungsmöglichkeiten zu entwickeln, die sich an den Bürgern und deren Interessen bzw. Problemen orientieren. Das bedeutet, daß unter Umständen der Anspruch auf allgemein gültige Lösungen aufgegeben wird zugunsten der Entwicklung flexibler Verfahren für konkrete Planungssituationen z. B. in bestimmten Stadtteilen oder für bestimmte Zielgruppen.

Teil 2:
Entwicklungsplanung in der Weiterbildung: Sozioökonomische Einflüsse und individuelle Motive

Anmerkungen zum Teil 2:
Zu den Möglichkeiten bedarfsgerechter Weiterbildungsentwicklungsplanung

Manfred Bayer und Bernd Thunemeyer

Das Postulat, die Entwicklungsplanung im Weiterbildungsbereich am Bedarf zu orientieren, setzt voraus, daß Planungsentscheidungen nicht nur die manifeste Nachfrage nach Weiterbildung, sondern auch nicht artikulierte Bildungsinteressen bzw. Bildungsbedürfnisse Erwachsener in angemessener Weise berücksichtigen. Dem Problem der näheren Bestimmung des Weiterbildungsbedarfs auf der Basis von Bildungsbedürfnissen geht *Lederer* in ihrem Beitrag nach. Nach einem kurzen Überblick über relevante Entwicklungen und Ergebnisse der Bedürfnis- und Indikatorenforschung werden ausgewählte Indikatoren für den Bildungsbereich diskutiert. *Lederer* sieht als zentrales Problem bei der Erklärung sozialen Verhaltens, daß eine eindeutige Ursache-Wirkungsaussage nicht geleistet werden kann; die Pluralität bzw. Komplexität sozialen Verhaltens zwingen eigentlich dazu, Bedürfnisforschung im Bereich der Weiterbildung zu bevorzugen. Die Schwierigkeit im Umgang mit dem Bedürfnisbegriff besteht darin, daß sich in jedem Fall Bedürfnisse als ein begriffliches Konstrukt darstellen, das wesentlich durch die jeweiligen normativen bzw. politischen Positionen geprägt wird. Grundsätzlich unterscheidet *Lederer* zwischen einem universal/objektiven Ansatz und einem historisch/subjektiven Ansatz, die nach ihrer Auffassung erst integriert werden müssen, bevor sie fruchtbar eingesetzt werden können. Im Anschluß an diese theoretische Abklärung wird eine Untersuchung traditioneller Verfahren der Bedürfnisermittlung vorgenommen, die deutlich macht, daß diese nicht geeignet sind, um ausreichende Informationen über tatsächlich vorhandene Bedürfnisse zu erbringen. Ebenso versucht *Lederer* nachzuweisen, daß im offiziellen Weiterbildungsentwicklungsplanungsverfahren in Nordrhein-Westfalen die tatsächlichen Bedürfnisse nicht einfließen und auch nicht einfließen können. Zum Abbau dieses Defizits schlägt *Lederer* vor, Bedürfniserhebung in dialogischer Form, d. h. im direkten, kooperativen Kontakt mit den Betroffenen vorzunehmen und solchermaßen Informationszusammenhänge aufzubauen, mit denen die Grundlagen des jeweiligen Weiterbildungsverhaltens konkreter als bisher erfaßt werden können. Demographische und sozialstatistische Daten sind erneut aufzuarbeiten und nach Möglichkeit zu kartieren; mit neuen Integrationsmodellen ist zu experimentieren, die Planung mehr als bisher „öffentlich" zu machen.

Der von *Lederer* angestellte bzw. geforderte Versuch, eine Synthese von Indikatoren- und Bedürfnisforschung für die Bestimmung von Weiterbildungsbedarf fruchtbar zu machen, weist darauf hin, daß Modifikationen sozialwissenschaftlicher Ansätze zur Ermittlung von Weiterbildungsbedarf, die im gegebenen organisatorischen und inhaltlichen Rahmen der vorfindlichen Strukturen des Weiterbildungsbereiches verbleiben, für die Planungspraxis nur einen bescheidenen Erkenntnis- und Erklärungsertrag abwerfen. Abstrakte sozialwissenschaftliche Instrumentarien und sozialtechnologische Ansätze scheinen offenbar zur Auffindung der Weiterbildungsbedürfnisse weiterbildungsabstinenter Individuen und Gruppen kaum geeignet. Als eher zielführend könnten sich Ansätze einer interaktiven Sozialforschung erweisen, welche dialogische Formen der Interaktion im Weiterbildungsbereich zur Auffindung von Lernbedürfnissen weiterbildungsungewohnter Erwachsener gezielt nutzen wollen.

Derartige Interaktionsformen im Vorfeld des Zustandekommens von Lernprozessen stellen die vielfältigen Möglichkeiten und institutionalisierten Variationsformen strategisch orientierter Weiterbildungsberatung- und Information dar. Vor allem unter dem Gesichtspunkt einer kontinuierlichen und bedarfsgerechten Entwicklung des regionalen Weiterbildungsangebotes erlangen Beratungskontakte einen besonderen Stellenwert für die praxisangemessene Einschätzung des Weiterbildungsbedarfes. Da gerade die organisatorische, räumliche und institutionelle Zersplitterung des Weiterbildungsbereiches eine Orientierung über das vorhandene Weiterbildungsangebot erschweren, muß eine gezielte Nutzung des Beratungs- und Informationspotentials gleichsam auch als der geeignetste Schlüssel zur Erschließung derjenigen Schichten des latenten Weiterbildungsbedarfs erscheinen, die weder durch den Marktmechanismus ausreichend berücksichtigt noch durch quantitative empirische Forschungsansätze befriedigend erfaßt werden können.

In diesen Zusammenhang ist der Beitrag von Wolfgang *Krüger* einzuordnen, der Planungsebene und Beratungs- bzw. Informationsebene im Tätigkeitsspektrum von Erwachsenenpädagogen sowie im Aufgabenfeld von Weiterbildungseinrichtungen theoretisch aufeinander zu beziehen versucht. Weiterbildungsberatung wird in diesem Beitrag im Zusammenhang mit den drei tätigkeitsfeldspezifischen andragogischen Handlungsfeldern – Planen, Beraten und Lehren – als Situation dargestellt, in der der Erwachsene weder in seiner Eigenschaft als „soziologischer Adressat noch als Teil einer Lerngruppe, sondern in der Ganzheit seiner Persönlichkeit, seiner individuellen Lebensgeschichte, Probleme, Fähigkeiten und Motive" zu sehen ist.

Da der bislang dominierende Einsatz anonymer Weiterbildungswerbung nachweisbar an einem großen Teil der erwachsenen Bevölkerung wirkungslos vorbeigeht, muß in der Bereitstellung von Beratungsangeboten in den Planungsregionen eine zentrale Voraussetzung für die geforderte Verwirklichung von Chancengleichheit in der Weiterbildung gesehen werden. *Krüger* zeigt die je nach Weiterbildungsbereichen unterschiedlichen Felder und Funktionen von Weiterbildungsberatung auf und weist neben der Bildungsgang- und Lernberatung insbesondere den motivierenden Beratungsformen zur aktiven Ansprache von Zielgruppen einen strategischen Stellenwert für eine kontinuierliche und systematische Bedarfsorientierung zu. In der Ermittlung, Verarbeitung und Rückkoppelung planungsrelevanter Informationen aus Beratungsprozessen und der Schaffung der organisatorischen und strukturellen Voraussetzungen für die Abstimmung und Koordination zwischen Weiterbildungsberatung und Programmplanung sieht *Krüger* vordringliche Aufgabe bedürfnisorientierter Praxisentwicklung.

Als eines der gravierenden Hindernisse für eine aufgabenangemessene Wahrnehmung von Beratungsfunktionen auf breiterer Basis bezeichnet *Krüger* das Qualifikationsdefizit der Erwachsenenpädagogen in beratungsdidaktischer Hinsicht und schlägt in diesem Zusammenhang vor, die nach dem Hochschulrahmengesetz gegebenen Möglichkeiten zur Einrichtung eines berufsbegleitenden weiterbildenden Studiums zur Vermittlung der erforderlichen Beraterqualifikationen wahrzunehmen. Allerdings wäre bei den Überlegungen von möglichen Strukturelementen und inhaltlichen Schwerpunkten einer derartigen Beraterqualifizierung von haupt- und nebenberuflichen Erwachsenenpädagogen darauf zu achten, daß die Beratungspraxis nicht durch überflüssigen theoretischen und methodischen Ballast überfrachtet wird. Abschließend verweist *Krüger* auf ein weiteres strukturelles Hindernis, welches der Nutzung von Beratungskompetenz durch Einrichtungen der nichtberuflichen Weiterbildung noch entgegenstehe, nämlich das „Beratungsmonopol" der lokalen Arbeitsmarktverwaltungen. Sie ist der sichtbare Ausdruck der noch weithin verbreiteten Unterbewertung aller nicht berufsbezogenen Weiterbildung. Diese hat jedoch durch die nordrhein-westfälische Weiterbildungsgesetzgebung zumindest tendenziell Gleichberechtigung erhalten, so daß nunmehr im Interesse der Bedarfsorientierung der Angebotsplanung eine Kooperation von Beratungsdiensten unterschiedlicher Bereiche dringend geboten erscheint.

Trotz der in internationalen Dokumenten und weiterbildungspolitischen Grundsatzkonzepten immer wieder vertretenen Forderung nach einem gezielten Ausbau der Weiterbildungsberatung steht deren Aufbau in der Bundesrepublik Deutschland heute noch in den Anfängen. Gerade im Weiterbildungsbereich sind jedoch die Möglichkeiten individueller Aussprache zur Information und Beratung über Weiterbildungsmöglichkeiten eine unabdingbare Voraussetzung zur Aktivierung von Weiterbildungsbeteiligung. Dies belegen die Erfahrungen, die in den letzten Jahren durch Modellversuche zur Entwicklung und Erprobung von Methoden und Organisationsformen der Motivierung bildungsbenachteiligter Erwerbsloser gewonnen werden konnten. Im Beitrag des Autorenteams Joachim *Braun* und Peter *Ehrhardt* werden die methodischen und organisatorischen Probleme der zielgruppenspezifischen Ermittlung von Weiterbildungsbedürfnissen sowie die Möglichkeiten und strukturellen Grenzen einer kontinuierlichen Eingabe von Bedarfsinformationen aus Beratungskontakten in die Angebotsplanung von Weiterbildungseinrichtungen dargestellt. Diesem Erfahrungsbericht ist aus zweierlei Gründen besondere Bedeutung zuzumessen: zum einen, weil hier überzeugend nachgewiesen wird, daß das Instrumentarium der Weiterbildungsentwicklungsplanung im kommunalen Bereich einer institutionellen Ergänzung bedarf, welche der strukturellen Trägheit des bestehenden Weiterbildungssystems systematisch und konsequent entgegenwirkt; zum anderen, weil durch derartige Beispiele wissenschaftlich angeleiteter Praxisentwicklung auch Impulse für die sozialwissenschaftliche Ziel- und Methodendiskussion auszugehen pflegen, welche die heute geläufigen Vorstellungen der Wissenschaftlichkeit sozialwissenschaftlicher Forschung zumindest dahingehend modifizieren könnte, daß die Gewinnung von planungsrelevanten Erkenntnissen über den Bedarf an Weiterbildung nicht aus der Perspektive distanzierter Neugier erfolgen kann. Auf die sich aus diesem Zusammenhang ergebenden methodischen und wissenschaftstheoretischen Konsequenzen nehmen auch die Beiträge von *Kreutz* und *Pesendorfer* bezug, sodaß eine direkte Verbindung zu den von *Braun* und *Ehrhardt* aufgeworfenen methodischen Fragestellungen hergestellt werden kann.

In dem Erfahrungs- und Ergebnisbericht über das Modellversuchsvorhaben „kommunale Informationsstelle für Weiterbildung von Erwerbslosen" werden zunächst die strukturellen Probleme und institutionellen Restriktionen bei der Angebotsgestaltung im lokalen Weiterbildungsbereich ausführlich thematisiert. Das Fazit: weder in der Einschätzung der verschiedenen Anbieter von Weiterbildung noch aus der Sicht der potentiellen Nutzer stellt sich der Weiterbildungsbereich auf kommunaler Ebene als überschaubar organisierter oder gar integrierter Bildungsbereich dar. In der Unübersichtlichkeit der Angebotsstrukturen und der mangelnden Fähigkeit zu einer integrativen Koordination muß eine der Hauptursachen der defizitären Situation der Bedarfsorientierung und der Erkenntnisse über den Weiterbedarf gesehen werden. In diesem Zusammenhang greifen die Autoren die bereits von *Vesper* im Teil 1 dieses Bandes erörterte weiterbildungspolitische Kontroverse über die Formen der Organisation und Zusammenarbeit in Gestalt der beiden Entwicklungsalternativen „lokal-regionale Kooperationsgremien" versus „Weiterbildungsentwicklungsplanung in kommunaler Verantwortung" auf. Nach ihrer Erfahrung bietet das Instrument der Weiterbildungsentwicklungsplanung günstigere Voraussetzungen für eine bedarfsorientierte Angebotsinnovation, sofern eine ständige Kommunikation zwischen den Weiterbildungseinrichtungen einerseits und den Nutzern bzw. potentiellen Nutzergruppen andererseits initiiert und aufrechterhalten werden kann.

Da unter den derzeitigen Voraussetzungen das Instrument der Weiterbildungsentwicklungsplanung im wesentlichen lediglich der Strukturerhaltung dient, kann eine bedürfnisorientierte Strukturgestaltung nur durch die Institutionalisierung trägerunabhängiger kommunaler Weiterbildungsberatungsstellen erfolgen, mit deren Hilfe kontinuierlich lokal- und zielgruppenspezifische Weiterbildungsbedarfe ermittelt, systematisch aufgearbeitet und an die Weiterbildungseinrichtungen für deren Programmgestaltung weitergegeben werden können. Wesentlich dabei ist, daß die Kommunikation nicht einseitig verläuft: um die für eine aufgabengerechte Beratung erforderliche Angebotsdatei jeweils auf dem neuesten Stand zu halten, sind die trägerunabhängigen Weiterbildungsberatungsstellen auf eine kontinuierliche Information seitens der anbietenden Einrichtungen angewiesen. Die Dienstleistungsfunktionen trägerunabhängiger Weiterbildungsberatungsstellen stellen eine systemnotwendige Ergänzung des Planungsprinzips der Flächendeckung durch ereignis-, situations- und problembezogene Planungskriterien dar.

Die Einsicht, daß eine solchermaßen umfassende Weiterbildungsberatung als Prozeß der Aktualisierung und Thematisierung von Weiterbildungsbedürfnissen und -restriktionen im Zusammenhang mit der jeweiligen Lebenssituation durch einzelne Weiterbildungseinrichtungen nicht geleistet werden kann, unterstreicht die Notwendigkeit einer flächendeckenden Bereitstellung von trägerunabhängigen Weiterbildungsberatungsstellen. Hinzu kommt, daß kommunale Weiterbildungsberatungsstellen eher übergeordneten weiterbildungspolitischen Zielsetzungen Rechnung tragen können, während die Bedarfseinschätzung der einzelnen Einrichtungen durch den Filter ihrer trägerspezifischen Interessenlage erfolgt. Im Verlauf des Modellversuches wurde eine den von *Braun* und *Ehrhardt* charakterisierten Zielsetzungen entsprechende Beratungskonzeption entwickelt und auf die Bedürfnisse spezifischer Gruppen von Ratsuchenden zugeschnittene Beratungsmethoden erprobt.

Im letzten Abschnitt des Erfahrungsberichtes werden die methodischen Möglichkeiten zur Ermittlung von Weiterbildungsbedürfnissen in Beratungsgesprächen erörtert und die unter Berücksichtigung der spezifischen Erhebungssituation klientenbezogen entwickelten Erhebungsinstrumente und -verfahren vorgestellt. Die im Modellversuch gewonnenen Erfahrungen können auch als Beitrag zur Relativierung solcher Positionen der Weiterbildungsberatungstheorie herangezogen werden, die Beratung ausschließlich als Teilfunktion von Bildungsvorgängen und Lernprozessen zu sehen tendieren. Zwar ist Beratung mit dem Ziel der Aktivierung von Weiterbildungsmotivation und der Exploration von Weiterbildungsbedürfnissen auch ein Lernprozeß. Es stehen jedoch bei Beratungsgesprächen andere als ausschließlich themen- und unterrichtsbezogene kognitive Verhaltenselemente im Vordergrund.

Ein weiteres Beispiel zielgruppenorientierter Weiterbildungsvermittlung an weiterbildungsferne soziale Gruppen stellen die Weiterbildungsbüros nach dem Bremer Modell dar. Kennzeichnend für diese Form aktiver Bedürfnisorientierung ist eine Kombination von Dezentralisierungsstrategien nach sozialgeographischen Kriterien und gezielten Gegensteuerungsmaßnahmen über finanzielle Anreizmechanismen zur Bereitstellung von zielgruppenadäquaten Weiterbildungsangeboten. Die weiterbildungspolitischen Zielsetzungen und die Arbeitsweise sowie die Erfahrungen mit dieser Strategie der Bedarfsorientierung werden im Beitrag von Anselm *Dworak* dargestellt. Die 1976 eingerichteten Weiterbildungsbüros sind ebenfalls aus einem durch das Bundesministerium für Bildung und Wissenschaft geförderten Modellvorhaben hervorgegangen. Die Weiterbildungsbüros können als konsequente Form bildungsplanerischer Operationalisierung der Programmatik des Bremischen Weiterbildungsgesetzes betrachtet werden. In ähnlicher Weise wie auch die trägerübergreifenden kommunalen Weiterbildungsberatungsstellen sind auch die Weiterbildungsbüros als Gelenkstellen zwischen Weiterbildungseinrichtungen und potentiellen Nutzern konzipiert.

Zu den Aufgaben der Weiterbildungsbüros gehören neben der Erstellung der für die Versorgungsplanung relevanten Regionalanalysen auch die Organisation von Koordinationskonferenzen und Regionalkonferenzen sowie die Bereitstellung von geeigneten Räumlichkeiten in den zu versorgenden Ortsteilen. Ein weiterer Tätigkeitsschwerpunkt der Weiterbildungsbüros besteht in einer offensiven Gestaltung gezielter Öffentlichkeitsarbeit durch Standard- und Sonderwerbemittel unter Nutzung aller zu Gebote stehenden regionalen Massenmedien und andere werbewirksame Verteilerstellen. Zusätzlich zu der Beratungs- und Informationstätigkeit im Publikumsverkehr leiten die Weiterbildungsbüros auch die administrativen Prozeduren im Zusammenhang mit der Anmeldung der Interessenten zu den Veranstaltungen der Einrichtungen in die Wege. Als entscheidende Voraussetzung für die erfolgreiche Arbeit der Weiterbildungsbüros bezeichnet *Dworak* das Vorhandensein einer öffentlichen Institution als Anlaufstelle zur individuellen Beratung und Information außerhalb der üblichen Zeiten des behördlichen Publikumsverkehrs. Die Erfahrungsberichte über die Modellvorhaben „kommunale Weiterbildungsberatungsstellen" und die Weiterbildungsbüros zeigen trotz der graduellen Unterschiede in den strategischen Zielsetzungen, daß die Strukturbestimmungen der Gesetze zur Förderung der Weiterbildung noch keine hinreichende Garantie für chancengleiche Partizipationsmöglichkeiten für alle Erwachsenen im etablierten Weiterbildungsbereich bieten, sondern daß erst durch zusätzliche bildungsplanerische Maßnahmen eine schrittweise Deckung der latent verbleibenden Weiterbildungsbedürfnisse zu erzielen sein wird.

Dabei darf freilich nicht übersehen werden, daß die Bereitschaft, als Erwachsener der Fortsetzung oder der Wiederaufnahme der Rolle des Lernenden zuzustimmen, ein hohes Maß an Bildungsmotivation voraussetzt. Die Untersuchung der die Teilnahme an Weiterbildung bestimmenden handlungssteuernden Ursachen sind Gegenstand verschiedener Ansätze der Motivationstheorie, die einen zentralen Stellenwert innerhalb der Weiterbildungsforschung einnehmen. Im Zusammenhang mit der geforderten Orientierung der Weiterbildungsentwicklungsplanung an individuellen Bedürfnissen interessiert vor allem die Frage, inwieweit die Motivationsforschung Ansatzpunkte zur Ermittlung von Weiterbildungsbedarf bzw. Anhaltspunkte zur Beeinflussung von Weiterbildungsmotivation bietet. Mit den Möglichkeiten, Weiterbildungsmotivation gezielt zu beeinflussen und den dazu erforderlichen Organisationsformen setzt sich vor allem auch der Beitrag von *Pesendorfer* auseinander.

Zunächst ist jedoch vorab zu erörtern, ob motivationstheoretisch orientierte Ansätze empirischer Weiterbildungsforschung auch im Hinblick auf den nichtaktualisierten Weiterbildungsbedarf prognostische Aussagen für Planungszwecke ermöglichen. In der Literatur scheint ein Konsens darüber zu bestehen daß als Motive bewußte oder unbewußte Antriebskräfte im Menschen zu bezeichnen sind, die über Handlungen auf die Behebung einer Mangelsituation bzw. auf die Bedürfnisse abzielen. Den Möglichkeiten einer empirischen Motivationsforschung im Weiterbildungsbereich scheinen vor allem dadurch Grenzen gesetzt, daß Motive nur über beobachtbare Handlungsabläufe erschlossen werden können und der Zugriff auf derartige Prozesse gerade im Feld der Weiterbildung systemimmanent durch bislang ungelöste methodische Probleme erschwert wird.

Darüber hinaus dürfte die Übertragbarkeit von Teilergebnissen vorhandener Untersuchungen zur Weiterbildungsmotivation auf die Problemstellung der Ermittlung von Weiterbildungsbedarf wegen der mangelnden Vergleichbarkeit der unterschiedlichen Ansätze und der je nach Erhebungssituation abweichenden Motivationskategorien nur mit Einschränkungen möglich sein. Bisherige Untersuchungen motivationstheoretisch orientierter Weiterbildungsforschung lassen erkennen, daß ihr Erklärungswert als Ansatz zur Ermittlung von Weiterbildungsbedarf seine Grenzen dort vorfindet, wo es zu keinem Austausch von Motiven kommt.

Eine dem Operationalitätsanspruch verpflichtete Sozialwissenschaft kann auf pragmatische Konzeptionen jedoch nicht verzichten. Solcherart pragmatische Forschungsansätze beruhen auf der paradigmatischen Voraussetzung, auch unter Vernachlässigung subjektiver Faktoren dann zu objektiven Erkenntnissen zu gelangen, wenn durch Konvention im Bereich der Methoden Objektivität und Intersubjektivität gleichermaßen „garantiert" werden kann.

Gesellschaftliche Planung, die zur Legitimationssicherung staatlicher Tätigkeit sich nach Möglichkeit auf einen gesicherten Bestand sozialwissenschaftlicher Erkenntnisse zu berufen pflegt, ist notwendigerweise auf Ergebnisse der quantitativen empirischen Sozialforschung angewiesen. Diesem Politikberatungsbedarf entsprechend sind insbesondere im Bereich der politologischen Partizipationsforschung differenzierte empirische Instrumentarien entwickelt worden, mit deren Hilfe Einstellungen und Verhaltensweisen auf einer repräsentativen Ebene erhoben werden können. Diesen Ansätzen liegen in umfangreichen Vorerhebungen getestete Einstellungsskalen zugrunde, welche spezifische Persönlichkeitsdimensionen und diesen korrespondierende, typische Verhaltensweisen erfassen sollen. Einen Versuch in der Richtung, theoretisch begründete und operationalisierte Einflußfaktoren der Weiterbildungsmotivation mittels testtheoretisch abgesicherten Motivationsbatterien zu isolieren und mit Hilfe der so gewonnenen Verhaltensindikatoren zu planungsrelevanten Aussagen über das individuelle Weiterbildungsverhalten zu gelangen, stellt der Ansatz von *Seidel* dar.

Ausgangspunkt seiner Untersuchung war die Frage, ob sich bei der Erhebung von Weiterbildungsverhalten mittels Fragebogen über die unterschiedlichen Partizipationsformen der Respondenten Zusammenhänge zwischen bestimmbaren Motivationstypen und dem Weiterbildungsverhalten nachweisen lassen. Zur Rekonstruktion des vermuteten Zusammenhanges dienen Motivationsskalen, die ausgehend von einem lerntheoretischen Verhaltensmodell zusammengestellt werden und drei Teilmotive der Weiterbildungsmotivation erheben.

Zur empirischen Bearbeitung dieser Fragestellung war das Datenmaterial aus dem Antwortverhalten auf drei Motivskalen, die im Zusammenhang mit einer postalischen Befragung, die an etwa 1% der über 14-jährigen deutschsprachigen Einwohner der Einzugsbereiche der Volkshochschulen von Paderborn, Wuppertal und des VHS-Zweckverbandes der Gemeinden Bad Driburg, Brakel, Nieheim und Steinheim adressiert war. Akzeptiert man die Prämisse, daß Extraversion, Neugier und Leistungsmotivation für das Zustandekommen von Weiterbildungspartizipation typische Motivationsmuster repräsentieren, so stellt angesichts der Ergebnisse der Untersuchung von *Seidel* die Einbeziehung dieses Instrumentes zur Deskription und Strukturanalyse des Weiterbildungsverhaltens eine erhebliche Verbesserung gegenüber den in diesem Bereich überlicherweise eingesetzten Befragungsinstrumenten dar. Andererseits ist dieser pragmatische Ansatz ein Beispiel dafür, in welcher Weise die Erfüllung des Repräsentativitätspostulats aus forschungsökonomischen Gründen sowohl die Begriffsbildung wie auch das Abstraktionsniveau der Erhebungsinstrumentarien beeinflußt. Der große statistische und technische Aufwand im Zusammenhang mit der Skalenüberprüfung schränkt die Anwendungsmöglichkeiten dieses Ansatzes im Bereich der Weiterbildungspraxis erheblich ein. Freilich fällt dieser Aufwand nach erfolgter Überprüfung der Skalen nicht mehr an. Angesichts des unbefriedigenden Forschungsstandes und des Wissens über die Determinanten und subjektiven Faktoren des latenten Weiterbildungsbedarfs spricht für diesen Ansatz vor allem, daß er unabhängig von realen Weiterbildungshandlungen die Analyse von Weiterbildungsverhalten ermöglicht. Ungelöst bleibt dennoch das Problem der Umsetzung der gewonnenen Ergebnisse in Planungsprozesse.

Die methodischen und wissenschaftstheoretischen Probleme im Zusammenhang mit der Erhebung des Weiterbildungsbedarfs in Beratungs- und Informationssituationen werden von *Kreutz* und *Pesendorfer* diskutiert. Nach einer Erörterung der verschiedenen sozialwissenschaftlichen Forschungsmethoden kommt *Kreutz* zu dem Ergebnis, daß mit den üblichen qualitativen und quantitativen Verfahren keine generalisierbaren und wertfreien Informationen über das Verhalten von Individuen in relevanten Praxissituationen gewonnen werden können, d. h. auch keine für Planungszwecke notwendigen Daten. Als Alternative entwickelt *Kreutz* den Ansatz der „Realkontaktbefragung", die sowohl verläßliche Informationen über das Verhalten von Individuen in für sie relevanten Praxissituationen als auch über die Situation selbst hervorbringen kann. Ausführlich werden die verschiedenen wissenschaftstheoretischen, methodischen und auch organisatorischen bzw. forschungspragmatischen Fragen diskutiert, bevor der Versuch unternommen wird, das Modell der Realkontaktbefragung auf den Bereich der Bedarfsplanung im Weiterbildungsbereich anzuwenden, da die bisherigen Forschungen nicht zu den gewünschten Ergebnissen geführt haben. *Kreutz* unterscheidet 3 Situationstypen, in denen weiterbildungsrelevante Fragen zum Gegenstand werden können und untersucht die Veränderung der Forschungsbedingungen in Abhängigkeit von diesen Situationstypen. Generell ist jedoch davon auszugehen, daß Beratungs- und Informationsgespräche im Weiterbildungsbereich nach *Kreutz* der Ort sind, in dem die Methode der Realkontaktbefragung eingesetzt werden kann. Abschließend werden die aus diesem Vorgehen resultierenden Probleme und konkrete Lösungsvorschläge erörtert. Inwiefern diese Form der Untersuchung erfolgversprechend ist, wird sich in der konkreten Praxis noch erweisen müssen.

Auch der Beitrag von *Pesendorfer* befaßt sich mit der Möglichkeit, in Beratungssituationen Informationen über Bildungsbedürfnisse zu erhalten. Ausgehend von der Grundannahme, daß Forschung die Aufgabe hat, Menschen beim Prozeß ihrer Selbstverwirklichung dadurch zu unterstützen, daß mit ihnen gemeinsam im Forschungsprozeß lebbare Handlungsalternativen entwickelt werden, verzichtet er auf den Anspruch, objektive und generalisierbare Aussagen über den Bildungs- bzw. Weiterbildungsbedarf formulieren zu können. Da in institutionalisierten Planungsprozessen die subjektiven Wünsche der Menschen häufig nicht ausreichend berücksichtigt werden, stellt sich für *Pesendorfer* die Frage, wie dies zu ändern ist. Als praktikables Instrument für einen veränderten Planungsvorgang schlägt er die klientenzentrierte Gesprächsführung vor. Er entwickelt das Instrument und diskutiert die Grenzen und Möglichkeiten sowie die inhaltlichen Anforderungen an den „professionellen" Teilnehmer in dieser Gesprächssituation. Im Anschluß daran werden Erfahrungen des Autors aus Forschungsprojekten referiert, die in einem Anforderungskatalog an Forschungsprozesse münden, die im Bereich der Bildungsbedürfnisforschung angesiedelt sind.

Ein weiterer Vorschlag aus forschungsmethodischer Sicht wird von *Thunemeyer* eingebracht. Ausgehend von einer Diskussion des nordrhein-westfälischen Weiterbildungsgesetzes werden Leerstellen benannt, die vor einer Planungstätigkeit im Weiterbildungsbereich von den bildungspolitisch Verantwortlichen inhaltlich gefüllt werden müssen. Nach seiner Auffassung ist die inhaltliche Füllung nicht beliebig, sondern muß in eine Parteinahme zugunsten bildungsbenachteiligter Gruppen münden. Diese Festlegung hat auch Konsequenzen für die Weiterbildungsforschung. In Abgrenzung zu traditionellen, standardisierten Forschungsmethoden werden allgemeine Kriterien für Forschungsprozesse, die die Integration bildungsbenachteiligter Gruppen in den Weiterbildungsbereich zum Ziel haben, dargestellt, die dem Ansatz der „action research" entlehnt sind. Ausgangspunkte der Weiterbildungsentwicklungsplanung und der Weiterbildungsforschung muß die jeweilige soziale Situation und die darin auffindbaren Bedürfnisse sein; sie dienen einerseits als Grundlage für die Entwicklung adressatenspezifischer Weiterbildungsangebote und andererseits der Präzisierung des Wissens über subjektive Weiterbildungsbedürfnisse. Es wird erwartet, daß über langjährige und zum Teil experimentelle Erfahrungen sich ein generelles Theoriegebäude entwickeln läßt, mit dessen Hilfe die realen Bedürfnisse aller Adressaten im Weiterbildungsbereich aufgenommen und berücksichtigt werden können.

Planungsanforderungen: Soziale Indikatoren und individuelle Bedürfnisse

Katrin Lederer

Vorbemerkungen: Systematische Weiterbildungsentwicklungsplanung erfordert anspruchsvolle Instrumente

Wenn man schon systematisch Weiterbildung planen will, sollte in Kauf genommen werden, daß das Planungsinstrument nötigenfalls ein wenig komplizierter (wenn auch nicht zwangsläufig personell und finanziell aufwendiger) ist. Wenn der Planungsträger so etwas aber prinzipiell ausschließen möchte, sollte man vielleicht besser keine andere Weiterbildungsentwicklungsplanung als bisher betreiben. Das Engagement und die Initiative vieler einzelner Lehrer und Lernwilliger, abgestellt auf die je spezifischen Bedingungen ihrer Umgebung, wären wahrscheinlich immer noch bedürfnisgerechter als ein zwar zum massenhaften Einsatz geeignetes Mini-Instrument, das möglicherweise aber sachlich nicht greift.

Einer der Gründe dafür, daß es vermutlich mit einem einfachen Instrumentchen in der Weiterbildungsentwicklungsplanung nicht getan sein wird, besteht darin, daß man es dabei — wie in allen anderen Bereichen gesellschaftlicher Planung in westlichen Demokratien — mit einem mehrschichtigen Bedarfsbegriff zu tun hat. Die Bedarfsdimensionen, mit denen im WEP-Projekt vornehmlich gearbeitet wurde, sind nach *Ortner* 1. der soziale, 2. der institutionelle und 3. der individuelle Bedarf.[1] Damit sind offenbar gemeint 1. der von politischen Repräsentanten stellvertretend für die Allgemeinheit definierte Bedarf an Weiterbildung, der die Existenz und das Überleben der Gesellschaft als Ganzes sichern soll, 2. der von unterschiedlichen gesellschaftlichen (Interessen-)Gruppen, auch von politischen Repräsentanten, identifizierte Bedarf, der den einzelnen Menschen innerhalb der Gesellschaft und ihrer Institutionen (besonders im beruflichen Bereich) Existenz und Überleben ermöglichen soll, 3. die dem einzelnen Menschen überlassene Entscheidung über ausschließlich seinen Vorlieben folgende (und angeblich „zweckfreie") Weiterbildung.

Es wäre kurzschlüssig zu meinen, das so oft zitierte Planungsinstrument bräuchte nur auf die Kategorie 3 beschränkt zu werden, weil der übrige Bedarf ohnehin anderweitig artikuliert werde. Schließlich stehen die Vorlieben der Menschen und ihre Entscheidungsfreiheit, sich ihnen zu widmen, in direktem Zusammenhang mit den Bedingungen ihres Berufslebens, ist es das (nicht immer erreichte) Ideal von Demokratien jedweder Prägung, daß die Entscheidungen politischer Repräsentanten die Vorstellungen der Bevölkerung getreu widerspiegeln sollten. Das Instrument müßte also den ganzen Menschen, zugleich auch als Mitglied seiner Gesellschaft, in Betracht zu ziehen erlauben — was schlichte Simplizität ausschließen dürfte.

Darüber hinaus müßte das Instrument geeignet sein, die Rolle der Nutzer, insbesondere der Noch-Nicht-Benutzer, der potentiellen Nutzer, für Programmplanungen der Weiterbildung strukturell zu stärken. Die dem zugrundeliegende Hypothese ist, daß im Weiterbildungsbereich bislang ein Mangel an Resonanz gegenüber den Belangen dieser Bevölkerungskreise besteht, der weder durch gezielte Meinungsumfragen zu Weiterbildungswünschen noch über breiter gestreute und vermeintlich attraktivere Informationsbroschüren über das Weiterbildungsangebot zu beheben ist.

Wenn Wissenschaft sich direkt auf Praxis „einläßt", wird zwangsläufig ein unvollkommenes Ergebnis herauskommen: Wissenschaftliche Modelle von der Realität können nicht auf jede lokale Eigenart zugeschnitten sein – anderenfalls würden sie ihre methodische Stärke, Verallgemeinbarkeit, verlieren. Und der Wissenschaftler arbeitet immer mit unvollständiger Information; es gibt gewisse Grenzen der Erhebbarkeit von Informationen, nicht nur, aber auch nicht zuletzt aus Gründen der Forschungsökonomie. Dennoch lohnt es, die vorhandenen Möglichkeiten voll auszuschöpfen: Gesellschaftliche Planung, die sich auf valide Modelle und finanzierbare Tiefenschärfe stützt, wird eher vor gravierenden Fehlschlägen bewahren als Planung „nach Gefühl" – auch wenn Wissenslücken bleiben und auch wenn das Planungsinstrument nicht stromlinienförmig sein kann. Mit diesem Gedanken sollte man sicherlich auch bei den Trägern der Weiterbildung werben.

Möglichkeiten und Grenzen der Indikatorenforschung

Wirkungsvolle Instrumente für die Weiterbildungsentwicklungsplanungen sollen geeignet sein, alle für die Weiterbildungsentwicklungsplanung erforderlichen Informationen zusammenzufassen und zu verarbeiten. Es hat sich eingebürgert, die für Planungszwecke heranzuziehenden Informationen, namentlich die quantifizierbaren Informationen, „Indikatoren" zu nennen. Auch die Verfahrensvorschläge des WEP-Projektes werden letztendlich die periodische Beobachtung einer Reihe solcher Indikatoren beinhalten. Die daran geknüpften Erwartungen sollten jedoch nicht zu hoch geschraubt werden: Indikatorensysteme und die dazugehörigen Informationen sind per se keine objektiven Planungsgrundlagen. Ihre Zusammensetzung unterliegt mannigfachen bewußten Wertentscheidungen und ist meist zusätzlich durch die Art des verfügbaren Datenmaterials bestimmt. Für viele Planungsvorhaben, zumal auf regionaler und kommunaler Ebene, sind darüber hinaus allgemein zugängliche Indikatoren entweder veraltet oder nicht hinreichend desaggregierbar bzw. für die gegebene Problemstellung und für lokale Eigenheiten zu unspezifisch; manche lokalen Eigenheiten (z. B. „lokales Milieu", „lokales Kulturklima") lassen sich zudem nur schwer oder gar nicht quantifizieren. Dies bedarf ausführlicherer Erläuterung.

Die Indikatoren-Forschung kann als Folge und Erweiterung der überwiegend seit dem Zweiten Weltkrieg üblichen Beobachtung ökonomischer Indikatoren und Steuerung ökonomischer Prozesse betrachtet werden. Sie wurde in größerem Umfang in Form der Sozialindikatoren-Forschung begonnen, als sich Mitte der 60er Jahre im Zusammenhang mit der ersten größeren globalen Rezession nach dem Zweiten Weltkrieg die Ansicht durchgesetzt hatte, daß wirtschaftlicher Wohlstand nicht der einzige, möglicherweise nicht einmal der wichtigste Gesichtspunkt bei der Beurteilung gesellschaftlicher Wohlfahrt und gesellschaftlichen Fortschritts ist.

Seitdem, also vor gut zehn Jahren, die Sozialindikatoren-Bewegung politischen Aufwind, besonders auch seitens der OECD, erfuhr[2], wissen die angeschlossenen Länder mehr über sich und ihre Partner. Das allein mag schon interessant genug sein, jedenfalls dann, wenn der theoretische Anspruch an Indikatoren-Sammlungen nicht übertrieben hoch und man bereit ist, mit „sozialen Indikatoren" ein vergleichsweise bescheidenes Konzept zu verbinden, etwa: Eine teils willkürliche, teils wissenschaftlich begründbare, auf jeden Fall aber irgendwie plausible, Auswahl von Kennziffern, die, meist nach gesellschaftlichen Aufgabenbereichen gegliedert, einigen Aufschluß über die jeweiligen sozialen Verhältnisse geben.

Die Ansprüche der Sozialindikatoren-Forschung gehen jedoch in aller Regel über die soeben beschriebenen Vorstellungen hinaus. Mit Hilfe von Systemen sozialer Indikatoren sollen gesellschaftliche Entwicklungen insgesamt und sektoral im Zeitvergleich beobachtet und beurteilt werden, außerdem im Querschnittsvergleich miteinander die jeweiligen Entwicklungen in unterschiedlichen Gesellschaften. Schließlich sollen Systeme sozialer Indikatoren erlauben, die aktuellen Lebensbedingungen mit ihren Zielsetzungen zu vergleichen und abzustimmen.[3] Um diesen Aufgaben gerecht werden zu können, folgen die meisten Sammlungen sozialer Indikatoren einer Reihe von methodisch-technischen Grundsätzen, wie etwa einem universellen Kategorienschema, langfristiger Konstanz der Erhebungsinhalte, Anknüpfung beim individuellen Wohlbefinden, Möglichkeit der historisch-politischen Verortung und Verflechtungsmöglichkeiten zwischen gesellschaftlichen Maßnahmen und sozialem Effekt.[4] Manche Autoren unterscheiden zusätzlich zwischen Bestands-, Ziel- und Mittel-(Instrumental-)Indikatoren.[5]

Die Sozialindikatoren-Forschung hat sich im Prinzip nichts geringeres vorgenommen, als den Bestand sozialer Theorien, soweit sie operationalisiert oder operationalisierbar sind, mit vorhandenen oder noch zu erhebenden Daten zu versehen, bzw. traditionell erhobene Daten, soweit ihr theoretischer Bezug nicht mehr unmittelbar deutlich ist, im Rahmen solcher Theorien zu interpretieren. Ihr Ziel war und ist es, mit Hilfe der heute verfügbaren Mittel der Datenverarbeitung, ein Instrumentarium zur Steuerung gesellschaftlicher Prozesse und Auswahl sozialer Maßnahmen mit vergleichsweise leichtem Zugriff auf jeweils erforderliche Informationen zu schaffen.

Neben ökonomischen und sozialen Indikatoren werden neuerdings verstärkt auch „räumliche" Indikatoren (spezifisch für Belange der Stadt- und Regionalplanung) und, aufgrund der zunehmenden Bedeutung von Belangen des Umweltschutzes, ökologische Indikatoren beobachtet. Es mag Ansichtssache sein, wie sinnvoll eine strikte Klassifikation von Indikatoren überhaupt ist. Sie hat zum Teil, wie erwähnt, historische Gründe in Bewußtseinsschüben. Zum Teil hat sie traditionelle Gründe in den herkömmlichen Disziplinen-Orientierungen und Ressort-Aufteilungen. Nahezu jede ins Blickfeld rückende gesellschaftliche Aufgabe ist jedoch ressort- und disziplinübergreifend. In aller Regel läßt sich nichts davon ökonomischen oder im engeren Sinne sozialen[6], räumlichen oder ökologischen Sachverhalten als ausschließlichem Ursache-, Maßnahme- bzw. Wirkungsbereich zuordnen. Dementsprechend wäre einleuchtend, ausschließlich unter dem Gesichtspunkt jeweiliger Problemrelevanz die begründbar notwendigen Informationen, gleich welcher Kategorie, als Gesamtheit der für die sich stellende Aufgabe zu ermittelnden Indikatoren zu deklarieren.

Vorschläge von Indikatoren für das Bildungs- und Weiterbildungssystem

Als aussagefähige Indikatoren zur Beobachtung eines Bildungssystems gelten beispielsweise

— der Alphabetisierungsgrad der Bevölkerung,
— Anzahl der Schüler in verschiedenen Schularten und -zweigen,
— Ausstattung und räumliche Verteilung der Bildungsinstitutionen,
— Klassenfrequenzen und Lehrerfrequenzen,
— Art und Umfang des Lehrangebotes, sowie
— Art und Anzahl der erreichten Abschlüsse.

Ruge nennt die meisten dieser Kategorien, gegliedert nach Aspekten der Chancengleichheit, der Qualifizierung und der Qualifikation, als berücksichtigenswerte Merkmale des Bildungsbereiches aus der Sicht der „für das Individuum unmittelbar wohlfahrtsrelevanten ‚Ereignisse' "[7]. „Unter dem Gesichtspunkt der indirekten Wohlfahrtsrelevanz für das Indivduum"[8] führt *Ruge* außerdem an

- externe Effizienz (gesamtgesellschaftliche Erträge des Bildungssystems),
- interne Effizienz (input-output-Relationen),
- Steuerung (Beiträge zur Identitätsbildung, Arten der Mitbestimmung), sowie
- Innovationsfähigkeit (u. a. Flexibilität, Möglichkeiten von Modellversuchen).

Freund, der ähnliche bislang meist verwendete Indikatoren des Bildungsbereiches exemplarisch anführt (Versorgungsgrad der Schüler mit Lehrern und Unterrichtsstunden, Kapazitätsberechnungen, Erfassung des regionalen Angebots- und Nachfrageüberhangs), weist zugleich auf Versuche hin, den sozialen Bezug der Bildungsplanung zu verdeutlichen. Er führt in diesem Zusammenhang Möglichkeiten auf, Indikatoren des Bildungsweges mit relevanten Daten der Volkszählung, des Mikrozensus sowie aus Repräsentativbefragungen und Sondererhebungen zu verknüpfen.[9]

Im Rahmen der Arbeiten der OECD an Systemen sozialer Indikatoren ist eine Vorschlagsliste für „Social Concerns and Social Indicators" entwickelt worden.[10]

Ein Substrat aus verschiedenen einschlägigen Indikatorensammlungen ist dem Katalog in Abb. 1 für den Bildungsbereich zu entnehmen (die Zahlen am linken Rand sind Nummern der jeweiligen Quellen):

Abb. 1: Indikatoren des Bildungswesens, zusammengestellt aus einschlägigen Indikatorensammlungen[11] (Auszug)

29	3, 11	Prozentualer Anteil der 3 - 5jährigen a) in der Vorschule, b) im Kindergarten (nach G.S. ....
30	3, 11	Prozentuale Aufteilung der Schüler nach Schularten (nach A. G. S.) ....
31	3, 12	Gewünschte Ausbildung zu tatsächlich in Anspruch genommener Ausbildung (einschl. Studienplatz nach A. G. S).......
32	1, 12	Schulabschlüsse der Bevölkerung im Verhältnis zur Gesamtbevölkerung (Ausbildungspyramide nach A. G) ....
33	4a, 6, 12	Verhältnis - Lehrer - Schüler (nach G. sowie nach Art der Bildungseinrichtung) - quantitativ ....
34	4a, 6, 12	Verhältnis Lehrer - Schüler (nach G. sowie nach Art der Bildungseinrichtung) - qualitativ ....
35	4a	Verteilung der Lehrinhalte (objektive Verteilung und subjektive Bewertung) ....
36	8	Durchschnittliche Verweildauer in Bildungseinrichtungen (nach A. G. S. und Art der Bildungseinrichtung) ....
37	4b	Ausbildungsplatzangebot (nach Ausbildungseinrichtung) ....
38	12	Geschätzte Anzahl und Art der Schulabschlüsse (nach G) ....
39	12	Eingeschriebene Studenten (nach A. G. S. und Studienrichtung) ....
40	1,2,4a,12	Anmeldungen in Fortbildungseinrichtungen (Art der Fortbildungseinrichtungen, Gründe der Anmeldungen, Anzahl der Abschlüsse sowie nach A. G. S.) ....
41	8	Kulturelle Einrichtungen, z.B. Theater, Kino, Museen, Bibliotheken (nach regionaler Verteilung, Anzahl der Besuche, Eintrittspreise etc.) ....
42		Prozentsatz der abgeschlossenen Ausbildungen bezogen auf angefangene Ausbildungen (nach Schulen, Berufen, A. G. S) ....
43	2	Bewertung von Bildungsangeboten (nach A. G. S sowie z.B. nach Inhalt, Zugänglichkeit etc.) ....
44	4a	Bewertung der innerbetrieblichen und außerbetrieblichen Ausbildung (bezüglich z.B. beruflichen Weiterkommens, Qualität der Ausbildung, Einschätzung des subjektiven Nutzens) ....

Im Rahmen des WEP-Projektes, schließlich, hat man als möglicherweise relevant für den Weiterbildungssektor den in der Reihe der hier angeführten Beispiele weitaus umfangreichsten Katalog von Indikatoren zusammengestellt. Das damit verbundene Ziel ist, über die Weiterbildungsentwicklungsplanung Beiträge zu einer umfassenden Kommunalentwicklungsplanung zu liefern. Mit zwangsläufigen Abstrichen an diesem Programm aufgrund mangelhafter Datenlage und nicht abgeschlossener Fachplanungen wird allerdings gerechnet (vgl. auch den Beitrag von *Bayer* in Abschnitt 1 dieses Bandes, S. ff.).[12]

Gründe und Gesichtspunkte zur Auswahl von Indikatoren

Die oben zitierten Vorschläge stellen nur eine kleine Auswahl der für den Bildungsbereich insgesamt als relevant angeführten oder benutzten Indikatoren dar, auch wenn sie alle derzeit als wesentlich anzusehenden Gesichtspunkte enthalten mögen. Für die Weiterbildungsentwicklungsplanung, zumal wenn sie kommunal und sogar maßgeblich von den Weiterbildungsinstitutionen getragen werden soll, erheben sich jedoch gegen solch ein Konvolut verschiedene Bedenken.

— Erstens ist nicht bei jedem der vorgeschlagenen Indikatoren ersichtlich, ob und inwiefern er wichtig ist für die Bildungsplanung und dessen Entwicklung insgesamt und speziell für solche Belange des Weiterbildungsbereiches.
— Zweitens ist nicht entschieden, ob und welche Bedeutung allgemein möglicherweise relevante Indikatoren für die Weiterbildungsentwicklungsplanung in einzelnen Planungsregionen haben können.
— Drittens und letztens kann aus solchen Indikatorenlisten nicht hervorgehen, ob und zu welchem Grade darin der soziale, der institutionelle und der individuelle Bedarf repräsentiert wird.

In der Tat ist es bei Planungsvorhaben, die deutlich in den sozialen Bereich gehen — wie eben Bildungsplanung, Weiterbildungsplanung, oder beispielsweise Stadtplanung, auch Umweltschutz — ein aussichtsloses Unterfangen, die Angemessenheit jedes einzelnen benutzten Indikators oder des gewählten Systems von Indikatoren insgesamt im wissenschaftlich strengen Sinne beweisen zu wollen. Das ist keine Frage der Intelligenz des Forschers oder der investierten Arbeitszeit, sondern liegt in der Natur der Sache, möglicherweise vor allem an der mehrdimensionalen Rationalität sozialer Sachverhalte. Zur Erläuterung dessen zunächst einmal zwei einfachere Beispiele:

Die gebräuchlichen ökonomischen Indikatoren wie z. B. Bruttosozialprodukt, Steueraufkommen, Auftragsbestand etc. gelten im allgemeinen als hinreichend aussagekräftig zur Beschreibung der wirtschaftlichen Verhältnisse eines Gemeinwesens. Weitgehende Übereinstimmung über die Stichhaltigkeit dieser Indikatoren herrscht auch unter Vertretern ansonsten konfligierender ökonomischer „Schulen" — zumindest, solange sie sich auf eng definierte ökonomische Sachverhalte beschränken (bei Angelegenheiten wie etwa Arbeitsplatzqualität) ist solche Übereinstimmung wieder schwieriger zu erreichen). Zweites Beispiel: Manche ökonomischen Indikatoren sind naturwissenschaftlich kaum umstritten, nämlich solche, für die man Einwirkungen bestimmter Schadstoffe auf Pflanzen und Tiere in theoretisch endlosen Versuchsreihen immer wieder nachweisen würde. Die unbedingte Gültigkeit derselben Indikatoren in Bezug auf den Menschen ist jedoch fraglich, weil über Gleichartigkeiten in Reaktionen der Organismen von Menschen und Versuchstieren nur jeweils annäherungsweise Vermutungen angestellt werden können (die sich gelegentlich schon als falsch erwiesen), weil wahrscheinlich gerade Kombinationen verschiedener Schadstoffe (Synergismen), über die noch wenig bekannt ist, zu den verheerendsten Auswirkungen führen, weil nach WHO-Definition menschliche Gesundheit nicht nur in der Abwesenheit von Krankheit besteht, sondern auch psychisches Wohlergehen einschließt.[13]

Diesen beiden Beispielen ist gemeinsam, daß es in deren jeweils erstem Teil um einfache, eindeutige Ursache-Wirkungs-Beziehungen geht, gleichzeitig auch (vielleicht gerade weil sie) offenbar einer eindimensionalen Rationalität folgen. Im ökonomischen Bereich ist es die Effizienz, im ökologischen das bloße Überleben. Diese Einfachheit endet da, wo soziale Belange eingebracht werden.

Soziale Begründungszusammenhänge sind vielschichtiger und weitläufiger als (restriktiv definierte) ökonomische und ökologische Ursache-Wirkungs-Ketten; soziale Rationalität hat viele Dimensionen.[14] Trotzdem gibt es eine ganze Reihe sozialer Indikatoren, die unstrittig sind. Für manche lassen sich eindeutige Begründungszusammenhänge nachweisen, wie beispielsweise für Art (und gelegentlich Zahl) von Sozialkontakten[15], manche sind derartig einleuchtend, daß man nach einem wissenschaftlichen Beleg nicht fragt, wie beispielsweise die Art der Heizungsmöglichkeit als ein Indikator für die Wohnqualität in Mitteleuropa. Umfassende, in sich konsistente, Systeme sozialer Indikatoren jedoch, auch nur für Teilbereiche gesellschaftlichen Lebens, die wissenschaftlich begründet sind und nicht gleichzeitig auf Kritiker mit berechtigten Einwänden treffen, wird es kaum geben können. Die solchen Systemen zugrundeliegenden Theorien sind nicht soweit zu vereinheitlichen: Soziale Theorien kann man nicht trennen von dem Menschen- und Gesellschaftsbild, von dem Wissenschafts- und Geschichtsbegriff ihrer Verfasser, und in jeder Beziehung hat es darin bisher Dissenzen gegeben, auch mutmaßlich unüberbrückbare Dissenzen.[16]

Wenn die aufgezeigten Zusammenhänge erklären, daß es kein objektives System von Indikatoren für Planung und Entwicklung des Bildungsbereiches bzw. des Weiterbildungsbereiches geben kann, dann können sie im Prinzip auch die Bedenken gegenüber einer regionalspezifischen Relevanz generell akzeptabler Indikatoren sowie gegenüber undurchschaubarer Interessenrepräsentanz in solchen Indikatorensystemen stützen:

Angenommen, Experten hätten sich auf ein System von weiterbildungsrelevanten Indikatoren geeinigt, aufgrund wissenschaftlicher Belege, aufgrund allgemein teilbarer Plausibilitäten, und teilweise mit politischem Entscheid. Dann ist aber noch nicht geklärt, wieweit diese Auswahl auf, abweichend vom theoretisch unterstellten Durchschnitt, typische oder individuelle regionale und kommunale Gegebenheiten paßt. Und wenn sie paßt ist, wie erwähnt, unwahrscheinlich, daß alle notwendigen Daten dazu in hinreichend disaggregierter Form vorliegen. Der „statistische Apparat" ist dazu (noch?) nicht flexibel genug, oft auch veraltet.[17] Die letzte Volkszählung fand beispielsweise 1970 statt. Im Prinzip besteht natürlich die Möglichkeit, zur Auffüllung von Datenlücken auf „beträchtliche Informationen und ein großes Datenreservoir" in Archiven zurückzugreifen[18] bzw. eigene „ad-hoc-Erhebungen (teilweise auf repräsentativer Basis) mit wechselnden Programmen"[19] durchzuführen. Nur werden solche Vorhaben künftig, aufgrund einer Erweiterung der Datenschutz-Gesetzgebung – für die zweifellos sehr gute Gründe bestehen – eher schwieriger als bisher werden. Es ist demzufolge eines der wichtigsten Ziele für das WEP-Projekt, die Anzahl der unbedingt zu beobachtenden Indikatoren für die Weiterbildungsentwicklungsplanung strikt zu begrenzen – zumal auf lokaler Ebene noch weitere, nicht quantifizierbare Informationen erforderlich werden dürften. Für eine solche Auswahl braucht man allerdings stichhaltige Kriterien.

Da die zu entwickelnden Vorschläge für die Weiterbildungsentwicklungsplanung erklärtermaßen bedarfsorientiert sein sollen, ist es zweckmäßig, die Kriterien zur Auswahl von Weiterbildungsindikatoren aus den drei oben erwähnten Bedarfsdimensionen abzuleiten – aus dem sozialen, dem institutionellen und dem individuellen Bedarf. Das gegenwärtig schwächste Glied in dieser Kette, das wird im weiteren verschiedentlich zu belegen sein, sind die Ansprüche, die sich aus dem individuellen Bedarf ergeben, aus den direkt für die Bevölkerung bedeutsamen Erfordernissen an Weiterbildung. Einen Zugang dazu kann die neuere Bedürfnisforschung eröffnen.

Möglichkeiten und Grenzen der Bedürfnisforschung

Über den Zusammenhang von Bedürfnissen und Indikatoren

In Abbildung 2 sind einige Vorstellungen über den Zusammenhang von Bedürfnissen und Indikatoren schematisch dargestellt.[20] Die wichtigsten Folgerungen aus Abbildung 2 für die Arbeit mit Bedürfnissen und Indikatoren in der Weiterbildungsentwicklungsplanung sind:

Abb. 2: Bedürfnisse – ein Vorschlag zum Begriffsumfeld

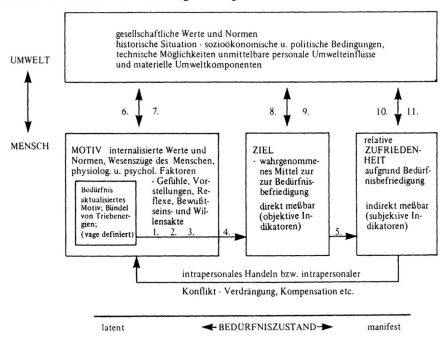

1. Bedürfnisorientierung
2. Interesse
3. Absicht
4. zielgerechtes Handeln
5. relative Spannungsabnahme
6. gesellschaftliche Prägung des Menschen
7. Teilnahme am gesellschaftlichen Leben
8. Gesellschaft schlägt vor
9. Forderungen an die Gesellschaft
10. Maßstab: wahrgenommene Möglichkeiten
11. soziales Handeln

199

— Weiterbildungsrelevante Indikatoren können sich aus weiterbildungsbezogenen Bedürfnissen ergeben, wie sie von den *sozio-ökonomischen Bedingungen der Zielgruppen* und *sonstigen Umweltfaktoren* mitgeprägt sind und sich von daher und aufgrund von weiteren inneren Anstriebskräften der Menschen auf bereits gebotene Weiterbildungsmöglichkeiten als *vorhandene Leistungen und Objekte* zur Bedürfnisbefriedigung bzw., perspektivisch, bei Mangel an entsprechend geeigneten Möglichkeiten auf *alternativ erstrebenswerte Leistungen und Objekte* zur Bedürfnisbefriedigung richten.
— Bedürfnisse sind nicht „sichtbar"; sie sind Wesensbestandteile von Menschen.

Dementsprechend muß sich die empirische Bedürfnisforschung eines theoretischen Konstruktes für Bedürfnisse bedienen. Das Vorhandensein bestimmter Bedürfnisse bei einem Menschen oder gar der Wahrheitsgehalt von Behauptungen darüber können gegenständlich-direkt nicht bewiesen werden. Bestenfalls kann man durch Beobachtung von Verhaltensweisen bzw. auch von „Frustrations"-reaktionen aufgrund fehlender Befriedigungsmöglichkeiten sowie durch Berichte von Menschen über früheres Verhalten oder Verhaltensabsichten auf deren Bedürfnisse schließen.[21]

Bedürfnisforschung und Bedürfnisbegriff

Erste Elemente zu einer Bedürfnistheorie lassen sich bereits in der klassischen Philosophie finden, etwa bei *Aristoteles*. Sie tauchen später in Schriften zur Humanbiologie auf, dort begrenzt auf die psysiologisch bedingten Bedürfnisse wie Nahrung, Schlaf, Schutz vor Witterungsunbilden etc., zu Beginn des 20. Jahrhunderts etwa gleichzeitig in Arbeiten der Psychologie[22] und der Kulturanthropologie[23], mit Ausbau der Marktwirtschaften nach Ende des Zweiten Weltkrieges verstärkt in der Ökonomie, besonders in der Konsumforschung[24], und schließlich gegen Ende der 1960er Jahre, im Zusammenhang mit der weltweiten Studentenbewegung und dem Wiederaufleben der Kritischen Theorie, auch in der Soziologie und den politischen Wissenschaften.

Da im Rahmen der Sozialwissenschaften einerseits versucht wird, Erkenntnisse aus den anderen oben angeführten Disziplinen in ihre eigenen Beiträge zur Bedürfniserforschung zu integrieren, und da andererseits Bedürfnisse, wie erwähnt, theoretische Konstrukte sind, ist es nicht verwunderlich, daß bereits bei der Definition von Bedürfnissen durch Sozialwissenschaftler deutliche Unterschiede zutage treten. Zwei „Lager" kann man dabei wenigstens unterscheiden, eines mit wesentlich universal/objektiver, das andere mit eher historisch/subjektiver Interpretation.[25]

Zu einem universalen/objektiven Bedürfnisbegriff gehört auch die Vorstellung, daß „Bedürfnisse wenigstens bis zu einem gewissen Grad befriedigt werden (müssen), damit der Mensch als menschliches Wesen funktionieren kann"[26].

Historische/subjektive Sichtweisen von Bedürfnissen zeichnen sich, so kann man sagen, gerade durch Definitions-Abstinenz aus. Ein Beispiel: „Bedürfnisse werden sich von Gesellschaft zu Gesellschaft ändern. Dies macht eine a priori-Bestimmung von Bedürfnissen unmöglich. Es ist auch nicht möglich, von Bedürfnissen als universalen Phänomenen zu sprechen"[27]. Und, in diesem Sinne: „Was Menschen für ihre Bedürfnisse halten, sind eben ihre Bedürfnisse ... Alle Bedürfnisse, die die Menschen als wirkliche empfinden, müssen als solche berücksichtigt werden"[28]. Agnes *Heller*, von der diese letzte Anmerkung stammt, macht allerdings eine wesentliche Einschränkung: Unter Bezug auf die 3. Version von *Kant's* Kategorischem Imperativ will sie als Bedürfnis nicht gelten lassen, wessen Befriedigung Menschen zu bloßen Mitteln anderer macht.[29] Dies ist eine normative Aussage, die diskutierbar bleiben muß. Gleichzeitig könnte sie jedoch eine Brücke schlagen zwischen den beiden oben zitierten Bedürfnisbegriffen. Es ist nämlich vorstellbar, daß die Nichtbefriedigung gerade der von *Heller* „disqualifizierten" Bedürfnisse weder bei den Betroffenen Krankheiten verursacht noch sie davon abhielte, wie menschliche Wesen zu funktionieren (im Gegenteil).

Zusammenfassend wird in dem vorliegenden Beitrag davon ausgegangen, daß

— Bedürfnisse als abstrakte Kategorien universal und objektiv sind,
— die konkrete Ausformung von Bedürfnissen situationsgebunden ist, d. h. von den sozioökonomischen, den psychischen und den Umweltbedingungen der Menschen bestimmt wird; sie spiegelt die Objektivität/Universalität wider durch Frustrationen und Probleme bzw. „Krankheitszustände" bei fehlender Bedürfnisbefriedigung,
— die letztere Bedürfnisversion die unmittelbar planungsrelevante ist und daß
— solche Bedürfnisse innerhalb homogener sozialer Gruppen (aufgrund gleicher bzw. vergleichbarer Voraussetzungen) als ähnlich unterstellt werden können.

Gebräuchliche Verfahren der Bedürfnisermittlung[30]

Die bisher gebräuchlichen Verfahren der Bedürfnisermittlung werden von liberalem Denken geprägt und vor allem im Rahmen der positivistisch orientierten Sozialwissenschaften angewandt. Aus liberaler Sicht sind Menschen sich über ihre Bedürfnisse im klaren und in der Lage, sie zu artikulieren und zu befriedigen — alles andere ist per definitione kein Bedürfnis. Aus diesem Grund kann ein positivistisches Bedürfniskonzept natürlich ohne Berücksichtigung objektiver Bedürfnisdimensionen auskommen, d. h. solcher Bedürfnisse, die vielleicht unabhängig von individuellen Artikulations- und Befriedigungsmöglichkeiten bestehen. Dieser Umstand allein reicht nicht hin zur Skepsis gegenüber positivistischen Verfahren der Bedürfnisermittlung, denn andere Bedürfniskonzepte haben mutmaßlich auch, nur andere biase. Wichtig dabei ist vielmehr, wie die nachfolgenden Beispiele zeigen werden, daß die positivistische Methodologie dazu neigt, individuelle Nachteile aufgrund geringer Artikulations- und Durchsetzungsfähigkeit im wirklichen Leben eher zu verstärken als sie wettzumachen oder wenigstens dagegen neutral zu bleiben. Sie führt letztenendes zu Zementierung oder gar Ausbau von Chancenungleichheiten aufgrund wissenschaftlichen Verdikts.

Bedürfnisermittlung über Umfragen. Wissenschaftler und politische Entscheidungsträger sind vielfach der Ansicht, daß man mit Meinungsumfragen üblicher Art Sinnvolles über Bedürfnisse zutage fördern könne. Ein Großteil der Marktforschungsinstitute lebt davon, und Politiker fühlen sich mit derartigen „Voten" bei Planungsentscheidungen meist sicherer. Umfragen können zweifellos in einer ganzen Reihe von Forschungsvorhaben wichtige Funktionen haben. Ebenso unzweifelhaft ist, daß man damit augenblickliche Meinungen und Wünsche ermitteln kann. Ob man damit aber auch Bedürfnisaussagen erhält, die hohen theoretischen und praktischen Anforderungen standhalten, ist fraglich. Immerhin erwartet man doch zumindest näherungsweise so etwas wie Feststellungen der „wirklichen" oder „wahren" Bedürfnisse der Menschen, was einen hohen Konzentrations-, Reflexions- und Bewußtseinsgrad voraussetzt. Diese Fähigkeiten sind jedoch weder in der Bevölkerung gleich verteilt noch selbst bei den mit solchen Fähigkeiten im Prinzip ausgestatteten Menschen dauernd vorhanden. Wahrscheinlich ist demgegenüber, wie Jens-Joachim *Hesse* über Umfragen für kommunale Planungsvorhaben schreibt, daß „nur die Vorstellungen, Wünsche und Verhaltensweisen erfragt werden, die bereits durch die Restriktionen des bestehenden Angebots und der eigenen Mittel sowie durch einen langen Anpassungsprozeß der Betroffenen geprägt sind"[31].

Woher soll beispielsweise ein Mensch, der noch nie eine Weiterbildungsveranstaltung besucht hat, mit Sicherheit bestimmen können, ob er einen positiven Nutzen daraus ziehen könnte? Vielleicht könnte er mit einiger Phantasie, Überlegung, Diskussion darauf kommen, daß manches Angebot wohl attraktiv wäre. Dafür läßt eine standardisierte Umfrage jedoch weder Raum noch Zeit. Dazu kommt, daß gerade die Noch-Nicht-Nutzer von Weiterbildungseinrichtungen, überproportional Angehörige niedriger Einkommensklassen und sozialer Problemgruppen, auch ansonsten kaum noch längere Überlegungen auf diese Frage verwandt haben dürften, die sie zum zufälligen Zeitpunkt der Umfrage eine volldurchdachte Antwort hätte parat haben lassen können. Jede Antwort hat Anspruch auf Würdigung, zweifellos. Aber wie kann der Forscher angesichts der späteren Daten entscheiden, ob er etwas über weiterbildungsrelevante Bedürfnisse erfahren hat, und: wie dürfte er?

Bedürfnisartikulation auf dem Markt: Die Institution der Privatwirtschaft basiert weitgehend auf der Vorstellung, daß die Bevölkerung ihre Bedürfnisse als Nachfrage nach bestimmten Gütern und Diensten äußert und die Unternehmen mit einem entsprechenden Angebot weitmöglichst darauf reagieren. Ähnlichen Vorstellungen folgen auch die Länder und Gemeinden, wenn sie aus der Nutzung öffentlicher Einrichtungen auf ein vorhandenes Bedürfnis nach solchen Einrichtungen schließen. In beiden Fällen ist die Folgerung: Was sich durch Nachfrage dokumentiert, „ist" Bedürfnis. Solcherart Annahmen sind aber in verschiedener Weise kurzsichtig. Es ist nicht nur, daß sie ausschließlich den materiellen Aspekt von Bedürfnissen betreffen. Sondern darüber hinaus wird beim Marktmodell unterstellt, daß die Menschen sowohl umfassende Informationen über das verfügbare Angebot haben („Markttransparenz") als auch tatsächliche Zugangschancen in Form etwa von verfügbarer Zeit und verfügbarem Geld. Es ist zu bezweifeln, daß diese Voraussetzungen bei allen Menschen gegeben sind; außerdem bleibt die Frage, wieweit sich das Angebot tatsächlich nach der Nachfrage richtet und nicht umgekehrt das Angebot sich über die Werbung die passenden Bedürfnisse schafft.

Man kann davon ausgehen, daß der Informationsgrad über Weiterbildungsmöglichkeiten positiv mit Bildungsstand, Einkommenshöhe, beruflichem Status korreliert. Auch unter diesem Gesichtspunkt sind, wie beim Umfragemodell, die Noch-Nicht-Nutzer von Weiterbildungseinrichtungen von vornherein benachteiligt. Spielen in diesem Zusammenhang die finanziellen Gesichtspunkte keine Rolle, denn zumindest staatlich geförderte Weiterbildung ist für den Nutzer nahezu kostenlos, so tun es doch wahrscheinlich die zeitlichen: Bezieher geringer Einkommen haben in aller Regel entweder durch bezahlte Nebentätigkeit oder durch vergleichsweise hohen häuslichen Arbeitseinsatz aufgrund geringer Ausstattung mit arbeitssparenden Geräten, für Eigenleistungen anstelle kostspieliger Handwerker- und sonstiger Service-Leistungen und/oder wegen Berufstätigkeit beider Ehepartner (aus finanziellen Gründen, nicht aus Gründen der „Selbstverwirklichung") nur wenig frei verfügbare Zeit. Dazu mag noch kommen, daß das Weiterbildungsangebot, so, wie es sich derzeit präsentiert, ersichtlich nichts mit dem Leben und den Problemen dieser Menschen zu tun hat. „... die Schwierigkeit ist jedoch", so wurde ein Teilnehmer des 1. Expertengespräches des WEP-Projektes, Februar 1978, zitiert, „daß für viele Menschen, die überall Probleme haben und diese sogar auch sehen, Weiterbildung nicht als Instrument erscheint, womit sie diese Probleme auch tatsächlich lösen können, weil sie zum Bildungsbereich insgesamt keine Affinität haben"[32].

Diese Überlegungen machen deutlich, daß der im 1. Bericht der nordrhein-westfälischen Planungskommission „Erwachsenenbildung und Weiterbildung" postulierte Marktcharakter des Weiterbildungsbereiches[33], wie auch in einigen WEP-Berichten schon festgestellt wurde[34], problematisch ist. Er hält Noch-Nicht-Nutzer systematisch aus der Weiterbildung fern.

Bedürfnisdurchsetzung über öffentliche Meinungsbildungs- und Entscheidungsprozesse: Man kann davon ausgehen, daß niemand besser über die Bedürfnisse der Menschen bescheid weiß und sie deswegen auch niemand überzeugender vertreten kann, als die Menschen, um deren Bedürfnisse es jeweils geht. Dieser Standpunkt hat unter anderem zu der Forderung und teilweise zu der Praxis geführt, Bürger stärker an der Stadtplanung zu beteiligen. Auch Vorschläge zur staatlichen Investitionslenkung unter Einbeziehung der Vertreter verschiedener sozialer Gruppen sind von solchen Überlegungen ausgegangen.

In so komplizierten gesellschaftlichen Gebilden wie fortgeschrittenen Industriegesellschaften mit hohen Bevölkerungszahlen sind nun Modelle direkter Demokratie unter der Mitwirkung „aller" an allen möglichen gesellschaftlich zu treffenden Entscheidungen kaum möglich. Andererseits läßt sich nachweisen, daß in Bürgergruppen oder gewählten Gremien die privilegierten Bevölkerungskreise — mit höherem Einkommen und besserer Ausbildung etwa — stärker als andere soziale Schichten repräsentiert sind.[35] Es ist nicht schwer zu vermuten, daß dort dann vorzugsweise die Bedürfnisse der „gebildeten Mittel- und Oberschicht" zur Sprache kommen und weitergetragen werden.

Meinungs- und Entscheidungsprozesse, wie sie gegenwärtig tatsächlich ablaufen — nicht wie sie idealerweise sein könnten, sind ebensowenig wie Umfragen und Marktmodell ein gültiges Verfahren zur Bedürfnisermittlung. Sie wären jedoch dafür entwicklungsfähig — demokratische Prozesse haben nicht von Natur aus einen liberalistischen bias. Umfrage- und Marktansatz produzieren demgegenüber durch ihre liberalistischen Prämissen und ihnen entsprechenden immanenten Eigenschaften zwangsläufig Verzerrungen zuungunsten sozial schwacher Gruppen. Dies ist nicht ihre einzige Schwäche.

Dialektik von Bedürfnissen[36]

Eine zweite Schwäche der Umfrage- und Marktmethode ist, daß sie den dialektischen Eigenschaften, die Bedürfnisse haben, nicht gewachsen sind. Aufgrund ihrer dialektischen Eigenschaften entziehen sich Bedürfnisse entweder weitgehend dem empirischen Zugriff oder sie treten zur Zeit der Umfrage bzw. auf dem Markt in gänzlich zufälliger Ausprägung zutage. Dementsprechende Forschungsergebnisse sind für die Planung nicht geeignet; Planung braucht zuverlässigere, „stabilere" Aussagen. Einige der für die Praxis der Weiterbildung relevanten Dichotomien in Bedürfnissen sind „manifest/latent", „Mangel/Überfluß", „subjektiv/objektiv".

Manifeste und latente Bedürfnisse: Jeder Mensch stellt gelegentlich fest, wie schwierig es ist, mehrere Dinge auf einmal im Sinn zu behalten. Experimente haben gezeigt, daß auch hochintelligente Menschen nur bis zu zehn komplexere Sachverhalte gleichzeitig präsent haben können. Eine andere alltägliche Erfahrung ist, daß etwas umso uninteressanter wird, je häufiger es passiert oder man es haben kann. Dieser Erfahrung entspricht die ökonomische Grenznutzentheorie. Das ist auch auf Bedürfnisse übertragbar: bewußt sind uns nur wenige Bedürfnisse gleichzeitig. Dabei werden in aller Regel solche Bedürfnisse in Form von Wünschen nach bestimmten Befriedigungsmöglichkeiten an die Oberfläche des Bewußtseins gelangen oder dort verbleiben, die über längere Zeit vernachlässigt wurden oder deren Befriedigung gerade fehlschlug. Die Bedürfnisse dagegen, deren Befriedigung üblicherweise gewährleistet ist, existieren großenteils im Unbewußtsein.

Einige Beispiele dazu aus dem Bereich der Weiterbildung. Erstens: Neuerdings nimmt das Interesse an Selbsterfahrungsgruppen, besonders in den Großstädten, zu, teilweise in dem Maße, daß es gar nicht genügend Kurse gibt, um alle Interessenten aufzunehmen. Abgewiesene werden nach anderen Gelegenheiten suchen oder auf das nächste Semester warten und sich wiederum anmelden. Zweitens: Es gibt viele private Zirkel, in denen man sich durch gemeinsames Lesen, Diskutieren, Basteln, Musizieren und ähnliches fortbildet und weiterentwickelt. Wahrscheinlich existieren die meisten solcher Zirkel dort, wo aufgrund zu geringer Bevölkerungsdichte der „Apparat" eines öffentlichen Angebots nicht rentabel erscheint und/oder werden getragen von Menschen, die vordem anderwärts ein solches öffentliches Angebot nutzen konnten (typische Beispiele: Landarzt und Dorfpfarrer, die in der Großstadt studiert haben). Drittens: Ein großer Teil an „Weiterbildung" wird innerhalb von Nachbarschafts- und Bekanntenkreisen geleistet. Im letzten Krieg lernten Dorfbewohner voneinander Schnaps zu brennen; heute tauschen sie Tips für Autoreparaturen und Kochrezepte aus oder helfen sich gegenseitig bei der Steuererklärung. Ob private Weiterbildung in diesen Fällen bestens hinreicht oder ob längere, systematischere Fortbildungsveranstaltungen sinnvoller sind, richtet sich nach Ausgangssituation und Zweck der Kenntniserweiterung. Die Tatsache, daß viele Menschen nicht in öffentlichen Weiterbildungsinstitutionen anzutreffen sind, ist nicht notwendigerweise ein Beweis dafür, daß sie solche Bedürfnisse „nicht haben"; sie sind für sie vielleicht gerade nicht aktuell oder sind ihnen nicht bewußt — eben latent.

Subjektive und objektive Bedürfnisse: Als subjektive Bedürfnisse kann man den Unterschied zwischen dem, was Menschen meinen zu haben und dem, was sie meinen haben zu sollen, beschreiben. Objektive Bedürfnisse wären dagegen solche, die Menschen unabhängig von ihrer eigenen Wahrnehmung haben. Meist werden diese beiden Definitionen mit jeweils einer „Schule" identifiziert (erstere mit den Positivisten, letztere mit der Kritischen Theorie). Man kann aber auch, wie oben, als objektive Bedürfnisse die anthropologische conditio sine qua non ansehen, die allerdings eine sehr weitgefaßte Kategorie und insofern nicht von direkter Planungsrelevanz ist. Ihre konkreten und planerisch relevanten Ausprägungen, die auf bestimmte Mittel zur Bedürfnisbefriedigung gerichtet sind, enthalten objektive *und* subjektive Elemente.

Objektive Anhaltspunkte für beschreibbare Bedürfnisse kann man aus den Lebensumständen der jeweiligen Zielgruppen ableiten, für deren Dringlichkeit aus Frustrationserscheinungen (in Form von „pathologischem" Verhalten) — wenn Menschen aggressiv gegen sich selbst, gegen andere oder gegen Sachen werden.[37] Damit weiß man jedoch nicht genug. Erstens ist die Beziehung zwischen Bedürfnissen und Pathologien überzeugend, aber nicht zwingend. Nicht alle Menschen, die Bedürfnisversagungen erleiden, werden umgehend pathologisch, und nicht alle Pathologien haben unbedingt Bedürfnisversagungen zur Ursache. Zweitens hat man noch wenig Kenntnis über fixe Beziehungen zwischen bestimmten Bedürfnissen und bestimmten Pathologien. Drittens und letztens gibt es zur Befriedigung eines Bedürfnisses durchaus unterschiedliche Mittel, deren Wahl in westlichen Gemeinwesen nur in wenigen Fällen amtlich vorbestimmt wird (wie z. B. die Schulpflicht in einem bestimmten Lebensalter), ansonsten aber der Entscheidung des Einzelnen anheimgestellt ist. Die Bedürfnisforschung kann sie ihm nicht wieder entziehen. Es steht dem Forscher nicht an, zu beurteilen, wie „richtig" oder „falsch" anderer Leute Bedürfniswahrnehmungen sind. Er müßte aber Raum für Überlegungen lassen und eventuell Methoden zugänglich machen, um zu einer rationalen Entscheidung zu kommen — oder die irrationale bewußt zu genießen.

Reflektiertes, konkretes und detailliertes Wissen über die aktuelle Gestalt von

Bedürfnissen ist auf objektive und subjektive Informationen angewiesen, auf Kenntnis und Arbeit des Forschers genauso wie der Menschen, um deren Bedürfnisse es dabei geht. Auf gegenseitigem Vertrauen basierende Kooperation zwischen Forscher und Zielpersonen ist erforderlich. Entsprechende Methoden sind Tiefeninterviews, Dialoge, Gruppendiskussionen – mit offenen Karten, nicht in Form etwa der sogenannten Realkontaktbefragung[38], bei der der Forscher, ohne seine Identität und seine Absicht preiszugeben, Menschen in realen Lebenszusammenhängen aushorcht. Es mag im Prinzip eine Frage der Forschungsethik sein, ob man Wissenschaft unter Hintergehung der Zielpersonen betreiben will; für die Bedürfnisforschung ist das jedoch bereits methodisch kein gangbarer Weg; Situationen des täglichen Lebens sind dafür von zu vielen Zufällen geprägt.

Die üblichen Arten der Bedarfsermittlung sind Vergleich der eigenen Ausstattung und Angebote mit denjenigen ähnlich strukturierter Planungsgebiete, Beurteilungen durch die Betroffenen und Verwendung einer Norm. Bedürfnisforschung deckt alle drei Formen der Bedarfsermittlung in spezifischer Weise ab. Die vielleicht wichtigste Lehre aus allgemeinen Überlegungen zur Bedürfnisforschung ist, daß die Rolle der Nutzer bzw. der potentiellen Nutzer bei der Programmfindung strukturell gestärkt werden muß, weil sie unabdingbare Partner bei der Bedürfnisermittlung sind und der daraus abzuleitende Bedarf negotiabel ist bzw. bei begrenztem Budget sein muß. Eine solche strukturelle Aufwertung von Nutzern ist nicht zuletzt schon deswegen angezeigt, weil der Weiterbildungsbedarf auch von sozialen und institutionellen Interessen bestimmt wird, und zwar offenbar sehr nachhaltig.

Der soziale und der institutionelle Bedarf, oder: Was die Menschen wollen sollen[39]

Weiterbildungsinhalte laut gesetzlicher Regelungen

Die von der nordrhein-westfälischen Landesregierung getroffenen Regelungen für den Weiterbildungsbereich sind überwiegend formaler Art. Laut Landesentwicklungsbericht 1976 etwa soll das Weiterbildungsangebot differenziert, ausgewogen und bedarfsgerecht sein, soll die Versorgung mit Weiterbildungsangeboten in zumutbarer Entfernung erfolgen, sollen ausreichende Möglichkeiten für das Nachholen von Schulabschlüssen angeboten und für Bevölkerungsgruppen mit Bildungsdefiziten spezifische Weiterbildungsangebote vorgesehen werden.[40] (Die letzten beiden Forderungen haben inhaltliche Konnotationen, es werden jedoch nur zwei große Gruppen von Weiterbildungszielen hervorgehoben, nicht auf einer bestimmten Ausgestaltung bestanden.) Das 1. Gesetz zur Ordnung und Förderung der Weiterbildung im Lande Nordrhein-Westfalen vom 31.7.1972 (1. WbG), die Vorläufigen Verwaltungsvorschriften zur Ausführung des Weiterbildungsgesetzes vom 18. März 1975 und die Verordnung über die Rahmenrichtlinien für die Aufstellung kommunaler Weiterentwicklungspläne vom 6. Dezember 1976 enthalten zum weit überwiegenden Teil Vorschriften über die Abstimmung der Weiterbildungsentwicklungsplanung mit anderen Bildungseinrichtungen und anderen Fachplanungen, über die notwendigen Bestandteile der Weiterbildungsplanung und über Planungsrichtwerte, sowie über Finanzierungsmodalitäten.

Die inhaltlichen Vorschriften des nordrhein-westfälischen Gesetzgebers zur Weiterentwicklung sind minimal und nur in wenigen Ausnahmen restriktiv. Mit einiger Routine in der Interpretation von komplexen Klassifikationssystemen dürfte es möglich sein, nahezu jede Art von Kursus in diesem Schema „unterzubringen". Dasselbe gilt für eine von *Tietgens* auf der Grundlage einschlägiger gesetzlicher Vorgaben entwickelte Lernzieltypologie mit den Bestandteilen

"— Erwerben von überprüfbaren Kenntnissen, Fähigkeiten und Fertigkeiten;
— Gewinnen von Überblicken zum Zweck der Orientierung (!, die Verf.);
— Austauschen von Beobachtungen und Meinungen;
— Entwickeln von Phantasie und spielerischen Gestaltungsmöglichkeiten;
— Erfahren und Erproben des eigenen Selbst;
— Suchen nach Anregungen für soziales Handeln."[41]

Die Erläuterungen zu den einzelnen Sachbereichen in den Vorläufigen Verwaltungsvorschriften lesen sich wie eine interessante Anregung mit Gestaltungs*vorschlägen* für die Weiterbildung. Unter „personenbezogener Bildung" kann man danach sogar den Rest „Angebote, die nicht in die anderen Sachbereiche eingeordnet werden können" bringen. Zu den wenigen Ausschlußgeboten gehören etwa der Hochleistungssport und unmittelbar an Kinder gerichtete Bildungsangebote, außerdem werden nach bundesrechtlichen Regelungen geförderte Lehrveranstaltungen sowie Kurse im Bereich der beruflichen Bildung bei der Planstellenberechnung von Institutionen der Weiterbildung nicht berücksichtigt (Ausnahmen: Lehrveranstaltungen für arbeitsmarktpolitische Problemgruppen und Kurse, die auf berufliche bzw. berufsschulische Abschlüsse vorbereiten; andere Ausnahmen kann der Regierungspräsident gestatten).

Nach alledem kann man jedenfalls feststellen, daß der Gesetzgeber sich offenbar äußerste Zurückhaltung auferlegt, soweit es um die konkrete inhaltliche Ausgestaltung des Weiterbildungsprogramms geht. Zumindest wird ein direkter Einfluß nicht, bzw. bis auf ganz wenige Ausnahmen nicht, ausgeübt; es bestehen im Prinzip keine expliziten Vorschriften darüber, was im einzelnen die Bürger an Weiterbildung wollen sollen.

Institutionelle und organisatorische Regelungen durch den Gesetzgeber

Auf indirekte Weise, gewollt oder nicht, werden Weiterbildungsinhalten jedoch bestimmte Richtungen vorgeprägt — erstens deswegen, weil überhaupt in verstärktem Maße geplant wird, zweitens deswegen, wie geplant werden soll.

Zum „Daß": Jede Planung, zumindest wenn sie deutsch ist, tendiert zur Perfektion. Die letzten zehn Jahre Geschichte unserer Weiterbildungsplanung kennzeichnet *Tietgens* folgendermaßen: „Indem Planungsgesichtspunkte in den Vordergrund traten, wurde auch das am wichtigsten genommen, was planbar erscheint. Alles, was aus der Spontaneität heraus zur Erwachsenenbildung wird, tritt damit in den Hintergrund"[42]. Diese Entwicklung zu Effizienzstreben, werde, so *Tietgens*, durch die Arbeitsmarktentwicklung der letzten Zeit noch verstärkt — obwohl beispielsweise der „Schweinezyklus" einer periodischen Über- bzw. Unternachfrage nach bestimmten vorhandenen Qualifikationen aufgrund einer zu engen Bindung des Bildungs- an das Beschäftigungssystem lange bekannt sei. Abgesehen davon ist zweifelhaft, ob gerade eine Neigung zu engdefinierter Effizienz im Weiterbildungswesen geeignet ist, die Lernziele der Weiterbildung — wie oben zitiert — tatsächlich zu erreichen.

An der Weiterbildungsentwicklungsplanung sind Träger aller relevanten Institutionen und öffentlichen Belange beteiligt. Diejenigen, um deren Belange es geht, die Nutzer von Weiterbildungseinrichtungen, sind nicht beteiligt. Wer spricht für die Nutzer? Es gibt keinen Grund, an der Sachkompetenz und dem guten Willen der in diesem Fall für die Planungsbeteiligung vorgesehenen Instanzen und Personen zu zweifeln. Aber alle, die dabei sind, können ihre Erörterungen ja nur aufgrund von *Annahmen* über weiterbildungsrelevante Bedürfnisse ihrer Klienten betreiben. Sie selbst sind höchstwahrscheinlich nicht die Nutzer entsprechender Institutionen. Als deren Träger bzw. als Träger anderer öffentlicher Belange haben sie ihrerseits institutionelle Eigeninteressen zu vertreten, welche sich mit den Weiterbildungsinteressen der Nutzer nicht unbedingt decken müssen. Die Mitglieder in solchen Gremien gehören zumeist anderen Alters- und Sozialgruppen an als die Benutzer von Weiterbildungseinrichtungen; sie verhandeln also — unter anderem — über Bedürfnisse, von denen sie keine konkreten Erfahrungen haben *können*. Das Programm, das dabei herauskommt, wird zuallererst ihr Programm sein, nicht das der tatsächlichen oder potentiellen Nutzer.

Der individuelle Bedarf, oder: Was die Menschen wollen

Das Institut für Bildungsbetriebslehre hat in der ersten Phase des WEP-Projektes eine schriftliche Umfrage zu Voraussetzungen und Möglichkeiten der Weiterbildung in drei ihrer sozioökonomischen Ausprägung nach unterschiedlichen Regionen Nordrhein-Westfalens durchgeführt. Gleichzeitig wurde für einen dieser Bereiche eine Hörerstatistik erstellt, auf der Grundlage der Anmeldeformulare für die Volkschochschule. Die Ergebnisse dieser Untersuchungen sind in den WEP-Berichten sowie den Zwischenberichten des Projektes nachzulesen und brauchen hier nicht in allen Einzelheiten wiederholt zu werden. Namentlich das Mittel der schriftlichen Umfrage wird, so der erste Zwischenbericht, für den Fortgang der Projektarbeit keine Rolle mehr spielen; es habe sich besonders in den ländlichen Regionen überhaupt nicht bewährt, aber auch ansonsten kaum mehr als Bekanntes zutage gefördert.[43]

Nun ist es gerade in den Sozialwissenschaften im Prinzip keine Schande, Bekanntes zu produzieren; etwa die Hälfte aller ihrer Forschungsergebnisse fällt so aus, wie „man es immer schon gewußt" hat. Für die beschreibende und verstehende Forschung reicht das, die Beachtung üblicher Standards wissenschaftlicher Arbeit vorausgesetzt, im Sinne des allgemeinen Erkenntnisinteresses auch hin. Für eine Forschung jedoch, die der planerischen Praxis verpflichtet ist und deswegen auch perspektivisches Wissen erarbeiten will, reicht das nicht unbedingt.

Wie wenig Umfragen generell geeignet sind, gültige und zuverlässige Informationen über Bedürfnisse, also auch über weiterbildungsrelevante Bedürfnisse, zu erbringen, wurde im Kapitel über die Möglichkeiten und Grenzen der Bedürfnisforschung, gezeigt. Schriftliche Umfragen haben darüber hinaus ihre spezielle Problematik: Erstens sind 20-30% Rücklauf hier immer noch die Regel. Wenn man vielleicht den bias durch voneinander abweichende Sozialstatistiken der Grundgesamtheit und der Rücksender für eine Reihe weiterer sozialer Merkmale noch abschätzen kann, so ist das schier unmöglich im Hinblick auf Motive und Sondermeinungen, die die gleichen Ursachen wie die mangelnde Bereitschaft zum Rücksenden des ausgefüllten Fragebogens haben könnten (für 70 - 80% eine Zufallsverteilung dabei zu unterstellen, wäre recht kühn). Zweitens hat sich auch mit dieser Umfrage wiederum bestätigt, daß Menschen, deren Neigung und auch deren Beruf Schreibtischarbeit nicht ist, immer unterdurchschnittlich beim Rücklauf postalischer Fragebogenaktionen repräsentiert sind. So ist es nicht verwunderlich, daß sich diese Art von Umfrage im ländlichen Gebiet „nicht bewährt" hat und generell eine unterproportionale Beteiligung von Arbeitern an der Umfrage festzustellen war. Gerade unter der ländlichen Bevölkerung und den Arbeitern finden sich aber wahrscheinlich die größten Anteile an Noch-Nicht-Nutzern von Weiterbildungseinrichrichtungen. Mit anderen Worten hat das nunmehr verworfene Forschungsinstrument zwei der wichtigsten Zielgruppen des WEP-Projektes systematisch aus der Untersuchung ferngehalten.

Den Menschen, die demgegenüber schon zum Kreis der Volkshochschul-Besucher gehören, wird eine „notorische Schülermentalität" nachgesagt.[44] Wenn das zutrifft, tragen die aktiven Nutzer von Weiterbildungseinrichtungen – zweifellos ohne daß sie es wollen – zur Verstärkung der im vorangegangenen Kapitel erwähnten engdefinierten Effizienz und eindimensionalen Lernausrichtung im Weiterbildungswesen bei: „In der Bevölkerung wird ... ein sehr enger Zusammenhang zwischen Erwachsenenbildung und beruflichem Fortkommen gesehen"[45]. Die WEP-Umfrage kann solchen Befund stützen. Berufliche Bildung wurde im Bereich Wuppertal jeweils am häufigsten genannt, sowohl auf die Frage „Welche Bereiche von Weiterbildung erscheinen Ihnen in Ihrer jetzigen Situation besonders wichtig"[46] als auch auf die Frage „Die Volkshochschule ist die Weiterbildungseinrichtung der Städte bzw. der Gemeinden. Was sollte diese Ihrer Meinung nach vorrangig anbieten?"[47] Für dieselbe Teiluntersuchung wurde eine Überrepräsentanz von Angestellten unter den Fragebogen-Rücksendern dahingehend interpretiert, „daß diese Berufsgruppe Weiterbildung unter subjektiven Aufstiegs- und Karrieregesichtspunkten für sich instrumentalisiert"[48].

Kursangebote im Bereich der Kommunalpolitik waren, ebenfalls im Untersuchungsgebiet Wuppertal, bei weitem nicht so populär. „Dies kann", so der Untersuchungsbericht, „auch Ausdruck dafür sein, daß die Praxis der Kommunalverwaltungen in der Vergangenheit weitgehend unter Ausschluß der Bürger vollzogen wurde und die Reklamationen von Mitentscheidungsansprüchen der Bürger als Störfaktoren klassifiziert wurden"[49]. Solche Vermutung mag den Kreis zu der angeblich notorischen Schülermentalität der Volkshochschul-Hörer wieder schließen: Es finden sich solche Leute zu den Veranstaltungen ein, die vielseitig interessiert, wahrscheinlich lern- und anpassungswillig sind und das Fehlen von Programmeinflußmöglichkeiten in der Weiterbildungsentwicklungsplanung entweder nicht bemerken oder nicht darunter zu leiden scheinen.

Hier perpetuiert sich zwischen inhaltlichem und institutionellem Angebot, diagnostizierter vorherrschender Mentalität der Nutzer, sowie einer Verstärkerfunktion von Umfrageergebnissen das Primat eines effizienzorientierten, rezeptiv-bürgerlichen Bildungsideals, dessen Gültigkeit für die Bevölkerung insgesamt noch nicht geprüft worden ist und mit Hilfe von Hörerstatistiken und Meinungsumfragen auch gar nicht geprüft werden kann. Es gibt keinen legitimen Grund, das Prinzip als solches ex cathedra zu verwerfen oder durch ein anderes zu ersetzen. Es gibt aber auch keinen Grund, es als richtig, da gegeben, zu akzeptieren.

Weitere Fragen nach Meinungen, die nicht unbedingt geeignet sind, Klarheit über weiterbildungsrelevante Bedürfnisse zu schaffen: Die Frage beispielsweise, ob man glaube, daß es in der näheren Wohnumgebung genügend Möglichkeiten zur sinnvollen Freizeitgestaltung gebe[50], ist wahrscheinlich weniger entscheidend für einen Besuch von Weiterbildungsveranstaltungen als die Frage, wieviel frei verfügbare Zeit man überhaupt hat, wie man sie tatsächlich verbringt und warum so und nicht anders. Ähnliches gilt etwa für die Frage, wie man seine Freizeit „am liebsten" verbringe.[51] Ich gehe beispielsweise am liebsten in Konzerte der Berliner Philharmoniker, die Karajan dirigiert. Da aber so schwer an die Eintrittskarten heranzukommen ist, kommt das höchstens einmal im Jahr vor – also kein wirkliches Hindernis, Weiterbildungsveranstaltungen zu besuchen. Sehr illustrativ ist schließlich noch (wiederum ein Ergebnis aus dem Bereich Wuppertal), daß die Befragten mehrheitlich in der Weiterbildung „ein offenes Angebot, das sie beeinflussen können, in dem die Möglichkeit gegeben wird, mit anderen zu lernen und in dem ihnen ein Vortrag mit einer anschließenden Diskussion geboten wird"[52] bevorzugen würden. Was soll der Planer aus solcher Information machen?

Ein häufig gezogener Schluß nach derartig ambivalenten Forschungsergebnissen ist daß eben ,die betroffenen Individuen kaum ihren derzeitigen Weiterbildungsbedarf adäquat einschätzen können und es daher kaum möglich ist, daraus auch exakte Aussagen für den künftigen Bedarf abzuleiten"[53]. Das mag ja vielleicht zutreffen; aber der Planer, der Wissenschaftler, hat auch die Wahrheit über die Zukunft nicht in der Tasche; und sowohl herkömmliche Forschungsmethoden, wie die Umfrage, als auch die Methoden der Zukunftsforschung eignen sich nur zum geringsten Teil, über status-quo-Extrapolationen qualitativ hinausgehende und gleichzeitig „wissenschaftlich abgesicherte" Programme zu entwickeln, die zudem noch neue Hörerpotentiale erschliessen sollen.

Auf Frageansätze, die zu entsprechend ehrgeizigen Zielen hinführen können, weist treffend ein Zitat, das während der Diskussion anläßlich des häufiger zitierten 1. WEP-Expertengespräches fiel: „Wenn ein Mensch in die Volkshochschule kommt, um Englisch zu lernen, dann weiß man nicht genau, weshalb der kommt und was der will. Man weiß nur eines ganz genau, Englisch lernen will er nicht"[54]. Es ist zweifellos für die Weiterbearbeitung des WEP-Projektes fruchtbar, verstärkt der Frage nachzugehen, was Menschen überhaupt in Weiterbildungseinrichtungen wollen können — das heißt auch: was ihnen ihre Lebensumstände zu wollen erlauben.

Methoden bedürfnisgerechter Weiterbildungsentwicklungsplanung, oder: Was die Menschen wollen können

Bei allen emanzipatorischen oder kompensatorischen Ansätzen zur Begründung von Weiterbildung — so aus einer Bilanz bisher geprüfter Methoden für das WEP-Projekt — wird von dem Vorhandensein eines objektiven Bildungsbedarfs, also einer „Bedürftigkeit" der Adressaten von Weiterbildung ausgegangen, wobei die Kriterien für diese Bedürftigkeit nicht von den Individuen selbst, sondern von „Sinndeutern" der Weiterbildung aufgrund unterschiedlichster politischer Wertvorstellungen bestimmt werden. Die Umsetzung des damit verbundenen Bedarfsbegriffs für die Zwecke der Weiterbildungsentwicklungsplanung, für die Programmplanung oder gar in die erwachsenenpädagogische Praxis muß jedoch an der empirischen Belanglosigkeit und Unverbindlichkeit dieser Ansätze scheitern.[55]

Wie immer jedoch bei Zielfindungs- und Konkretisierungsprozessen in der gesellschaftlichen Planung vorgegangen wird — es steht fest, daß bei jedem „Eingriff" Feldveränderungen (d. h. Veränderungen bei Beteiligten und Betroffenen in Bezug auf Notwendigkeit, Voraussetzungen und Effekte etwa auch von Weiterbildungsveranstaltungen) stattfinden.[56] Für die Betroffenen ist es letztlich gleichgültig, ob Eingriffe *von außen* durch gesetzliche Regelungen, durch gezielte Angebote, durch verstärkte Werbung oder durch das Auftreten von Wissenschaftlern verursacht werden. Der deutsche Publizist Hans Magnus *Enzensberger* hat gegenüber entsprechenden Vorwürfen der Manipulation (in dem zitierten Fall gegenüber den Medien) wahrscheinlich zu Recht geäußert, daß die Frage nicht sei, ob manipuliert werde, sondern durch wen. Schlußfolgerung: „Ein revolutionärer Entwurf muß nicht die Manipulateure zum Verschwinden bringen; er hat im Gegenteil einen jeden zum Manipulateur zu machen"[57].

Und die praktische Konsequenz, wie mehrfach angedeutet: bewußtseinsmäßige und vor allem strukturelle Stärkung der Betroffenen.

Ein Schritt in diese Richtung ist eine der Überlegungen im ersten WEP-Zwischenbericht, dahingehend, daß „das Ziel einer bedarfsgerechten Planung und Entwicklung von Weiterbildungsangeboten als Ergebnis der Erkundung von Weiterbildungsbedürfnissen ... tendenziell am ehesten durch Planungsmodelle und Forschungsstrategien erreicht werden (kann), die durch *dialogische Offenheit* gekennzeichnet sind"[58]. Damit ist nicht behauptet, daß man die Weiterbildungsentwicklungsplanung allein mit Hilfe von Dialogen bestreiten könnte. Sie werden jedoch im Zusammenhang mit anderen, systematischer scheinenden und aufgearbeiteten Informationen einen wichtigen Beitrag zur bedürfnisgerechten Bedarfsermittlung und Planung leisten. In den folgenden Abschnitten werden einige Vorschläge für die Zusammenstellung solcher Informationen entwickelt. Im Zentrum steht dabei der individuelle Bedarf, stehen die Zielgruppen.

Der ungeteilte Mensch

Bedürfnisse konkretisieren sich nicht nur infolge des Lebensalters von Menschen allein, oder aufgrund ihrer Einkommenshöhe, oder nur aus ihrer Stellung im Beruf bzw. ihrer Arbeitsplatzbedingungen, oder ausschließlich aus ihren familiären Umständen und Verpflichtungen. Es ist die Gesamtheit dieser Faktoren, an denen sich Wünsche und Probleme von Menschen festmachen. Und es ist die Gesamtheit dieser Faktoren, aus der sich ablesen läßt, inwiefern und welcher Weiterbildungsbedarf bestehen mag und ob Weiterbildung unter gegebenen Umständen überhaupt zunächst das wichtigste Mittel zur Lösung vorhandener Probleme ist.

In diesem Zusammenhang mag es sinnvoll sein, einige der im Laufe der WEP-Arbeit aufgetauchten Überlegungen zu relativieren: Es wurde unter anderem zu bedenken gegeben, daß „für viele Menschen, die überall Probleme haben und diese sogar auch sehen, Weiterbildung nicht als Instrument erscheint, womit sie diese Probleme auch tatsächlich lösen können, weil sie zum Bildungsbereich insgesamt keine Affinität haben"[59]. So wird manche Ausgangssituation sich darstellen. Es kann sich jedoch auch bei solchen Menschen ein größeres Vertrauen zum Bildungs- und Weiterbildungsbereich einstellen. Wege dahin führen über Kennenlernen — nicht durch besser aufgemachte Werbebroschüren, sondern durch Freunde, die schon Kurse besucht haben, durch bekanntwerdende Aktivitäten anderer Leute in gleicher Lebenssituation —, über eigenes Probieren, eventuelle Erfahrungen von Erfolg und daraus über zuwachsende Fähigkeiten und psychische Kräfte verbesserte Lebenstechniken und tatsächliche Änderungen der eigenen Lage. So etwas vollzieht sich nicht prompt, und auch lange nicht für alle Menschen. Einige wenige Erfolge zur Zeit können jedoch der Anfang für weitere sein — die anderer Menschen, die eigener Intensivierung. Der Punkt dabei ist, daß mangelnde Affinität zum Bildungsbereich insgesamt zu haben keine Einbahnstraße sein muß. Die von *Tillmann* gestellte Diagnose eines allgemeinen Rückzugs ins Privatleben[60] ist zwar eine weithin geteilte Beobachtung. Aber sie ist vielleicht selbst eher Teil des Problems als die Lösung; und sie ist zweifellos kein ein für allemal festgeschriebenes Faktum.

Ähnliche Überlegungen kann man für die auf WEP-Umfragedaten gestützte Annahme verwenden, wonach „die ... wesentlichsten Gründe, die die einzelnen Personen von der Beteiligung an Weiterbildungsmaßnahmen abhalten, in den individuellen Lebenssituationen liegen und nicht an den Weiterbildungseinrichtungen"[61]. Genausowenig wie die Lebenssituation sollte der mögliche Beitrag von Weiterbildungseinrichtungen nicht zu deterministisch aufgefaßt werden. Es könnte ja gelingen, Angebot und

Organisation von Weiterbildungseinrichtungen derart auf Lebenssituationen von Zielgruppen hin zu gestalten, daß auch Menschen in komplizierteren Lebensverhältnissen sich angesprochen fühlen und Zugang haben. Dazu müssen weder Programm noch Management vollständig geändert werden, und Neuerungen sind auch nicht als Sofortmaßnahmen zu verordnen; ganz undenkbar sind einige wenige Konzessionen jedoch nicht.

Über objektive Ansatzpunkte für weiterbildungsrelevante Bedürfnisse und den Weiterbildungsbedarf bei Zielgruppen ist von *Tillmann* gearbeitet worden.[62] Beispielsweise werden dort Entwicklungsaufgaben im Verlaufe der einzelnen Lebensphasen und Einflußgrößen für die Artikulation des individuellen Weiterbildungsbedarfs dargestellt und erläutert. Weitere Informationen zu diesem Fragenbereich kann man umfangreicher empirisch fundierter Literatur über die Lebensbedingungen typischer Bevölkerungs- und Problemgruppen entnehmen oder auch aus der Gegenüberstellung kumulierter Gruppen von demographischen und sozialen Merkmalen einerseits (nicht jeweils isolierter Faktoren!) und geäußerten Wünschen und Problemen der jeweiligen Interviewpartner andererseits. Aus solchen Quellen wird man erste Eindrücke von den realen Lebenssituationen einzelner Menschen und Zielgruppen erhalten und Vorstellungen darüber entwickeln können, welche Hilfe sie brauchen, wo ihr Entwicklungspotential liegt, wie Neigung und Zugangsmöglichkeiten zur Weiterbildung gelagert sind.

Ein entscheidender Gesichtspunkt unter den Zugangsmöglichkeiten zur Weiterbildung ist ohne Zweifel verfügbare Zeit. In der schriftlichen Umfrage des WEP-Projektes ist dementsprechend mehrfach auf Fragen der zeitlichen Beanspruchung und Freizeitverwendungen eingegangen worden. Den dabei gefundenen Ergebnissen sollte man jedoch eine nicht unwesentliche Überlegung hinzufügen: Die Untersuchungsbefunde geben nicht nur unabdingbare Zeitverwendungen wieder (Berufstätigkeit beispielsweise, oder familiäre Verpflichtungen). Sie enthalten auch Aussagen über Präferenzen der Zeitverwendung (etwa Tätigkeit in Vereinen, Ausflüge, Freizeitgestaltung mit der Familie, mit Freunden und Bekannten, Fernsehen oder Lesen) bzw. stützen sich auf Einschätzungen der Interviewpartner über ihre zeitlichen Möglichkeiten für die Weiterbildung. Die letzten beiden Aussagearten stehen vollständig im Belieben des Einzelnen, d. h. entziehen sich der Kritik Dritter. Dennoch sind es subjektive Entscheidungen und Sichtweisen, die möglicherweise ohne Alternativwissen entstanden sind, die auch andere Menschen nicht zwangsläufig an dem Besuch einer Weiterbildungsveranstaltung hindern und die vielleicht auch nicht einmal die eigene Lebenswirklichkeit erschöpfend abbilden.

Aus den genannten Gründen ist es zweckmäßig, zur Identifizierung weiterer Kreise potentieller Nutzer von Weiterbildungseinrichtungen Zeitbudgetanalysen typischer Bevölkerungsgruppen heranzuziehen, also Untersuchungen, in denen anhand tagebuchartiger schematisierter Aufzeichnungen durch Angehörige der Zielgruppen Informationen über tatsächlich vonstatten gegangene Zeitverwendungen enthalten sind. Möglicherweise würde sich anhand dessen zeigen, daß noch nicht alle Menschen so „ausgebucht" sind, wie sie selbst meinen.

Nebenprodukt solcher Analysen könnte unter anderem sein, daß sich die in WEP-Berichten gelegentlich vorgeschlagene Trennung von einer Abend-Fixierung der Weiterbildungsveranstaltungen[63] zu einem anders terminierten Angebot für bestimmte Bevölkerungsgruppen verdichten läßt. Nebenprodukt kann darüber hinaus, gerade auch in Bezug auf typische Gruppen von Noch-Nicht-Nutzern, auch die Erkenntnis sein, daß Zeitmangel bei manchen Menschen ein vorgeschobenes Argument für Weiterbildungsabstinenz ist. Es ist ein einfaches Argument, eines, das als weithin legitim bekannt ist, ein Argument, das den Menschen gegebenenfalls selbst davor schützt, sich näher mit sonstigen Hindernissen zu beschäftigen – seinen Problemen, seinen Ängsten, seinen Mißerfolgen, seiner Lebensuntüchtigkeit.

An dieser Stelle der Überlegungen kommt man auf einen Punkt, an dem die zitierte „dialogische Offenheit" der Forschungsarbeit spätestens einsetzen müßte, an dem auch die Bedürfnisforschung im engeren Sinne beginnt. Es ist notwendig, Erfahrungen zu sammeln darüber, wie real existierende Menschen sich in ihrem Leben zurechtfinden, welches ihre Hoffnungen und Hemmungen sind, wo sich mögliche Ansätze für Weiterbildungsinteressen finden ließen, oder warum unter gegebenen Umständen vielleicht auch keine vorhanden sind.

Solches Wissen erhält man nicht durch Umfragen oder statistische Analysen. Man erhält es in direktem Kontakt zu einzelnen Menschen und Zielgruppen, in einer Art von Kooperation, bei der sich auch der Forscher gefallen lassen muß, gelegentlich in Frage gestellt zu werden. Adäquate sozialwissenschaftliche Techniken – erwähnt wurden Tiefeninterviews, Dialoge, Gruppendiskussionen – können zu Einsichten über Lebenseinstellungen im allgemeinen, zugeschriebene oder wünschbare Funktionen von Weiterbildung, Vorstellungen über tatsächlich attraktive Lerninhalte führen. Es wird sich dabei sicherlich manches bestätigen, was bereits vorhandenes Wissen der Weiterbildungsforschung ist – beispielsweise die Notwendigkeit von Zielgruppenarbeit, d. h. für Hörer mit vergleichbaren Lebens- und Wissensvoraussetzungen.[64] Es wird dabei wahrscheinlich auch manches zutage gefördert, das Bildungsplaner ungern hören – nämlich beispielsweise, daß Weiterbildung nicht als freizeitrelevante Tätigkeit akzeptiert wird.[65] Vielleicht haben die Menschen schon übergenug Programme und Verpflichtungen, müssen sie tagtäglich soviel reagieren und verarbeiten, daß mehr Aktivität nur noch zusätzliche Belastung bedeuten würde. (Solche Ergebnisse wären im Bereich der Bildungsplanung allerdings nicht weiterverwendbar; sie richten sich direkt an die Adresse der Wirtschafts- und Gesellschaftspolitik).

In keinem Falle hat der Forscher das Recht, auch bei solchen Diskussionen nicht, über förderungswürdige und nichtförderungswürdige weiterbildungsrelevante Motive zu entscheiden.[66] Das ist eine philosophische und politische Entscheidung, die in der repräsentativen Demokratie von gewählten Vertretern oder deren Beauftragten zu erörtern ist (Stichwort „sozialer Bedarf"); manches dazu würde sich auch bei Gruppendiskussionen ergeben.

Es ist bei den hier beschriebenen Verfahren der Bedürfnisermittlung schwieriger als bei anderen wissenschaftlichen Prozeduren, „Zuverlässigkeit" und „Objektivität" zu dokumentieren. Dennoch gibt es Möglichkeiten dazu, etwa anhand von Kontrollkriterien für Gruppendiskussionen, speziell durch Offenlegen der Gesprächsleitfäden und Protokolle über Zeitpunkt und Art von Diskussionsbeiträgen (auch des Forschers).

Der lokalisierbare Mensch

Die im vorangegangenen Abschnitt beschriebenen Informationen sind unterschiedlich leicht in die Weiterbildungsentwicklungsplanung einzubringen. Vor allem, soweit sie auf Programminhalte, Organisations- oder Institutionenveränderungen bzw. auf weitere Forschungen abzielen, wird die Koordination eine Vielzahl zusätzlicher Überlegungen erforderlich machen. Eine der Grundvoraussetzungen stärker bedürfnisbezogener, dezentral angelegter Weiterbildungsplanung ist jedoch relativ einfach zu erbringen – nämlich eine Kartierung der Sozialstruktur.

Gemeint ist mit solcher Kartierung der Sozialstruktur eine flächendeckende Ausweisung der überwiegenden Wohnorte von Bevölkerungskreisen, die Zielgruppen der Weiterbildungsentwicklungsplanung sein könnten. Diese Gruppen sollen nicht nur durch ein demographisches oder sozialstatistisches Merkmal charakterisiert sein, sondern durch mehrere gleichzeitig – etwa Alter, Stellung im Beruf und Familiengröße u. a. m. Auf die technischen Möglichkeiten einer solchen Planerstellung braucht an dieser Stelle nicht eingegangen zu werden. Ähnliche Karten existieren bereits, zum Beispiel für Dortmund und Hamburg.[67] Entsprechende Karten müßten die von *Schmidt* vorgeschlagenen Darstellungen räumlicher Verteilung beispielsweise von Angebotsstrukturen, Pendlereinzugsbereichen und geplanten Weiterbildungsinvestitionen ergänzen.[68] Grundinformationen dazu erhält man aus der Volkszählung (die vollständig desaggregiert vorliegt) und/oder eventuell aus den Einwohnerkarteien.

Besonders die Daten der Volkszählung sind mittlerweile stark veraltet. Das muß man jedoch nicht als allzu problematisch ansehen, weil eine solche Kartierung ohnehin nur grobe Vorstellungen vermitteln kann. Mit den Bevölkerungsbewegungen vertraute Mitglieder von Einwohnermelde- und Planungsämtern würden auch Informationen beibringen können über stärker zu Buche geschlagene Wandlungen. Da die Weiterbildungsentwicklungsplanung zumindest mittelfristig vorausschauend sein soll, wäre es zudem nützlich, anhand der kommunalen Leitplanungen, besonders der darin eventuell neu ausgewiesenen Wohn-, Industrie- und Gewerbeflächen, prognostische Werte zu ermitteln. Für alle Wirtschaftssektoren, zweifellos auch für einzelne Branchen, kann man annäherungsweise Angaben zur Berufs- und Einkommensstuktur ihrer Beschäftigten (d. h. der künftigen Mitbürger) zusammentragen. Bebauungspläne, die darin ausgewiesenen Geschoßflächenzahlen, Grundstückspreise und Mietpreisspiegel erlauben Annahmen über die Einkommens- und Familienstruktur des erwarteten Bevölkerungszuwachses.

Obwohl man aufgrund der unterschiedlichen Qualität des eingehenden Datenmaterials mit solchen Karten kaum die Realität deckungsgleich wird abbilden können, hätte man doch bessere Planungsgrundlagen als bisher über die potentielle Nachfragerstruktur für Weiterbildungsveranstaltungen. Solche Pläne, kombiniert mit Kenntnissen über gruppenspezifische Zeitbudgets und Erfahrungen aus Tiefeninterviews, Dialogen, Gruppendiskussionen, ergäben ein vielschichtiges und vergleichsweise realistisches Informationsreservoir, auf das hin für die Situation der Bevölkerung im Einzugsbereich zugeschnittene Lehrprogramme entwickelt werden könnten.

Homo explorans

Wie soll man Weiterbildungsveranstaltungen konzipieren, die neue Wege gehen, die – vor allem vielleicht – Noch-Nicht-Nutzer ansprechen könnten und trotzdem nicht utopisch sind? Manche Anregung dazu mag aus den mehrfach erwähnten Diskussionen kommen. Es wäre außerdem erstens zweckmäßig, systematisch Informationen zu sammeln über programmatische, organisatorische und institutionelle Neuerungen, die anderenorts eingeführt wurden und sich als erfolgreich erwiesen haben. Schließlich wäre zweitens eine weitere Öffnung als bisher gegenüber spontanen Hörerwünschen und Experimenten sinnvoll. Diese beiden Überlegungen bedürfen näherer Erläuterung.

Zum ersten: Als Planer steht man immer vor dem Problem, die Bedürfnisse der Bevölkerung eher durch ein bestimmtes Angebot zu kanalisieren als sie, im Gegenteil, einigermaßen treffsicher in Programmen zu repräsentieren (Stichwort „Manipulation").

Herbert *Marcuse*, einer der Ziehväter der studentischen Protestbewegung Ende der 1960er Jahre, hat in seinem Buch „Der eindimensionale Mensch" die Zwänge, die aus der realen gesellschaftlichen Struktur und den von der herrschenden Klasse verfolgten und durchgesetzten Interessen auf die übrige Bevölkerung einwirken, beschrieben.[69] Auswege aus diesem Dilemma wurden in dieser Arbeit kaum noch gewiesen. Anders in *Marcuse's* 1969 erschienenen Aufsatz über die „Befreiung von der Überflußgesellschaft"[70]. Hier wird die Hoffnung auf Änderung der gegebenen Verhältnisse auf gesellschaftliche Leitfiguren gesetzt, die diese Verhältnisse durchschauen, ihre eigenen Bedürfnisse in gewissem Maße von deren Zwängen befreit haben und gegen diese durchzusetzen in der Lage sein könnten. *Marcuse* vermutete solche Leitfiguren „besonders bei den noch nicht integrierten Gesellschaftsgruppen und bei jenen, die kraft ihrer privilegierten Position den ideologischen und materiellen Schleier der Massenmedien und der Indoktrinationen durchstoßen können: der Intelligenz"[71].

Während der letzten zehn Jahre haben sich bedeutsame Bewußtseinsprozesse in den industrialisierten Gesellschaften vollzogen. Namentlich „die Intelligenz" gilt nicht mehr als alleiniger Helfer in jeder Not; es sind auch andere Gesellschaftsschichten in eigener Sache aktiv geworden, oft getragen von der Gewerkschaftsbewegung und nicht selten (doch noch) unterstützt von „der Intelligenz". Aus solchen Bewegungen haben sich gelegentlich Weiterbildungsprogramme ergeben — und bislang mit einigem Erfolg. Bremen hat beispielsweise ein Stadtteilmodell für die Weiterbildung besonders von Arbeitern, in Berlin-Tiergarten ist kürzlich ein Stadtteilmodell der Volkshochschule ins Leben gerufen worden, und es gibt sicherlich eine ganze Reihe berücksichtigenswerter Experimente dieser Art, nicht zu vergessen das historische Vorbild der Arbeiterbildungsvereine aus den Frühzeiten der sozialistischen Bewegung. Warum sollte man solche Beispiele nicht nachahmen? Wenn es sich denn nicht vollständig umgehen läßt, daß Bedürfnisse durch das bestehende Angebot kanalisiert werden, dann doch wohl besser durch solche Weiterbildungsprogramme, die bereits durch die Aktivitäten von Menschen in einer dem anzuziehenden Personenkreis ähnlichen Lebenslage mitgestaltet und mitgetragen wurden. Deren Bedürfnisse sollten denen jetziger Noch-Nicht-Nutzer vergleichsweise am ähnlichsten sein. Eine Manipulation durch sie wäre, wenn überhaupt, wohl die legitimste.

Es ist nicht ehrenrührig, wenn man selbst als Planer nicht auf solche Idee gekommen ist. In vielen Planungsbereichen, gerade in den bevölkerungsnahen, ist die Praxis der gesellschaftlichen Planung voraus, durch Privatinitiative, Selbstorganisation, eigene Wege — weil die betroffenen Menschen besser und eher wissen als die Planer, was sie brauchen, und manche von ihnen das auch artikulieren und in die Tat umsetzen können. Es geht darum, auch derartigen Aktivitäten Raum zu geben, mit allen zu Gebote stehenden Mitteln, gleich anderen Programmteilen. Gleich den Angeboten, die sich bei den Stammhörern bewährt haben und auch weiterhin bewähren werden.

Zum zweiten: Eine wünschenswerte größere Offenheit der Weiterbildungsinstitutionen als bisher gegenüber Experimenten hängt unmittelbar mit obigen Überlegungen zusammen. Daß solcher Spielraum nicht unbedingt zum weiterbildungspolitischen Fiasko führen muß, zeigen bisher besonders ausländische Beispiele, die schon seit Jahren erfolgreich sind. Wie *Tietgens* beschreibt, hat man anderwärts nicht so dezidiert organisierte Formen der Erwachsenenbildung wie in der Bundesrepublik, gibt es mehr informelle Aktivitäten, sind die Grenzen zur Gemeinwesenarbeit fließender.[72] Ein solcher Freiraum ist zweifellos ein wesentlicher Beitrag zu bedürfnisgerechter Weiterbildungsentwicklungsplanung. Wie Yona *Friedman* in seinem Artikel „About Implicit Limitations on Satisfiers" anhand einer Reihe von Beispielen und Überlegungen demonstriert hat, steigt die Chance zur Bedürfnisbefriedigung mit abnehmendem Grad, sie sinkt mit zunehmenden Grad gesellschaftlicher Organisation.[73]

214

Nicht zuletzt würde die Möglichkeit zu mehr Experimenten den Weiterbildungsbereich auch vor der Gefahr bewahren, noch stärker als es sich bereits abzeichnet, in den Sog ökonomistischen Effizienzdenkens zu geraten. Er würde seinen eigenen Zielen auch weiterhin treu bleiben können, und er würde auch an Attraktivität gewinnen.

Weiterbildungsentwicklungsplanung: Schritte in die Praxis

Weiterbildungsentwicklungsplanung ist eine zusätzliche Aufgabe, die die nordrheinwestfälischen Kommunen neben ihren bisherigen Verpflichtungen betreiben sollen. Weder die Kommunen noch die betroffenen oder beteiligten Institutionen können vermutlich zusätzliche Vollzeitbedienstete dafür einstellen. Sie sollten es auch nicht, wenn aus keinen anderen Grund, so doch zumindest, um einer Bürokratisierung der Weiterbildung von vornherein Einhalt zu gebieten. Hilfeleistungen diesbezüglich unproblematischerer Art können sie anderweitig beziehen, einmal von der Abteilung Weiterbildung des nordrhein-westfälischen Landesinstituts für Curriculumentwicklung, Lehrerfortbildung und Weiterbildung[74], zum anderen auch vom Institut für Bildungsbetriebslehre, solange sich dieses mit WEP befaßt.

Eine der wichtigsten nächsten Arbeiten, die für WEP zu leisten sind, ist eine Auswahl von Indikatoren, die als Bezugsrahmen für die Weiterbildungsentwicklungsplanung geeignet sind. Aus der Sicht des individuellen Bedarfs sollte dazu der übliche Satz demographischer und sozialer Merkmale (auch nach Zielgruppen kumuliert) gehören, dann Zeitbudgets einzelner Bevölkerungsgruppen, auch die Arbeitsmarkt- und Einkommensentwicklung etc. Vielleicht sollte man, um praktisch auch umsetzbare Weiterbildungsplanung betreiben zu können, zudem Informationen erheben über das Lehrpersonal der Weiterbildungseinrichtungen – an ihrer eigenen Ausbildung, ihren Ineressen und Werthaltungen hängt es schließlich, welcherart Programm wie durchgeführt werden kann.

Diese Indikatoren sollten nicht nur in Diskussionen mit anderen Weiterbildungsexperten erörtert werden, sondern auch mit den Weiterbildungsträgern und anderen Trägern Öffentlicher Belange, sowie mit Gewerkschaften und anderen nutzernahen Organisationen. Einige ausführliche Gespräche („Tiefeninterviews", „Dialoge") bzw. Gruppendiskussionen mit Angehörigen von Planungszielgruppen gehören unbedingt mit zu solch einer Bestandsaufnahme, nicht zuletzt, um ein sicheres Gespür für Problemkonstellationen, wichtige Seiten des Lebens ihrer „Klienten", relative Bedeutungen zur Auswahl stehender Indikatoren zu erhalten.

Die angeregten Untersuchungen werden durch die im 1. WbG beschriebenen Aufgaben des Landesinstituts für Weiterbildung abgedeckt. Das Landesinstitut sollte auch die aus dem WEP-Projekt heraus angeregte Hörerstatistik organisieren und führen, nicht in allererster Linie als wichtigste Planungsgrundlage (denn dabei würde meist nur eine status-quo-Exploration herauskommen), sondern zur Beobachtung der Hörerentwicklung bzw. zur Erfolgskontrolle von Neuerungen – als ein Steuerungsinstrument neben, *unter* anderen.

Neben dieserart Arbeiten ist dringend anzuraten, eine Zuwahl von Hörervertretern in zentrale Gremien der Weiterbildungsentwicklungsplanung zu betreiben, möglicherweise sogar von Noch-Nicht-Hörervertretern. Die Verordnung über die Rahmenrichtlinien für die Aufstellung kommunaler Weiterbildungsentwicklungspläne vom 6. Dezember 1975 sieht eine solche Regelung nicht vor (§ 4). Das muß jedoch nicht daran hindern, entsprechende Repräsentanten zunächst als Gast mit Rede- aber ohne Stimmrecht zu den Ausschußsitzungen dazuzuladen, bei möglicher künftiger Aufwertung ihres Status'. Dieser Schritt ist zumindest dann angezeigt, wenn Weiterbildungsentwicklungsplanung bedürfnisgerecht sein und nicht nur heißen soll.

Anmerkungen und Literaturhinweise

1 Ortner, G. E.: Entwicklungsziele der Weiterbildung: Ein bedarfsdeckendes Angebot, in: Landesinstitut für Curriculumentwicklung, Lehrerfortbildung und Weiterbildung, (Hrsg.), Entwicklungsziele der Weiterbildung, Neuß 1979, S. 75
2 Die OECD unterhält eine Arbeitsgruppe Soziale Indikatoren, die die „List of Social Concerns Common to Most OECD-Countries" herausgibt.
3 Vgl. hierzu die verwendeten Definitionen in Leipert, C.: Soziale Indikatoren. Überblick über den Stand der Forschung, Ms., Augsburg 1972
4 Vgl. hierzu Lederer, K.: Soziale Indikatoren und Theoriedefizit – Der Beitrag der „kritischen" Bedürfnisforschung. In: Hoffmann-Nowotny, H. J., (Hrsg.): Messung sozialer Disparitäten (Soziale Indikatoren VI), Frankfurt und New York: Campus 1978, S. 125-152, ferner Lederer, K., (Hrsg.): Human Needs. A Contribution to the Debate. Königstein/Taunus 1980
5 s. verschiedene Beiträge in Dierkes, M., (Hrsg.): Soziale Daten und politische Planung. Frankfurt und New York: Campus 1975
6 Vielfach wird Ökonomie den Sozialwissenschaften zugerechnet.
7 Ruge, R.: Analyse gesellschaftlicher Ziele – Überlegungen zur Methodik und ihrer Anwendung auf den Bildungsbereich. In: Zapf, W., (Hrsg.): Gesellschaftspolitische Zielsysteme (Soziale Indikatoren IV). Frankfurt: Campus 1976, S. 105-125, hier S. 112-116
8 Ruge, R.: a.a.O., S. 117
9 Freund, E.: Sozialindikatoren aus der Sicht der Bildungsstatistik. In: Zapf, W., (Hrsg.): a.a.O., S. 182-189
10 OECD: Working Party on Social Indicators Measuring Social Well-Being. Paris: OECD, 1976, S. 31
11 Dierkers, M.: Leistungsanalyse sozialer Systeme und Lebensqualität. In: Michalski, W., (Hrsg.): Industriegesellschaften im Wandel. Hamburg: HWWA 1977, S. 245-281, hier: S. 165/66
12 Bayer, M./Müllar, R./Ortner, G. E./Seidel, Ch.: Bedarfsanalyse in der Weiterbildungsentwicklungsplanung – Zielvorgaben und Methodendiskussion. WEP-Projektbericht 1. Paderborn 1978, S. 32-35
13 Vgl. u. a. WHO: Psychosocial Factors and Health. Genf 1975, (EB 57/22)
14 Effizienz gehört vielleicht dazu; aber mit Sicherheit Effektivität (im Sinne von hochbewerteten Vorgängen oder Ergebnissen, ohne Rücksicht auf den Einsatz), wahrscheinlich auf Zweckfreiheit (Verzicht auf Bewertung von Einsatz und Ergebnis).
15 siehe u. a. Pfeil, E.: Die Familie im Gefüge der Großstadt. Hamburg 1965, und weitere dort aufgeführte Literatur.
16 „Klassisch" in diesem Sinne sind die Gegensätze zwischen Vertretern der strukturell-funktionalen und der kritischen Richtung. Eine andere Frage ist, ob man ein Problem als wissenschaftliches bezeichnen darf, wenn Bedenken bestehen, daß man es sachlogisch entscheiden kann.
17 Vgl. hierzu einen Kommentar aus der Sicht der Praxis (Freund, BMBW), wiedergegeben in Siara, C. S.: Résümee der Diskussion über Indikatoren des Bildungswesens. In: Zapf, W., (Hrsg.): a.a.O., S. 212-221, hier: S. 220
18 Replik von Widmaier und Zapf auf Freund. In: Zapf, W., (Hrsg.): a.a.O.
19 Schlußbemerkung von Freund, E. In: Zapf, W., (Hrsg.): a.a.O., S. 189
20 Lederer, K., Mackensen, R.: Gesellschaftliche Bedürfnislagen. Göttingen: Schwartz 1975, S. III
21 Zum Begriff der Frustration siehe vor allem Arbeiten zur Motivationspsychologie.
22 Murray, H. A., ed.: Explorations in Personality. New York: Oxford University Press 1938. Murray gilt als der „Entdecker" der Bedürfnisforschung für die moderne Sozialwissenschaft.
23 u. a. Malinowski, B.: Eine wissenschaftliche Theorie der Kultur. Zürich: Pan Verlag 1949
24 Vgl. Bernsdorf, W., (Hrsg.): Wörterbuch der Soziologie. Stichwort Bedürfnis und Bedarf. Stuttgart: Enke, 2. Aufl. 1969
25 Die folgenden Ausführungen zur Bedürfnisdiskussion sind angelehnt an eine Einführung zu dem Buch Human Needs. Lederer, K., (Hrsg.): a.a.O.

26 Galtung, J.: The Basic Needs Approach. In: Lederer, K., (Hrsg.): a.a.O. Übersetzung durch die Verfasserin.
27 Roy, R.: Human Needs and Freedom: Liberal, Marxist and Ghandian Perspecitves. In: Lederer, K., (Hrsg.): a.a.O. Übersetzung durch die Verfasserin.
28 Heller, A.: Can „True" and „False" Needs Be Posited? In; Lederer, K., (Hrsg.): a.a.O. Übersetzung durch die Verfasserin.
29 „Handle so, daß Du die Menschheit, sowohl in Deiner Person als auch in der Person eines anderen, jederzeit zugleich als Zweck, niemals bloß als Mittel gebrauchst." Kant, I.: Grundlegung zur Methaphysik der Sitten. In: Werke (Akademiker-Ausgabe), Vol. 4 (Berlin: Reiner, 1903), zitiert in: Birnbacher, D. und Hoerster, N.: Texte zur Ethik. München 1976, S. 253
30 Überlegungen hierzu zuerst in: Bedürfnisse: Ein Gegenstand der Bedürfnisforschung? In: Meyer-Abich, K. und Birnbacher, D., (Hrsg.): Was braucht der Mensch, um glücklich zu sein? München 1979, S. 1ff.
31 Hesse, J. J.: Stadtentwicklungsplanung: Zielfindungsprozesse und Zielvorstellungen, Stuttgart, Berlin, Köln und Mainz 1972, S. 62
32 Bayer, M./Müllar, R./Ortner, G. E./Seidel, Chr.: a.a.O., S. 104/5
33 Bayer, M./Müllar, R./Ornter, G. E./Seidel, Ch. a.a.O., S. 67
34 u. a. Vesper, E.: Instrumente zur Ermittlung von Indikatoren für ein kommunales Weiterbildungsangebot. WEP-Projektbericht 9. Paderborn 1979, S. 16
35 Siehe u. a. Erfahrungen der Freien Planungsgruppe Berlin: Entwicklungsplanung Osterode am Harz, Berlin: FPB 1972
36 Überlegungen hierzu zuerst in Lederer, K.: Need Methodology — The Environmental Case. In: Lederer, K., (Hrsg.): a.a.O.
37 Beispiele für Frustrationsindikatoren sind etwa Nikotin-, Alkohol- und Drogenmißbrauch, Absentismus und andere Rollenverweigerungen, Aggressionen, Hyperaktivität etc.
38 Bayer, M./Ortner, G. E./Rudorff, B. von/Seidel, Ch./Thunemeyer, B.: Zur Praxis der Weiterbildungsbedarfsforschung. Ergebnisse und Konsequenzen der ersten Projektphase. WEP-Zwischenbericht. Paderborn 1979, S. 64
39 Die schöne Unterscheidung zwischen der normativen und der subjektiven Bedürfnisfeststellung mit Hilfe von Sollens-Wollens-Brauchens-Ausdrücken verdanke ich Birnbacher, D.: Was wir wollen, was brauchen und was wir wollen dürfen. In: Meyer-Abich, K. und Birnbacher, D., (Hrsg.): a.a.O., S. 30ff.
40 Bayer, M./Müllar, R./Ortner, G. E./Seidel, Ch.: a.a.O., S. 30
41 Tietgens, H.: Gliederungs- und Ordnungskategorien der Weiterbildung. Aussagefähigkeit und Konsequenzen. WEP-Projektbericht 3. Paderborn 1978, S. 52
42 Tietgens, H.: a.a.O., S. 5
43 Bayer, M./Ortner, G. E./Rudorff, B. von/Seidel, Ch./Thunemeyer, B.: a.a.O., S. 27-29
44 Bayer, M./Müllar, R./Ortner, G. E./Seidel, Ch.: a.a.O., S. 81
45 Tietgens, H.: a.a.O., S. 4
46 Thunemeyer, B.: Basisdaten zur WEP: Regionalbericht Wuppertal. Einsatz und Überprüfung eines vollstandardisierten Erhebungsinstrumentes. WEP-Projektbericht 6. Paderborn 1978, Tabelle 77, S. 116
47 Thunemeyer, B.: a.a.O., Tabelle 78, S. 119
48 Thunemeyer, B.: a.a.O., S. 28
49 Thunemeyer, B.: a.a.O., S. 118
59 Frage 15 der schriftlichen Umfrage, s. Anhang von: Bayer, M./Reth, A. von: Basisdaten zur WEP: Regionalbericht Paderborn. Explorative Studie zur Gewinnung von weiterbildungsrelevanten Planungsdaten. WEP-Projektbericht 5. Paderborn 1978; und Thunemeyer, B.: a.a.O.
51 Frage 17 der schriftlichen Umfrage, s. Anhang von: Bayer, M./Reth. A. von: a.a.O. und Thunemeyer, B.: a.a.O.
52 Thunemeyer, B.: a.a.O., S. 113/14
53 Bayer, M./Reth, A. von: a.a.O., S. 122
54 Bayer, M./Müllar, R./Ortner, G. E./Seidel, Ch.: a.a.O., S. 93
55 Schirmer, A./Schmidt, F.: Planungshilfen für die Entwicklung der Weiterbildung. Instrumente zur Auswertung der Weiterbildungsentwicklungspläne und zur Ermittlung von Bedarfsschwerpunkten. WEP-Projektbericht 8. Paderborn 1979, S. 1
56 Vgl. Bayer, M./Müllar, R./Ortner, G. E./Seidel, Ch.: a.a.O., S. 12
57 Enzensberger, H. M.: Palaver. Politische Überlegungen (1967-1973). Frankfurt am Main 1974, S. 101

58 Bayer, M./Ortner, G. E./Rudorff, B. von/Seidel, Ch./Thunemeyer, B.: a.a.O., S. 64; Hervorhebung im Original.
59 Bayer, M./Müllar, R./Ortner, G. E./Seidel, Ch.: a.a.O.
60 U. a. konstatiert in: Tillmann, H.: Aufgabendifferenzierung in der Weiterbildung. WEP-Projektbericht 4, Paderborn 1978, S. 65
61 Thunemeyer, B.: a.a.O., S. 101
62 Tillmann, H.: a.a.O., S. 56ff. Aufgabendifferenzierung in der Weiterbildung. WEP-Projektbericht 4. Paderborn 1978, S. 65
63 Beispielsweise Tietgens, H.: a.a.O., S. 50 und Bayer, M./Reth, A. von: a.a.O., S. 117 und 119
64 Vgl. Tietgens, H.: a.a.O., S. 14 und S. 54
65 Vgl. Thunemeyer, B.: a.a.O., S. 76, S. 86 und S. 109
66 Hiermit stellt sich die Verfasserin in Gegensatz zu dem Beitrag von Seidel, Ch.: Motive und Bedarf in der Weiterbildungsentwicklungsplanung. In: Bayer, M./Müllar, R./Ortner, G. E./Seidel, Ch.: a.a.O., S. 67-86
67 Für Dortmund im Zusammenhang mit dem UMSOZ-Projekt entwickelt (Umweltbelastungen und ihre sozialräumlichen Auswirkungen, 2 unveröffentlichte Ms., Dortmund: INFU 1975 und 1976), für Hamburg Anfang der 1960er Jahre.
68 Schirmer, A./Schmidt, F.: a.a.O. Insbesondere die Kartierungsvorschläge S. 38ff.
69 Marcuse, H.: Der eindimensionale Mensch. Studien zur Ideologie der fortgeschrittenen Industriegesellschaft, Neuwied und Berlin, 2. Auflage 1967
70 Marcuse, H.: Befreiung von der Überflußgesellschaft. In: Kursbuch 16, Berlin 1969, S. 185-198
71 Marcuse, H.: In: Kursbuch 16, a.a.O., S. 196
72 Vgl. Tietgens, H.: a.a.O., S. 19
73 Friedmann, Y.: About Implicit Limitations on Satisfiers. In: Lederer, K., (Hrsg.): a.a.O.
74 Vgl. 1. Gesetz zur Ordnung und Förderung der Weiterbildung im Lande Nordrhein-Westfalen vom 31.7.1974, § 8

Weiterbildungsberatung und bedarfsorientierte Programmplanung

Wolfgang Krüger

Vorbemerkungen: Vom Zusammenhang von Informations- und Planungsprozessen

Im Rahmen der folgenden Überlegungen soll untersucht werden, welchen Stellenwert Weiterbildungsberatung und -information im Kontext der Aufgaben des Erwachsenenpädagogen haben. Besondere Berücksichtigung findet dabei, daß der Erwachsenenpädagoge — anders beispielsweise als der Lehrer in der Schule — in besonderer Weise für die *Planung* des Angebotes einer Weiterbildungseinrichtung unter lokalen und regionalen Gesichtspunkten zuständig ist.[1] Nach welchen Indikatoren, Kriterien und mit welchen Strategien der Mitarbeiter der Weiterbildung dieses Ziel verfolgen kann und wie sich diese Aktivitäten unter curricularen, regionalen und sozialen Gesichtspunkten zu einem sinnvollen Angebot zusammenfassen lassen, ist Gegenstand der Untersuchungen und Modelle zur *Bedarfsanalyse und Weiterbildungsentwicklungsplanung,* in deren Rahmen sich auch diese Überlegungen einfügen.

Wenn hier also die Planungsebene und die Beratungs- und Informationsebene im Tätigkeitsspektrum des einzelnen Erwachsenenpädagogen, aber auch ganzer Institutionen theoretisch aufeinander bezogen werden, so verbirgt sich dahinter die Vermutung, daß Informations- und Beratungsprozesse in irgendeiner Weise auch relevant für Planungsprozesse in der Weiterbildung sind. Im Einzelnen wird also zu klären sein,

— welche Beratungsfunktionen im Tätigkeitsfeld des Erwachsenenpädagogen relevant sind und in welchem Verhältnis sie zu anderen Tätigkeitsmerkmalen stehen,

— welche methodischen Implikationen und Probleme mit einer auf Bedarfsermittlung orientierten Beratung verbunden sind,

— welche Art von Informationen in Beratungsprozessen gewonnen werden können und welche Relevanz sie für eine bedarfsgerechte Programmplanung haben,

— welche strategischen Möglichkeiten bestehen, Weiterbildungsberatung zur Stimulierung von Weiterbildungsnachfrage einzusetzen, und

— wie die Rückkoppelungsprozesse organisatorisch und praktisch vollzogen werden können.

Darüber hinaus sollen hier auch die Möglichkeiten und Inhalte einer Qualifizierung für Beratungstätigkeiten erörtert werden.

An dieser Stelle sollen einige Bedenken ausgeführt werden, die mit der Realisierung des o. g. Konzeptes verbunden sind. Zum einen resultieren diese Bedenken aus der Einsicht, daß Beratungsprozesse sehr fragile, unstete Vorgänge und Interaktionen sind, die sich, aufgrund ihrer „klientenzentrierten" Struktur, einem planenden und zu stark formalisierenden Zugriff entziehen müssen, wenn sie ihrem Auftrag gerecht werden wollen, nämlich zur Klärung der individuellen Problem- und Bedürfnissituation des Ratsuchenden und schließlich zu der Behebung der Probleme beizutragen. Die Gefahr der „Überfrachtung" von Beratungsprozessen durch „sachfremde" Erwartungen bzw. formalisierende Eingriffe muß also immer mitbedacht werden, wenn Beratungen mit systematisierten Bedarfsermittlungs- und Programmplanungsprozessen verknüpft werden sollen.

Zum anderen sind mit der methodischen Anleitung von Verfahren zur Nutzung von Beratungsprozessen als Informationsressourcen besondere Probleme verbunden. Wird ein solches Verfahren darauf beschränkt, die in Beratungen gewonnenen Informationsfragen zu sammeln und mit Hilfe quantitativer Verfahren zu gewichten, bleibt vermutlich die Ebene des „latenten Bedarfs" unberührt. Bewegt sich der Beratungsprozeß methodisch auf der Ebene „weicher interpretativer Methoden", mit denen individuelle Motive und subjektiver Bedarf ermittelt oder gar geweckt werden, stellt sich für die Planungsseite die Frage nach der Gültigkeit und Repräsentativität der geäußerten Bedürfnisse. Das hier bezeichnete Dilemma zwischen Beratungsmethodik und Gültigkeit und Reichweite der gewonnenen Aussagen und Informationen kann im Rahmen dieser Ausführungen nicht aufgelöst werden, sondern bedarf vielmehr einer systematischen Begleitung und Auswertung von Beratungsprozessen in der Weiterbildung.

Beratungsaufgaben im Handlungskontext des Erwachsenenpädagogen

Lernorientierte Beratung zwischen adressatenorientierter Programmplanung und teilnehmerorientierter Programmrealisation

Das Tätigkeitsfeld hauptberuflicher pädagogischer Mitarbeiter der Erwachsenenbildung wird in erster Linie von der Notwendigkeit bestimmt, ein Programmangebot für eine Institution oder einen Fachbereich zu planen, zu organisieren und durch die Beratung der nebenamtlichen Dozenten vorzubereiten und zu begleiten. Neben der eigenen Lehrtätigkeit muß der Mitarbeiter der Erwachsenenbildung immer auch für den unmittelbaren Kontakt mit Interessenten und Teilnehmern zur Verfügung stehen. Die Notwendigkeit der Informations- und Beratungsfunktion resultiert aus der komplexen Situation des „lernwilligen" bzw. lernenden Erwachsenen, in der Lernprozeß und Lernerfolg aufgrund einer Reihe von Faktoren gefährdet sind, wie durch den hohen Anteil derjenigen zu belegen ist, die einen begonnen Kurs vorzeitig abbrechen. Häufig sind eine mangelnde Aufklärung und Information über die Kursinhalte und damit eine enttäuschte Erwartungshaltung oder aber nicht vorhergesehene äußere Belastungsmomente und individuelle Lernschwierigkeiten Ursache für diesen Kursabbruch.[2] Die Orientierungsschwierigkeiten und motivationale Unsicherheiten vor Aufnahme eines Lernprozesses in der Weiterbildung verhindern darüber hinaus vermutlich auch bei lernungewohnten Gruppen den Zugang zur Erwachsenenbildung überhaupt.

Die genannten Gründe machen eine Funktionslücke zwischen der adressatenorientierten Planung von Angeboten und deren teilnehmerorientierten Realisation deutlich und verweisen auf die Notwendigkeit einer aktiven Vermittlung zwischen Institution und Individuum, zwischen Angeboten und individuellen Motiven, zwischen den äußeren Bedingungen des Lernprozesses und den individuellen Möglichkeiten des Lernens.

Die angedeutete Differenz zwischen „Adressat" und „Lerner" bzw. zwischen „Teilnehmer" und „Individuum" ist nur bedingt aufhebbar. Aus lerntheoretischen, aber auch organisatorischen und ökonomischen Gründen, ist eine zu starke Individualisierung des Lernvorgangs selbst weder wünschenswert noch praktikabel. Beratung ist aber als eine Handlungsform der Erwachsenenbildung zu realisieren, die zum einen im Vorraum des Lernens zwischen geplanten Angeboten und individueller Bedürfnissituation vermittelt, wobei gleichzeitig ermittelte Bedürfnisse wieder planungsrelevant werden könnten.

Zum anderen hätte Beratung parallel zum Lernvorgang der Prävention bzw. Behebung individueller Lernprobleme und -schwierigkeiten zu dienen, wobei dieser Prozeß wieder durch Rückkoppelung zum Unterrichtsgeschehen für das didaktisch-methodische Handeln nutzbar gemacht werden könnte. In der Beratung erscheint der Weiterbildungsinteressent weder als soziologischer Adressat noch als Teil einer Lerngruppe, sondern in der Ganzheit seiner Persönlichkeit, seiner individuellen Lebensgeschichte, Probleme, Fähigkeiten und Motive. Zwischen der adressatenorientierten curricularen Planung von Programmen und der teilnehmerorientierten Planung und Durchführung des Unterrichts ist „Beratung" als *lernorientierte Funktion des Erwachsenenpädagogen* zu entfalten.

Abb. 1: Die drei Handlungsfelder des Erwachsenenpädagogen:
Planen − Beraten − Lehren

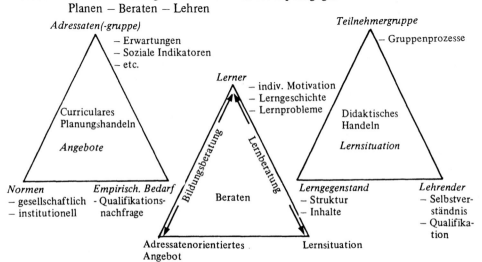

Aufgaben und Methoden der Beratung in der Weiterbildung

Als Anlässe für das Aufsuchen der Beratung in der Erwachsenenbildung (EB) lassen sich grundsätzlich unterscheiden: erstens bildungsstrukturell verursachte Fragen und Probleme, die mit der Wahl von Angeboten und der Planung und Durchführung längerfristiger Lernprozesse zusammenhängen; zweitens lernprozeßbezogene Problem- und Fragestellungen, die aus dem Umgang mit dem zu Lernenden, der Wahl der Lernmethoden und -techniken und mit kognitiven oder verhaltensorientierten Lernproblemen zusammenhängen.

Ordnet man diese Problemanlässe Bereichen und Funktionen zu, die durch eine Beratung in der Weiterbildung abgedeckt bzw. erfüllt werden müssen, so fordert der erstgenannte Komplex eine

-- *Bildungsberatung, Bildungslaufbahnberatung und Studienberatung, die der Orientierungs- und Entscheidungshilfe dienen,* während die unmittelbar lernprozeßbezogenen Probleme eine
− *Lernberatung erforderlich machen, die lernprozeßflankierende Funktionen übernimmt.*

Die beiden genannten Beratungsfelder und -funktionen unterscheiden sich in ihrer Inhaltsstruktur und machen unterschiedliche methodische Vorgehensweisen erforderlich, die auf verschiedenen Theorieansätzen basieren. Ohne hier ausführlich auf den Diskussionsstand der Beratungstheorien einzugehen, kann aufgrund der Erfahrungen aus der Praxis der Erwachsenenbildung insbesondere auf zwei Beratungskonzepte verwiesen werden: die „nichtdirektive" oder „klientenzentrierte" Beratung[3], die sich aufgrund ihrer theoretischen Prämissen und methodischen Konsequenzen in eine auf Freiwilligkeit basierende und auf Kompetenzsteigerung zielende Erwachsenenbildung einfügt. Neuere Ansätze einer verhaltenstheoretisch orientierten Diagnostik und Beratung sind auf ihre Eignung für eine *lernprozeßflankierende Lernberatung* zu überprüfen.

Unter dem Aspekt der Verbindung zwischen „Programmplanung" und „Beratung" ist insbesondere die Bildungsberatung von Bedeutung. *Bildungsberatung, Bildungsgang- und Studienberatung:* Die objektive strukturelle Komplexität des Weiterbildungsbereiches, die Vielzahl von Trägern und Veranstaltern, die Differenziertheit des Angebotes und die subjektiv häufig als stark verunsichernd erlebten Orientierungs- und Entscheidungssituationen vor Aufnahme des Lernprozesses machen die o. g. Beratungsformen erforderlich, um dem Ratsuchenden die Möglichkeit zu einem kompetenten und autonomen Entscheidungsverhalten zu geben. Methodisch und inhaltlich basieren diese Beratungsformen auf einem *„selbstexplorativen" und „informativen" Lernprozeß des Ratsuchenden.* Durch das weitgehend nicht-direktive Gesprächsverhalten des Beraters muß der Ratsuchende in die Lage versetzt werden, zu einer klaren Einsicht in die eigene Bedürfnissituation sowie die objektiven Bedingungen seines Weiterbildungsinteresses und seiner Motivationslage zu gelangen. Beweggründe, die möglicherweise zu einer vorschnellen Wahl von Kursangeboten und damit zu einem wahrscheinlichen Kursaustritt geführt hätten, lassen sich auf diese Weise aufdecken, oder aber vorhandene Motivation kann verstärkend aufgebaut werden.

Erst im Anschluß an diesen Selbstklärungsprozeß, der hier in seiner methodischen und theoretischen Dimension nur knapp wiedergegeben werden kann, muß der Berater geeignete Informationen zur Diskussion stellen. In vier Schritten läßt sich idealtypisch der Verlauf einer auf „Selbstexploration" und „Information" basierenden Beratung darstellen:

— Diagnose des *Ist*-Zustands.
— Diagnose der Problem- und Bedürfnissituation des Ratsuchenden.
— Diskussion und Information über Verwendungssituationen, Bedarfsentwicklungen und Prognosen.
— Information und Diskussion über bestehende Weiterbildungsangebote, Kursanforderungen und Bedingungen.[4]

Erst im Anschluß an diesen Prozeß kann der Ratsuchende kompetent angemessene Entscheidungen treffen. Gleichzeitig sind die im Beratungsprozeß gewonnenen Informationen über den „Bildungsbedarf" etc. für die Programmplanung, also für die Erweiterung oder Veränderung des Angebotes unter Bedarfsaspekten von Bedeutung. Die Vermittlungsfunktion der Bildungsberatung zwischen „Weiterbildungsangeboten" und „Weiterbildungsteilnehmern" läßt sich in einem Schaubild darstellen, wobei die Pfeile die Richtung dynamischer Rückkopplungsprozesse angeben sollen (Abb. 2).

Abb. 2: Weiterbildungsberatung zwischen Weiterbildungsangebot und Weiterbildungsteilnehmer

Weiterbildungsangebote	Weiterbildungsberatung	Weiterbildungsteilnehmer
	Ermittlung der Problem-, Bedürfnissituation, Lernmotivation u. Verwendungssituation des Ratsuchenden	Problem-Bedürfnissituation, Lernmotivation und Verwendungssituation
	Situations- u. bedürfnisgerechte Veränderung (Transformation) od. Verstärkung der Lernmotive.	
WB-Kurse: Organisation Lernziele, Inhalte, Methoden; Qualifikationen.	Ermittlung geeigneter WB-Angebote; Diskussion über die zu erwerbenden Qualifikationen u. ihre Verwendbarkeit.	
Einbeziehung der ermittelten Angebotsdefizite in die Programmplanung.	Ermittlung von Angebotsdefiziten (keine geeigneten Angebote für den WB-Interessenten)	wie oben
Kursanforderungen, Leistungsniveau, Lernmittel.	Ermittlung der Lerngeschichte u. der Fähigkeiten des Ratsuchenden; Abstimmung mit den Anforderungen u. dem Leistungsniveau der WB-Kurse; Bereitstellung von Lernhilfen.	Lerngeschichte, Kenntnisse und Fähigkeiten.

Eine *Lernberatung* in der Erwachsenenbildung hätte als flankierende Maßnahme der Prävention und Behebung von Lernschwierigkeiten im unmittelbaren Kontext des Lerngeschehens zu dienen, z. b. bei

— *lernmethodischen Problemen*, die mit dem Arbeitsverhalten, der Konzentration, der Auswahl des Stoffes etc. zusammenhängen;
— *affektiv-dynamischen Verhaltensproblemen*, wie Angst und Vermeidungsverhalten, aber auch gruppendynamischen Problemen, die sich als Verhaltensirritationen auswirken und den Lernerfolg beeinträchtigen. Hierzu sind auch die „biologischen Lernprobleme" zu rechnen, insbesondere die hirnphysiologischen Reaktionen, die aufgrund erlebter Streßsituationen in Lernsituationen, beispielsweise durch unerwartete Konfrontation mit Lernanforderungen in der Gruppe, entstehen können und die zu Denkblockaden führen.[5]

Bislang fehlte es an Konzepten und praktischen Erfahrungen, Beratung bei der Erkennung und Behebung von Lernproblemen gezielt einzusetzen. Auch die Ansätze zur Untersuchung und Erklärung von Lernproblemen in der Erwachsenenbildung sind gering, so daß zum gegenwärtigen Zeitpunkt nur mögliche Perspektiven einer Lernberatung aufgezeigt werden können. Die Fundierung und Differenzierung einer Lernberatung in der Weiterbildung hätte sich insbesondere auf neuere Ansätze der verhaltenstheoretisch orientierten pädagogischen Diagnostik zu stützen.[6]

Im Rahmen verhaltenstheoretisch orientierter Lernberatung sind der Verhaltensprozeß und die unmittelbaren situativen Bedingungen des Lerngeschehens Ausgang der Diagnose und Erklärung von Lernschwierigkeiten. Die Diagnose von Lernschwierigkeiten kann erfolgen durch eine Exploration, eine systematische Beobachtung oder mit Hilfe des Fragebogens. Im Anschluß an die Diagnose des Lernproblems und der Bedingungen dieses Verhaltens erfolgt in einem nächsten Schritt die Planung von Verhaltensstrategien, um dem unerwünschten Verhalten entgegenzuwirken. Ob und in welchem Umfang Elemente der Verhaltenstherapie, wie z. B. eine „systematische Desensibilisierung", z. B. bei Sprechangst in Gruppen im Rahmen der Lernberatung in der EB realisierbar ist, kann hier nicht abschließend beurteilt werden. Zumindest bei längerfristigen Weiterbildungsmaßnahmen, wie Umschulungen, wird ein solcher Beratungsansatz erforderlich.

Weiterbildungsberatung und -information im Zusammenhang mit der Ermittlung von Weiterbildungsbedarf

Im vorangegangenen Kapitel wurde das Aufgabenspektrum der Beratung in der Weiterbildung im Zusammenhang mit anderen erwachsenenpädagogischen Funktionen, der Planung und Lehre, dargestellt. Dabei wurde — insbesondere bei der Bildungsberatung — auf die „klientenbezogene explorative" Dimension hingewiesen, die eine Abstimmung zwischen individueller Situation des Ratsuchenden und den vorhandenen Angeboten ermöglicht. Im folgenden soll nun näher untersucht werden, ob aus der explorativen Beratungssituation auch Informationen gewonnen werden können, die für die *Planung neuer Angebote* relevant sind. Dazu ist es erforderlich, zu klären, was hier mit „Bedarf" gemeint ist. Weder in der erwachsenenpädagogischen Literatur im engeren Sinn noch in der lernpsychologischen Literatur und Forschung besteht eine festumrissene und allgemeingültige Definition und Auslegung dessen, was als Bildungsbedarf bezeichnet wird. Das, was mit „Bedarf" umschrieben wird, „zeigt sich bei genauer Analyse als ein Konstrukt unterschiedlicher Bedarfskomponenten, die nicht selten im Gegensatz zueinander stehen".[7] Unterscheiden lassen sich idealtypisch drei Ebenen, von denen jeweils unterschiedlicher Weiterbildungsbedarf abgeleitet werden kann:

Gesellschaftliche, normative Ebene (sozialer Bedarf): Von dieser Ebene läßt sich ein Bedarf an Bildung ableiten, die auf den Erhalt und die Tradierung des sozialen Systems zielt und der Erfüllung gültiger Normen entspricht.

Empirisch erfaßbare Verwendungsebene (Qualifikationsnachfrage): Hiermit sind die empirisch erfaßbaren Qualifikationsanforderungen und -veränderungen angesprochen, die insbesondere der beruflichen Nachfrageseite entsprechen.

Individuelle Ebene (Individueller Bedarf): Die individuelle Ebene umfaßt — zur idealtypischen Unterscheidung von den beiden vorangegangenen Ebenen — die persönlichen Dimensionen des Bedarfs, die mit dem Erhalt und der Erweiterung der sozialen und personalen Identität des Individuums verknüpft sind.

Zur Exploration des Bedarfs auf den drei genannten Ebenen bedarf es jeweils spezifischer methodischer Verfahren. In diesem Zusammenhang interessiert allerdings nur, wie mittels der Beratung auf der „individuellen Ebene" Bedarf ermittelt werden kann.

Individuelle Bedarfsermittlung in der Beratung

Die drei o. g. Bedarfsebenen sind derart miteinander verknüpft, daß z. B. auf der individuellen Ebene die Veränderung der industriellen Qualifikationsanforderungen den individuellen Bedarf an entsprechender Qualifizierung, oder aber nach kompensatorischen Bildungsmaßnahmen wecken kann. Das bedeutet aber auch, daß gesellschaftliche Anforderungen und qualifikatorische Erfordernisse eine individuelle Ausprägung in Form einer spezifischen Nachfrage nach Qualifikationen haben können. Da in Beratungssituationen, in der direkten Kommunikation, auf der *individuellen Ebene* ein Bedarf erschlossen werden kann, der in Abhängigkeit auch von zwei anderen Bedarfsebenen zu sehen ist, ist zu vermuten, daß sich vermittelt über die individuell artikulierte Bedarfssituation in der Beratung, *mittelbar* auch Informationen über die Bedarfsebenen gewonnen werden können, die ansonsten nur durch eine empirische Ermittlung von Qualifikationsanforderungen seitens der Abnehmer oder aber durch hermeneutische Sinnauslegung gegenwärtig gültiger gesellschaftlicher Werte und Normen gewonnen werden könnten. Da aber die objektiven gesellschaftlichen Bedingungen sich immer in einem spezifischen lebensgeschichtlichen und bewußtseinsmäßig subjektiven Aneignungs- und Interpretationsvorgang niederschlagen, können die im Beratungsprozeß geäußerten Interessen und Bedürfnisse nicht ohne weiteres als objektiv festgestellter Bedarf an Weiterbildung festgeschrieben werden. Vielmehr erfordert das Beratungsgespräch selbst schon einen hermeneutischen Prozeß der Selbstauslegung des Ratsuchenden und der Interpretation der Bedürfnisse (Bedarf) im Zusammenhang mit objektiven Daten, z. B. des Beschäftigungssystems, real möglicher Bildungsangebote, etc. Dieser Vorgang des explorativen und informativen Beratungsvorganges, gewinnt unter dem „*Bedarfsermittlungsaspekt*" eine neuartige Dimension. Für die Planung bedarfsgerechter Angebote ist es nämlich erforderlich, den subjektiv geäußerten Bedarf auch einer kritischen Deutung unter Verwertungs- und Verwendungsgesichtspunkten zu unterziehen und erst in einem zweiten Schritt die *Transformation in bedarfsabgestimmte Angebote* zu vollziehen.

Dazu ist es erforderlich, die Art der in Beratungsprozessen geäußerten Wünsche und Weiterbildungsbedürfnisse unter qualitativen und motivationalen Gesichtspunkten zu differenzieren. Zum einen kann zwischen geäußertem Bedarf unterschieden werden, der sich mehr auf ein „Identitätslernen" und zum anderen mehr auf ein „Qualifikationslernen" bezieht. Diese vom *Deutschen Bildungsrat* vorgeschlagene Differenzierung, die unter didaktischen und motivationalen Aspekten nur als ideale Typisierung aufrecht erhalten werden kann, macht deutlich, daß der Anlaß und der Ausgangspunkt zum Lernen im Erwachsenenalter in veränderten sozialen Bezügen und Rollenerwartungen, sei es im beruflichen oder unmittelbar persönlichen (familiären) Bereich liegen:

Die Hausfrau, die den beruflichen Wiedereinstieg sucht; der von Arbeitslosigkeit bedrohte Angestellte; der Ausländer, dessen soziale Isolation durch Sprachunkenntnis verursacht bzw. noch verstärkt wird; die vor der Pensionierung stehende Angestellte; der einen versäumten Schulabschluß anstrebende junge, berufstätige Erwachsene; die Eltern mit Erziehungsproblemen, usw.

Die meisten Adressaten der Erwachsenenbildung befinden sich in einer ihnen unbekannten, weitgehend unstrukturierten Situation, in der ihnen bekannte Interpretations- und Verhaltensmuster und alltägliches Verhaltenswissen nicht mehr in ausreichender Weise zur Verfügung stehen.

In den bislang nur sehr wenigen und fragmentarischen empirischen Untersuchungen über Art und Umfang der in Beratungs- und Informationsprozessen geäußerten Probleme,

Fragen und Wünsche, wird betont, daß nahezu alle Probleme in den Bereich der beruflichen Bildung hineinragen.

In einer Untersuchung der „Zielgruppen- und Effizienzanalyse" der *Zentralstelle für Bildungsberatung und Bildungswerbung der Stadt Köln* wird folgende Rangfolge der wichtigsten Ziele und Wünsche der Ratsuchenden aufgestellt:

Abb. 3: Ziele und Wünsche von Ratsuchenden in der Bildungsberatung[8]

Wunsch nach einem Sozialberuf (Sozialarbeiter, Kindergärtnerin usw.)	7%	(n = 85)
Wunsch nach einer Berufsausbildung oberhalb des Lehrniveaus	7%	(n = 77)
Aufstiegsfortbildung (Ingenieur, Techniker, Meister, Betriebswirt)	7%	(n = 76)
In den Zielen noch völlig unentschlossen	6%	(n = 70)
Möglichkeiten nach Abschluß der Schule	6%	(n = 68)
Studium an Universität oder pädagogischer Hochschule (Erwerbstätige)	5%	(n = 59)
Nachholen des Abiturs, Begabtenabitur (Erwerbstätige)	5%	(n = 55)
Schulische und berufliche Möglichkeiten nach Abbruch des Schulbesuches	4%	(n = 50)
Unzufriedenheit im ausgeübten Beruf	4%	(n = 46)
Besuch einer Fachhochschule (Erwerbstätige)	4%	(n = 45)
Suche nach einem Ausbildungsberuf oder einer Lehrstelle (Jugendliche)	4%	(n = 43)
Nachholen der mittleren Reife (Erwerbstätige)	3%	(n = 37)
Wechsel des Schultyps wegen Lernschwierigkeiten oder Krankheit	3%	(n = 33)
Erwerb der Fachoberschulreife (Erwerbstätige)	3%	(n = 29)

N = 773

Auffällig bei dieser Rangfolge ist, daß bei 32% der Ratsuchenden (n = 247) der Beratungs- und Informationswunsch nicht differenziert wurde. Die Vermutung liegt nahe, daß die Streuung der Wünsche im Verhältnis zu den Kategorien des vorhandenen Einordnungsschemas zu groß war. Das bedeutet aber, daß aufgrund methodischer Mängel ganze „Fragenbündel" unberücksichtigt blieben, deren geeignete methodische Interpretation möglicherweise weitere Informationen über Bedarfslagen erschlossen hätte, die nicht eindeutig als berufsbezogen identifizierbar waren.

Infolge der weiter oben bereits genannten defizitären empirischen Erschließung von Beratungssituationen ist eine Bestimmung möglicher *Bedarfsäußerungen* in der Beratung auf Vermutungen angewiesen. Im Folgenden sollen einige Informationsebenen benannt werden, über die ein spezifischer Bedarf ermittelt werden kann, der durch andere Bedarfsermittlungsstrategien ermittelte Informationen ergänzt.

Berufsqualifizierende Weiterbildung: Die durch empirische Erfahrung ermittelbaren Informationen über die Verwendung beruflicher Qualifikationen und die generalisierenden Daten über die Arbeitsmarktlage, Qualifizierungs- und Dequalifizierungstendenzen lassen sich in Beratungsgesprächen durch Informationen über die individuelle Nachfrageseite ergänzen.

Es ist anzunehmen, daß eine quantitative Häufung der Nachfrage nach bestimmten Weiterbildungsangeboten im beruflichen Bereich zuverlässiger und aktueller Informationen über die Qualifikationsverwendungsseite geben kann als die oben genannten, grobmaschigen Ermittlungsverfahren. Allerdings kann der individuell geäußerte Bedarf, auch wenn sich thematisch eine signifikante Häufung innerhalb eines Zeitraumes ergibt, nicht ohne weiteres linear in die Planung entsprechender Weiterbildungsangebote überführt werden. Vielmehr muß der geäußerte Bedarf auch auf dem Hintergrund objektiver Daten kritisch bewertet werden. Jedoch lassen sich auf diese Weise Informationen für eine flexible und aktuelle Angebotsplanung im beruflichen Weiterbildungsbereich ermitteln.

Nachholen schulischer Abschlüsse und Hochschulzugang: Der Bedarf an Angeboten zum Nachholen qualifizierender Schulabschlüsse ist in der Erwachsenenbildung erheblich. Diese Angebote sind in der Regel an den schulischen Curricula orientiert, so daß Beratungsprozesse keine curricular verwendbaren Informationen erbringen können. Vielmehr liegt hier die Bedeutung in der planungsrelevanten Feststellung der Quantität einer Frage. Auch sind die regionalspezifischen Erfordernisse zur Vorbereitung für einen Fachschul-, Fachoberschul, Fachhochschul- und Hochschulzugang für die Bereitstellung entsprechender Vorbereitungskurse durch die Erwachsenenbildung in Beratungsprozessen ermittelbar.

Weiterbildungsangebote zur psychosozialen Versorgung der Bevölkerung: Für die Ermittlung von Bedarf auf dieser Ebene sind Beratungsprozesse unerläßlich. Für den Bereich der im engeren Sinne „identitätssichernden" Weiterbildungsangebote bestehen kaum andere geeignete Strategien zur Bedarfsermittlung. Zwar können antizipatorisch Angebote für „Zielgruppen" gemacht werden, wie für Senioren, Behinderte, Arbeitslose etc., doch bleibt häufig die Ansprache zu global und die Differenzierung des Lerngegenstandes auf den Lernprozeß beschränkt. Für eine differenzierte und konkrete, lebensweltbezogene Angebotsplanung in diesem Bereich, sind die biographischen und sozialen Problemfaktoren einzelner Zielgruppen, wie sie in der Beratung zur Sprache kommen, unter curricularen Aspekten besonders wichtig. Die Erkenntnisse in Projekten zur Lebensweltforschung zeigen, daß die individuelle Lebenssituation immer auch generalisierbare Dimensionen enthält, die für die gesamte Zielgruppe von Bedeutung sind.

Beratung als Instrument der „Bedarfsweckung"

Im vorangegangenen Abschnitt wurde implizit davon ausgegangen, daß der Ratsuchende bereits mit einem Weiterbildungswunsch die Beratung aufsucht und daß der geäußerte Bedarf nach einigen Interpretations- und Transformationsleistungen für die Programmplanung relevant werden kann. Im Folgenden soll der Zusammenhang zwischen einer Strategie der Weckung und Formulierung eines latenten Weiterbildungsbedarfs und einer damit verbundenen *aktiven Programmentwicklung* dargestellt werden.

Im Schulbereich war das verhältnismäßig junge Aufgabenfeld der Bildungsberatung in den Anfängen eng mit der Aufgabe der „Begabungsförderung" und der „Bildungswerbung" verbunden.

In der Erwachsenenbildung gewinnt dieser Aspekt besondere Bedeutung bei den Bevölkerungsgruppen, die aufgrund sozialer und biographischer Defizite nicht an Weiterbildungsmaßnahmen teilnehmen. Unter dem Gesichtspunkt bedarfsgerechter Weiterbildungsentwicklungsplanung liegt hier für die Beratung eine Aufgabe, die in einer Gesamtstrategie aktiver Bedarfsweckung, Bedarfsformulierung und bedarfsgerechter Programmplanung verortet werden kann. Beratung unter dem Aspekt motivierender Ansprache stellt eine Ergänzung von Maßnahmen der Werbung und Öffentlich-

keitsarbeit, motivierender Bildungsurlaubsveranstaltungen und anderen Bildungsmaß-
nahmen dar, die erst eine langfristig wirksame Bildungsmotivation aufbauen sollen.[10]
Weiterhin wäre Beratung Bestandteil sogenannter „aufsuchender Maßnahmen" in
Form „mobiler Beratung",[11] die identisch sind mit Maßnahmen der Animation.[12]

Beratung als Bestandteil motivierender und bedarfsdeckender Strategien findet ein
Anwendungsfeld insbesondere in einer aktiven „Zielgruppenarbeit in der Erwachsenenbildung". Definitorisch wird Zielgruppenarbeit bezeichnet als „Ansprache gesellschaftlicher Gruppen mit einem sozialen Defizit (. . .), das sich in der Regel als komplex
und kumulativ erweist. Behinderte, Arbeitslose, Strafgefangene, Gastarbeiter, Spätaussiedler; auch Großgruppen wie Arbeiter, alte Menschen, Frauen und Jugendliche werden
nun zu Zielgruppen der Erwachsenenbildung. . . . Da die genannten Zielgruppen vor
allem Gruppen mit unterentwickelter Lernfähigkeit oder Bildungsbereitschaft darstellen, gewinnen für die Planung und Realisierung der Angebote motivations- und
lernpsychologische Prinzipien eine große Bedeutung: Situationsbezug, Lebenswelt-
bezug und Handlungsbezug werden im Angebot und Lernprozeß zu den entscheidenden Planungskriterien."[13]

Die Realisierung eines „Situations- und Lebensweltbezugs" kann aber nicht abstrakt
im Planungsprozeß vollzogen werden oder erst im Lernprozeß angestrebt werden, sondern dieser Bezug ist bereits im Vorfeld herzustellen. Zielgruppenarbeit bedeutet, daß
die Betroffenen in ihrer Lebenssituation aufgesucht werden, die Probleme und Konflikte
und die lernhindernden Barrieren gemeinsam ermittelt werden, die in der Zielgruppen-
situation angelegten Lernthemen in Bezug zur Motivation der Betreffenden gesetzt
werden, über entsprechende Angebote beraten wird und schließlich ein spezifisches
Lernangebot geplant wird. Die Übergänge zwischen Motivierung, Bedarfsermittlung,
Bedarfsweckung, Programmplanung und dem eigentlichen Lernprozeß sind fließend.

*Aspekte der Ermittlung, Verarbeitung und Rückkopplung von planungsrelevanten
Informationen aus Beratungsprozessen*

Wie die in der Beratung thematisierten angebotsrelevanten Aspekte systematisch
erfaßt, ausgewertet und für Planungsprozesse fruchtbar gemacht werden können, ist
ein bislang kaum reflektiertes Problem und wenig praktiziertes Aufgabenfeld in der
Erwachsenenbildung. Es stellen sich die Fragen, welche Techniken geeignet sind,
Beratungsprozesse zu dokumentieren, unter Planungsgesichtspunkten auszuwerten
und welche organisatorischen und personellen Voraussetzungen zu schaffen sind, um
Rückkopplungsprozesse zwischen Beratung und Planung zu ermöglichen.

Zur Dokumentation der Beratungsprozesse erscheint es wenig sinnvoll, Tonband-
protokolle über den gesamten Verlauf anzufertigen. Ein *standardisierter Gesprächs-
leitfaden* eignet sich für Beratungsverläufe, in denen auch individuelle Probleme angesprochen werden sollen, kaum. Vielmehr besteht dabei die Gefahr einer Schemati-
sierung des Beratungsgesprächs. Dennoch sollten für Planungsprozesse die demographischen Daten schriftlich erfaßt werden, indem der Klient vor dem Beratungsgespräch einen entsprechenden Fragebogen (in der Wartezeit) ausfüllt. Der eigentliche
Kern des Bildungsberatungsgespräches mit der „Diagnose der Problem- und Bedürfnissituation" sollte in Form einer *nicht-standardisierten Anamnese* durch den Berater
in schriftlicher Form geschehen. Dazu bedarf es allerdings einer Schulung im Zusammenhang mit der Ausbildung für eine klientenorientierte Beratung.

Die zu unterschiedlichen Themen bzw. Fachbereichen gesammelten „Anamnesen"
sind nach Ablauf einer bestimmten Zeit (z. B. zwei bis drei Monate) zu sichten und

unter differenzierten thematischen Schwerpunktsetzungen auszuwerten.

Auf Gesamtplanungskonferenzen der Weiterbildungseinrichtung oder aber in Einzelgesprächen zwischen Berater und zuständigem Fachbereichsleiter sind dann Vergleiche zwischen bestehenden Angeboten und den in Beratungen geäußerten Wünschen vorzunehmen. Angebotslücken oder aber Modifizierungen bestehender Angebote in Bezug auf die Ankündigung und die curriculare Differenzierung eines Kurses hätten in solchen Planungsgesprächen zu erfolgen. Die organisatorisch relevanten Daten aus Beratungsgesprächen (ungünstige Termine, Zeiten und Orte etc.) kämen hier zur Sprache. Sofern die Beratungs- und Planungsaufgaben (in erster Linie für einen Fachbereich) in einer Hand liegen, sind die Rückkopplungsprozesse prinzipiell unproblematisch, sofern der einzelne Mitarbeiter ohne Kommunikation mit Kollegen eine Transformation von Beratungsinformationen in formulierte Angebote zu leisten vermag.

Rückkopplungsprozesse schließen auch ein, daß die für Beratungen relevanten Informationen der Programmplanungsseite permanent an die Berater vermittelt werden. Relevant sind in erster Linie curriculare Daten, Zielgruppenbeschreibungen und organisatorische Einzelheiten. Auch diese Informationen können in Mitarbeiterbesprechungen vermittelt werden. Ein ständiger beidseitiger Informationsfluß könnte noch durch periodische Bulletins verbessert werden, in denen aktuelle Trends und Informationen knapp skizziert werden. Letztlich sind die hier vorgeschlagenen organisatorischen und strukturellen Verbesserungen abhängig von der Größe der Weiterbildungseinrichtung und damit von dem Grad der personellen und organisatorischen Arbeitsteilung. Je größer die Einrichtung und je größer die Arbeitsteilung, desto mehr organisatorischen Aufwand erfordern die Rückkopplungs- und Abstimmungsprozesse zwischen Beratern und Planern. Andererseits bietet die Formalisierung und feste Organisation von Rückkopplungsprozessen die Chance einer verstärkten kooperativen Zusammenarbeit zwischen den unterschiedlichen Funktionsbereichen der Weiterbildung.

Personelle und qualifikatorische Aspekte der Beratung in der Weiterbildung

Beratung wurde in den vorangegangenen Abschnitten aus dem Handlungskontext des Erwachsenenpädagogen heraus begründet, in ihren Methoden und Funktionen erläutert und in ihrer wechselseitigen Verknüpfung, insbesondere mit Planungsaufgaben in der Weiterbildung beschrieben. Qualifikationen für eine Beratungstätigkeit in der Weiterbildung sind demnach auch aus dem Kontext des gesamten erwachsenenpädagogischen Handlungszusammenhanges und nicht isoliert zu sehen. Damit ist hier gemeint, daß Qualifizierungsmaßnahmen für beratende Tätigkeiten in der Weiterbildung unter dem Vorzeichen der Erhaltung struktureller und funktionaler Handlungsvollzüge anzugehen sind.

Die mit dem quantitativen Wachstum der Weiterbildung zwangsläufig zunehmende Differenzierung und Spezialisierung im Handlungsfeld des Erwachsenenpädagogen stellt zwar einen Fortschritt gegenüber dem vielberufenen „Allrounddilettanten" dar, doch haben die Entwicklungen in anderen Bildungsbereichen, wie z. B. in der Gesamtschule, die Kehrseite von immer größer werdenden pädagogischen Einheiten und ihrer zwangsläufig zunehmenden Binnendifferenzierung deutlich gemacht. Schon heute sind die von Anonymität und Unpersönlichkeit geprägten äußeren Bedingungen, z. B. einiger größerer Volkshochschulen, nicht dazu angetan, eine emotionale Verstärkung des

Lernklimas zu schaffen. Die spezifische Personalsituation der Erwachsenenbildung mit einem hohen Anteil nebenamtlicher Lehrkräfte, leistet darüber hinaus der Tendenz Vorschub, das „andragogische Feld" zu zerstückeln. Das Bild einer „verwalteten Volkshochschule", wie es *R. Reiske* beschreibt, in der die Realität der wenigen hauptberuflichen Mitarbeiter gekennzeichnet ist durch „viel Verwaltung – zu wenig Pädagogik"[14], trifft wohl auf die meisten Einrichtungen der Erwachsenenbildung auch außerhalb des Volkshochschulbereiches zu. Es erscheint deshalb auch nicht sinnvoll, ein, vom Qualifizierungsgang und von der personellen Zuständigkeit, vom übrigen erwachsenenpädagogischen Handeln getrenntes Tätigkeitsprofil für die Beratung in der Weiterbildung zu entwerfen.

Bislang bestehen keine spezifischen Angebote zur Qualifizierung für die Beratung in der Weiterbildung. Eine gesonderte Ausbildung oder ein eigenständiger Studiengang Beratung mit einer möglichen Schwerpunktsetzung auf die Erfordernisse der Weiterbildung ist derzeit nicht in Sicht und auch kaum wünschenswert. Aufgrund der allgemeinen erziehungswissenschaftlichen, sozialisationstheoretischen und psychologischen Grundlagen stellt der Diplomstudiengang Erziehungswissenschaft mit Schwerpunkt Erwachsenenbildung eine ausreichende Grundlage für eine beratungstheoretische und beratungspraktische Ergänzungsausbildung dar. Allerdings werden in diesem Studiengang bislang nur vereinzelt Angebote zu diesem Aufgabenbereich gemacht.[15] Hier besteht z. Z. ein noch kaum beachtetes Defizit. Allerdings rückt mit der Möglichkeit der Einrichtung des „weiterbildenden Studiums" nach § 21 des Hochschulrahmengesetzes von 1976 und den entsprechenden ländergesetzlichen Regelungen eine neue Qualifizierungsmöglichkeit seitens der Hochschulen in den Blick, die möglicherweise eine qualitativ bessere Chance zu einer praxisgerechten Qualifizierung für Beratungstätigkeiten eröffnen, als eine vorberufliche wissenschaftliche Ausbildung. Das „weiterbildende Studium" läßt sich als berufsbegleitendes Teilzeitstudium einrichten. Damit eröffnet sich unter lerntheoretischen und didaktischen Aspekten die neue Chance zur Herstellung eines Dialogs zwischen beratungserfahrenen Erwachsenenpädagogen und denjenigen, die sich vorwiegend theoretisch mit dieser Aufgabe und ihren Inhalten beschäftigen. Somit können Probleme der Praxis mit Wissenschaftlern erörtert werden und praxis- und wissenschaftsbezogene Erkenntnisprozesse werden Teil des Lernvorgangs. Damit ist nicht ausgesagt, daß „Theorie" in „Praxis" aufgeht oder umgekehrt, sondern praktisches Handeln und theoretische Erkenntnis werden partiell und vorübergehend gleichen Erkenntnisregulativen unterworfen.

Eine solche Form der Beraterqualifizierung legt nicht im Vorherein fest, was zu lernen ist, sondern das zu Lernende ist Produkt des Dialogs zwischen Praxis und Theorie. Damit wird Qualifizierung wissenschaftsbezogen im Sinne kritischer Distanz und Generalisierung des Einzelfalls und Wissenschaft wird praktisch im Sinne der realen Problem- und Berufsorientierung.

Wie die Grobstruktur eines solchen weiterbildenden Studiums, bzw. die auf die Beratung bezogenen, curricularen Elemente innerhalb einer wissenschaftlichen Weiterbildung für Erwachsenenpädagogen aussehen könnte, soll im folgenden Abschnitt unter Einbeziehung einzelner Inhaltsschwerpunkte dargestellt werden.

Gemäß der oben erläuterten didaktischen Konzeption eines weiterbildenden Studiums, hier zum Bereich der Beratung, muß eine Lerneinheit mit der Identifizierung von Beratungssituationen und -Interaktionen in der alltäglichen Weiterbildungspraxis durch die Teilnehmer selbst beginnen.

Dieses ist schon deshalb geboten, weil bei dem allenthalben zu konstatierenden ungenauen Verständnis von Beratung, Interaktionsprozesse in der Weiterbildung teilweise noch gar nicht als Beratung interpretiert werden, obgleich sie es ihrer Struktur und der Intention des einen Interaktionspartners (des Ratsuchenden) sind.

Ausgehend also von den unmittelbaren Erfahrungen, läßt sich eine Studieneinheit zum Thema Beratung folgendermaßen gliedern, wobei die Reihenfolge der Arbeitsschritte in gewisser Weise auch einer stärkeren Abstraktion und Theoretisierung des Gegenstandes entspricht.

- *Zu welchem Zeitpunkt, an welchem Ort und durch wen wird in der Erwachsenenbildung beraten?*
  In diesem Lernabschnitt geht es darum, die alltägliche Weiterbildungspraxis darauf zu durchleuchten, wo und durch wen beraten wird.
- *Strukturmerkmale der Beratung*
  Als für die Beratung charakteristische Strukturmomente lassen sich festhalten:
  - Beratungsbedürfnis des Ratsuchenden
  - Intention und Erwartung des Klienten
  - Struktur der Beziehung zwischen Berater und Klient
  - Inhalt der Beratung
  - Methodik der Beratung
  - Ziele der Beratung.
- *Theorie der Beratung*
  Momente der Therapie. Die Besonderheit der Beratung liegt in der Möglichkeit der Verknüpfung der affektiv-dynamischen (selbstexplorativen) und der informativen Dimension.
  Aufgrund dieser spezifischen Eigenart, läßt sich die *„Bildungsberatung"* als ein Lernprozeß interpretieren, der über „affektive" Prozesse auf eine Veränderung der Motivation und mittels der Information auf eine Veränderung der Erkenntnisstruktur und des Wissens zielt.
  Lernberatung ist dagegen in ihrer, unmittelbar auf das Lern*verhalten* zielenden Aufgabenstellung, als eine Verhaltensänderungsstrategie mit hohen kognitiven Anteilen zu skizzieren.

- *Beratungserfordernisse in der Weiterbildung: Die Bedeutung der „selbstexplorativen Beratung" und der „verhaltensändernden Beratung"*
  In diesem Lernschritt geht es um die Ableitung der Notwendigkeit der Beratung zum einen aus den strukturellen Erfordernissen der Weiterbildung und zum andern aus den didaktischen Erfordernissen und Ansprüchen der Erwachsenenbildung heraus.
- *Methoden und Instrumente der Beratung in der Weiterbildung*
  Für die *Praxis der Lernberatung* in der Weiterbildung ist eine theoretische und praktische Qualifizierung in den Bereichen der
  - Verhaltensanalyse
  - Verhaltensdiagnostik
  - Verhaltenstherapie
  erforderlich.

Nach dem bisherigen Erfahrungsstand scheint es sinnvoll zu sein, daß *alle Mitarbeiter der Erwachsenenbildung,* die mit Adressaten und Teilnehmern der Weiterbildung in Kontakt kommen, die Grundprinzipien einer „nicht-direktiven Gesprächsführung", in der Modifizierung, in der sie auch in Beratungssituationen Anwendung finden können,[16] beherrschen und in der Praxis anwenden können. Dieses schließt

- Gesprächsanalysen,
- Übungen in aktivierender Gesprächsführung unter Berücksichtigung der methodischen Grundlagen „nicht-direktiver Therapie" nach *Rogers*
- und die Vermittlung der entsprechenden Theoriegrundlagen

mit ein.
- *Bildungspolitische und organisatorische Rahmenbedingungen der Beratung in der Weiterbildung*
  Abschließend ist es noch erforderlich, daß Mitarbeiter der Weiterbildung die bildungspolitischen Rahmenbedingungen der Weiterbildungsberatung erörtern. Dabei steht das Arbeitsförderungsgesetz (AFG) im Vordergrund, durch das eine Art „Beratungsmonopol" der Bundesanstalt für Arbeit (BA) bzw. der lokalen Arbeitsämter in Fragen beruflicher Bildung und Weiterbildung fixiert wurde.

Die Diskussion zu dem hier behandelten Problem der Ermittlung planungsrelevanter Informationen in Beratungssituationen und deren Einbeziehung in eine bedarfsgerechte Weiterbildungsplanung auf lokaler und regionaler Ebene hat erst begonnen. Neben dem theoretischen Entwurf, wie er hier vorgestellt wurde, ist es erforderlich, durch praktische Modelle und Versuche, die Notwendigkeit und die Möglichkeit der Verbindung von „Planung" und „Beratung" unter Beweis zu stellen. Für Wissenschaft und Praxis stellt dieses eine Aufgabe aktiver Praxisentwicklung dar. Als Ansatz einer Praxisanleitung und -entwicklung bietet sich ein weiterbildendes Studium für Mitarbeiter der Erwachsenenbildung an, wie es oben skizziert wurde.

Mit der Qualifizierung für Beratungstätigkeiten in der Weiterbildung und der Sensibilisierung für die Ermittlung und Auswertung planungsrelevanter Informationen, können, durch den Wechsel zwischen Praxisphasen und Qualifizierungsphasen, praktische Erfahrungen und Probleme mit der Beratung und ihrer Verbindung mit der Planung ermittelt und wieder zum Gegenstand des wissenschaftlichen Reflektions- und Lernprozesses gemacht werden.

Diese Form der wissenschaftlichen Weiterbildung dient der Qualifizierung, Praxisentwicklung und praxisbezogenen Forschung. Auf diese Weise können Innovationen mit Hilfe eines wissenschafts- und praxisorientierten Reflektions- und Lernprozesses durch die Betroffenen selbst in die Praxis eingeführt werden.

Literaturhinweise

1 Ortner, G. E.: Weiterbildungsentwicklungsplanung: Curriculare und strukturelle Gestaltung an der Basis des Quartärbereiches. In: WEP Projektberichte 1, FEoLL, Paderborn 1978
2 Schröder, H.: Teilnahme und Teilnehmerschwund als Problem der Erwachsenenbildung. Stuttgart 1976
3 Rogers, L. R.: Die nicht-direktive Beratung. München 1972
4 Krüger, W.: Beratung in der Weiterbildung. Paderborn 1978, S. 63f.
5 Vester, F.: Denken, Lernen, Vergessen. Stuttgart 1975
6 Freibichler, H.: Ein Verfahren zur Erfassung von Lernproblemen Erwachsener. In: Bundesinstitut für Berufsbildung: Die Lernsituation von Erwachsenen in der beruflichen Weiterbildung. Berlin 1977, S. 72-87.
  Harke, D.: Aspekte der Untersuchung von Lernproblemen in der beruflichen Erwachsenenbildung. In: Berufsbildung in Wissenschaft und Praxis 7 (1978) 3, S. 13-17.
7 Ortner, G. E.: Weiterbildungsentwicklungsplanung: Curriculare und strukturelle Gestaltung an der Basis des Quartärbereiches. In: WEP Projektberichte 1, FEoLL, Paderborn 1978
8 Zentralstelle für Bildungsberatung und Bildungswerbung der Stadt Köln. Zielgruppen- und Effizienzanalyse, S. 41

9   Aurin, K.: Ermittlung und Erschließung von Begabungen im ländlichen Raum. Villingen 1966
10 Bundesministerium für Bildung und Wissenschaft: Motivierende Bildungsarbeit mit Arbeitern ohne Weiterbildungserfahrung. Schriftenreihe Bildungsplanung 31 des Bundesministeriums für Bildung und Wissenschaft. Bonn o. J.
11 Krüger, W.: Beratung in der Weiterbildung. Paderborn 1978, S. 72.
12 Siebert, H.: Animation in der Weiterbildung, Bonn 1979
13 Breloer, G.: Zielgruppenarbeit als didaktisches Konzept der Erwachsenenbildung – Erfahrungen und Perspektiven. In: Berichte und Informationen der Erwachsenenbildung in Niedersachsen, 11 (1979) 25, S. 2
14 Reiske, R.: Verwaltete Volkshochschule – Beobachtungen und Anmerkungen aus dem Alltag einer großstädtischen Volkshochschule. In: HBV 29 (1979) 4, S. 344
15 Arbeitskreis universitäre Erwachsenenbildung: Studienmöglichkeiten der Erwachsenenpädagogik an den Hochschulen der Bundesrepublik Deutschland und West-Berlins – Fachprofile Erwachsenenbildung. Materialien zur Studien- und Berufssituation in der Erwachsenenbildung (MAEB) 13, Hannover 1978
16 Sander, K.: Einige Gesichtspunkte zur Abgrenzung des klientenzentrierten Konzepts zu anderen psychotherapeutischen Konzepten und zur Beratungssituation. In: GwG (Hg.): Die klientenzentrierte Gesprächspsychotherapie. München 1975, ff.

Kommunale Weiterbildungsberatung: bedürfnisorientierte Angebotsplanung und Angebotsgestaltung

Joachim Braun und Peter Ehrhardt

Vorbemerkungen: Zur Entwicklung institutioneller und individueller Weiterbildungsberatung

Die bildungspolitische Zielsetzung, den Weiterbildungsbereich zum quartären Sektor des Bildungssystems auszubauen, stellt die Bildungspolitik in Bund, Ländern und Gemeinden vor eine Reihe von Problemen, auf die in den verschiedenen Landesgesetzen zur Weiterbildung und Erwachsenenbildung zum Teil sehr unterschiedliche Lösungsansätze entwickelt wurden.

Im vorliegenden Beitrag wird zwei Problemen nachgegangen, die sich auf kommunaler Ebene beim Ausbau des Weiterbildungsbereichs und der bedarfsgerechten Bereitstellung zielgruppenadäquater Weiterbildungsangebote stellen:

Im ersten, von *J. Braun* verfaßten Teil S. 235 ff. soll gezeigt werden, wie die aus der Beratung gewonnenen Erkenntnisse über zielgruppenspezifische Weiterbildungsinteressen und -bedarfe durch kontinuierliche Kooperation und Angebotsberatung für Weiterbildungseinrichtungen an die Anbieter von Weiterbildung vermittelt werden können, und welche organisatorischen und institutionellen Probleme sich bei der Beratung von Weiterbildungseinrichtungen (WBE) zur Bereitstellung zielgruppengerechter Weiterbildungsangebote stellen.

Im zweiten Teil, S. 250 ff., wird von *P. Ehrhardt* der methodische Ansatz der Beratung im Weiterbildungsbereich (BWB) zur Ermittlung individueller Weiterbildungsbedürfnisse aus der Einzelberatung beschrieben und die Möglichkeiten und Probleme der von der Beratung ausgehenden Bedarfsermittlung untersucht.

Da es bisher in der Bundesrepublik kaum hinreichende konzeptionelle Vorstellungen und Erfahrungen mit Weiterbildungsberatung gibt,[1] wird hier vor allem auf die Erkenntnisse und Erfahrungen zurückgegriffen, die im Verlauf eines vom Bundesministerium für Bildung und Wissenschaft (BMBW) geförderten dreijährigen Modellversuchs gewonnen werden konnten. Generelles Ziel des Modellvorhabens war es, geeignete Organisationsformen zu entwickeln und zu erproben, um bildungsbenachteiligte Erwerbslose zur Weiterbildung zu motivieren.

Die Anfang 1977 eingerichteten „Kommunalen Informationsstellen für Weiterbildung von Erwerbslosen" (KIW) sind mit je zwei Beratern sowie einer Halbtagssekretärin besetzt. Die Fachaufsicht über die Beratungsstellen sowie die wissenschaftliche Begleitforschung wurden dem Deutschen Institut für Urbanistik übertragen, während die Dienstaufsicht in der Mehrzahl der Kommunen von den Schul- und Kulturdezernaten wahrgenommen wurde. Die Kosten des Modellvorhabens von ca. 6 Mio. DM wurden zu 3/4 vom BMBW, zu 1/4 von den beteiligten Städten und Kreisen getragen.[2]

Trotz der in den letzten Jahren immer wieder akzentuierten Forderung nach dem Ausbau der Weiterbildungsberatung[3] steckt deren Aufbau noch in den Anfängen. Hierfür ist nicht zuletzt die ungeklärte Frage der Finanzierung und Zuständigkeit verantwortlich. Soll Weiterbildungsberatung in öffentlicher Verantwortung durchgeführt werden, und wenn ja, als kommunale Aufgabe mit oder ohne finanzielle Unterstützung durch die Länder – oder soll jede Weiterbildungseinrichtung ihre eigene Lern- und Hörerberatung durchführen? Sind kommunale und trägerspezifische Bildungsberatung als Alternativen anzusehen oder als sich ergänzende Einrichtungen mit unterschiedlichen Zielen und Aufgaben? Die Frage der Weiterbildungsberatung wurde bisher nicht nur aus der Gesetzgebung zur Weiterbildung ausgeklammert. Sie ist zudem kontrovers zwischen den Weiterbildungseinrichtungen und den Befürwortern bzw. Gegnern des Subsidiaritätsprinzips.

Ein breiter, auf alle Bevölkerungsgruppen abzielender Modellversuch zur Erprobung von Weiterbildungsberatung auf kommunaler Ebene wäre am Veto der in der Bund-Länder-Kommission festgefahrenen Diskussion gescheitert sowie an der Befürchtung der etablierten Weiterbildungsträger, z. B. durch das Bemühen um trägerübergreifende Kooperation eingefahrene Arbeitsprioritäten nach „übergeordneten" bedarfsorientierten Kriterien modifizieren zu müssen.

Probleme und Restriktionen der lokalen Angebotsplanung und Angebotsgestaltung im Weiterbildungsbereich

Obwohl die Forderung, Weiterbildung zum 4. Hauptbereich des Bildungswesens auszubauen, von den verschiedenen bildungspolitischen Positionen akzeptiert wird, stehen sich bei der Umsetzung dieser Zielsetzung sehr kontroverse Handlungskonzeptionen gegenüber. Kontrovers ist insbesondere

- die Bestimmung von Inhalten und Funktionen der Weiterbildung, die von den verschiedenen Anbietern bereitgestellt werden sollen (was insbesondere in der Diskussion um die Grundangebote deutlich wird),
- die Frage, wie – mit welchen Verfahren und Instrumenten – die Angebotsstruktur der lokalen Weiterbildung verbessert werden soll (z. B. durch Weiterbildungsentwicklungsplanung wie in NW oder durch die in der Fortschreibung des Bildungsgesamtplanes vorgesehenen lokalen Kooperationsgremien),
- die Frage, wie der Bedarf an Weiterbildung, insbesondere für bildungsbenachteiligte Zielgruppen, ermittelt und in geeignete Weiterbildungsmaßnahmen umgesetzt werden kann.

Der im vorliegenden Beitrag unternommene Versuch, Möglichkeiten und Grenzen des Transfers zielgruppenspezifischer Weiterbildungsbedarfe in die Angebote lokaler Weiterbildungseinrichtungen durch kommunale Beratung für Weiterbildung aufzuzeigen, soll eine Perspektive und ein praktikables Handlungs- und Organisationsmodell aufzeigen, wie auf lokaler Ebene latente Weiterbildungsbedarfe ermittelt und in zielgruppengerechte Angebote übersetzt werden können.

Strukturelle Anforderungen an Staat und Gemeinden

„Staat und Gemeinden müssen über eine ausreichende Finanzausstattung hinaus, durch geeignete Strukturen und Organisationsmaßnahmen ihrer öffentlichen Verantwortung für die Weiterbildung gerecht werden, insbesondere ist es ihre Aufgabe, Qualität und Ausgewogenheit der örtlich verfügbaren Weiterbildungsangebote sicherzustellen."[4]

Dieser vom BMBW und vom Deutschen Städtetag vertretene Standpunkt, nach dem die Gemeinden eine gewisse Steuerungsfunktion übernehmen müssen, wenn das

Weiterbildungsangebot den wichtigsten Lebensbedürfnissen am Ort gerecht werden und qualitativ auf hohem Niveau stehen soll, besteht seit der Erstellung des 1. Bildungsgesamtplanes von 1973 und wird im Entwuf zu dessen Fortschreibung durch die Beschreibung von Grundsätzen und Ausbauzielen konkretisiert.

Trotzdem ist die Realität der Angebots- und Programmgestaltung im lokalen Weiterbildungsbereich noch weit entfernt von der im oben zitierten Gestaltungswillen zum Ausdruck kommenden öffentlichen Verantwortung in der Weiterbildung und dem Ziel, Angebote für den latenten Bedarf bildungsferner Gruppen und Grundangebote in den Kommunen zu schaffen. Durch die zwischen 1970 und 1976 entstandenen Weiterbildungsgesetze wurde ein pluralistisches Weiterbildungssystem zementiert, das von verschiedenen gesellschaftlichen Ordnungsmodellen geprägt wird, und eine Integration der Weiterbildung in das Bildungssystem verhindert. „Durchlässigkeit – wie der Strukturplan des Deutschen Bildungsrates gefordert hatte – kann dieses System nicht gewährleisten."[5]

Ein Blick in die kommunale Realität zeigt, daß der „kommunale Weiterbildungsbereich" eher analytisches Konstrukt als wahrnehmbare Realität ist. Der Weiterbildungsbereich auf kommunaler Ebene stellt bislang weder in der Perzeption der verschiedenen Anbieter von Weiterbildung noch aus der Sicht der Nutzer einen integrierten Bildungsbereich dar. Von einer überschaubaren organisatorischen und inhaltlichen Gestaltung des Weiterbildungssystems kann heute noch nicht gesprochen werden.

Vielmehr zeichnen sich der Aufbau und die Struktur des „lokalen Weiterbildungsbereichs" durch eine weitgehende organisatorische, räumliche und nach Funktionen differente Zersplitterung aus. Sie ist entstanden aus den gewachsenen Formen der Erwachsenenbildung und manifestiert sich im Spannungsfeld zwischen öffentlichen Einrichtungen (VHS, allg. und berufsbildenden Schulen für den zweiten Bildungsweg sowie beruflicher und schulischer Fortbildung) und nicht öffentlichen Weiterbildungseinrichtungen (konfessionellen und gewerkschaftlichen verbandsorientierten und privaten Trägern).

Diversifikation statt Integration im lokalen Weiterbildungsbereich

In der Perzeption der Anbieter von Weiterbildung (der öffentlichen wie der nicht öffentlichen Weiterbildungseinrichtungen) dominieren die durch die Weiterbildungsgesetze der Länder und die Interessenlage der Träger bestimmten Strukturkomponenten, die eher die Diversifikation als Integration des lokalen Weiterbildungsbereiches begünstigen.

Die *Abhängigkeit von Finanzierungssystemen* (Abrechung nach Teilnehmerstunden), die zwar von Land zu Land variieren, führt zur bekannten Marktaufteilung und Konkurrenz der Anbieter von Weiterbildung und behindert strukturell die Bereitschaft zur Orientierung an einer bedarfs- und zielgruppenrelevanten Angebots- und Programmgestaltung sowie an der Abstimmung und Kooperation bei der Bereitstellung von Angeboten, die nur von kleinen Bevölkerungsgruppen nachgefragt werden. Sie begünstigt Überkapazitäten und Mehrfachangebote, die dann oft mangels Teilnehmer bei den verschiedenen Weiterbildungseinrichtungen nicht zustandekommen.

Die Marktorientierung in der Angebotsplanung, die Ausrichtung auf die manifeste Nachfrage führt zur Vernachlässigung von Angeboten für latente Weiterbildungsbedürfnisse. Die unzureichende Kenntnis des latenten Weiterbildungsbedarfs in einer Kommune ist nicht zuletzt auf die bei den meisten Anbietern unzureichende Datenlage bezüglich der Teilnehmerzusammensetzung und -veränderung etc. zurückzuführen.

Insgesamt besteht im lokalen Weiterbildungsbereich die unbefriedigende Situation, daß „Ziele, Niveau und Teilnehmerkreis und insbesondere die Kursinhalte der verschiedenen WBE differieren und so der Eindruck eines Gelegenheitsangebotes entsteht."[6]

Die Struktur des lokalen Weiterbildungssystems weist von Kommune zu Kommune zum Teil sehr große Unterschiede auf, die sich auf dem Kontinuum zwischen Konkurrenzsituation und Aufteilung des „Marktes" bewegen. Das Verhältnis der Träger zueinander hat sich verfestigt und zur Routine entwickelt, die bei engem personellen Bezug der im Weiterbildungsbereich tätigen Mitarbeiter von Dritten nur schwer zu beeinflussen ist. Die meist geringe personelle Kapazität der Träger (Ausstattung mit hauptamtlichen pädagogischen Mitarbeitern) bedingt zudem, daß sie sich eher als Organisator für Weiterbildungsmaßnahmen verstehen, für deren Umsetzung sie nebenberufliche Dozenten beschäftigen, die in weitgehender Autonomie Maßnahmen durchführen. Die Beschäftigung mit Inhalten und ihrer didaktischen Umsetzung wird auf einzelne hauptamtliche pädagogische Mitarbeiter personalisiert und häufig nicht systematisch fortentwickelt und vertieft. In Bremen wird daher eine erwachsenenpädagogische Zusatzqualifikation für alle nebenamtlichen Erwachsenenbildner verbindlich durchgeführt.[7]

Die Programmgestaltung orientiert sich eher am manifesten Bedarf und weniger an latenten Bedürfnissen von Zielgruppen, die im traditionellen Weiterbildungsangebot unterrepräsentiert sind. Das funktionale, auf die Organisation von Veranstaltungen ausgerichtete und bezüglich des Weiterbildungsspektrums verfestigte Trägersystem determiniert die Arbeit von Weiterbildungsberatungsstellen am stärksten im Bereich der Angebotsberatung und dem Versuch, Kooperation zwischen den Trägern zu initiieren.

Ein weiteres Hindernis entsteht aus der Spezialisierung von Weiterbildungseinrichtungen, die sich am deutlichsten im Auseinanderdriften von allgemeiner und schulischer gegenüber der berufsbezogenen Bildung bemerkbar machen. Auch wenn die VHS zum Teil Angebote im beruflichen Bereich bereitstellen und gegenüber den Beratungsstellen für Weiterbildung (BWB) in der Regel offen für Anregungen sind, wird der größte Anteil von Trägern bestritten, die ihre Angebote über die Arbeitsverwaltung abgesichert haben und zertifikatsbezogene Leistungskurse durchführen bzw. diese kommerziell vermarkten. Mit diesen Trägern bestehen die größten inhaltlichen Kooperationsschwierigkeiten, da kaum Einfluß auf didaktische Konzeptionen konzediert wird und eine Integration von allgemeiner und beruflicher Bildung z. T. explizit abgelehnt wird.

Bedarf an genereller Information und spezieller Beratung

Teilnahmehemmnisse an bestehenden Weiterbildungsangeboten ergeben sich nicht nur aus den Teilnahmevoraussetzungen und -bedingungen sowie der curricularen Anlage der Kurse und Veranstaltungen, sondern auch aus den Bildungsbenachteiligte überfordernden Informationsquellen und -medien über Weiterbildungsangebote. Die üblichen Informationen der Weiterbildungseinrichtungen über ihre Angebote (nach klassischen Bildungsbereichen gegliederte Programmhefte und Werbung durch Plakate etc.) ist auf bildungsgewohnte und bereits motivierte Bevölkerungsgruppen ausgerichtet. Sowohl die „Sprachebene" der Programmhefte als auch die Präsentation der Angebote verstärken die Informations- und Orientierungsprobleme für Bildungsbenachteiligte im lokalen Weiterbildungsbereich.

Als zentrales Problem für den einzelnen erweist sich immer wieder, daß er ohne Beratung im Vorfeld manifester Weiterbildungsinteressen kaum entscheiden kann, ob seine persönlichen Voraussetzungen den Teilnahmevoraussetzungen und Zulassungsbedingungen zu Angeboten, insbesondere in berufsbildenden Bereich, genügen und ob bestimmte Kurse für ihn überhaupt sinnvoll sind.

Aus den dreijährigen Beratungserfahrungen der KIW in 10 Städten und Kreisen kann der Bedarf nach individueller Information und Beratung über die Weiterbildung sehr nachhaltig belegt werden. Der geringe Informationsstand über Weiterbildungsmöglichkeiten – insbesondere bei bildungsbenachteiligten Personen – konnte auch durch Repräsentativ-Befragungen[8] nachgewiesen werden. Wie die am Institut für Bildungs-Betriebslehre im FEoLL durchgeführte Befragung in drei Regionen ergab, halten sich knapp die Hälfte aller Befragten über ihre Weiterbildungsmöglichkeiten für nicht ausreichend informiert.[9]

Rechtliche Vorgaben und reale Defizite

Die Ermittlung des Weiterbildungsbedarfs ist mit einer Fülle wertender Quantifizierungen, mit Gewichtungen und politischen Prioritätensetzungen verbunden. „Weder die Indikatoren noch die indizierten Bedarfe sind Maßgaben für sich genommen. Sie bedürfen beide vielfacher Wertungen."[10] „Bei dem Sprung von den subjektiven und individuellen Bedürfnissen zu dem ‚administrativen Bedarf', welcher Ausdruck der öffentlich artikulierten kollektiven Ziele ist,"[11] ist ein Legitimationsvakuum zu füllen.[12]

Die in der Bundesrepublik vorhandenen zwei Lösungsmöglichkeiten und Instrumente für diese Wertungsaufgabe zur Angebotsplanung und Bedarfsermittlung auf lokaler Ebene werden im Bildungsgesamtplan II im Abschnitt „Formen der Organisation und Zusammenarbeit"[13] benannt:

– Kooperationsgremien im örtlichen oder regionalen Bereich sowie auf Länderebene, oder
– Kommunale Entwicklungsplanung für Weiterbildung

Die vielfach vorgetragene Kritik[14] am Instrument „Kooperationsgremien" zur Bedarfsermittlung und Abstimmung der Weiterbildungsangebote zwischen den Trägern kann aus den Erfahrungen der Angebotsberatung durch die Mitarbeit in Kooperationsgremien durch die Beratungsstellen für Weiterbildung in den vergangenen 3 Jahren bestätigt werden. Der Versuch, aus der Einzelberatung der BWB erkennbare Bedarfe nach spezifischen Weiterbildungsangeboten für Erwerbslose über die Kooperationsgremien in konkrete Angebote und zielgruppenadäquate Anspracheformen umzusetzen, ist weitgehend fehlgeschlagen. Von der Beratungsstelle aufgezeigte Lücken und Defizite an Weiterbildungsmöglichkeiten für Bildungsbenachteiligte konnten besser durch konkrete Kooperation und Angebotsberatung mit einzelnen Weiterbildungseinrichtungen, insbesondere der VHS, abgebaut werden.

Im Unterschied zu den Kooperationsgremien sind im Instrument der Weiterbildungsentwicklungsplanung die generellen Voraussetzungen zur Angebotsplanung und Bedarfsermittlung problemadäquater geregelt. „Hier ist der kommunale öffentliche Planungsträger kraft gesetzlich geregelter Rechte und Pflichten zum Tätigwerden verantwortlicher Organisator, Initiator und Motor eines sich wiederholenden Planungsbeteiligungsprozesses. Er stellt im Verhältnis zu den Trägern sternförmige Abstimmungskontakte und eine Fülle weiterer möglicher Kooperationsbeziehungen untereinander her, immer bezogen auf die Erstellung des Weiterbildungsentwicklungsplanes."[15]

238

Als erstes Landesgesetz zur Weiterbildung versucht das „Weiterbildungsgesetz zur Ordnung und Förderung der Weiterbildung" in Nordrhein-Westfalen vom 1.1.1975 sowohl *Struktur-* als auch *Finanzierungsgesetz* zu sein. Damit unterscheidet es sich wesentlich von anderen Landesgesetzen zur Weiterbildung, die sich auf die Finanzierung der Erwachsenenbildung beschränken. Die Konkretisierung der Strukturvorstellung des Gesetzes in Richtung eines flächendeckenden Bedarfs, mit dem eine Grundversorgung gesichert werden könnte, ist allerdings rein quantitativ. „Die Grundversorgung gilt als erreicht, wenn in Gemeinden mit 40 000 Einwohnern 7 200 Unterrichtseinheiten erteilt werden."[16]

Für die Weiterbildungsentwicklungsplanung in NW besteht eine Zielsetzung in der „Defizitfeststellung". Die Bewertung der Bestandsaufnahme im Vergleich zu anderen Bestandsaufnahmen soll „Einblick in die regionalen, sozialen und curricularen Defizite" ergeben, die der Planungsträger zur Grundlage für eine Diskussion der jeweiligen Planungsziele des örtlichen Weiterbildungsbedarfs zugrundelegen soll.[17] Über die Zielsetzung hinaus für jeden Planungsbereich „zusammenfassend darzustellen", wie das Weiterbildungsangebot quantitativ und qualitativ ausgebaut werden soll, müßte angegeben werden, wie, durch welche Steuerungsinstrumente bzw. Kommunikationsprozesse zwischen den Beteiligten erreicht werden soll, daß die lokale Angebotsstruktur entsprechend den generellen Zielen von Weiterbildungsentwicklungsplanung modifiziert bzw. weiterentwickelt werden kann.

Die zur „Information und Beratung"[18] der Träger durch den Planungsträger im Weiterbildungsentwicklungsplan getroffenen Regelungen beschränken sich auf die Vorarbeiten zur Erstellung des lokalen WEP. Insofern ist zu befürchten, daß die Zielsetzung der Ausrichtung des Weiterbildungsangebotes im Planungsgebiet auf bestimmte Hauptziele der bedarfsdeckenden Versorgung nicht erreicht werden kann, wenn die „Information durch Beratung" über die Programmschwerpunkte nur alle fünf Jahre zur Erstellung des WEP erfolgt.

Obwohl aus der bisherigen Expansion des Weiterbildungsbereichs abgeleitet wird, daß ein erheblicher latenter Bedarf vorhanden ist, können zentrale Aussagen über den Bedarf weder vom Land noch von den Kommunen als Planungsgrundlage vorgegeben noch umgesetzt werden. Bedarfsprognosen für mittelfristige Planungen müssen zwar von den vorhandenen Weiterbildungsangeboten ausgehen. Für die Bestimmung zielgruppenspezifischer Bedarfe ist es jedoch nicht ausreichend, wenn die im Rahmen der WEP erstellten Bestandsaufnahmen, Trends der Teilnehmerstruktur, Nachfrageüberhänge und Defizite ausgewertet werden.

Bedarfsprognosen, die durch Auswertung dieser Bausteine gewonnen werden, können, nicht zuletzt wegen der bei den meisten Weiterbildungseinrichtungen unzureichenden statistischen Unterlagen, nur grobe Richtungen angeben. Der tatsächliche Weiterbildungsbedarf in der Differenzierung nach inhaltlichen, lokalen und zielgruppenspezifischen Kriterien kann auch durch soziologische Umfragen zum Weiterbildungsbedarf und durch die „Einbeziehung der Erfahrungen von Mitarbeitern" der Weiterbildungseinrichtungen[19] oder durch zufällig erhobene Vorschläge von Teilnehmern nicht ermittelt werden.

Ergebnis derartiger Bemühungen war bisher immer die Ermittlung von manifesten und aggregierten Weiterbildungsbedarfen, die in wissenschaftlichen Gutachten dokumentiert wurden. Auch die Auswertung der von den Kommunen erstellten „Bestandsaufnahmen" für die Bedarfsbestimmung dürfte nicht zuletzt wegen des Zeitverzugs, in dem die Auswertungen vorgelegt werden können, nur teilweise verwendbar sein, weil sich die Teilnehmerkreise, -interessen und -bedingungen bereits wieder geändert haben.

Zur Ermittlung zielgruppenspezifischer Weiterbildungsbedarfe durch Weiterbildungsberatung

Die Notwendigkeit kontinuierlicher Information und Beratung

Unter Bezug auf die Erfahrungen der „Kommunalen Beratungsstelle für Weiterbildung" lautet der Kern der hier vertretenen These, daß durch die Institutionalisierung trägerunabhängiger kommunaler Beratungsstellen für Weiterbildung in Städten und Kreisen ein Instrumentarium geschaffen werden könnte, mit dessen Hilfe kontinuierlich lokal- und zielgruppenspezifische Weiterbildungsbedarfe ermittelt werden können, die an die Anbieter von Weiterbildung als Orientierungs- und Planungshilfen zur Angebotsgestaltung weitergeleitet werden. Die aus der fortlaufenden Beratung von potentiellen und tatsächlichen Interessenten an Weiterbildung gewinnbaren Aussagen über zielgruppenspezifische Weiterbildungsbedarfe müssen sich in hohem Maße auf die Lage vor Ort beziehen. Bei der Berücksichtigung der lokalen und zielgruppenspezifischen Weiterbildungsbedarfe bei der Angebotsplanung kann auch dem von den Bremer Weiterbildungsbüros erkannten engen Zusammenhang zwischen Wohnort und Veranstaltungsart Rechnung getragen werden. „Die größte Teilnehmergruppe einer Veranstaltung kommt aus dem Stadtteil, in der diese Veranstaltung durchgeführt wird."[20] In diesem Sinne sollte die von *Girgensohn* vorgeschlagene Einbeziehung der „Auswertung der Erfahrungen der Beratungsstellen"[21] in die Bedarfsüberlegungen verstanden werden.

Ohne zielgruppenspezifische Weiterbildungsbedarfsermittlung und die Bereitstellung adäquater Angebote kann der Zugang zur Weiterbildung für bisher ausgeschlossene Gruppen kaum verbessert werden. Sowohl in die Bedarfsermittlung als auch in die Angebotsberatung der Weiterbildungseinrichtungen muß die Kenntnis der Teilnahmehemmnisse und der Restriktionen für den Zugang zur Weiterbildung, die aus der Einzelberatung der BWB erkennbar sind, einbezogen werden. Die bloße Bereitstellung zielgruppengerechter Angebote reicht nicht aus, um das Weiterbildungsverhalten bildungsbenachteiligter Gruppen zu ändern.

Die Angebote müssen durch zielgruppengerechte Ansprache- und Werbeformen an die potentiellen Nutzer vermittelt werden, und die Zugangsvoraussetzungen auf die durch unzureichende Primärausbildung benachteiligter Gruppen ausgerichtet werden. Die kontinuierliche Information und Beratung der Anbieter von Weiterbildung durch die BWB bei der Angebotsgestaltung müssen daher diese Faktoren miteinbeziehen. Diese sich in „vielen kleinen Schritten" vollziehende Beratung der Anbieter durch BWB ist notwendig, um die Differenzierung und Ausgewogenheit der lokalen Weiterbildungsangebote sukzessive zu erreichen. Die aus der Einzelberatung der BWB gewinnbaren Planungs- und Orientierungshilfen für Weiterbildungsbedürfnisse und zielgruppengerechte Angebote können bilateral einzelnen Weiterbildungseinrichtungen zur Verfügung gestellt werden, und je nach Kooperationsbereitschaft der lokalen Weiterbildungsträger in deren Angebotsplanung eingebracht werden.

Entscheidend für die Umsetzung der erkannten Bedarfe in neue bzw. alternative Angebote der Weiterbildungseinrichtungen ist deren Bereitschaft, mit der BWB zusammenzuarbeiten und deren Anregungen für zielgruppenadäquate Angebote aufzunehmen. Die Bereitschaft zur Inanspruchnahme der Anregungen der BWB für die Programmgestaltung kann nur in einem kontinuierlichen Kommunikationsprozeß zwischen BWB und WBE entwickelt werden, in dem die WBE nicht zuletzt von der Kompetenz der BWB überzeugt werden können, und den Nutzen der Serviceleistungen, die ihnen die BWB bieten kann, erfahren.

Im Gegensatz zu der von *Senzky*[22] vertretenen Auffassung, daß Bildungsberatung institutionell nicht aus Weiterbildungseinrichtungen ausgegliedert werden soll, kann unter Bezug auf die Erfahrungen des Modellvorhabens gezeigt werden, daß Weiterbildungsberatung am besten als eigenständige kommunale Dienstleistung ihrer Aufgabe, Planungs- und Orientierungshilfen zur zielgruppenspezifischen Bedarfs- und Angebotsgestaltung für den lokalen Weiterbildungsbereich zu erstellen, gerecht werden kann.

Als Ergänzung zu trägerübergreifenden Beratungsstellen für Weiterbildung, die von den Bildungseinrichtungen unabhängig sind, aber eng mit ihnen kooperieren, sollten die Bestrebungen zum Ausbau der Lern- und Hörerberatung bei den Weiterbildungseinrichtungen intensiviert werden. Am weitesten fortgeschritten sind die inhaltlichen Vorstellungen zum Ausbau der Bildungsberatung an den VHS[23], obwohl die Erfahrungen mit der organisatorischen Verankerung und Absicherung von „hausinterner Bildungsberatung" nicht sehr erfolgversprechend sind (z. B. München)[24]. Die Freistellung von pädagogischen Mitarbeitern zur hauptberuflichen Wahrnehmung von Bildungsberatung konnte bisher, von Ausnahmen abgesehen[25], an der VHS nicht realisiert werden.

Der Anspruch kommunaler BWB, als Gelenkstelle zwischen Anbietern und Nachfragern von Weiterbildung zu fungieren, erfordert eine Aufgabenbestimmung der BWB, die über die bislang tätigen Bildungsberatungsstellen hinausgeht. Statt der Beschränkung auf Einzelberatung müssen die Bildungsberater einen erheblichen Teil ihrer Arbeitskapazität auf die Information und Beratung von Weiterbildungseinrichtungen konzentrieren.

Konzeption und Aufgabenstruktur kommunaler Beratungsstellen für Weiterbildung

In Abgrenzung zu den wenigen bereits 1976 vorhandenen Bildungsberatungsstellen und der Lern- und Hörerberatung an VHS, die schwerpunktmäßig auf die Durchführung von Einzelberatung ausgerichtet sind, wurde im Verlauf des Modellvorhabens eine Konzeption von Weiterbildungsberatung entwickelt, die als trägerunabhängige Beratungsstelle Dienstleistungen sowohl für die tatsächlichen und potentiellen Nutzer als auch für die Weiterbildungsanbieter erbringen sollte. Diese Konzeption hat sich nach dreijähriger Erprobung bewährt. Durch die parallele wissenschaftliche Begleitforschung des Deutschen Instituts für Urbanistik konnte der Nutzen der entwickelten Konzeption nachgewiesen werden und der Bedarf bei den individuellen Nutzern, bei den örtlichen Weiterbildungseinrichtungen und den zum Abbau materieller und psycho-sozialer Restriktionen für die Weiterbildung relevanten lokalen Institutionen (Arbeitsamt, Sozialamt, psychosoziale Beratungsdienste) aufgezeigt werden.

An dieser Stelle kann nicht auf die verschiedenen Entwicklungsphasen beim Aufbau der Beratungsstellen für Weiterbildung eingegangen werden.[26] Hier soll lediglich die entwickelte Konzeption und Aufgabenstruktur der Beratungsstellen skizziert werden, zum besseren Verständnis der weiter unten aufgezeigten Möglichkeiten und Grenzen der Angebotsinnovation im lokalen Weiterbildungsbereich durch kommunale Beratungsstellen für Weiterbildung.

Die optimale Verwirklichung der Aufgaben einer Beratungsstelle für Weiterbildung in kommunaler Trägerschaft erfordert den Verbund von vier Arbeitsschwerpunkten:

– Ansprache von Bildungsbenachteiligten sowie zielgruppenbezogene Öffentlichkeitsarbeit;
– Information, Beratung und Motivierung von Interessenten an Weiterbildung;

- Zielgruppenbezogene Kooperation mit Weiterbildungträgern und -einrichtungen, sozialen Diensten und kommunalen Ämtern;
- Informationssammlung und -aufbereitung (Angebotsdaten, Analyse, Bedarfsermittlung).

Hieraus wurde der nachfolgend dargestellte Aufgabengliederungsplan einer *Beratungsstelle für Weiterbildung* entwickelt, aus dem das gesamte Leistungsspektrum der Tätigkeitsfelder und Aktivitäten ersichtlich wird (Abb. 1).

Dieses Modell kommunaler Weiterbildungsberatung hat die Notwendigkeit der Gleichgewichtigkeit dieser Aufgabenschwerpunkte gezeigt. Kommunale Weiterbildungsberatung mit diesen Aufgabenbereichen stellt eine eigenständige und notwendige kommunale Dienstleistung dar, die auch nicht durch verbesserte Beratung des Arbeitsamtes und der sozialen Dienste oder durch die Lern- und Hörerberatung von Weiterbildungseinrichtungen ersetzt werden kann.

Abb. 1: Aufgabengliederungsplan einer Beratungsstelle für Weiterbildung

Sachgebiete	Tätigkeitsfelder	Aktivitäten
1. Ansprachen von Bildungsbenachteiligten und Öffentlichkeitsarbeit	Werbung für die Inanspruchnahme der Leistungen der Beratungsstelle	Einsatz von Ansprachemedien wie: Multiplikatorenwerbung, Informationsstände, Pressewerbung, Informationsveranstaltungen
	zielgruppengerichtete Werbung für spezifische Angebote von Weiterbildungseinrichtungen	
	Öffentlichkeitsarbeit über Bildungsmöglichkeiten und -chancen der Zielgruppe	periodische Erstellung eines Weiterbildungsführers und von Weiterbildungszeitungen
	gemeinsame Bildungswerbung mit Weiterbildungseinrichtungen	
2. Information, Beratung und Motivierung von Erwerbslosen und von Arbeitslosigkeit bedrohten Personen	Information und Beratung über Weiterbildungsmöglichkeiten:	persönliche und telefonische Informationsgespräche
	− Bildungslaufbahnberatung (Nachholen von schulischen Abschlüssen, berufliche Bildungsmaßnahmen)	problemorientierte Beratung in mehreren Gesprächen
	− Beratung über allgemeinbildende Angebote (Politik, Kultur, Freizeitgestaltung)	Gruppenarbeit und sozialpädagogische Betreuung
	− allgemeine Lernberatung	Hausbesuche
	Motivierung zu Weiterbildung und Selbsthilfe	einzelfallbezogene Zusammenarbeit mit Sozialverwaltung, Arbeitsamt und psychosozialen Diensten
	− Bildungsberatung unter Einbezug der Lebenssituation des Ratsuchenden und seiner Probleme	
	− Problemlösungshilfen bei der Bewältigung von materiellen, familiären, psychischen und sozialen Weiterbildungshemmnissen	Vermittlung und Anmeldung zu Weiterbildungskursen und therapeutischen Maßnahmen
	Informationen über sozialstaatliche Rechte und Ansprüche, institutionelle Zuständigkeiten und Hilfsmöglichkeiten sowie Orientierungs- und Kontakthilfen im Umgang mit Behörden und Institutionen	

3. Angebotsberatung örtlicher Weiterbildungseinrichtungen und Kooperation mit beratungsrelevanten Institutionen	Anregung und Konzipierung von Weiterbildungsangeboten zum Ausgleich von Defiziten im lokalen Weiterbildungsangebot für bildungsbenachteiligte Bevölkerungsgruppen.	Multilaterale Kooperation mit örtlichen Weiterbildungseinrichtungen
	Beratung bei Programm- und Maßnahmenplanung und -durchführung	Bilaterale Kooperation mit Weiterbildungseinrichtungen und ihren pädagogischen Mitarbeitern
	Beratung und Kooperation bei Teilnehmergewinnung und Bildungswerbung	Hospitation in Kursen von Weiterbildungseinrichtungen
	Anregung und Intensivierung der Kooperation zwischen Weiterbildungseinrichtungen	Curriculumberatung
	Beratung von Trägern und Gruppen bei soziokultureller Aufbauarbeit (Animation)	
4. Informationssammlung und -aufbereitung	laufende Erhebung von Informationen über Weiterbildungseinrichtungen und -angebote. (Teilnahmebedingungen, Berufsbilder, gesetzliche und rechtliche Vorschriften, z. B. BSHG, AFG).	Aufbau und Entwicklung eines lokalen Weiterbildungsinformationssystems (Angebotsdatei)
	einzelfallbezogene Erfassung der für von Beratung wichtigen Informationen der Ratsuchenden (insbes. Weiterbildungsinteressen und -erfahrungen)	Erstellung von Planungs- und Bedarfsdaten für den Weiterbildungsbereich
	Effizienz- und Wirkungskontrolle der Tätigkeit der Beratungsstelle.	Berichte für Rat und Verwaltung
5. Weiterbildung und Erfahrungsaustausch der Bildungsberater	Fortentwicklung der Beratungsmethoden und der Beraterqualifikation	Teilnahme an Fachtagungen
	Fortlaufende Orientierung über Entwicklungen im Bildungsbereich	Supervision
		Verarbeiten von Fachliteratur

Durch den *kontinuierlichen Einsatz* zielgruppenadäquater Anspracheformen wird sichergestellt, daß insbesondere bildungsungewohnte Bevölkerungsgruppen zunächst zum Aufsuchen der Beratungsstelle für Weiterbildung motiviert werden. Während Personen mit guter Primärausbildung relativ leicht durch konventionelle Anspracheformen und Medien erreicht werden können, konnte der Zugang zu bildungsungewohnten Bevölkerungsgruppen überwiegend durch persönliche Ansprache und über Multiplikatoren erreicht werden.

Weiterbildungsberatung, wie sie von den BWB in *Einzel- und Gruppengesprächen* durchgeführt wird, bleibt nicht reduziert auf den traditionellen Bereich der Weiterbildung. Vielmehr wird einzelfallbezogene Weiterbildungsberatung weiter gefaßt und beinhaltet:

— Information und Beratung über Möglichkeiten und Voraussetzungen für die Teilnahme an den Angeboten und Kursen der lokalen Weiterbildungseinrichtungen und Motivierung zur Teilnahme an diesen Kursen;

— Thematisierung und Abbau psychosozialer und materieller Hemmnisse für die Weiterbildungsteilnahme;

— Information über Rechte, Ansprüche nach dem BSHG, dem AFG sowie über institutionelle Zuständigkeiten und örtlich vorhandenen Hilfsmöglichkeiten für Bildungsbenachteiligte

— sowie Orientierungs- und Kontakthilfen gegenüber Behörden und Institutionen.

Gerade bei Bildungsbenachteiligten hat sich gezeigt, daß Motivierung und der Aufbau der Bereitschaft, die persönlichen Situationsbedingungen zu ändern, nicht durch bloße Informationsvermittlung, sondern durch umfassende Beratung erreicht werden muß. Weiterbildungsberatung geht aus von der Thematisierung der konkreten Alltags-, Berufs- und Arbeitserfahrung der Ratsuchenden. Sie bleibt nicht auf bloße Informationsweitergabe beschränkt.

Die aus der Einzelberatung gewinnbaren Erkenntnisse über Weiterbildungsinteressen, -verhalten, Teilnahmehemmnisse etc. stellen die Basis dar für die Kooperation und Beratung der Weiterbildungseinrichtungen bei der laufenden Programm- und Angebotsplanung. Insbesondere aus den in der Beratung sichtbar werdenden latenten Weiterbildungsbedürfnissen können lokal differierte und zielgruppenadäquate Weiterbildungsbedarfe angegeben werden.

Weiterbildungsberatung darf sich nicht darauf beschränken, als Agentur zwischen Nachfragern und vorhandenen Angeboten zu vermitteln. Sie muß die Kenntnisse über manifeste und latente Bildungsbedürfnisse — vor allem, wenn sie im lokalen Weiterbildungsangebot nicht berücksichtigt werden — systematisch aufarbeiten und an die Weiterbildungseinrichtungen für deren Programmgestaltung weitergeben. In Kooperation mit den Weiterbildungseinrichtungen können auf diese Weise langfristig Hemmnisse und Restriktionen abgebaut werden, die sich aus der mangelnden Eignung des Angebots für bildungsbenachteiligte Zielgruppen ergeben und deren Teilnahme an Weiterbildung erschweren.

Die Erfahrungen der Beratungsstellen belegen nicht nur den individuellen Bedarf an Beratung. Gerade für die Verbesserung des Angebots auf Zielgruppen, die traditionell in den Weiterbildungseinrichtungen unterrepräsentiert sind, konnten die Erfahrungen der BWB aus der Ansprache, Gruppenarbeit und sozialpädagogischen Betreuung für die Weiterbildungseinrichtungen nutzbar gemacht werden. Diese Erfolge lassen sich langfristig zu eigeninitiativer Differenzierung der Programme durch die Weiterbildungseinrichtungen ausbauen, wenn kommunale Weiterbildungsberatungsstellen hierzu Hilfestellung leisten. Durch die Kooperation einzelner Weiterbildungsträger kann das Angebot besser strukturiert und die Versorgungsbereiche für den Weiterbildungssuchenden durchschaubarer gestaltet werden. Der Ausbau des Weiterbildungsbereichs muß durch Zusammenwirken von staatlichen, kommunalen und privaten Trägern, Vertretern der Sozialpartner, der Lehrenden und Lernenden organisiert und durchgeführt werden. Die gemeinsame Überprüfung von Programmen mit der Intention, zielgruppenspezifische Weiterbildungsangebote zu entwickeln, wirkt einer Verengung des Angebots entgegen und kann übergreifende Aspekte in die Planung einbringen.

Arbeitsvoraussetzungen und Zielperspektiven der Weiterbildungsberatung

Die im Rahmen des Aufgabenschwerpunktes der BWB „Beratung und Kooperation mit Weiterbildungseinrichtungen" zu erbringenden Leistungen richten sich an die örtlichen Anbieter von Weiterbildung. Ausgehend von den schon skizzierten Problemen und Restriktionen der Angebotsgestaltung im örtlichen Weiterbildungsbereich sollen die BWB mit den ihnen zur Verfügung stehenden Möglichkeiten versuchen, folgende Zielsetzungen zu realisieren:

— die Unübersichtlichkeit der Weiterbildungsangebote der verschiedenen Weiterbildungseinrichtungen in der Kommune abzubauen,
— allgemeine Bildungswerbung zur Nutzung der lokalen Weiterbildungsangebote durchzuführen,

- Teilnehmer für spezifische Weiterbildungangebote zu gewinnen und an die Weiterbildungseinrichtungen zu vermitteln,
- Informations- und Planungshilfen für Weiterbildungseinrichtungen zu erstellen, zur besseren Ausrichtung der Weiterbildungsangebote auf latente und zielgruppenspezifische Weiterbildungsbedarfe,
- Restriktionen und Hemmnisse abzubauen, die sich für die Weiterbildungsteilnahme aus den Zugangsvoraussetzungen, der räumlichen Lokalisierung der Angebote etc. ergeben,
- zielgruppengerechte Weiterbildungsangebote für bildungsbenachteiligte Bevölkerungsgruppen zu initiieren.

Als eine wichtige Voraussetzung zur Umsetzung dieser Ziele muß die Beratungsstelle für Weiterbildung als neue Einrichtung allen Weiterbildungseinrichtungen ihren Dienstleistungsauftrag vermitteln und erläutern. Mit zunehmender Kompetenz der Beratungsstelle konnte die anfänglich skeptische und abwartende Haltung der Weiterbildungseinrichtungen zugunsten einer offenen Kooperationsbereitschaft abgebaut werden. Insbesondere mit den VHS und den konfessionellen Einrichtungen und teilweise den von den Gewerkschaften getragenen Einrichtungen konnten Angebotsergänzungen und -verbesserungen für die Zielgruppe Erwerbslose erörtert und teilweise erreicht werden.

Eine weitere Voraussetzung für die Information und Beratung der Weiterbildungseinrichtungen besteht in der Ermittlung von Angebotslücken und -defiziten. Die Informationsbasis der BWB muß über die für die Zielgruppe vorhandenen Angebote und Defizite kontinuierlich durch den Aufbau einer Angebotsdatei erarbeitet werden. Der latente und manifeste Weiterbildungsbedarf für verschiedene Teilzeitgruppen kann sukzessive aus der einzelfallbezogenen Beratung ermittelt werden.

Für die Weiterbildungseinrichtungen ist kommunale Weiterbildungsberatung ambivalent:

Zum einen bietet trägerunabhängige Weiterbildungsberatung die Möglichkeit,

- Weiterbildungsinteressen im Vorfeld der Hörerberatung zu ventilieren, die Weiterbildungseinrichtungen zu entlasten und Abbruchquoten zu verringern;
- neue Interessengruppen zu erreichen, ohne selbst Ansprache zu betreiben und damit auch die Teilnehmerzahlen der Einrichtung zu heben;
- über die Beratung durch die BWB Informationen zu erhalten, wie das Angebot dem Bedarf angepaßt und erweitert werden kann.

Zum anderen birgt trägerunabhängige Weiterbildungsberatung die Gefahr,

- daß das Programm und seine Realisierung systematisch beobachtet und dokumentiert wird;
- negative Erfahrungen von Teilnehmern mit Angeboten der Weiterbildungseinrichtung bei der Beratungsstelle artikuliert werden;
- Interessenten aufgrund der Einschätzung der Berater über die Qualität bestimmter Weiterbildungseinrichtungen und deren Angebote zielgerichtet gelenkt werden können;
- die Beratungsstelle unter Hinweis auf ihre Kompetenz Koordinierungsfunktionen entwickeln kann.

Kooperationsfelder zwischen Weiterbildungsberatung und Weiterbildungseinrichtungen

Die Umsetzung der für die Kooperation mit Weiterbildungseinrichtungen gesetzten Ziele erfolgt durch die Ausübung von vier Teilaufgaben:

- Durch *regelmäßige Kontaktpflege* der BWB mit allen kooperationsbereiten Weiterbildungseinrichtungen und allgemeinen Informationsaustausch über die für Anbieter und Nutzer von Weiterbildung relevanten Fragen wird die Basis für konkrete Kooperationsbereitschaft geschaffen.
- Durch *gezielte Werbung* für die Teilnahme potentieller Nutzer an den Angeboten verschiedener Weiterbildungseinrichtungen können Kurse, die u. U. mangels Teilnehmer nicht zustande kommen, durchgeführt werden und Mehrfachangebote vermieden werden. Durch die Erstellung und gezielte Verteilung von Weiterbildungsführern bzw. Weiterbildungswegweisern durch die BWB wird die Transparenz des örtlichen Weiterbildungsangebots verbessert.
- Durch die *Vermittlung der aus der Einzelberatung gewonnenen Erkenntnisse* über zielgruppenspezifische Weiterbildungsbedarfe und Angebotsdefizite an die Weiterbildungsanbieter können diese kontinuierlich bei der Angebots- und Programmplanung beraten werden und Defizite in den Weiterbildungsmöglichkeiten abbauen.
- Die intensivste und zeitaufwendigste Kooperationsform der BWB mit Weiterbildungseinrichtungen besteht in der *gemeinsamen Durchführung* zielgruppenadäquater Modellmaßnahmen zur Weiterbildung, die von der BWB angeregt werden.

Die Ausübung dieser Tätigkeiten erfordert von den hauptamtlichen Bildungsberatern ein hohes Maß an Professionalisierung. Abbildung 2 illustriert den Zusammenhang der für die „Trägerkooperation und -beratung" erforderlichen Teilaufgaben der BWB und verdeutlicht die generellen Einflußfaktoren auf die bilaterale und trägerübergreifende Angebotsberatung (z. B. rechtliche und finanzielle Regelungen der Weiterbildung).

Analog der oben unterschiedenen vier Teilaufgaben lassen sich folgende Ergebnisse der für Weiterbildungseinrichtungen erbrachten Serviceleistungen der BWB angeben:

Informationsaustausch und Kontaktpflege

Als Voraussetzung zur inhaltlichen und themenspezifischen Kooperation muß die BWB mit möglichst allen anerkannten Weiterbildungseinrichtungen in Kontakt treten, um zunächst die generelle Bereitschaft zur Zusammenarbeit mit der BWB aufzubauen. Ziel des allgemeinen Informationsaustausches ist es, die jeweilige Bereitschaft der Weiterbildungseinrichtung zur Berücksichtigung zielgruppenspezifischer Interessen und Probleme potentieller Nutzer zu erkunden und die Erfahrungen der Weiterbildungseinrichtung mit der Annahme bzw. Ablehnung von Angeboten von Bildungsbenachteiligten· zu erörtern. Als Voraussetzung für die Vermittlung von Interessen für die Angebote der Weiterbildungseinrichtung informieren sich die Bildungsberater im Rahmen der regelmäßigen Kontaktgespräche über die Angebotsschwerpunkte, Teilnahmevoraussetzungen etc. der einzelnen Weiterbildungseinrichtung und erhalten hierdurch einen Überblick über die laufenden und geplanten Weiterbildungsangebote in ihrer Kommune. Im Rahmen des allgemeinen Informationsaustausches wird zudem die Bereitschaft für die Zusammenarbeit mit anderen Weiterbildungseinrichtungen eruiert sowie das Interesse der Weiterbildungseinrichtungen an den von der BWB gewünschten Serviceleistungen ermittelt.

Allgemeine Bildungswerbung und Teilnehmerwerbung

Eine wichtige Serviceleistung der BWB für die Weiterbildungseinrichtungen besteht in der Motivierung von Weiterbildungsinteressenten zur Teilnahme an deren Angeboten. Durch die Beratung von Ratsuchenden im Vorfeld manifester Weiterbildungsinteressen und der gemeinsamen Erarbeitung der für den Ratsuchenden geeigneten Weiterbildungsmöglichkeiten werden den Weiterbildungseinrichtungen Teilnehmer für konkrete Kurse und Veranstaltungen zugeführt. Durch eine Reihe verschiedener

Abb. 2: Teilaufgaben und Einflußfaktoren der BWB

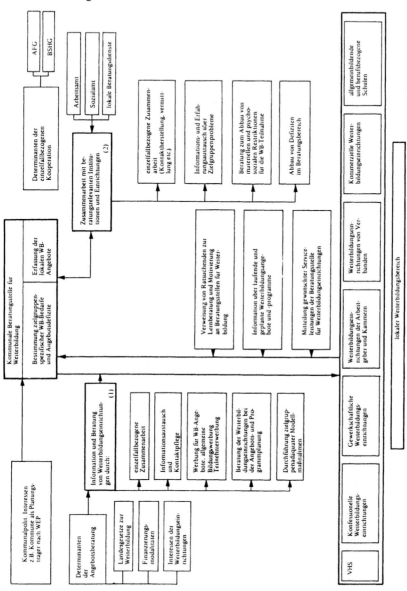

Maßnahmen und aktivitäten wurde von den BWB allgemeine Bildungswerbung und Teilnehmerwerbung für die Weiterbildungseinrichtungen durchgeführt, die über die einzelfallbezogene Teilnehmervermittlung hinausgehen, wie z. B.:

- gemeinsame Presse- und Informationsarbeit zur Werbung für Weiterbildungsmöglichkeiten für Erwerbslose,
- Durchführung von Informationsständen, Herausgabe von Rundbriefen zur Information von Multiplikatoren über geeignete Weiterbildungsangebote,
- Herausgabe von Weiterbildungszeitungen, in denen über spezifische Angebote der lokalen Weiterbildungseinrichtungen für Erwerbslose informiert wird,

- Erstellung eines „Weiterbildungsführers" bzw. eines „Bildungs- und Beratungswegweisers", in dem erstmalig alle für Erwerbslose relevanten Weiterbildungsangebote, Weiterbildungseinrichtungen und die Beratungsdienste in der Kommune zusammenfassend dargestellt werden,
- Beratung der Weiterbildungseinrichtungen über zielgruppenadäquate Ansprachformen zur Verbesserung der Teilnehmerwerbung,
- Vergünstigungsmöglichkeiten für Arbeitslose an Weiterbildungskursen (Gebührenerlaß etc.).

Information und Beratung der Weiterbildungseinrichtungen bei der Angebots- und Programmplanung

In der dreijährigen Aufbauphase der BWB konzentrierte sich die Angebotsberatung der BWB auf die Anregung von Kursen und Veranstaltungen für Erwerbslose. Da die Verfahren für eine kontinuierliche und systematische Ermittlung insbesondere latenter Weiterbildungsbedarfe aus der Einzelberatung noch nicht ausreichend entwickelt werden konnten, mußten die Bildungsberater bei der Angebotsberatung von ihren Erfahrungen und Kenntnissen der spezifischen Weiterbildungsinteressen von Erwerbslosen ausgehen. In den Gesprächen mit Weiterbildungseinrichtungen wurde dann versucht, die Durchführung einer inhaltlich und thematisch bestimmten Weiterbildungsmaßnahme anzuregen. Die bisherigen Verfahren und Erkenntnisse zur Angebotsberatung müssen weiterentwickelt werden, um kontinuierlich methodisch und inhaltlich begründbare Planungshilfen für die Programmplanung der Weiterbildungseinrichtungen bereitzustellen.

In der Regel muß die BWB über die Unterbreitung und Begründung einer spezifischen Weiterbildungsmaßnahme hinaus eine Vielzahl von Zusatzleistungen erbringen, damit die Maßnahme von einer Weiterbildungseinrichtung durchgeführt wird. Diese Zusatzleistungen für die Angebotsberatung erstrecken sich auf die Suche nach geeigneten Referenten bzw. nebenamtlichen Mitarbeitern, die Klärung organisatorischer und finanzieller Fragen, die Werbung der Teilnehmer, die Bereitstellung von Kursmaterialien und die Erstellung curricularer und didaktischer Konzepte sowie abschließender Auswertungsberichte.

Angesichts der Erfahrungen, auf die sich die Weiterbildungseinrichtungen berufen, wenn sie den Angeboten für bildungsungewohnte Bevölkerungsgruppen zunächst ablehnend gegenüberstehen, muß die BWB unter Beweis stellen, daß teilnehmergerechten, erwachsenenpädagogische, didaktisch und curricular geeignete Weiterbildungsmaßnahmen mit zielgruppengerechter Ansprache und Teilnehmergewinnung tatsächlich von potentiellen Nutzern auch in Anspruch genommen werden. Den Ablauf zielgruppenspezifischer Maßnahmen im KIW-Projekt in drei zeitlichen Stufen und drei Durchführungstypen zeigt Abbildung 3.

Der erste Typus von Modellmaßnahmen waren Arbeitslosengruppen („Gesprächskreise" oder „Treffpunkte für Arbeitslose"), die von der BWB organisiert und eigenverantwortlich durchgeführt wurden. Diese Gruppen entstanden unmittelbar aus den Erfordernissen der *Einzelberatungspraxis*. Den Arbeitslosengruppen kommt sowohl von der Zielsetzung der Berater als auch von der Erwartungshaltung der Teilnehmer eine Doppelfunktion zu: einerseits Anlaufstelle zu sein, um die Probleme der Arbeitslosen nach außen hin veröffentlichen zu können, zur situativen Entlastung der Arbeitslosen und Entstigmatisierung.

Sozialpädagogisch begleitende *Gruppenberatung* bezieht sich auf die Begleitung von bereits bestehenden Weiterbildungskursen, z. B. zum nachträglichen Erwerb des Hauptschulabschlusses (HASA-Kurse) und Grundausbildungslehrgänge G 3 des

Arbeitsamtes. Die begleitende Beratung der Teilnehmer war auf ein konkretes Weiterbildungsziel und dessen Erreichen gerichtet. In vielen Kursen wurden Weiterbildungshemmnisse objektiver Art (finanzielle Gründe, Anfahrzeiten, familiäre Einschränkungen) und subjektiver Art (Durchhaltevermögen, Leistungsmotivation, psychische Belastung, Konflikte zwischen Lehrgangsleiter und Teilnehmer) deutlich und konnten im Interesse der Teilnehmer bearbeitet werden. Ausgangspunkt für die Gruppenberatung war die Erfahrung der Arbeitsverwaltung und der Weiterbildungseinrichtungen, daß in der Regel ein relativ hoher Prozentsatz von Teilnehmern während der Kurse „abspringt".

Die themen- und projektorientierten Modellmaßnahmen sind herausgelöst aus der Eigenverantwortlichkeit der BWB. Sie wurden entweder Weiterbildungsträgern vollständig übertragen oder in Zusammenarbeit mit diesen durchgeführt. Fast durchweg gingen die Angebote auf die Initiative der KIW und deren Erfahrungen mit der Zielgruppe Arbeitslose und Bildungsbenachteiligte zurück.

Abb. 3: Ablauf zielgruppenspezifischer Maßnahmen im KIW-Projekt

Zeitliche Abstufung

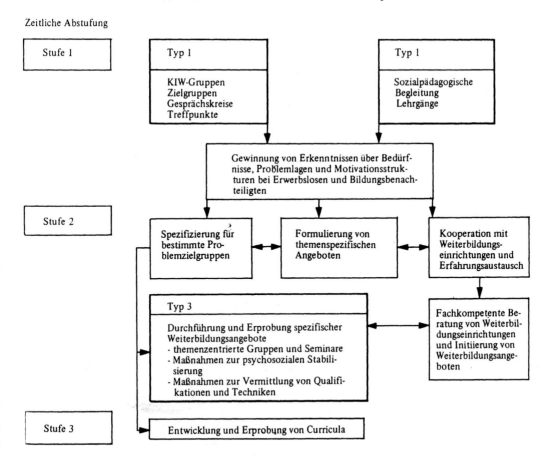

249

Beratung als Prozeß der Aktualisierung und Thematisierung von Weiterbildungsbedürfnissen

Zur Beratungskonzeption und -methode

Die Eignung von Weiterbildungsberatung als Forschungsfeld für Weiterbildungsbedürfnisse und -bedarfe ist abhängig von den Inhalten und der Art der angebotenen Beratungsleistungen. Daher muß zunächst die Beratungskonzeption erläutert werden, auf der der im folgenden zu entwickelnde Ansatz für die Bedarfsermittlung aufbaut. Diese Konzeption wurde im Rahmen des Modellvorhabens „Weiterbildungsberatung für Erwerbslose" erprobt und geht von folgenden Prämissen aus:

— Weiterbildungsberatung muß neben Weiterbildungsmotivierten vor allem Bevölkerungsgruppen erreichen, die an Weiterbildung bislang nicht teilnahmen.
— Um diese Zielgruppen für Weiterbildungsberatung zu interessieren, muß sie deren psychosoziale Probleme einbeziehen, die im Kontext zur aktuellen Lebenssituation des Ratsuchenden stehen und substitutive, nicht auf Weiterbildung begrenzte Beratungsleistungen anbieten und erstellen.
— Die Beratung darf sich nicht darauf beschränken, Ratsuchenden mit konkreten Bildungsinteressen durch Informationen zu helfen, ihr Bildungsinteresse zu realisieren. Sie muß vielmehr einen Prozeß der Willensbildung und Entscheidungsfindung ermöglichen, der Motivation aufbaut und verstärkt, auch wenn noch kein konkretes Bildungsinteresse vorhanden ist.
— Sie muß das gesamte Spektrum von Weiterbildungsmöglichkeiten berücksichtigen und daher auf lokaler Ebene trägerübergreifend organisiert sein und muß
— durch kontinuierliche Kooperation mit den lokalen Weiterbildungseinrichtungen auf die Verbesserung der institutionellen Rahmenbedingungen für die Teilnahme an Weiterbildung ausgerichtet sein.

Das Aufsuchen einer Weiterbildungsberatungsstelle setzt voraus, daß der Ratsuchende Weiterbildung einen wie auch immer gearteten Stellenwert in seiner Bedürfnisstruktur oder in seiner aktuellen Lebenssituation zumißt. In der Zielgruppenarbeit mit Erwerbslosen hat sich gezeigt, daß allein das Angebot von Beratung über Weiterbildung meist nur Ratsuchende mit bereits vorhandener Grundmotivation angesprochen hätte. Erst der Verbund von Beratung über Weiterbildung mit psychosozialen Problemen hat einen für Weiterbildungsberatungsstellen beachtlich hohen Anteil von „bildungsabstinenten" Ratsuchenden erbracht. Diese Art der Beratung nimmt in Kauf, daß sie von einem Teil der Ratsuchenden ausschließlich wegen der substitutiven Hilfeleistungen bei psychosozialen Problemen aufgesucht wird und aufgrund des akuten Problemdrucks des Ratsuchenden. eventuell keine Chance besteht, Weiterbildung zu thematisieren. Entscheidend jedoch ist, daß selbst bei dem Ratsuchenden, der Weiterbildung quasi als „Eintrittskarte" für die Lösung ganz anderer Probleme nutzt, im Beratungsgespräch die Möglichkeit genutzt wird, seine Weiterbildungsbedürfnisse zu thematisieren oder auch nur zu erfahren, warum er die Teilnahme an Weiterbildung für sich ausschließt.

Das Eingehen auf die Lebenssituation des Ratsuchenden erfordert intensivere und umfassendere Beratung als sie in den auf Informationstätigkeit ausgerichteten Beratungsstellen üblich ist. Dies kann im Einzelfall einen Beratungsprozeß erfordern, der mehrere Gespräche und zahlreiche Zwischenaktivitäten von Berater und Ratsuchendem umfaßt. Damit können im Vorfeld manifester Bildungsinteressen Bildungsbedürfnisse entwickelt und dem Ratsuchenden zu ihrer Artikulation verholfen werden.

Die aus diesem Prozeß resultierenden Handlungsstrategien haben eine erheblich größere Aussicht, seitens des Ratsuchenden realisiert zu werden, als wenn unabhängig von der sozialen und familiären Situation Teilnahmemöglichkeiten aufgewiesen werden, die ohne Hilfe bei der Bewältigung von Teilnahmerestriktionen nicht wahrgenommen werden können.

Um aus der Beratung Erkenntnisse für die Angebotsplanung und -gestaltung der Weiterbildungseinrichtungen ableiten zu können, bedarf es einer Vielzahl von Beratungsgesprächen. Hierfür reicht nebenamtliche Beratungstätigkeit nicht aus. Die Beratung muß von qualifizierten hauptamtlichen Beratern geleistet werden, die in der Lage sind, kontinuierlich und systematisch mit den lokalen Weiterbildungseinrichtungen zu kooperieren, um die aus der Beratungstätigkeit gewonnenen Erkenntnisse weitervermitteln zu können.

Erkenntnisebenen für die Bedürfnis- und Bedarfsermittlung aus der Beratung

Die Ermittlung von Bildungsbedürfnissen und Teilnahmehemmnissen im Verlauf von Beratungsgesprächen ermöglicht ein breites Spektrum von Erkenntnismöglichkeiten unter engem Bezug zur aktuellen Lebenssituation des Ratsuchenden, wie dies im Rahmen der Bildungsmotivationsforschung nicht möglich ist. In der Beratung thematisiert und verbalisiert der Ratsuchende Weiterbildung aus seiner eigenen Interessenlage heraus und muß sich nicht zu Befragungsgegenständen äußern, die seiner Lebenswelt fremd sind.

Das Erkenntnisinteresse des Beraters muß jedoch dem Beratungsinteresse des Ratsuchenden untergeordnet sein, damit das Beratungsgespräch nicht zum Interview gerät. Soweit Informationen über Weiterbildungsbedürfnisse im Beratungsgespräch erhoben werden, müssen sie beratungsrelevant sein, das heißt, dem vom Ratsuchenden eingebrachten Gegenstand der Beratung angemessen sein. Dies schließt aus, daß in einer Art Totalerhebung ein vorgegebenes umfangreiches Raster von Fragen in der Gesprächssituation abgefragt wird und erfordert, daß eher auf Informationen verzichtet wird, als daß das Vertrauensverhältnis zwischen dem Ratsuchenden und dem Berater belastet wird.

Nach dem Grad der Schwierigkeit ihrer Ermittlung lassen sich in der Beratung drei zentrale Erkenntnisebenen bestimmen:

— *Angebotsdefizite* lassen sich relativ einfach feststellen, wenn der Berater im Laufe seiner Beratungstätigkeit häufiger mit Weiterbildungswünschen konfrontiert wird, für die es keine geeignete Angebote auf lokaler Ebene gibt oder deren Realisierung für eine qualifizierte Gruppe von Interessenten einen außerordentlich hohen Grad an räumlicher Mobilität erfordert. Durch die Erhebung soziodemographischer Daten über die Ratsuchenden läßt sich zudem ermitteln, für welche Gruppen die Bereitstellung eines geeigneten Angebots von Interesse wäre und wie stark diese Gruppen im Einzugsbereich der Weiterbildungseinrichtungen vertreten sind.

Voraussetzung für diese Art der Bedarfsermittlung ist jedoch eine ausreichende Zahl von Ratsuchenden, damit die ermittelten Bedarfe für die jeweilige Bevölkerungsgruppe, der die Ratsuchenden angehören, zureichend repräsentativ sind.

— *Teilnahmerestriktionen*, mit denen Beratung konfrontiert wird, resultieren sowohl aus individuellen Ursachen, die in der Person des potentiellen Teilnehmers und seinen Lebensbedingungen liegen als auch aus der Art des vorhandenen Angebots und der Voraussetzungen für die Teilnahme. Soweit individuelle Teilnahmerestriktionen vorliegen, kann Beratung dazu beitragen, Teilnahmehemmnisse zu bearbeiten und auszuräumen. Eine Vielzahl von Restriktionen ergeben sich aber auch aus den Teilnahmevoraussetzungen und -bedingungen, die im wesentlichen von den Anbietern von Weiterbildungsmaßnahmen beeinflußbar sind. Das Spektrum dieser Restriktionen reicht vom Mangel an Verkehrsverbindungen für die Teilnahme über Informations- und Orientierungsdefizite bis hin zu motivationalen Hemmnissen durch die Übertragung negativer schulischer Sozialisationserfahrungen auf die Weiterbildungseinrichtungen.

– *Bildungsbedürfnisse und -bedarfe:* lassen sich – soweit sie konkreter Art sind – unproblematisch erfassen. Sofern sie durch geeignete Angebote befriedigt werden können, begründen sie manifeste Nachfrage oder lassen bei einem Mangel an Angeboten Defizite offenwerden, die die Weiterbildungseinrichtungen bei ihrer Programmgestaltung berücksichtigen können.

Zielgruppenorientierte Weiterbildungsberatung erreicht durch das Angebot von Beratungsleistungen in psychosozialen Problemlagen Ratsuchende mit latenten Bildungsbedürfnissen und -interessen, die als solche von den Betroffenen kaum thematisiert worden sind und allenfalls durch eine aktuelle Problemsituation für die Ratsuchenden als eine eventuelle Möglichkeit der Problemlösung unter anderem im Betracht gezogen werden.

Daraus werden die Schwierigkeiten deutlich, latente Bildungsbedürfnisse zu objektivieren. Sie treten situationsspezifisch ebenso schnell auf, wie sie von anderen Bedürfnissen überlagert werden und sind eng verwertungsbezogen. Daraus resultiert, daß je nach Zielgruppe unterschiedliche Präferenzen für bestimmte Bereiche der Weiterbildung zu erwarten sind. So dominiert bei Erwerbslosen das Interesse an Beratung über berufsbezogene Weiterbildung mit 59,8 % vor schulischer (34,7 %) und allgemeiner (5,5 %). Die Gewichtung dieser Sektoren der Weiterbildung muß auf jeweils spezifische Zielgruppen zurückgeführt werden und darf erst in zweiter Linie für die Angebotsplanung zugrundegelegt werden.

Auch für berufstätige Zielgruppen dominieren unter dem Primat der Anwendungsbezogenheit berufliche und schulische Weiterbildung. Diese Interessen müssen Weiterbildungsberatung und Weiterbildungseinrichtungen durch entsprechende Angebote bedienen. Dabei droht der Bereich der persönlichkeitsbildenden allgemeinen Weiterbildung als Möglichkeit sozialen Lernens vernachlässigt zu werden, weil diesbezügliche Bildungsbedürfnisse am schwierigsten maßnahmenbezogen zu konkretisieren sind.

Häufig stellt bereits das Beratungsgespräch selbst eine fundamentale Form von Weiterbildung im Sinne der Befähigung des Ratsuchenden zur Wahrnehmung seiner eigenen Interessen dar. Gerade für Zielgruppen mit gravierenden Bildungsdefiziten ist es wichtig, im Vorstadium oder begleitend zu qualifizierenden Weiterbildungsmaßnahmen Möglichkeiten für soziales und kollektives Lernen zu schaffen, die das Wahrnehmungsvermögen der Betroffenen erweitern. Hierfür können nicht nur die Erkenntnisse aus Einzelgesprächen genutzt werden, sondern auch Formen und Methoden der Gruppenarbeit und exemplarischer Modellmaßnahmen, die die Beratungsstelle ergänzend zur Beratung durchführen, und die teilweise von den Weiterbildungseinrichtungen übernommen werden können.

Methoden zur Bedürfnis – Bedarfsermittlung im Beratungsverlauf

Sofern nicht nur die „geronnene Erfahrungen" des Beraters für die Bestimmung von Weiterbildungsbedürfnissen und -bedarfen nutzbar gemacht werden sollen, bedarf es der systematischen Ermittlung, Aufbereitung und Auswertung von Daten und Informationen mittels eines Instrumentariums, das den Erfordernissen der Beratung angepaßt ist.

Unter dem Aspekt der Beratungsrelevanz kann davon ausgegegangen werden, daß je nach Beratungswunsch und -interesse ein unterschiedlicher Kanon von Daten über die Person und das Weiterbildungsinteresse des Ratsuchenden erfaßt werden kann, der auch in starkem Maß von der Intensität und dem Charakter der Beratung bestimmt wird. Daher ist es sinnvoll, die Beratung nach Funktionen zu kategorisieren und daraus die zu erwartenden Informationen zu definieren:

— Auskunft zu spezifischen Fragen über Weiterbildungsangebote und -einrichtungen (Informationsgespräch),
— Beratung über die Möglichkeiten der Realisierung konkreter Weiterbildungsinteressen (Kurswahlberatung),
— Beratung über Möglichkeiten des Nachholens und der Ergänzung von schulischen und berufsbezogenen Bildungsgängen (Bildungslaufbahnberatung),
— Beratung zur Orientierung über Weiterbildungsmöglichkeiten aufgrund unspezifischen Weiterbildungsinteresses (Orientierungsberatung),
— Zielgruppenspezifische Beratung über Weiterbildung als möglicher Beitrag zur Bewältigung der aktuellen Lebenssituation im Verbund mit Beratungsleistungen im psychosozialen Bereich (Motivationsberatung),
— Beratung in psychosozialen Problemsituationen ohne die Möglichkeit der Thematisierung von Weiterbildung (Lebenshilfeberatung).

Die Typologie hat vor allem analytische Bedeutung und umfaßt idealtypische Arten der Beratung, die in der Beratungspraxis so trennscharf nicht vorkommen, zumal eine Beratung mehrere Gespräche umfassen kann, in deren Verlauf sich z. B. aus einer Lebenshilfeberatung am Anfang eine Bildungslaufbahnberatung entwickeln kann.

Entscheidend für die Zuordnung einer Beratung zu einem Typus ist daher der überwiegende Beratungsschwerpunkt *aller* Gespräche mit einem Ratsuchenden.

Je nach Beratungstyp muß abgegrenzt werden, welche Daten und Informationen aus den folgenden Bereichen erhoben werden können:

— Zielgruppenzugehörigkeit (soziodemographische Daten)
— Bildungsbiographie (schulischer Werdegang, Weiterbildungserfahrungen etc.)
— Lebenssituation (berufliche, materielle, familiäre Situation), (Fachcharakteristik)
— Teilnahmehemmnisse (individuelle, schichtspezifische, räumliche etc.)
— Bildungsbedürfnisse und -interessen (Motivation, Erwartungen, Präferenzen etc.)

In welcher Intensität und welche Daten zu den einzelnen Dimensionen erhoben werden, hängt von der Wahl der Methoden und des Instrumentariums für die Auswertung ab, die wiederum vom Erkenntnisinteresse und der Reichweite der zu trenfenden Aussagen bestimmt werden.

Daß eine Selektion der auszuwertenden Methoden und der zu erhebenden Daten notwendig ist, ergibt sich allein schon aus den begrenzten Möglichkeiten der Datenerhebung im Beratungsgespräch.

Daten über die *Zielgruppenzugehörigkeit* der Ratsuchenden müssen ohnehin seitens des Beraters für eigene Zwecke der Ratsuchendenstatistik erhoben werden und stehen in Form einer Totalerhebung einheitlich und umfassend für jeden Ratsuchenden zur Verfügung, gleich welchem Beratungstypus er zuzuordnen ist. Es sind dies im wesentlichen soziodemographische Daten über: Geschlecht, Alter, Familienstand, Schulabschluß, Erwerbslage/Berufsstatus, stadträumliche Herkunft.

Weitere Merkmale können erfaßt werden, wenn sie eine eigene Zielgruppe definieren, die auf lokaler Ebene als qualifizierte Minderheit oder als Problemgruppe relevant ist (z. B. Saisonarbeiter, Aussiedler, ausländische Arbeitnehmer, Schichtarbeiter, Obdachlose). Solche Zielgruppen müssen seitens der Beratungsstelle bereits bei der Festlegung ihrer Adressaten für die Ansprache bestimmt werden. Die Verteilung der Ratsuchenden ist somit nicht zufällig, sondern bei erfolgreichem Einsatz der Ansprachenformen gezielt herbeigeführt worden. Welche weiteren Merkmale also erfaßt werden, richtet sich vor allem danach, welche spezifischen Zielgruppen aufgrund der Bevölkerungsstruktur als auch der Ansprache durch die Beratungsstelle zu erwarten sein werden, damit ermittelt werden kann, in welchem Umfang diese Zielgruppen unter den Ratsuchenden vertreten sind. Aus der Korrelation von Merkmalsausprägungen lassen sich mittels multipler Indizes differenzierte Zielgruppen bilden, über die weitere Daten zum Bildungsverhalten ermittelt werden können.

Ohne Informationen zur *Bildungsbiographie* ist eine sinnvolle Beratung nicht möglich, da die Auswahl von geeigneten Weiterbildungsangeboten für den Ratsuchenden voraussetzt, daß der Berater weiß, ob der Ratsuchende über die formalen Voraussetzungen für die Teilnahme verfügt (Bildungsabschlüsse) und inwieweit er mit den Lernbedingungen zurechtkommen kann.

Mit zunehmendem Grad der Erstausbildung und der Konkretheit des Weiterbildungswunsches kann auf die Ermittlung von Informationen über die Bildungsbiographie für die Beratung verzichtet werden. Hingegen muß vor allem bei Ratsuchenden mit gravierenden Bildungsdefiziten und mangelnden Erfahrungen mit Formen organisierten Lernens sowie Abbrechern von Bildungsgängen die Beratung eng auf deren Lernmöglichkeiten und -kenntnisse bezogen werden.

Neben Daten über den schulischen Werdegang können aus der Beratung weitere Aufschlüsse gewonnen werden, insbesondere über

– motivationshemmende negative Lernerfahrungen,
– Ursachen für den Abbruch von Bildungsaktivitäten,
– Entscheidungsgründe für die Wahl bzw. den Ausschluß von Bildungslaufbahnen,
– Funktionen von Weiterbildung als Möglichkeit der Korrektur oder Ergänzung spezifischer Bildungsbiographien.

Lassen sich für spezifische Bildungsbiographien typische Weiterbildungsinteressen und -präferenzen ermitteln, können für die Programmgestaltung Konsequenzen gezogen werden.

Die Information über die *Lebenssituation* des Ratsuchenden kann unabhängig von seinen auf Weiterbildung bezogenen Beratungsinteressen in die Beratung einfließen, auch wenn zu erwarten ist, daß Ratsuchende mit einem konkreten Weiterbildungswunsch die Beratung stärker funktional auf die Hilfe bei der Realisierung ihrer Absichten beziehen. Beratung ist immer auch eine Möglichkeit der situativen Entlastung von Problemdruck durch das Sprechen über die Probleme mit einem „neutralen" Gegenüber, das keine Anforderungen stellt. Von dieser Möglichkeit machen Ratsuchende auch recht häufig Gebrauch. Dabei erfährt der Berater eine Fülle von zum Teil sehr persönlichen Informationen, die er unter drei Gesichtspunkten verarbeiten muß:

– Informationen über die Lebenssituation, die nicht beratungsrelevant sind, da weder der Ratsuchende erwartet, daß der Berater auf sie mit Information, Beratung oder Hilfeleistungen antwortet, noch der Berater sie in unmittelbaren Bezug zum eigentlichen Beratungsstand setzen kann oder muß,
– Informationen über die Lebenssituation, für deren Bewältigung der Ratsuchende die Hilfe des Beraters erwartet oder sie ihm angeboten werden kann,

– Informationen über die Lebenssituation, die das Weiterbildungsintersse und die Teilnahmemöglichkeiten des Ratsuchenden beeinflußt.

Die Ermittlung von *Weiterbildungsbedürfnissen und -interessen sowie Teilnahmehemmnissen* innerhalb des Beratungsgesprächs läßt sich am besten anhand der Abbildung 4 erläutern:

Abb. 4: Möglichkeiten der Ermittlung von Weiterbildungsbedarfen und -bedürfnissen im Beratungsgespräch

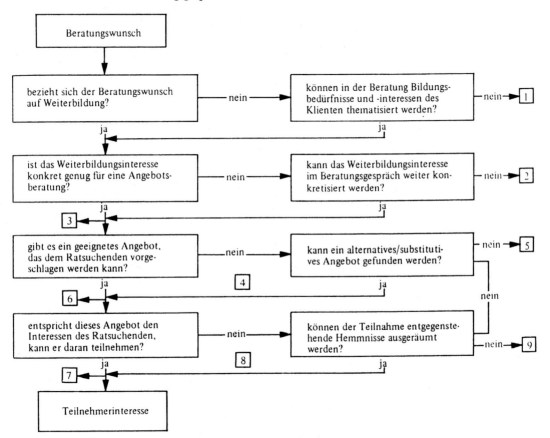

Welche Erkenntnisse im Beratungsgespräch über die Weiterbildungsbedürfnisse und Teilnahmemöglichkeiten von Ratsuchenden gewonnen werden können, richtet sich im wesentlichen nach der Funktion der Beratung für den Ratsuchenden. Ausgangspunkt für die Beratung ist der Beratungswunsch. Das Angebot von substitutiven Beratungsleistungen in psychosozialen Problemlagen bedingt, daß sich der Beratungswunsch in sehr unterschiedlicher Weise und Intensität auf den Bereich der Weiterbildung beziehen kann und Weiterbildung als Thema unter Umständen sogar ganz aus dem Beratungsgespräch ausgeblendet bleibt. In diesem Fall erhält der Berater miest eine Fülle von Informationen über die soziale Herkunft und Lebenssituation des Ratsuchenden, die er im Hinblick auf eine mögliche Thematisierung der Weiterbildungsinteressen des Ratsuchenden verarbeiten und überprüfen muß.

Bringt der Ratsuchende in das Gespräch von sich aus seine Weiterbildungsinteressen nicht ein, so wird der Berater versuchen, ihn hierzu zu animieren. Verzichtet der Berater auf diesen Versuch, weil er keine Möglichkeit oder keinen Sinn darin sieht, Weiterbildung als Thema in die Beratung einzuführen, oder ist der Ratsuchende selbst nicht bereit oder in der Lage, seine Weiterbildungsbedürfnisse und -interessen in der Beratung zu erörtern, lassen sich schon hieraus Aufschlüsse über die Ursachen von Bildungsabstinenz gewinnen.

In der Regel jedoch kann davon ausgegangen werden, daß Weiterbildung zentrales Thema des Beratungsgesprächs ist und im Gespräch mit dem Ratsuchenden die folgenden Arten von Informationen ermittelt und ausgewertet werden können:

(1) Ursachen von Bildungsabstinenz

— Statements des Ratsuchenden über sein Desinteresse/Nicht-Verhältnis zur Weiterbildung („das hat für mit keinen Sinn, weil . . .")
— Einschätzungen des Beraters zum Stellenwert von Weiterbildung für den Ratsuchenden in dessen aktueller Lebenssituation (Dominanz von existenziellen Lebensbedürfnissen)

(2) Unspezifische, latente Weiterbildungsbedürfnisse

— latente Weiterbildungsmotivationen („etwas für mich persönlich tun", „etwas, was mich beruflich weiterbringen kann", „mit andern zusammen etwas machen" . . .)
— Hemmnisse für die Entwicklung von Teilnahmeinteresse („aber ich möchte jetzt nicht mehr die Schulbank drücken", „dazu bin ich wohl zu alt", „ich habe so wenig Zeit" . . .)

(3) Konkretisierbare Weiterbildungsbedürfnisse

— Bereichsspezifische Bedürfnisse („ich möchte nicht mehr am Fließband arbeiten und mich umschulen lassen, aber mir fehlt der Hauptschulabschluß", „mich interessiert, was so um mich herum geschieht und würde gerne mit anderen darüber sprechen" . . .)
— Angebotsspezifische Bedürfnisse („möchte Schreibmaschineschreiben lernen", „etwas über Mengenlehre, damit ich meinem Sohn bei den Hausaufgaben helfen kann" . . .)

(4/5) Angebotsdefizite

— Fehlende Weiterbildungsangebote, die seitens der bestehenden Weiterbildungseinrichtungen vor Ort bedient werden könnten
— Fehlende Weiterbildungseinrichtungen, die in der Lage wären, ein geeignetes Angebot bereitzustellen

(6/7) Weiterbildungsempfehlungen und Teilnahmeinteressenten

— Verteilung der Weiterbildungsempfehlungen auf Angebotssparten und Einrichtungen als Ergebnis der Beratungen (manifeste Nachfrage)

(8/9) Hemmnisse für die Teilnahme an Weiterbildungsangeboten

— aus der Art des Angebots und seiner Durchführung
— wegen fehlender Voraussetzungen des Interessenten
— aus individuellen Lebensbedingungen

Das gesamte Spektrum der Informationen zu erfassen, das für die Bedürfnis- und Bedarfsermittlung von Nutzen sein kann, würde den Berater überfordern und die Beratung stark beeinträchtigen. Daher müssen Schwerpunkte gesetzt werden, die den Anteil von Forschungstätigkeiten auf das für eine Beratungsstelle mögliche Maß begrenzen. Das erkenntnisleitende Interesse muß hierbei sein, die Beratung im Hinblick auf Möglichkeiten der Motivierung von Ratsuchenden zur Teilnahme an Weiterbildung zu verbessern und durch Vermittlung von Erkenntnissen aus der Beratung an die Weiterbildungseinrichtungen die Bereitstellung von zielgruppengerechten Weiterbildungsangeboten zu initiieren.

Da manifeste Weiterbildungsinteressen am ehesten Eingang in die Programmplanung der Weiterbildungseinrichtungen finden, sollte die Beratung vorrangig als eine Form des „advocacy planning" für bildungsabstinente Bevölkerungsgruppen genutzt werden. Ein weiterer Grundsatz für die Entwicklung eines geeigneten Instrumentariums für die Erhebung von Informationen und Daten muß sein, daß zunächst die Verwertungsmöglichkeiten der Daten ausgeschöpft werden müssen, die der Berater ohnehin als Grundlage für seine Tätigkeit ermittelt und protokolliert. Darüber hinausgehende Datenerhebungen müssen hinsichtlich ihres Nutzens für die Verbesserung der Beratung sowie der Angebotsplanung definiert und legitimiert werden, um Omnibus-Studien zu vermeiden, deren Datenfülle nicht mehr zu verarbeiten ist.

Für die überwiegende Zahl der Ratsuchenden verfügt der Berater über folgende Informationen:

— soziodemographische Merkmale,
— Bildungsbiographische Daten,
— Weiterbildungsinteresse (Beratungswunsch),
— Teilnahmemöglichkeiten und -hemmnisse (Beratungsergebnis).

Die Korrelation dieser Daten bietet bereits eine Fülle von Erkenntnismöglichkeiten über die Bildungsnachfrage und Interessen von spezifischen Bevölkerungsgruppen, ohne daß Informationen gezielt für Erhebungszwecke erfragt werden müssen. Voraussetzung ist allerdings, daß die Informationen vollständig und systematisch in einer für Auswertungszwecke geeigneten Form gesammelt werden müssen.

Wenn Bildungsberatung sich als „Anwalt" für Bevölkerungsgruppen begreift, die (noch) nicht in der Lage sind, ihre Bildungbedürfnisse zu artikulieren und in die Angebotsplanung der Weiterbildungseinrichtungen einzubringen, wird sie die Möglichkeit, sich mit abgesicherten Erkenntnissen aus der Beratung Kompetenz für die Beratung der Weiterbildungseinrichtungen zu erwerben, eher extensiv nutzen und sich nicht nur auf Einzelfallhilfe beschränken.

Erhebungsinstrumente und -verfahren

Die Erhebung, Aufbereitung und Auswertung von Informationen aus der Beratung kann auf verschiedene Art und Weise erfolgen und hängt von den technischen und personellen Möglichkeiten der Beratungsstelle ab. Als Instrumente bieten sich an:

Datenerhebungsbögen

eignen sich vor allem zur Erfassung von Informationen über die soziale Herkunft des Ratsuchenden (soziodemographische Daten), seine schulischen und beruflichen Voraussetzungen, seinen Beratungswunsch und das Ergebnis des Beratungsgesprächs einschließlich der erforderlichen Aktivitäten von Berater und Ratsuchendem zur Realisierung des Beratungsergebnisses. Diese Daten sind auf die Person beziehbar und lassen sich mittels EDV miteinander korrelieren. Die zu erhebende Datenmenge findet ihre

Beschränkung in der Beratungsrelevanz der Daten sowie in der Notwendigkeit der Überschaubarkeit des Erhebungsbogens für den Berater bei seiner Verwendung im Beratungsgespräch. Als beratungsrelevant können dabei nur solche Daten gelten, die der Berater als Grundlage für seine Tätigkeit in der Regel vom Ratsuchenden im Laufe des Gesprächs erhält, ohne sie abfragen zu müssen.

Bildungsbedürfnisse, soweit sie sich als Beratungwunsch manifestieren, können auf diese Weise allenfalls als Endprodukt eines oft aufschlußreichen Prozesses der Willensbildung und Bedürfnisartikulation erfaßt werden.

Das gleiche gilt für die Protokollierung des Beratungsergebnisses. Aus welchem Grund der Ratsuchende eine Weiterbildungsempfehlung angenommen oder ausgeschlagen hat, kann — wenn überhaupt — nur rudimentär auf knappe Formeln verkürzt festgehalten werden. Durch die Möglichkeiten der Quantifizierung von im Datenerhebungsbogen ermittelten Merkmalen lassen sich immerhin Zusammenhänge und Auffälligkeiten ermitteln, die dem Berater selbst unter Umständen entgangen wären und die er auf der Basis seiner Beratungserfahrung interpretieren und nutzen kann.

Aggregierte Statistiken für ausgewählte Merkmale

setzen spezifische Fragestellungen voraus. Der Verwendungszweck für die erwarteten Antworten muß klar definiert sein, da für die Interpretation der Ergebnisse notwendige weitere Daten nicht mehr reproduzierbar sind. So muß z. B. für die aggregierte Erfassung von Weiterbildungswünschen vorab festgelegt werden, ob der Berater nach einem Beratungsgespräch lediglich listenmäßig das entsprechende Interessengebiet erfaßt, ober ob zudem von Interesse ist, welchen Schulabschluß der Nachfrager hatte und welcher Altersgruppe er angehört.

Die Verwendung aggregierter Strichlisten wird vor allem dort sinnvoll sein, wo der Einsatz von EDV bei der Auswertung der Datenerhebungsbögen Schwierigkeiten bereitet oder wenn spezifische Informationen erhoben werden sollen, die sich im Datenerhebungsbogen nicht unterbringen lassen. Diese Art der Datenerhebung bietet den Vorteil der raschen Abrufbarkeit von Informationen und kann daher auch neben der einzelfallbezogenen Datenerfassung eingesetzt werden.

Anwendungsgebiete sind:

– quantitative Erfassung von Weiterbildungswünschen,
– Angebotsdefiziten und
– Teilnahmehemmnissen aus der Art der Durchführung von Maßnahmen (Zeitpunkt, Ort, Eingangsvoraussetzungen, Teilnahmebedingungen etc.)

Fallcharakteristiken für die inhaltsanalytische Auswertung

stellen das anspruchsvollste und hinsichtlich der Auswertung schwierigste und zeitintensivste Verfahren der Informationsgewinnung dar. Sie können daher nur in begrenztem Umfang angewandt werden und dienen primär der Vertiefung von Erkenntnissen über spezifische Problemsituationen, die das Weiterbildungsinteresse und die Teilnahmemöglichkeiten des Ratsuchenden determinieren. Eine inhaltsanalytische methodisch saubere Auswertung kann durch den Berater selbst als dem Protokollanten nicht geleistet werden und würde die Beteiligung Dritter an der Analyse erfordern. Ihre Funktion ist eher, daß der Berater im Hinblick auf besondere Möglichkeiten der Motivierung als auch auf das Scheitern seiner Bemühungen durch das Protokollieren gefordert wird, Zusammenhänge zu erkennen und das Ergebnis seiner Reflexion festzuhalten, um es für seine weitere Tätigkeit zu nutzen — sowohl für die Beratung als auch die Kooperation mit den Weiterbildungseinrichtungen.

Ratsuchendenbefragungen

nach Abschluß der Beratung sind eine wesentliche Ergänzung der anderen Erhebungsinstrumente, da nur über sie ermittelt werden kann, inwieweit die Empfehlungen aus der Beratung für die Ratsuchenden relevant waren und zur Teilnahme an Weiterbildung führten. Über die Befragung lassen sich zudem die Erfahrungen der Ratsuchenden mit Weiterbildungsmaßnahmen ermitteln, gleich ob die Teilnahme erfolgreich war oder eine Maßnahme wieder abgebrochen wurde. Dabei sollte der mündlichen Befragung vor einer schriftlichen der Vorzug gegeben werden, da der Rücklauf der Fragebogen zu Verzerrungen führen kann. Zudem kann im Gespräch mit dem Ratsuchenden bei offenem Interviewleitfaden wesentlich differenzierter und intensiver auf seine Bildungsbedürfnisse und Teilnahmehemmnisse eingegangen werden, als wenn er mit standardisierten Fragen konfrontiert wird, die ihm keine ausreichende Gelegenheit geben, an die zurückliegende Beratung anzuknüpfen.

Die vorgestellten Instrumentarien zur Ermittlung von Weiterbildungsbedürfnissen und -interessen in der Beratung können mit den personellen und technischen Ressourcen, die einer kommunalen Beratungsstelle zur Verfügung stehen, nur in modifizierter Form angewendet werden. Für die Beratungstätigkeit der Mitarbeiter von Weiterbildungseinrichtungen dürfte sich die systematische Informationssammlung und -auswertung auf ein paar wenige, quantifizierbare Merkmale reduzieren. Dennoch sollte vor allem in trägerübergreifenden, professionalisierten Beratungseinrichtungen die Möglichkeit genutzt werden, genauere Aufschlüsse über die Bildungsbedürfnisse und Teilnahmemöglichkeiten von spezifischen Bevölkerungsgruppen als Voraussetzung für eine bessere Angebotsplanung zu erhalten.

Die Anwendung des Instrumentariums wird von der Bereitschaft der lokalen Weiterbildungseinrichtungen abhängig sein, die Ergebnisse der Informationssammlung und -auswertung zu nutzen. Die Erkenntnisse aus den Beratungsgesprächen lassen sich nicht alle unmittelbar in quantifizierbare Bedarfe umsetzen und bieten noch keine Gewähr dafür, daß auf sie ausgerichtete Angebote auch angenommen werden. Gerade in der Zielgruppenarbeit mit bildungsungewohnten Bevölkerungsgruppen wird es notwendig sein, sich mittels der Erkenntnisse aus der Einzelberatung an deren Bildungsbedürfnisse anzunähern und schrittweise den Zugang zu ihnen zu finden. Auch die bessere Erkenntnis über Bildungsbedürfnisse kann nicht verfestigte Einstellungen zu Weiterbildung revidieren. Sie kann jedoch Ausgangspunkt für langfristige Veränderungen sein.

Anmerkungen und Literaturhinweise

1 Ausnahmen: Bremen und einige Städte, die Bildungsberatungsstellen eingerichtet haben.
2 Vgl. Braun, J./Ehrhardt, P.: Weiterbildungsberatung für Erwerbslose – Zwischenbericht über die Erprobungsphase des Modellvorhabens, Deutsches Institut für Urbanistik, Berlin 1978; vgl. dies., Weiterbildungsberatung als kommunale Aufgabe – Projekterfahrungen und Konsequenzen. In: Hessische Blätter für Volksbildung 1/1980, S. 29 ff.; vgl. dies., Kommunale Weiterbildungsberatung. In: Demokratische Gemeinde 8/1979
3 Vgl. Hessischer VHS-Verband: Beratung in der Weiterbildung. Frankfurt/Main 1979; vgl. Bundesminister für Bildung und Wissenschaft, (Hrsg.): Animation in der Weiterbildung, Schriftenreihe Bildungsplanung 30, Bonn 1979; vgl. Hessische Blätter für Volksbildung 1/1980
4 Engholm, B.: Grundsätzliche und aktuelle Fragen der Weiterbildung. In: Gewerkschaftliche Bildungspolitik 12/1979, S. 342
5 Körnig, H.: Der vierte Bildungsbereich, Weiterbildung – eine Aufgabe für Fachhochschulen. In: DUZ/HD, 8. Jg., 1. Februar-Ausgabe

6 Arbeitskammer des Saarlandes, (Hrsg.): Bericht an die Regierung des Saarlandes, Saarbrücken 1979, S. 323

7 Vgl. Landesamt für Weiterbildung, (Hrsg.): Kursleiter als Nebenberuf – Erwachsenenpädagogische Qualifizierung in der bremischen Weiterbildung, Schriftenreihe „Weiterbildung im Lande Bremen – Ziele, Konzepte, Berichte", Heft 3, Bremen 1980

8 Vgl. Schulenberg, W. u. a.: Soziale Faktoren der Bildungsbereitschaft Erwachsener. Oldenburg 1978

9 Vgl. Bayer, M. u. a.: Zur Praxis der Weiterbildungsbedarfsforschung. Ergebnisse und Konsequenzen der ersten Projektphase. WEP-Zwischenbericht. Paderborn 1979, S. 32

10 Weinberger, B./Elsner, H.: Investitionsbedarf der Gemeinden 1966-1979, Neue Schriften des Deutschen Städtetages, Heft 20, Stuttgart und Köln 1967, S. 10; vgl. auch ebenda, S. 27 ff.

11 Vesper, E.: Instrumente zur Ermittlung von Indikatoren für ein kommunales Weiterbildungsangebot. WEP-Projektbericht 9. Paderborn 1979, S. 23

12 Vgl. ebenda

13 Vgl. Bund-Länder-Kommission für Bildungsplanung, (Hrsg.): Fortschreibung des Bildungsgesamtplanes. Entwurf Stand November 1978, Drucksache K 70/78, Teil II A8 „Weiterbildung"

14 Vgl. Vesper, E.: a.a.O., S. 24; vgl. Rohlmann, R.: Institutionalisierte Kooperation statt wechselseitiger Blockade. In: VHS im Westen 1978, S. 110 ff.

15 Vesper, E.: a.a.O., S. 28

16 Beinke, L.: Von der Erstausbildung zur Erwachsenenbildung. Rinteln 1977, S. 153

17 Vgl. Girgensohn, J.: Zielrichtung und politische Inhalte der Weiterbildungsentwicklungsplanung. In: Sozialdemokratische Gemeinschaft für Kommunalpolitik in NW e. V., (Hrsg.): SGK-Fachtagung. Düsseldorf 1978, S. 9

18 Vgl. Städtetag Nordrhein-Westfalen, (Hrsg.): Kommunale Entwicklungsplanung für Weiterbildung, Arbeitsprogramm, Hinweise, Erläuterungen, Sammlung Städtetag Nordrhein-Westfalen Nr. 5, Köln 1977, S. 41 ff.

19 Vgl. Arbeitskreis großstädtischer VHS: Konferenzbericht Düsseldorf 15.-17. November 1978, S. 13 ff.

20 Landesamt für Weiterbildung, (Hrsg.): Stichwort Dezentralisierung – Der Weg der bremischen Weiterbildung in die Arbeitergebiete, Schriftenreihe „Weiterbildung im Lande Bremen – Ziele, Konzepte, Berichte", Heft 2, Bremen 1979, S. 12

21 Vgl. Girgensohn, J.: Zielrichtung und politische Inhalte der Weiterbildungsentwicklungsplanung, a.a.O., S. 13

22 Vgl. Senzky, K.: Beratung in der Weiterbildung. In: Arbeitskreis großstädtischer VHS: Konferenzbericht . . ., a.a.O., S. 7

23 Deutscher Volkshochschulverband – PAS, Arbeitspapier „Weiterbildungsberatung" (Nr. 82 – 12. 79), Manuskript; vgl. Hessische Blätter für Volksbildung, 1/1980

24 Vgl. Lehmann, L.: Weiterbildungsberatung an einer großstädtischen VHS am Beispiel München. In: PAS-Arbeitspapier . . ., a.a.O., S. 27 ff.

25 z. B. Bildungsberatungsstelle Wuppertal

26 Dies wird differenziert im wissenschaftlichen Abschlußbericht zum Modellvorhaben vorgenommen. Der wissenschaftliche Abschlußbericht des Deutschen Instituts für Urbanistik erschien im Herbst 1980

Bedarfsorientierung durch Dezentralisierung

Anselm Dworak

Vorbemerkungen: Zur Übertragbarkeit des „Bremer Modells"

Der Verfasser des folgenden Beitrages war bis 1980 Mitarbeiter beim Landesamt für Weiterbildung in Bremen, d. h. Mitarbeiter bei jener Behörde, bei der das Konzept der Weiterbildungsbüros entwickelt worden ist und bei dem die Weiterbildungsbüros seit ihrer Schaffung organisatorisch angebunden sind. Derartige institutionelle Beziehungen eines Verfassers zu seinem Thema haben − und darum diese Vorbemerkung − im allgemeinen (so oder so) Einfluß auf seine Herangehensweisen, Schwerpunktsetzungen und Wertungen. Das Thema selbst ist noch recht jung − denn die bremischen Weiterbildungsbüros gibt es erst seit 1976. Aus diesem Jahr datieren auch die ersten einschlägigen Veröffentlichungen, in Form von Beratungsunterlagen für die in Sachen Weiterbildung maßgeblich politischen Gremien des Landes Bremen.

Für den, der derartigen, nirgendwo bibliographierten, politischen Beratungsunterlagen den Namen Veröffentlichung noch gar nicht geben will, bleibt zu den bremischen Weiterbildungsbüros als bibliographisch ernstzunehmender Beitrag dann lediglich ein schmales Heft mit dem Titel „Stichwort Dezentralisierung". Das im Frühsommer 1979 vom Landesamt für Weiterbildung herausgegebene Heft ist ein Arbeitsprotokoll über (so der Untertitel) den „Weg der bremischen Weiterbildung in die Arbeitergebiete". Was das Landesamt in seinem Arbeitsprotokoll darstellt, gibt dem, der mit der Organisationsstruktur der bremischen Weiterbildung nicht vertraut ist, Anlässe zu Mißverständnissen und Fehleinschätzungen. Daher wird der vorliegende Aufsatz einleitend versuchen, die Grundzüge der bremischen Weiterbildungsstruktur und der sie „bewegenden" Mechanismen nachzuzeichnen, um damit die Voraussetzung dafür zu schaffen, daß der Aufsatz schließlich hinterfragbare Hypothesen darüber formulieren kann, ob und inwieweit das Bremer Modell der Weiterbildungsbüros auch außerhalb Bremens (d. h. in anderen als den bremischen Weiterbildungsstrukturen) leistungsfähig sein wird.

Rahmenbedingungen für Strukturveränderungen in der bremischen Weiterbildung

Die Ziele und Institutionen der Weiterbildung in Bremen

Als am 26. März 1974 das Bremische Weiterbildungsgesetz in Kraft trat, war Bremen eines der ersten Bundesländer, das zur Neustrukturierung seines Weiterbildungsbereiches ein Gesetz besaß. Zumindest in seiner Programmatik wird dieses Gesetz auch heute noch von keinem vergleichbaren Gesetz in der Bundesrepublik übertroffen; denn in dem Bremischen Weiterbildungsgesetz wird − unter anderem − gefordert:

„− soziale und kulturelle Erfahrungen, Kenntnisse und Vorstellungen kritisch zu verarbeiten, um die gesellschaftliche Wirklichkeit und seine Stellung in ihr zu

begreifen und zu ändern;
- die berufliche Qualifikation in ihrer gesellschaftspolitischen Bedeutung zu bewerten, zu erhalten, zu steigern oder zu ändern;
- die Mitarbeit im öffentlichen Leben zur Verwirklichung des Grundgesetzes kritischer, wirksamer und widerstandsfähiger zu gestalten;
- Verhaltensweisen zu erlernen, um in ihren Ursachen erkannte gesellschaftliche Konflikte steuern und überwinden zu können und
- die durch soziale Herkunft, durch gesellschaftliche Entwicklungen und durch Bildungsprozesse entstandenen und neu entstehenden Ungleichheiten abzubauen . . .

Die Angebote der Weiterbildung sollen die vorstehenden Aufgaben miteinander verbinden . . .

Dieses Gesetz soll bewirken . . . die verstärkte politische, berufliche und allgemeine Bildung insbesondere der Arbeitnehmer"[1].

Die Parlamentarier, die 1974 (nach rund 2-jähriger politischer Diskussion) diese Forderungen beschlossen und zum Gesetz erhoben hatten, waren sich nun aber durchaus klar darüber, daß auch ein Gesetz durch bloße Nennung von Forderungen noch keine strukturellen Veränderungen auslöst. Konsequent legt das Gesetz denn auch bereits bildungsplanerische Techniken zur Operationalisierung seiner Forderungen fest; das Gesetz bestimmt (in § 5-6) die Operationalisierung seiner Forderungen durch spezifische, für den Vollzug des Gesetzes neu zu schaffende Steuerungsinstanzen. Dies sind im wesentlichen das *Landesamt für Weiterbildung*, eine nachgeordnete Dienststelle des Senators für Wissenschaft und Kunst, der *Landesbeirat für Weiterbildung*, der vom Senator für Wissenschaft und Kunst in allen für die bremische Weiterbildung strukturbildenden Entscheidungen (und d. h. eben: vor allen Operationalisierungen der gesetzlichen Forderungen) zu hören ist.

Nach dem Bremischen Weiterbildungsgesetz können Weiterbildungseinrichtungen „anerkannt" – und d. h. immer auch: als *förderungsberechtigt* anerkannt – werden. Dafür formuliert das Gesetz eine Reihe von Anerkennungsvoraussetzungen. Genauer gesagt: Das Weiterbildungsgesetz formuliert allgemeine Anerkennungs*bedingungen*, die – in entsprechenden Klärungsprozessen zwischen Senator für Wissenschaft und Kunst, Landesamt und Landesbeirat – zu besonderen (bildungspolitisch-inhaltlichen oder pädagogisch-inhaltlichen) Anerkennungs*kriterien* operationalisiert wurden; Beispiel: Die (allgemeine) gesetzliche Anerkennungsbedingung, daß Veranstaltungen anerkennungsfähiger Einrichtungen „offen für jedermann" zu sein hätten, wurde operational unter anderem so definiert,[2]
- daß die Teilnehmergebühr „eine soziale Selektion der Teilnehmer" ausschließen muß und
- daß die Nennung von Zugangsvoraussetzungen für eine Veranstaltung (z. B. durch die Angabe einer Zielgruppe) allein *pädagogisch* legitimiert sein darf.

Bei solch einem – verglichen mit der Praxis anderer Bundesländer – eher restriktiven Anerkennungsverfahren gab es in Bremen denn auch bis 1977 tatsächlich nur 11 und gibt es seit 1978 immerhin erst 12 anerkannte Einrichtungen. Das bedeutet, daß sich von den insgesamt rund 150 bremischen Weiterbildungseinrichtungen nicht einmal 10% als „anerkannte" qualifiziert haben.

Für die Gesamtstruktur der Bremischen Weiterbildung haben nun aber die einzelnen 12 Einrichtungen schon deswegen ein jeweils sehr unterschiedliches Gewicht, weil die „anerkannten 12" sämtlich von sehr unterschiedlicher Größe sind und insofern die Gesamtstruktur *der* Bremischen Weiterbildung auch jeweils sehr unterschiedlich stark prägen.

Tatsächlich ist diese Gesamtstruktur entscheidend eigentlich von nur vier der 12 „Anerkannten" abhängig, von den beiden Volkshochschulen (d. h. von den Einrichtungen in *kommunaler Trägerschaft*) und von der Sozialakademie der Angestelltenkammer sowie vom Berufsfortbildungswerk des DGB (d. h. von zwei Einrichtungen in Trägerschaft von *Arbeitnehmerorganisationen*). Diese vier Einrichtungen realisieren zusammen einen Anteil von rund 90% des gesamten bremischen Weiterbildungsprogrammes. Im Bremischen Weiterbildungsjargon heißen diese vier Einrichtungen denn auch die „Großen" und heißen die anderen acht Einrichtungen entsprechend die „Kleinen".

Während auf die („kleinen") Einrichtungen in Trägerschaft von Kirchen und Wirtschaftsverbänden zusammen ein (nahezu symbolischer) Anteil von nur 3% des Bremischen Weiterbildungsangebotes entfällt, hat die Gruppe der Einrichtungen in Trägerschaft von Arbeitnehmerorganisationen allein schon einen Anteil von 64%. Solche Größenverhältnisse haben nun Folgen für die Verwirklichung des Bremischen Weiterbildungsgesetzes und seiner Zielvorstellungen; die Trägergruppe der Arbeitnehmerorganisationen ist von allen *Trägergruppen* nicht nur als Weiterbildungs*produzent,* sondern – als Folge davon – auch weiterbildungs*politisch* am stärksten, mit dem Ergebnis, daß in Bremen Strukturveränderungen zu Gunsten von Arbeitnehmern weiterbildungspolitisch erleichtert werden – z. B. Strukturveränderungen wie die, um deren Darstellung es in diesem Aufsatz geht. Die Stärke der Arbeitnehmerorganisationen für „Bewegungen" in der Bremischen Weiterbildungsszene gilt besonders deswegen, weil sich die Stärke auch im Landesbeirat widerspiegelt, d. h. in einem Strukturierungsgremium, dessen pragmatische Bedeutung für die Bremische Weiterbildung kaum hoch genug eingeschätzt werden kann.

Denn 9 der 20 stimmberechtigten Mitglieder im Landesbeirat sind Vertreter von anerkannten Einrichtungen; sie stellen damit im Landesbeirat die größte Gruppe. Selbst die Gruppe, die das Landesparlament vertritt, ist – mit 7 Mitgliedern – schwächer repräsentiert. Es ist zwar rein rechnerisch (noch so gerade eben) möglich, die Vertreter der Einrichtungen zu überstimmen, aber für diesen Fall müßten alle anderen Landesbeiratsmitglieder geschlossen die Hand gegen die Einrichtungen (bzw. deren Vertreter) heben – und dieser Fall ist nun weder in der Vergangenheit vorgekommen noch für die Zukunft wahrscheinlich. Denn die 11 Landesbeiratsmitglieder, die nicht Vertreter anerkannter Einrichtungen sind, gehen (zumindest mehrheitlich) davon aus, daß die Beschlüsse des Landesbeirates in der Weiterbildungspraxis nur dann erfolgreich strukturbildend werden können, wenn in dieser Weiterbildungspraxis (und d. h. eben: bei den Einrichtungen) auch eine „Bereitschaft" da ist, diese Beschlüsse zu verwirklichen. Diese „Bereitschaft" stellt sich jedoch, so meinen sie, nicht her, wenn ein Beschluß rigide gegen das bekundete Interesse der Betroffenen „durchgedrückt" wird.

Diese Grundeinstellung nimmt in Kauf, daß die „Bereitschaft" zu (einschneidenden) Strukturveränderungen bei den Betroffenen kaum immer sehr hoch ist. Denn es gibt bei allen Einrichtungen „institutionelle Interessen" und „Erfahrungen aus der Praxis", die – für diese Einrichtungen – immer wieder gegen (einschneidende) Veränderungen der bisherigen Strukturen sprechen. Die Folgen solcher (im Landesbeirat, wie gesagt, durchaus mehrheitsfähiger) Vorbehalte sind dann „Struktur*kompromisse*" oder die „Vertagung" von Strukturveränderungen.

Die finanziellen und rechtlichen Mittel zur Durchführung des bremischen Weiter-
bildungsgesetzes

Die Ansätze, in denen politische Reformen bevorzugt stecken bleiben, sind Haushaltsansätze. In Bremen wurden von 1975 - 1979 die Landesmittel für die Weiterbildung zwar von zunächst 3 Millionen DM auf zuletzt rund 6 Millionen DM verdoppelt, aber diese Mittel reichen noch nicht aus; allerdings muß man zugeben: kein Bundesland gibt pro Kopf der Bevölkerung derzeit mehr Geld für die Weiterbildung aus als Bremen.

Wenn man sich dabei ansieht, *wie* das Geld in Bremen ausgegeben wird, fällt das Prinzip auf, daß die Haushaltsansätze genommen werden, um die Verwirklichung der Programmansätze zu prämieren. Konkreter heißt das folgendes:

— Das Landesamt für Weiterbildung macht Vorschläge, wie die Zielvorstellungen des Weiterbildungsgesetzes operationalisiert werden können und entwirft dazu — in Form von Zuschußregelungen — „Durchführungsbestimmungen" des Gesetzes.
— Der Landesbeirat für Weiterbildung und der Senator für Wissenschaft und Kunst befassen sich im Rahmen ihrer Kompetenzen mit diesen Vorschlägen und lassen sie schließlich — verifiziert oder modifiziert — in Kraft treten.
— Die anerkannten Einrichtungen verwirklichen die Vorschläge und werden dafür mit entsprechenden Zuschüssen „belohnt".

Neben inhaltlichen Serviceleistungen (z. B. in Form von Unterrichtsmodellen) legen es den anerkannten Einrichtungen also auch finanzielle Anreize („Zuschußimpulse") nahe, ihr pädagogisches Engagement (z. B. ihre Veranstaltungsplanungen) gerade dort zu verstärken, wo die Weiterbildung besondere Strukturschwächen hat.

Die wesentlichen Regelungen dieser finanziellen Anreize finden sich 1. in den sogenannten *„Richtlinien"* (eigentlich: „Richtlinien zur Durchführung des Gesetzes über Weiterbildung im Lande Bremen") und 2. in den sogenannten *„Grundsätzen"* (eigentlich: „Grundsätze zur Förderung von Modell- und Schwerpunktmaßnahmen nach dem Bremischen Weiterbildungsgesetz").[3]

Ein Beispiel für die „Arbeitsweise" und den „Wirkungsmechanismus" der „Richtlinien": An die Einrichtungen werden, je nach dem, welche Art von Veranstaltung sie anbieten, unterschiedlich hohe Zuschüsse gezahlt; die Einrichtungen erhalten[4]

— für Veranstaltungen der politischen Bildung Zuschüsse bis zu 100% (d. h. bis zur „vollen" Erstattung der Veranstaltungskosten),
— für Veranstaltungen der beruflichen Bildung Zuschüsse bis zu 50% und
— für Veranstaltungen der allgemeinen Bildung Zuschüsse bis zu 25%.

Die (gewollte) Wirkung dieses Zuschußsystems war,[5] daß die Zahl der Veranstaltungen in den drei Veranstaltungsbereichen angewachsen ist, daß dabei aber der Zuwachs in den drei Veranstaltungsbereichen jeweils unterschiedlich groß war, nämlich

— der Zuwachs der Veranstaltungen der politischen Bildung höher war als
— der Zuwachs bei Veranstaltungen der beruflichen Bildung, dort der Zuwachs aber wiederum höher war als
— der Zuwachs bei Veranstaltungen der allgemeinen Bildung.

Die für bremische Weiterbildung typische, favorisierende Bezuschussung der politischen Bildung berücksichtigt, daß für die politische Bildung ein besonders hoher (zeitlicher und personeller) Planungsaufwand notwendig ist, zieht Konsequenzen daraus, daß es gerade für die politische Bildung schwierig ist, sich ohne „Subventionen" „am Markt" zu behaupten, und bleibt von der Überzeugung bestimmt, daß die politische

Bildung vielen Arbeitnehmern die notwendige Chance bietet, die Durchsetzung ihrer Interessen zu „lernen".

Die Richtlinien sind – im doppelten Sinn – „einfache" Regelungen. Sie sind „einfach", weil sie „einfach" zu lesen und „einfach" zu handhaben sind. Sie sind aber auch „einfach", weil sie die Sache Weiterbildung „vereinfachen". So fragen die Richtlinien niemals nach den Zielgruppen von Weiterbildungsveranstaltungen (d. h. nach den gegebenen Lern*voraussetzungen* der Lerner und den wünschbaren Lern*bedingungen* für die Lerner); die Richtlinien „vereinfachen" damit die Sache Weiterbildung um einen ganz entscheidenden Aspekt.

Ein derartiges Vereinfachen wäre nun sehr problematisch, wenn es die „Grundsätze" nicht gäbe. Die „Grundsätze" setzen aber systematisch immer da (mit Zusatzbestimmungen) an, wo die Richtlinien zu allgemein bleiben, um die „besonderen" Belange „besonderer" Zielgruppen gerade auch durch die Bereitstellung „besonderer" Mittel „besonders" zu berücksichtigen. Auch dazu wieder ein Beispiel: Die „Grundsätze" enthalten einen Katalog von Wohngebieten, „die bevorzugt mit Weiterbildung zu versorgen sind".[6] Die „Grundsätze" geben an, daß Veranstaltungen z. B. der Familien- und Elternbildung für Bürger dieser Wohngebiete zu 100% (die Richtlinien-Regel ist: zu 25%) gefördert werden können.

Der Katalog der „bevorzugt zu versorgenden Wohngebiete" enthält dabei insbesondere die Einzugsgebiete der Weiterbildungsbüros, d. h. Regionen, die erstens mit Weiterbildung unterversorgt sind und gleichzeitig zweitens überdurchschnittlich stark von sozial benachteiligten Bevölkerungsgruppen bewohnt werden.

Die „Grundsätze" und die „Richtlinien" sind Regelungen, die immer wieder auf ihre Leistungsfähigkeit (d. h. auf ihre strukturbildende Wirkung) hin überprüft – und gegebenenfalls geändert – werden. Das ist notwendig und liegt in der „Natur" von strukturbildenden Regelungen selbst begründet. Denn gerade, wenn Regelungen erfolgreich sind – also Strukturen verändern –, verändern sie ja auch die Voraussetzungen, die einmal Anlaß zum Entwurf eben dieser Regelungen waren.

Das Landesamt für Weiterbildung, das den zuständigen politischen Instanzen durch den Entwurf von Struktur*vorschlägen* zuarbeitet, hat deswegen wesentlich auch die Aufgabe, die Struktur*entwicklungen* zu überprüfen. Besonders für diesen Zweck verfügt das Landesamt über eine systematische Weiterbildungsstatistik, die (mit Hilfe der Automatischen Datenverarbeitung) Teilnehmer- und Programmstrukturen differenziert beschreiben und in ihren Veränderungen beobachten läßt.

Bei diesen Beobachtungen kommt nun aber häufig genug auch heraus, daß es strukturelle Defizite gibt, deren Kompensation allein mit Hilfe von geänderten „Richtlinien" oder „Grundsätzen" nicht möglich ist. Für solche „schweren Fälle" bietet das Bremische Weiterbildungsgesetz die Möglichkeit zu „Schwerpunktprogrammen", d. h. zu konzertierten Aktionen von verschiedenen, gleichzeitig eingesetzten und dabei konzeptionell aufeinander abgestimmten Strukturmaßnahmen. Dem (in Bremen sogenannten) „Schwerpunktprogramm Dezentralisierung" widmet sich dieser Aufsatz.

Die Entwicklung des bremischen Konzepts der sozialregionalen Weiterbildungsversorgung

Die bremische Weiterbildungsversorgung vor Einrichtung der Weiterbildungsbüros

Mit dem Instrument der Statistik hat das Landesamt zum ersten Mal im Jahre 1976 versucht, die Strukturen der bremischen Weiterbildungsversorgung zu erfassen. Die ausführlichste Darstellung der statistischen Ergebnisse findet sich in den Landesbeiratsvorlagen 9/77 und 17/77.

Vorlage 9/77 ist im wesentlichen von drei erkenntnisleitenden Fragen bestimmt, nämlich:

1. Wo sind die Wohngebiete der bildungsbenachteiligten Bevölkerungsgruppen, und wo sind besonders die bremischen Arbeitergebiete?
2. Wie groß ist das Weiterbildungsangebot in diesen Gebieten?
3. Wie stark sind die Bewohner dieser Gebiete in Weiterbildungsveranstaltungen repräsentiert?

Die Antworten dazu lauten:[7]

— *zu Frage 1:* „Es gibt in Bremen vier große (geschlossene) Unterschichtgebiete": den Stadtteil Blumenthal, die Stadtteile Gröpelingen und Walle, den Stadtteil Obervieland und die Stadtteile Hemelingen und Osterholz.
— *zu Frage 2:* „Das Weiterbildungsangebot in den Unterschichtgebieten ist im allgemeinen äußerst gering; in den vier Unterschichtgebieten gibt es lediglich ein einziges Weiterbildungszentrum (in Obervieland)."
— *zu Frage 3:* „Die Wohngebiete, deren Bewohner in Weiterbildungsveranstaltungen unterrepräsentiert sind, sind ausschließlich Wohngebiete der Unterschicht".

Das Landesamt kontrollierte diese Ergebnisse durch Parallelfragen nach den Oberschichtgebieten und stellte fest: „In den Oberschichtgebieten konzentrieren sich (insgesamt 8) Weiterbildungszentren, und die Bewohner von Oberschichtgebieten sind in Weiterbildungsveranstaltungen überrepräsentiert."[8]

Das Landesamt folgert daraus: „Das Bildungsgefälle zwischen Oberschichtgebieten und Unterschichtgebieten wird durch die derzeitige Regionalstruktur der bremischen Weiterbildungspraxis nicht — wie es dem Zielschwerpunkt des Weiterbildungsgesetzes entspräche — *ab*gebaut, sondern *aus*gebaut."[9]

Das Landesamt folgert aus seinen Ergebnissen weiter, „daß die Überrepräsentation von Bewohnern aus Oberschichtgebieten bzw. die Unterrepräsentation von Bewohnern aus Unterschichtgebieten nicht einfach hingenommen werden muß und nicht bereits mit bildungsbiographischen Deutungen erschöpfend erklärt ist. Von entscheidender Wichtigkeit ist jeweils *auch* das Vorhandensein oder Nichtvorhandensein von Weiterbildungszentren."[10]

In der Landesbeiratsvorlage 17/77 überprüfte und differenzierte das Landesamt seine im voranstehenden Abschnitt skizzierte Thesen durch eine Analyse von Wanderungsbewegungen der Teilnehmer von ihrem Wohnort zum Veranstaltungsort. Das Landesamt stellte dabei fest, „daß es zwischen dem Veranstaltungsort und dem Wohnort der Teilnehmer einen Zusammenhang gibt: Die größte Teilnehmergruppe einer Veranstaltung kommt aus dem Stadtteil, in dem die Veranstaltung durchgeführt wird."[11]

Dieser Zusammenhang gelte dabei „ebenso

— für oberschichtig wie für unterschichtig bestimmte Stadtteile und ebenso

— für Veranstaltungen der allgemeinen Bildung wie für solche der beruflichen oder der politischen Bildung".[12]

Das Landesamt kritisiert seine statistische Analyse der Wanderungsbewegungen mit der Bemerkung, es sei der eben „beschriebene Zusammenhang zwischen Veranstaltungsort und Wohnort der Teilnehmer freilich kaum eine Überraschung; zumindest der Grundsatz, daß Veranstaltungen für ihre Teilnehmer durch ‚kurze Wege' attraktiver werden (und umgekehrt), scheint auch ohne statistischen Aufwand einleuchtend zu sein. Tatsächlich jedoch gab es und gibt es eine bremische ‚Weiterbildungspolitik der kurzen Wege' bislang (= 1977) fast ausschließlich für solche Stadtregionen, in denen die bildungsbevorzugten Oberschichten wohnen."[13]

Das Landesamt konnte auf Grund der Fragebögen der bremischen Weiterbildungsstatistik lediglich Wanderungsbewegungen auf der Basis von *Stadtteilen,* nicht aber auf der Basis von *Ortsteilen* (d. h. von Teilbezirken innerhalb der Stadtteile) darstellen. Das Landesamt nimmt aber an, daß die „Beobachtung — daß nämlich die größte Teilnehmergruppe einer Veranstaltung aus der Region stammt, in der die Veranstaltung stattfindet — nicht nur für *Stadtteile* gilt, sondern ebenso für *Ortsteile* . . . (; es sei also) davon auszugehen, daß im allgemeinen die größte Teilnehmergruppe einer Veranstaltung aus dem *Ortsteil* stammt, in dem diese Veranstaltung durchgeführt wird."[14]

Das Landesamt schlägt danach vor, für „die Bildungsplanung von Veranstaltungsorten der Weiterbildung sollte . . . gefolgert werden, die Veranstaltungsorte zukünftig verstärkt in unterschichtig bestimmte Ortsteile zu verlegen — wenigsten, sofern diese Ortsteile *Wohngebiete* sind, *verkehrstechnisch* auch von benachbarten unterschichtigen Ortsteilen befriedigend erreicht werden können und *nicht bereits überdurchschnittlich stark* mit Weiterbildung versorgt werden."[15]

In der Landesbeiratsvorlage 23/77 hat das Landesamt dann auch bereits einen Katalog entsprechender Ortsteile vorgelegt und vom Landesbeirat beschließen lassen.[16] Denn, so hatte das Landesamt — wiederum mit Zustimmung des Landesbeirates — argumentiert, das Konzept einer zielgruppenorientierten „Dezentralisierung (bzw. Polyzentralisierung) der bremischen Weiterbildungsangebote ließe nach dem, was aus den bisher vorliegenden Daten der bremischen Weiterbildungsstatistik geschlossen werden kann, nicht nur eine verbesserte *regionale* (flächendeckende) Weiterbildungsversorgung erwarten (allein das wäre allerdings durchaus schon ein Fortschritt), sondern auch eine bessere *soziale* Weiterbildungsversorgung, d. h. eine verbesserte Weiterbildungsversorgung der bildungsbenachteiligten Bevölkerungsschichten."[17]

Im Bezug auf diese Folgerungen aus der Analyse der Wanderungsbewegungen und im Bezug auch auf die mit Landesbeiratsvorlage 9/77 definierten zwei mit Weiterbildungen unterversorgten, großen bremischen Arbeitergebiete faßte der Landesbeirat schließlich am 23. August 1977 den Grundsatzbeschluß, „baldmöglichst Regelungen" (zu finden),

1. die den Ausbau der bremischen Weiterbildung in Oberschichtgebieten zu Gunsten eines Ausbaus der bremischen Weiterbildung in Unterschichtgebieten zumindest verlangsamen, und
2. die ein Engagement aller anerkannten Einrichtungen herstellen zum sofortigen Aufbau leistungsstarker Weiterbildungszentren in den zwei am stärksten mit Weiterbildung unterversorgten bremischen Großregionen, Bremen-West (mit den Stadtteilen Gröpelingen und Walle) und Bremen-Ost (mit den Stadtteilen Hemelingen und Osterholz).[18]

Die Einrichtung der Weiterbildungsbüros

Als konkrete Ausfüllung der vom Landesbeirat am 23. August 1977 eingeforderten „Regelungen" entwickelte das Landesamt in der Landesbeiratsvorlage 18/77 ein Konzept „zum Aufbau von Kooperativen in mit Weiterbildung unterversorgten Stadtbezirken. Darin heißt es:

Bei einer prinzipiellen Ähnlichkeit der für Bremen-Ost und Bremen-West geltenden Probleme, nämlich

— daß beide Regionen mit Weiterbildung unterversorgt sind (und schon gar kein Weiterbildungs-*Zentrum* haben),
— daß beide Regionen verkehrstechnisch nicht befriedigend an Weiterbildungs-Zentren in anderen Stadtteilen angeschlossen sind und
— daß beide Regionen eine unterschichtige Bevölkerung haben,

gibt es zwischen den beiden Regionen auch graduelle Unterschiede, nämlich

— daß die Bevölkerung von Bremen-West noch unterschichtiger ist als die Bevölkerung von Bremen-Ost und
— daß Bremen-Ost verkehrstechnisch noch schlechter an Weiterbildungs-Zentren angebunden ist als Bremen-West.

Diese graduellen Unterschiede machen die beiden Regionen zu idealen Test-Räumen für die parallele Erprobung von weiterbildungspolitischen Instrumenten.

Ausgehend von den drei Thesen,

— daß die Probleme in Bremen-West und in Bremen-Ost jeweils zu groß sind, um „nebenbei" (z. B. von *einer* Einrichtung zusätzlich zu deren sonstigen Aufgaben) gelöst zu werden,
— daß zusätzliche personelle Kapazitäten (wesentlich auch pädagogische Ressourcen) für die Problemlösung freigesetzt werden müssen und
— daß inhaltlich gezielte und zusätzliche (über die Regelförderung der Richtlinien hinausgehend) finanzielle Anreize gegeben werden müssen, um bei den Einrichtungen Engagements für die Kompensation der Regionaldefizite herzustellen",[19]

schlägt das Landesamt dann vor, in den beiden Regionen „Kooperativen" bzw. (bei ihrer Arbeitaufnahme dann wegen der Publikumswirkung sogenannte) „Weiterbildungsbüros" zu eröffnen, für die im wesentlichen die in Abbildung 1 dargestellten Einbindungen und Aufgaben gelten sollten:[20]

Dem Landesbeirat fiel es sicher auch deswegen nicht schwer, diesem Konzept aus der Vorlage 18/77 zuzustimmen, weil gleichzeitig mit der Vorlage 18/77 auch die Vorlage 26/77 zu beraten und zu beschließen gewesen war — und diese Vorlage 26/77 deutlich machte, daß die Errichtung der zwei Weiterbildungsbüros die bremische Weiterbildung finanziell nicht belasten würde. Im (vom Landesamt einstimmig angenommenen) Beschlußvorschlag heißt es nämlich, es sei „beim Bundesministerium für Bildung und Wissenschaft (BMBW) die auf 15 Monate befristete Fortführung ... ((eines nach Bremen vergebenen)) Modellprojektes ‚Kommunale Kooperation in der Weiterbildung' mit — im Vergleich zu der bisherigen Projektarbeit — veränderten Schwerpunktsetzungen und geringerer Personalausstattung zu beantragen, und das Projekt dafür in die Form von zwei Kooperativen überzuleiten. Die Kooperativen sind personell jeweils mit einem hauptberuflichen pädagogischen Mitarbeiter und ... einer Sachbearbeiterin mit Schreibverpflichtung auszustatten. Den Kooperativen kommt die Aufgabe zu, der Weiterbildungs-Unterversorgung von Bremen-Ost und Bremen-West

Abb. 1: Einbindung und Aufgaben der „Weiterbildungsbüros"

dadurch gegenzusteuern, daß die Kooperativen durch eine pädagogische und organisatorische Entlastung der Einrichtungen gezielt dazu beitragen, das Lernangebot in diesen Regionen auszubauen."[21]

Dem auf der Basis dieses Beschlusses beim BMBW gestellten Antrag hatte das BMBW umgehend zugestimmt. Damit war die wichtigste Weiche dafür gestellt, daß die Weiterbildungsbüros schließlich schon wenige Wochen nach dem maßgeblichen Landesbeiratsbeschluß, d. h. zum 1. Oktober 1977, ihre Arbeit aufnehmen konnten.

Der Landesbeirat hatte diese Arbeit dabei schon durch einen Beschluß flankiert, den er zusammen mit seiner Entscheidung gefällt hatte, überhaupt die Einrichtung von Weiterbildungsbüros zu betreiben. Mit der Vorlage 23/77 waren nämlich „Grundsätze zur Schwerpunktförderung von Bildungsmaßnahmen für bildungsbenachteiligte Bevölkerungsschichten" beschlossen worden. Dieser Beschluß schreibt dann – nach dem Prinzip der „Sonderförderung" durch die „Grundsätze" – fest, daß besonders bei Veranstaltungen in jenen Ortsteilen, die zu den Einzugsgebieten der Weiterbildungsbüros gehören, andere (aus der Perspektive der Einrichtungen: günstigere) Zuschußsätze nutzbar werden als bei Veranstaltungen sonst im allgemeinen üblich. Allerdings: nach dem Beschluß gilt diese Regelung nicht für alle („irgendwelche") Veranstaltungen, sondern nur für bestimmte, z. B. für „Bildungsmaßnahmen über Erziehungsfragen".[22]

Diese Einschränkung auf *bestimmte* Veranstaltungen mit *bestimmten* (Lern-)Inhalten ist dabei der Rekurs auf den Sachverhalt, daß Lerninhalte und Zielgruppen sich gegenseitig konstituieren, daß es also bildungsplanerisch von Belang ist, *wo* (denn d. h. immer auch: für *wen*) was angeboten wird.

Der Beschluß in Vorlage 23/77 war also zwar unmittelbar eine flankierende Maßnahme für die Weiterbildungsbüros (nämlich als Impuls, die Veranstaltungsplanung in den Einzugsgebieten der Büros zu verstärken); der Beschluß war mittelbar aber auch ein Hinweis darauf, daß der bildungspolitische Erfolg der Büros entscheidend mit davon abhängen werde, wie weit es den Büros gelingen könnte, nicht nur „irgendwelche" Veranstaltungen in ihre Regionen zu holen, sondern über *zielgruppenspezifische Versorgungspläne* dort gleichzeitig auch ein *zielgruppenspezifisches Angebot* sicherzustellen.

Arbeitsaufgaben und Arbeitsweisen der Weiterbildungsbüros

Das Landesamt führt die Konstruktion der Weiterbildungsbüros auf zwei „konstruktive Elemente"[23] zurück: Das zweite dieser „konstruktiven Elemente" *(das Setzen von bildungsplanerischen Impulsen durch das Setzen von Zuschußanreizen)* ist in diesem Aufsatz bereits mehrfach eingehend diskutiert worden. Das erstgenannte „konstruktive Element" *(das Setzen von bildungsplanerischen Impulsen durch das Setzen von pädagogischen und organisatorischen Anreizen)* wird jetzt im folgenden ähnlich ausführlich dargestellt werden.

Regionalanalysen

Die Arbeit der Weiterbildungsbüros in Bremen-West und Bremen-Ost begann mit sogenannten „Regionalanalysen", d. h. mit systematischen Erhebungen von Informationen über die Einzugsgebiete der Büros. Die Informationen betrafen dabei außer der Weiterbildungsversorgung insbesondere

— Bevölkerungsstrukturen,
— Wohnstrukturen,
— Betriebsstrukturen,
— Beschäftigungsstrukturen,
— Bildungsstrukturen und
— Freizeitstrukturen

und wurden beschafft durch Kontakte u. a. mit

— staatlichen Stellen (Arbeitsamt, Ortsämter, Sozialämter),
— Betriebsräten,
— Mitarbeitern in Bürgerhäusern,
— Pastoren,
— Sozialarbeitern und
— Lehrern.

Wesentliche Ergebnisse dieser Regionalanalysen wurden als „Service" für eine zielgruppenspezifisch bessere, dezentrale Veranstaltungsplanung den pädagogischen Mitarbeitern aller anerkannten Einrichtungen zur Verfügung gestellt.

Eine solche Regionalanalyse über Bremen-West gibt beispielsweise zunächst allgemeine Hinweise wie die, „daß die Region in drei zusammenhängende Wohngebiete gegliedert ist, die durch Grüngebiete deutlich voneinander abgegrenzt sind und im Bewußtsein der Bevölkerung Identifikationsgrenzen darstellen:

1. Walle,
2. Gröpelingen,
3. Oslebshausen",[24]

und wird dann für die einzelnen Teilgebiete immer differenzierter; so wird z. B. für Walle angegeben:

„*1. Walle* (ohne Utbremen):
  − 27 000 Einwohner,
  − 4 km mittlere Entfernung zur Innenstadt,
  − 60 Min. Wegezeit.
(Um mit öffentlichen Verkehrsmitteln zu einer Weiterbildungsveranstaltung in der Stadtmitte zu kommen, ist aus einer mittleren Wohnlage folgende Fahrtzeit nötig:

Wohnung − Haltestelle	5 Min.
reine Fahrzeit	18 Min.
Haltestelle − Veranst.-Ort	5 Min.
+ Wartezeit	2 Min.
	30 Min.

Wegezeit Stadtmitte/Hin- u. Rückfahrt = *60 Minuten)*
  Walle ist ein traditionelles Wohngebiet mit hoher Bevölkerungsdichte. Das soziale Zentrum liegt an der Heerstr./Waller Bahnhof.
1.1 Kerngebiet mit 16 000 Einwohnern (zwischen Hansestr. und Waller Ring)
  − sehr hoher Arbeiteranteil
  − viel Schulen und vor allem Berufsschulen
1.2 Osterfeuerberg mit 6 000 Einwohnern
  − extrem hoher Arbeiteranteil
  − eigener „sozialer Lebensraum" mit Einkaufszentren, aber ohne soziale Einrichtungen
1.3 Walle-Nord
  − für den Stadtteil relativ niedrige Bevölkerungsdichte
  − an der Ritter-Raschen-Str. Schulen und Kirchengemeinde . . ."[25]

Wo immer man das Bremer Modell der Weiterbildungsbüros erneut erproben will, wird man gut beraten sein, mit einer Regionalanalyse zu beginnen und diese nicht als soziographische Spielerei abzutun. Denn die Regionalanalyse bereitet nicht nur wesentliche Informationen für die Veranstaltungsplanung auf, sondern hilft, die „richtigen" Veranstaltungsräume zu finden, die „richtigen" Verteiler für die Weiterbildungswerbung aufzubauen und mit den „richtigen" Leuten im Gespräch zu bleiben.

Versorgungspläne

  Die Regionalanalyse ist eine ständige Aufgabe und schon deswegen niemals abgeschlossen, weil sie wesentlich auch die sich ständig verändernde, regionale Weiterbildungsversorgung zu erfassen hat − als Voraussetzung für den Entwurf von *Weiterbildungsversorgungsplänen.* Das Landesamt definiert den Versorgungsplan als „Katalog jener Programmangebote, von denen nach entsprechenden inhaltlichen Vorarbeiten angenommen werden kann, daß sie für die objektiven und subjektiven Weiterbildungsbedürfnisse der Bewohner des Einzugsgebietes spezifisch sind. Der Versorgungsplan verhindert also ein unkritisches, zielgruppen*un*spezifisches ‚Umtopfen' von Programmangeboten aus der einen (z. B. oberschichtigen) Region in eine andere (in diesem Fall mit Sicherheit unterschichtige) Region. Der Versorgungsplan leistet damit einen wesentlichen Beitrag dazu, daß die Programmangebote in einer bestimmten Region nicht einfach *für* diese Region (als ‚nur flächendeckende' Weiterbildungsversorgung) wirksam werden, sondern *in* dieser Region wirksam werden können".[26]
  Wie solch ein Versorgungsplan konkret aussieht, sollen wenige Auszüge aus dem (insgesamt immerhin fast 30 Seiten starken) Versorgungsplan für das 2. Halbjahr 1978 zeigen:
  Da gibt es zunächst tabellarische Kurzübersichten mit Vorschlägen für

− ein sogenanntes „Grundangebot", das zielgruppen*un*spezifisch strukturiert ist, und
− ein sogenanntes „stadtteilbezogenes Angebot", das zielgruppen*spezifisch* strukturiert ist (s. Tab. folgende Seite)

Tab. 1: Programmstruktur zur dezentralen Versorgung mit Weiterbildungsangeboten in Bremen-Ost und Bremen-West (Feingliederung)

I Grundangebot	II Stadtteilbezogenes Angebot
1. Grundwissen	*9. Stadtteilprobleme*
1.1 Deutsch für Deutsche	9.1 Geschichte
1.2 Rechnen	9.2 Lebensqualität im Stadtteil
1.3 Hauptschulabschluß	9.3 Spezielle Sprachkurse +)
2. Politische Bildung	*10. Bewohnergruppen*
2.1 Gesellschaft/Geschichte	10.1 Bürgerinitiativen
2.2 Wirtschaft	10.2 andere Gruppen
2.3 Recht	*11. Eltern/Erziehungsfragen*
2.4 Psychologie	11.1 Eltern/Alleinerziehende usw.
2.5 Religion/Kirche	11.2 Ehrenamtliche Kräfte
3. Kultur	– z. B. in Krabbelstuben
3.1 Literatur/plattdeutsch	– Sportvereinen
3.2 Musik	*12. Frauen*
3.3 Bildende Kunst	12.1 Frauen/allgemein
3.4 Werken	12.2 Hausfrauen
3.5 Hobbykurse/Foto, Film	12.3 berufstätige Frauen
4. Sprachen	*13. Ältere Bürger*
4.1 Englisch	13.1 Politische Bildung
4.2 Französisch	13.2 Kreativität
5. Berufliche Bildung	13.3 Sprachen
5.1 Schreibtechniken	13.4 Gymnastik
5.2 Kaufm. Grundwissen	13.5 Mitarbeiter der Altenbildung
5.3 Gewerbl./Techn. Grundwissen	*14. Jugendliche*
5.4 Technische Kurse	*15. Ausländer/Spätaussiedler*
– theoretisch	15.1 Deutsch
– praktisch	15.2 Sonstiges
6. Hauswirtschaft	*16. Arbeiter/Angestellte*
6.1 Haushaltsführung/Verbraucherkunde	16.1 Familienseminare
6.2 Ernährung	16.2 Betriebsbezogene Bildung
6.3 Nähen	16.3 Sonstiges
6.4 Hauswirtschaft	
7. Selbsthilfe	
7.1 Selbsthilfe/Kfz.	
7.2 Erste Hilfe	
7.3 Technik im Haushalt	
8. Sportliche Weiterbildung	
8.1 Ausgleichssport	
8.2 Mitarbeiterfortbildung	

+) z. B.: zur Verständigung mit Gastarbeitern türkisch oder serbokratisch usw."[27]

Da derlei tabellarische Übersichten freilich noch wenig aussagefähig sind, werden die einzelnen Programmvorschläge dann begründet und kommentiert; dort heißt es z. B.

– über Kurse zu Erziehungsfragen:
„bei Erziehungskursen, die rein marktmäßig angeboten werden, sind zu über 50 % ausgefallen. Konsequenz: zumindest in Arbeiterregionen müssen diese Veranstaltungen stärker an speziellen Problemlagen orientiert werden, die sich in der Regel in sozialen Institutionen wie Kindertagesstätten, Schulen und anderen manifestieren";[28]

- über Kurse zur kulturellen Bildung:
  „In . . . der kulturellen . . . Bildung konnte eine erhebliche Zunahme des Angebots erreicht werden. Dennoch muß auch hier der Ausbau weitergehen. Insbesonere die weite Entfernung von Bremen-Ost zur Stadtmitte erfordert ein Mindestangebot ((in der Region selbst)) . . . Nach unseren Erfahrungen ist aber nicht davon auszugehen, daß mit zielgruppenunspezifischen Angeboten . . . ((die)) Arbeiterbevölkerung zu erreichen ist";[29]
- über Kurse für Jugendliche:
  „Hier fehlt noch der nötige Kontakt zu den Sozialarbeitern und Betreuern in Jugendfreizeitheimen, bei den Dozenten und Weiterbildungseinrichtungen, und das Weiterbildungsbüro konnte diese Aufgabe . . . noch nicht übernehmen. Auch hier sollen diese Schwierigkeiten durch Zusammenarbeit mit den Sozialberatern in der Gesamtschule West und den Mitarbeitern in den Jugendfreizeitheimen aus dem Wege geräumt werden";[30] oder
- über Kurse für Arbeiter:
  „Absolute Priorität aber kommt der Entwicklung von Angeboten für ausländische und deutsche Arbeiter zu. Für Ausländer sollen, bei dem starken Anteil von Türken in Hemelingen, sowohl Deutschkurse wie Kurse für Jugendliche und Hausfrauen angeboten werden. Die Kurse für Spätaussiedler werden fortgeschrieben. In Zusammenarbeit mit den gewerkschaftlichen Bildungseinrichtungen sind Arbeiterfamilienseminare geplant, wobei gerade hier nur unter einer langfristigen Perspektive gearbeitet werden kann. Dabei stellt sich zusätzlich das Problem des Zuzugs neuer Arbeiter im Zusammenhang mit der Ausweitung bei Daimler Benz"[31].

Die in dieser Form vorgelegten Versorgungspläne haben den Einrichtungen gegenüber lediglich den Charakter von *Vorschlägen* bzw. *Empfehlungen*, also einen unverbindlichen Charakter. Die Einrichtungen haben nach Empfang der Versorgungspläne durchaus (ohne mit Sanktionen von Seiten des Landesamtes oder des Landesbeirats rechnen zu müssen) noch die Möglichkeit, den Plan und alle seine Einzelvorschläge abzulehnen und stattdessen diamental andere (marktbezogene, zielgruppen*un*spezifische) oder auch gar keine Veranstaltungen für die Einzugsgebiete der Weiterbildungsbüros zu planen. Daß ein Ignorieren der Versorgungspläne trotz ihrer Unverbindlichkeit zumindest unüblich gewesen ist, zeigten die Bilanzen der Büros: Sie wiesen sowohl für Bremen-West als auch für Bremen-Ost eine deutliche Steigerung des Anteils des Spezialangebotes zu Lasten den Anteils des Grundangebotes aus.[32]

Dennoch scheinen Landesamt und Landesbeirat mit diesen Erfolgen noch nicht zufrieden gewesen zu sein; jedenfalls verlassen sie den Weg der unverbindlichen Vorschläge in ihrer Dezentralisierungspolitik des Jahres 1979 und werden in ihren Vorschlägen zunehmend verbindlicher.

Im März 1979 argumentiert das Landesamt: „Nach gemeinsamer Einschätzung von Einrichtungen der Weiterbildung, Landesamt für Weiterbildung und Weiterbildungsbüros gibt es besonders vier Bevölkerungsgruppen, die zukünftig bevorzugt mit sozialregional bestimmter Weiterbildung versorgt werden müssen: 1. Frauen aus den sozial und bildungsmäßig benachteiligten Bevölkerungsschichten, 2. Arbeitslose, 3. Schichtarbeiter, und 4. ausländische Arbeitnehmer";[33] der Landesbeirat empfiehlt daraufhin, „im Kalenderjahr 1979 in den mit Weiterbildung unterversorgten Einzugsgebieten der
    Weiterbildungsbüros für . . . ((die eben genannten)) Bevölkerungsgruppen nach § 7 Absatz 4 Nr. 2 des Bremischen Weiterbildungsgesetzes ein Schwerpunktprogramm zu realisieren und dies mit insgesamt DM 130.000,– Förderungsmitteln auszuweisen".[34]

Während bei diesem Beschluß aus dem März 1979 den Einrichtungen aber noch die (bildungsplanerische und pädagogische) Freiheit bleibt, für die Veranstaltungen Thema, Dauer und Veranstaltungsform selbst festzulegen, wird vier Monate später, im Juli 1979, ein Beschluß gefaßt, in dem auch diese Kriterien bereits fixiert werden.[35] Unabhängig davon, ob zukünftig in der dezentralen bremischen Weiterbildungspolitik restriktiver oder liberaler funktionierende Versorgungspläne eingesetzt werden ist im Zusammenhang dieses Aufsatzes zunächst einmal wichtig, daß es restriktiver oder liberaler funktionierende Versorgungspläne überhaupt (grundsätzlich) gibt. D. h.: Es kann – auch außerhalb Bremens – immer nach den regional-aktuellen Gegebenheiten für eine (mehr oder weniger) restriktive oder eine (mehr oder weniger) liberale Gangart (politisch) entschieden werden.

Um ein Beispiel zu geben: Es kann der bürgerlich-konservativ orientierte Volkshochschulleiter aus dem Ort X von seinem eher progressiven Dezernenten *(restriktiv)* angewiesen werden, diesen und jenen Veranstaltungen in diesen und jenen Arbeitergebieten absolute Planungspriorität einzuräumen; es kann aber freilich auch der progressiv orientierte Volkshochschulleiter aus dem Ort Y von seinem bürgerlich-konservativen Dezernenten (restriktiv) zur Realisierung bürgerlich-konservativer Versorgungspläne angewiesen werden; und es hätte schließlich auch in beiden Fällen ein anderer Dezernent lediglich unverbindliche restriktive oder *liberale* Empfehlungen aussprechen können.

Weil all dies nicht nur theoretisch möglich ist, sondern landauf landab der weiterbildungspolitischen Realität entspricht, ist es auch für die Darstellung des Bremer Modells immer wieder nötig, auf die regional-aktuellen, bremischen Organisationsstrukturen der Weiterbildung (z. B. die „Beziehungen" zwischen Landesamt und Landesbeirat) als maßgebliche Rahmenbedingung zurückzukommen und so auf die Realität des Bremer Modells bzw. seine nur sehr bedingt gültige Verallgemeinbarkeit hinzuweisen.

Koordinationskonferenzen

Wenn die bremischen Weiterbildungsbüros „normale", liberale Versorgungspläne erarbeitet haben, organisieren sie zwischen den Einrichtungen sogenannte „Koordinationskonferenzen", um abzustimmen, welche Einrichtung welchen Programmvorschlag des Versorgungsplans realisiert und um festzustellen, welche Einrichtung welche zusätzlichen (nicht im Versorgungsplan ausgewiesenen) Programmangebote durchführen will.[36]

Die Koordinationskonferenzen erhalten so für die Einrichtungen „die Funktion zum Abbau von unnötigen Doppelarbeiten und unnötigen Konkurrenzen";[37] dazu ein Beispiel: wenn der Versorgungsplan für Bremen-West zwei Kurse „Mit den Nachbarn reden. Türkisch für Deutsche" als regionalen Bedarf ausweist, versucht die Koordinationskonferenz sicherzustellen, daß dieser Kurs auch tatsächlich nur zweimal angeboten wird, daß also nicht ein (unrealisierbares) Überangebot von drei, vier oder noch mehr miteinander konkurrierenden Kursen entsteht, und legt die Koordinationskonferenz sofort fest, welche Einrichtung für diese zwei Kurse als Veranstalter zuständig und verantwortlich ist.

Raumplanung

Für die Weiterbildungsbüros erhalten die Koordinationskonferenzen u. a. die Funktion, einen Überblick über die für die dezentralen Veranstaltungen benötigten *Räume* zu bekommen – und mit diesem Überblick gleichzeitig auch die Aufgabe zu bekommen, diese Räume zu „besorgen". Da das Einzugsgebiet eines bremischen Weiterbildungsbüros jeweils rund 80.000 Einwohner zählt und damit die Größe einer Mittelstadt hat, erfordert ein Besorgen von Räumen zunächst einmal die differenzierte Berücksichtigung von regionalen Feinstrukturen. So sind zwar in der Regel für Veranstaltungen des „Grundangebots" Räume durchaus zweckmäßig lokalisiert, wo eine Region ihre zentralen Funktionen (z. B. Bürgerhaus, Ortsamt, Einkaufszentrum o. ä.) hat, aber für zielgruppenspezifische Veranstaltungen müssen Veranstaltungsräume innerhalb der Region gerade dort gefunden werden, wo sich diese Zielgruppen konzentrieren.

Beispiel: Es wird zweckmäßig sein, die Veranstaltung (des Grundangebots) „Maschinenschrift für Anfänger" in das für alle Teilregionen relativ gut erreichbare regionale Zentrum zu verlegen; es wird aber auch zweckmäßig sein, die Veranstaltung (des Zielgruppenangebots) „Deutsch für Türken" nicht dort durchzuführen, sondern in direkter Nähe der Wohngebiete türkischer Arbeitnehmer.

Die richtige Lokalisierung der Veranstaltungsräume ist allerdings nicht der einzig relevante Aspekt für die zielgruppenspezifische Raumplanung; relevant ist sicher auch die „Art" des Veranstaltungsraumes. Besonders die Leiter der ersten Weiterbildungsbüros haben vorgeschlagen, bestimmte Veranstaltungen (z. B. mit „Bürgerinitiativen zu Stadtteilproblemen") in „Kneipen" stattfinden zu lassen. Leider haben sich die Einrichtungen mit dem Veranstaltungsraum Kneipe bislang noch auf keinen Versuch eingelassen. Begründet hatten die Leiter der Weiterbildungsbüros ihren Vorschlag (überzeugend, wie ich meine) mit dem Hinweis darauf, daß auch für die Arbeiterbewegung und die frühe Arbeiterbildung die Kneipe ein erfolgreicher Veranstaltungsraum gewesen sei; zu erklären sei der Erfolg dieses Veranstaltungsraumes dabei wesentlich u. a. damit, daß die Kneipe weder (den Streß und das Strammsitzen-Müssen) Schule assoziieren lasse und überhaupt ein Ort sei, der für die Zielgruppen, um die es bei der dezentralen Weiterbildung gehe, im allgemeinen „vertraut", „angstfrei" und „mit angenehmen Erfahrungen besetzt" sei und daher auch leichter aufgesucht werden könne als der „normale" Veranstaltungsraum der Weiterbildung.

Wenn sich – wie gesagt – auch die Kneipe (noch) nicht unter den von den Weiterbildungsbüros „besorgten" Veranstaltungsräumen findet, bemühen sich die Büros doch wenigstens, Lernorte zu finden, die außer dem Kriterium, schnell und bequem erreichbar zu sein, auch das Kriterium des angstfreien und erwachsenengerechten Lernorts erfüllen.

Erfolgreich ist dies Bemühen der Büros indes nicht annähernd immer gewesen. Die Mehrzahl der dezentralen Veranstaltungen muß in Schulen durchgeführt werden; außer Schulräumen gibt es – dezentral – kaum Räume, deren Nutzung für die Weiterbildung nicht mit Kosten verbunden wäre; und dies wird wohl noch eine Zeitlang so bleiben; denn (nicht nur) in Bremen sind beim Bau von Bürgerhäusern, Stadtteilzentren, Stadtbibliotheken oder ähnlichen öffentlichen Gebäuden erwachsenengerechte Lernräume nicht immer mit eingeplant worden.

Regionalkonferenzen

Das Landesamt ist der Auffassung: „Wenn bzw. weil die Weiterbildungsbüros in „ihren" Gebieten wirklich schnell wirksame Arbeit leisten wollen, müssen sie sich und ihre Arbeit in ihren Gebieten bekannt machen und den strukturellen Nutzen der Weiterbildungsbüros allen regional weiterbildungsrelevanten Personen und Institutionen deutlich machen. Sie müssen deutlich machen, welche Arbeit sie leisten wollen, und welche Arbeit sie dann leisten können, wenn sie ‚vor Ort' unterstützt werden z. B.

— beim Ermitteln der sozial-regionalen Weiterbildungsbedürfnisse zum Erstellen z. B. eines Versorgungsplans . . .
— bei der Deckung des regionalen Raumbedarfs der Weiterbildungseinrichtungen . . .
— bei der Verteilung und Betreuung von Werbemitteln . . . oder
— bei der Anmeldung und Beratung von Weiterbildungsteilnehmern".[38]

Das Landesamt erklärt, daß diese Themenkomplexe den wesentlichen Inhalt von sogenannten „Regionalkonferenzen" ausmachen, d. h. von Gesprächsrunden, an denen u. a. teilnehmen „Kommunalpolitiker, Vertreter der Parteien, Mitarbeiter der Ortsämter und der Ämter für Beiratsangelegenheiten, Pastoren der zu der Region gehörenden Kirchengemeinden, Schulleiter, Vertreter des Sozialamtes und Betriebsräte der großen, regional ansässigen Betriebe".[39]

Das Landesamt deutet an, daß diese — in der Tat ja vergleichsweise illustre Gesprächsrunde nun durchaus nicht ihre Rolle bloß darin sieht, nach Kräften zur Aufarbeitung der o. g. Themenkomplexe beizutragen und sich ansonsten in Abstinenz zu üben; denn das Landesamt erklärt: die „Konferenzteilnehmer formulieren . . . auch *Erwartungen* und *Forderungen*

— an die Weiterbildungsbüros,
— an die Weiterbildungseinrichtungen und
— an die Weiterbildungspolitik insgesamt.

Und selbstverständlich bleibt es dabei nicht beim bloßen *Formulieren* von Erwartungen und Forderungen, sondern selbstverständlich wird dann auch später immer *„nachgefragt"*, ob und inwieweit diese Erwartungen erfüllt und diese Forderungen eingelöst wurden".[40]

Tatsächlich wird offenbar sogar wirklich „Druck ausgeübt" — nicht so sehr vielleicht vom Plenum der Regionalkonferenz als vielmehr von einzelnen dort repräsentierten Institutionen, Verbänden und Organisationen. Wie konkret und fachkompetent dabei die Forderungen (nach offenbar nicht nur weiterbildungs*politisch* weiterbildenden Regionalkonferenzen) geraten können, zeigt etwa der (dem Senator für Wissenschaft und Kunst zugeleitete) einstimmige Beschluß, der in Bezug auf das Weiterbildungsbüro Bremen-Ost gefällt worden ist. Die umfangreiche Liste von Forderungen nach Verstärkung von Weiterbildungsangeboten mündet in den Wunsch nach Intensivierung der Weiterbildungsberatung. Bei diesen seinen Forderungen ist der Beirat beim Ortsamt Hemelingen davon ausgegangen, daß auch das hier geforderte verstärkte Weiterbildungsangebot nur dann von der Bevölkerung angenommen werden kann und wird, wenn

1. die Wohnbevölkerung in Hemelingen angemessen informiert wird, d. h., daß dem Weiterbildungsbüro entsprechende Haushaltsmittel für Informationsmedien zur Verfügung gestellt werden. Zudem empfiehlt der Beirat, einen besseren Publikationsfluß über die allgemeinbildenden Schulen (Lehrer — Kinder — Eltern) anzustreben, wenn
2. für die Bevölkerung die Möglichkeit geschaffen wird, sich *in Hemelingen* über die Kurse umfassend beraten zu lassen und sich anmelden zu können, wenn
3. der Senator für das Bildungswesen die vorhandenen Raumkapazitäten der Weiterbildung zur Verfügung stellt und insbesondere im Schulzentrum Drebberstraße bestehende personelle Engen (Hausmeister) beseitigt werden. Der Beirat fordert hierzu den Senator für Wissenschaft und Kunst auf, sich entsprechend mit dem Senator für Bildung ins Benehmen zu setzen."[41]

Werbung

Die für die Weiterbildungsbüros wohl arbeitsintensivste Teilaufgabe ist die Herstellung und Verteilung der Weiterbildungswerbemittel. Denn zweimal im Jahr (d. h. jeweils zu Beginn des ersten und des zweiten Veranstaltungshalbjahres) gibt jedes Weiterbildungsbüro heraus:

— eine achtseitige *Weiterbildungszeitung* und
— eine (der Zeitung beigefügte) sogenannte *„Programmkarte",* d. h. eine tabellarische Kurzübersicht über die im Einzugsgebiet eines Weiterbildungsbüros jeweils geplanten Veranstaltungen.

Die Weiterbildungszeitung trägt den Titel „Aktuell" und ist im (für die Zielgruppe vertrauten) Stil von Boulevardzeitungen aufgemacht; „Aktuell" prägen rot-schwarzes Layout, „dicke" Überschriften mit „Balken-Unterstreichungen", schmale Textspalten und viele Fotos.

Den Inhalt der Weiterbildungszeitung bestimmen vorwiegend

— die zu Zeitungsberichten umgeschriebenen Programmankündigungen (besonders solcher Veranstaltungen, deren „Marktchancen" eher ungünstig zu sein scheinen),
— allgemeine Informationen über Weiterbildung (z. B. über das „Recht auf Bildungsurlaub" oder das „Arbeitsförderungsgesetz") und
— aktuelle Beiträge zu sozial-regionalen Themen (z. B. Interviews mit Arbeitnehmern über Probleme ihrer Region).

Da der Anteil der ausländischen — meist türkischen — Arbeitnehmer in den bremischen Arbeitergebieten außerordentlich hoch ist, richtet sich dabei auch immer ein Teil der Zeitung (mit Programmankündigungen und redaktionellen Beiträgen) in türkischer Sprache an die ausländischen Arbeitnehmer.[42]

Das Landesamt erklärt. „Die Weiterbildungszeitung ‚Aktuell' und die Programmkarte sind die für die dezentrale Weiterbildungs-Werbung eingesetzten *Standardwerbemittel,* d. h. sie sind Werbemittel, die *immer* im Einzugsgebiet eines Weiterbildungsbüros gestreut werden und alle Veranstaltungen eines Veranstaltungszeitraumes betreffen. Diese Standardwerbemittel werden jedoch in bestimmten Fällen (z. B. bei schwächerer Teilnehmernachfrage nach einzelnen Veranstaltungen) durch *Sonderwerbemittel* . . . ergänzt ((, nämlich durch)) . . . Handzettel, . . . Plakate . . ., Rundbriefe oder . . . Informationen für das schwarze Brett.

Die Verteilung bzw. Streuung der einzelnen Werbemittel ist zwar weitgehend abhängig von ihrer jeweiligen Funktion (ein Handzettel zur Nachwerbung für eine bestimmte Bildungsurlaubsveranstaltung für türkische Arbeitnehmer muß selbstverständlich einen anderen Verteilerweg gehen als die für das gesamte Programmangebot werbende Weiterbildungs-Zeitung „Aktuell"), aber dennoch lassen sich als wesentliche Verteilerstellen für die Weiterbildungswerbung in den bremischen Arbeitergebieten nennen: Schulen, Arztpraxen, Tabakläden, Kneipen, Behörden und Betriebe".[43]

In einem gemeinsamen Bericht der Weiterbildungsbüros aus Bremen-Ost und Bremen-West über den Einsatz und die Wirkung der Werbemittel für das 1. Veranstaltungshalbjahr 1978 wurde eine typische Informations- und Werbekampagne vorgestellt:

„14.12.77   Pressekonferenz: Senator Franke stellt die Büros vor. Artikel in der Tagespresse, Bericht bei Radio Bremen.
29.12./5.1.   Redaktionelle Artikel und Anzeigen im „bremer anzeiger" und im Waller Gröpelinger Wochenblatt.
2.1. - 6.1.   Verteilung der Plakate mit Rundschreiben (Dienststellen, Betriebsräte, Arztpraxen, Polizeireviere, Bürgerhäuser, Schulen usw.)

10. - 20.1.	Vertrieb der Zeitungen (Verteiler wie Plakate, in West auch über die Konfirmanden)
19.1.	Interview im Vormittagsmagazin von Radio Bremen (von 10.00 bis 11.00 Uhr)
23. - 27.1.	Wohngebietspezifische Nach-Werbung: Verteilung von 3.000 Informationsblättern und 1.500 Faltblättern in Bremen-Ost (Briefkastenwurf) (Arbergen/ Mahndorf, Tenever, Blockdiek)
31.1. - 7.2.	Nachwerbung in Bremen-West über Beiratsmitglieder, Geschäfte etc. für unterbelegte Kurse.

Nach Verteilung der Plakate und insbesondere der Zeitungen begann der Publikumsverkehr. Innerhalb von zwei Wochen wurden in Ost über 120 Beratungsfälle mit 63 Anmeldungen registriert. In West konnten wegen Krankheit und schließlich Ausscheiden der Sachbearbeiterin nicht alle Fälle registriert werden. Insgesamt sind aber auch in West über 100 Beratungen und ca. 70 Anmeldungen zu verzeichnen. Die eingesetzten Medien erwiesen sich als wesentliche Ursache dieses Publikumsverkehrs. Die meisten verweisen auf die Zeitung als Informationsquelle, die von den Kindern aus der Schule mitgebracht worden war, einige auf Verteilung durch die Betriebsräte ..."[44]

Beratung und Anmeldung

Es ist sicherlich wichtig, daß ein geeigneter Verteiler dafür sorgt, daß die Werbemittel wirklich an *die* Zielgruppen abgegeben werden, die über die Weiterbildungsbüros bevorzugt erreicht werden sollen. Allerdings hält auch das Landesamt ein bloßes Angebot *schriftlicher* (d. h. unpersönlicher und einkanaliger) Weiterbildungswerbeinformationen für unzureichend:

„Die notwendig kurzen Programminformationen, die sich in der Weiterbildungs-Werbung ergeben, sind oft gerade für Bevölkerungsgruppen, die das „Lernen (erst wieder) lernen müssen" ein (in den Werbemitteln selbst auch unterstützter und nahegelegter) Impuls, sich in den Weiterbildungsbüros über Weiterbildung insgesamt oder über einzelne Veranstaltungen „beraten" zu lassen. Konsequent ist es von daher, daß die Weiterbildungsbüros nicht nur überhaupt eine Weiterbildungsberatung durchführen, sondern daß sie diese Beratung auch zu solchen Zeiten (z. B. am späten Nachmittag, nach dem „normalen Feierabend" eines Arbeitnehmers) durchführen, an denen die mit Arbeit der Weiterbildungsbüros vorwiegend gemeinten Bevölkerungsgruppen auch Zeit haben, sich beraten zu lassen.
Um die an Weiterbildung interessierten Arbeitnehmer nun aber nicht nach einer Beratung in den Weiterbildungsbüros zu einer möglichen Abmeldung an eine (meistens weit weg von den bremischen Arbeitergebieten befindliche) Anmeldestelle einer Einrichtung schicken zu müssen, übernehmen die Weiterbildungsbüros für Einrichtungen auch die Funktion von Anmeldestellen. Sie begegnen damit der − wohl kaum unrealistischen − Gefahr, daß die (ja zunächst oft ohnehin sehr schwach ausgeprägte) Motivation zum Besuch einer Weiterbildungsveranstaltung buchstäblich auf der Strecke bleibt − auf der Strecke zwischen dem „nahen" Weiterbildungsbüro und einer „fernen" Anmeldestelle".[45] Es gibt aber so etwas wie eine Beratung, die von den Bürgern den Weiterbildungsbüros gegenüber geleistet wird. Denn je länger und fester die Weiterbildungsbüros in ihren Regionen etabliert sind, desto häufiger kommen Bürger, um durch die Nennung bestimmter Programmwünsche „beratend" auf die „Versorgungspläne" einzuwirken.

Die Wirkung der Weiterbildungsbüros

Will man die bisherige Darstellung kurz zusammenfassen, kann man sagen: die Wirkung der Weiterbildungsbüros beruht zunächst auf der Entlastung der Einrichtungen in *pädagogischer Hinsicht* (z. B. durch die Vorgabe von Versorgungsplänen), *organisatorischer Hinsicht* (z. B. durch die Raumbeschaffung und die Übernahme der Werbung, Beratung und Anmeldung) und *finanzieller Hinsicht* (durch die Vergabe besonderer Zuschüsse); d. h. die Wirkung der Weiterbildungsbüros beruht auf dem Prinzip, den Einrichtungen eine Reihe von Anreizen zu geben, um deren Veranstaltungsplanung in bestimmten Regionen zu intensivieren.

Dieses Prinzip verdient vielleicht den Namen „technokratisch", aber es verdient sicher auch den Namen „erfolgreich". Denn innerhalb nur eines einzigen Jahres wurde mit Hilfe der Weiterbildungsbüros sowohl im Arbeitergebiet Bremen-West aus auch im Arbeitergebiet Bremen-Ost

— die Zahl der Veranstaltungen von zunächst rund 50 Veranstaltungen auf zuletzt über 100 Veranstaltungen gesteigert, d. h. es wurde ein Zuwachs von 100% der Veranstaltungen erreicht;

— die Zahl der Unterrichtsstunden von zunächst rund 1.600 auf zuletzt mehr als 3.000 Unterrichtsstunden gesteigert, d. h. es wurde ein Zuwachs von 100% der Unterrichtsstunden erreicht; und

— die Zahl der Teilnehmer von zunächst 850 Teilnehmern auf zuletzt mehr als 1.700 Teilnehmer gesteigert, d. h. es wurde ein Zuwachs von 100% der Teilnehmer erreicht.[46]

Allein im Herbst 1978 „wurden von jedem Weiterbildungsbüro mehr als 400 Teilnehmerberatungen durchgeführt — mit der Folge von (sich daran anschließenden und von den Weiterbildungsbüros angenommenen) mehr als 200 Anmeldungen."[47]

Dabei waren diese Anmeldungen durchaus in maßgeblichem Umfang von Mitgliedern der Ziel-Klientel. Zumindest gab es am Ende des Jahres 1978 — nach Auskunft des Landesamts — im Lande Bremen keine Veranstaltungsregion, deren Teilnehmerstruktur auch nur annähernd so stark von sozial und bildungsmäßig benachteiligten Bevölkerungsgruppen geprägt gewesen wäre wie die Veranstaltungsregionen Bremen-West und Bremen-Ost:

— Der Anteil der Arbeiter unter den Weiterbildungsteilnehmern lag dort zwischen 15% und 20% — und damit mehr als dreimal so hoch wie im Landesdurchschnitt;

— Der Anteil von Teilnehmern mit „höchstens Hauptschulabschluß" lag bei rund 60% — und damit immerhin mehr als doppelt so hoch wie im Landesdurchschnitt.

Nach diesen Erfolgsmeldungen zur Expansion des Strukturinstrumentes „Weiterbildungsbüros" versucht das Landesamt in seinem Heft „Stichwort Dezentralisierung" dann allerdings auch noch aus den Folgen der ungesicherten finanziellen Zukunft der Weiterbildungsbüros eine Erfolgsmeldung zu machen: Das Landesamt erwähnt, daß nach Schaffungen der insgesamt vier Weiterbildungsbüros (d. h. mit Beginn des Jahres 1979) die „Arbeitsschwerpunkte der Weiterbildungsbüros ... umgewichtet und geändert (wurden) ... nämlich:

1. Die während der Pionierphase vorrangig wichtige Erstellung von zielgruppenspezifischen Versorgungsplänen ... wurde einfacher und weniger zeitaufwendig, da wesentliche Teile der Versorgungspläne jetzt nicht mehr (neu) entwickelt werden müssen, sondern bereits fortgeschrieben werden können.

2. Durch das hohe dezentrale Weiterbildungswachstum verstärkt sich aber für die Büros gleichzeitig der Arbeitsanteil, der auf die (schriftliche) Teilnehmer*information*, auf die (persönliche) Teilnehmer*beratung,* auf die *Anmeldung* von Teilnehmern und auf die *Deckung des Raumbedarfs* entfällt".[48]

Daß die Arbeitsschwerpunkte der vier Weiterbildungsbüros „umgewichtet und geändert" werden konnten und daß man von den Pionier-Erfahrungen der zwei Pilot-büros profitieren und darauf zurückgreifen konnte, ist zwar sicher richtig – aber dennoch nur die halbe Wahrheit. Denn dadurch, daß sich im Lande Bremen auch 1979 noch keine Finanzquelle aufgetan hatte, aus der die Weiterbildungsbüros auf Dauer hätten gespeist werden können, überlebten die Weiterbildungsbüros bis dahin nur durch von Jahr zu Jahr aufs neue „besorgte" außerbremische Mittel – und wurden dabei personell immer schwächer ausgestattet.

Insgesamt muß man sagen: Daß die *Arbeitsschwerpunkte* der Weiterbildungsbüros von Jahr zu Jahr „umgewichtet" wurden, lag auch immer daran, daß deren *personelle Besetzung* von Jahr zu Jahr „umgewichtet" (nämlich „leichter" gemacht) wurde. Dies ist bedauerlich, weil die Bremer Weiterbildungsbüros offenbar tatsächlich ein geeignetes Instrument sind, um (endlich) auch die sozial und bildungsmäßig benachteiligten Bevölkerungsgruppen besser mit Weiterbildung zu versorgen. Jetzt, zu Beginn des Jahres 1980, scheint sich diese Einschätzung in Bremen auch bei den maßgeblichen politischen Instanzen durchzusetzen. Am 12. Februar 1980 hat der Landesbeirat jedenfalls beschlossen,[49] den personellen Aufwand für die Dezentralisierung der bremischen Weiterbildung nicht noch weiter einzuschränken und den dauernden Fortbestand der vier Weiterbildungsbüros zu sichern, „notfalls" (wenn zusätzliche Mittel nicht eingeworben werden können) mit dem „eigenen" Geld, d. h. mit dem „normalen" Landesetat der bremischen Weiterbildung.

Meulemann und *Weishaupt* beurteilen die Möglichkeit außerordentlich skeptisch, „durch eine Dezentralisierung des Angebotes ... auch die Steigerung des Anteils der Arbeiter" unter den Weiterbildungsteilnehmern zu erreichen; sie halten „Dezentralisierung" nicht für ein „Mittel zur Realisierung von Chancengleichheit"; sie weisen diesem Mittel einen allenfalls „geringen Einfluß" zu und wollen „überzogene Erwartungen ... nicht aufkommen lassen"[50] Da *Meulemann* und *Weishaupt* die einzigen sind, die sich dem Thema Dezentralisierung bislang in einer empirischen Untersuchung gewidmet haben, und ihre Bewertungen dabei den bremischen Ergebnissen diametral widersprechen, soll abschließend noch zweierlei angemerkt werden:

Meulemann und *Weishaupt* beziehen sich nur auf dezentrale *Volkshochschul-Veranstaltungen;* das Bremer Modell hingegen bezieht sich auf dezentrale Veranstaltungen von zwölf sehr unterschiedlichen Einrichtungen. Inwieweit in Bremen das Bild der Einrichtungen bei den Teilnehmern ihrer Wahl der Veranstaltungen jeweils eine Rolle gespielt hat, läßt sich nur mit Spekulationen beantworten; *daß* aber das Bild der Einrichtung für die Wahl einer Veranstaltung grundsätzlich und überhaupt eine Rolle spielt, ist in der Weiterbildungsdiskussion längst unstrittig. So haben dann ja auch bereits jene Volkshochschulen in der Bundesrepublik, die mit (gewerkschaftlichen Bildungseinrichtungen wie) Arbeit und Leben kooperieren, ein anderes Teilnehmerprofil (nämlich eine höhere Repräsentanz von Arbeitern) als Volkshochschulen ohne derartige Kooperationen.

Das Bremer Modell der Dezentralisierung beschränkt sich – anders als das von *Meulemann* und *Weishaupt* untersuchte Modell – nicht annähernd nur auf das regionale *Verlagern* von Veranstaltungen, sondern – und das macht gerade den Erfolg des Bremer Modells aus – impliziert darüber hinaus mindestens auch noch – die kritische, zielgruppenspezifische Bedarfserhebung und deren Umsetzung in entsprechende Versorgungspläne,

- das Herstellen von zielgruppenspezifischen Verfahren in der Werbung, Beratung und Anmeldung der Teilnehmer,
- das Bemühen um angstfreie, zielgruppenspezifische Lernräume,
- das Erarbeiten von besonderen Zuschußregelungen zum Sicherstellen einer zielgruppenspezifischen, pädagogischen Infrastruktur,

Abb. 2: Zeit- und Arbeitsplan der WB-Kooperativen Bremen-Ost und Bremen-West (1.10.77 - 31.12.78)

Zeit	Arbeitsphasen der WB-Einrichtungen	Bedarfserhebung/ Versorgungskonz.	Koordinierung/Organisation	Teilnehmererschließung
Aug./ Sep.	Werbung II/77	Erste Bedarfserhebung Zusammenstellung Angebot II/77, vorläufige Planung I/78, Kriterien für die Verlagerung von Angeboten in die Regionen Versorgungsplan I	Vorbereitende Koord.konf. zur Vergrößerung des Angebots für I/78 Diskussion der Kriterien Empfehlungen für Anerkennung (in Koop. LfW)	Bekanntmachung der Kooperative in der Region. (Standort/Anlaufstelle) Werbung für II/77
Okt./ Nov.	Planung I/78 / Durchführung II/77	Erkundungsphase: Erhebung der sozialen und betrieblichen Infrastruktur. Kontakte mit Experten und Multiplikatoren. Bestandsaufnahme aller WB-Maßnahmen und WB-ähnlicher Veranstaltungen	1. Regionalkonferenz Diskussion Versorgungsplan I mit WB-Einrichtungen und Stadtteil-Experten. 1. Koordinierungsphase auf Grundlage Versorgungsplan I Planung und Organisation von: - kooperativen Angeboten - neuen Angeboten	
Dez./ Jan.	Werbung I/78	Bedarfserhebung: Erhebung der Nachfrageentwicklung. Ergebnisse der Erkundungsphase. Gespräche mit Experten und WB-Einrichtungen. Gespräche mit Teilnehmern. Auswertung von Arbeiten in ähnlichen Regionen.	- Programmabsprachen Organisation, Dienstleistungen (Räume/Kontakte/Termine) Empfehlung zur finanziellen Förderung / Planungsimpulse durch Einzelgespräche, Diskussion der Ergebnisse von Erkundungsphase und Bedarfserhebung, Kriterien für Verlagerung und Anpassung der Regionen	1. Werbephase Entwicklung von Konzept und Verteiler. Stadtteilzeitung, Programmheft / Beratung Vermittlung von Anmeldungen
Febr./ März	I/78	Versorgungsplan II bestehend aus Vorschlägen über - zu verlagernde - zu modifizierende - neu zu planende Angebote (neben d. Grundangebot)	2. Regionalkonferenz Diskussion Versorgungsplan II / Koord.konf.	Beratung Kontaktstelle für Bevölkerung
Apr./ Mai	Planung II/78 / Durchführung I/78	Auswertung der Nachfrage in I/78 (Begleitung der Kurse) Gespräche in Betrieben, Bürgerhäusern mit den Betroffenen	Planungs- und Terminabstimmung Planung kooperativer Angebote Organisat. Dienstleistungen - Vermittlung geeigneter Räume - Kontaktpersonen - Empfehlungen zur Anerkennung (in Koop.LfW)	Auswertung der Resonanz der Werbemedien und der Verteilungswege
Juni/ Juli	II/78	Fortsetzung der Bedarfserhebung und der konzeptionellen Arbeit, Auswertung der Angebotsnutzung von I/78		Beginn der Produktion der Werbemittel (Stadtteilzeitungen etc.)
Aug./ Sep.	Werbung / I/79 / II/78 Durchführung	Versorgungsplan III - Grundangebot - noch zu verlagernde Angebote - neu zu planende Angebote	3. Regionalkonferenz Diskussion Versorgungsplan III Koord.konf. Diskussion Versorgungsplan II etc. s. Apr./Mai	2. Werbephase Änderungen entsprechend der Auswertung von 1. Phase sonst wie oben Information, Beratung, Vermittlung von Anmeldungen
Okt./ Nov.	Planung I/79 / Durchführung II/78	Auswertung der Angebotspla-II/78 Korrektur des Versorgungsplanes III	Koord.konf. Diskussion der Arbeit der Kooperativen Absprachen für I/79	
Dez.		Abschlußbericht		

– die institutionelle, politische publikumswirksame Verankerung in der Region und
– das ständige Zurverfügungstehen von Personen „vor Ort".

Wie diese Teilaufgaben der Weiterbildungsbüros dabei jeweils aufeinander bezogen sind, und sich von einer Dezentralisierung im Sinne des von *Meulemann* und *Weishaupt* untersuchten Nur-Verlagerns unterscheiden, soll abschließend der von den Weiterbildungsbüros Bremen-West und Bremen-Ost herausgegebene Arbeitsplan für 1978 noch einmal verdeutlichen (Abbildung 2).[51]

Anmerkungen und Literaturhinweise

1 Bremisches Weiterbildungsgesetz §§ 1 - 2
2 Vorlage 1/75 für den Landesbeirat für Weiterbildung, S. 6
3 vgl. „Weiterbildung im Lande Bremen. Ziele – Konzepte – Berichte"
4 Richtlinien zur Durchführung des Gesetzes über Weiterbildung im Lande Bremen in der Fassung der 3. Änderung vom 15. Juni 1979, § 10
5 vgl. „Weiterbildung im Lande Bremen. Ziele – Konzepte – Berichte"
6 Grundsätze zur Förderung von Modell- und Schwerpunktmaßnahmen (nach § 7 Abs. 4 Nr. 2 des Gesetzes über die Weiterbildung im Lande Bremen) vom 15.6.1979, § 8
7 Vorlage 9/77 für den Landesbeirat für Weiterbildung, S. 2
8 ebda.
9 ebda., S. 2f.
10 ebda., S. 3
11 Vorlage 17/77 für den Landesbeirat für Weiterbildung, S. 2
12 ebda., S. 2f.
13 ebda., S. 3f.
14 ebda., S. 5
15 ebda.
16 Vorlage 23/77 für den Landesbeirat für Weiterbildung, S. 1f.
17 Vorlage 17/77 für den Landesbeirat für Weiterbildung, S. 5
18 Vorlage 9/77 für den Landesbeirat für Weiterbildung, S. 4
19 Vorlage 18/77 für den Landesbeirat für Weiterbildung, S. 2f.
20 Die Abbildung ist entnommen aus: Landesamt für Weiterbildung (Hrsg.): Stichwort Dezentralisierung, a.a.O., S. 23
21 Vorlage 26/77 für den Landesbeirat für Weiterbildung, S. 1
23 ebda., S. 1
23 Landesamt für Weiterbildung (Hrsg.): Stichwort Dezentralisierung, a.a.O., S. 21
24 Vorlage 16/78 für den Landesbeirat für Weiterbildung, S. 4
25 ebda., S. 5
26 Landesamt für Weiterbildung (Hrsg.): Stichwort Dezentralisierung, a.a.O., S. 16
27 Vorlage 16/78 für den Landesbeirat für Weiterbildung, S. 18
28 ebda., S. 17
29 ebda., S. 23
30 ebda., S. 21
31 ebda., S. 24
32 ebda., S. 22a
33 Vorlage 3/79 für den Landesbeirat für Weiterbildung, S. 2
34 ebda.,
35 Vorlage 36/79 für den Landesbeirat für Weiterbildung, S. 2
36 Landesamt für Weiterbildung (Hrsg.): Stichwort Dezentralisierung, a.a.O., S. 16
37 ebda.
38 ebda., S. 26
39 ebda.
40 ebda.
41 veröffentlicht als Anlage zu Vorlage 16/77 für den Landesbeirat für Weiterbildung
42 Landesamt für Weiterbildung (Hrsg.): Stichwort Dezentralisierung, a.a.O., S. 18
43 ebda.

44 Vorlage 8/78 für den Landesbeirat für Weiterbildung, S. 3
45 Landesamt für Weiterbildung (Hrsg.): Stichwort Dezentralisierung, a.a.O., S. 20
46 ebda., S. 22
47 ebda.
48 ebda., S. 22f.
49 Vorlage 2/80 für den Landesbeirat für Weiterbildung
50 Meulemann, H./Weishaupt, H.: Regionale Strukturen der Weiterbildung in Großstädten. In: Hessische Blätter für Volksbildung. Heft 4/1977, S. 297ff.
51 Vorlage 47/77 für den Landesbeirat für Weiterbildung, S. 6

Motive als Indikatoren für Weiterbildungsbedürfnisse

Christoph Seidel

Vorbemerkungen: Weiterbildungsmotivation als soziales und individuelles Phänomen

Der vorliegende Beitrag bringt zunächst einen zusammenfassenden Überblick über den Stand der Weiterbildungsmotivationsforschung. Im Anschluß daran wird eine Ableitung der Weiterbildungsmotivation von Lernmotivation vorgestellt. Ausgehend von einem eher formalen Motivationsmodell werden Skalen zur Erhebung dreier Teilmotive der Weiterbildungsmotiviation konstruiert. Die Ergebnisse ihres Einsatzes in drei verschiedenen Umfragen werden dargestellt und diskutiert.

An einer Reihe beispielhafter Untersuchungen aus dem Weiterbildungsbereich wird zu Beginn der Frage nach der Weiterbildungsmotivation nachgegangen. Anhand dieser Untersuchungen läßt sich eine Entwicklung von einer anfangs sehr stark soziologischen Orientierung zu einer psychologischen verfolgen: Zunächst wird Weiterbildungsmotivation aus soziodemografischen Daten abgeleitet. Neuere Untersuchungen setzen eine Auseinandersetzung mit psychologischer Motivationstheorie voraus. Hieraus läßt sich auch eine Verlagerung der Ursachenerklärung für Weiterbildungsverhalten ablesen: sucht man die Beweggründe für Weiterbildungsverhalten in sozialen Gegebenheiten, so wird man sie von gesamtgesellschaftlichen Bedingungen ableiten. Versucht man Weiterbildungsverhalten auf Weiterbildungsmotivation zurückzuführen, so liegt die Erklärung eher in individuell differenzierten Motivationsstrukturen und -ausprägungen.

Das Phänomen der Weiterbildungsmotivation als Gegenstand empirischer Weiterbildungsforschung und angewandter Weiterbildungstheorie

Einstellung zur Weiterbildung und Weiterbildungs-Partizipation

Um „die großen sozialen Wandlungen nach dem Kriege zu erkennen und zu berücksichtigen"[1] wurde 1953 der Plan zu einer umfassenden empirisch-soziologischen Studie gefaßt, die 1955 abgeschlossen war. Diese Untersuchung sollte u.a. folgende Grundintentionen verfolgen:

— „Besonders die Einstellung der Personen zur Erwachsenenbildung betrachten, die bislang noch nicht von ihr erfaßt wurden."[2]
— „Die Einstellung zur Erwachsenenbildung möglichst breit innerhalb des vielfältigen Geflechts anderer Einstellungen aufweisen, von denen sie beeinflußt oder bedingt werden."[3]

Zur Verfolgung dieser Ziele bedienten sich die Untersucher des Verfahrens der Gruppendiskussion. Bis dahin war diese Methode eingesetzt worden, um lediglich sozialpsychologische Phänomene zu untersuchen, jetzt sollten damit vorrangig inhaltliche Aussagen gewonnen werden. Die Autoren hatten keine Motivuntersuchung beabsichtigt und verzichteten ausdrücklich von Anfang an auf eine tiefenpsychologische Auswertung ihres Materials: „Dem widerspricht nicht, daß wir gelegentlich einiger Züge in unserem Material auf die Möglichkeit hintergründiger Motivation hinweisen."[4]

Für das Problem der Beteiligung an Weiterbildung sind die Meinungen über die Beteiligung am kulturellen Leben bedeutsam. Das häufigste Argument für eine geringe Beteiligung am kulturellen Leben, das auch regelmäßig zuerst vorgebracht wurde, ist Mangel an Zeit. Dieser wird jedoch auf die Beanspruchung durch berufliche Arbeit zurückgeführt. Die Freizeit soll vor allem der Entspannung von den Anstrengungen der Arbeit dienen. Kultur und Bildung werden jedoch als Möglichkeiten der Freizeitgestaltung gesehen, die gewisse Anstrengungen kosten und ihre eigenen sachlichen Forderungen stellen. Bildung und Kultur gelten zusammen mit Arbeit als Anstrengung und kollidieren insofern mit der Vorstellung von Freizeit und Entspannung.

Als Argument für eine Hemmung, am kulturellen Leben teilzunehmen, werden wirtschaftliche Erwägungen herangezogen. Dies ist jedoch nur relativ. „Aufwendungen für kulturelle Veranstaltungen stehen in Konkurrenz mit echtem oder angeblichem Nachholbedarf an materiellen Gütern und mit dem Bedürfnis nach Dingen, die als Entspannung empfunden werden."[5]

Der Schulbildung wird große Bedeutung für Weiterbildungsverhalten beigemessen. Alle Diskussionsgruppen diskutieren Schule unter dem Aspekt „ihrer Eignung und ihrer Leistungen für die Einführung der Heranwachsenden in das Ganze des kulturellen Lebens".[6] Die Volksschule allein ist nach Auffassung der Sprecher nicht in der Lage, zu einer Verbreiterung der kulturtragenden Schicht zu führen.

In seiner Zusammenfassung der Untersuchungsergebnisse betont *Schulenberg* zunächst die „hohe Konformität der Einstellungen zur Teilnahme am kulturellen Leben im allgemeinen und zur Erwachsenenbildung im besonderen".[7] Aus der Bewußtheit des Widerspruchs zwischen Meinungen und Verhalten, also der Klage über die allgemeine Teilnahmslosigkeit in den Bereichen der Kultur und Bildung einerseits und der geringen Inanspruchnahme solcher Angebote, folgert *Schulenberg* für die Erwachsenenbildung, „daß ihre Bestrebungen nicht mehr eine allgemeine, gärende Unruhe unter ihren potentiellen Hörern entgegenkommt und daß sie für weitgespannte Reformgedanken keine unmittelbare Resonanz in der Bevölkerung zu erwarten hat".[8] Weiter konnten die Untersucher aus dem Material den „Wunsch nach einer im Prozeß und in ihren Resultaten konkret erlebbaren Steigerung der individuellen geistigen Potenz"[9] entnehmen. Wollte man diese These direkt in die Praxis der Erwachsenenbildung übernehmen, so hieße das — so die Untersucher —, „daß die Erwachsenenbildung sich vor allem um ein stärkeres Vertrauen in die Qualität ihrer Leistungen zu bemühen hat".[10]

Einstellung zur Weiterbildung und Weiterbildungsverhalten

Noch bevor die Hildesheim-Studie abgeschlossen worden war, entschloß man sich, die empirische Arbeit über Probleme des Weiterbildungsverhaltens weiterzuführen. Dabei war die Frage nach der Repräsentativität der qualitativen Daten ein besonderes Anliegen. Darüber hinaus wollte man der in Gruppendiskussionen naheliegenden Gefahr begegnen, daß die Sprecher in ihren Äußerungen durch die Gruppe beeinflußt werden. Zu den zentralen Fragen dieser Untersuchung gehörte die „Frage nach den Bildungsvorstellungen der westdeutschen Bevölkerung"[11]. An diese Frage schloß sich als weitere an, ob sich die zu erwartenden Unterschiede klassifizieren lassen, bzw. ob sich evtl. Typen von Bildungsvorstellungen bilden lassen, die in einem weiteren Schritt mit sozialen Zusammenhängen in Verbindung gesetzt werden können. Mit den Bildungsvorstellungen hängt der „zweite Pol"[12] der Erhebung, das gesellschaftliche Bewußtsein, sehr eng zusammen. Die Autoren gehen von der Annahme aus, daß die Vorstellungen von der Bildung sehr eng mit den Auffassungen der Befragten über gesellschaftliche Phänomene zusammenhängen.

Neben Kenntnis und Meinung von der Erwachsenenbildung wurde „auch die übergreifende Frage, ob und warum Erwachsene sich überhaupt noch um ihre Weiterbildung bemühen wollen oder sollen"[13] gestellt. Über „die soziologische Analyse übergreifender struktureller und funktionaler Zusammenhänge"[14] hinaus ging es den Untersuchern um die Frage: „Haben Vorstellungen und Erfahrungen des Einzelnen hinsichtlich Bildung und Bildungschancen einen Einfluß auf Selbsteinschätzung und Fremdeinschätzung des Individuums in dieser Gesellschaft und auf die subjektiven Faktoren der gesellschaftlichen Integration und Identifikation?"[15]

Die Ergebnisse der Untersuchung werden zu Bildungsvorstellungen, Gesellschaftsvorstellungen und gesellschaftliches Bewußtsein, Schule, Erwachsenenbildung und Bildungshindernisse zusammengefaßt.

Die Gründe für die Blockierung von Weiterbildungswünschen sind nach den Ergebnissen dieser Untersuchung schichtspezifisch und berufsbedingt. Darüber hinaus wirken sich Widerstände aus der engeren Umwelt des einzelnen als Bildungshindernisse aus. Im Bewußtsein der Betroffenen hat dabei der Faktor Familie das meiste Gewicht, danach Lehrer und Schule. Nach Ansicht der Befragten haben sich die Bildungschancen gegenüber früher verbessert. Dennoch gibt es unterschiedliche Schwierigkeitsgrade, das jeweilige Ausbildungsziel zu erreichen. Auch diese Untersuchung erhebt Weiterbildungsmotivation auf dem Niveau von Meinungen und geäußerten Vorstellungen. Der Ansatz, Vorstellungsgruppen mit demographischen Daten zu korrelieren, dokumentiert den Versuch, sozialen Gegebenheiten fundamentalen Einfluß auf Bildungsvorstellungen zuzuschreiben. Diesen Vorstellungen wird darüber hinaus eine Schlüsselrolle für Weiterbildungsverhalten zugeschrieben.

Soziale Einflußfaktoren auf die Weiterbildungsbereitschaft

Die Arbeit der Göttinger Untersuchung wurde 1973 mit einer repräsentativen Umfrage fortgesetzt. Die Ergebnisse wurden 1978 unter dem Titel „Soziale Faktoren der Bildungsbereitschaft Erwachsener"[16] vorgelegt.

Die Ausgangsfrage der Untersuchung, „ob sich aus erkennbaren Bündelungen der Wechselwirkung bestimmter sozialer Faktoren eine Typologie der Bildungsbereitschaft aufstellen lasse"[17] beantworten die Untersucher zusammenfassend: „Ein Zusammentreffen aller sozialen Faktoren, die Weiterbildung begünstigen, führt nicht mit Sicherheit zur Teilnahme an organisierter Weiterbildung. Andererseits schließt das Zusammentreffen aller ungünstiger sozialer Faktoren eine Weiterbildungsteilnahme nicht aus. Nach der Feststellung, daß keiner der einzelnen Faktoren allein ein sicherer Indikator für das Weiterbildungsverhalten ist, bestätigt sich auch die Erwartung nur begrenzt, daß aus typischen Konstellationen der sozialen Faktoren sicher Schlüsse auf das Weiterbildungsverhalten zu ziehen seien."[18]

Der erstellte Index der Bildungsbereitschaft stelle zwar eine bemerkenswerte Annäherung an eine Typologie der Bildungsbereitschaft dar, bleibe jedoch „bei alledem ein skalenförmiger Index und erfüllt nicht die Ansprüche an eine echte Typologie".[19] Die Untersucher lehnen die Annahme, Weiterbildungsverhalten sei „allein eine Frage der Bereitschaft und der Aktivität der betroffenen Personen und Gruppen"[20] ab. Sie führen das Weiterbildungsverhalten auch auf eine Mitsteuerung durch das Vorhandensein oder Fehlen konkreter Möglichkeiten der Weiterbildung — also auf das Weiterbildungsangebot und die Weiterbildungsversorgung zurück. Die Schwäche der Teilnahme spiegele die Schwäche des Weiterbildungsangebotes wider. Erst ein entsprechend ausgebautes Weiterbildungsangebot schaffe die Voraussetzungen, „die zwiespältig-positive Einstellung großer, bisher unterrepräsentierter Bevölkerungsgruppen in eigene Weiterbildungsteilnahme zu überführen".[21] Bei ihrer abschließenden Zusammenfassung machen die Autoren den Zustand des Bildungswesens als einen der entscheidenden Faktoren für die Unterschiede im realen Bildungsverhalten geltend.

Inhalte und Organisationsformen adressatenorientierter Weiterbildung

Faber und *Ortner* legten 1979 die Ergebnisse zweier Untersuchungen vor, deren erste 1973 begonnen worden und dann durch „erste Ergebnisse" einer Folgebefragung aktualisiert worden war, aus der auch die vorliegende Arbeit hervorgegangen ist. Den Rahmen des Projekts umreißen die Autoren folgendermaßen: „In diesem Vorhaben wurde versucht, den Vorstellungen der Adressaten der Weiterbildung auf die Spur zu kommen; dabei beschränkte man sich nicht, wie in anderen vergleichbaren Untersuchungen, auf Fragen der anzubietenden Inhalte, sondern bezog auch Fragen der Planung, Organisation, der Finanzierung und auch der Werbung und der Öffentlichkeitsarbeit mit ein."[22]

Dieser Projektbericht enthält eine Fülle empirisch erhobenen Materials, welches jedoch nicht ausdrücklich in den Zusammenhang der bisherigen Weiterbildungsforschung gestellt wird. Die Darstellungen zum Bedarf konzentrieren sich auf sozio-ökonomische Strukturen. Der Stellenwert dieser Arbeit ist besonders in ihren Aussagen zu Organisationsformen der Weiterbildung, der Finanzierung und den Ergebnissen zur Öffentlichkeitsarbeit für Weiterbildung zu sehen. Dabei wird eine Reihe von fundierten Aussagen über die Angebotsseite gemacht, die ja ihrerseits wiederum den Bedarf beeinflußt.

Teilnehmermotivation und Teilnehmererwartungen im Bildungsurlaub

Das Bildungsurlaubs-Versuchs- und Entwicklungsprogramm der Bundesregierung – „BUVEP" – wurde von 1975-1979 durchgeführt. Es befaßte sich mit einer strukturellen Sonderform von Weiterbildung, dem Bildungsurlaub. Im zweiten Band des Endberichts beschäftigen sich *Kejcz, Monshausen, Nuissl, Paatsch und Schenk* mit den Teilnahmemotiven der Teilnehmer der untersuchten Bildungsurlaubs-Seminare mit Modellcharakter. Zunächst werden Teilnahmemotive und -erwartungen der Teilnehmer aus Veranstaltungen für weiterbildungsbenachteiligte Zielgruppen beschrieben. Unter Teilnahmemotiven werden von den Autoren Statements wie z.B. „will meine Allgemeinbildung verbessern", oder „habe gesetzlichen/tariflichen Anspruch" verstanden. Die Häufigkeiten der Nennungen der verschiedenen Statements werden diskutiert und Annahmen über deren Zustandekommen überprüft. Dabei wird z.B. die Annahme, „daß die Teilnehmer verstärkt dieses Motiv nannten, die eben nur sehr allgemein und ‚unpersönlich' über die Seminare informiert worden waren"[23] mit „Faktor" bezeichnet. Weiter wurden die Teilnehmer zu Beginn und am Ende des Bildungsurlaubs gebeten, ihre „Erwartungen" zum Seminar zu formulieren. Auf diese Weise ließen sich „Erwartungsprofile" von Teilnehmergruppen bilden und vergleichen.

Warum die Autoren zwischen Teilnahmemotivation und -erwartungen zu unterscheiden versuchen, bleibt allerdings unklar.

Motivations- und Erwartungsprofile von bildungsbenachteiligten und bildungsgewohnten Zielgruppen werden miteinander verglichen. Insbesondere für bildungsbenachteilte Teilnehmer wird der Einfluß der oben beispielhaft angesprochenen Faktoren auf Motive und Erwartungen untersucht. Durch Korrelation der einzelnen Faktoren mit Motiven und Erwartungen wird der jeweils hypothetisch formulierte Zusammenhang überprüft. „Damit sollen Aufschlüsse darüber gewonnen werden, welche Einflüsse schließlich Motive und Erwartungen gerade der bildungsbenachteiligten Teilnehmer im BUVEP beeinflußt und zur ‚Manifestation' ihrer Weiterbildungsinteressen beigetragen haben."[24]

Sicherlich muß diese Untersuchung insgesamt kritisch gesehen werden. Die Konstruktion des Untersuchungsprogramms, die Methode der Teilnehmergewinnung und -zusammensetzung wie auch die Untersuchungsinstrumente sind problematisch. Es werden Teilnahmemotive und -erwartungen getrennt erhoben, obwohl sie nicht voneinander getrennt werden können. Auch diese Untersuchung bleibt auf dem Niveau der Meinungserhebung. Es fehlt eine motivationstheoretische Diskussion. Unter all diesen Vorbehalten muß jedoch hervorgehoben werden, daß hier der Versuch unternommen wird, Beweggründe für die Teilnahme an Weiterbildungsmaßnahmen aufzuspüren und ihre Abhängigkeit von anderen Einflußgrößen aufzuzeigen. Weil dies nicht nur auf der Ebene von sozio-ökonomischen Daten geschieht, ist die Nähe der Ergebnisse zur Bildungsmotivation und Weiterbildungsmotivation groß.

Berufsinteressen als Teilaspekt der Weiterbildungsmotivation

Feig analysiert zunächst eine Reihe von Untersuchungen, die Aussagen zum Bereich Bildungsmotivation von Volkshochschulbesuchern enthalten und faßt deren Ergebnisse zusammen.

Bei der Frage der Bildungsmotiviation der Volkshochschulbesucher lassen sich zwei Hauptmotive ausmachen: „das Motiv der Berufsfortbildung bzw. der beruflichen Ertüchtigung und das der überberuflichen, allgemeinen Weiterbildung, wobei das erstgenannte Motiv vielfach häufiger als das zweitgenannte erwähnt wird".[25]

Feig kommt bei seinem Überblick über empirische Bildungsforschung in der Erwachsenenbildung zu dem Schluß, „daß speziell zur Frage der Bildungsmotivation bisher offensichtlich noch keine Untersuchung anhand eines geeichten psychodiagnostischen Verfahrens, d.h. anhand eines standardisierten psychologischen Interessentests, durchgeführt worden ist".[26]

Er versteht Interessen als Motivationsvariablen, die in der Regel weder über Meinungsäußerungen noch über das Verhalten erfaßbar seien, sondern nur unter Berücksichtigung bestimmter Voraussetzungen aus einer Vielzahl entsprechender Reaktionen erschlossen werden könnten.

Unter Berufsinteressen werden in Anlehnung an *Mittenecker*,[27] *Guilford*[28] und *Scharmann*[29] „konstante Wünsche im Hinblick auf freie, möglichst kontinuierlich ausgeübte, vorwiegend auf Eignung und Neigung gegründete, erlernte und spezialisierte sowie entgeltliche Dienstleistungen, die als Funktion einer arbeitsteilig organisierten Wirtschaft der Befriedigung materieller oder geistiger Bedürfnisse dienen"[30], verstanden. Als Bildungswunsch wird sehr speziell definiert: „Wünsche nach bestimmten Lehrgängen, Arbeitsgemeinschaften, Vortragsreihen und Seminaren in der Volkshochschule".[31]

Aus drei vorliegenden deutschsprachigen Interessentests[32] wurde der Berufsinteressen-Test (B-I-T) für diese Untersuchung ausgewählt. Die Untersuchung wurde 1968/69 an einer repräsentativen Stichprobe von Teilnehmern der Kreisvolkshochschule Groß-Gerau durchgeführt.

Zur Analyse des Zusammenhangs zwischen Berufsinteressen und Bildungswünschen der VHS-Teilnehmer wurden Korrelationen berechnet und Determinationskoeffizienten ermittelt:

Berufsinteressen und Bildungswünsche von VHS-Teilnehmern korrelieren relativ hoch, und zwar zwischen .89 und .79. Die VHS-Teilnehmer sind bei ihrem Volkshochschulbesuch besonders an beruflicher Bildung interessiert, also an Bildungsmaßnahmen, die vor allem eine Steigerung ihrer beruflichen Leistungsfähigkeit bewirken.

Gegenüber den bisher vorgestellten Untersuchungen ist an der Arbeit von *Feig* hervorzuheben, daß er den Gegenstand der Bildungsmotivation zentral angeht. Er versucht ihn nicht aus sozialen Determinanten abzuleiten, sondern mit Hilfe eines validen psychodiagnostischen Instrumentes zu erfassen. Zwar hat er zunächst lediglich einen Teilaspekt von Bildungsmotivation, nämlich Berufsinteressen, erhoben, dennoch hat er einen Teil des „Nebels", der sich um den Begriff Bildungsmotivation hält, geklärt. Ob seine Ergebnisse durch die Anlage der Untersuchung und die Auswahl der Methoden beeinträchtigt sind, bleibt zukünftigen Nachprüfungen überlassen. Das gilt sowohl für die Dominanz der berufsbezogenen Interessen, die durch das Erhebungsinstrument provoziert sein kann, als auch für den Vergleich der Interessenäußerungen im Test mit dem Weiterbildungsverhalten. Dennoch muß diese Arbeit als beispielhaft für diesen Gegenstandsbereich angesehen werden.

Individuelle Weiterbildungsmotivation und Weiterbildungsteilnahme

Gottwald und Brinkmann gehen der Frage nach, „welche Bevölkerungsgruppen zur Teilnahme an Weiterbildungsveranstaltungen motiviert sind, welcher Art die Motivationen sind und von welchen Einflußfaktoren sie abhängen"[33]. Sie versuchen, eine vergleichende Analyse empirischer Arbeiten zur Weiterbildungsteilnahme und Weiterbildungsmotivation vorzunehmen. Sie sehen Weiterbildungsmotivation „als integrierten Bestandteil des gesamten Motivationsgeschehens mit all seinen sozialen Bezügen"[34] an. Zunächst wird ein Modell entwickelt, welches gestattet, „Hypothesen über den Zusammenhang zwischen Motivationsstruktur, Weiterbildungsmotivation und der Teilnahme an Weiterbildungsveranstaltungen"[35] abzuleiten. Dieses Modell wurde in Anlehnung an *Graumann*,[36] *Heckhausen*[37] und *Vontobel*[38] aufgestellt.

Zunächst wird zwischen „überdauernder Motivationslage" und „aktualisierten Motiven" unterschieden.

Als Determinanten der überdauernden Motivationslage werden demographische Faktoren (wie z.B. Alter, Geschlecht und Familienstand), Bildung und soziale Schichtzugehörigkeit, berufsbezogene Faktoren und schließlich physische Bedingungen angesehen.

Als situative Variablen werden die Rollenbezüge Arbeitsrolle, familiäre Rolle und politische Rolle als für Weiterbildungsverhalten relevant angesehen. Ihre Funktion besteht in einer Aktualisierung vorhandener Motivationslagen für Weiterbildungsverhalten.

Ausgehend von den bereits vorliegenden Untersuchungen wurden die dort angegebenen Einzelmotive gesammelt und systematisch geordnet. Hierbei ergaben sich folgende Kategorien:

— Status- und Prestigemotive,
— Berufswahlmotive,
— Bildungsmotive,
— Motive zur Bewältigung von Anforderungen im privaten Alltag,

— Freizeitmotive und
— Kontaktmotive.

Abgesehen davon, daß diese Arbeit einen anschaulichen Überblick über die wichtigsten Untersuchungen zur Weiterbildungsmotivation bis 1972 vermittelt, ist ihr besonderer Stellenwert in dem Versuch zu sehen, ein Modell für Weiterbildungsmotivation — eigentlich der Weiterbildungsteilnahme — aufzustellen. Dieses stellt einen wichtigen Beitrag zur Klärung dieses Problembereichs dar. Es bietet die Möglichkeit, Einflußfaktoren und Determinanten der Weiterbildungsmotivation gezielt zu untersuchen, ebenso wie ihre Relationen und Abhängigkeiten zu anderen Einflußgrößen. Die Bildung dieses Weiterbildungsmotivationsmodells bedeutet für die Entwicklung der Weiterbildungsmotivationstheorie und somit für die Entwicklung der Weiterbildung einen erheblichen Fortschritt.

Weiterbildungsmotivation aus praktisch-politischer Betroffenheit

Ausgehend von der Falldarstellung der Scuola di Barbiana, einer vom Pfarrer einer toskanischen Bergsiedlung initiierten Schule, in der die Besucher in Selbsthilfe und alternativ zur staatlichen Schule lernen, setzt sich *Gronemeyer* mit Lernmotivation auseinander. In Barbiana speist sich die Motivation aus dem Ziel der Unterrichtspraxis: Sachkompetenz für eine erfolgreiche Lebenspraxis zu erwerben. Im Gegensatz hierzu muß die „pädagogische Didaktik" die Lernmotivation aus den vorab fixierten Lerninhalten ableiten. Barbianer diskutieren Lerninhalte aus utilitaristischer Sicht, ihre lebensalltägliche Mangelsituation zu beseitigen. „Wissen wird um seiner praktisch-politischen Relevanz willen erworben, nicht um der Erfüllung des Lernplanes willen."[39]

Gronemeyer will „anders als in den meisten Motivationstheorien, in denen Motivation als Agens menschlichen Handelns schlechthin thematisiert wird, . . . ausschließlich die Frage der Motivation zur politischen Beteiligung"[40] diskutieren. Sie fragt nach den „Bedingungen, unter denen Menschen gemäß ihren ‚wahren, menschlichen Bedürfnissen' anstatt nach ihren ‚synthetischen, unmenschlichen, versklavenden Bedürfnissen'[41] handeln lernen".[42] Hier übernimmt *Gronemeyer* undiskutiert eine normative Dichotomisierung der Bedürfnisse vom *Fromm*.

Ausgehend von diesem Bezugsrahmen werden „verschiedene Motivationstheorien daraufhin geprüft. . ., ob aus ihnen irgendwelche Handlungsanweisungen für die politisch-soziale und pädagogische Praxis gewonnen werden können".[43]

Ihre Analyse der Motivationstheorien von *Skinner, Festinger, McClelland und Maslow* sowie der „Kompetenzmotivationstheorien", die sie jeweils vor dem Hintergrund plastischer Fallbeispiele kritisch diskutiert, faßt *Gronemeyer* folgendermaßen zusammen: „Keiner der vorgestellten motivationstheoretischen Ansätze läßt sich isoliert für gesellschaftliche Veränderungspraxis in Gebrauch nehmen. Weder kann Mangelmotivation ohne den ergänzenden Beitrag von Kompetenzerfahrung oder doch zumindest stellvertretendem Kompetenzzuspruch angemessene Problemlösung im politisch-sozialen Raum befördern, noch kann Leistungsmotivation isoliert der Gefahr entgehen, reines Anpassungsverhalten zu produzieren, noch trägt schließlich Kompetenzmotivation, ohne daß ihr vom Mangelbewußtsein her relevante Ziele zugeordnet werden, etwas zur gesellschaftlichen Veränderung aus. Parallel zu diesem Argumentationsgang kann noch einmal daran erinnert werden, daß weder die Isolierung der Verhaltensdimension in einer Theoriebildung noch die des Affektbereiches, noch schließlich die Verabsolutierung von Bewußtseinsprozessen einen Zugang zu konfliktorientierter Pädagogik und systemüberwindender Praxis eröffnet, sondern daß alle drei Dimensionen in einem Lernmodell in ihrer je spezifischen Eigenwertigkeit und prozessualen Eigengesetzlichkeit dialektisch aufeinander bezogen werden müssen."[44]

Obgleich *Gronemeyers* Ausgangsfrage nur ein hier nicht zu gewichtendes Segment von Lernen bzw. Weiterbildung umfaßt, ist ihre Vorgehensweise beispielhaft, nämlich das vorhandene Theoriearsenal auf seine Brauchbarkeit für die politische und auch weiterbildungs-pädagogische Praxis hin durchzusehen. Allerdings sollte man versuchen, ihr Modell nicht nur an Fallbeispielen sondern in einer empirischen Untersuchung mit der Praxis zu konfrontieren.

Zur Nutzung von Motivationsanalysen zur Bestimmung individueller Weiterbildungsbedürfnisse

Weiterbildungsbedarf und Weiterbildungsmotivation

Die Planungskommission Erwachsenenbildung und Weiterbildung des Kultusministers des Landes Nordrhein-Westfalen hat bereits in ihrem ersten Bericht „Erwachsenenbildung und Weiterbildung" zur Bedarfsfrage ausgeführt (zur Definition von Weiterbildungsbedarf muß hier auf das umfangreiche Schrifttum verwiesen werden)[45]: „Bei Weiterbildung — also bei dem Teil des Bildungssystems der parallel zum Beschäftigungssystem zu sehen ist — gibt es keinen unmittelbaren Zwang. Es bleibt den Bürgern überlassen, ob sie sich weiterbilden wollen oder nicht. Sie kommen ‚freiwillig' und bedienen sich der Weiterbildungs-Angebote entsprechend ihrer eigenen Entscheidung. Der Interessent wird so zu einem Nachfrager auf einem Markt von Weiterbildungsangeboten.

Aus der ‚Freiwilligkeit' des Weiter-Lernens folgt die zentrale Bedeutung der Motivation für die Weiterbildung. Man kann davon ausgehen, daß nur der kleinere Teil der erwerbsunfähigen Bevölkerung sich weiterbildet. Die grundlegende Arbeitsbedingung der Weiterbildung ist also die Abhängigkeit von der Bereitschaft der Erwachsenen zum Weiter-Lernen.

Motivation heißt hier nicht nur — wie in der Ersten Bildungsphase — die Bereitschaft, das Gelehrte sich anzueignen; in der Weiterbildung heißt Motivation: die Bereitschaft, der Fortsetzung oder Wiederaufnahme der Rolle des Lernenden zuzustimmen."[46]

Diese Kommission spricht also explizit von Motivation, was den Weg zur Erforschung dieses Problembereiches mit psychologischen Methoden und Verfahren eröffnet — will man nicht Motivationspsychologie als eigene empirische Wissenschaft etablieren.[47]

Die ausführlichste Beschreibung von Weiterbildungsmotivation aus erwachsenpädagogischer Sicht bringen — ausgehend vom Feld-Begriff *Lewins — Tietgens und Weinberg.*[48]

Zunächst erscheint es sinnvoll, zwischen reaktivem und spontanem Verhalten zu unterscheiden: „Verhalten ist Reaktion soweit, wie es äußere Reize beantwortet. Aktion, spontan ist es insofern, als es zugleich auch auf inneren Kausalfaktoren, nämlich „einstimmenden" Faktoren beruht, die einen Drang, einen Trieb aufrufen."[49]

Weiterbildungsverhalten ist reaktiv insofern, als es z.B. auf das Angebot einer Institution eingeht. Spontan ist es, wenn es auch auf „inneren Kausalfaktoren" beruht.

Sofern man die reaktive Seite des Weiterbildungsverhaltens erhellen wollte, wären systematische Untersuchungen derjenigen Reizkombinationen erforderlich, die Weiterbildungsverhalten auslösen. Andererseits handelt es sich dabei sicher nicht um weiterbildungstypische Reizkombinationen, sondern um solche, mit denen Weiterbildungssituationen „auch" ausgestattet sind.

Um Weiterbildungsverhalten beschreiben zu können, muß man daneben seinen aktiven Teil, der auf inneren Kausalfaktoren beruht, beschreiben, bzw. die inneren Kausalfaktoren für das Weiterbildungsverhalten selbst.

In diesem Zusammenhang gewinnt die Frage nach den individuellen Motiven konkreter Weiterbildungsinanspruchnahme einen besonderen Stellenwert von der Position psychologischer Forschung. Im Rahmen der lernpsychologischen Untersuchung im Weiterbildungsprojekt des Institutes für Bildungs-Betriebslehre wurde versucht, ausgewählte Teilmotive des Lernmotivationsmodells nach *Heckhausen* auf ihren Zusammenhang mit Weiterbildungsverhalten hin zu analysieren.

Konstruktion und Einsatz von Instrumenten zur Erfassung von Weiterbildungsmotiven

Die Durchsicht der einschlägigen Literatur ergab, daß in diesem Bereich kaum auf bereits erprobte Meßinstrumente zurückgegriffen werden konnte. Darüber hinaus sollten die entsprechenden Motive mit Hilfe eines Fragebogens möglichst einfach zu erheben sein.

Für die Sozialmotive soll Extraversion repräsentativ sein. Zur Erfassung der Extraversion wurden die sieben Items der Skala FPI-K E des FPI-K herangezogen.[50]

Zur Erhebung des Neugiermotivs liegen z.Zt. keine Instrumente in Fragebogenform vor. *Meister* gibt einen Definitionsversuch für „Neugiermotive", der durch „Charakteristische Formulierungen und Verhaltensweisen" ergänzt ist.[51] Hiervon ausgehend wurten Items formuliert und als Itemliste zur Erfassung des Neugiermotivs in den Fragebogen aufgenommen.

Zur Erfassung der Leistungsmotivation wurden zehn Items von insgesamt 58 von *Closhen*[52] ausgewählt. Die Auswahl geschah nach Zufall, allerdings wurden Items in Frageform nicht aufgenommen. Diese drei Itemlisten bzw. Skalen – im folgenden E-N-L-Skalen genannt – wurden in zwei verschiedene Fragebögen eingebracht. Diese Fragebögen kamen zunächst in zwei Umfragen zur Weiterbildungsentwicklungsplanung zum Einsatz: der „Hörerumfrage Weiterbildungsentwicklungsplanung" und der „Bürgerbefragung Weiterbildungsentwicklungsplanung".

Bei der testtheoretischen Überprüfung wurden für die Aufgaben der E-N-L-Motivationsskalen verschiedene Kriterien bestimmt. Dabei handelt es sich um Schwierigkeitsindex, Trennschärfeindex, Stabilitätsindex, Selektionsindex und den Quotienten aus Ladung und Kommunalität. Bei den Aufgaben der E-Skala ergaben sich für alle Kriterien Werte, die innerhalb der gebräuchlichen Grenzen liegen. Von den Items der N-Skala liegen lediglich Trennschärfe und Schwierigkeit von drei Items außerhalb der kritischen Grenzen. Die Aufgaben der L-Skala erfüllen ebenfalls nicht alle die Kriterien Schwierigkeit und Trennschärfe. Die übrigen Kennwerte der Items dieser Skalen liegen innerhalb der gebräuchlichen Grenzen.

Die Auswertungsergebnisse der Bürgerbefragung seien zuerst beschrieben. Hier wurde zunächst der Einfluß verschiedener soziografischer Daten und des Weiterbildungsverhaltens auf die drei Motive analysiert. Darüber hinaus sind hier Vergleiche zwischen Antwortenden, die bereits an Weiterbildungsmaßnahmen teilgenommen haben, möglich. Anden, die noch nicht an Weiterbildungsmaßnahmen teilgenommen haben, möglich. Anschließend wird ein Vergleich zwischen Teilnehmern von VHS-Kursen aus der Hörerumfrage und den Antworten aus der Bürgerbefragung, die noch nicht an Weiterbildungsmaßnahmen teilgenommen haben, vorgenommen. Schließlich gestattet der Einsatz der Skalen in einer weiteren Untersuchung einen Vergleich zwischen Teilnehmern am *Telekolleg II* und Personen, die bisher noch nicht an Weiterbildungsmaßnahmen teilgenommen haben.

Zunächst wurden mit den Daten der Bürgerbefragung verschiedene Varianzanalysen durchgeführt. Faßt man deren Ergebnisse zusammen, so läßt sich bei den drei in dieser Untersuchung berücksichtigten Teilmotiven der Weiterbildungsmotivation kein durchgehender signifikanter Zusammenhang mit dem erhobenen Weiterbildungsverhalten nachweisen. Lediglich bei der Leistungsmotivation konnte ein signifikanter Einfluß des Weiterbildungsverhaltens gefunden werden.

In einer nächsten Reihe von anschließend durchgerechneten Varianzanalysen wurden die Wechselwirkungen zwischen dem angegebenen Weiterbildungsverhalten und denjenigen Variablen geprüft, die in den oben beschriebenen Analysen den größten Einfluß gezeigt hatten. Diese drei Interaktionsanalysen bestätigen die bereits in den drei ersten Varianzanalysen gefundenen signifikanten Ergebnisse: Es besteht ein Einfluß des Geschlechts auf Extraversion, ein Einfluß des Alters auf Neugier sowie ein Einfluß jeweils des Weiterbildungsverhaltens und des Geschlechts auf Leistungsmotivation. Neu gefunden wurde lediglich ein Einfluß des Schulabschlusses auf Leistungsmotivation. Signifikante Interaktionen zwischen den eingegebenen Variablen konnten nicht gefunden werden.

Im Anschluß an die beschriebenen Varianzanalysen wurde eine Reihe von Gruppenvergleichen durchgeführt, in welchen geprüft wurde, ob sich verschiedene Gruppen, die sich hinsichtlich ihres Weiterbildungsverhaltens unterscheiden auch bezüglich ihrer E-N-L-Motivationsausprägung unterscheiden. Im einzelnen wurden folgende Gruppen miteinander verglichen:

- Antwortende, die angegeben haben, die Volkshochschule besucht zu haben, mit solchen Antwortenden, die nicht angegeben haben, daß sie die Volkshochschule besucht haben.
- Antwortende, die nicht angegeben haben, daß sie die Volkshochschule besucht haben mit Teilnehmern an Volkshochschulkursen.
- Antwortende, die angegeben haben, sich bereits weitergebildet zu haben mit Antwortenden, die angegeben haben, sich noch nicht weitergebildet zu haben.
- Antwortende, die angegeben haben, sich noch nicht weitergebildet zu haben mit Teilnehmern an Volkshochschulkursen.
- Teilnehmer am *Telekolleg II* mit Nichtteilnehmern.

Diese Gruppenvergleiche wurden über Mittelwertsvergleiche durchgeführt.

Die Ergebnisse dieser Vergleiche lassen sich folgendermaßen zusammenfassen: Die Vergleichsgruppen unterscheiden sich nicht signifikant in ihren Werten auf der E-Skala. Die Gruppe der Teilnehmer an Volkshochschulkursen weist sowohl gegenüber Antwortenden, die angegeben haben, noch keine Weiterbildungseinrichtung besucht zu haben niedrige Werte auf der L-Skala auf. Dieser Befund überrascht und ist wohl durch die Zusammensetzung der Hörerstichprobe bedingt — er sollte in weiteren Analysen überprüft werden. Höhere Werte auf der N-Skala haben Antwortende, die schon einmal eine Volkshochschule besucht haben, gegenüber solchen, die noch keine Volkshochschule besucht haben, und Antwortende, die schon einmal eine Weiterbildungseinrichtung besucht haben im Vergleich zu solchen, die noch keine Weiterbildungseinrichtung besucht haben. Die beiden letzten Gruppen unterscheiden sich auch bezüglich ihrer Leistungsmotivation: Besucher von Weiterbildungseinrichtungen weisen höhere Werte auf der L-Skala auf als Antwortende, die angeben, noch keine Weiterbildungseinrichtungen besucht zu haben. Die Untersuchung einer Gruppe von Telekollegiaten erbrachte schließlich, daß sich diese von Nichtteilnehmern am *Telekolleg II* nicht bezüglich der Extraversion und Leistungsmotivation unterscheiden; sie unterscheiden sich auf der N-Skala, und zwar haben Telekollegiaten niedrigere Neugierwerte als Nichtkollegiaten. Dieser Befund könnte durch die spezifische Lernform des *Telekolleg* erklärt werden.

Bei der Auswertung der Untersuchungsergebnisse zeigte sich also kein *durchgehender* signifikanter Zusammenhang des in diesen Befragungen erhobenen Weiterbildungsverhaltens mit den hier erfaßten Teilmotiven der Weiterbildungsmotivation. Auch bei den anschließenden Gruppenvergleichen konnte keine durchgehende statistisch bemerkenswerte Abhängigkeit zwischen dem erfaßten Weiterbildungsverhalten und den untersuchten Teilmotiven der Weiterbildungsmotivation nachgewiesen werden.

Es ergaben sich jedoch je nach Weiterbildungsform spezifische Unterschiede sowohl auf der L- als auch auf der N-Skala zwischen Teilnehmern und Nichtteilnehmern der verschiedenen Weiterbildungsveranstaltungen. Die hier erarbeiteten, überprüften und verwendeten Skalen sind von daher nicht geeignet eine *globale* Weiterbildungsmotivation bzw. „den Weiterbildungsbedarf" zu erheben. Dies wirft die weiterführende Frage auf, ob es möglich und sinnvoll ist, Weiterbildungsverhalten ausschließlich oder doch überwiegend auf Weiterbildungsmotivation zurückzuführen.

Mit dem Begriff „Weiterbildungsverhalten" wird schließlich eine Vielfalt an möglichen Verhaltensformen beschrieben. So wurden in diese Gruppenvergleiche drei Formen von Weiterbildungsverhalten einbezogen: Einmal wurde global gefragt, ob schon einmal eine Weiterbildungseinrichtung besucht wurde, dann wurden — präziser — nur solche Antwortenden erfaßt, die angegeben hatten, die Volkshochschule besucht zu haben, Teilnehmer an Kursen eines Volkshochschulzweckverbandes wurden als Gruppen zusammengefaßt und schließlich Teilnehmer am *Telekolleg II* als Beispiel für eine spezifische Weiterbildungsform befragt. Dabei können diese Gruppen von Antwortenden nur grob die Differenziertheit des tatsächlich nachgefragten Weiterbildungsangebotes wiedergeben. Die hier vorgelegten Analysen ergaben, daß keine *durchgehenden* Abhängigkeiten zwischen den verschiedenen Formen des Weiterbildungsverhaltens und den erhobenen Teilmotiven der Weiterbildungsmotivation bestehen. Es zeigten sich vielmehr je nach Weiterbildungsform Unterschiede in zwei der Teilmotive. Daraus kann geschlossen werden, daß erst der Einsatz differenzierter Erhebungsverfahren der Vielfalt des Weiterbildungsverhaltens gerecht werden kann.

In weiterführenden Untersuchungen — das legen diese Befunde nahe — wäre zunächst zu prüfen, ob das grob mit Weiterbildungsverhalten umschriebene Verhalten in eine Vielzahl verschiedener Verhaltensweisen zu differenzieren ist. Hieran muß sich die Überlegung anschließen, ob nicht Weiterbildungsverhalten auch auf verschiedene Weiterbildungsmotive zurückzuführen ist. Diese wären dann mit differenzierten Erhebungsinstrumenten zu erfassen. Andererseits muß auch geprüft werden, ob mit den hier verwendeten Teilmotiven der Weiterbildungsmotivation bereits der gesamte Komplex Weiterbildungsmotivation abgedeckt wurde. Diese Arbeit hat gezeigt, daß eine differenzierte Untersuchung des Weiterbildungsbedarfs auf die Berücksichtigung von Theorien und Modellen der Lernmotivation nicht verzichten kann.

Anmerkungen und Literaturhinweise

1 Schulenberg, W.: Ansatz und Wirksamkeit der Erwachsenenbildung. Stuttgart 1976[2], S. VII
2 Ders.: a.a.O., S. 2
3 Ebenda
4 Ders.: a.a.O., S. 7
5 Ders.: a.a.O., S. 112
6 Ders.: a.a.O., S. 121
7 Ders.: a.a.O., S. 152
8 Ders.: a.a.O., S. 157
9 Ebenda
10 Ebenda
11 Strzelewicz, W./Raapke, H.-D. u. Schulenberg, W.: Bildung und gesellschaftliches Bewußtsein. Stuttgart 1966, S. 39
12 Dies.: a.a.O., S. 40
13 Dies.: a.a.O., S. 41
14 Ebenda
15 Ebenda
16 Schulenberg, W./Loeber, H.-D./Loeber-Pantsch, U. und Pühler, S.: Soziale Faktoren der Bildungsbereitschaft Erwachsener. Stuttgart 1978
17 Dies.: a.a.O., S. 536
18 Ebenda
19 Ebenda
20 Dies.: a.a.O., S. 537
21 Dies.: a.a.O., S. 543
22 Faber, W./Ortner, G.E.: Erwachsenenbildung im Adressatenurteil. Hannover/Paderborn 1979, S. 7/8
23 Kejcz, Y./Monshausen, K.-H./Nuissl, E./Paatsch, H.-U. u. Schenk, P.: Bildungsurlaub. Angebotsplanung und Teilnehmermotivation. Bildungsurlaubs-Versuchs- und Entwicklungsprogramm der Bundesregierung. Endbericht Band II. Heidelberg 1979, S. 178
24 Dies.: a.a.O., S. 187
25 Feig, R.: Motivationsstrukturen in der Erwachsenenbildung. Bern 1972
26 Ders.: a.a.O., S. 20
27 Mittenecker, E.: Subjektive Tests zur Messung der Persönlichkeit. In: Heiss, R. (Hrsg.): Psychologische Diagnostik. Hdb. d. Psychologie Bd. 6. Göttingen 1964, S. 476
28 Guilford, J.P.: Persönlichkeit. Weinheim 1964, S. 9
29 Scharmann, Th.: Arbeit und Beruf. Tübingen 1956, S. 2
30 Feig, R.: a.a.O., S. 33
31 Ebenda
32 Irle, M.: Der Berufs-Interessen-Test (B-I-T). Göttingen 1955. Todt, E.: Differentieller Interessen-Test (D-I-T). Bern 1967. Mittenecker, E./Toman, W.: Kombinierter Persönlichkeits- und Interessen-Test (P-I-T). Wien 1951
33 Gottwald, K./Brinkmann, Ch.: Determinanten der Bildungsmotivation. In: Deutscher Bildungsrat (Hrsg.): Bildungsurlaub als Teil der Weiterbildung. Stuttgart 1973, S. 43 – 109
34 Dies.: a.a.O., S. 44
35 Dies.: a.a.O., S. 45
36 Graumann, C.F.: Einführung in die Psychologie. Frankfurt 1969
37 Heckhausen, H.: Förderung der Lernmotivierung und der intellektuellen Tüchtigkeit. In: Roth, H. (Hrsg.): Begabung und Lernen. Stuttgart 1968, S. 193 – 228
38 Vontobel, J.: Leistungsbedürfnis und soziale Umwelt. Bern 1970
39 Gronemeyer, M.: Motivation und politisches Handeln. Hamburg 1976, S. 24
40 Dies.: a.a.O., S. 25
41 Fromm, E.: Marx' Beitrag zur Wissenschaft vom Menschen. In: Bloch, E./Habermas, J./Marcuse, H. et al.: Marx und die Revolution. Frankfurt 1970, S. 133
42 Gronemeyer, M.: a.a.O., S. 25
43 Dies.: a.a.O., S. 41
44 Dies.: a.a.O., S. 104
45 Hamacher, P.: Entwicklungsplanung für Weiterbildung. Braunschweig 1976, S. 44; vgl. auch Bayer, M./Ortner, G.E.: Bedarfsbegriff und Bedarfserhebung in der Weiterbildung. In: Faber, W./Ortner, G.E.: Erwachsenenbildung im Adressatenurteil. Hannover/Paderborn

1979, S. 181; Ortner, G.E.: Entwicklungsziele der Weiterbildung: Ein bedarfsdeckendes Angebot. In: Landesinstitut für Curriculumentwicklung, Lehrerfortbildung und Weiterbildung (Hrsg.): Wb: Entwicklung 1. Entwicklungsziele der Weiterbildung. Neuss 1979, S. 75 und auch: Ders.: Weiterbildungsentwicklungsplanung: Curriculare und strukturelle Gestaltung an der Basis des Quartären Bildungsbereiches. In: Bayer, M./Müllar, R./Ortner, G.E. u. Seidel, Ch.: Bedarfsanalyse in der Weiterbildungsentwicklungsplanung. Zielvorgaben und Methodendiskussion. Paderborn 1978, S. 13 bzw. Bayer, M./Ortner, G.E.: a.a.O., S. 182

46 Erster Bericht der Planungskommission Erwachsenenbildung und Weiterbildung des Kultusministers des Landes NRW. Ratingen 1972, S. 37

47 Wie etwa Delhees, K.H.: Motivation und Verhalten. München 1975

48 Vgl. Tietgens, H./Weinberg, H.: Erwachsene im Feld des Lehrens und Lernens. Braunschweig 1971, S. 50

49 Tinbergen, N.: Instinktlehre. Hamburg 1964, S. 17/18

50 Fahrenberg, J./Selg, H./Hampel, R.: Das Freiburger Persönlichkeitsinventar FPI. Göttingen 19742, S. 49/50

51 Meister, H.: Förderung schulischer Lernmotivation. Düsseldorf 1977

52 Closhen, H.P.: Motivationale Faktoren und Lernerfolg bei einem rechnererzeugten Lehrprogramm. Diss. Braunschweig 1969

Realkontaktbefragungen in der bedarfsorientierten Weiterbildungsentwicklungsplanung

Henrik Kreutz

Vorbemerkungen: Die grundsätzlichen Schwächen von Forschungskontaktbefragungen und Aktionsforschungsansätzen

Die klassischen Techniken der Befragung — wie z.B. Interview, postalische Befragung, Gruppendiskussionsverfahren — beruhen auf Situationen, in denen die Forschungsabsicht im Mittelpunkt steht. Sie lassen sich daher zusammenfassend als verschiedene Formen der *Forschungskontaktbefragung* charakterisieren. Diese Befragungstechniken waren in den letzten Jahrzehnten ungeheuer erfolgreich, und die empirische Sozialforschung stützt sich bisher in erster Linie auf diesen Zugang. Vorteile sind u.a. die Schnelligkeit und Billigkeit der Datenbeschaffung, relativ leichte und vielfältige Anwendbarkeit, Möglichkeit zu weitgehender Standardisierung und Nähe zum „common sense", d.h. zum vorwissenschaftlichen Alltagsverständnis. Dennoch wurden in den letzten zehn bis fünfzehn Jahren zunehmend Bedenken gegen die Forschungskontaktbefragungen laut. Sie richteten sich u.a. gegen die Reaktivität der Messung, gegen die geringe Zuverlässigkeit und Gültigkeit dieser Methoden und gegen die allzu klischeehafte Einengung der sozialen Wirklichkeit.[1] Wohl am vehementesten wurde die Kritik an der weitgehenden *Standardisierung* von Befragungen vorgetragen. So wurde behauptet, daß die standardisierte Befragung weder dem subjektiven Sprachgebrauch der einzelnen Befragten gerecht werden, noch die situationellen Gegebenheiten der Alltagswelt des Individuums einfangen könne.[2] Gegenüber den quantifizierenden Techniken wurden daher qualitative Verfahren in den Vordergrund gestellt. Qualitative Befragungsformen wie z.B. Tiefeninterviews, explorative Gespräche, Gruppengespräche, die „biographische Methode" erlebten daher eine wahre Blütezeit.[3] Die Bevorzugung des Qualitativen gegenüber dem Quantitativen ändert aber nichts an dem Umstand, daß die Datenerhebung in einer Situation des Forschungskontakts geschieht. Die qualitativen Verfahren können zwar für sich in Anspruch nehmen, die „Lebenswelt" des einzelnen detaillierter zu erfassen als standardisierte Verfahren, sie können aber damit noch nicht für sich beanspruchen, zuverlässigere und gültigere Ergebnisse vorlegen zu können. Im Gegenteil ist anzunehmen, daß die *Reaktivität* des Verfahrens bei qualitativen Techniken noch stärker wirksam wird als bei standardisierten Erhebungen. Dies deshalb weil der Befragte sich besser auf die Forschungsabsichten einstellen kann und daher auch eher in der Lage ist, seine Antworten „strategisch" zu formulieren. Daher dürften diese Berichte sehr stark von der *sozialen Wünschbarkeit* der Antworten und weniger von den tatsächlichen Ereignissen, auf die sie sich beziehen, bestimmt sein. Inhaltsunabhängige Antworttendenzen, die aus dem Forschungskontakt entspringen (wie z.B. die Jasagetendenz, also die Bereitschaft, Angaben zu machen, die der Interviewer erwartet) dürften besonders stark ausgeprägt sein. Insgesamt kann man daher annehmen, daß diese qualitativen Verfahren wenig zuverlässige und gültige Ergebnisse liefern. Dazu kommt, daß bei ihrer Anwendung weder die *Stichpro-*

benprobleme noch die inhaltsanalytischen Schwierigkeiten der *Auswertung* beachtet, geschweige denn gelöst wurden.[4]

Die offensichtlichen Fehler der Forschungskontaktbefragung haben in der zweiten Hälfte der 60er Jahre noch eine zweite „Erneuerungsbewegung" entstehen lassen: die *Aktionsforschung*.[5] Im Unterschied zu der „qualitativen Forschung" wird hier der grundlegende Forschungsansatz problematisiert. Versuchte die herkömmliche Sozialforschung in einem ersten Schritt Forschungsergebnisse zu erstellen, die erst in einem zweiten Schritt auf eine mögliche Anwendung bezogen wurden, so wollte die Aktionsforschung von vornherein Forschung und praktisches Handeln verbinden und zu einer „Aktion" gestalten. Die Forschung erscheint dabei eingebettet in einen Handlungsplan und versteht sich in erster Linie als eines der Mittel, die dem praktischen Zweck unmittelbar zu dienen hat. Durch ein solches Vorgehen soll erreicht werden, daß nicht nur unverbindliche und unverfängliche Antworten gesammelt, sondern daß Handlungsformen und Reaktionen sichtbar gemacht werden, deren *Gültigkeit* sich aus dem Handlungszusammenhang unmittelbar ergibt. Die Aktionsforschung ist gleichsam der Versuch, den gordischen Knoten zu durchschlagen und an die Stelle einer verästelten, vielfach problematischen Beziehung zwischen Theorie, Empirie und Praxis das unmittelbar praktische Handeln zu setzen. Auch dieser Versuch kann heute weitgehend als gescheitert angesehen werden. Wie vorherzusehen, stellte es sich nämlich sehr bald heraus, daß die Aktionsforschung die *Reaktivität der Messung* durch ihren gleichzeitigen Handlungsbezug gegenüber dem herkömmlichen Forschungskontakt um ein Vielfaches verstärkte. Die Reaktionen der untersuchten Wirklichkeit hatten aber häufig zur Folge, daß das gesamte Projekt gefährdet wurde und in vielen Fällen ein Abbruch nicht zu vermeiden war. Die Aktionsforschung beinhaltet eine Überforderung der Sozialforschung und kann daher nicht als Alternative zur Forschungskontaktbefragung gelten.[6] Es mag durchaus Fälle geben, in denen sie erfolgreich durchgeführt werden kann. Diese sind aber eher die Ausnahme als die Regel.

Problematisch wird die Aktionsforschung auf jeden Fall bei der Generalisierung ihrer Erfahrungen. Wenn es unter bestimmten Bedingungen gelungen ist, mit wissenschaftlichen Mitteln ein praktisches Handlungsziel zu erreichen, so ist damit noch nicht gesagt, daß dieser Versuch mit Erfolg nach Belieben wiederholt werden kann. Informationen über die soziale Wirklichkeit, so wie sie unabhängig von den Handlungsabsichten des Aktionsforschers existiert, liefert diese Art der Untersuchung wegen ihrer hohen Reaktivität nicht. Direkt verwertbares Handlungswissen wird selten errungen − häufiger erfährt man durch Aktionsforschung wie es *nicht* geht. Sofern aber Handlungswissen akkumuliert werden kann, ist seine Generalisierbarkeit unsicher und die Wiederholbarkeit des Erfolges eher unwahrscheinlich.

Nichtreaktive Erhebungsverfahren in der empirischen Sozialforschung

Herkömmliche nichtreaktive Verfahren: Teilnehmende Beobachtung und Inhaltsanalyse

Die Schwierigkeiten reaktiver Erhebungstechniken wurden kurz skizziert. Zu den Techniken der herkömmlichen Sozialforschung gehören aber auch nichtreaktive Verfahren, die allerdings relativ selten eingesetzt werden. Inhalts- und Aussagenanalyse[7] wird in den letzten Jahren zunehmend verwendet, sie stellt aber eigentlich nur eine Auswertungstechnik dar, die sich immer nur auf bereits vorhandene Unterlagen bezieht. Ihre Anwendbarkeit ist dementsprechend eingeschränkt. Soweit Dokumente oder indere Materialien unabhängig vom Forscher erstellt und diese ihm nachträglich zugänglich werden, kann die Inhaltsanalyse als nichtreaktives Verfahren zur Datengewinnung Verwendung finden. In komplexen, mehrjährigen Untersuchungen kann man auch versuchen, als Forscher auf die Art und Weise der ursprünglichen Datenerstellung Einfluß zu nehmen.

Eine andere Möglichkeit, die begrenzten Möglichkeiten der Inhaltsanalyse auszuweiten, ist durch eine komplexe Kombination dieser Technik mit anderen Verfahren in einem mehrstufigen Verfahren möglich. In diesem Verfahren wird das nichtreaktive Vorgehen durch eine reaktive Befragung ergänzt. Das reaktive Gespräch erhält aber gleichsam einen begrenzenden Rahmen durch den Befund, der auf der nichtreaktiven Inhaltsanalyse fußte. Die Inhaltsanalyse stellt als nichtreaktives Verfahren zwar an sich nur eine Auswertungstechnik dar, die aber in Kombination mit anderen Erhebungsformen ertragreich eingesetzt werden kann. Auch in einer komplexen Untersuchungsanlage kann sie aber Befragungstechniken nicht voll ersetzen.

Die *teilnehmende Beobachtung* erscheint demgegenüber aber als echte Alternative zu den herkömmlichen Befragungstechniken. Sie erlaubt es – vielleicht noch mehr, als es bei Befragungen der Fall ist – sich auf das Handeln zu beziehen und dieses direkt zu erfassen, während die Inhaltsanalyse meist nur von den Resultaten menschlichen Handelns ausgehen kann. Trotzdem wird die teilnehmende Beobachtung relativ wenig angewendet. Dieser Umstand hat sicherlich mehrere, nicht zufällige Ursachen. Zunächst ist zu bedenken, daß es oft nicht möglich ist, den Beobachter so in eine soziale Situation einzubeziehen, daß diese durch die Beobachtung nicht verändert wurde. Reaktivität des Vorgehens ist daher häufig nicht auszuschließen. Ein weiterer Nachteil der teilnehmenden Beobachtung ist, daß sie bisher wenig standardisiert erfolgte und nicht zu repräsentativen Ergebnissen führen konnte, da der Forscher in seinen zeitlichen und organisatorischen Möglichkeiten eng begrenzt ist und den Kontakt jeweils nur zu einer kleinen Gruppe von Handelnden halten kann.

Grundkonzept und kennzeichnende Merkmale der Realkontaktbefragung

Das wesentliche Kennzeichen der Realkontaktbefragung besteht darin, daß sie zwar eine Befragung darstellt, daß diese Befragung aber im Rahmen und als Teil einer Interaktion stattfindet, die sowohl für den Befrager als auch für den Befragten eine praktische Bedeutung hat und *nicht* als Forschung definiert wird.[8] Bei der Wohnungssuche finden z.B. Gespräche zwischen potentiellen Vermietern und Mietern statt. Sofern es gelingt, dieses Spiel von Fragen und Antworten dadurch wissenschaftlich zu erfassen, daß zumindest einer der Beteiligten bereit ist, sich gemeinsam mit dem Forscher auf das Gespräch vorzubereiten und dieses dem gemeinsam entworfenen Gesprächsplan entsprechend zu gestalten, ist eine Realkontaktbefragung durchführbar. Im Unterschied zur Forschungskontaktbefragung setzt die Realkontaktbefragung in einer praktischen Situation unmittelbar an. An die Stelle von Interviewern, die am Untersuchungsgegenstand ein mehr oder weniger zufälliges Interesse haben und selbst *keine Primärerfahrungen* sammeln wie in den Forschungskontakterfahrungen, sondern nur die Darstellungen der betroffenen Befragten protokollieren, treten Personen, die selbst das Problem, das wissenschaftlich untersucht werden soll, zu lösen haben.

Die direkte Betroffenheit hat selbstverständlich auch *Einseitigkeiten* zur Folge, die auch durch eine vorhergehende Schulung für die Befragung und durch eine fortlaufende Kontrolle der Berichte nicht ausgeglichen werden kann.

Eine Kontrollmöglichkeit ist freilich dadurch gegeben, daß man zusätzlich – wie bei der Forschungskontaktbefragung – nicht selbst betroffene Interviewer verwendet, die aber nicht als Interviewer auftreten, sondern in einer Rolle, die im Hinblick auf das aktuelle Problem relevant ist und die auch von Interviewern glaubhaft übernommen werden kann. In diesem Fall wird die individuelle Betroffenheit nur „vorgetäuscht", wodurch auch ethische Probleme für die Forschung entstehen, die weiter unten ausführlich diskutiert werden sollen. Auf jeden Fall erscheint es optimal, wenn in einer Realkontaktbefragung sowohl persönlich betroffene Personen als auch persönlich nichtbetroffene Personen parallel als Erhebungspersonen verwendet werden können. Ist eine solche optimale Lösung nicht realisierbar, dann ist bei sorgfältiger Auswahl, Schulung und Kontrolle eine Realkontaktbefragung auch mit lediglich einer Art von Erhebungspersonen durchführbar. Die Interpretation der Ergebnisse wird aber diese Einseitigkeit mitberücksichtigen müssen.

Wenn hier allgemein von Erhebungspersonen die Rede ist, dann wird damit bereits deutlich, daß die Realkontaktbefragung nicht immer die Form des mündlichen (persönlichen) Interviews annehmen muß. Relevante Interaktionen können selbstverständlich auch schriftlich oder telefonisch erfolgen. Auch ist eine Beschränkung auf Einzelbefragungen nicht sinnvoll, da sich nicht wenige relevante Interaktionen in Gruppen abspielen. Nicht selten wird eine Kombination verschiedener Erhebungsformen notwendig sein. So z.B. wird man bei der Untersuchung des Arbeitsmarktes durch Realkontaktbefragungen in vielen Fällen zunächst mit schriftlichen und/oder telefonischen Kontakten beginnen und erst im weiteren Verlauf der Forschung persönliche Interaktionen vorsehen müssen. Damit ist bereits gesagt, daß die Realkontaktbefragung in vielen Fällen sich sinnvollerweise nicht auf einen einzelnen Kontakt beschränkt, sondern eine längere *Interaktionssequenz* umfaßt (z.B.: Brief – Anruf – persönliches Vorstellungsgespräch – Teilnahme an einem Gruppengespräch). Dies ist aber nicht in jedem Fall notwendig. Je nach der Fragestellung wird man sich mit bestimmten Ausschnitten aus der gesamten Sequenz begnügen können.

Die Realkontaktbefragung beinhaltet eine Reihe von besonderen methodologischen Problemen, auf die weiter unten ausführlich eingegangen wird. Generell kann man festhalten, daß sie einer sorgfältigen *inhaltlichen Vorbereitung* bedarf, da die situationellen Zugangsmöglichkeiten, die Art der betroffenen Personen, die typischen Interaktionssequenzen und zumindest die wichtigsten Interaktionsformen bekannt sein müssen, bevor eine breit angelegte (evtl. repräsentative) Untersuchung durchgeführt werden kann. Voruntersuchungen und Pretests spielen bei ihr daher eine noch größere Rolle als bei Forschungskontaktbefragungen. Die Entscheidung darüber, aus welchen *Rollenperspektiven* eine Untersuchung angestellt wird, ist ebenfalls von größter Wichtigkeit. In Forschungskontaktbefragungen werden solche Probleme fast immer übersehen, obwohl sie auch dort eine große – wenn auch nicht unmittelbar sichtbare – Rolle spielen. Daher ist es als methologischer Vorteil anzusehen, daß die Realkontaktbefragung eine klare diesbezügliche Entscheidung verlangt, die intersubjektiv überprüft werden kann und evtl. Einseitigkeiten der Forschung unmittelbar sichtbar macht.

Ein weiterer folgenreicher Unterschied zur Forschungskontaktbefragung besteht darin, daß *in Realkontaktbefragungen im Normalfall alle an einer Befragung Beteiligten eine Art situationsbezogenen Gesprächsplan haben*, der auf ihren vorhergehenden Lebenserfahrungen beruht. *Der Großteil dieser Befragungen wird daher nicht den einseitigen Charakter der Forschungskontaktbefragung haben*, in der entweder ein Fragebogen (!) vorgelegt wird, auf den man als Befragter lediglich zu antworten hat ohne selbst fragen zu können, oder in der ein Interviewer ebenfalls nur Fragen stellt und lediglich Antworten erwartet.

In der Forschungskontaktbefragung versucht der Forscher somit eindeutig, die Oberhand zu behalten. Er hat einen Gesprächsplan entwickelt, der dem Befragten zunächst nicht bekannt ist. Der Befragte reagiert daher zunächst punktuell auf die einzelne Frage, bevor er früher oder später für sich selbst eine Interpretation dafür findet, was der Interviewer eigentlich will. (Bei schriftlichen Befragungen wird er es zuerst rascher herausfinden, da er den Bogen vor dem Ausfüllen durchsehen kann). Dieses Ungleichgewicht in der Situationskontrolle mag zunächst als ein Vorteil der Forschungskontaktbefragung erscheinen, in Wirklichkeit stellt es aber einen schwerwiegenden Nachteil dar. Dies aus zwei Gründen. Erstens entwickeln Befragte in Forschungskontaktbefragungen im Verlauf des Gesprächs bzw. des Ausfüllens ebenfalls Antwortstrategien. Diese Beruhen auf ihren Auffassungen darüber, welchen praktischen Zwecken die Forschung tatsächlich dient.

Der zweite Nachteil ist, daß der Forscher über den Forschungskontakt kaum verläßliche Informationen über das Verhalten in relevanten Praxissituationen des Befragten erhält. Zum einen ist es fast unmöglich, situationelle Bedingungen in ihren relevanten Aspekten in einem Gespräch nachzuvollziehen. Zum anderen ist kaum zu erwarten, daß ein Befragter seine Tricks und Kniffe, die ihm in der Praxis helfen, in einem „privaten" Gespräch preisgibt. Die handlungsleitenden Strategien, die die praktisch relevanten Interaktionssituationen bestimmen, bleiben mithin im Rahmen solcher Befragungen weitgehend außer Betracht. An die Stelle der Erfassung der sozialen Wirklichkeit tritt demgemäß schwerpunktmäßig die Messung von Einstellungen, deren Verhaltenskorrelate nur höchst zweifelhaft und vieldeutig abgeschätzt werden können. Für das Erfassen von Verhaltensweisen in realen, praktisch relevanten Situationen ist die Forschungskontaktbefragung daher denkbar ungeeignet.

Detailprobleme beim Einsatz von Realkontaktbefragungen

Die Realkontaktbefragung weist eine Reihe von methodologischen Schwierigkeiten auf, die teils spezifisch sind, teils aber — nur in anderer Form — auch bei anderen Erhebungstechniken auftreten. Eine erschöpfende Darstellung dieser Probleme und der möglichen Lösungswege ist im Rahmen dieses kurzen Abrisses nicht möglich. Es sollen aber zumindest einige kurze Hinweise gegeben werden.

Die Festlegung der Rollenperspektive: In Forschungskontaktbefragungen wird die Rollenperspektive weitgehend vernachlässigt. Ein solcher Umstand bedingt sicherlich eine Einseitigkeit und eine Einschränkung unseres Wissens. Dieses wäre aber selbst so eingeschränkt noch äußerst wertvoll. Weitgehend entwertet werden diese Forschungen aber dadurch, daß diese Beschränkung gar nicht gesehen wird, und Daten, die von unterschiedlichen Rollenperspektiven aus gesammelt wurden, unterschiedslos miteinander vermengt werden. Die Realkontaktbefragung eliminiert solche Fehlermöglichkeiten, da sie von vornherein eine klare Festlegung der Rollenperspektive verlangt. Die Wahl einer einzigen Rollenperspektive ist zwar möglich und sicherlich für viele Untersuchungszwecke sinnvoll, sie liefert aber immer nur eine beschränkte Sichtweise des Problems. Bei der Entstehung des Weiterbildungsbedarfs kann man sich z.B. darauf beschränken zu erfassen, welche Weiterbildungsaktivitäten jeder für sich selbst anstrebt. Dies gibt sicher ein einseitiges Bild. Daher wird man gut daran tun zu fragen, inwiefern Arbeitgeber und Vorgesetzte ihren Mitarbeitern bestimmte Formen der Weiterbildung nahelegen bzw. welche sie für diese kurzfristig oder mittelfristig für notwendig halten. Ebenso wird es von Belang sein, welche Ziele die Führungsspitzen freiwilliger Organisationen und Verbände für die Weiterbildung ihrer Mitglieder haben. Auf der anderen Seite wird es z.B. auch von Bedeutung sein, wie andere Familienmitglieder die zusätzliche zeitliche Belastung eines Familienmitgliedes durch eine evtl. Weiterbildung sehen und welchen Einfluß sie daher ausüben. Je nach Fragestellung wird man daher gut daran tun, jeweils andere Rollenträger als Erhebungspersonen zu gewinnen und sie zu bitten, mit ihren unmittelbaren Interaktionspartnern Gespräche über Weiterbildung zu führen.

Die Rekrutierung der Erhebungspersonen: Persönlich betroffene Erhebungspersonen lassen sich nicht so rekrutieren wie Interviewer im Forschungskontaktinterview. In einem ersten Schritt wird man daher den Kontakt mit Betroffenen sichern müssen. Auch persönlich nichtbetroffene Erhebungspersonen müssen je nach Untersuchungsthema spezifische Anforderungen erfüllen, um eine Rolle glaubhaft übernehmen zu können, sie können daher ebenfalls nicht einem permanenten Interviewerstab angehören. Bei beiden Gruppen von Erhebungspersonen wird man darauf achten müssen, daß die Selbstauswahl der Mitarbeiter in Grenzen gehalten und kontrolliert wird.

Die Motivierung der Erhebungspersonen: Selbstverständlich wird man die Mitarbeit der Erhebungspersonen im Normalfall ähnlich honorieren müssen, wie diejenigen von Interviewern in Forschungskontaktbefragungen. Allerdings kann es nicht selten der Fall sein, daß Angehörige bestimmter Berufsgruppen im Zuge ihrer eigenen Berufsarbeit und aus eigenem Interesse die Erhebungen durchführen. In diesen Fällen wird eine gesonderte Honorierung zweitrangig und kann u.U. sogar entfallen. Wichtigste Voraussetzung für die Zusammenarbeit ist, daß die Erhebungspersonen in ihrer Mitarbeit einen persönlichen Gewinn sehen können. Dies kann durch verschiedene Vorkehrungen erreicht werden. Zum einen kann die systematische Gesprächsschulung und die Vorgabe sowohl eines Leitfadens als auch eines Protokollschemas der Erhebungsperson bei ihrer eigenen Problemlösung dienlich sein. So wird dadurch z.B. eine rationale Entscheidung über die Art der erstrebten eigenen Weiterbildung sehr erleichtert werden. Zum anderen kann der Forscher den Erhebungspersonen auf Grund der gesamten Untersuchung eine Übersicht über die allgemeine Lage vermitteln, die diese auf Grund ihrer eigenen, isolierten Bemühungen nie erreichen könnten. Da die persönlich betroffenen Erhebungspersonen sich selbst mit dem Untersuchungsthema existentiell auseinandersetzen, stellen sie für den Wissenschaftler auch Untersuchungssubjekte dar. Die Untersuchung ihrer Motivationslage wird damit nicht allein aus methodologischen Gründen ratsam sein, sondern kann auch inhaltlich zu den Ergebnissen wesentlich beitragen. Dadurch wird einerseits der gesamte Untersuchungsvorgang wissenschaftlich weitergehender erfaßt (die Motivation der Interviewer bei Forschungskontaktbefragungen blieb m.W. bisher außer Betracht).
Andererseits kann die persönlich betroffene Erhebungsperson dadurch ihre im Rahmen der Untersuchung gemachten Erfahrungen sehr viel besser auf ihre eigenen Probleme beziehen. Anzustreben ist bei Realkontaktbefragungen daher ein *kooperativer Informationsaustausch*, bei dem die Erhebungspersonen die Informationen über Einzelfälle liefern, die Wissenschaftler dafür allgemeine Übersichten erleichtern und bei der individuellen Entscheidungsfindung beratend herangezogen werden können.

Die Festlegung der Interaktionssequenz und die Auswahl von Erhebungssituationen:
Wie bereits erwähnt, ist es nicht unbedingt notwendig, einen gesamten Handlungszusammenhang zur Erhebungseinheit zu machen. Es ist vielmehr möglich, sich auf be-

stimmte Interaktionssituationen zu beschränken. Bei der Entscheidung über die Beteiligung an der innerbetrieblichen Weiterbildung lassen sich z.B. bestimmte Interaktionsmuster feststellen. In manchen Fällen beginnt der Entscheidungsprozeß mit einer Anregung von seiten eines Vorgesetzten. Es folgen Gespräche mit Kollegen, mit dem Betriebsrat und schließlich mit dem zuständigen Mitarbeiter der Personalabteilung. In der gleichen Zeit wird mit Familienangehörigen über die Frage gesprochen, möglicherweise werden auch Freunde und Bekannte außerhalb des Betriebes auf ihre Meinung hin befragt. Schließlich kommt es zu einem die Diskussionsphase beendenden Entschluß.

Das Interesse des Forschers kann es nun sein, diesen gesamten Prozeß der Entscheidungsfindung abzubilden. In diesem Fall wird er gut daran tun, die gesamte Interaktionssequenz einzubeziehen. Er kann aber auch von einem eingeschränkten Forschungsinteresse ausgehen und z.B. lediglich die Haltung und den Einfluß des Betriebsrates erfassen wollen. In diesem Fall wird er sich auf die Interaktionen zwischen den Betriebsräten und den Mitarbeitern des Betriebes einerseits und der Unternehmensführung andererseits beschränken können. Die Wahl der Erhebungssituation kann dabei selbstverständlich nicht beliebig gewählt werden, sondern ist sowohl von der Fragestellung als auch von den jeweils üblichen Interaktionsformen abhängig.

Die Ziehung der Stichproben und die Sicherung der Repräsentativität: Die Realkontaktbefragung birgt verschiedene Stichprobenprobleme. Eine Auswahl muß getroffen werden (a) unter den möglichen Erhebungspersonen (b) unter den relevanten Interaktiontssituationen und (c) unter den relevanten Interaktionspartnern. Diese Probleme treten übrigens auch bei Forschungskontaktbefragungen auf. Bei den heute üblichen Vorgehensweisen werden aber die beiden erstgenannten Stichprobenfragen einfach übergangen.

Bei der Realkontaktbefragung ergibt sich bei der Wahl der Erhebungspersonen zunächst die Frage, von welcher der beteiligten Seiten aus eine Interaktionssituation eigentlich erfaßt werden soll. Die Frage der Beteiligung an Volkshochschulkursen kann z.B. so untersucht werden, daß man Dozenten als Erhebungspersonen gewinnt und von ihrer Rolle aus beratende Gespräche über Weiterbildung erfaßt. Man kann hier aber auch umgekehrt mit interessierten (potentiellen) Hörern zusammenarbeiten und diese als Erhebungspersonen gewinnen. Selbstverständlich ist man bei Vorhandensein entsprechender Mittel nicht gezwungen, einseitig vorzugehen, sondern kann von beiden beteiligten Seiten her Erhebungspersonen gewinnen.[9] Mit der Festlegung, einen bestimmten Personenkreis von Erhebungspersonen vorzusehen, hat man gleichsam eine Wahl der Perspektive getroffen. Damit ist aber noch nicht das gesamte Problem gelöst, da meist nur eine Stichprobe dieses Personenkreises als Erhebungspersonen in die Untersuchung einbezogen werden können. In unserem Beispiel wird es sicherlich keine große Schwierigkeit bedeuten, eine echte Wahrscheinlichkeitsstichprobe aus allen Volkshochschuldozenten, die auch beratende Aufgaben wahrnehmen, zu ziehen. Schwieriger wird es aber, wenn man von potentiellen Hörern und Ratsuchern ausgeht. Da dieser Personenkreis organisatorisch nicht erfaßt ist, wird man am besten ein mehrstufiges Verfahren wählen. Dieses ist jedoch relativ aufwendig. Bei beschränkten Mitteln wird man sich daher mit pragmatischen Annäherungen begnügen können. So können z.B. Quotenverfahren bei der Auswahl der Erhebungspersonen kontrolliert eingesetzt werden, die gute Annäherungen an Wahrscheinlichkeitsstichproben darstellen.[10]

Über die Wahl der Interaktionssituation wurde einiges schon im vorhergehenden Abschnitt gesagt. Zusätzlich sind aber noch weitere Gesichtspunkte zu bedenken, die nur auf der Basis einer genauen inhaltlichen Vertrautheit mit der jeweiligen Thematik zu entscheiden sind.[11] Zu diesen weitergehenden Aspekten gehört z.B. die Wahl des Zeitpunktes für die Realkontaktbefragung.

Ähnliche Probleme wie bei der Auswahl der Erhebungspersonen ergeben sich auch bei der Auswahl der möglichen Adressaten der Realkontaktbefragung. Fast immer werden bei der Auswahl Klumpeneffekte entstehen, da eine Erhebungsperson meist mehrere Realkontaktbefragungen mit verschiedenen Adressaten durchführen wird.[12]

Insgesamt läßt sich sagen, daß Repräsentativität auch bei Realkontaktbefragungen erreicht werden kann. Die diesbezüglichen Probleme dürften kaum größer sein als bei Forschungskontaktbefragungen[13], sie treten aber offener zutage und können daher nicht so leicht übergangen werden wie bei diesen.

Die Schulung der Erhebungspersonen und die Strukturierung der Befragung: Grundlegend für die Realkontaktbefragung ist, daß die Erhebungen gemäß einem einheitlichen Gesprächsplan durchgeführt werden, so daß in jeder Befragung alle relevanten Probleme zur Diskussion gestellt werden. Um dies zu erreichen, müssen die Erhebungspersonen geschult und mehr oder weniger standardisierte Leitfäden vorbereitet werden.

Zusätzlich zu einer einfachen Einübung der wichtigsten Fragen und verschiedener Gesprächstechniken, die auch im Forschungskontakt relevant sind, sollte sich die Schulung für die Realkontaktbefragung auch auf diejenigen Aspekte des Problemverhaltens beziehen, die nicht direkt in den Fragen und Antworten erscheinen. Im Gespräch mit dem Adressaten übernimmt die Erhebungsperson eine bestimmte Rolle. Diese kann in ihrer tatsächlichen Ausübung meist weitgehend modifiziert werden. Daher wird es für die Interpretation der Ergebnisse sehr hilfreich sein, wenn dem Forscher die spezifische Modifikation, zu der die einzelne Erhebungsperson tendiert, bekannt ist.

Auch die Strukturierung der Befragung kann nicht nach einem einzigen Schema erfolgen. Da der Adressat in den meisten Fällen großen Einfluß auf die Gesprächsführung hat und z.T. auch den Gesprächsbeginn seinen Vorstellungen gemäß strukturieren kann, wird man gut daran tun, alternative Gesprächsstrategien zu entwerfen und diese mit den Erhebungspersonen einzuüben. Meist werden zwei oder drei Gesprächsalternativen genügen, eine eindeutige Empfehlung kann in dieser Hinsicht a priori aber kaum gegeben werden. Soweit Standardisierung angestrebt wird, läßt sie sich in der Realkontaktbefragung in einer flexiblen, nicht aber einer starren Form verwirklichen. Eine solche flexible Standardisierung läßt sich wahrscheinlich am besten mit einer Art Baukastensystem erreichen. Damit ist gemeint, daß einzelne Gesprächselemente entworfen werden, die variabel zu unterschiedlichen Gesprächsverläufen zusammengefügt werden können.

Das Protokollieren der Befragung: In welcher Form eine Realkontaktbefragung protokolliert werden kann, ist sehr stark davon abhängig, welche Rolle die Einzelperson in welcher Art von Situation hat. In vielen Situationen wird es möglich sein, sich das Einverständnis des Adressaten zu sichern, um Notizen während des Gesprächs machen zu können. Ein Tonbandmitschnitt wird nur in besonderen Fällen möglich sein. In manchen Situationen wäre jede Form unmittelbarer Protokollierung auffallend, so daß eine Aufzeichnung erst nach der Befragung stattfinden kann.

Es empfiehlt sich auf jeden Fall, parallel zwei Arten von Protokollen anzulegen. Auf der einen Seite wird eine möglichst breite und umfassende (qualitative) Aufzeichnung des gesamten Verlaufs der Interaktion wichtige Informationen liefern. Auf der anderen Seite wird ein möglichst weitgehend standardisiertes Protokoll, das die Erhebungsperson gemäß einem Leitfaden schriftlich erstellt oder in einem Gespräch mündlich dem Forscher mitteilt, die Interpretation erleichtern und die Vergleichbarkeit der Aussagen sicherstellen. Großes Gewicht sollte bei der Protokollierung auch auf die äußeren Bedingungen der Gesprächssituation gelegt werden. Weiterhin sollten auch Verhaltensaspekte erfaßt werden, die nicht unmittelbar im sprachlichen Ausdruck ihren Niederschlag finden. So lassen sich bei der Protokollierung z.B. auch linguistische Nomenklaturen verwenden, die zur Erfassung von semantisch nicht direkt interpretierbaren sprachlichen Äußerungen entwickelt wurden.[14] Bei Realkontaktbefragungen, die sich des Gesprächs bedienen und nicht auf schriftlichem Weg abgewickelt werden, sollte auch versucht werden, der gesprochenen Sprache auch Aufmerksamkeit zu schenken und die individuell sowie strukturell geprägten Ausdrucksweisen genauer zu erfassen als es im herkömmlichen Forschungskontaktinterview üblicherweise der Fall ist.[15]

Sofern eine Auswertung auch der rein sprachlichen Aspekte angestrebt wird, ist auf einen Tonbandmitschnitt kaum zu verzichten. Wie bereits ausgeführt, muß dabei aber größte Vorsicht angewendet werden. Forscher, die Tonbandgeräte verwenden, berichten zwar wiederholt davon, daß dieses nicht störend wirkt, einen wirklichen Nachweis für ihre Behauptung kann man in diesen subjektiven Eindrücken aber kaum sehen.[16]

Die Auswertung: Die Auswertung von Realkontaktbefragungen kann sich aller Techniken bedienen, die bisher zur Analyse von qualitativen und quantitativen Daten entwickelt wurden. Da der gleiche Grad der Standardisierung der Fragen erreicht werden kann wie in der Forschungskontaktbefragung, die Erhebungssituation selbst aber weitergehender kontrolliert wird als in der herkömmlichen Befragung, steht der Anwendung von multivariaten Auswertungstechniken nichts im Weg. Eine Auswertung in der herkömmlichen Art würde aber die Vorteile der Realkontaktbefragung nicht voll zum Tragen bringen. Wie bereits dargestellt, gestattet diese Form der Erhebung nämlich sowohl die Erfassung der Variation individueller Verhaltensweisen als auch die gleichzeitige Berücksichtigung unterschiedlicher Sichtweisen, die ein und dieselbe Situation jeweils anders erscheinen lassen. Die Realkontaktbefragung eignet sich daher in besonders guter Weise dazu, *soziale Situationen* zu erfassen. Weiterhin dürfte sie besser als die herkömmlichen Techniken in der Lage sein, die Beziehungen zwischen Einstellungen und Motiven einerseits und tatsächlichen Verhaltensweisen andererseits zu erfassen.

Die verzerrende Einseitigkeit von Forschungskontaktbefragungen kann bei einer Realkontaktbefragung leicht vermieden werden. Das Protokoll, das die Erhebungsperson erstellt, bezieht sich in jedem Fall auf das tatsächliche Verhalten in einer „realen", d.h. für die Beteiligten praktisch relevanten Situation. Insofern kann die Untersuchungseinheit bei der Auswertung von vornherein anders definiert werden. Um Aussagen über das tatsächliche Handeln zu machen, muß nicht erst der unsichere Umweg über die Erfassung von psychischen Dispositionen gemacht werden. Bei der Realkontaktbefragung hat man daher die Möglichkeit, neben einer „individuenzentrierten" eine „Situationszentrierte" Auswertung durchzuführen. Die „individuenzentrierte" Auswertung stellt auf die psychischen Dispositionen und Verhaltensweisen bestimmter Individuen ab, die „situationszentrierte" Analyse versucht, soziale Interaktionen und Handlungen von mehreren beteiligten Individuen in ihrem unmittelbaren Zusammenhang und in ihrer gegenseitigen Kontingenz bzw. Abhängigkeit zu erfassen.

Eine Möglichkeit der Auswertung von Realkontaktbefragungen richtet sich mithin auf eine solche wissenschaftliche Rekonstruktion sozialen Geschehens. Untersuchungseinheit ist mithin nicht die Person, sondern die Situation, an der zumeist mehrere Personen direkt und indirekt beteiligt sind. Auch im Hinblick auf die individuenzentrierten Untersuchungen bietet die Realkontaktbefragung bei richtiger Auswertung erhebliche Vorteile. Bei Forschungskontaktbefragungen stellte es sich nämlich fast durchgehend heraus, daß zwischen den gemessenen psychischen Dispositionen der Individuen und ihren realen Verhaltensweisen eine nur sehr lockere Beziehung besteht, die Voraussagen des Verhaltens auf der Basis der Kenntnis der Einstellungen kaum erlaubt.[17] Der Wert von Einstellungsmessungen ist dadurch verständlicherweise sehr vermindert. Die Auswertung von Realkontaktbefragungen sollte daher bei einer individuenzentrierten Betrachtungsweise die Relation zwischen den im Realkontakt unmittelbar feststellbaren Verhaltensweisen und den geäußerten Motiven, Werten und Einstellungen zum zentralen Gegenstand wählen. Die Bildung von Auswertungskategorien sollte daher immer diesen doppelten Bezug ausweisen, so daß nicht durch die Auswertung dieser Zusammenhang zwischen Handeln einerseits und Disposition andererseits zerschnitten wird, der in den Erhebungsprotokollen selbst noch voll erhalten werden kann.

Ethische Probleme der Realkontaktbefragung: Es ist naheliegend, die Realkontaktbefragung als eine Form der verdeckten Befragung mißzuverstehen und von daher mit ethischen Argumenten in Frage zu stellen.[18] Auch die Realkontaktbefragung liefert keine Informationen von dem Adressaten, die dieser nicht geben möchte. Insofern die Erhebungsperson mit dem Adressaten in eine offene und praktisch relevante, vorgeformte Interaktionssituation tritt, dient die Realkontaktbefragung zu nichts anderem als zur Protokollierung der Vorgänge in einer Situation, zu der die Erhebungsperson ohne jede Berufung auf Forschungsabsichten Zugang hat. Die untersuchte Situation ist in diesem Sinn öffentlich, und ein Vertrauensbruch findet nicht statt. Selbst wenn von dem Adressaten Vertraulichkeit für bestimmte Aussagen erbeten wird, ist die eventuell gegebene Vertrauensbeziehung nicht gefährdet. Zum einen wird die Realkontaktbefragung in der gleichen Weise anonym ausgewertet, wie es bei der Forschungskontaktbefragung der Fall ist. Zum anderen können bestimmte vertrauliche Aussagen, die ja auch im Forschungskontakt gemacht werden, aus der Auswertung ausgeklammert werden, sofern die Anonymität nicht als ausreichender Schutz erscheint. In der Forschungskontaktbefragung entstehen bei der Verwendung von projektiven oder indirekten Fragen wahrscheinlich weitergehende Probleme in dieser Hinsicht als bei der Realkontaktbefragung. Die Aussagen des Befragten werden in diesem Fall nämlich in einen ganz anderen Bedeutungszusammenhang gestellt, als dieser selbst vor Augen hatte. In der Realkontaktbefragung wird der situative Bedeutungszusammenhang dagegen gewahrt, er ist auch weitgehend von vornherein definiert, während der Befragte in der Forschungskontaktbefragung oft nicht genau weiß, welche Zielsetzung die Forschung wirklich hat.

Im Unterschied zu den „unerwünschten Reportagen" von Günter *Wallraff*[19] geht es bei der Realkontaktbefragung auch nicht um individualisierende Bloßstellung und sozialkritische Anklage. Die Auswertung der Realkontaktbefragung erfolgt generalisierend und nicht individualisierend, die Datensammlung bezieht sich jeweils auf eine große Zahl gleichbeschaffener Situationen und Rollenträger und die Anonymheit der einzelnen Personen und Institutionen kann voll gewahrt werden. Sollte sich die Realkontaktbefragung als Erhebungsform weitgehend durchsetzen, so ist als zusätzlicher positiver Effekt vergrößerte Transparenz wichtiger sozialer Situationen zu erwarten. Diese größere Transparenz bedeutet aber nicht bereits vermehrte soziale Kontrolle, da die protokollierten sozial unerwünschten Verhaltensweisen durch die Wahrung der Anonymität nicht mit bestimmten Personen in Verbindung gebracht werden können.

Lediglich der Abbau von gesellschaftlicher Anomie (in der das Alltagsverhalten von den anerkannten Normen durchgehend abweicht) könnte durch Realkontaktbefragungen erleichtert werden. Wenn nämlich in der überwiegenden Mehrheit der in eine repräsentative Stichprobe einbezogenen untersuchten Situationen sozial unerwünschtes Handeln der Fall ist, könnten Realkontaktbefragungen Argumente für soziale Reformen liefern.

Die Anwendung der Realkontaktbefragung zur Bedarfsorientierung in der Weiterbildung

Bildungsbedarf und Weiterbildungsmotivation

Die Forschung auf dem Gebiet der Weiterbildung hat davon auszugehen, daß eine große Diskrepanz zwischen der sozialen Wünschbarkeit und dem Ansehen von Bildung einerseits und der Intensität der Bildungsaktivität im Erwachsenenalter andererseits besteht.[20] Diese Diskrepanz dürfte die Gültigkeit von Antworten in Forschungskontaktbefragungen sehr stark tangieren, da die eigene Bildungsbereitschaft im Sinne der sozialen Wünschbarkeit wahrscheinlich in den meisten Fällen erheblich übertrieben dargestellt werden dürfte.

Eine weitere mit diesem Problem der übertriebenen Wünschbarkeit eng verbundene Schwierigkeit für die Forschung dürfte in der Erfassung eines genau definierten Bedarfs an Weiterbildung liegen. Geht man von dem subjektiven Bedarf der Bevölkerung aus, so wird es schwerfallen, zwischen Wünschen und Idealen auf der einen Seite und realistischen *Zielsetzungen*, Plänen und Absichten auf der anderen Seite zu unterscheiden. Man findet häufig eine Gleichsetzung des subjektiven Bedarfs mit den „Bedürfnissen" der Bevölkerung.[21] Dieses Vorgehen beinhaltet aber eine unzulässige Vereinfachung, da Bedürfnisse immer nur einen Aspekt der komplexen Motivation menschlichen Handelns beinhalten und häufig mit anderen Motiven — etwa *Werthaltungen* — in Konflikt geraten. Ebenso ist die situationsbedingte Umformung von Bedürfnissen in *„Interessen"* zu bedenken, wobei Realisierungsmöglichkeiten, Kosten der Durchsetzung und soziale Einflüsse eine große Rolle spielen. Aufgrund dieser zuletzt genannten Faktoren ist daher auch keine einfache Entsprechung zwischen Bedürfnissen und Interessen anzunehmen.

Auf der Ebene des interessengeleiteten Verhaltens muß aber mit z.T. erheblichen Diskrepanzen zwischen den individuellen Bedürfnissen einerseits und dem im Verhalten deutlich werdenden und daher gesellschaftlich bedeutsamen *subjektiven Bedarf* andererseits gerechnet werden. So kann man heute in vielen Fällen mit großer Wahrscheinlichkeit behaupten, daß z.B. die Ernährungsgewohnheiten den primären Bedürfnissen des Individuums zuwiderlaufen, dennoch ist kein entsprechender subjektiver Bedarf nach einer Änderung dieser Gewohnheiten und nach entsprechenden Informationen, die eine solche Änderung erleichtern könnten, zu beobachten. Ähnliches ist z.B. auch für das Gesundheitsverhalten anzunehmen. Noch größere Divergenzen können zwischen dem gesellschaftlichen Bedarf an Weiterbildung und den individuellen Bedürfnissen auftreten. Wenn z.B. die Verkäufer von dauerhaften Konsumgütern unzureichend über die Produkte, die sie verkaufen, informiert sind und daher dem Konsumenten keine oder irreführende Informationen geben, so können sie in vielen Fällen doch ausgezeichnete Verkaufserfolge erzielen, da eine entsprechende Unkenntnis auch bei den Käufern vorliegt. Solange dies der Fall ist, wird sich kein Weiterbildungsbedarf artikulieren, obwohl sich durch so fehlgeleitete private „Investitionen" ein erheblicher sowohl volkswirtschaftlicher als auch gesellschaftlicher Schaden ergeben kann.

Die angeführten Beispiele sollten genügen, um zu verdeutlichen, daß zwischen den individuellen Bedürfnissen, dem subjektiven und objektiven Bedarf keine prästabilisierte Harmonie besteht. Ebenso dürfte einsichtig geworden sein, daß zwischen Bedürfnissen und handlungsleitenden Interessen großes Diskrepanzen auftreten können, so daß selbst eine gesicherte Kenntnis der Bedürfnisse noch keine adäquate Planung der Weiterbildungsangebote gestattet.

Als Schlußfolgerung kann man daher festhalten, daß der bisher häufig gewählte Umweg, den Weiterbildungsbedarf durch die Feststellung individueller Bedürfnisse messen zu wollen, für die Planung denkbar ungeeignet ist. Es scheint daher empfehlenswert, Daten zu sammeln, die dem tatsächlichen Handeln näher sind als Einstellungsmessungen und Bedürfnisskalen. Für solche Formen der Erhebung empfiehlt sich aber die Realkontaktbefragung.

Situationen für Realkontaktbefragungen im Weiterbildungsbereich

Realkontaktbefragungen können nur im Rahmen von Interaktionssituationen durchgeführt werden, die in erster Linie anderen Zwecken als der Durchführung von empirischen Forschungen dienen. Will man den Weiterbildungsbedarf durch diese Befragungstechnik erfassen, dann erscheint es angebracht zu prüfen, inwiefern Situationen mit persönlichem oder indirektem Kontakt bestehen, in denen Fragen zur Sprache kommen, die für die Weiterbildung relevant sind. Natürlich ist es auch möglich, kreativ solche *Situationen zu schaffen* und zu institutionalisieren, sofern ein entsprechender Zweck, der über die eigentliche Bedarfserhebung hinausgeht, vorliegt.

Gemäß den theoretischen Erwägungen des vorhergehenden Abschnitts sollten für die Realkontaktbefragung drei verschiedene Arten von Interaktionsstudien unterschieden werden:

— Situationen, in denen sich der bereits latent gebildete subjektive *Weiterbildungsbedarf artikuliert.* Zu diesen gehören selbstverständlich nicht nur Situationen, in denen dieser Bedarf eine positive Entsprechung findet. Vielmehr sind auch alle jene Situationen miteinzubeziehen, in denen fehlende Angebote, psychische und soziale Hindernisse eine Umsetzung dieses Bedarfs in eine manifeste Bildungstätigkeit verhindern.
— Situationen, in denen die *Umwandlung von individuellen Bedürfnissen in subjektiven Bedarf* erfolgt. Auch hier gilt, daß die Artikulation von Bedürfnissen mißlingen kann und daß daher kein Weiterbildungsbedarf feststellbar ist, obwohl entsprechende Bedürfnisse bestehen.
— Situationen, in denen Prozesse der *Umsetzung gesellschaftlichen Bedarfs* in individuelle Interessen und subjektiven Bedarf beobachtet werden. Mit gesellschaftlichem Bedarf sind dabei Systemerfordernisse, die den einzelnen Mitgliedern der Gesellschaft keineswegs bewußt werden müssen, gemeint. Die Durchsetzung solcher allgemeiner gesellschaftlicher Notwendigkeiten kann dabei durchaus im Widerspruch zu den individuellen Interessen großer Teile der Bevölkerung stehen. Es sind daher sowohl Probleme der Wahrnehmung und Bewußtwerdung als auch Interessenkonflikte zu erwarten.

Setzt man sich nun mit dem Weiterbildungsbedarf auseinander, so wird man zunächst zu entscheiden haben, auf welcher der drei Ebenen die Forschung angesetzt werden soll.

308

Auf der ersten Ebene sind die Probleme relativ eng begrenzt. Das Zustandekommen des subjektiven Bedarfs wird nicht weiter untersucht. Auch seine Relation zum gesellschaftlichen Bedarf bleibt außer Betracht. Untersucht werden lediglich die Umstände, die eine Befriedigung des bereits manifesten Bedarfs ermöglichen oder verhindern.

Auf der zweiten Ebene wird die psychologische Problemstellung einbezogen. Hier geht es zusätzlich um die Frage, wie der subjektive Bedarf zustandekommt und welche Motive für diesen Bedarf verantwortlich sind.

Auf der dritten Ebene wäre zunächst danach zu fragen, welche gesellschaftlichen Probleme bestehen und in Zukunft entstehen werden, welche zusätzlichen Fertigkeiten, Kenntnisse und Fähigkeiten bei welchen Personengruppen zur Lösung dieser Probleme notwendig oder zumindest vorteilhaft wären und wie diese zusätzlichen Qualifikationen eingesetzt werden könnten. Auf der Grundlage dieser Analysen könnten dann Probleme der zweiten Ebene angegangen werden. In erster Linie wäre dabei zu klären, welche Anreize dafür geschaffen werden müssen, daß Individuen dem gesellschaftlichen Bedarf entsprechend handeln und einen subjektiven Weiterbildungsbedarf entwickeln, der den Systemerfordernissen entspricht. Schließlich wären die Probleme der ersten Ebene anzugehen, die sich auf die konkrete Realisierbarkeit des Weiterbildungsbedarfs beziehen. Auf dieser zuletzt genannten Ebene spielen die Eigeninteressen der Weiterbildungseinrichtung und der in ihr tätigen Personen sicherlich eine große Rolle. Die gesamte Analyse würde an der Wirklichkeit vorbeiziehen, wenn sie diese Eigeninteressen des Weiterbildungssystems nicht berücksichtigte. Wenn z.B. im Bereich der Sozialpädagogik und Sozialarbeit nachgewiesen werden kann, daß Professionalisierungsbestrebungen und die Standespolitik der Berufsgruppe größten Einfluß auf die berufliche Tätigkeit und die Berufsauffassungen haben, so ist ähnliches für die Erwachsenenbildung nicht von der Hand zu weisen.[22] Auch hier wird man gut daran tun, nicht von einer prästabilisierten Harmonie zwischen dem subjektiven Bedarf der Klienten einerseits und dem Interesse der Weiterbildner andererseits auszugehen. In vielen Fällen mögen solche Eigeninteressen der Weiterbildungseinrichtungen sogar dafür mitverantwortlich sein, daß bestimmte Bevölkerungsteile ihren Weiterbildungsbedarf nicht realisieren können. In diesem Zusammenhang wird sicherlich auch die „Weiterbildung der Weiterbildner" eine große Rolle spielen, da nur durch die Bereitschaft zur eigenen Weiterbildung ein flexibles und gegenüber allen Anregungen offenes Weiterbildungsangebot entwickelt werden kann. Etwas überspitzt kann man auch von einem durch die Weiterbildungseinrichtungen direkt oder indirekt erzeugten Weiterbildungsbedarf sprechen. Es erscheinen daher Realkontaktbefragungen mit potentiellen Klienten als Erhebungspersonen und Weiterbildnern als Adressaten sinnvoll. Solche Forschungen könnten feststellen, inwiefern die Weiterbildungseinrichtungen wirklich neue Anregungen aufnehmen und auf Änderungen des subjektiven Weiterbildungsbedarfs flexibel reagieren.

Beratungs- und Informationsgespräche als Grundlage für Realkontaktbefragungen

Faßt man die erste Ebene der Forschung ins Auge, so ist es naheliegend, Situationen der Bildungsberatung und Bildungsinformation für Realkontaktbefragungen zu nutzen.[23] Allerdings ist davon auszugehen, daß die Weiterbildungsberatung nicht durchgehend institutionalisiert ist und daß unterschiedliche Institutionen an ihr beteiligt sind. So zeigen empirische Untersuchungen, daß sich neben den Volkshochschulen und anderen Weiterbildungseinrichtungen auch Betriebe, Vereine und Massenmedien[24] sowie die Arbeitsberater von Arbeitsämtern und Berater des Berufsförderungsdienstes der Bundeswehr an der Weiterbildungsberatung intensiv beteiligen.[25]

Ein erstes Problem dieses Ansatzes liegt in der Zusammensetzung der durch die Beratung erreichten Personen und ihrer Bevölkerungsteile. Da eine große Zahl unterschiedlicher Einrichtungen sich an der Weiterbildung beteiligt und jede von ihnen einen spezifischen Bevölkerungsteil anspricht, ergäbe die Kooperation mit nur einer oder einigen wenigen Einrichtungen ein sehr einseitiges Bild. So zeigen empirische Forschungen z.B., daß Betriebe in zunehmendem Maße Weiterbildungsmaßnahmen in die Betriebe hineinverlagern und immer seltener außerbetriebliche Weiterbildungseinrichtungen einschalten.[26] Daher ist mit einer zunehmenden Betriebsbezogenheit der beruflichen Weiterbildung zu rechnen. Weiterbildung im Bereich der Erziehung und Elternbildung ist ebenfalls stark segregiert. Die verschiedenen Veranstalter ziehen verschiedene Personenkreise an, die sich bereits hinsichtlich demographischer Variablen wie Alter, Geschlecht, Beruf etc. deutlich voneinander unterscheiden.[27] Weltanschaulich oder religiös orientierte Vereine konzentrieren ihre Mitglieder ebenfalls in bestimmten Weiterbildungseinrichtungen und thematischen Angeboten.[28] Diese Beispiele ließen sich fast beliebig fortführen. Wenn man nicht allein an dem subjektiven Weiterbildungsbedarf eines bereits erreichten Klientels einer Einrichtung interessiert ist, empfiehlt es sich daher, bei Realkontaktbefragungen verschiedene Einrichtungen einzubeziehen und sie für die Mitarbeit zu gewinnen. Eine solche Berücksichtigung mehrerer Einrichtungen liegt auch aus einem anderen Grund nahe. Es ist nämlich zu erwarten, daß in die Beratungen und auch in die Beratungsprotokolle Vorstellungen und Interessen des Weiterbildners selbst miteinfließen und daß daher eine nicht geringe Verzerrung der Daten zu erwarten ist. Eine Zusammenarbeit mit verschiedenen Einrichtungen, die jeweils etwas anders gelagerte Interessen haben, könnte es erleichtern, die so entstandenen Einseitigkeiten zu kontrollieren.

Auch bei einer solchen gefächerten Vorgehensweise könnten weder die Probleme der Repräsentativität noch jene der Protokollierung des Beratungsgeschehens voll gelöst werden. Es empfiehlt sich daher, gleichzeitig auch den umgekehrten Weg zu gehen und Personen, die an der Weiterbildung interessiert sind, als Mitarbeiter zu gewinnen, um unabhängige Daten über die Weiterbildungseinrichtungen und ihre Dozenten zu sammeln.

Die Mitarbeit solcher Erhebungspersonen könnte z.B. im Rahmen einer kurzgehaltenen Forschungskontaktbefragung auf repräsentativer Basis gesichert werden. Eine andere Möglichkeit wäre es, sich an Personen in bestimmten Situationen zu wenden, um sie für eine Mitarbeit zu motivieren. In diesem Fall könnte untersucht werden, inwieweit bestimmte Ereignisse und Lebenssituationen spezifische Zielsetzungen für die Weiterbildung nahelegen, inwieweit diese Bedürfnisse realisiert werden können und inwieweit dadurch die Lösung der anfallenden Probleme erleichtert wird. Dabei könnten die unterschiedlichsten Ereignisse Ausgangspunkt der nachgehenden Forschungen sein. Heiraten und Geburten, aber auch Sterbefälle und Verkehrsunfälle sind z.B. die elementarsten Ereignisse, die das Leben der unmittelbar Betroffenen bzw. ihrer Familien tiefgreifend ändern. In der gleichen Weise könnte man von Betriebsstillegungen oder auch umgekehrt von Betriebsgründungen ausgehen. Umzüge, Wohnungswechsel und Erwerb von eigenem Wohnraum wären ebenfalls interessante Ausgangspunkte für spezifische Fragestellungen. Der Eintritt in das Erwerbsleben und die Pensionierung sind weitere Ereignisse, die tiefe Einschnitte im Lebensablauf zur Folge haben.

In der gesamten wissenschaftlichen Literatur herrscht Einigkeit darüber, daß der Lebenszyklus für die Bildungsbereitschaft größte Bedeutung hat und sowohl den Weiterbildungsbedarf als auch die gesamte Bedürfnisstruktur weitgehend umgestaltet.[29] Ebenso stellen alle Ereignisse, die im Erwerbsleben einige Wichtigkeit haben, umfassende Veränderungen mit weitstrahlenden Auswirkungen dar.[30] Es wäre daher sicherlich von Vorteil, wenn man den Weiterbildungsbedarf, den diese Ereignisse erzeugen auf die beschriebene Weise direkt erfassen würde und nicht wie bisher durch retrospektive Aussagen und korrelative Analysen nur indirekt erschließt. Wenn man die jeweils Betroffenen in spezifischer Weise anspricht, wird man sicherlich mit einer relativ großen Kooperationsbereitschaft rechnen können, da der Anlaß unmittelbar evident ist und der mögliche Nutzen von zielgerichteter Weiterbildung leicht vorstellbar ist.

Die Erkundung der Weiterbildungsmöglichkeiten durch diese Betroffenen könnte in vielen Fällen mit geringem Aufwand betrieben werden, da neben persönlichen Vorsprachen schriftliche und telefonische Anfragen bei den in Frage kommenden Weiterbildungseinrichtungen eingesetzt werden könnten. Die Beratungsansuchen und Informationswünsche könnten dabei vom Forscher und den Erhebungspersonen vorbesprochen werden und in einigen Punkten sicherlich auch standardisiert werden, nichts anderes ist in Bezug auf die Protokollierung der Gespräche und Auswertung der schriftlichen Unterlagen zu erwarten. Auf diese Weise könnte ein Weiterbildungsangebot geplant werden, das *ereignisbezogen* ist. Das *Timing* ist für ein solches ereignisbezogenes Angebot von größter Wichtigkeit, da die Bereitschaft, sich auf weit in der Zukunft liegende Ereignisse durch Weiterbildung vorzubereiten, nachweislich sehr gering ist.[31] Noch weniger attraktiv ist ein Bildungsangebot, das nur mehr retrospektiven Wert hat, da es sich auf vergangene Probleme bezieht.

Die dargestellte Ereignisbezogenheit ist nicht einfach mit Aktualität gleichzusetzen. Gewiß gibt es auch tiefgreifende Ereignisse, die zum gleichen Zeitpunkt eine ganze Stadt oder Region betreffen. Diese sollten selbstverständlich nicht übergangen werden. Wesentlicher ist aber der ‚normale' Ablauf von Ereignissen, die bestimmte Bevölkerungsteile betreffen.

Zusammenfassend läßt sich mithin folgendes feststellen: Wählt man für Realkontaktbefragung Beratungs- und Informationsgespräche als Erhebungssituation wird es auf jeden Fall tunlich sein, zwei Erhebungsreihen nebeneinander zu führen und in dem einen Fall Weiterbildungsberater, im anderen Fall Personen, die als potentielle Teilnehmer von Weiterbildungsveranstaltungen in Frage kommen, als Erhebungspersonen zu verwenden. Bei der zuletzt genannten Version wäre es vorteilhaft, nicht undifferenziert von der Gesamtbevölkerung einer Region auszugehen, sondern von Teilpopulationen, bei denen ein spezifisches wichtiges Ereignis relativ kurz bevorsteht oder gerade eingetreten ist. Die anfangs aufgezeigten Probleme der Sicherung der Repräsentativität und die Vermeidung von Einseitigkeit könnten auf diese Weise gelöst werden. Damit sind aber keineswegs alle methodologischen Fragen beantwortet.

Die in den Beratungsprozeß zu integrierende Realkontaktbefragung bedarf selbstverständlich einer genauen wissenschaftlichen Vorbereitung. Die Bereitstellung von Informationsmaterialien und von Gesprächsleitfäden ist ebenso erforderlich wie eine sorgfältige Schulung der Erhebungspersonen. Alle diese Probleme übersteigen aber nicht das übliche Ausmaß, das bei wissenschaftlichen Befragungen zu erwarten ist, auf sie braucht hier daher nicht besonders eingegangen werden.

Wie bereits erwähnt, können Teile der Realkontaktbefragung sich schriftlicher oder anderer Medien bedienen und müssen nicht Bestandteil des Beratungsgesprächs sein. Sie können auch mit Öffentlichkeitsarbeit und Bildungswerbung verknüpft werden, die sich u.a. lokaler oder regionaler Massenmedien bedienen.[32] Eine breite Öffentlichkeitsarbeit würde auch durch die oben skizzierte Zusammenarbeit mit spezifischen Personengruppen erzielt. Kann man im Sinn einer *ereignisorientierten Weiterbildung* Stichproben der jeweils Betroffenen für eine Mitarbeit als Erhebungspersonen in Realkontaktbefragungen gewinnen, dann ist damit zu rechnen, daß Bildungsangebote, die im Anschluß an diese Befragungen gezielt angeboten werden, durch persönliche Informationskanäle der überwiegenden Mehrheit der Adressaten bekannt werden.[33]

Anmerkungen und Literaturhinweise

1 Zur Kritik an der herkömmlichen Form der Befragungstechniken vgl. Cicourel, A.V.: Methode und Messung in der Soziologie. Frankfurt/M 1970; Philipps, D.: Knowledge from what? New York 1971; Berger, H.: Erfahrung und Gesellschaftsform. Frankfurt/M. 1971; Kreutz, H.: Die tatsächliche Repräsentativität von soziologischen Befragungen. Angewandte Sozialforschung. 1971, Jg. 2, S. 242 – 262

2 Garfinkel, H.: Studies in Ethnomethodology. Englewood Cliffs (N.J.) 1967; Mehan, H., Wood, H.: The Reality of Ethnomethodology, New York 1975; Arbeitsgruppe Bielefelder Soziologen (Hrsg.): Alltagswissen, Interaktion und gesellschaftliche Wirklichkeit. Reinbek bei Hamburg 1973

3 Baacke, D.: Zum Problem „Lebensweltverstehen". Zu Theorie und Praxis qualitativ-narrativer Interviews, Werkstattbericht. Hagen 1978. Bogdan, R. / Taylor, S.J.: Introduction to Qualitative Research Methods. New York 1975. Bungard, W. / Lück, M.E.: Forschungsartefakte und nichtreaktive Meßverfahren. Stuttgart 1974

4 Die in den letzten fünf Jahren veröffentlichten Arbeiten zeigen, daß bei einer Vielzahl „qualitativer" Arbeiten die einfachsten methodologischen Probleme, die in herkömmlichen Studien beachtet wurden, einfach übergangen oder unzureichend gelöst wurden; vgl. z.B. Projektgruppe Jugendbüro: Familie als Orientierungsmuster. München 1977; Rabe, R.: Der Sozialdemokratische Charakter. Frankfurt/M. 1978. Eine erste kritische Sichtung findet sich in: Engel, U.: Sozial-biografische Entwicklung, berufliche Sozialisation und gesellschaftliche Integration von Jugendlichen. Hannover 1979 (Dipl.-Arbeit)

5 Vgl. Haag, F. et al., (Hrsg.): Aktionsforschung. München 1972; Fairwether, G.W.: Methods for Experimental Social Innovation. New York 1972

6 Zur kritischen Sichtung der Aktionsforschung vgl. Friedrichs, J.: Methoden empirischer Sozialforschung. Reinbek bei Hamburg 1973

7 Zur Inhaltsanalyse vgl. Bessler, H.: Aussagenanalyse. Düsseldorf 1970; Herkner, W.: Inhaltsanalyse. In: Koolwijk, J. van, Wiekenmayser, M. (Hrsg.): Techniken der empirischen Sozialforschung. München-Wien 1974, Bd. 3, S. 158 – 191

8 Kreutz, H.: Soziologie der empirischen Sozialforschung. Theoretische Analyse von Befragungstechniken und Ansätze zur Entwicklung neuer Verfahren. Stuttgart 1972

9 Dabei kann man auch systematisch Überprüfungsmöglichkeiten methodisch nutzen, die dadurch gegeben sind, daß man eine kleine Unterstichprobe von Situationen bildet, in der zwei oder mehr Beteiligte als Erhebungspersonen mitarbeiten.

10 Vgl. dazu das Kapitel „Probability Sampling with Quotas". In: Sudman, S.: Reducing the Cost of Surveys. Chicago 1967

11 Dazu sind gegebenenfalls ausführliche Voruntersuchungen notwendig, in denen der Forscher selbst sich mit dem Feld vertraut macht, wobei er selbstverständlich auch selbst Realkontaktbefragungen (als Erhebungsperson) durchführen sollte.

12 Dies ist auch bei Forschungskontaktbefragungen gegeben, wird aber meist nicht beachtet.

13 Berücksichtigt man z.B. die Rücklaufquoten der Erhebungen, so stellt sich heraus, daß kaum eine Forschungskontaktbefragung Repräsentativität ihrer Ergebnisse beanspruchen kann. Vgl.: Kreuz, H.: Die tatsächliche Repräsentativität von soziologischen Befragungen, Angewandte Sozialforschung. 1971, Jg. 2, S. 242 – 262

14 Vgl. dazu Schenkein, J. (Hrsg.): Studies in the Organization of Conversational Interaction. New York – London 1978, S. XI ff.

15 Auch hierzu können Arbeiten von Linguisten und Sprachsoziologen herangezogen werden. Vgl. z.B. Lavov, W.: The Study of Language in Its Social Context. In: Fishman, J.A., (Hrsg.): Advances in the Sociology of Language. Den Haag – Paris 1971, S. 152.216

16 Dies ist z.B. bei den Bildungslebensläufen der Konstanzer Forschungsgruppe (Preisert, Kellermann u.a.) der Fall.

17 Vgl. Dazu: Tittle, C.R. / Hill, R.J.: Attitude Measurement und Prediction of Behavior, Sociometry. 1967, Bd. 30, S. 199 – 213; Warner, L.G. / De Fleur, M.L.: Attitude as an Interactional Concept. Am. Soc. Rev. 1969, Bd. 34, S. 153 – 169

18 Vgl. z. B. Kramer, D./Kramer, H./Lehmann, S.: Sozialtechnologie und soziale Bewegung. Leviathan 1976, Nr. 1, S. 81 – 96
19 Wallraff, G.: 13 unerwünschte Reportagen. Köln 1969
20 Vgl. Strzelewicz, W.: Die Erwachsenenbildung als Gegenstand soziologischer Forschung. In: Handbuch der Erwachsenenbildung. 1977, Bd. 6, S. 53 f.
21 Diese unzulässige Vereinfachung hat auch zu erheblichen Problemen der gesamten „Bedürfnisforschung" geführt. Vgl. dazu die eingehende Auseinandersetzung in: Kreutz, H. / Hochgerner, J.: Regionalplanung Wien – Umland. Bd. I: Menschliche Bedürfnisse, Interessen, Werthaltungen und ihre Relation zu Planungszielen. Wien 1977, Institut für Angewandte Soziologie, mimeogr.
22 Vgl. Kreutz, H.: Soziale Stellung und berufliches Rollenverständnis von Sozialarbeitern/Sozialpädagogen. In: Kreutz, H. / Landwehr, R., (Hrsg.): Studienführer für Sozialarbeiter / Sozialpädagogen. Neuwied – Darmstadt 1977, S. 23 – 44 und Kreutz, H.: Soziale Stellung, berufliches Selbstverständnis und Handlungskompetenz von angehenden Sozialarbeitern / Sozialpädagogen. Münster 1979, D.I.P. Projektinformation Nr. 5
23 Ein skizzenhafter Entwurf dazu findet sich bei: Bayer, M. et al.: Zur Praxis der Weiterbildungsforschung. Ergebnisse und Konsequenzen der ersten Projektphase. WEG-Zwischenbericht. Paderborn 1979, S. 63 ff.
24 Vgl. dazu: Schirmer, A. / Schmidt, F.: Planungshilfen für die Entwicklung der Weiterbildung. WEP-Projektbericht 8. Paderborn 1979, S. 70; Thunemeyer, B.: Basisdaten zur WEP: Regionalbericht Wuppertal. WEP-Projektbericht 6. Paderborn 1978, S. 97
25 Albrecht, H.: Bildungsberatung im berufsbildenden Fernunterricht, Berufsbildung in Wissenschaft und Praxis. 1979, Jg. 8, Nr. 6, S. 10 – 13
26 Vgl. die zusammenfassende Darstellung der neueren Forschung bei : Hartmann, H.: Betriebliche Weiterbildung und sozialer Einfluß, Soziale Welt. 1979, Jg. 30, Nr. 4, S. 488 – 512
27 Vgl. Pöggeler, F., (Hrsg.): Wirklichkeit und Wirksamkeit der Elternbildung. München 1976, Deutsches Jugendinstitut, S. 161 f.
28 Vgl. z.B. Kreutz, H. / Fürnschuss, G.: Chancen der Weiterbildung. Wien 1971; und Emnid: Gewinnung und Weiterbildung von Jugendgruppenleitern im Erzbistum Paderbon. Bielefeld 1979, mimeogr.
29 Vgl. Kreutz, H. / Fürnschuss, G.: a.a.O., S. 140 ff.; Feig, R.: Motivationsstrukturen in der Erwachsenenbildung. Stuttgart 1972, S. 116 ff.; Strelewicz, W.: a.a.O., S. 56 f.; Müller, H.J.: Die didaktische Gestaltung von Erwachsenenbildungsmaßnahmen. Frankfurt/M. 1979, S. 56 ff.
30 Jühe, H.: Berufssituation und Fortbildungsverhalten der Wirtschaftswissenschaftler. Stuttgart 1975; Labonté, C.: Industriearbeiter und Weiterbildung. Stuttgart 1973; Hall, K./Miller, J.: Retraining and Tradition. London 1975; Pintar, R.: Die Entscheidung zur Umschulung. Frankfurt/M. 1978; Schulenburg, W. u.a.: Soziale Lage und Weiterbildung. Braunschweig 1979
31 Vgl. dazu Kreutz, H. / Fürnschuss, G.: a.a.O., S. 141 f.
32 Anregungen zur Öffentlichkeitsarbeit und Wertung finden sich auch in: Stegemann, H. / Funk, R.: Informationsmarketing und Benutzerforschung. Berlin 1980
33 Dabei ist zu bedenken, daß persönliche Empfehlungen nach wie vor zu den wichtigsten Einflußgrößen bei der Entscheidung im Weiter- und Fortbildungsbereich gezählt werden müssen. Vgl. dazu die bereits zitierten Studien in Paderborn und Wuppertal sowie Kreutz, H. / Fürnschuss, G.: a.a.O., S. 67 ff und 87 f.; Kreutz, H.: Der Einfluß von Eltern und Gleichaltrigen auf politische und ausbildungsbezogene Entscheidungen im Jugendalter. In: Wurzbacher, G., (Hrsg.): Die Familie als Sozialisationsfaktor. Stuttgart 1977, S. 93 – 169. Aufgrund der angedeuteten Auswirkungen der Realkontaktbefragung auf die praktische Weiterbildungstätigkeit ist daher zu erwarten, daß das von Siebert, H.: Ansätze und Ergebnisse der Unterrichtsforschung in der Erwachsenenbildung. Zeitschrift für Pädagogik, 1977, Jg. 23, Nr. 5, S. 677 f, konstatierte Anwendungsdefizit der herkömmlichen empirischen Forschung für die Praxis der Erwachsenenbildung überwunden werden könnte.

Klientenorientierte Gesprächsführung und Aktionsforschungsansätze zur Erhebung von Bildungsbedürfnissen

Franz A. Pesendorfer

Vorbemerkungen: Bildungspolitik zwischen sozialem Qualifikationsbedarf und individuellen Bildungsbedürfnissen

Die Weiterbildungsbedürfnisse Erwachsener zu kennen, ist eigentlich der erste Schritt für eine sinnvolle Bildungsplanung. Die Methodenfrage, mit welchem Instrumentarium lassen sich Bildungsbedürfnisse erfassen, muß hinter der Frage nach der Einstellung zum bildungswilligen Erwachsenen zurückstehen. Bildungsplanung hat sich nicht immer an den individuellen Bildungsmotivationen orientiert. Bildungspolitische Maßnahmen können sich auch nach dem sogenannten Bildungsbedarf richten, d.h. es wird aus statistischen Erhebungen ein Bedarf an bestimmten beruflichen Qualifikationen für das Funktionieren des Gesellschafts- und Staatssystems festgestellt. Wie kann nun ein z.B. Politiker zu vernünftigen Planungskriterien kommen, die dem allgemeinen Bewußtsein entsprechen und nicht nur seinem subjektiven Meinen? Welche Kontrollmöglichkeiten gibt es gerade im Bildungsbereich? Die Verantwortlichkeit für Planung und Kontrolle wird an Bildungstheoretiker und -wissenschaftlicher abgegeben; damit wird ein gewisser Glaube an die theoretische Bestimmung und Auffindbarkeit von Bildungsbedürfnissen ausgesprochen. Um Spekulationen über den Bildungsbedarf anstellen zu können, bemühen sich Bildungstheoretiker, die individuellen Bildungsbedürfnisse einer repräsentativen Mehrheit der Bevölkerung zu erheben.

Mir scheint die Tendenz, sich bei der Bildungsplanung an den Bildungsbedürfnissen der einzelnen zu orientieren, an den Wünschen bestimmter Kleingruppen und Organisationen, sinnvoll und der effektivere Weg. Das Problem dabei ist, daß diese Bildungsbedürfnisse oft verschüttet und überdeckt sind und selten artikuliert werden. Mit einem standardisierten Fragebogen ist es schwer, an die Grundbedürfnisse heranzukommen. Aus den Erfahrungen mit Beratergruppen und aus meiner eigenen Beratungstätigkeit[1] zeigt sich immer wieder, daß es einige Zeit braucht, bis solche Bedürfnisse, die zunächst durch Informationsfragen verdeckt sein können, zutage treten. Bildungsbedürfnisse treten meist im Zusammenhang mit Wünschen nach individueller Selbstverwirklichung, nach Identitätsfindung, Glücklichsein auf.

Nach den Vorstellungen der *klientenzentrierten Gesprächführungsmethode* kann nur der Klient selbst seine Bedürfnisse formulieren; das kann der Berater nicht für ihn leisten, dieser hat nur eine maieutische Funktion (die sokratische „Hebammenkunst" des Heraushebens von Problemen . . .). Die personenzentrierte Beratung setzt beim Klienten an. Die Hypothesenbildung des Beraters ist sicher notwendig, aber eine Theorie der Bildungsbedürfnisse ist erst nach der Erhebung − nach mehren Beratungsgesprächen − möglich. Das ist zeitaufwendig: (Schutt wegräumen, verdrängte Ängste ernstnehmen, Demütigungen und Vergewaltigungen im bisherigen Bildungssystem artikulieren lassen und auch bearbeiten usw.).

Der Berater, der klientenzentriert arbeiten will, braucht dazu eine Ausbildung, eine Einübung in diese Grundhaltung der Klientenzentriertheit. Personenzentriert arbeiten heißt für den Berater, daß er selbst um sich weiß, seine Bildungsbedürfnisse kennt, daß er mit Beschränkungen leben kann, daß er zu unterscheiden vermag zwischen seinen Bedürfnissen und denen des Klienten, daß er warten kann, daß er sich in den Gesamtrahmen eines Staates und seines Freiheitsverständnisses eingebettet weiß und das auch im Detail artikulieren kann. Er muß mit der dialogischen Situation umgehen können, zuhören, Gefühle verbalisieren, sich aus einer anfangs notwendigen Abstinenz langsam herauslösen und dem Klienten zuletzt das zutrauen, was er selber kann.

Das klientenzentrierte Beratungsgespräch ist mit dem Klienten zusammen auswertbar — mehr aber noch in Tonbandanalysen von Beratergruppen, die Vergleiche anstellen und Bildungsbedürfnisse feststellen können. Für die klientenzentrierte Beratung ist das Problem der Sprache und der Verbalisierungsfähigkeit von eminenter Bedeutung. Das unterschiedliche Sprachvermögen in den sozialen Schichten läßt dieses Instrument im „Unter"- und Randschichtenbereich zumindest problematisch erscheinen. Mit dieser Methode kommt der Berater sehr rasch in tiefere Bedürfnisschichten des Klienten. Der Klient kann das Gefühl entwickeln, daß der Berater ihm zu rasch zu nahe gekommen ist. Er fragt sich, wie der Berater das gemacht hat, und hat Angst vor dem Manipuliertwerden. Dem Berater muß es daher zu allererst um eine Basis des Vertrauens, um ein akzeptierendes Klima gehen. Ein Berater müßte so flexibel sein, daß er auf die Sprache eines Arbeiters z.B. eingehen kann. Der Anwendungsbereich der klientenzentrierten Gesprächsführung liegt zur Zeit im Bereich der Mittelschicht.

Das klientenzentrierte Beratungsgespräch bietet sich als ein effektives Instrument zur Erhebung von Bildungsbedürfnissen an, wobei aber Zeit und Kostenaufwand nicht unerheblich sind. Eine andere Möglichkeit, Bildungsbedürfnisse Erwachsener zu erheben und als Folge davon die Umsetzung der Motivationen in einem eigenen Bildungsprozeß zu erreichen, scheint mir die Arbeit in bestehenden Erwachsenengruppen (in Bildungshäusern, Volkshochschulen, berufsbildenden Erwachsenenbildungsinstitutionen u.a.) mit den Methoden der Aktionsforschung, wie sie weiter unten ausführlich beschrieben werden.

Die Methode der klientenzentrierten Gesprächsführung

Grundsätzlich ist Gesprächsführung von Gesprächspsychotherapie zu unterscheiden. Während Gesprächsführung im Normalbereich zur Anwendung kommt, geht die Gesprächstherapie auf schwerere psychische Defekte ein. Die Übergänge zwischen Normalfall und Krankheit sind fließend, aber doch unterscheidbar. Die österr. Gesellschaft für wissenschaftliche Gesprächspsychotherapie und klientenzentrierte Gesprächsführung bemüht sich deshalb zur Zeit, den unterschiedlichen Anforderungen entsprechende Ausbildungen für Gesprächsführung oder für Therapie anzubieten. Um ihre Brauchbarkeit zur Erhebung von Bildungsbedürfnissen, aber auch ihre Grenzen zeigen zu können, wird die Arbeitsweise der klientenzentrierten Gesprächsführung im folgenden kurz beschrieben.[2]

Die klientenzentrierte Gesprächsführung wurde von Carl R. *Rogers*[3] in den USA entwickelt. Die unterschiedlichen Bezeichnungen „nicht-direktiv" und „klientenzentriert" zeigen den Fortschritt in der Methode an. Um die Rogers-Methode besser zu verstehen, scheint es mir notwendig, die *direktive Beratungsform* zu bezeichnen: Der direktive Berater übernimmt voll und ganz die Verantwortung für die Beratung und für den Klienten. Er stellt Fragen, gibt Ratschläge und Verhaltensanweisungen, diagnostiziert die Probleme des Klienten, deutet, interpretiert und bietet Lösungsvorschläge an. Er spricht drei- bis viermal soviel wie der Klient.

In der *nicht-direktiven* Form wird der direktive Interventionsstil aufgegeben. Der Berater spiegelt dem Klienten dessen Probleme wider, er zwingt den Klienten nicht, läßt diesen seine Gefühle aussprechen, bringt dem Klienten akzeptierende Wärme entgegen. Der Berater bemüht sich aber, seine Meinung, seine Gefühle draußen zu halten, er übernimmt auch keine Verantwortung für den Gesprächsausgang. Er akzeptiert den Klienten als einen, der für sich selbst verantwortlich und in der Lage ist, sich selbst zu erkennen, für sich selbst zu handeln. Im Durchschnitt spricht der Berater halb soviel wie der Klient.

Eine Weiterentwicklung des nicht-direktiven Ansatzes ist die *klientenzentrierte Einstellung*. Der Berater beteiligt sich aktiv mit Wertschätzung und Wärme für den Klienten am Beratungsgespräch, er steigt aus der Reserve heraus, er versucht mit dem Klienten zu denken, mit dem Klienten dessen Gefühle und Verhaltensweisen zu verstehen, dem Klienten ein „alter ego" zu sein, das ihm mitteilt, was er sieht. Seine eigenen Gefühle und Empfindungen aber teilt der Berater nicht mit.[4] Der Berater hat unbedingtes Vertrauen zum Klienten, da dieser selbst am besten weiß, was für ihn gut ist.

Noch einen Schritt weiter geht der Berater, *indem er sich selbst einbringt*. Er wird zum Du, der dem Klienten mitteilt, wie er ihn erlebt, wie er auf ihn wirkt, welche Gefühle er in ihm weckt. Allerdings soll der Berater nur jene Gefühle nennen, die auf die Beratungssituation und die vom Klienten geäußerten Gefühle Bezug haben. Die Gesprächsführung wird durch die besondere Ausprägung der Berater- und Klientenvariablen gekennzeichnet. Die *Beratervariablen* umfassen:

Positive Wertschätzung und emotionale Wärme

„Sie ist in hohem Ausmaß vorhanden, wenn der Psychotherapeut mit Wärme das, was der Klient erlebt und äußert, akzeptiert, ohne die Akzeptierung und Wärme von Bedingungen abhängig zu machen. Ein niedriges Ausmaß liegt vor, wenn der Therapeut den Klienten oder dessen Gefühle wertet, Abneigungen oder Mißbilligungen ausdrückt, oder Wertschätzung und Wärme in selektiver Weise äußert."[5] Dem entsprechen im Verhaltensinventar nach *Barrett/Lennard* (Auszug) folgende *Klientenurteile*[6/7]:
- Er (der Psychotherapeut) achtet mich als Person.
- Ich fühle, daß er mich in hohem Maße schätzt.
- Er ist freundlich und voller Wärme zu mir.
- Er ist ehrlich an mir interessiert.

Verbalisierung emotionaler Erlebnisinhalte

Darunter ist zu verstehen: „daß der Psychotherapeut die vom Klienten in seiner jeweiligen Äußerung enthaltenen persönlichen emotionalen Erlebnisinhalte, z.B. Gefühle, gefühlsmäßige Meinungen usw. akkurat *vom inneren Bezugspunkt* des Klienten wahrzunehmen, bzw. sich vorzustellen bemüht und dem Klienten in einfach verstehbaren Äußerungen das derartig Verstandene kommuniziert. Ein anzustrebendes fortwährend und fast ausschließlich verwirklichtes hohes Ausmaß dieser Variable schließt Ratschläge, Belehrungen, Kritik, Fragen, Aufforderungen usw. aus."[8] Dem entsprechen im Verhaltensinventar nach *Barrett/Lennard* (Auszug) folgende *Klientenurteile*[9/10]:
- Der Psychotherapeut versucht zu verstehen, wie *ich* die Dinge sehe.
- Er weiß fast immer ziemlich genau, was ich meine.
- Gewöhnlich spürt oder erkennt er, was ich fühle.
- Er versteht oft, was ich meine, auch wenn ich Schwierigkeiten habe, es auszudrücken.
- Er versteht gewöhnlich alles, was ich meine.

– Er erfaßt ganz genau, was die Dinge, die ich erlebe, für mich bedeuten.
– Er versteht mich.

Echtheit und Selbstkongruenz

Der Therapeut ist er selbst, er verneint sich nicht, er ist in jedem Augenblick das, was seine Äußerungen angeben. Der Therapeut muß dabei nicht sein gesamtes Selbst enthüllen, aber alle Aspekte seiner Person, die zutage treten, müssen reale Aspekte von ihm sein und nicht Äußerungen, die der Verteidigung dienen oder die professionellen, gelernten Haltungen entsprechen, aber nicht wirklich gemeint sind.[11] Dem entsprechen im Verhaltensinventar nach *Barrett/Lennard* (Auszug) u. a. folgende *Klientenurteile*[12/13]:
– Er (der Psychotherapeut) ist ungezwungen und fühlt sich wohl in unserem Beziehungsverhältnis.
– Ich fühle fast immer, daß seine Äußerungen genau das ausdrücken, was er fühlt und denkt.
– Bereitwillig drückt er mir gegenüber alles aus, was in ihm vorgeht – auch seine Gefühle sich selbst oder mir gegenüber.
– Er ist ganz offen er selbst in unserem Beziehungsverhältnis.

Unter der *Klientenvariable: Selbstexploration* wird verstanden, daß der Klient über sich selbst, besonders über seine spezifisch persönlichen inneren Erlebnisse spricht, sich über sie klarer wird oder daß er sich wenigstens deutlich um Klärung bemüht.

Mit spezifischen persönlichen Erlebnissen sind hier gemeint: Sein Fühlen, seine gefühlsmäßigen Stellungnahmen und gefühlsmäßigen Bewertungen seiner Umwelt, seines eigenen Verhaltens und Erlebens; seine Ziele und Wünsche; sein Selbstbild, d.h. die Vorstellung, die er von sich selber hat.

Dabei kann es auch vorkommen, daß der Klient neue Aspekte seines inneren Erlebens oder neue Zusammenhänge in seinem inneren Erleben findet, die ihm bisher noch kaum oder gar nicht bewußt waren.[14]

Es ergibt sich ein signifikanter Zusammenhang zwischen der Variablen mit konstruktiven Änderungen der Persönlichkeit. Die Gründe mögen folgende sein:

Selbstexploration und gleichzeitige Akzeptierung durch den Therapeuten können zur Gegenkonditionierung der negativen Gefühle führen. Ein größeres Ausmaß an Selbstexploration bedeutet, daß der Klient fortwährend über weitgehend wesentliche Erlebnisinhalte spricht. Selbstexploration bei abnehmender Angst führt zu einer realistischeren Wahrnehmung der Welt. Bei Selbstexploration und geringer Wärme und Akzeptierung kommt es eher zu einer Steigerung der Angst.

Die Verbalisierung belastender gefühlsmäßiger Erlebnisinhalte mag größere Entspannung und gefühlsmäßige Entlastung bringen, was auch eine generelle Gegenkonditionierung der Angst bedeutet.

Klientenzentrierte Gesprächsführung ist eine Lebenseinstellung, keine Technik. Sie bedeutet eine Grundhaltung dem Menschen gegenüber, ein Vertrauen darauf, daß jeder Mensch seinen Wert, seine Würde, sein Recht auf Selbstlenkung hat und daß er in der Lage ist, sich selbst zu verwirklichen. Diese Einstellung eines Beraters zu seinem Klienten läßt sich nicht als Psychotechnik anwenden, der Klient wird ein technisches Handhaben des Gespräches rasch merken – das Vertrauen in den Berater und damit die Möglichkeit, Gefühle zu äußern wird gar nicht zustande kommen. Innerhalb des gängigen Wissenschaftsverständnisses macht das Postulat einer derartigen Beteiligung des Beraters und des Klienten an der Klärung der (Bildungs-)Bedürfnislage den ganzen Erhebungsprozeß schwer überprüfbar und objektivierbar.

Zur Überprüfung und Kontrolle einer klientenzentrierten Gesprächsführung haben sich eigene Vereine konstituiert; im deutschsprachigen Raum sind mir bekannt: Gesellschaft für wissenschaftliche Gesprächspsychotherapie in Deutschland (GwG); und die Österreichische Gesellschaft für wissenschaftliche Gesprächstherapie und klientenzentrierte Gesprächsführung (ÖGwG). Diese Vereine bieten neben einer differenzierten Ausbildung für ihre Mitglieder eigene Supervisionsgruppen an, die auf regionaler Ebene arbeiten und sich in regelmäßigen Abständen treffen, um die eigene Beratungspraxis gegenseitig zu supervidieren. Dabei werden Beratungsgespräche ausschnittweise angehört und die Interventionen des Beraters auf Klientenzentriertheit des Gespräches überprüft. Jedes Gespräch soll auf Tonband aufgenommen werden, wenn sich der Klient nicht dagegen ausspricht (seine Anonymität bleibt gewahrt). Für die Supervisionsarbeit wurden von verschiedenen Therapeuten eigene Skalen entwickelt, die die Möglichkeit geben, Veränderungen im Berater- und Klientenverhalten festzustellen.[15] So ist eine ständige Kontrolle des klientenzentrierten Gesprächsverhaltens garantiert, da der Berater sich vierzehntägig mit seinen Kollegen besprechen und mindestens von einem Klienten innerhalb von zwei Jahren Bänder an den Zentralausschuß des Vereins einsenden muß. Auf lange Sicht werden Erwachsenenbildungsberater um die Grundausbildung in dieser Methode nicht herumkommen können.

Erfahrungen aus dem Modell „Bildungsberatung für Erwachsene in der Steiermark"

Schriftliche Information über Beratungsdienste

Bei der Sammlung der Informationsdaten über die verschiedenen Beratungsdienste in einem regionalen Bereich,[16] war das Staunen von unserer Seite, die wir die Erhebung eingeleitet haben, darüber groß, was es alles an Beratungsangeboten gibt. Ebenso erstaunlich war für uns, daß diese Informationsmöglichkeiten so wenig bekannt waren und sind. Wir haben von jeder beratenden Institution eine Selbstdarstellung ihrer Aktivitäten, vor allem ihrer Hilfsmöglichkeiten, erbeten. Der Begriff Beratung war sehr weit gesteckt; er reichte von Bildungsberatung (z.B. Schüler- und Elternberatung in der Schule und in der Arbeitsmarktverwaltung), über Berufsberatung (Arbeitsmarktverwaltung, berufsbildende Erwachsenenbildungsorganisationen) bis zur Lebensberatung (Ehe- und Familienberatung, Mütterberatung, Beratung für psychische und soziale Fragen u.a.). Die Effektivität einer Beratungsstelle hängt unseres Erachtens von ihrem Bekanntheitsgrad ab. Wir konnten für das Bekanntwerden einiger Institutionen durch die von uns erstellte schriftliche Information etwas tun. Durch die finanziellen Grenzen war es uns nur möglich, eine Auflagenzahl von 10.000 Stück herauszubringen, sodaß die Heftchen im Endeffekt meist nur in die Hände der Berater durchsickern konnten, was wir bedauern, aber nicht ändern konnten.

Die mit den Beratungsbroschüren gemachten Erfahrungen gelten in abgewandelter Form auch für die Broschüre über die Bildungseinrichtungen für Erwachsene wie auch für die hektographierte Liste der Raumangebote für Bildungsveranstaltungen.

Interessant ist, daß das Interesse an den Beratungsbroschüren wesentlich größer war als an den der beiden anderen Broschüren. Deshalb auch schon eine zweite Auflage. Eine Dissertation, die über das Modell Bildungsberatung in der Steiermark vergeben wurde, kann den Broschüren und ihrer Wirksamkeit vielleicht nachgehen.

Dieser Informationsdienst ist meiner Meinung nach ein entscheidender Beitrag zum Bildungssystem, der wenigstens einmal das Bestehende aufzeigt. Damit wird das Angebot der Institutionen und damit auch ihr Bildungsverständnis sichtbar. Es wäre noch zu untersuchen, inwieweit die Bildungsangebote aber auch die Beratungsdienste sich nach den Wünschen der Teilnehmer oder Klienten orientieren und mit welchen Methoden diese Bedürfnisse erhoben werden.

Aus- und Weiterbildung von Beratern

Wir sind von der Überlegung ausgegangen, daß bei diesem großen Angebot von Beratungsdiensten offensichtlich doch ein großes Bedürfnis nach Information und nach Gespräch vorhanden sein muß. So wollten wir den Beratern in verschiedenen Diensten Hilfen für eine befriedigendere Gesprächssituation anbieten. Das Echo auf die erste Kurzveranstaltung „Gesprächsführung" war groß — gekommen sind zu allererst Sozialarbeiter, die unter einem besonderen Berufs- und Leidensdruck stehen, Lehrer, Berater an den Landwirtschaftskammern, angehende Ehe- und Familienberater u.a. So haben wir eine dreiteilige Seminarreihe zur Ausbildung von Bildungsberatern angeboten, die von Anfang an methodenplural konzipiert war (Gruppendynamische Grunderfahrung, Berufsspezifität der Gruppen, daher Arbeiten mit der themenzentrierten Interaktionsmethode und klientenzentrierte Gesprächsführung). Beim ersten Seminar wurde in fünf berufsspezifischen Gruppen (Gymnasiallehrer, Landwirtschaftsberater und -lehrer, Sozialarbeiter aus dem Jugendamt Graz, Familienhelferinnen und Ehe- und Familienberater der Diözese) gruppendynamisch gearbeitet, um Gruppen- und Selbsterfahrung zu ermöglichen, aber auch um die Verflochtenheit der beruflichen Situation ins politische System klarzumachen. Als Folge dieses Seminars trafen sich diese Gruppen in der Zwischenzeit, um untereinander weiterzuarbeiten. Diese Weiterarbeit war relativ unstrukturiert und auch nicht kontrolliert. Diese Gruppen waren als Selbsthilfegruppen gemeint und auch realisiert worden: berufliche Probleme, gemeinsame Strategien innerhalb der Institutionen wurden überlegt.

Im zweiten Seminar hat sich in themenzentrierter Arbeit vor allem die Landwirtschaftsgruppe mit einer Analyse der Situation im ländlichen Raum exponiert, was ihr auch von ihrer Situation her Widerstände (Schwierigkeiten bei der Dienstfreistellung und Subventionierung für das dritte Seminar) eingetragen hat. Darauf ist diese Gruppe auseinandergefallen. Das Protokoll vom zweiten Seminar, die Landwirtschaftslehrer betreffend, wurde schon vor der Veröffentlichung in Gesprächen mit dem landwirtschaftlichen Schulreferat entschärft und frisiert. Meine Konfliktfreudigkeit war zu diesem Zeitpunkt nicht sehr groß, da ich den Weitergang der Ausbildung für die Landwirtschaftslehrer nicht gefährden wollte. Die Kompromißbereitschaft hat sich nicht gelohnt, da der Gruppe die institutionelle Unterstützung entzogen wurde.

Das dritte Seminar mit dem Arbeitstitel: „Methoden der klientenzentrierten Gesprächsführung" hat die Ehe- und Familienberater wieder interessiert, ebenso die Sozialarbeiter und die Gymnasiallehrer. Der Trainer- und Methodenwechsel diesmal hat das Lernklima und die positive Stimmung auffällig beeinflußt. Nach dem langen Anmarsch über Gruppenlernen und dem Sichauseinandersetzen mit institutionellen Problemen in den einzelnen Berufsgruppen ging es „endlich" um die Arbeit mit Klienten. Diese persönlichen Probleme jedes Beraters in der Klientenarbeit waren leichter handhabbar als die mühsame Arbeit und Reflexion mit und über die schwer veränderbare Situation im institutionellen Rahmen der einzelnen Berufsgruppen.

In weiterer Folge wurde ein Jahr darauf eine Grundausbildung in klientenzentrierter Gesprächsführung nach den Ausbildungsregeln der ÖGwG. angeboten, den ein Teil der Teilnehmer aus dem dreiteiligen Seminarzyklus absolviert hat (25 Personen). Ich habe

diese ein halbes Jahr dauernde Ausbildung als zunächst notwendigerweise etwas einseiti-
ge Auseinandersetzung bzw. Aneignung einer bestimmten Methode erlebt, die zwar auch
in Gruppen angewandt wurde, aber hauptsächlich die Beziehung zu den eigenen und
fremden Gefühlen und deren Verbalisierung in den Vordergrund gestellt hat und weniger Wert auf die Analyse von Gruppenstrukturen legte.

Aufgrund unserer bisherigen Erfahrungen bieten wir in den Gesprächstherapie-Trai-
ner-Ausbildungen immer auch Gruppendynamikseminare an und Seminare, die die institutionelle und politische Verflochtenheit des Beraterberufes in Theorie und Praxis
bewußt machen und eine Auseinandersetzung damit in der geschützten Atmosphäre
einer T-Gruppe oder eines Organisationslaboratoriums möglich machen.

Ein Beispiel für die *Regionalisierung solcher Arbeitsgruppen* scheinen mir die Ansätze zu sein, die sich aus der Frühjahrstagung 1976 „Bildungsberatung im ländlichen
Raum"[17] ergeben haben. Ich meine, daß Methode und Fragestellungen in ähnlicher
Weise für Gruppen von Beratern, die Bildungsbedürfnisse Erwachsener erheben sollen,
in abgewandelter Form brauchbar sein könnten. Als Vorbereitung der Tagung haben
sich je zwei sogenannte Moderatoren pro Gruppe (insgesamt 6) mit Methode und Fragestellung befaßt und vor allem die Themen für die Arbeitseinheiten formuliert: 1. Motivation für Bildungsberater, 2. Umgang mit Information — Beratungssituation und Beratungsgespräch, 3. Regionale Zusammenarbeit der verschiedenen Bildungseinrichtungen. Die themenzentrierte interaktionelle Methode hat sich bei der Gruppenarbeit als
sehr hilfreich erwiesen.

Grundüberlegungen zu einem Aktionsforschungsprojekt zur Erhebung von Bildungsbedürfnissen

Erfahrungen aus dem Projekt „Zusammenarbeit im Krankenhaus"

Das Aktionsforschungsprojekt „Zusammenarbeit im Krankenhaus", das Mitte der
siebziger Jahre in Graz geplant war, ist zwar bereits in der Eröffnungsphase aus finanziellen Gründen (keine Subventionierung durch die öffentliche Hand) steckengeblie-
ben. Es bietet jedoch Erfahrungen für den Anfang eines Projektes zur Erhebung von Bildungsbedürfnissen an. Die spezielle Situation war, daß die Abteilung Kinderchirurgie in
Graz — sprich der Chef der Abteilung — bereit war, die Kommunikationsstrukturen in dieser Abteilung zwischen den verschiedenen Berufsgruppen (Ärzte, Pfleger, Krankenschwe-
stern, Raumpflege- und Administrationspersonal und Patienten und deren Eltern) gemeinsam zu untersuchen und zu reflektieren, um den Zweck der Institution Spital
besser erfüllen zu können. Peter *Heintel*, der bei diesem Projekt mitgearbeitet hat, hat
die Anfangserfahrungen und die sich daraus ergebenden Konsequenzen zusammengefaßt und 1978 publiziert.[18] Ich möchte im folgenden über den allgemeinen *Bedingungsrahmen* referieren, soweit es für ein Projekt zur *Erhebung von Bildungsbedürfnissen Erwachsener* interessant sein könnte.

Der Grundsatz der Aktionsforschung besteht darin, daß es den oder die Betroffenen
einer Sozialintervention als Subjekte sieht und nicht nur als Forschungsobjekte, d.h.
daß die Betroffenen von Anfang an an der Planung und Konzepterstellung eines solchen Projektes mitzubeteiligen sind. Forschung wird als gemeinsamer Bildungsprozeß
verstanden, als ein für alle Beteiligten erreichbarer sozialer und kommunikativer
Kompetenzerwerb. Tatsachenwissen und Kenntnis technisch-praktischer Verfahrensweisen genügen nicht, auch Zielvorstellung und Verfahren eines Forschungsteams ist

320

vor den Betroffenen zu rechtfertigen, auszuweisen und letztlich gemeinsam von allen Beteiligten festzulegen. Die Frage bei solch einem Ansatz ist, mit welchen Vorentscheidungen, Vorurteilen, Hypothese und Forschungskonzepten gehen die Teilnehmer eines Projektes an die Arbeit heran, die im Sinne angewandter gruppendynamischer Sozialforschung eine konkrete Antwort auf inhaltliche Konzepte eigentlich erst aus der konkreten Arbeit und der Beteiligung der Betroffenen erwarten dürfen? Anders formuliert: Ist es notwendig, *vor* jedem einzelnen Projekt einen Bedingungsrahmen zu erstellen, der zwar einen richtunggebenden Selektionscharakter notwendigerweise mit sich bringt, jedoch die Betroffenen nicht sofort wieder auf ihren Objektcharakter festlegt? Der Ansatz der Aktionsforschung ist in der herkömmlichen Wissenschaft nicht unbedingt üblich; auch die bisher „Beforschten" sind eher mißtrauisch gegenüber einer Aktivierung der Betroffenen, die in den vertrauten hierarchischen Abhängigkeiten eher Passivität und Gehorsamsbereitschaft gewohnt sind als Eigeninitiative.

Voraussetzung für eine Realisierung von Aktionsforschungsprojekten ist nach unseren Erfahrungen ein Bedingungsrahmen, der auf der einen Seite die lineare Determination künftiger Forschungssituationen zu vermeiden hat, auf der anderen Seite sich auch nicht mit einer strukturlosen in Augenblickserfahrungen als absoluter Negation aller vorweggenommenen Determination begnügt. Bei unserem Krankenhausprojekt haben wir fünf Momente unterschieden, die in diese Rahmenbedingung miteinfließen und die sich in ihrer Erstellung erst selber konkretisieren.

Subjektive Eingangsbedingungen

Subjektive Eingangsbedingungen sind Vorurteile, Hypothesen, Einstellungen, Übertragungen der einzelnen Forscher und des Teams. Damit muß sich ein Team vorher auseinandersetzen, damit geht es in die Feldarbeit und legt dieses subjektive Paket auch auf den Tisch und stellt es allen Beteiligten, vor allem den Betroffenen vor zur Diskussion und ist bereit, das Verfahren beeinflussen und verändern zu lassen.

In sogenannten, den klassischen Experimentenordnungen gehorchenden Forschungsprojekten sind die Vorurteile und subjektiven Faktoren verobjektiviert, d.h. den „Forschungsgegenständen" wird von vornherein jede Mitsprache oder gar Mitbestimmung im und am Verfahren abgesprochen. Damit lassen sich Störfaktoren, d.h. Auseinandersetzungen über das Subjektpaket der Forscher ausschalten, man kommt zügiger zu einem Resultat und braucht auch kein Team. In der Aktionsforschung wird das Forschungsverfahren selbst als ein gegenseitiger Bildungsprozeß verstanden, in dem Forscher und Betroffene voneinander lernen und dessen Resultat prinzipiell nicht voraussehbar ist.

Das Forschungsteam als Basisgruppe

Ein Team, das wie im vorgegebenen Fall, Bildungsbedürfnisse und -motivationen erheben soll, muß sich mit dem Bildungsbegriff, manipulativen Gefahren im Bildungsprozeß, dem Bildungssystem, den Kommunikationsstrukturen (Lehrer — Schülerverhältnis) befassen. Hilfreich ist es sicher auch, die eigenen Bildungserfahrungen und Erlebnisse im Bildungsgang zu reflektieren und mit den Erfahrungen der „Beforschten" zu konfrontieren.

Ein Forschungsteam ist dann nicht notwendig, wenn mit verobjektierenden Verfahren, schutzgebenden Methoden und Experimentieranordnungen gearbeitet wird. Es wird allerdings dann nötig, wenn der Forschungsgegenstand zu komplex und unübersichtlich geworden ist, daß traditionell funktionierende Wissenschaftsdisziplinen allein zu keinem Ergebnis mehr kommen. Ich habe unser Forschungsteam als Instanz erlebt, in der wir ständig den Fortgang der Forschung analysiert und uns klar gemacht haben. Diese Gesprächsmöglichkeit, das Zuhören und die Anteilnahme der anderen, ihre Phantasien und Analysen haben mir Sicherheit und Mut gegeben, daß es so und so weitergehen könnte. Dieses emotionelle Beheimatetsein als wichtigster Rückhalt in der oft schwimmend erscheinenden Arbeit in der Institution schließt nicht den Austausch von Sachkompetenz und Wissensdifferenzen aus. Wir haben uns für diese Basisgruppe viel Zeit genommen, weil die Ressourcen und die Einstellungen der Teammitglieder sehr unterschiedlich waren, aber auch weil der Außendruck, belastende Situationen in der Feldarbeit groß waren. Eine Gefahr, wenn die Gruppe gut funktioniert, war uns schon bewußt: die Betroffenen, die jeweiligen Institutionen, mit denen wir verhandelt haben, können leicht in die Rolle von Außenfeinden geraten, gegen die man sich schützen muß. Deshalb ist es wichtig, die anstehenden Probleme in der Feldarbeit immer mehr mit den Betroffenen abzuhandeln.

Das der Forschungsarbeit vorausgesetzte Theorieverständnis

Als eine erste Orientierung muß sich das Team Klarheit verschaffen über die prinzipiellen theoretischen Vorentscheidungen, die vorausgesetzten Bedingungen und Kategorien, die der Erkenntnis und einem bestimmten Verhalten zugrunde liegen und auch über die geplanten Verfahren und Techniken. Denn es geht dabei um eine grundsätzliche kategorische Vorentscheidung, die eine Wesensauslegung von Individuen, Gruppen und Organisationen beinhalten. Das gruppendynamische Prinzip der Arbeit im Hier und Jetzt darf nicht überdehnt werden. Gruppendynamik wehrt sich gegen ein Theorieverständnis, in dem Theorien und Methoden so präjudizierend angewandt werden, daß sie zukünftige Situationen nicht zu ihrem Selbstäußerungsrecht kommen lassen und nur versuchen, ihre Antizipationen an die Realität anzugleichen und nicht umgekehrt. Ebenso wehrt sie sich gegen den normalen Theoriegebrauch im Rahmen der traditionellen empirischen Sozialforschung, die die Betroffenen bei angewandter Forschung als Partner gar nicht zu Wort kommen läßt und Theorie so zum unüberprüfbaren Wissen Eigenweihter macht. Trotzdem ist jede soziale Situation auch Resultat von Grunddispositionen menschlicher Existenz, die sich nicht in subjektive Haltungen und Äußerungen über das Hier und Jetzt einer Situation erschöpfend fassen lassen.

Auf der einen Seite gibt es *wesenhafte Grundpositionen*, die auf die Entscheidung über ein bestimmtes Menschenbild und der sozialen Existenz des Menschen beruhen. Neben diesen wesenhaften Grundpositionen gibt es noch jene *Theorieelemente, die sich auf die spezielle Struktur des sozialen Feldes, der jeweiligen Organisation beziehen.*

Jede Institution organisiert Menschen um eines bestimmten Zweckes willen, nicht ausschließlich um ihrer selbst willen. Dieser Zweck mit dem Apparat, der zur Erfüllung des Zweckes aufgebaut wird, entwickelt seine eigenen Gesetze.

In unserem Fall ist der Zweck: ein optimales Bildungssystem, das den Individuen und Institutionen ermöglicht, Fähigkeiten und Fertigkeiten zu entfalten, die für die individuelle oder soziale Identität notwendig sind.

Die Vorüberlegungen haben zwei Theoriearten zu unterscheiden: Einmal die anthropologischen Konstanten, die zu den menschlichen Grunddispositionen zählen, z.B. das Glücksstreben eines menschlichen Lebens, das nur in Freiheit verwirklicht werden kann; die von Geburt an erlebte Unfertigkeit des Individuums und seine Erziehbarkeit, d.h. seine Anpassung an den jeweils vorgegebenen Freiheitsrahmen einer Gesellschaft usw. Zum anderen gibt es die geschichtlich und gesellschaftlich verschiedenen Haltungen, Stellungen, Bewältigungsformen dieser Konstanten, die auch verschieden definiert, organisiert, verdrängt und zugelassen werden. In unserem Fall z.B. unterschiedliche Erziehungsstile, Bildungssysteme. Diese Unterscheidung ist wichtig, weil zwar die geschichtlichen, gesellschaftlichen Erscheinungsformen verändert werden können, nicht aber die „Konstanten" in ihrem Widerspruch zwischen Bedingungen und Grenzen menschlicher Existenz.

Bildung erster Grundhypothesen: Beratung als Bildungsprozeß

Darunter wird jener erste Konsens eines Teams verstanden, das sich geeinigt hat über die besprochenen Vorurteile, Haltungen, Vorstellungen über die anthropologischen Konstanten und deren geschichtliches Erscheinungsbild und schließlich über vorläufige Zielsetzungen und Durchführungsmethoden – etwa folgende: Jede sozial-interventionale Arbeit hat nur dann ein erfolgreiches „Resultat", wenn die Betroffenen nicht nur bei der Erstellung der Eingangskonzepte und -einstellungen aktiv mitbeteiligt waren, sondern wenn sie mit der Zeit selbst die Aufgabe übernehmen über Ziele und Weiterführung von Forschung nach Maßgabe ihrer Wünsche, Bedürfnisse und Grenzen zu entscheiden. Insofern ist jede Forschung dieser Art als ein Bildungsprozeß aller an ihr Beteiligten zu verstehen. Die Erhebung von Bildungsbedürfnissen und Bildungsmotivationen Erwachsener ist somit selbst schon ein Bildungsprozeß sowohl für den Berater wie für den Klienten, bzw. eine Bildungsgruppe z.B. einer Volkshochschule. Deshalb läßt sich jeder Bildungsvorgang als Beratungsprozeß verstehen, d.h. jede Bildungsvermittlung hat eine beratende Funktion, der Berater vermittelt den Klienten oder einer Bildungsgruppe die Möglichkeit, sich über die grundsätzlichen Bedingungen von Bildung Klarheit zu verschaffen und gleichzeitig auch die Verwirklichung bestimmter Bildungswege in Eigenverantwortung, ohne Begleitung durch den Berater zu übernehmen. Das geschieht konkret dann, wenn ein Berater oder Leher sich nur als Moderator des Lernprozesses versteht, der „Schülern" die eigene Erarbeitung von Bildungsinhalten überläßt, indem er z.B. nur Literatur angibt, –„Hausarbeiten"– und nicht fertige Konzepte und Skripten zum Wiederkäuen auf den Tisch knallt, und diese dann noch pedantisch, möglichst wörtlich reproduziert haben will. Umgekehrt ist der Beratungsprozeß selbst schon ein Bildungsvorgang, weil das Klären der Bedürfnisse und der Fähigkeiten, die einer entfalten will, den eigenen Stand des Klienten oder „Schülers" und damit den Willen zu selbständigem Lernen bewußt macht und hervorbringt. Insofern ist jede Bildung Beratung und jede Beratung Bildung.

Beschaffen von Vorinformation und Erwerb von Sachkompetenz

Vorinformation und Erwerb von Sachkompetenz empfehlen sich aus mehreren Gründen:
Die Zeit: Bestimmte Explorationsverfahren lassen sich abkürzen, wenn ich z.B. die äusseren Rahmenbedingungen einer Institution kenne (Unterrichtszeiten einer Volkshochschule, die berufliche Qualifikation der Vortragenden, den üblichen Vermittlungsstil, Budgetrahmen, Veranstaltungsschwerpunkte, Programmanalyse, Einzugsbereich, Klientel usw.).
Status und Verhalten des einzelnen Forschers bzw. Beraters: Das Nichtkennen der Institution und ihrer Mitglieder löst Unsicherheit bei beiden Kommunikationsteilen aus.

Haltgebende Sicherheit ist vom Klienten nicht zu erwarten noch zu fordern – diese muß zunächst vom Berater, Forscher verkörpert werden – wenn auch nur vorläufig. Vorerhobene Sachkompetenz ist hier ein brauchbares Hilfsmittel.

Bestimmen von Grenzen und Selektionen: Ein notwendiger Entscheidungsprozeß, der nicht der Willkür überlassen werden soll. Sachkompetenz und Vorinformationserwerb soll eine erste Übersicht über das zu bearbeitende soziale Feld vermitteln. Um welche Vorinformationen und Sachkompetenzen im einzelnen handelt es sich nun?

- Kenntnis der offiziellen Organisation, der Kompetenzabgrenzungen, Dienst- und Zeiteinteilung, festgelegte Hierarchie, Arbeitsaufgaben, kurz das Allgemeine, das das soziale Feld beeinflußt, ohne daß man es von sich aus so ohne weiteres außer Kraft setzen könnte.
- Berufsrolle und dementsprechendes Verhalten der Mitglieder der Institution (Lehrer, Leiter, „Schüler", Klienten).
- Die unmittelbar umgebende Umwelt der Institutionen.
- Gesellschaftliche Erscheinungsformen im Verhalten der Menschen zu anthropologischen Konstanten, die die Institutionen und das Verhalten in den Institutionen normgebend beeinflussen. Z.B. das Verhältnis der Gesellschaft zur Schule, zur Erwachsenenbildung, die Lehrerrolle, Vorstellungen von Lernen, Zusammenhang von Bildung und Sozialprestige usw.
- Die informelle Kommunikations-, Organisations- und „Emotions"-struktur der Institution. Ein Wissen über diese Strukturen kann nur durch die praktische Arbeit erreicht werden. Ziel dieser Aufarbeitung kann aber nicht die wissensmäßig verwertbare Ausbeutung der Betroffenen sein, sondern das Einleiten jenes gegenseitigen Bildungs- und Selbsterforschungsprozesses, der ein Sich-Selbst-Bewußtwerden der Institution zum ersten Ziel hat. Daraus erst können Veränderungen im institutionellen Rahmen erfolgen.

Zum Konzept der Aktionsforschung: von der Selbsterforschung zur Selbstentwicklung

Gegenüber „klassischen" Forschungskonzeptionen muß für diese Zusammenhänge folgendes festgehalten werden: Forschung im sozialen Feld von Bildungsinstitutionen kann nicht nur Erhebungen über alles Mögliche durchführen, sondern sie soll Bildungs-, Aufklärungs- und auch Willensprozesse in Gang bringen, die von allen Beteiligten getragen werden, wobei „Selbsterforschung" in „Selbstentwicklung" übergehen soll, bei der sich der Forscher, Berater oder Lehrer allmählich wieder zurückziehen kann. Anfang und Ende solcher Sozialforschung sind fließend und willkürlich. Am Anfang der Arbeit im sozialen Feld steht ein vorläufiges Hypothesenpaket, das Resultat reflektierter Sozialgeschichte des Menschen, die sich in ihm aus ihrer verlaufenden Bewußtlosigkeit heraushebt. Dieses Paket löst sich als Resultat auf, wenn die Arbeit gelingt, und wird zum Anfang neuer, nun bewußter verlaufender Prozesse. Die Betroffen haben ihr eigenes Resultat erzielt, die Forscher können die Kommunikation abbrechen – sie wollen nicht über weitere Selbsterforschung des sozialen Feldes verfügen. Gegen diese Art der Sozialforschung läßt sich einwenden: Zum einen ist es schwer, hier von Forschungsergebnissen und -resultaten herkömmlicher Art zu reden, zum anderen lassen sich auf diese Weise keine allgemeinen Modelle und intersubjektive Wahrheiten gewinnen.

Zum ersten ist zu sagen, daß wahrscheinlich Ergebnisse sinnvoller sind, mit denen die Betroffenen etwas anfangen können. Vom Resultat im Sinne der Sozialforschung läßt sich dann reden, wenn das Grundpostulat: Nämlich daß die Betroffenen ihren institutionellen Handlungsrahmen vielschichtig und facettenreich reflektieren und ihre Situation auf Grund ihrer Einsicht verändern, zu der ihnen die Arbeit mit den Forschern verholfen hat — wenn dieses Grundpostulat aus dem formalen Anspruch in die jeweilig unwiederholbare soziale Konkretion getreten ist. Darüber läßt sich nachträglich von Forschern reflektieren und auch referieren und Nichtdabeigewesene lassen sich Berichte vorlegen.

Zum zweiten: Wie kommt man zu Modellen und intersubjektiven Wahrheiten? Zu Modellen kann man nicht kommen, indem man Modelle aus einem sozialen Feld ins andere überträgt; das geht deshalb nicht, weil kein soziales Feld mit bestimmten in ihm lebenden Menschen mit einem anderen identisch ist und weil bei direkter Übertragung das zukünftige Forschungsfeld bereits determiniert wäre und die gewünschten notwendigen Bildungsprozesse ausgespart blieben. D.h. daß mit jedem sozialen Feld von vorne angefangen werden muß. Welchen Wert haben dann solche Modellansätze? Sie können bei der Arbeit in einem anderen Feld als Vorurteile in Einstellungen eingehen. Handelt es sich dabei um intersubjektive Wahrheiten? Entweder sie werden als inhaltliche Wahrheiten verstanden, die das konkrete soziale Forschungsfeld betreffen. Diese geschichtlich und gesellschaftlich sich ändernden Haltungen und Stellungen, Bewältigungsformen der anthropologischen Konstanten lassen sich nicht ohne weiteres in andere Felder übertragen. Oder intersubjektive Wahrheiten werden als eben diese anthropologischen Konstanten verstanden, die allgemeiner Art sind und nicht nur auf das jeweilige Feld beschränkt. Diese Konstanten lassen sich nur erfassen, wenn die Phänomene analysiert und in den Begriff gebracht werden. Erst durch sie gelangt man zu den Grundvoraussetzungen und Grunddispositionen und auch Grundmotivationen des Menschen, die in seiner Geschichte konstant auftreten. Über diesen Bereich läßt sich Wissen erreichen, aber dieses läßt sich nicht direkt anwenden. Man ist immer wieder gezwungen, aufs Neue ihren sozialen und geschichtlichen Ausprägungen nachzugehen. Mit anderen Worten: Ohne Mitwissen und Mittun der Betroffenen lassen sich im sozialen Feld nicht ungestraft Hypothesen über die bestimmte Institution und die in ihr möglichen Veränderungen aufstellen.

Beschreibung und Anwendungsbedingungen nichttraditioneller Methoden zur Erhebung von Bildungsbedürfnissen

Die beschriebenen Methoden und Ansätze der klientenzentrierten Gesprächsführung und der Aktionsforschung fordern eine fachliche Kompetenz der Berater, Forscher, Trainer, um dilettierendes Agieren und damit für alle Beteiligten unbefriedigende „Ergebnisse" von vornherein zu vermeiden. Mit welchen Methoden immer auch gearbeitet wird, ein Kontakt der Berater, Trainer und sonstiger Mitarbeiter im Sinne einer Teamgruppe, die ihre Hypothesen und Vorüberlegungen abspricht und koordiniert, scheint mir aus den Gründen, die bei der Beschreibung der Erfahrungen aus dem Projekt „Zusammenarbeit im Krankenhaus" dargelegt wurden, unumgänglich notwendig. Zusammenfassend ist zu den einzelnen Erhebungsmethoden anzumerken:

Klientenzentrierte Gesprächsführung

Durch die individuelle Beratungssituation (Berater — Klient) besteht die Möglichkeit, Klienten aus den unterschiedlichsten Berufsgruppen und Sozialschichten zu bekommen und damit eine gewisse Streuung der Erhebungen zu erreichen. Inwieweit klientenzentrierte Gesprächsführung — ohne die Klienten zu manipulieren — zur Erhebung von

Bildungsmotivationen Erwachsener einzusetzen ist und vergleichbare Daten liefern kann, vermag eigentlich nur das Team der Berater selbst zu entscheiden.

Aktionsforschung

Ein Team von Aktionsforschern (Gruppendynamikern) könnte bestimmte Bildungsinstitutionen der Erwachsenenbildung untersuchen, z.B. eine Gruppe eines regionalen Bildungswerkes, eine örtliche Volkshochschule, eine berufsbildende Erwachsenenbildungsorganisation, ein Bildungshaus und unter Umständen mit seinen Methoden von den Betroffenen Aussagen über ihr Bildungsverständnis und ihren Bildungswillen erhalten und zugleich einen Bildungsprozeß einleiten, der diese Motivationen konkretisiert. Projekte dieser Art sind nur längerfristig zu konzipieren — es ist mit einem Zeitraum von mindestens ein bis zwei Jahren zu rechnen.

Neben diesen, im vorliegenden Beitrag ausführlich besprochenen Verfahren, scheinen noch mindestens die folgenden Methoden und Organisationsformen erwähnenswert:

Intensivinterviews

Diese Art des Interviews vermag an die Grundbedürfnisse des Erwachsenen, die seinen Bildungsmotivationen zugrunde liegen, heranzukommen. Voraussetzungen für die Intensivinterviews sind erstens eine gewisse Vertrautheit des Interviewers mit dieser Art des Dialogs, zweitens eine Vertrauensbasis zwischen Interviewer und Interviewten. Eine Möglichkeit, solch ein Vertrauen herzustellen, wäre das Arbeiten in einer Gruppe. Im Verlauf dieses Zusammenseins könnten sich die Gruppenteilnehmer gegenseitig interviewen, eine Gedächtnisnotiz anlegen oder ein Tonband mitlaufen lassen und abschließend eine Analyse der Grundaussagen und einen Vergleich mit den Gesprächen der anderen Gruppenmitglieder leisten.

Themenzentrierte Arbeitsgruppen:

Eine Integration von Information über Bildungsangebote, von methodischen Arbeiten in Gruppen (themenzentrierte Interaktion) und von theoretischen Überlegungen zu Bildungsbegriff und Beratungssituation hat viel für sich. Ein erfahrener Gruppendynamiker oder ein Fachmann der themenzentrierten Interaktionsmethode könnte an einem Wochenendseminar Moderatoren (womöglich zwei pro Gruppe) in die T.Z.I.-Methode einführen und mit diesen die zu erwartenden Gruppenarbeiten und -themen vorwegnehmend einüben. Die Offenheit der Moderatoren den Gruppenbedürfnissen gegenüber muß beim vorwegnehmenden Üben immer betont werden, um manipulative Strukturen zu verhindern. — Die Voraussetzungen, der Grundansatz der T.Z.I. und die Gesprächsregeln sollen den Moderatoren nach dieser Einführung vertraut sein. Die Struktur des Seminars für die Berater soll vom Leiter und den Moderatoren gemeinsam mit der Institution überlegt und den Teilnehmern als Vorschlag vorgelegt werden. Die Einigung auf eine gemeinsame Tagesordnung soll von allen Beteiligten getroffen werden. Dies dauert seine Zeit, ist aber für die Motivation zur Mitarbeit von entscheidender Bedeutung.

Lern- bzw. ausbildungsorientierte Selbsthilfegruppen

Im einschlägigen Buch „Selbsthilfegruppen, Selbstbehandlung und Selbsterkenntnis in eigenverantwortlichen Kleingruppen" führt der Autor Michael Lukas *Moeller* unterschiedliche Arten von Selbsthilfegruppen an, darunter auch die oben genannten. Mir scheinen die gegebenen Anregungen eines Versuches wert, Erwachsene zu motivieren, ihre Bildung und Ausbildung selbst in die Hand zu nehmen und in Gruppen außerhalb des gängigen Bildungsbetriebes zu organisieren. Die Initiierung solcher Gruppen könnte auch etwas bringen, um Bildungsmotivationen Erwachsener und ihre Grundbedürfnisse zu erfragen, die sie verwirklichen wollen und auf die das Bildungssystem offensichtlich ungenügend reagiert. Wie weit eine solche Gruppe bereit ist, Informationen über sich und ihre Bedürfnisse zu veröffentlichen, ist eine andere Frage.[20]

Ich habe versucht, das klientenzentrierte Beratungsgespräch nicht nur als individuelle Beratungssituation zu fixieren, sondern auch die Bildungsarbeit in Gruppen und Institutionen als personenorientierte Beratungs- und Bildungsleistung zu charakterisieren. Durch das Anführen unterschiedlicher Methoden wollte ich Hinweise geben auf die vielfältigen Möglichkeiten, mit humanpsychologischen und gruppendynamischen Konzepten die Grundbedürfnisse menschlicher Existenz wahrzunehmen und in Bildungsprozesse überzuleiten. Ich glaube, daß bei der grundsätzlichen Einstellung zur freien Selbstentfaltung des Menschen auch empirisches Instrumentarium hilfreich sein kann, solange dieses Freiheitsverständnis im Auge behalten wird und die Verobjektivierung der „Forschungsgegenstände" verhindert werden kann. Die mehr allgemeinen Ausführungen und die aus österreichischen Erfahrungen kommenden Konkretionsvorschläge sind daher auch so zu nehmen, wie sie gemeint sind: als Bausteine zu einem teilnehmergerechten klientenzentrierten Bildungswesen, das an den Bildungsbedürfnissen der Betroffenen orientiert ist.

Anmerkungen und Literaturhinweise

1 Pesendorfer, F. A.: Bildungsberatung für Erwachsene, Modell Steiermark. In: Erwachsenenbildung in Österreich (EbiÖ), 25, Jg., Heft 7/8, Wien 1974, S. 353 – 355; sowie Pesendorfer, F. A.: Bildungs-, Berufs- und Lebensberatung in der Steiermark. Förderungsstelle des Bundes für Erwachsenenbildung für die Steiermark. Graz 1975, 80 Seiten
2 Vgl. dazu: Friedrich, H.: Einführung in die nichtdirektive Gesprächsführung, Manuskript, Salzburg 1975
3 Rogers, C. R.: Die klient-bezogene Gesprächstherapie, deutschsprachige Ausgabe, München 1972, 2. Auflage
4 Rogers, C. R.: a.a.O., S. 46 f.
5 Tausch, R.: Gesprächspsychotherapie, Göttingen, 1974, 6. Auflage, S. 115
6 Barrett-Lennard, G. T.: Dimensions of therapist response as causal factors in therapeutic change. Psychol. Monographs, 1962, 76, Whole No. 562. In: Tausch, R.: Gesprächspsychotherapie, a.a.O., S. 118
7 Tausch, R.: a.a.O., S. 119 ff und S. 121 ff.
8 Tausch, R.: a.a.O., S. 75
9 Barrett-Lennard, G. T.: Dimensions of therapist response . . . a.a.O., In: Tausch, R.: a.a.O., S. 84
10 Tausch, R.: a.a.O., S. 91 ff und 95 ff.
11 Tausch, R.: a.a.O., S. 129 f.
12 Barrett-Lennard, G. T.: Dimensions of therapist response . . . a.a.O., In: Tausch, R.: a.a.O. S. 129
13 Tausch, R.: a.a.O., S. 130 f.
14 Tausch, R.: a.a.O., S. 243
15 z.B. Carkhuff, R.R., u.a.: Helping and human relations. Vol. I and II. New York, 1969. In: Tausch, R.: a.a.O.
16 Pesendorfer, F.A.: Bildungsberatung für Erwachsene. Ein Erfahrungsbericht über das Modell in der Steiermark. In: EbiÖ, 27. Jg., Heft 10, Wien 1976, S. 479 – 490
17 Pesendorfer, F. A.: Bildungsberatung im Ländlichen Raum – Protokoll der Frühjahrsarbeitstagung für Wirtschaftsberaterinnen gemeinsam mit den ländlichen Landjugendbetreuern bei der Landeskammer für Land- und Forstwirtschaft der Steiermark. Graz 1976, vor allem S. 6 – 10
18 Heintel, P.: Sozialintervention im Krankenhaus, Überlegungen zu einem Projektbeginn. Klagenfurter Beiträge zur bildungswissenschaftl. Forschung 5, Soziale Identität und Gruppendynamik. Klagenfurt 1978, S. 103 – 129
19 Pesendorfer, F. A.: Bildungsberatung im ländlichen Raum . . ., a.a.O., S. 18
20 Moeller, M. L.: Selbsthilfegruppen, Reinbek 1978, S. 92 – 97

Perspektiven und Alternativen bedarfsorientierter Weiterbildungsentwicklungsplanung

Bernd Thunemeyer

Vorbemerkungen: Weiterbildungsentwicklungsplanung als gesetzlich verankerte Forderung

Der Bereich der Weiterbildung, der quartäre Bildungsbereich, hat sich heute auch in der Bundesrepublik etabliert, seine gesellschaftliche Bedeutung nimmt sogar noch zu. In immer stärkerem Maße wird die Möglichkeit des „lebenslangen Lernens", auch aus Gründen der gesellschaftlichen Entwicklung – hier seien exemplarisch genannt: immer schneller werdender Verfall erworbener Qualifikation, Notwendigkeit der Auseinandersetzung mit veränderten Anforderungen aus der Veränderung sozialer Lebenssituation, Diskussion um den individuellen Sinnverlust und der Suche nach Neukonstituierungen –, für notwendig erachtet. Diese Entwicklung läßt sich daran ablesen, daß sich zentrale bildungspolitische Gremien ständig mit dem Bereich der Weiterbildung beschäftigen, daß eine rechtliche Institutionalisierung dieses Bildungsbereiches durch Landesparlamente vorgenommen wurde, daß die finanziellen Ressourcen erheblich ausgeweitet wurden, daß die Zahl der institutionalisierten Anbieter noch weiter wächst, daß der Grad von Verwissenschaftlichung und Professionalisierung zunimmt, und nicht zuletzt daran, daß es in einigen Weiterbildungsbereichen einen Nachfrageüberhang gibt, der mit dem vorhandenen Angebot nicht gedeckt werden kann.

In dieser Situation soll der Ausbau zumindest des öffentlichen Weiterbildungsbereichs planvoll erfolgen. In dem Weiterbildungsgesetz des Landes NRW wurde deshalb das Instrument der Weiterbildungsentwicklungsplanung geschaffen, an das sich folgende Erwartungen knüpfen: „Die eigenständige Weiterbildungsentwicklungsplanung ist durch zwei Merkmale gekennzeichnet:

– sie ist auf den Raum (im geographischen Sinne) bezogen,
– sie hat eine mittel- und langfristige Zeitperspektive.

Ziel der Weiterbildungsentwicklungsplanung ist, die Versorgung eines bestimmten Raumes mit Weiterbildungsangeboten zu gewährleisten und einen Zeitplan für den Ausbau der erforderlichen Personal-, Raum- und Finanzkapazitäten aufzustellen."[1] „Weiterbildungsentwicklungsplanung zielt auf die Versorgung des Landes mit Weiterbildungsmöglichkeiten. Sie zielt auf Bedarfsdeckung und damit auf ‚Flächendeckung'."[2] Wie deutlich wird, beziehen sich die Erwartungen auf eine mittel- und langfristige inhaltliche als auch materielle Ausbauplanung, die sich im wesentlichen von den Anforderungen des Bedarfs ableiten lassen soll.

Die erste Planungsrunde im Weiterbildungsbereich NRW ist abgeschlossen und die Ergebnisse aus der Verarbeitung der Pläne machen deutlich, daß das vorgegebene Planungsverfahren im wesentlichen beibehalten werden soll; daß die Modifikationen im wesentlichen technischer Art sein müssen und, daß es enorme Schwierigkeiten im Zusammenhang mit der Frage nach der Bedarfsorientierung der Angebote gibt. Im Rahmen dieses Beitrages soll bestimmt werden, unter welchen Voraussetzungen langfristig der Anspruch der „Bedarfsorientierung" realisiert werden könnte, und welche Vorentscheidungen notwendig sind; Vorentscheidungen sowohl bildungs- als auch forschungspolitischer Art.

Bevor das Bedarfsproblem diskutiert wird, sollen jedoch die in diesem Zusammenhang für zentral gehaltenen Aussagen aus dem Weiterbildungsgesetz wiedergegeben werden. Zentrale Vorgaben im Weiterbildungsgesetz[3] sind:

§ 1: Fixierung des Grundrechtes auf Bildungsbeteiligung für alle Bürger, wobei die Angebote im Weiterbildungsbereich nach der Beendigung einer ersten Bildungsphase oder Berufsausbildung einsetzen.

§ 2: Die Weiterbildungsangebote sollen sich am Bildungsbedarf orientieren „als Bedarf im Sinne dieses Gesetzes gelten sowohl die Vertiefung und Ergänzung vorhandener Qualifikationen als auch der Erwerb von neuen Kenntnissen, Fertigkeiten und Verhaltensweisen." (§ 2 (2) WBG). Die Angebote im Weiterbildungsbereich müssen mit Ausnahme abschlußbezogener Angebote grundsätzlich für jedermann zugänglich sein (vgl. § 2 (4) WBG).

§ 3: Globale Nennung von Aufgabenbereichen und Formulierung des Postulats der Einheit der Bildung, nachdem die Angebote zu planen und organisieren sind.

§ 4: Das regionale Angebot der verschiedenen Träger soll bedarfsdeckend sein (vgl. § 4 (1) WBG).

§ 9: Die zu erstellende Weiterbildungsentwicklungsplanung muß mit verschiedenen Planungsvorgängen im Schul-, Kultur- und Sozialbereich auf kommunaler Ebene koordiniert werden.

§ 11: Die Einrichtung und Unterhaltung von Weiterbildungsmöglichkeiten wird zur kommunalen Pflichtaufgabe.

§ 12: Die Weiterbildungsentwicklungsplanung muß im Benehmen mit den anderen als den kommunalen Trägern erfolgen. „Die Weiterbildungsentwicklungspläne und die Koordinierungspläne müssen Angaben über die erforderliche Personalausstattung, den Raumbedarf sowie die notwendigen Investitions-, Sach- und Folgekosten enthalten." § 12 (2) WBG).

§ 13: Bestimmung einer Grundversorgung der Bevölkerung durch quantitative Festlegung eines „Mindestangebotes" in Abhängigkeit von der jeweiligen Größe des kommunalen Trägers.

Diese Vorgaben aus dem Weiterbildungsgesetz bedürfen nun einer kritischen Einschätzung im Zusammenhang mit der Weiterbildungsentwicklungsplanung. Bildungspolitik ist auch immer Gesellschaftspolitik, und vor diesem Hintergrund muß sich ihre Konkretisierung — hier im Rahmen der Weiterbildung — daraufhin befragen lassen, was konkret für die einzelnen Gesellschaftsmitglieder geregelt bzw. ermöglicht wird.

Zu § 1: Grundrecht auf Bildungsbeteiligung: Zunächst ist positiv anzumerken, daß durch dieses Gesetz der Anspruch aller auf eine Beteiligung an Weiterbildungsmaßnahmen geregelt wird. Die Formalisierung des Rechts auf Weiterbildung ist zu begrüßen, es ist jedoch gleichzeitig festzustellen, daß es sich eben nur um eine Formalisierung handelt. Wer den Weiterbildungsbereich aus eigener Erfahrung kennt, und wer die neueren sozialwissenschaftlichen Forschungsergebnisse verfolgt hat, die dem Weiterbildungsbereich zuzuordnen sind, weiß, daß die bestehenden Weiterbildungseinrichtungen im wesentlichen nur Angehörige der sogenannten „Mittelschichten" erfassen. Als vorläufige Erklärung dafür kann davon ausgegangen werden, daß die Weiterbildungsangebote aus verschiedenen Gründen — auf die später noch genauer eingegangen wird — eher auf die Interessen und die Erfahrungen der „Mittelschichtsangehörigen" treffen als auf die der „Unterschichtsangehörigen". Man kann im Weiterbildungsbereich von einem strukturell bedingten Ausschluß weiter Bevölkerungsteile sprechen.

Zu § 2: Bedarfsorientierung und Zugänglichkeit: Der im Rahmen der gesetzlichen Regelung vorgegebene Bildungsbegriff ist ein formalistischer, der über die erwünschten Ziele, die im Zusammenhang mit Bildungsmaßnahmen verfolgt werden, noch nichts aussagt. Was soll mit der angesprochenen Vertiefung und Ergänzung vorhandener Qualifikationen als auch dem Erwerb von neuen Kenntnissen, Fertigkeiten und Verhaltensweisen, wie sie im Gesetz als Bedarf formuliert sind, erreicht werden? Das Interpretationsspektrum dieser Aussagen läßt sich fassen mit Schlagwörtern wie „Anpassung an ablaufende gesellschaftliche Veränderungsprozesse" auf der einen Seite und „Selbstverwirklichung, Emanzipation der Subjekte und Mitbestimmung" auf der anderen. Verfolgt man die Diskussion um die Notwendigkeit der Veränderung individueller Qualifikationen im Zusammenhang mit den Veränderungen der Anforderungen aus dem Produktionsbereich, so scheint offen zu sein, ob überhaupt eine „allgemeine" Höherqualifizierung notwendig ist. Die Einführung neuer Technologien, z.B. im Produktionsbereich, beinhaltet auch die Möglichkeit, die gesellschaftliche Produktivität zu steigern bei gleichzeitiger Dequalifizierung eines Großteils der Bevölkerung. Daneben scheint die Durchdringung des sogenannten Privatbereichs mit neuen Technologien bzw. Medien bzw. die Veränderung sozialer Beziehungen infolge gesamtgesellschaftlicher Veränderungen eine gleichzeitige Änderung subjektiver Fähigkeiten und Verhaltensweisen notwendig zu machen. Der politische Willensbildungsprozeß um die konsequente Durchsetzung der Prinzipien der Demokratisierung und Mitbestimmung in allen gesellschaftlichen Bereichen, und damit einhergehend auch die Schaffung entsprechender Lern- und Erfahrungsmöglichkeiten bzw. Lern- und Erfahrungsfelder, scheint noch nicht abgeschlossen.

Ähnliches läßt sich zunächst auch zu dem vorgegebenen Bedarfsbegriff ausführen. Die Auslastung der bestehenden Weiterbildungseinrichtungen ist bedingt durch einen artikulierten, manifesten Bedarf. Aber im wesentlichen sind es nur bestimmte Bevölkerungsgruppen, die ihre Wünsche einbringen. Andere Gruppen der Bevölkerung sind im Weiterbildungsbereich kaum erfaßt. Es kann jedoch nicht davon ausgegangen werden, daß diese keinen Weiterbildungsbedarf haben; Bedarfsäußerungen korrespondieren auch mit Angebotshilfen, Angebotsorganisation bzw. -methoden und mit subjektiven Lernerfahrungen. Offen ist also die Frage, was mit diesem vorgegebenen Bedarfsbegriff inhaltlich gemeint ist, und wer mit diesem Begriff erfaßt werden soll. Denn wenn auch ein formales Recht auf gleichmäßigen Zugang zu den Weiterbildungsangeboten fixiert wird, kann daraus nicht abgeleitet werden, daß in der gesellschaftlichen Realität auch faktisch die gleichen Zugangsmöglichkeiten für alle bestehen.

Zu § 3: Aufgabenfelder und Inhaltsstruktur: Durch das Weiterbildungsgesetz wird ein Katalog von Sachbereichen definiert, in den die einzelnen Angebote einzuordnen sind. Dadurch werden formale Ordnungskriterien vorgegeben, die zu begrüßen sind, da damit die Strukturierung des Angebots nicht mehr willkürlich erfolgt. In diesem Zusammenhang wird auch gefordert, daß die genannten Sachbereiche nach dem Grundsatz der Einheit der Bildung zu planen und organisieren sind. Was diese Forderung inhaltlich bedeutet, wird nicht weiter ausgeführt. Ob damit die Integration der Angebote in den einzelnen Sachbereichen gemeint ist, d. h. eine mögliche inhaltliche Verzahnung der Angebote angestrebt wird, oder auch so weitgehende Vorstellungen wie „projektorientierte Angebote", die einen fachübergreifenden Inhalt haben, ist nicht bestimmbar.

Zu § 4, § 13: Bedarfsdeckung und Grundversorgung: Die bereitgestellten Angebote im regionalen Weiterbildungsspektrum sollen bedarfsdeckend sein. Damit ist ein Kernpostulat aufgestellt, dessen Realisierung zur Zeit noch große Schwierigkeiten macht; denn, wie schon gezeigt wurde, die inhaltliche Ausfüllung des Bedarfsbegriffs ist umfassend nicht leistbar, unter anderem auch deshalb nicht, weil Bedarf hier formal und nicht inhaltlich definiert wird. Ansatzweise wird die Quantität des öffentlichen Weiterbildungsangebotes über die Kategorie des „Mindestangebots" festgelegt. Diese quantitative Bestimmung legt ein Mindestverhältnis von Unterrichtsstunden zur Bevölkerungszahl fest. Eine inhaltliche Orientierung über die Quantität der einzelnen Sachbereiche im Gesamtvolumen des „Mindestangebotes" wird hier nicht gegeben.

Zu § 9, § 12: Kooperation und Koordination: Als zentrales Instrument zur Entwicklung des Weiterbildungsbereichs wurde die Weiterbildungsentwicklungsplanung etabliert. Von den gesetzlichen Vorgaben her werden an diese Planung im wesentlichen drei Forderungen gestellt. Die Weiterbildungsentwicklungsplanung

— soll mit diversen Planungsaufgaben im Kommunalbereich koordiniert werden, wobei über die inhaltlichen Aspekte der zu leistenden Koordination nichts ausgesagt wird;

— soll in Abstimmung mit anderen als den kommunalen Trägern von Weiterbildung erfolgen, wobei über die Reichweite und die Form der Abstimmung nichts ausgesagt wird;

— muß Angaben über den geplanten finanziellen Aufwand für personelle und sachliche Ausstattungen der kommunalen Weiterbildungseinrichtungen enthalten. Angaben über die inhaltliche Ausbauplanung, d.h. z.B. eine inhaltliche Schwerpunktsetzung in Abhängigkeit von bildungspolitischen Rahmenvorgaben wird nicht verlangt, obwohl die Angaben über personelle und sachliche Ausstattungsplanungen auch immer inhaltliche Vorentscheidungen implizieren.

Weiterbildungsentwicklungsplanung muß nach diesen gesetzlichen Vorgaben als Instrument gekennzeichnet werden, das die inhaltliche Seite weitgehend unberücksichtigt läßt.

Als Gesamteinschätzung des Weiterbildungsgesetzes kann gesagt werden, daß damit ein formaler Rahmen für die Weiterbildungsaktivitäten in Nordrhein-Westfalen geschaffen wurde, der im wesentlichen durch die Planung von Ressourcen einen mittelfristigen Ausbau des Weiterbildungsbereichs absichert. Man kann den Vorgang der Entwicklungsplanung eher als einen Lenkungsvorgang verstehen, der als Ziel einen möglichst kontrollierten Einsatz von staatlichen Mitteln hat, der aber die inhaltlichen Anforderungen und politisch notwendigen Vorentscheidungen zur Zeit ausblendet.[4]

Wissenschaftliche Aussagen zum Weiterbildungsbedarf

Es gilt daher zu fragen, was getan werden muß bzw. kann, um die qualitative Dimension im Rahmen der Weiterbildungsentwicklungsplanung stärker zu betonen; hier speziell, was Wissenschaft in diesem Zusammenhang leisten kann. Der zentrale Bezugspunkt für die Diskussion ist der Anspruch, daß sich die Weiterbildungsentwicklungsplanung am Bedarf zu orientieren habe. Diese Forderung nach der bedarfsorientierten Bildungsplanung ist nicht neu, sie muß aber als weitgehend unerfüllt betrachtet werden. Denn bevor eine Planung sich am Bedarf orientieren kann, muß die inhaltliche

Seite des Bedarfsbegriffs bestimmt werden. Kann man unter dem Bedarf nur die manifeste Nachfrage verstehen oder muß der sogenannte latente Bedarf in die planerischen Überlegungen mit einbezogen werden? Kann mit Hilfe von sogenannten Indikatoren etwas über die Entwicklung der einen oder der anderen Bedarfsdimension ausgesagt werden, oder muß die inhaltliche Bestimmung des Bedarfsbegriffs im Rahmen jedes einzelnen Planungsprozesses neu vorgenommen werden? Ist die inhaltliche Bestimmung dessen, was für Bedarf gehalten wird jeweils abhängig von den mehr oder weniger zufälligen Mehrheiten in den politischen Entscheidungsgremien oder gibt es einen ganzheitlichen, allumfassenden Bedarfsbegriff?

Man kann davon ausgehen, daß eine eindeutige Bestimmung des Bedarfs nach Weiterbildung, die umfassend und unabhängig von politischen Standorten ist, nicht existiert und auch nicht existieren kann.

Das Spannungsfeld der Definition des Bedarfs nach Weiterbildung reicht je nach politischem Standort von der Festlegung, daß nur das als Bedarf gilt, das sich als Nachfrage manifestiert, bis hin zu einer anthropologischen Grundannahme, daß jeder Mensch objektiv einen Bedarf nach Weiterbildung habe, daß jedoch auf Grund der unterschiedlichen biografischen Entwicklungen und Erfahrungen die Menschen ungleiche Chancen haben, diesen Bedarf zu erkennen und zu realisieren. Das ungeklärte Problem der Festlegung des Weiterbildungsbedarfs wird auch im Zusammenhang mit vorliegenden Ergebnissen wissenschaftlicher Untersuchungen aus dem Weiterbildungsbereich deutlich.[5]

Diese Ergebnisse lassen sich dahingehend zusammenfassen, daß sie eher auf der deskriptiven Ebene Aussagen über Teilnehmer an Weiterbildungsveranstaltungen formulieren, daß Veranstaltungstypologien entwickelt und auf ihre jeweiligen Auswirkungen hin untersucht werden, daß inhaltliche Nachfragekomplexe zum Gegenstand werden und daß Weiterbildungseinrichtungen auf ihre Organisations- und Trägerstruktur sowie auf die internen Arbeitsabläufe hin untersucht werden. Zum Problem der generellen Prognose des Bedarfs an Weiterbildung können aus den vorliegenden Untersuchungen allerdings keine gesicherten Erkenntnisse gewonnen werden. Ähnlich sind die bisher vorliegenden Ergebnisse aus der Indikatorenforschung einzuschätzen, die zwar beanspruchen „quantifizierte Informationen für den sozialen Sektor zu erbringen"[6], bisher für den Weiterbildungsbereich aber noch nicht so weit entwickelt sind, daß Prognosen möglich sind.

Zusammenfassend läßt sich sagen, daß zur Zeit keine umfassende und begründbare Antwort auf die Frage, wer bildet sich mit welchen Interessen wann, wo und unter welchen Bedingungen fort?, geben läßt, sondern daß allenfalls tendenzielle Aussagen über die Entstehung von Weiterbildungsbedürfnissen möglich sind. Der Stand der wissenschaftlichen Diskussion weist Denkmöglichkeiten auf, nicht mehr.[7]

Bedarfsorientierung und Bedürfnisbestimmung

Als Grundannahme für die Erörterung der Frage nach dem Entstehen von Weiterbildungsbedürfnissen kann formuliert werden, Bedürfnisse entstehen im sozialen Lebenszusammenhang, sind gesellschaftlich vermittelt und erfahren ihre konkrete Ausprägung aufgrund subjektiver Erfahrungen. Was ist damit in Bezug auf das hier zu diskutierende Problem – den Weiterbildungsbedarf – gemeint? Zunächst soll damit nichts anderes ausgesagt werden, als daß die Bereitschaft sich weiterzubilden aus den konkreten Lebenszusammenhängen, d.h. aus dem Alltag der Individuen resultiert und erst dann realisiert wird, wenn die einzelnen Individuen im Rahmen der eigenen Lebensgeschichte die Erfahrung gemacht haben, daß Lernen im weitesten Sinne sinnvoll ist im Bezug auf die Erreichung eines jeweils subjektiv vorgegebenen Ziels. Auf der Basis dieser Annahme wird auch plausibel, warum die „traditionellen öffentlichen Weiterbildungseinrichtungen" in überproportionaler Weise von Angehörigen der „Mittelschichten" benutzt werden. Die Ausrichtung des Bildungswesens in der Bundesrepublik auf die sprachlichen, normativen und inhaltlichen Standards der „Mittelschicht" ermöglicht den Angehörigen derselben bei aller Widersprüchlichkeit positive Erfahrungen mit Lernprozessen. Zum einen können sie sich eher mit dem Lernen im Bildungssystem identifizieren, da es inhaltlich eher mit den gültigen Standards in ihrem Alltag übereinstimmt, zum anderen besteht eine Chance dafür, die Erfahrung zu machen, über Lernprozesse und damit verbundene formale Qualifikationen, angestrebte Positionen im gesellschaftlichen Zusammenhang zu erlangen. Lernvorgänge im „öffentlichen Bildungswesen" können zum positiv bewerteten Erfahrungsbestand werden.

Die Bedingungen dafür, daß sogenannte „Unterschichtsangehörige" ähnliche Erfahrungen machen sind wesentlich schlechter. Die im öffentlichen Bildungswesen relevanten Verhaltens- und Beurteilungsstandards entsprechen nicht ihrem alltäglichen Erfahrungszusammenhang und dementsprechend sind die Erfahrungen mit institutionalisierten Lernprozessen in der Regel subjektiv leidvoller. Darüber hinaus besteht ein wesentlicher Erfahrungszusammenhang für „Unterschichtsangehörige" darin, daß ihnen individuelle Karrieren über die Beteiligung an Lernprozessen oft versperrt sind, d.h. eine individuell sinnvolle Instrumentalisierung von Lernen zwecks Erreichung eines gesteckten Ziels kann auf Grund der äußeren Gegebenheiten nicht erfolgen.[8] Da sich die Diskrepanz zwischen alltagsweltlichen Standards und Orientierungsstandards auch im öffentlichen Weiterbildungsbereich reproduziert, ist es naheliegend, daß nur bestimmte Teile der Bevölkerung öffentliche Weiterbildungsangebote nachfragen.

Diese Situation macht — unter Berücksichtigung der Verpflichtung zum bedarfsorientierten Angebot im Weiterbildungsgesetz — eine Parteinahme zu Gunsten der Teile der Bevölkerung im jeweiligen Planungsbereich, die auf Grund ihrer Biographie als bildungsbenachteiligt zu bestimmen sind, notwendig. Die öffentlichen Weiterbildungsangebote müssen quasi kompensatorischen Charakter haben, um die formale Verpflichtung auf „Chancengleichheit" bzw. „gleiches Zugangsrecht" aller tendenziell zu realisieren.

Was bedeutet diese Forderung für die praktische Planungsarbeit? Bevor auf die planungspraktischen Konsequenzen eingegangen wird, sollen die zentralen Bezugskategorien Bedürfnis und Lebenszusammenhang (Alltag) in ihrer Verschränkung genauer bestimmt werden. Es kann hier nicht darum gehen, einzelne Bedürfnishierarchien bzw. Bedürfnistableaus zu entwickeln, und es kann sich auch nicht um wahre oder falsche Bedürfnisse in ihren jeweilig gesellschaftlich bedingten Erscheinungsformen handeln. Ebenso wäre ein einzelner damit überfordert, die gesamte Palette wissenschaftlich entwickelter Bedürfnisbestimmungen aufzuarbeiten. Gemeint ist mit der Orientierung am Bedürfnis nicht die abstrakte Vorbestimmung der Bedürfnisse und die Zuschneidung der Angebote auf diese, sondern die Aufnahme vorfindlicher und daher auch erst in der sozialen Situation erfahrbarer, konkreter individueller Bedürfnisse als Ausgangspunkt pädagogischer Arbeit. Bedürfnisse, so wurde gesagt, sind gesellschaftlich vermittelt und entstehen und verändern sich in den konkreten Lebenszusammenhängen.

Wesentlicher Ausgangspunkt für die Beteiligung „bildungsbenachteiliger" Bevölkerungsgruppen an Lernprozessen ist die subjektive Betroffenheit in der jeweiligen Lebenssituation durch die Nichtbefriedigung eigener Lebensbedürfnisse. Als Beispiele können Erfahrungsberichte aus sozialen Bewegungen oder speziellen Projekten im Bereich der Arbeiterbildung bzw. Bildungsarbeit mit Jugendlichen aus „sozial schwachen Familien" bzw. sozialen Brennpunkten genommen werden.[9] Die Erfahrungen, die über die Bereitschaft von „bildungsbenachteiligten" Bevölkerungsgruppen, sich in Lernprozesse zu begeben, vorliegen, lassen sich folgendermaßen zusammenfassen.

- Der Ausgangspunkt für die Beteiligung an Lernprozessen ist nicht die abstrakte Motivation, ein Mehr an Bildung zu erlangen, sondern der Wunsch nach der Veränderung der eigenen Lebenssituation. Die Motivation der Lernaktivitäten ist zentral handlungs- und sachorientiert; d.h. die Erwartungen an den Lernprozess bestehen darin, daß konkrete Handlungsmuster gemeinsam entwickelt werden, mit denen entweder die zugrundeliegenden Bedürfnisse befriedigt oder anstehende konkrete Probleme gelöst werden können.
- Die Beteiligung am Lernprozess wird nur so lange aufrechterhalten, wie sich die Individuen mit ihren eigenen Bedürfnissen wiederfinden bzw. sie diese adäquat einbringen können.
- Lernen ist nicht segmentiert sondern umfaßt den gesamten Lebenszusammenhang; gelernt wird nicht nur um ein abstraktes Wissensziel zu erreichen.
- Die Beteiligung an Lernprozessen wird nur so lange aufrechterhalten, wie die Individuen eine Ausweitung ihrer eigenen Kompetenz erfahren; d.h. es muß ein für alle Beteiligten einsichtiges Verhältnis bestehen zwischen dem Ziel, das jeder für sich erreichen will und den jeweiligen konkreten Inhalten.
- Die Lernprozesse müssen nach dem Prinzip der Selbstbestimmung organisiert sein. Das bedeutet, daß Selbstbestimmung nicht zum technischen und/oder methodischen oder curricularen Problem wird, sondern das umfassende Prinzip ist, das alle Elemente im Lernprozeß bestimmt.
- Das Verhältnis zwischen Lernenden und Lehrenden muß ein gleichberechtigtes sein; d.h. die Lehrenden müssen jederzeit ihr eigenes Handeln legitimieren auf das gemeinsame Ziel hin bzw. auf die Relevanz bezüglich der Bearbeitung gemeinsamer Problemlagen.

Der Lernvorgang hat also eine völlig andere Qualität als die „traditionellen Lernvorgänge", die im Rahmen institutionalisierter Weiterbildung angeboten werden. Erst unter diesen Bedingungen besteht eine Chance für die hier gemeinten Bevölkerungsgruppen, daß das Einlassen auf Lernprozesse produktiv interpretiert wird, denn Lernprozesse bedeuten, sich einzulassen auf Unbekanntes, Unsicherheit aufsichzunehmen und Vertrautes, das bisher Umwelt- und Identität konstituierte, in Frage zu stellen. Lernprozesse dieser Art ermöglichen auch, die negativen Erfahrungen mit dem Lernen im institutionalisierten Bildungswesen zu überwinden und zum Lernen selbst ein anderes Verhältnis zu entwickeln.

Konsequenzen für eine bedürfnisorientierte Weiterbildungsforschung

Wie können aber die hier kurz skizzierten Erfahrungen mit dem Problem der bedarfsorientierten Weiterbildungsentwicklungsplanung in Verbindung gebracht werden, und was kann die Wissenschaft in diesem Zusammenhang an Hilfestellungen anbieten? Ganz allgemein kann als zielführende Perspektive genannt werden, daß im Rahmen der mittelfristigen Weiterbildungsentwicklungsplanung von den kommunalen Entscheidungsgremien bildungspolitische Festlegungen für den Weiterbildungsbereich vorgenom-

men werden müssen, die als inhaltliche Orientierungspunkte für die weitere Planungsarbeit dienen. Über diese politisch vorzunehmenden Fixierungen kann auch gleichzeitig die Integration der Weiterbildungsentwicklungsplanung mit den übrigen kommunalen Planungsbereichen, die in § 9 des Weiterbildungsgesetzes gefordert wird, geleistet
werden. Inhaltlich bedeutet dies eine Kultur-, Bildungs- und Sozialplanung auf kommunaler Ebene, die sich nicht nur an den zur Verteilung zur Verfügung stehenden Ressourcen orientiert, sondern von mehrheitsfähigen gesellschaftspolitischen Standards
und Festlegungen ausgeht. Im Rahmen solcher Festlegungen sind dann neben der Finanzierung des sogenannten „Standardangebots" finanzielle Spielräume für experimentelle Vorhaben im Weiterbildungsbereich vorzusehen, die sich auf benachteiligte Bevölkerungsgruppen beziehen. Entgegen den finanzpolitisch üblichen Verfahren, Geld-
mengen im Detail zumindest kurz- und mittelfristig festzulegen, kann es sich hierbei
nur um globale haushaltstechnische Ansätze handeln, die nach dem Rechnungszeit-
raum abgerechnet werden. Die Verwendung der Mittel wird über die inhaltlichen Festlegungen der Kommunalparlamente vorbestimmt.

Auf der Basis solcher Regelungen können Weiterbildungspraktiker und Wissenschaftler gemeinsam Perspektiven für gruppenspezifische Weiterbildungsmaßnahmen entwickeln. Wenn der Ausgangspunkt für die angestrebte Integration der bildungsbenachteiligten Bevölkerungsgruppen ihre jeweilige Lebenssituation ist, dann müssen die Ansatzpunkte der Weiterbildungsarbeit in den Stadtteilen bzw. den Wohnquartieren sein.
Da die traditionellen Verfahren empirischer Sozialforschung sich im Zusammenhang
mit dem Problem der Bedarfsfeststellung im Weiterbildungsbereich als ungeeignet erwiesen haben, muß nach neuen Lösungen gesucht werden.

Die Kritik an den im Rahmen tradierter prognostischer Weiterbildungsbedarfsforschung verwandten Methoden kann auf zwei Ebenen angesiedelt werden. Zum einen
richtet sie sich immanent gegen die üblichen standardisierten schriftlichen Befragungen. Das diesen Verfahren unterstellte Postulat beinhaltet, daß die erfragte Einstellung
Rückschlüsse auf künftiges Verhalten möglich macht. Die realen Erfahrungen mit
Planungsvorgängen im sozialen Bereich auf der Basis solcher Forschungsergebnisse zeigen jedoch, daß keine Verbesserung der qualitativen Angebotsseite erreicht werden
konnte, gerade auch im Bezug auf die Integration „benachteiligter Bevölkerungsgruppen."[10] Grundsätzlicher sind die Kritiken, die *Berger oder Fuchs* an diesem sozialwissenschaftlichen Forschungsverfahren formulieren. *Fuchs* führt aus: „Durch die
Methoden (. . .) wird die Versuchsperson in einem Status gehalten, der ihr Lernmöglichkeiten verbietet . . ."[11], und weiter: „Die methodischen Regeln der empirischen
Sozialforschung — Forschungsethik und Sicherung der Validität — dienen im Kontakt
mit dem Untersuchungsfeld insgesamt der Erhaltung des status quo der gesellschaftlichen Verhältnisse."[12] *Berger* schreibt: „Die vorherrschenden Verfahren zur Untersuchung sozialen Bewußtseins — das Forschungsinterview und die Techniken der Ein-
stellungsmessung — sind zugeschnitten auf die Erfassung vom Bewußtsein, das mit bestehenden Herrschaftsverhältnissen konform geht. In Ansätzen einer emanzipatorisch
gerichteten Sozialforschung sollten sie daher nicht übernommen werden."[13]

Es stellt sich die Frage nach den methodischen Konsequenzen aus der Vorgabe, daß
der Ausgangspunkt der Untersuchungen und Entwicklungen die soziale Situation sein
soll. *Wellendorf* umreißt die Perspektiven mit folgenden Fragen:

„1. ,Was ist der Inhalt der Forschung, d. h. der Nachfrage von Forscher, Auftraggeber,
    Erforschtem etc.?' Diese Art Fragen ist jedem Forschungsprojekt bekannt.
 2. ,Wer ist Bildungsforscher?' (Was ist seine materielle Basis? Wie sehen seine institu-

tionellen Bindungen aus? Welche Vorstellungen haben die Erforschten von ihm und ihrer Beziehung zu ihm? usw.).

3. ‚Wer ist der Erforschte?‘ (Welche Bindungen hat er an nicht untersuchte Teile des Bildungssystems? Welche Vorstellungen hat er von der Forschungsbeziehung und -situation? usw.) – Das Durcharbeiten der Forschungsbeziehung am Leitfaden dieser Fragen ist nicht nur eine Voraussetzung oder ein Nebenprodukt der eigentlichen Forschung. Es ist vielmehr ein zentraler materieller Bestandteil der Forschung, da er verborgene Aspekte der Bildungsinstitution ans Licht bringt (die auch den Forschungsprozeß bestimmen). Da das Durcharbeiten der Forschungsbeziehung nur als gemeinsame aufklärende Arbeit des Forschers und seiner Objekte möglich ist, ist der Prozeß, durch den die Mitglieder einer Bildungsinstitution gemeinsam mit dem Bildungsforscher ihre Beziehung untersuchen, zugleich ein Prozeß der Analyse der eigenen institutionellen Struktur und Dynamik – ein Prozeß der Selbstaufklärung. Nimmt der Bildungsforscher die Aufgabe des Durcharbeitens der Forschungsbeziehung als Zentrum seines wissenschaftlichen Fragens ernst, so ist die Forschungssituation zugleich ein temporäres System reflexiven Lernens für alle Beteiligten über die Struktur und Dynamik der Bildungsinstitution.“[14]

Perspektiven: Freiräume für praktische Experimente und Aktionsforschung

Ein Ansatz in diesem Sinne kann in der Aktionsforschung gesehen werden.[15] Wobei unter Aktionsforschung ein Prozeß zu verstehen ist, in dem von allen Beteiligten Probleme kooperativ gelöst werden, und zwar sowohl praktisch als auch in Bezug auf ihre theoretische Erfassung. Aktionsforschung zielt auf „Veränderung in Handlungs- oder Praxismustern (. . .) also Veränderungen, die nicht nur in der rationalen Funktionsausstattung der Menschen stattfinden, sondern auch – auf der persönlichen Ebene im Bereich der Gewohnheiten und Werte; Veränderungen auf der soziokulturellen Ebene (die) einen Wechsel der normativen Struktur der institutionalisierten Rollen und Beziehungen der kognitiven und perzeptiven Orientierung (bedeuten).“[16] Um einem solchen Anspruch gerecht werden zu können, muß sich der Forscher in die jeweilige Situation hineinbegeben und in dieser am sozialen Geschehen teilnehmen. Als Anforderung an einen solchen Prozeß können ganz allgemein festgehalten werden:

- Der Ausgangspunkt der Arbeit muß die konkrete Problemsituation der Beteiligten sein.
- Die inhaltliche Ausdifferenzierung und Bestimmung des Problems und der Zielperspektive muß durch die Beteiligten selbst erfolgen.
- In dem Prozeß müssen alle Beteiligten die Möglichkeit haben, als gleichberechtigte Partner zu handeln, wobei der Anspruch erhoben werden muß, daß Entscheidungen nur konsensual erfolgen sollen.
- Wissenschaftler haben die Funktion von Experten, die in Bezug auf konkrete Probleme hinzugezogen werden.
- Leitmotiv der Arbeit kann nicht nur die Gewinnung neuer theoretischer Erkenntnisse sein, sondern muß auch immer die Veränderung der sozialen Sitaution der Beteiligten sein.
- Von daher kann auch die Fragestellung aus der Sicht der Wissenschaft nicht auf einige wenige Variablen reduziert werden, sondern die soziale Situation in ihrer Komplexität ist der Bearbeitungsgegenstand.

Ein solches Vorgehen erzwingt auch eine Neubestimmung des Theorie-Praxis-Verhältnisses im Rahmen der Forschungsaktivitäten. Forschung in diesen Zusammenhängen kann nicht mehr nur um ihrer selbst willen und auch nicht mehr mit dem Ziel intersubjektiv gültiger Daten auf einer repräsentativen Basis zu erlangen durchgeführt werden, sondern sie dient der Lösung einer konkreten Problemstellung. Der wesentliche Beitrag des Forschers ist unter anderem darin zu bestimmen, Informationen über mögliche Problemlösungsmuster bzw. situationsrelevante Hemmnisse bei der Problemlösung einzubringen; das Ziel forscherischer Aktivitäten ist ein Beitrag zur gesellschaftlichen Veränderung. Forschung in diesem Sinne bedeutet auch immer Parteinahme zugunsten der „benachteiligten" Bevölkerungsgruppen. Erreicht werden soll die Bewußtwerdung der eigenen gesellschaftlichen Situation und die Eröffnung von Handlungsperspektiven zur selbstbestimmten und selbstbewußten Teilnahme am gesellschaftlichen Leben. Letztendlich befolgt das Konzept der Aktionsforschung im hier gebrauchten Sinne das Ziel der Demokratisierung aller gesellschaftlichen Bereiche.

Was bedeutet die Skizzierung eines solchen Programms für die konkreten Probleme der Weiterbildungsentwicklungsplanung? Neben dem genannten Punkt der bildungspolitischen Festlegung durch die jeweiligen kommunalpolitischen Entscheidungsträger erfordert die Realisierung eines solchen Konzeptes, das in der Lage ist, Bedürfnisse der Adressaten aufzunehmen und in einem gemeinsamen, umfassenden Lernprozeß zu bearbeiten, folgende inhaltlichen und organisatorischen Vorentscheidungen. Die jeweiligen Volkshochschulen müssen dezentralisiert werden, d.h. Verankerung der Weiterbildungseinrichtungen in Stadtteilen oder Wohnquartieren.[17] Diese Dezentralisierung bedeutet jedoch inhaltlich nicht nur eine organisatorische Veränderung, wie sie z.B. mit den Bremer Weiterbildungsbüros realisiert wurden, und sie bedeuten auch nicht nur methodische oder organisatorische Veränderungen, sondern letztendlich bedeuten sie ein anderes Verständnis von Kultur- und Bildungsarbeit überhaupt. Das Ansetzen an den Lebensbedingungen und den Erfahrungen der Bevölkerungsgruppen, die erreicht werden sollen, ermöglicht die Integration der verschiedenen in der Regel getrennten Lebensbereiche in einen ganzheitlichen Lernprozeß.

Dies bedeutet, daß im Rahmen der Weiterbildungsentwicklungsplanung von Seiten der kommunalen Träger experimentelle Freiräume zur Verfügung gestellt werden müssen, die im Wesentlichen in der Bereitstellung finanzieller Ressourcen bestehen. Langfristig kann erwartet werden, daß über die Sammlung solcher Erfahrungen eine tatsächlich bedürfnisorientierte Weiterbildungsangebotsplanung erreicht werden kann, und zwar eine, die sich an dem gesamten Spektrum von vorfindlichen Bedürfnissen orientiert. „Es gilt . . . Theorie als Entwicklung, als Prozeß zu begreifen, nicht als die große, von Anfang an fertige Orientierung. Theorie formuliert Erfahrungen, die man im Prozeß mit anderen, im Umgang mit dem zu erforschenden Sachverhalt gewinnt. Eine fertige Theorie am Anfang, vor aller Analyse und Handlung ist ein Unding. Hat man aber ein Konzept formuliert (eine Theorie), so ist es immer wieder der ‚Wirklichkeit' auszusetzen."[18]

Anmerkungen und Literaturhinweise

1 Der Kultusminister in NRW, (Hrsg.): Weiterbildungsentwicklungsplanung in Nordrhein-Westfalen, Schriftenreihe Strukturförderung im Bildungswesen des Landes Nordrhein-Westfalen, H. 33, Köln 1978, S. 38
2 Hamacher, P.: Kurseinheit Weiterbildungsentwicklungsplanung Fernuniversität Hagen 1978, S. 43

3 Erstes Gesetz zur Ordnung und Förderung der Weiterbildung im Lande Nordrhein-Westfalen (Weiterbildungsgesetz-WbG) in der Fassung der Bekanntmachung vom 8. Februar 1980

4 Vgl. zu den Begriffen ‚Lenkung' und ‚Planung' die Ausführungen von Asche, H.: Der numerus clausus und das Dilemma staatlicher Planung im Kapitalismus. In: Asche, H. / Lüthje, J. / Schott, E.: Der numerus clausus oder wer darf studieren?, Reinbek bei Hamburg 1973, S. 11 – 56

5 Strzelewicz, W., u.a.: Bildung und Lernen in der Volkshochschule, Braunschweig 1979; Schulenberg, W., u.a.: Bildung und gesellschaftliches Bewußtsein, Stuttgart 1979; Siebert, H., u.a. (Hrsg.): Praxis und Forschung in der Erwachsenenbildung, Opladen 1977; Thunemeyer, B.: Basisdaten zur WEP. Regionalbericht Wuppertal, Paderborn 1978

6 Werner, R.: Planung und Evaluation in der Sozialpolitik: Der Beitrag sozialer Indikatoren. In: Soziologie und Sozialpolitik. Sonderheft der Kölner Zeitschrift für Soziologie und Sozialpsychologie, 19, Opladen 1977, S. 472

7 Hondrich, K.O.: Instrumente der Bedürfnis- und Bedarfsermittlung im Planungsprozeß: Kritische Darlegung aus der Sicht des bedürfnistheoretischen Ansatzes. In: Molt, W. / Rosenstiel, L. v., (Hrsg.): Bedarfsdeckung und Bedürfnissteuerung. Anwendungsmöglichkeiten verhaltenstheoretischer Konzepte für die Planung am Beispiel der Verkehrsplanung. Berlin 1978, S. 139 – 152

8 Vergleiche zu dem Problem: Beck, J., u.a.: Erziehung in der Klassengesellschaft. München 1970; Preuss, U.K.: Bildung und Herrschaft. Frankfurt a.M. 1975; b:e (Hrsg.): Familienerziehung, Sozialschicht und Schulerfolg. Weinheim 1971; Oevermann, U.: Sprache und soziale Herkunft. Frankfurt a.M. 1972; Ortmann, H.: Arbeiterfamilie und sozialer Aufstieg. München 1974, 3. Aufl.

9 Feigenspan, E., u.a.: Zusammen Leben – Zusammen Lernen. Arbeiterbildung in einem selbstverwalteten VHS-Heim. In: Bergmann, K./Frank, G., (Hrsg.): Bildungsarbeit mit Erwachsenen. Reinbek bei Hamburg 1977, S. 13 – 44; Schneider, J.: Kein Platz für Polit-Pädagogen. Lernprozesse in einer Bürgerinitiative. In: Bergmann, K./Frank, G., (Hrsg.), S. 60 – 85; Lenke, J./ Volhard, B.: Selbsterfahrungsgruppen für Frauen als Beginn emanzipatorischer Veränderung, S. 267 – 282; Mitwinter, E.: Lernen in der Gemeinde. In: Dauber, H./Verne, E., (Hrsg.): Freiheit zum Lernen. Reinbek bei Hamburg 1976, S. 127 – 134; Moßmann, W.: Volkshochschulen Wyhlerwald. In: Dauber, H./Verne, E., (Hrsg.): a.a.O., S. 156 – 172; Gronemeyer, M.: Motivation und politisches Handeln. Hamburg 1976; Negt, O.: Soziologische Phantasie und exemplarisches Lernen. Frankfurt a.M. 1974, 4. Aufl.

10 Vgl. zur Diskussion um das Problem Einstellungen und Handeln: Meinefeld, W.: Einstellung und soziales Handeln. Reinbek bei Hamburg 1977

11 Fuchs, W.: Empirische Sozialforschung als politische Aktion. In: Soziale Welt, Jg. 21/22, H. 1, S. 7

12 ebenda, S. 7

13 Berger, H.: Untersuchungsmethode und soziale Wirklichkeit. Frankfurt a.M. 1974, S. 11

14 Wellendorf, F.: Die soziale Situation als Ausgangspunkt der Bildungsforschung. Anmerkungen zur Methodologie der Bildungsforschung. In: Bildung und Erziehung, 33. Jg., H. 1, S. 48

15 Eine Übersicht über die Aktionsforschung liefern Cremer, Ch./Klehm, W.R.: Aktionsforschung. Wissenschaftshistorische und gesellschaftliche Grundlagen – methodische Perspektiven. Weinheim und Basel 1978

16 Chin, R./Benne, K.: Strategien zur Veränderung sozialer Systeme. In: Gruppendynamik, H. 4, Dz. 1971, S. 355

17 Vgl. dazu Werder, L. v.: Alltägliche Erwachsenenbildung. Weinheim und Basel 1980

18 Narr, W.-D.: Hin zu einer Gesellschaft bedingter Reflexe. In: Habermas, J., (Hrsg.): Stichworte zur ‚geistigen Situation der Zeit'. 2. Band: Politik und Kultur. Frankfurt a.M. 1979, S. 523 f.

Die Autoren dieses Bandes

Dr. Manfred Bayer, Jahrgang 1943, studierte Sozial- und Wirtschaftswissenschaften an der Universität Linz, war zwischen 1970 und 1973 Assistent an der Universität Klagenfurt; Promotion in Bildungsökonomie und Erziehungswissenschaft, seit 1974 wissenschaftlicher Mitarbeiter am Institut für Bildungs-Betriebslehre im Paderborner Forschungs- und Entwicklungszentrum FEoLL. Veröffentlichungen mit dem Schwerpunkt Bildungsplanung und Bildungsorganisation im Hochschul- und Weiterbildungsbereich.

Joachim Braun, Diplom Soziologe, Jahrgang 1945, studierte Soziologie in Frankfurt, arbeitete danach von 1972-1974 als wissenschaftlicher Mitarbeiter am Institut für Gebietsplanung und Stadtentwicklung in Köln; seine Forschungsarbeit bezog sich auf Stadtentwicklungsplanung, Freizeit- und Fremdenverkehrsplanung und soziale Infrastruktur; von 1975-1976 als freiberuflicher Planungsberater tätig, ist er seit 1976 wissenschaftlicher Mitarbeiter des Deutschen Instituts für Urbanistik Berlin/Köln, mit dem Schwerpunkt Bildungsplanung; er ist Projektleiter des Modellvorhabens „Kommunale Beratungsstellen für Weiterbildung".

Dr. Anselm Dworak, Jahrgang 1943, studierte Germanistik, Soziologie und Kommunikationswissenschaften und arbeitete danach als wissenschaftlicher Angestellter an der Universität Marburg in der Sektion „Kultursoziologie und Kommunikationsforschung"; nach seiner Promotion Journalistentätigkeit beim Rundfunk, bis 1973 pädagogischer Mitarbeiter an der Volkshochschule Marburg, von 1974-1979 pädagogischer Mitarbeiter am Landesamt für Weiterbildung in Bremen, seit 1979 Hochschullehrer für Medientheorie in Bremen.

Peter Ehrhardt, M. A., Jahrgang 1946, studierte Politikwissenschaft, Soziologie und Kommunikationswissenschaft in Bonn, war von 1975-1976 Mitarbeiter der „Studiengruppe Partizipationsforschung" am Seminar für politische Wissenschaft der Universität Bonn (DFG-Projekt) tätig und ist seit 1976 wissenschaftlicher Mitarbeiter des Deutschen Instituts für Urbanistik, Berlin/Köln, in der Projektleitung des Modellvorhabens „Kommunale Beratungsstellen für Weiterbildung".

Prof. Dr. Henrik Kreutz, geb. 1938 in Budapest, studierte Soziologie, Psychologie, Ethnologie und Statistik in Wien und Köln; 1963-1965 Scholar der Ford Foundation, Promotion 1965, Habilitation an der Universität Wien, 1971 Gründung des Instituts für Angewandte Soziologie (IAS) in Wien; 1972/73 Lehrstuhlvertretung an der Universität Hamburg, 1974 Direktor der Forschungsabteilung des Deutschen Instituts für Wissenschaftliche Pädagogik, seit 1974 Professor für „Allgemeine Soziologie und

Empirische Sozialforschung" an der Universität Hannover; 1970-1973 als wissenschaftlicher Experte für den Europarat tätig, 1972-1975 Sekretär der Österreichischen Gesellschaft für Soziologie, 1978-1979 Konsulent der Bundesanstalt für Arbeit, 1979-1980 Mitarbeit am 5. Jugendbericht der Deutschen Bundesregierung, Herausgeber der Zeitschrift „Angewandte Sozialforschung"; seit 1981 Professor für Soziologie und Sozialanthropologie an der Universität Erlangen/Nürnberg.

Wolfgang Krüger, Diplom-Pädagoge, Jahrgang 1950, studierte Erziehunswissenschaft mit dem Schwerpunkt Erwachsenenbildung; derzeit Geschäftsführer und wissenschaftlicher Mitarbeiter des Arbeitskreises Universitäre Erwachsenenbildung in Hannover. Veröffentlichungen zur Thematik Weiterbildungsberatung, weiterbildendes Studium und zu Strukturproblemen der Weiterbildungsforschung.

Katrin Lederer, Diplom-Soziologin, Jahrgang 1944, studierte von 1966-1971 Soziologie, Ökonomie, Psychologie und Wirtschaftsgeographie in Hamburg; von 1971-1973 war sie als Mitglied der Freien Planungsgruppe Berlin an Sanierungs- und Entwicklungsgutachten, von 1973-1975 als Mitarbeiterin am Berliner Zentrum für Zukunftsforschung an Projekten zur langfristigen Stadtplanung und Arbeiten zur allgemeinen und umweltbezogenen Bedürfnisforschung beteiligt. Seit 1976 ist sie Mitarbeiterin des Internationalen Instituts für Umwelt und Gesellschaft des Wissenschaftszentrums Berlin und arbeitet an der Weiterentwicklung und Praxisorientierung der umweltbezogenen Bedürfnisforschung sowie im Bereich der Theorie, Methodik und Strategie sozial relevanter Umweltforschung und -politik.

Privatdozent Dr. Dr. Gerhard E. Ortner, Jahrgang 1940, studierte Wirtschafts-, Erziehungs- und Rechtswissenschaften an der Wirtschaftsuniversität und der Universität Wien; anschließend Universitätsassistent an der Wirtschaftsuniversität Wien und der Universität für Bildungswissenschaften in Klagenfurt, dort auch Mitglied des Gründungsausschusses; nach Habilitation an der Universität/Gesamthochschule Paderborn 1974 Ernennung zum Direktor des Instituts für Bildungs-Betriebslehre im Forschungs- und Entwicklungszentrum FEoLL; Lehrtätigkeit an den Universitäten Bielefeld, Klagenfurt, Siegen und Wien; Herausgeber und Schriftleiter der Fachzeitschrift: Schulpraxis – Zeitschrift für Unterricht und Schulpraxis; Geschäftsführender Vorsitzender der Gesellschaft für Pädagogik und Information e. V.; zahlreiche Veröffentlichungen zu Bildungspolitik, Bildungsökonomie und Bildungs-Betriebslehre.

Dr. Franz A. Pesendorfer, Jahrgang 1934, studierte Theologie, Philosophie in Innsbruck/Wien sowie das Lehramt in katholischer Religion und Philosophie, Psychologie, Pädagogik; er unterzog sich gruppendynamischer bzw. gesprächspsychotherapeutischer Ausbildung; zur Zeit ist er als wissenschaftlich-pädagogischer Mitarbeiter an der Förderungsstelle des Bundes für Erwachsenenbildung für die Steiermark mit der Schwerpunktarbeit Bildungsberatung für Erwachsene tätig.

Ferdinand Schmidt, Jahrgang 1935, nach einer Banklehre mehrjährige Tätigkeit als Bankkaufmann; nach Abitur auf dem Zweiten Bildungsweg absolvierte er ein Studium für das höhere Lehramt (Deutsch, Englisch); nach jeweils drei Jahren Lehrtätigkeit an einem Tagesgymnasium und einem Abendgymnasium wurde er Mitarbeiter im Referat „Planung der Weiterbildung" im Kultusministerium Nordrhein-Westfalen; zur Zeit ist er Referatsleiter im Landesinstitut für Curriculumentwicklung, Lehrerfortbildung und Weiterbildung, Neuss.

Christoph Seidel, Diplom-Psychologe, Jahrgang 1942, studierte Sozial- und Erziehungswissenschaften sowie Medizin an den Universitäten Erlangen, Basel und Freiburg i. Br., nach dem Diplom in Psychologie wissenschaftlicher Assistent m.V.b. am Psychologischen Institut der Universität Freiburg i.Br.; seit 1973 wissenschaftlicher Mitarbeiter am Forschungs- und Entwicklungszentrum für objektivierte Lehr- und Lernverfahren und dort seit 1977 im Institut für Bildungs-Betriebslehre; daneben Tätigkeit als Lehrbeauftragter der Universität/Gesamthochschule Paderborn; Veröffentlichungen mit Schwerpunkt im Bereich pädagogisch-psychologischer und bildungsbetrieblicher Entwicklungen.

Bernd Thunemeyer, Jahrgang 1950, studierte Erziehungswissenschaften, Soziologie und Psychologie an den Universitäten Münster und Bielefeld; danach Forschungstätigkeit am Interdisziplinären Zentrum für Hochschuldidaktik an der Universität Bielefeld und im Forschungszentrum Paderborn – Institut für Bildungs-Betriebslehre; daneben Tätigkeit als Lehrbeauftragter für Soziologie an der Universität/Gesamthochschule Paderborn; Arbeitsschwerpunkte: Qualifikationsprobleme und Bedarfsforschung im Zusammenhang mit Bildungsplanung.

Prof. Dr. Hans Tietgens, Jahrgang 1922, studierte Geistes- und Sozialwissenschaften in Münster, Bonn und Hamburg; seit 1954 in der Erwachsenenbildung tätig, zuerst in einer Heimvolkshochschule, seit 1960 als Leiter der Pädagogischen Arbeitsstelle des Deutschen Volkshochschulverbandes in Frankfurt. Seit 1978 Honorarprofessor an der Universität Marburg. Herausgeber der Schriftenreihe „Theorie und Praxis der Erwachsenenbildung", zahlreiche Veröffentlichungen zu Politik, Didaktik und Organisation der Weiterbildung.

Heinrich Tillmann, Diplom-Psychologe, Jahrgang 1938, studierte Chemie und Physik; nach Tätigkeit in der Elektroindustrie; 1970 Wechsel zur Bildungsplanung mit dem Arbeitsschwerpunkt moderner Informationsverarbeitung für die Hochschulplanung; 1970-1973 als Berater von Planungsstäben und Verwaltungen mehrerer Hochschulen tätig, 1971/72 Dozent für Verwaltungswissenschaft an der Universität Hamburg, seit 1973 Leiter der Abteilung „Qualifikations- und Ordnungsstrukturen in der beruflichen Erwachsenenbildung" des Bundesinstitutes für Berufsbildung, Berlin; zahlreiche Veröffentlichungen im derzeitigen Arbeitsgebiet.

Dr. Emil Vesper, Jahrgang 1946, studierte Philologie, Romanistik und Geschichte sowie Rechts- und Verwaltungswissenschaften in Münster, Bochum und Speyer; danach wissenschaftlicher Assistent an der Ruhruniversität Bochum, dann Mitarbeiter in der Rechtsverwaltung der Stadt Bochum; seit 1976 an der Kultur- und Schulabteilung des Deutschen Städtetages; Lehrbeauftragter für Staats- und Verwaltungsrecht an der Fachschule für öffentliche Verwaltung des Landes Nordrhein-Westfalen; Veröffentlichungen zur Didaktik der Rechtswissenschaft, zu Kommunalrecht-, Kommunalverwaltung und Funktionalreform, Bildungsrecht, Bildungsverwaltung, Bildungsplanung und Weiterbildungsentwicklungsplanung; seit 1981 Beigeordneter für Schule, Kultur, Jugend und Sport in Gladbeck.

Stichwortregister

Personenregister

Das Personenregister umfaßt Autoren, Koautoren, Herausgeber und Mitherausgeber, die in den Anmerkungen und Literaturhinweisen zu den einzelnen Beiträgen angeführt sind. Die Zahl hinter dem Namen bezeichnet die Seite, die Zahl in der Klammer die Nummer der Anmerkung, wo die Angaben zum Zitat gefunden werden können. Die Nummer der Anmerkung bzw. des Literaturhinweises verweist weiter auf die betreffende Textstelle.

Strzelewicz, W., 10⁷, 137 (15), 295
  (11-15), 313 (20, 29), 338 (5)

Tausch, R., 327 (5, 7, 8, 10, 11, 13, 14,
  15)
Taylor, S. J., 312 (3)
Teichmann, H., 130 (49)
Thunemeyer, B., 45 (46, 47), 338 (5),
  217 (38, 43, 46, 47, 48, 49, 51), 218
  (61, 65), 313 (24), 338 (5)
Tietgens, H., 74 (4), 107 (16), 129 (10),
  130 (24, 48), 131 (81, 82), 132 (83,
  85, 90), 154, 217 (41, 42, 45), 218
  (63, 64, 72), 296 (48)
Tillmann, H.; 45 (43), 108 (19), 218 (60,
  62)
Tinbergen, N., 296 (49)
Tittle, C. R., 312 (17)
Todt, E., 295 (32)
Toman, W., 295 (32)

Utermann, K., 108 (21)

van Wiekenmayer, M., 312 (7)
Verne, E., 338 (9)
Vesper, E., 44 (22, 26), 45 (29, 42, 55),
  46 (67, 74, 78, 79, 80) 128 (1), 129 (2,
  3, 7), 130 (50, 56), 131 (68, 70, 74, 76,
  77, 80, 82), 132 (87), 260 (11, 14, 15)

Vester, F., 232 (5)
Vohland, B., 338 (9)
Vontobel, J., 295 (38)

Wack, O. G., 44 (25)
Wallraff, G., 313 (19)
Warner, L. G., 312 (17)
Weber, W., 45 (36)
Weiler, U., 154
Weinberg, H., 296 (48)
Weinberg, J., 44 (5, 7)
Weinberger, B., 45 (42), 129 (11, 12),
  130 (34, 58), 260 (10)
Weishaupt, H., 169 (7, 3), 283 (50)
Wellendorf, F., 338 (14)
Werder, L., 338 (17)
Wermker, K., 46 (66)
Werner, R., 338 (6)
Weymann, A., 107 (11), 108 (22)
Wimmer, S., 129 (11)
Wirth, I., 107 (4, 5, 10), 108 (22, 34, 35,
  37)
Wood, H., 312 (2)
Wurzbacher, G., 313 (33)

Zapf, W., 216 (9, 17, 18, 19)
Zimmerli, W. Ch., 44 (1)

Printed by Books on Demand, Germany